◎ 刘润和 校注

明代陕西都司武职选簿校注

甘肃教育出版社
甘肃·兰州

图书在版编目(CIP)数据

明代陕西都司武职选簿校注 / 刘润和校注. -- 兰州：甘肃教育出版社, 2025.6. -- ISBN 978-7-5423-6260-5

Ⅰ. E294.8

中国国家版本馆CIP数据核字第2025HU5200号

明代陕西都司武职选簿校注
MINGDAI SHANXI DUSI WUZHI XUANBU JIAOZHU

刘润和 ｜ 校注

项目策划	郧军涛
项目负责	李浩强
责任编辑	李浩强
封面设计	何昌庭

出　　版	甘肃教育出版社
社　　址	兰州市读者大道568号　730030
电　　话	0931-8433305(编辑部)　0931-8773056(发行部)
传　　真	0931-8435009

发　　行	甘肃教育出版社　印　刷　甘肃浩天印刷有限公司
开　　本	787毫米×1092毫米　1/16　印　张 43.5　插　页 4　字　数 773千
版　　次	2025年6月第1版
印　　次	2025年6月第1次
书　　号	ISBN 978-7-5423-6260-5　定　价　218.00元

图书若有破损、缺页可随时与印厂联系:0531-82079130

本书所有内容经作者同意授权，并许可使用

未经同意，不得以任何形式复制转载

序 一

小时候在正月十五闹社火时,听到过社火队的"高乐"唱的一首民谣:"问我祖先哪里来,山西洪洞大槐树。"有时做错事,还被大伯或父亲詈骂为"充发军",那时不明就里。一直到上大学时,才知道无论民谣,还是"充发军"詈语,均与明初大规模移民有关。全国许多地方,都流传着祖先来自山西大槐树的传说,尤以西部为甚,问到祖先从何处来,十有八九会说"山西大槐树"。"充发军"詈语的产生背景,笃定与规模人群充为"军户"有关,但很难找到相关史料来佐证该传说的历史真实性。

半月前,润和将其伏案三载、精心整理校注之《明代陕西都司武职选簿校注》(以下简称《选簿校注》)打印稿付我,嘱我为之作序推介。差不多二十年前,因研究裕固族历史,发现并整理出版《肃镇华夷志校注》,对明代河西历史稍有涉猎。且因研究丝绸之路、长城,也考察过河西、河东一些地方,加之谬任甘肃高氏文化研究会会长,对明代西部移民史、居民来源构成颇感兴趣,润和热诚相邀,即欣然应允。

明初建制,废除元代"行省"制,参考唐代"府兵"制,设立"卫所":"明以武功定天下,革元旧制,自京师达于郡县,皆立卫所。外统之都司,内统于五军都督府,而上十二卫为天子亲军者不与焉。征伐则命将充总兵官,调卫所军领之;既旋则将上所佩印,官军各回卫所。盖得唐府兵之遗意。"[①]其卫所制度,作为历史上一特殊的军政体制,甚至延续到了清前期。

---

① [清]张廷玉等:《明史》卷八九,中华书局,1974年,第2175页。

简言之,"卫所"乃明朝政府设立的一种军事和行政组织管理制度。卫、所分属于各省的都指挥使司,都指挥使司又由中央五军都督府划片管辖。都指挥使司下辖若干卫,卫下辖一定数量的千户所和百户所。卫所之官兵,可携带家属,代相承袭,成为职业军人世家,落籍于当地,称为"军户",与民户有别,而地方民户,则隶属于户部管理。

"军户"是各地住民结构中重要的组成部分。在我稍稍熟悉的明代河西走廊西部如酒泉等地,甚至占住民的大多数。冯胜逐蒙元势力出河西,据嘉峪关而守,河西走廊西部几乎空虚,镇夷、肃州一线的汉民,多为军户。后来才有外地居民、商人不断迁入、落籍,原驻牧河西各处的关西数卫残余也陆续内迁,这些构成了河西西部居民的主体。

明代卫所制度,贯穿整个明代至清代前期(其中清代约80年),对明代的政治军事制度、社会变迁、经济文化发展、边疆治理、农业开发等产生了深远影响。而卫所武职官员的选簿档案,是明代武官的遴选、立功升职、世袭、借职、优恤、比试、犯罪与充军等方面的记录,体量庞大,史料丰富,是卫所军政制度大厦的基石,也是学界公认的研究明代卫所制度的第一手资料。

陕西都指挥使司是明朝16个都指挥使司之一,属于右军都督府,管辖42个卫所,其主要职责是维护西北边疆安全。卫所武官来源各异且人数众多,成为西北社会人员结构中的庞大群体。整理和出版《陕西都司武职选簿》,发掘这一珍贵资料价值,为研究者呈现较为清晰的文本资料,其意义不言自明。

《选簿校注》系据《中国明朝档案总汇》中《五军都督府所属卫所·右军都督府·陕西都司》武职选簿,加以整理校注,收录现存的西安左卫、平凉卫、安东中护卫附群牧所、甘州中护卫、宁夏前卫、宁夏中屯卫(中护卫)和镇番卫等9个卫所的千余户武职官员档案。这些幸存档案虽仅为陕西都司(行都司)所辖卫所总数的四分之一(其他陕西都司所辖卫所档案佚失无存),但凸显了多方面的研究价值。

一是军屯移民与社会发展的关系。在明初陕西都司辖地移民中,卫所驻军是极其重要的部分。其中南北直隶籍的武职官员所占比例很高,加上故元"土官"和

"达官",组成了混杂的移民群体。这些官兵及其家属一经定为军户,实际就成为驻守地的永久居民,战时为军,平时屯垦。外方官兵与地方土著的交流融合,对稳定西北边疆、促进经济社会发展起到了举足轻重的作用。

正如研究者所言:"卫所武官和旗军以家庭的形式在卫所世代繁衍,'夫妇二人,三世成族',逐渐发展成为一个庞大的'卫籍'人口群体,渐成当地土著。"① 不单成为土著,由于优渥的供给条件(梁志胜称其为"优给优养制度")和特殊升官路径,一些军户武官子弟通过科举考试,努力转向文职,成为地方望族豪家。我曾经研究过任职肃州兵备道副使张愚的生平事迹,他正是由世袭武职经科考转向文职,"张愚,祖籍山东诸城,迁至天津卫已历五世,以'军生'身份,于嘉靖十年(1531)考中举人(23岁),翌年联捷中举(1532,24岁),以壬辰科二甲第四十六名考中进士,任职户部……",卒于右副都御使任上,由《农政全书》的作者、时任礼部尚书、东阁大学士的徐光启撰写碑文《重修张大中丞公墓碑记》,其家族完成了由世袭武职到显赫文官的华丽转身。② 若假以时日仔细搜寻,可发现西部各地明清以来的一些地方大族、望族,有些就由军户或卫所武官发展而来。

二是战争与西北边疆治理的研究。明朝陕西"西三边"延绥、宁夏、甘肃,是西北御边重地,战事频仍。武职选簿记录辖境内各个时期的战争,既有"开荒川之战""寘鐇之叛""宁镇之役"等大事件,也有难以计数的零星冲突。武职选簿以武官个体的经历显示了明代西北战争史的细微场景,其中显示的作战地点、战争频次以及平定暴乱、招降纳叛等实际,反映了明廷"三边总制"体系和周边民族地区关系的变化。

三是武官家族的谱系及延续。武职选簿记载的军官履历,涵盖籍贯出身、从军时间、建功缘由、升职级别、世袭辈数等,较一般方志所记更为详细,比大多数族谱仅记的"世系图"更为准确、完备。武职选簿还记载军官受罚、犯罪、充军或遇

---

① 梁志胜:《明代卫所武官世袭制度研究》,中国社会科学出版社,2012年,第447页。
② 高启安、邰惠莉:《裕固族童蒙教育最早的倡导者和推行者——明肃州兵备副使张愚事迹略考》,《河西学院学报》2019年第4期。

宥的情况，这些又是方志和家谱刻意回避或隐去的部分。就上述两点而言，武职选簿包含的信息真实而连贯，是研究家族史不可或缺的资料。

以靖远县房贵及房氏家族为例。"房贵，合肥人，二年由宁夏卫指挥使迁任卫指挥使，守备靖虏，遂籍于卫。"①"房贵，宁夏人。由汉中守备，正统二年任。同藩臬建置靖鲁（应为"虏"，校注者改为"鲁"）城垣、公廨、燉塘，事峻，遂敕守备。正统三年，奏设学校、仓场、驿递。景泰元年，奏讨楚府，牧军七百，以资战守。百务聿举，事妥人安，历二十年。都御史耿九畴荐进署都指挥使，回司掌印。""房怀，本卫指挥贵之孙，升陕西都司。多所建立。"②"房鉴，都指挥使贵之孙。少孤，淹通经史，矜尚志节，著有《敬斋诗集》一卷。成化四年，从征逆贼满四，率众当先，期欲吞噬，殁于阵，年二十七。子二：怀、恺。"③

至今，房氏仍是靖远、平川一带望族。

我们在《选簿校注·西安左卫》找到了其后人之一："指挥使一员·房凤鸣：正德十一年二月，房凤鸣，年十九岁，合肥县人，系陕西都司都指挥佥事房怀庶长男。伊父原袭靖虏卫指挥使，功升前职，今患疾。本人照例革替原职指挥使，改注西安左卫。"

靖远卫人路贵家世更能说明这一点："路贵，字文德，其先世由苏州迁山东泰安州。洪武时，以军功升金吾右卫左所百户转千户。夹河大战阵亡。子伯让，袭千户职；伯让卒，子从道袭职；从道卒，子安袭职。永乐初，历有军功，改升龙虎卫，世袭指挥佥事。后从征交趾，溺于水。贵即安之子也，袭父职龙虎卫指挥佥事。后仍食金吾左卫俸。正统二年，靖虏设卫，兵部铨选本卫任职，是为路氏迁靖之始。天顺五年，斩获套奴，升指挥同知。生子四，昭、升二人均有传，晖、昂，四川江安县丞；昂子纪，河南孟县县丞。"④其后人路升、路经、路瑛、路瑞、路元勋、路继先、路守忠、路耀远等相继袭任指挥同知。在靖远县城曾建有"元戎甲第

---

① 《靖远县新志》，李金财、白天星、张美泉总校注《靖远旧志集校》，甘肃文化出版社，2004年，第362页。
② 《重纂靖远卫志》，李金财、白天星、张美泉总校注《靖远旧志集校》，甘肃文化出版社，2004年，第88页。
③ 《重纂靖远卫志》，李金财、白天星、张美泉总校注《靖远旧志集校》，甘肃文化出版社，2004年，第126页。
④ 《靖远县新志》，李金财、白天星、张美泉总校注《靖远旧志集校》，甘肃文化出版社，2004年，第735—737页。

坊"，俨然成靖远豪族。路氏家族虽不在《选簿校注》内（《选簿校注》因佚而缺"靖虏卫"），但从路氏落籍到显赫家族形成史中，可窥见卫所武官发展之一斑。

手头一本民勤《汪家志·民勤卷》，引述1997年版《柳湖汪氏续修宗谱》谓："若其汪氏一族，有宗谱也，由来久矣。原籍山西府洪洞县人也，迁居民勤城南乡香家湾。世籍数代，有祖茔焉，更有谱所赖。"①《武职选簿》中记载镇番卫汪氏籍贯为南直隶全椒县，明万历年间以军功升"试百户"。因年湮代远，记忆阙误，两者相较，《武职选簿》的记载或许更为真实可靠。

四是卫所武官群体对地方文化形态的改变。众多军官和士兵集体西迁北徙，长期留守，潜移默化地改变着所在地的生产方式和生活习俗。一些地区逐渐由牧业转为农耕，由尚武趋向崇文。武官群体带来的饮食、服饰、居所、语言等文化元素大量融入当地居民的日常生活，形成南北交融的新型地域文化形态。这种文化的流变虽在武职选簿中未见明显记载，但其强大的生命力绵绵不绝，是值得深度研究的课题。

《肃镇华夷志》较为详细地揭示了这种居民来源、构成状况及习尚变化："自明朝扫逐胡元，宋国公冯胜统兵河西，奄有华夏，始迁四方人，以实其郡，习尚错杂，靡有定趋。成化以前，耕无百亩，商多悬罄，婚丧仅足成礼，卒伍苦于板筑。厥后，闲旷之地皆成沃壤……"②

五是《选簿校注》所选各卫所，多在丝绸之路沿线，其所揭示的卫所军防配置、武官铨选、"土官""达官"来源、职业军户落籍后对地方经济、文化、教育的贡献等，都是研究明代丝绸之路的重要资料。

我们看到，刘润和在整理校注《选簿》时，参照了多种史料，如《明实录》《明史》《明会典》《嘉靖陕西通志》《宁夏新志》《固原州志》《平凉府志》等，在注释中补充了许多史料，使得武职选簿与正史、志书互相印证，为读者提供了更多的研究线索。

---
①《汪家志·民勤卷》编纂委员会：《汪家志·民勤卷》，2014年，内部印刷，第9页。
②高启安、邵惠莉校注：《肃镇华夷志·风俗》，甘肃人民出版社，2006年，第99页。

本书对研究明代西北地区移民史、政治史、军事史、风俗史、家族史以及西部开发史等，都具有重要价值，是丝绸之路研究资料的发掘和丰富，对推进西北地区明史研究向深广发展有着无可替代的作用，堪称难得的明代珍贵史料。

我与润和相识于十多年前，他虽然服务于保险公司，但民勤县博物馆和文化馆数年的工作经历，培养了他钻研好学的精神，身上有民勤人特有的勤奋、吃苦和低调谦和。从20世纪80年代起，在《人民文学》《散文》《飞天》等报刊发表诗歌、散文、小说多篇并获奖，作品被收入多种选集。曾为央视《探索·发现》《甘肃古事》（六集）、甘肃电视台《甘肃扶贫进行时》（八集）等多部纪录片撰写解说词。我的床头就有其所著《风吹来的沙》（漓江出版社，2021年）和《镇番遗事历鉴校补》（文物出版社，2022年）两书。原想他只是一文学青年，浸淫于文学创作，其文笔清丽、朴实、简洁、流畅、轻快，及至读到其所著《镇番遗事历鉴校补》一书，则钩沉抉遗，拂蒙去尘，正讹校误，又显其认真、细致作风和涉猎广泛、学术眼光。

《选簿校注》是润和的又一部倾注心力钩沉发覆精心校理之作，必将为丝绸之路学、明史研究、军事史、移民史、西部开发史诸领域的研究输血给养，为相关学者送宝助力焉！

高启安

2023年10月于蜗蛙居

高启安，兰州大学历史文献学（含敦煌学）博士，京都大学人文科学研究所博士后，兰州财经大学教授。兼任中国敦煌吐鲁番学会理事，甘肃省敦煌学学会副会长。专攻敦煌学及丝绸之路饮食文化研究，涉猎裕固族、地方史、岩画等学术领域。发表相关论文200余篇；著有《〈肃镇华夷志〉校注》《唐五代敦煌饮食文化研究》《信仰与生活——唐宋间敦煌社会诸相探赜》等，其中《旨酒羔羊——敦煌的饮食文化》被译为日文在日本出版发行。

序 二

明清内阁大库档案和殷墟甲骨文、居延汉简、敦煌遗书一起，并称为20世纪初中国古文献的四大发现。档案作为原始资料，尤其受到史学界重视。明清档案汗牛充栋，大量的档案散布在中国和世界各地，尤以北京中国第一历史档案馆、台北故宫博物院、台北"中研院"保存的明清档案为多。明末兵燹，再加上时间久远，明代档案损毁殆尽，留存于世的甚少，明代档案对于明史研究更是弥足珍贵。现今所藏明朝档案，主要集中在中国第一历史档案馆和辽宁省档案馆。中国第一历史档案馆所存的明代档案全宗是北京大学、原东北图书馆、中国人民大学移交及本馆所藏明代档案的汇集，明代档案约有3500卷（件）。就其年代而言，上起洪武，下讫崇祯，尤以天启、崇祯朝为多。2001年由中国第一历史档案馆和辽宁省档案馆合编、广西师范大学出版社影印出版的《中国明朝档案总汇》（全101册），即为两处明朝档案的汇集，是明朝官府档案的首次系统公布，基本上囊括了中国大陆所存的明朝档案。该档案涉及范围甚广，在很大程度上拓宽了明史研究的领域。该档案的出版为学术界利用明朝档案资料进行政治、军事、经济、文化等诸多领域研究提供了珍贵的第一手资料。《中国明朝档案总汇》共分折件、档册、书册三编，其第二编档册类，主要内容即为武职选簿，影印收录了国内数量最多的明代卫所武职选簿资料。目前关于武职选簿的研究很多便基于此档案。

卫所制度是明朝最主要的军事编制制度。明代卫所武职官员实行世袭制度，武职继承人经过兵部武选清吏司的严格审查后，可袭替相应职位。"武职选簿"正是记载各个卫所职官袭替补选情况的登记簿，是记录卫所武职官员以及武职袭替重要的官方档案资料，其内容翔实，包括了所收录武职官员祖辈以来的姓名、年龄、籍贯、从军经历、袭替时间、袭替原因、征克地方、功次赏罚、升授职官、调守卫所记录等具体信息，蕴含的史料信息丰富而重大。

明代卫所武官世袭制度是卫所制度的主要形式，对明代的政治军事制度、社会变迁、经济文化发展等产生了深远的影响。随着古籍整理的热潮再起，明清地方史料的整理更是如火如荼，整理研究武职选簿就成为当下明史研究的重要内容。

明代为维护西北边疆安全，设置陕西都司和陕西行都司。陕西都司和陕西行都司是并行的军事管理机构，二者在职能有所区分，在辖区上有所侧重，共同构成明朝西北边疆的军事防御体系。陕西都司（全称"陕西都指挥使司"）隶属于明朝中央五军都督府（具体为右军都督府），是明代陕西行省（辖今陕西、甘肃东部、宁夏南部等地）的常规军事管理机构，设置20余卫、5个千户守御所，负责辖区内的卫所、军屯、防务等事务，驻地西安。陕西行都司（全称"陕西行都指挥使司"）名义上是陕西都司的派出机构（"行"意为临时或分设），但实际上直接受中央五军都督府管辖，独立性较强。其辖区在河西走廊等地（今甘肃西部、青海北部），驻地甘州（今张掖）。专管河西走廊及西域前沿地带，包括甘州、肃州（酒泉）、凉州（武威）、山丹、永昌、西宁等地，共12卫、4—6个防御所，直面蒙古、吐蕃等的威胁，是明朝西北边防的核心。陕西都司与陕西行都司是明代西北军事体系的"双支柱"，前者主内，后者主外，二者无直接隶属关系，但协同保障边疆安全。行都司的独立性更强，直接应对前线威胁，而都司更多承担后勤与腹地维稳职能。这种"一省两都司"独有的管理体制，彰显出明王朝对西北地区的重视，达到了深化边疆诸民族的交融、保障绿洲丝绸之路的畅通、维护西北边疆安全的目的。关于明代陕西都司和陕西行都司的研究，因《陕西行都司志》佚失，除《明实录》《明史》外，《肃镇华夷志》《庄浪汇纪》《甘肃镇考见略》《边镇考》《皇明九边考》等边镇志书为学者所必阅。因史料寥寥，学界的研究范式过于宏观、单一，缺乏中观、微观的研究视角，这既与当下史学研究的趋势不符，也限制了史学为国家战略服务功能的发挥。

刘润和整理校注的《明代陕西都司武职选簿校注》，收录了《中国明朝档案总汇》中《五军都督府所属卫所·右军都督府·陕西都司》西安左卫、平凉卫、安东中护卫附群牧所、甘州中护卫、宁夏前卫、宁夏中屯卫（中护卫）和陕西行都司下属镇番卫的近千户（名）武职官员档案，高度还原了明代陕西都司和陕西行都司武职选簿的真貌。刘润和在完成对所收录武职选簿整理的基础上，以所见史著或地方志的记载与各选簿贴黄、选条的记载相互补充，对其进行了深入的研究性校注，为使用本成果的学者提供了更多的研究线索。

《明代陕西都司武职选簿校注》清晰呈现了明代西北地区具体且详细的军户、武职官员世袭制度，为研究明代陕西都司和陕西行都司军户、武职官员世袭制度、移民史、政治史、军事史、民族史及家族史等提供了宝贵的一手资料。本书的内容可与相关的边镇志书互相印证，可在一定程度上补充学术界对明代卫所武职选簿整理使用的不足。

本书的出版必将吸引更多学者对明代卫所制度，特别是对武职选簿的研究和探索，推动明代军事制度研究尤其是明代西北军事制度研究进一步走向深入，进而促进学术界对整个明史研究向更深程度、更多领域发展。

是为序。

张连银

2022年9月2日

张连银，历史学博士。现为西北师范大学历史文化学院教授、副院长、硕士生导师，主要从事明清史、中国社会经济史、丝绸之路与中亚文明等研究。兼任中国测绘地理信息学会边海地图工作委员会委员、甘肃省历史学会秘书长。出版《兵动粮随：雍正朝平准战争西路军需补给研究》《西北边疆社会研究》等3部。

序 三

卫所是明代最基本的军事组织。正如《明史·兵志》所载："明以武功定天下，革元旧制，自京师达于郡县，皆立卫所。"这些数以千计的卫所，如满天星斗般散落在明朝疆域的不同角落，共同守护着明朝的国防安全。但与传统的军事组织不同，明代的都司卫所还不同程度地拥有人口、土地、财政、司法、民政等独立的管辖权。著名明史专家顾诚就曾指出，明代的疆土管理体制存在着行政和军事两大管理系统，都司卫所在绝大多数情况下也是一种地理单位。以都司卫所为主的军事系统和以府、州、县为主的行政系统共同构成了明代的疆域管理体制。在一些经济落后、人口稀少的边疆地区，卫所的独立辖区属性表现得更为明显。按照朱元璋的行政逻辑，在边地设置过多的行政官员会增加地方百姓的负担，而集生产与戍守于一体的军事系统兼及地方行政管理，则是一条更为有效的管理办法。由此，在明朝广大边疆地区，就形成了一批不设府州县，而由卫所代管民政的军管型政区，也就是学界通常所说的实土卫。卫所由于具有军政合一的特质，不仅能够灵活有效地管理边疆和民族地区，而且维护了国家统一、民族团结和社会稳定。可以说，卫所在明代国家治理中所表现出的特殊作用和丰富内涵，已经成为学术界长期关注的热点问题。特别是进入新世纪以来，有关卫所的研究成果更是如雨后春笋般层出不穷。而推动这一时期卫所研究的重要史料基础正是"武职选簿"的影印出版。

"武职选簿"，又称"卫选簿"，是明代专门记录卫所武官世袭的重要档案。"武职选簿"作为武选时兵部必须参照的重要资料，对武官家族祖辈以来的从军缘由、姓名、年龄、籍贯、职衔、功过及武职升降原因等内容都有十分详尽的记载。目前，现存的"武职选簿"主要收藏在中国第一历史档案馆和辽宁省档案馆，除此之外，还有少量残本藏于台北"中研院"历史语言研究所。据陕西师范大学梁志胜先生统计，海峡两岸所藏选簿档案原件，计有108册选簿（包括105卫、12守御千户所，以及群牧所、牧马所、蕃牧所、牺牲所、靖所、仪卫司、招讨司等各1个）和10册武选册（其中有1群所），总共118册，涉及全国125个卫、所、仪卫司、招讨司，内容极为丰富，为研究明代卫所制度、武官制度、人口迁移等问题提供了许多珍贵的一手资料。但这样一种珍贵档案，在很长一段时间里，却处在"养在深闺人未识"的境况。自20世纪30年代著名历史学家张鸿绪开始利用选簿进行研究起，到20世纪末，学界利用这批档案进行研究的学术成果寥寥无几。仅有的一些成果也主要是由日本和中国台湾学者运用日本东洋文库所藏13册选簿抄本完成的。在中国大陆，几乎没有学者注意到中国第一历史档案馆所藏选簿原件。直到2001年《中国明朝档案总汇》正式出版，才逐渐扭转了这种局面。

《中国明朝档案总汇》由中国第一历史档案馆、辽宁省档案馆联合编纂，全书收录了一史馆和辽宁省档案馆所藏的绝大多数传世明档，时间上起洪武四年（1371），下迄崇祯十七年（1644），同时也包含了南明弘光时期的少量档案。就类型而言，共分为四编：第一编，散件类，含兵部和礼部题行稿、奏本、契约等公私文书3535件；第二编，簿册类，以"武职选簿"为核心，记录卫所武官袭替、军功及制度运作；第三编，典籍类，收录《鲁斋全书》等12部抄存书册；第四编，辽宁省藏明代辽东档案（含辽东都司、巡抚衙署等）710件（卷）文件。全书共101册，字数达6000万字之巨。其中"武职选簿"有33册，占到了总数的三分之一，内容上涉及南北两京亲军卫、五军都督府直隶卫所以及五军都督府所属的全国23个都司（行都司）、留守司中的19个。可以说，随着《中国明朝档案总汇》的影印出版，"武职选簿"档案难以利用的情况已不复存在。彭勇、梁志胜、张金奎、吴艳红、徐恭生等学者都利用选簿产出大量高质量的学术成果。随着研究的深入，学者们的问题意识也从卫所、军户、充军等军制问题拓展到了地方行政区划、人口迁移、对外关系、边疆治理、民族交融等方方面面。作为国内"武职选簿"研究的重要推动者，陕西师范大学梁志胜先生还指导了孟凡松、孙志虎、任柳等十余名研究生，对不同卫所的"武职选簿"进行了初步的整理与研究。孟凡松在任职安顺学院后，专注于"武职选簿"的整理与研究，先后出版《明代卫所选簿校注·贵州卷》《明代卫所选簿校注·云南卷》《明代卫所选簿校注·广西卷》《明代卫所选簿校注·四川卷》，为明清西南区域史的研究提供了极大的帮助。

与西南、东南、华北等地区的卫所研究相比，西北地区的相关研究还处在起步阶段，对相关选簿的重视还远远不够。今天的甘肃、宁夏、陕西，以及青海省的东部地区，在明代是防御蒙古、吐鲁番等地区少数民族部落和政权的军事前沿。早在明初，明朝就在此屯驻重兵，设陕西都司、陕西行都司，管辖各类卫所40余个。明代的"九边重镇"中，榆林镇、宁夏镇、固原镇、甘肃镇都处于今天的西北地区。在一些经济基础薄弱、人口较少的边疆地区，为了不增加地方百姓的负担，明朝更是实行由卫所代管民政的管理办法，从而形成了一大批"军管型政区"。在这些"军管型政区"内，卫所以军事单位的形式嵌入地方社会，成为地方社会重要的组成部分。卫所作为国家力量的代表深入地方社会，卫所军户构成了地方人口的主体，卫所军事屯田成了地方经济的基础，甚至国家文化政策的推行也须以卫所为凭借。可以说，卫所对明清时期西北地区的社会发展与演变产生了深远影响。《中国明朝档案总汇》第56册、57册中收录的陕西都司所辖西安左卫、平凉卫、安东中护卫附群牧所、甘州中护卫、宁夏前卫、宁夏中屯卫（中护卫），以及陕西行都司所辖镇番卫，共计9个卫所的千余户武职官员档案，就为我们研究明清时期西北卫所与地方社会提供了珍贵的史料。

刘润和先生的《明代陕西都司武职选簿校注》对上述9个卫所的选簿进行全篇转录的同时，还参照《明实录》《明史》《嘉靖陕西通志》等史著及地方志进行深入细致的校勘，高度还原了明代西北地区卫所武职选簿的原貌。刘润和先生的校注，不仅解决了"武职选簿"字迹不清、断句不明等问题，为非历史学专业人士阅读选簿档案提供了方便，而且将其他史著和地方志的记载与选簿贴黄、选条的记载相互补充，为学者们使用、研究选簿提供了一把关键的钥匙。总而言之，《明代陕西都司武职选簿校注》是影印类档案文献再整理的重要成果，填补了明代西北地区"武职选簿"整理出版的学术空白，对于推动"武职选簿"及明清西北区域社会史的研究都具有重要的学术意义。

张　磊

2025年4月

张磊，青海师范大学历史学院副教授、博士研究生导师、院长助理，主要从事明清西北区域史研究。出版《明代卫所与河西地区社会变迁研究》《档海拾珍——礼县档案馆藏清代民间文书选编》。

凡 例

一、本书照录中国第一历史档案馆、辽宁省档案馆编，广西师范大学出版社2001年影印出版的《中国明朝档案总汇》（以下简称《总汇》）第56册所收《五军都督府所属卫所·右军都督府·陕西都司》所属西安左卫、平凉卫、甘州中护卫、安东中护卫附群牧所、宁夏前卫和第57册所收的宁夏中屯卫（中护卫）、镇番卫等9个卫所的武职档案。

二、《总汇》原簿各册有《兵部为清查功次选簿以裨军政事》，详述选簿编造规则。此次校注照录于前，加以简注。

三、《总汇》原簿中俗体字和异体字径改为通用字。遗漏的字词以"〔〕"增补，错误的字词以"（）"标出改正字样。模糊不清的字词四字以内以"□"标识，四字以上用"……"标识。不属于选簿原文的提示性词语用"〔〕"标识。

四、《总汇》原簿中编号大写汉字数字（如壹、贰、叁等）统一改为小写汉字数字（地名、人名除外）。

五、《总汇》原簿页码以阿拉伯数字在正文行间标注，如"·93·""·285·"等，便于查找。

六、《总汇》原簿姓名、职级以"·"分隔。原簿"年远事故……""又一员"标题后加最后选条人名，以"·"分隔。两者重复的照原簿录入，另加注说明。原簿中有姓名而未写职务者，在姓名后加注职务。

七、《总汇》原簿地名异写者均按现行统一名称改正。个别地名如"黄岗"改作"黄冈"，"崑山"改作"昆山"等，校注时未作标注。

八、《总汇》原簿中书写顺序颠倒的字用形似"了"的字符标识，修正处用"×"标注。本次校注径作改正，未再作标识。

九、《总汇》原簿中出现的"洪武三十二年"至"洪武三十五年"，为朱允炆在位的年号"建文"，朱棣夺位后将档案中改为"洪武"年号，本次校注未作改动。

十、《总汇》原簿"对讫"钤印多为"孙应龙、彭光宙",其余模糊不清,校注时不再逐一注明。

十一、《总汇》原簿中的"虏""达""寇"等词语本着尊重历史的态度,保留原貌,未作更改。

十二、本书注释引用著作和文献首次出现时注明作者(编纂者)、出版方、出版时间和页码,之后出现时仅注明作者名、书名和页码。

目 录

序 一 ···高启安 1
序 二 ···张连银 1
序 三 ···张　磊 1
凡 例 ··1
兵部为清查功次选簿以裨军政事 ······················1

五军都督府所属卫所·右军都督府·陕西都司·西安左卫

原簿目录 ··7
杨余庆·指挥使 ···12
张承祖·指挥使 ···13
戴宗舜·指挥使 ···14
任官·指挥使 ··15
荣征·指挥使 ··17
费增·指挥使 ··18
周栋·指挥使 ··19
指挥使一员·房凤喈 ··19
年远事故一员·朱鳌 ··20
又一员·何宁 ··20
尹勋·署指挥使事指挥同知 ································20
王道诚·指挥同知 ···22
李孜·指挥同知 ··23
赵安·指挥同知 ··23

王兴祖·指挥同知	24
指挥同知一员·张申	24
年远事故一员·刘鉴	25
把景隆·指挥佥事	25
陆希续·指挥佥事	25
张澄·指挥佥事	26
田镇·指挥佥事	27
耿世勋·指挥佥事	28
田雨·指挥佥事	29
戴冠·指挥佥事	30
郭世勋·指挥佥事	31
杨显祖·指挥佥事	32
蒋从志·指挥佥事	32
年远事故指挥佥事一员·阎得	32
又一员·王钦	33
又一员·杜钦	33
又一员·马昇	33
又一员·周泰	33
张毓奇·指挥佥事	33
程尚华·卫镇抚	33
毛应恩·正千户	34
左所年远事故正千户一员·刘福	35
王激·副千户	36
周凤·副千户	37
马爵·副千户	38
冯翔·副千户	40
年远事故左所副千户一员·夏通	40
又一员·时伽蓝奴	41
又一员·高达	41
王宝·实授百户	41

沈鹏·实授百户	42
高颐·实授百户	43
赵滋·实授百户	44
朱官·实授百户	45
刘相·实授百户	46
徐坤·实授百户	47
周勇·世袭百户	48
朱衮·世袭百户	48
戴通·实授百户	49
年远事故左所实授百户一员·韩福	50
又一员·白怀	50
又一员·屈信	50
又一员·杜宗	51
又一员·周忠	51
又一员·张礼	51
又一员·李旺	51
又一员·张英	51
又一员·张玉	52
又一员·李安	52
又一员·李端	52
又一员·汪宗	52
又一员·潘贵	52
又一员·郭英	52
周可达·实授百户	53
朱栋·实授百户	53
杨朝进·试百户	54
叶溪·试百户	54
年远事故左所所镇抚一员·陶深	55
陈秉元·正千户	55
丁振·正千户	56

年远事故右所正千户一员·王经 …… 57
尹洪·副千户 …… 57
李勋·副千户 …… 58
年远事故右所副千户一员·刘泰 …… 59
又一员·曹忠 …… 59
又一员·黄鼎 …… 59
优养一员·黄福 …… 60
游宪·实授百户 …… 60
韦椿·实授百户 …… 61
沈兴·实授百户 …… 61
唐承裕·实授百户 …… 62
徐栋·实授百户 …… 63
陈朝·实授百户 …… 64
钱养民·世袭百户 …… 65
葛清·实授百户 …… 65
年远事故右所实授百户一员·蔡昂 …… 66
又一员·王隆 …… 67
又一员·王敬 …… 67
又一员·张翰 …… 67
又一员·刘进 …… 67
又一员·卢兴 …… 68
又一员·田昱 …… 68
又一员·毛瑛 …… 68
又一员·武政 …… 68
又一员·宫铎 …… 68
优养一员·李雄 …… 69
王杰·试百户 …… 69
任仕·试百户 …… 69
右所试百户一员·王用 …… 70
张策勋·正千户 …… 70

张梁栋·实授百户 …………………………………………………………… 71
年远事故中所正千户一员·时清 …………………………………………… 72
宋章·副千户 ………………………………………………………………… 72
杨仁·副千户 ………………………………………………………………… 72
张榜·副千户 ………………………………………………………………… 73
苏宇宜·副千户 ……………………………………………………………… 74
王祚·副千户 ………………………………………………………………… 75
年远事故副千户一员·刘玉 ………………………………………………… 76
又一员·袁质 ………………………………………………………………… 76
又一员·王胜 ………………………………………………………………… 76
王重德·实授百户 …………………………………………………………… 77
李丕显·实授百户 …………………………………………………………… 77
王韬·世袭百户 ……………………………………………………………… 77
何柿·实授百户 ……………………………………………………………… 78
高立·实授百户 ……………………………………………………………… 78
周万相·实授百户 …………………………………………………………… 80
李桓·实授百户 ……………………………………………………………… 81
任仝·实授百户 ……………………………………………………………… 82
冯和·世袭百户 ……………………………………………………………… 82
年远事故中所世袭百户一员·董鸿 ………………………………………… 83
又一员·李顺 ………………………………………………………………… 83
又一员·孟宗 ………………………………………………………………… 83
又一员·张旺 ………………………………………………………………… 84
又一员·周辅 ………………………………………………………………… 84
又一员·张汉 ………………………………………………………………… 84
又一员·王忠 ………………………………………………………………… 85
又一员·邵青 ………………………………………………………………… 85
又一员·刘昇 ………………………………………………………………… 85
又一员·邢贵 ………………………………………………………………… 85
又一员·宋立 ………………………………………………………………… 85

郑宏·署百户 …………………………………………………… 85

李成·试百户 …………………………………………………… 86

年远事故中所所镇抚一员·王能 …………………………… 87

李可久·实授百户 ……………………………………………… 87

管继祖·正千户 ………………………………………………… 87

年远事故前所正千户一员·尚忠 …………………………… 88

宋相·副千户 …………………………………………………… 88

朱彬·副千户 …………………………………………………… 90

年远事故前所副千户一员·方正 …………………………… 91

又一员·徐良 …………………………………………………… 91

又一员·周礼 …………………………………………………… 91

又一员·张广 …………………………………………………… 92

马绳武·实授百户 ……………………………………………… 92

韦应岐·世袭百户 ……………………………………………… 93

欧阳宗·世袭百户 ……………………………………………… 94

丁绍武·实授百户 ……………………………………………… 94

李汉·实授百户 ………………………………………………… 95

陈实·实授百户 ………………………………………………… 96

殷朝用·世袭百户 ……………………………………………… 97

年远事故前所世袭百户一员·吴隆 ………………………… 98

又一员·刘德 …………………………………………………… 98

又一员·结缘 …………………………………………………… 98

又一员·曹英 …………………………………………………… 98

又一员·洪兴 …………………………………………………… 99

又一员·樊胜 …………………………………………………… 99

又一员·戴政 …………………………………………………… 99

又一员·满益 …………………………………………………… 99

又一员·傅霖 …………………………………………………… 99

优养一员·祁信 ………………………………………………… 99

高品·试百户 …………………………………………………… 100

陆时夏・试百户 …………………………………………………… 101

年远事故前所所镇抚一员・周铨 ……………………………… 102

又一员・蒋和 ……………………………………………………… 102

方贯・正千户 ……………………………………………………… 102

朱世臣・正千户 …………………………………………………… 103

年远事故后所正千户一员・胡僧 ……………………………… 103

萧凤・副千户 ……………………………………………………… 104

徐桂・署正千户事副千户 ………………………………………… 104

蔡朝勋・副千户 …………………………………………………… 105

徐荣祖・副千户 …………………………………………………… 106

葛蕰・副千户 ……………………………………………………… 107

孙凤岐・署实授百户事试百户 …………………………………… 108

年远事故后所副千户一员・朱通 ……………………………… 108

又一员・张真 ……………………………………………………… 109

又一员・李旺 ……………………………………………………… 109

张斌・世袭百户 …………………………………………………… 109

夏锦・世袭百户 …………………………………………………… 110

杨钺・世袭百户 …………………………………………………… 111

李世禄・世袭百户 ………………………………………………… 111

杨铉・实授百户 …………………………………………………… 112

赵承恩・署镇抚事实授百户 ……………………………………… 112

孙崇先・实授百户 ………………………………………………… 113

年远事故后所实授百户一员・徐琮 …………………………… 113

又一员・王敬 ……………………………………………………… 114

又一员・洪胜 ……………………………………………………… 114

又一员・娄恕 ……………………………………………………… 114

又一员・李达 ……………………………………………………… 114

又一员・耿胜 ……………………………………………………… 114

又一员・屈祥 ……………………………………………………… 114

又一员・王瑄 ……………………………………………………… 115

| 又一员·蒋寿 | 115 |
| 又一员·赵瑛 | 115 |

五军都督府所属卫所·右军都督府·陕西都司·平凉卫

原簿目录	119
哈纬·指挥使	125
年远事故指挥使一员·宋麒	126
又一员·哈剌喏咄	126
又一员·李增	127
石汝瑁·指挥使	127
王思慎·署指挥使事指挥同知	127
陈希尧·指挥同知	128
杜龙·指挥同知	129
王大纲·指挥同知	130
陶岳·指挥同知	132
吴瀛·指挥同知	133
赵登科·指挥同知	134
年远事故署指挥使一员·赵文	134
指挥同知一员·杨勋	135
又一员·黄琮	135
又一员·刘源	135
又一员·钟容	135
任自重·指挥佥事	136
保印·指挥佥事	136
尹玉·指挥佥事	137
马昇·指挥佥事	138
甘雨·指挥佥事	139
郑表·指挥佥事	140
陈扬·指挥佥事	141

年远事故指挥佥事一员·赵宝	143
又一员·戚安	143
又一员·韩忠	143
又一员·李忠	143
又一员·李能	143
又一员·陈玉	144
又一员·张英	144
充军指挥佥事一员·东昇	144
李得春·卫镇抚	144
翟昆·卫镇抚	145
康诰·署指挥佥事事正千户	146
王佐·署指挥佥事事正千户	147
李经·署指挥佥事正千户	148
黄金重·正千户	148
左所年远事故正千户一员·余海	150
又一员·朱政	150
又一员·梁广	150
优养一员·刘得	150
陆瑾·署镇抚事副千户	150
魏相·副千户	151
田登·副千户	152
左所副千户一员·周纲	153
年远事故一员·邢端	153
又一员·张贵	153
又一员·端铠	153
赵文逵·试百户	154
贾振·世袭百户·土人	154
张隆·世袭百户	155
贾栋·实授百户	155
林松·实授百户	156

宋鹍·实授百户 ………………………………………………………………… 157
施振·实授百户 ………………………………………………………………… 158
丁钦·百户 ……………………………………………………………………… 159
曹钦·百户 ……………………………………………………………………… 159
年远事故左所世袭百户一员·周忠 ………………………………………… 160
　又一员·杨旺 ………………………………………………………………… 160
　又一员·苏广 ………………………………………………………………… 161
　又一员·林贵 ………………………………………………………………… 161
　又一员·沈归实 ……………………………………………………………… 161
　又一员·陈斌 ………………………………………………………………… 161
　又一员·夏兴 ………………………………………………………………… 161
　又一员·赵弼 ………………………………………………………………… 161
朱澄·试百户 …………………………………………………………………… 162
花锦·所镇抚 …………………………………………………………………… 162
年远事故右所正千户一员·杭玉 …………………………………………… 163
　又一员·刘忠 ………………………………………………………………… 163
　又一员·逯通 ………………………………………………………………… 164
年远事故右所副千户一员·王住儿 ………………………………………… 164
　又一员·蔡通 ………………………………………………………………… 164
　又一员·苏通 ………………………………………………………………… 164
　又一员·张奇 ………………………………………………………………… 165
　又一员·周全 ………………………………………………………………… 165
　又一员·陈忠 ………………………………………………………………… 165
　又一员·鲁忠 ………………………………………………………………… 165
　又一员·季恭 ………………………………………………………………… 165
　又一员·许达 ………………………………………………………………… 165
年远事故右所世袭百户一员·徐隆 ………………………………………… 166
　又一员·杨全 ………………………………………………………………… 166
　又一员·萧禽兽 ……………………………………………………………… 166
　又一员·李瑛 ………………………………………………………………… 166

又一员·周振	166
又一员·徐友	167
又一员·仇刚	167
又一员·戚荣	167
又一员·钱用	167
又一员·陆铭	167
年远事故试百户一员·徐宽	167
杨玺·正千户	168
火镇·正千户	168
陈国英·实授百户	169
中所正千户一员·何木雷	169
年远事故一员·姚政	170
又一员·黄旻	170
王国正·副千户	170
时安·副千户	171
陈立·副千户	172
叶茂·署指挥佥事	173
年远事故中所副千户一员·叶茂	174
又一员·刘福	174
又一员·王名	174
又一员·陈贵	174
又一员·钱友	175
又一员·丁旺	175
刘朝·实授百户	175
陈谏·实授百户	176
计印·实授百户	176
马骠·实授百户	177
张恩·实授百户	178
赵隆·世袭百户	179
陈爵·实授百户	179

李麟·实授百户 …… 180

年远事故中所世袭百户一员·王玉 …… 181

  又一员·朱永 …… 182

  又一员·陶斌 …… 182

  又一员·王林 …… 182

  又一员·程安 …… 182

  又一员·黄勇 …… 182

  又一员·谈广 …… 182

  又一员·魏刚 …… 183

  又一员·杨荣 …… 183

何震·试百户 …… 183

万福·试百户 …… 184

公邦奇·试百户 …… 184

白宪·试百户 …… 185

张腾·试百户 …… 185

张武·试百户 …… 186

中所所镇抚一员·和振 …… 187

陈谟·正千户 …… 187

年远事故前所正千户一员·卢胜 …… 188

  又一员·王忠 …… 188

  又一员·刘政 …… 188

  又一员·殷兴 …… 188

丁采·副千户 …… 188

朱钦·副千户 …… 189

戴功·副千户 …… 190

孟玺·副千户 …… 191

杨激·副千户 …… 192

张勋·副千户 …… 193

年远事故前所副千户一员·祁英 …… 194

  又一员·秦浩 …… 194

又一员·丁志 194

又一员·谢荣 194

优养一员·陆瑄 194

武镇·实授百户 195

刘爵·实授百户 195

许汝修·实授百户 196

张机·世袭百户 197

黄朝·实授百户 198

胡鳌·实授百户 199

张东曦·实授百户 200

萧鸾·实授百户 201

年远事故前所世袭百户一员·张泰 202

又一员·张林 202

又一员·刘刚 202

又一员·郭又成 202

又一员·瞿谅 203

又一员·徐观音保 203

优养一员·孙显 203

又一员·钱得胜 203

优养妇女一口·王氏 203

徐铛·试百户 204

赵晖·试百户 204

保进·试百户 205

年远事故前所所镇抚一员·甘锐 205

又一员·郑赟 205

李光祖·正千户 205

张鹏·正千户 207

赵梁·正千户 207

胡见·正千户 208

年远事故后所正千户一员·朱贵 209

又一员·梁端 209
成大功·副千户 209
胡清·副千户 210
廖豸·副千户 211
田钟·副千户 212
邵泰·副千户 213
张栾·副千户 214
年远事故后所副千户一员·金英 214
又一员·张清 214
优养一员·郭晟 215
刘承先·世袭百户 215
杨世臣·实授百户 215
刘振·实授百户 216
陈镇·世袭百户 217
王钊·实授百户 218
朱麒·世袭百户 218
张钺·世袭百户 219
羊宗·实授百户 220
殷雄·世袭百户 221
高暻斗·试百户 222
年远事故后所世袭百户一员·尤玺 222
又一员·周泰 222
又一员·赵凯 222
又一员·马昇 223
又一员·史敬 223
又一员·丁兴 223
又一员·英锐 223
又一员·王英 223
又一员·周能 223
又一员·唐敬 224

又一员·刘贵	224
又一员·王忠	224
又一员·陆安	224
优养一员·韩义	224
朱继武·试百户	224
孟贤·试百户	225
张钦·试百户	226
赵爔·试百户	227
刘仰锜·试百户	227
后所所镇抚一员·朱瑄	227
年远事故一员·孟旸	228
年远事故试百户一员·李雄	228

五军都督府所属卫所·右军都督府·陕西都司·甘州中护卫

原簿目录	231
甘州中护卫年远事故指挥同知一员·徐庸	234
又一员·陆英	234
宋国贤·指挥佥事	234
樊简·署指挥佥事事正千户	235
甘州中护卫年远事故指挥佥事一员·申澄	236
又一员·董俊	236
又一员·黄壁	236
戴光国·署指挥佥事事正千户	237
年远事故卫镇抚一员·赵玘	237
程延·指挥佥事	237
于守成·副千户	238
刘文·副千户	239
戴禄·署副千户	240
年远事故左所世袭副千户一员·许塘	240

刘东·实授百户 …… 240
黄鲛·实授百户 …… 241
马金·实授百户 …… 242
倪鹏·实授百户 …… 243
叶傲冬·实授百户 …… 243
张凤·实授百户 …… 244
沈世忠·实授百户 …… 245
程继勋·实授百户 …… 246
充军左所实授百户一员·刘淮 …… 246
咬潭·所镇抚 …… 247
赵恩·副千户 …… 247
王勋·副千户 …… 248
年远事故右所世袭副千户一员·张铭 …… 249
单龙·实授百户 …… 250
殷铬·实授百户 …… 250
杨勋·实授百户 …… 251
裴凤·百户 …… 252
褚守官·实授百户 …… 253
武天福·世袭百户 …… 254
李奇·实授百户 …… 254
聂四慎·副千户 …… 255
刘焕·实授百户 …… 255
胡时真·试百户 …… 256
陆寿·世袭百户 …… 256
年远事故右所世袭百户一员·费雄 …… 257
张流玉·试百户 …… 257
高范·试百户 …… 258
史相·试百户 …… 259
蒋湜·试百户 …… 259
张勗·正千户 …… 260
杨俊·世袭百户 …… 261

赵栋·实授百户 ……………………………………………………………… 262

刘迪·世袭百户 ……………………………………………………………… 262

刘麟·世袭百户 ……………………………………………………………… 263

阮绍[祖]·世袭百户 ………………………………………………………… 264

李珑·实授百户 ……………………………………………………………… 265

钮凤·实授百户 ……………………………………………………………… 266

年远事故中所世袭百户一员·郑廉 ………………………………………… 266

又一员·潘安 ………………………………………………………………… 267

范龙·所镇抚 ………………………………………………………………… 267

朱世英·正千户 ……………………………………………………………… 268

时(谢)玘·世袭百户 ………………………………………………………… 268

郭动·副千户 ………………………………………………………………… 269

张勋·副千户 ………………………………………………………………… 270

马镛·署副千户事实授百户 ………………………………………………… 271

杨英·实授百户 ……………………………………………………………… 272

吴守爵·实授百户 …………………………………………………………… 272

王之翰·世袭百户 …………………………………………………………… 273

[范葵·实授百户] …………………………………………………………… 274

[高永镇·实授百户] ………………………………………………………… 275

年远事故世袭百户一员·许衍 ……………………………………………… 276

[又一员·刘鸿] ……………………………………………………………… 276

[又一员·郁斌] ……………………………………………………………… 276

[年远事故世袭副千户一员·刘冠] ………………………………………… 276

[杨灯·副千户] ……………………………………………………………… 276

[乔英]·实授百户 …………………………………………………………… 277

[高鲸·实授百户] …………………………………………………………… 278

五军都督府所属卫所·右军都督府·陕西都司·安东中护卫附群牧所

安东中护卫 …………………………………………………………………… 281

范漳·指挥同知 …… 281

冯鲸·指挥同知 …… 282

李朝卿·指挥同知 …… 283

安东中护卫年远事故指挥同知一员·谢荣 …… 284

毛麟·指挥佥事 …… 284

王世泽·指挥佥事 …… 285

年远事故指挥佥事一员·王世泽 …… 286

又一员·曹成 …… 286

张廷相·卫镇抚 …… 286

年远事故世袭卫镇抚一员·余高 …… 287

又一员·谢宁 …… 287

又一员·卜铭 …… 287

合栋·正千户 …… 287

满堂·世袭百户 …… 288

叶锦·实授百户 …… 289

陈彬·实授百户 …… 290

冯儒·实授百户 …… 291

邵昂·世袭百户 …… 291

年远事故左所世袭百户一员·李英 …… 292

又一员·伍全 …… 292

又一员·殷盛 …… 293

又一员·张彬 …… 293

又一员·张鉴 …… 293

又一员·孙让 …… 293

又一员·左实 …… 293

又一员·管得 …… 293

王三聘·试百户 …… 294

年远事故试左所百户一员·林谧 …… 294

又一员·陈朗 …… 294

又一员·杨铭 …… 294

又一员·周瑜	295
年远事故右所世袭正千户一员·王吉祥	295
谢得荣·所镇抚	295
周于道·副千户	296
年远事故右所世袭副千户一员·于信	296
又一员·李荣	297
又一员·张允	297
又一员·朱英	297
颜和·实授百户	297
李如松·世袭百户	298
李遇春·实授百户	298
年远事故右所世袭百户一员·杨孙孙	299
又一员·叶茂	299
又一员·王德	299
杨景仁·试百户	299
董钦·试百户	300
叶应时·所镇抚	301
朱成·试百户	301
年远事故右所试所镇抚一员·夏谅	302
朱国宝·副千户	302
年远事故中所世袭副千户一员·查允	303
又一员·李成	303
蒋宗翰·世袭百户	303
陈聚·世袭百户	304
年远事故中所世袭百户一员·贾兴	304
又一员·徐真	304
又一员·姜达	304
又一员·周荣	305
又一员·彭富	305
陶文·所镇抚	305

年远事故中所试百户一员·叶宗喜 ………………………………… 306
又一员·吕渊 ……………………………………………………… 306
试所镇[抚]一员·吴宗 …………………………………………… 306
赵得辉·副千户 …………………………………………………… 306
林皋·所镇抚 ……………………………………………………… 307
前所年远事故世袭副千户一员·申庆 …………………………… 308
施勇·世袭百户 …………………………………………………… 308
前所年远事故世袭百户一员·白永中 …………………………… 308
又一员·朱荣 ……………………………………………………… 308
宋纲·试百户 ……………………………………………………… 309
前所年远事故试所镇抚一员·谷永成 …………………………… 309
朱禬·正千户 ……………………………………………………… 309
张泽·副千户 ……………………………………………………… 310
赵耀·实授百户 …………………………………………………… 311
范文·实授百户 …………………………………………………… 311
陈麒·世袭百户 …………………………………………………… 312
宋荣·实授百户 …………………………………………………… 313
李蓁·实授百户 …………………………………………………… 314
韩义·世袭百户 …………………………………………………… 314
张盛·世袭百户 …………………………………………………… 315
安东群牧所年远事故世袭百户一员·周得 ……………………… 316
谢守仁·试百户 …………………………………………………… 316
谢德时·典仗 ……………………………………………………… 317
安东群牧所年远事故试百户一员·谢凤 ………………………… 317
又一员·岳信 ……………………………………………………… 317
试所镇抚一员·徐敬 ……………………………………………… 317
右所冠带总旗一员·宋德 ………………………………………… 318
总旗一员·尹骥 …………………………………………………… 318
小旗一员·张葛住 ………………………………………………… 318
又一员·忤讨儿 …………………………………………………… 318

五军都督府所属卫所·右军都督府·陕西都司·宁夏前卫

原簿目录 ·· 321
郑献·指挥使 ·· 327
罗铠·指挥使 ·· 328
张栋·指挥使 ·· 329
赵应·指挥使 ·· 329
吴嵩·指挥使 ·· 331
江皋·指挥同知 ··· 333
李堂·指挥同知 ··· 334
杨拱·指挥同知 ··· 335
王价·指挥同知 ··· 335
年远事故指挥同知一员·仇理 ································· 337
又一员·王玮 ·· 337
汪度·指挥佥事 ··· 337
解麟·指挥佥事 ··· 338
赵炳·指挥佥事 ··· 339
王范·指挥佥事 ··· 340
邓旸·指挥佥事 ··· 341
任极·指挥佥事 ··· 342
江龙·指挥佥事 ··· 344
陈奎·指挥佥事 ··· 345
李植·指挥佥事 ··· 346
陈雷·指挥佥事 ··· 347
杨鹏·指挥佥事 ··· 348
徐浩·指挥佥事 ··· 350
朱梦龙·指挥佥事 ··· 350
年远事故指挥佥事一员·赵大宁 ································ 351
又一员·梁辅 ·· 351

又一员·申颙 ……351
又一员·魏政 ……351
又一员·王忠 ……351
又一员·陈忠 ……351
年远事故卫镇抚一员·杨纲 ……352
路美·正千户 ……352
蒋镒·正千户 ……353
韩恩·正千户 ……354
朱经·正千户 ……354
刘东·正千户 ……355
鲁镇·副千户 ……356
年远事故左所正千户一员·徐斌 ……356
沈士明·所镇抚 ……356
蒯鹏·副千户 ……357
柴钦·副千户 ……358
年远事故左所副千户一员·柴纲 ……358
又一员·柴朵儿只 ……358
又一员·王真 ……359
又一员·陈忠 ……359
又一员·张成 ……359
又一员·范兴 ……359
又一员·赵什来的 ……359
陈表·署副千户事百户 ……359
宋实·署副千户事实授百户 ……360
李恩·实授百户 ……361
郭邦·实授百户 ……362
王勋·世袭百户 ……363
邓云·世袭百户 ……364
蒯训·实授百户 ……365
周应龙·试百户 ……366

年远事故左所世袭百户一员·张铭……366
又一员·朱海……367
又一员·王贵……367
又一员·袁瑛……367
又一员·魏广……367
又一员·罗茂……367
编军簿查有充军百户一员·陆俊……367
郑思廉·实授百户……368
陈辅·试百户……368
赵清·试百户……369
郑景文·试百户……369
王弼·试百户……370
王纲·试百户……370
王高·试百户……371
罗珮·试百户……371
冷镇·试百户……372
李谨·试百户……372
张鉴·试百户……373
方泰·试百户……373
于昂·试百户……374
高旸·所镇抚……374
赵龙·试百户……375
李宪·署百户……376
张魁·署百户……376
宋杰·正千户……377
王国·正千户……378
年远事故右所正千户一员·洪宽……379
赵大授·试百户……379
陈邳·副千户……380
杨湛·副千户……380

苏文·署正千户事副千户 ……………………………………………… 381
王道·副千户 ……………………………………………………………… 382
年远事故右所副千户一员·曹定住 …………………………………… 383
又一员·孙纪 ……………………………………………………………… 383
又一员·李雄 ……………………………………………………………… 384
又一员·成智 ……………………………………………………………… 384
又一员·高昇 ……………………………………………………………… 384
又一员·李惟澄 …………………………………………………………… 384
又一员·韩忠 ……………………………………………………………… 384
刘镒·署副千户事百户 …………………………………………………… 384
卢焕·世袭百户 …………………………………………………………… 385
刘昂·世袭百户 …………………………………………………………… 386
方语·世袭百户 …………………………………………………………… 386
杨铨·世袭百户 …………………………………………………………… 387
潘桂·实授百户 …………………………………………………………… 388
杜诗·实授百户 …………………………………………………………… 389
俞重茂·实授百户 ………………………………………………………… 389
古节·实授百户 …………………………………………………………… 390
年远事故世袭百户一员·陈瑾 ………………………………………… 390
又一员·陈赟 ……………………………………………………………… 391
又一员·华廉 ……………………………………………………………… 391
又一员·孟昇 ……………………………………………………………… 391
又一员·王能 ……………………………………………………………… 391
又一员·何能 ……………………………………………………………… 392
又一员·王聚 ……………………………………………………………… 392
又一员·萧旺 ……………………………………………………………… 392
优养一员·韩旺 …………………………………………………………… 392
又一员·时旺 ……………………………………………………………… 392
又妇一口·张氏 …………………………………………………………… 393
编军簿查有边卫充军一员·白梅 ……………………………………… 393

李魁·试百户 ……………………………………………………… 393

马成龙·试百户 …………………………………………………… 394

宋钺·试百户 ……………………………………………………… 394

姚臣·试百户 ……………………………………………………… 395

祁恩·试百户 ……………………………………………………… 396

白自成·试百户 …………………………………………………… 396

王相·署百户 ……………………………………………………… 396

李钦·正千户 ……………………………………………………… 397

郑官·正千户 ……………………………………………………… 398

王隆·正千户 ……………………………………………………… 399

年远事故中所正千户一员·陈文 ………………………………… 399

文仲科·实授百户 ………………………………………………… 400

王龙·副千户 ……………………………………………………… 400

张选·副千户 ……………………………………………………… 401

年远事故中所副千户一员·徐英 ………………………………… 402

又一员·周胜 ……………………………………………………… 402

又一员·刘斌 ……………………………………………………… 402

编军簿查有·陈忠 ………………………………………………… 403

红尽忠·实授百户 ………………………………………………… 403

张钺·世袭百户 …………………………………………………… 403

游善·实授百户 …………………………………………………… 404

徐镇·实授百户 …………………………………………………… 404

宣士能·试百户 …………………………………………………… 405

年远事故中所世袭百户一员·文忠 ……………………………… 406

又一员·董寿 ……………………………………………………… 406

又一员·陈住儿 …………………………………………………… 406

又一员·陈宗 ……………………………………………………… 406

又一员·李斌 ……………………………………………………… 407

又一员·张俊 ……………………………………………………… 407

又一员·杨旺 ……………………………………………………… 407

又一员·阎贵 …… 407
又一员·孔斌 …… 407
李光祖·试百户 …… 407
俞时·试百户 …… 408
王佩·试百户 …… 409
华岳·试百户 …… 410
李通·试百户 …… 410
杨元启·试百户 …… 411
马思忠·试百户 …… 411
赵邦卿·试百户 …… 412
中所试百户一员·孔钊 …… 412
年远事故一员·华荣 …… 413
陈良弼·试百户 …… 413
王彻·试百户 …… 413
江廷诏·试百户 …… 414
陶成栋·正千户 …… 414
马瑞·正千户 …… 415
曹元·正千户 …… 416
李实·正千户 …… 417
年远事故前所正千户一员·黄能 …… 418
方培·副千户 …… 418
喻官·副千户 …… 419
李汉·副千户 …… 420
谢聘·副千户 …… 421
季爵·副千户 …… 422
夏文华·署试百户 …… 423
年远事故前所副千户一员·张铨 …… 424
又一员·陈儒 …… 424
又一员·任敬 …… 424
又一员·刘宁 …… 425

又一员·陈聚	425
又一员·路通	425
又一员·张礼	425
江奇功·前所试百户	425
丁勇·世袭百户	426
马登·世袭百户	426
张云·世袭百户	427
魏鸾·实授百户	428
靳时·世袭百户	429
方象坤·试百户	429
魏朝元·世袭百户	430
年远事故前所世袭百户一员·贾祥	430
又一员·钟洪	430
又一员·邵卿	431
又一员·朱通	431
又一员·刘全	431
又一员·盛芳	431
又一员·闪正	431
又一员·贾咬儿	432
又一员·萧旺	432
优养一员·于得海	432
又妇一口·宋氏	432
唐廷臣·所镇抚	432
李育·试百户	433
江一龙·试百户	433
方永春·试百户	434
李伦·正千户	434
吴应举·所镇抚	435
年远事故后所正千户一员·李锦	435
年远事故后所副千户一员·徐钦	435

又一员·杨兴 …………………………………………………… 436

又一员·夏斌 …………………………………………………… 436

又一员·王兴 …………………………………………………… 436

优养一员·沈忠 ………………………………………………… 436

又一员·倪景先 ………………………………………………… 436

龚直·实授百户 ………………………………………………… 437

朱印·实授百户 ………………………………………………… 437

周臣·实授百户 ………………………………………………… 438

韩儒·世袭百户 ………………………………………………… 439

刘显·实授百户 ………………………………………………… 439

胡镗·实授百户 ………………………………………………… 440

王贤·世袭百户 ………………………………………………… 440

蒋泰·实授百户 ………………………………………………… 441

程宪·署所镇抚事世袭百户 …………………………………… 442

后所实授百户一员·赵良臣 …………………………………… 443

又一员·许靖 …………………………………………………… 443

年远事故一员·朱玺 …………………………………………… 443

又一员·王泰 …………………………………………………… 443

又一员·张庆 …………………………………………………… 444

又一员·张宣 …………………………………………………… 444

又一员·吕旺 …………………………………………………… 444

又一员·麻绮 …………………………………………………… 444

又一员·薛友 …………………………………………………… 444

又一员·李显宗 ………………………………………………… 445

又一员·赵荣 …………………………………………………… 445

赵相·试百户 …………………………………………………… 445

李忠·总旗 ……………………………………………………… 446

中所冠带总旗一员·马山 ……………………………………… 446

后所总旗一名·曹琳 …………………………………………… 447

揭黄总旗一员·梁燧 …………………………………………… 447

五军都督府所属卫所·右军都督府·陕西都司·宁夏中屯卫（中护卫）

原簿目录 ··· 451
曹卿·指挥使 ··· 456
曹伸·指挥同知 ··· 456
高震·指挥同知 ··· 458
颜昆·指挥同知 ··· 458
汪槛·指挥同知 ··· 460
彭濬·指挥佥事 ··· 461
赵继·指挥佥事 ··· 462
李恩·指挥佥事 ··· 463
朱三省·指挥佥事 ··· 464
包勋·指挥佥事 ··· 466
刘栋·指挥佥事 ··· 467
徐应祯·指挥佥事 ··· 468
张仁·指挥佥事 ··· 469
李时芳·指挥佥事 ··· 470
年远事故指挥佥事一员·孙应龙 ································· 470
又一员·胡英 ··· 470
盛世龙·指挥佥事 ··· 471
刘清·正千户 ··· 471
姜思孝·试百户 ··· 472
左所正千户一员·尹灏 ··· 472
年远事故正千户一（二）员·苏祯、尹天顺 ······················· 472
年远事故左所副千户一员·方金山 ······························· 472
卫镇抚一员·李真 ··· 473
陈善·世袭百户 ··· 473
俞璋·世袭百户 ··· 474
金印·实授百户 ··· 474

白采·世袭百户 ································· 475
陈金·署所镇抚事世袭百户 ······················· 476
张士珍·实授百户 ······························· 477
王三耀·试百户 ································· 477
年远事故左所世袭百户一员·张俊 ················· 477
又一员·贾胜保 ································· 477
王德·署试百户事总旗 ··························· 477
汤璿·副千户 ··································· 478
周相·副千户 ··································· 479
年远事故右所副千户一员·徐政 ··················· 480
王臣·世袭百户 ································· 480
李衍·世袭百户 ································· 480
田烈·世袭百户 ································· 481
王镜·试百户 ··································· 482
年远事故右所世袭百户一员·周泰 ················· 482
又一员·栢祥 ··································· 482
王嘉谟·试百户 ································· 482
汪权·试百户 ··································· 483
吕鉴·所镇抚 ··································· 483
罗栋·正千户 ··································· 484
陈佃·试百户 ··································· 485
王承先·试百户 ································· 485
黄煜·副千户 ··································· 486
卢从政·实授百户 ······························· 487
年远事故中所副千户一员·颜奉 ··················· 487
朱勋·世袭百户 ································· 487
万玉·世袭百户 ································· 488
张浩·实授百户 ································· 489
范准·世袭百户 ································· 490
朱玘·世袭百户 ································· 491

丘山·世袭百户 …………………………………………………………… 491

闫中·实授百户 …………………………………………………………… 492

牛麟·实授百户 …………………………………………………………… 493

年远事故中所世袭百户一员·葛用 ……………………………………… 493

耿元·试百户 ……………………………………………………………… 493

齐坤·试百户 ……………………………………………………………… 494

孙佐·所镇抚 ……………………………………………………………… 494

汤惠·署试百户事总旗 …………………………………………………… 495

年远事故中所试百户一员·韩原原 ……………………………………… 496

袁相·副千户 ……………………………………………………………… 496

赵臣·副千户 ……………………………………………………………… 497

孙铿·副千户 ……………………………………………………………… 497

孙世爵·副千户 …………………………………………………………… 498

郑铭·世袭百户 …………………………………………………………… 499

张钺·世袭百户 …………………………………………………………… 500

张松·实授百户 …………………………………………………………… 500

刘雄·世袭百户 …………………………………………………………… 501

孙辅·所镇抚 ……………………………………………………………… 501

张腾·试百户 ……………………………………………………………… 502

年元事故前所试百户一员·邰彦名 ……………………………………… 502

于仲贤·所镇抚 …………………………………………………………… 502

周道行·试百户 …………………………………………………………… 502

熊兆吉·试百户 …………………………………………………………… 503

杨麒·试百户 ……………………………………………………………… 504

邵振武·署实授百户事试百户 …………………………………………… 504

后所正千户一员·安宗良 ………………………………………………… 504

沈天恩·试百户 …………………………………………………………… 505

黄金印·试百户 …………………………………………………………… 505

郑祚·副千户 ……………………………………………………………… 505

周溍·实授百户 …………………………………………………………… 506

目 录　31

张维·实授百户	506
吴江·世袭百户	507
曹相·世袭百户	508
李茂·世袭百户	509
丁洲·实授百户	509
胡钦·世袭百户	510
年远事故后所世袭百户一员·李广	511
又一员·郭纯	511
王化敏·试百户	511
胡镗·试百户	511
孔彰·所镇抚	512
年远事故指挥使一员·吴勋	512
年远事故指挥同知一员·倪潘	513
又一员·柴武先	513
年远事故指挥佥事一员·张经	513
又一员·张华	513
又一员·吴英	513
又一员·朱绩	514
又一员·孙庸	514
王臣·副千户	514
姬魁·试百户	514
徐琪·试百户	515
张讷·仪卫副	515
朱朝阳·实授百户	516
年远事故左所副千户一员·王忠	516
毛伦·世袭百户	516
年远事故左所世袭百户一员·周澄	517
又一员·姚纯	517
年远事故右所副千户一员·党锐	517
年远事故右所世袭百户一员·田清	517

又一员·张泰	518
又一员·方雄	518
又一员·常旺	518
年远事故右所所镇抚一员·郭毅	518
年远事故中所副千户一员·王义	519
又一员·张昇	519
年远事故中所世袭百户一员·戴桂	519
又一员·李鉴	519
又一员·周让	519
又一员·黄埙	520
耿鉴·所镇抚	520
年远事故前所副千户一员·叶能	520
年远事故前所世袭百户一员·陈文	520
又一员·许俊	521
又一员·张琮	521
年远事故前所试百户一员·李蕃	521
周卿·世袭百户	521
年远事故后所世袭百户一员·汪鉴	522
又一员·王兴	522
又一员·谢茂	522
年远事故后所所镇抚一员·葛威	522

五军都督府所属卫所·右军都督府·陕西行都司·镇番卫

原簿目录	525
方伯·指挥使	530
李天爵·指挥使	531
许鳌·指挥使	532
刘勇·指挥使	533
刘蒁·指挥使	534

张梁·指挥使 …… 535

马希龙·指挥使 …… 536

吴炳·指挥使 …… 537

年远事故指挥使一员·陈鉴 …… 538

又一员·刘源 …… 539

彭维基·指挥佥事 …… 539

马举·指挥同知 …… 539

王允奏·指挥同知 …… 540

李登朝·指挥同知 …… 541

陈溢彩·指挥同知 …… 542

刘世忠·指挥同知 …… 542

何淮·指挥同知 …… 543

何奇显·指挥佥事 …… 544

年远事故指挥同知一员·刘勋 …… 545

戴朝聘·指挥佥事 …… 545

彭九筹（畴）·指挥佥事 …… 545

姚扬·指挥佥事 …… 546

王璧·指挥佥事 …… 547

周制·指挥佥事 …… 548

戴恩·指挥佥事 …… 549

王允亨·指挥佥事 …… 550

张天宠·指挥佥事 …… 551

罗玉·指挥佥事 …… 552

李世芝·卫镇抚 …… 552

马世良·卫镇抚 …… 553

皮桂·正千户 …… 554

萧朝佐·正千户 …… 555

戴哑不素·正千户 …… 556

孙光祚·实授百户 …… 557

左所年远事故正千户一员·孙铭 …… 557

孙谟·署正千户 557
吴养儒·试百户 558
刘应诏·试百户 558
王官·副千户 558
张应武·副千户 559
罗俊才·试百户 560
杨继芳·副千户 560
李震·副千户 561
孙长儿·副千户 562
严德·副千户 563
年远事故副千户一员·尚昭 564
又一员·唐瑾 564
又一员·马机 564
孙承胤·试百户 564
陈皋谟·副千户 564
高登科·试百户 565
杜一凤·实授百户 565
胡绅·实授百户 566
田登·实授百户 567
王世臣·实授百户 568
李震亨·试百户 568
徐江·世袭百户 569
何希闵·实授百户 569
孙承宠·实授百户 570
左所年远事故世袭百户一员·张荣 570
又一员·朱旺 570
又一员·徐瑛 570
又一员·刘玘 570
又一员·韩晖 571
又一员·吴迪 571

陈朝纪·实授百户 ……………………………………………………………… 571
李皜如·实授百户 ……………………………………………………………… 571
王惠·试百户 …………………………………………………………………… 571
黄彦文·试百户 ………………………………………………………………… 572
李琥·试百户 …………………………………………………………………… 573
宿元贞·试百户 ………………………………………………………………… 573
张伟·试百户 …………………………………………………………………… 574
赵宋昌·试百户 ………………………………………………………………… 574
孙魁·试百户 …………………………………………………………………… 574
叶良栋·试百户 ………………………………………………………………… 575
崔章·试百户 …………………………………………………………………… 575
马汝岩·试百户 ………………………………………………………………… 576
刘恕·试百户 …………………………………………………………………… 576
张世威·试百户 ………………………………………………………………… 576
蔺良佐·试百户 ………………………………………………………………… 577
姚士奇·试百户 ………………………………………………………………… 577
白鹤·试百户 …………………………………………………………………… 578
刘桂·试百户 …………………………………………………………………… 578
张国功·试百户 ………………………………………………………………… 578
姚臣·试百户 …………………………………………………………………… 579
景铁住保·试百户 ……………………………………………………………… 579
张朝臣·试百户 ………………………………………………………………… 580
周之宾·试百户 ………………………………………………………………… 580
丁锐·试百户 …………………………………………………………………… 580
周之光·试百户 ………………………………………………………………… 581
赵恩·试百户 …………………………………………………………………… 581
李光忠·试百户 ………………………………………………………………… 581
王忠·试百户 …………………………………………………………………… 581
李茂林·试百户 ………………………………………………………………… 582
祁恩·试百户 …………………………………………………………………… 582

试百户·杨继武 583
王德重·试百户 583
彭九叙·试百户 583
赵三近·试百户 584
朱清·署试百户事冠带总旗 584
尹淮·署百户事冠带总旗 585
左所试百户一员·崔仑 585
左所试百户一员·王国业 586
左所试百户一员·李舒颜 586
王克明·试百户 586
李应朝·正千户 586
马经·正千户 587
右所正千户一员·马经 588
杨震智·试百户 588
罗俊才·试百户 588
张希龙·实授百户 589
钱聚·实授百户 590
陈绪·实授百户 590
甄汝良·世袭百户 591
孙潮·实授百户 592
杨本厚·实授百户 593
陈恩·试百户 593
刘宝·试百户 594
张翀·试百户 595
何九皋·试百户 595
桂林·试百户 596
吴三知·试百户 596
朱锦·试百户 596
何巍·试百户 597
马凤·试户百 597

右所试百户一员·陈禄 …………………………………… 598
充军试百户三员·冯时、黑彦钊、张冲 …………………… 598
又一员·柳申春 ………………………………………… 598
李承儒·试百户 ………………………………………… 598
王致中·正千户 ………………………………………… 599
王国辅·实授百户 ……………………………………… 600
裴尚质·正千户 ………………………………………… 600
吴应銮·试百户 ………………………………………… 601
中所年远事故正千户一员·汤新 ……………………… 601
王养鳞·试户百 ………………………………………… 601
朱勋·副千户 …………………………………………… 602
陶福·副千户 …………………………………………… 603
卢铲·副千户 …………………………………………… 603
仲宦·副千户 …………………………………………… 604
樊英·副千户 …………………………………………… 605
刘晋秩·试百户 ………………………………………… 605
王胤昌·署正千户 ……………………………………… 606
中所副千户一员·赵能 ………………………………… 606
又一员·项定 …………………………………………… 606
李昌龄·实授百户 ……………………………………… 606
彭民式·实授百户 ……………………………………… 607
傅于德·试百户 ………………………………………… 607
卢士魁·副千户 ………………………………………… 607
王卿·署副千户事实授百户 …………………………… 608
孙继祖·实授百户 ……………………………………… 609
徐彦美·实授百户 ……………………………………… 609
戴应科·实授百户 ……………………………………… 610
张云·实授百户 ………………………………………… 611
王论·实授百户 ………………………………………… 612
丘荣·实授百户 ………………………………………… 612

王秉乾·实授百户 …… 613
刘廷佐·实授百户 …… 613
薛祥·实授百户 …… 614
刘灼·实授百户 …… 615
仰祥·实授百户 …… 616
王道成·实授百户 …… 616
郭麒·实授百户 …… 616
侯显·实授百户 …… 617
戴朝举·实授百户 …… 617
田大友·试百户 …… 618
姬鸿业·试百户 …… 618
中所世袭百户一员·谢澄 …… 618
年远事故一员·杨昂 …… 618
又一员·殷浩 …… 619
又一员·刘拳 …… 619
又一员·马木 …… 619
又一员·葛洪 …… 619
充军实授百户一（三）员·杨昂、王叙、姚清 …… 619
朱运昌·试百户 …… 620
王旻·试百户 …… 620
石宗·试百户 …… 621
陆斌·试百户 …… 621
张善祥·试百户 …… 622
王州·试百户 …… 622
曹金·试百户 …… 623
卢缵宗·试百户 …… 623
王朴·试百户 …… 623
汪会极·试百户 …… 623
李世英·试百户 …… 624
包谨·试百户 …… 624

王宇·试百户 625
蒋斌·试百户 625
王扶运·试百户 625
亢鸾·试百户 625
包天锡·试百户 626
高世爵·试百户 626
齐宗道·试百户 627
李锦·试百户 627
时重文·试百户 628
赵应魁·试百户 629
孟堂·试百户 629
刘用威·试百户 629
杨蕴珍·试百户 630
魏灼·试百户 630
葛江·试百户 631
何知来·试百户 631
陈栋·试百户 631
姜世佑·试百户 632
侍存禄·试百户 632
郭炳·试百户 632
中所试百户一员·曹忠 632
又一员·王凤 633
又一员·张礼 633
又一员·刘官保 633
年远事故所镇抚一员·王仲保 633
袁友仁·试百户 634
吴悦道·试百户 634
张四体·试百户 634
冠带总旗一员·范世忠 635

后　记 636

兵部为清查功次选簿以裨军政事

隆庆三年九月,该本部尚书霍①、左侍郎曹②议得:武选司③库贮功次选簿④及零选簿⑤年久浥烂,而近年获功堂稿与核册、题覆尚未誊造,每遇选官清黄之期,典籍残缺,卒难寻阅,合宜及时照例修补。题奉钦依:续该。尚书郭、右侍郎王严加清理,详定规议。先后委车驾司员外郎赖嘉谟、武选司主事谢东阳,会同武选司郎中吴兊、李汶、王俸、王叔杲、刘汉儒、员外郎张世烈、主事李与善、宗弘暹、李承式、韩应元、李松、彭富,开局立法,督率选到七十八卫所吏役逐一将功次、零选、堂稿⑥及新功核题未经立簿者,尽行修补誊造外,为照选簿备载内、外二黄、零选、功次及续附节年选过审稿,所以为清黄选官计也。往年修造辈数或缺而未备,职姓或混而未清,功次或未尽誊,审稿或未尽附,终非完籍,未便稽考。且革发、充军⑦、揭黄等项,原未该载,每遇大选,无从检查,竟滋奸弊。今以各卫所

---

①霍:霍冀(1516—1575),山西孝义人,字尧封,号思斋。嘉靖二十三年(1544)进士。总督陕西三边军务,历任巡抚保定侍郎都御史、南京兵部侍郎、都察院左右佥都御史等,隆庆二年(1568)晋兵部尚书。
②曹:曹邦辅(1502—1575),字子忠,号东村,明嘉靖年间抗倭名将,有《军机事宜》《名将方略》流传于世。历任元城(今河北大名)及南和(今属河北)知县、云南道御史、陕西巡按、都察院左都御史、兵部侍郎、南京户部尚书等职。
③武选司:明代兵部有武选、职方、车驾、武库四清吏司。"武选,掌卫所土官选授、升调、袭替、功赏之事。"(张廷玉等:《明史·职官志》,中华书局,1974年)
④功次选簿:记录武官立功晋升的簿册。
⑤零选簿:记录武官世袭选拔的档案资料。
⑥堂稿:记录武官世袭选拔的档案资料。
⑦充军:《明史》卷九〇《兵志二·卫所》"谪发,以罪迁隶为兵者",即为充军。吴艳红认为,明初充军的主体是军官军人,非军籍民人比例很小,且一律为永远军。明英宗起至孝宗后,充军普遍适用于全民。其中终身军大增,永远军减少,后者往往只用于重罪。(吴艳红:《明代充军研究》,社会科学文献出版社,2003年,第50、132页)

官员照级类造，对核明白。用司印钤盖，依样另造目录二本，总列成帙，题曰《武职选簿》。一本堂贮库，一本存司。掌印官相沿交收，俾按簿查名，一览可知，以杜将来吏胥要籍之弊，仍申明先年员外郎马坤等原议，专委本司员外郎、提督官贮前簿，单月附选。及今重议每遇大选，看选主事各照所管新官、旧官、升调、给养、未及六十，督率该吏赴库查选，不得出外，以致损改。后该司接任官员，务宜留心掌修，应附应备，及时誊写，不得如前混遗。庶簿籍完备，可以永便于检查，而功罪明核，又能潜杜夫奸弊。今将目令修造及日后附补事宜、凡例开列于后。须至簿者，计开凡例二十一款：

一、每卫各立一簿，所附卫后，如卫官多者，各所另为一簿，亦照左右中前后次序，不相混淆，如官少，则二卫并为一簿，仍各立总目，以便检查。

一、指挥使、指挥同知、指挥佥事、正千户、副千户、实授百户、试百户、署试百户事、冠带总、小旗，分为七项誊造。仪卫正与正千户同级，卫镇抚、仪卫副与副千户同级，所镇抚、典仗与试百户同级，俱照级类造。如见任都指挥佥事以上及署都指挥佥事以上，此乃流官，止加于指挥使之首类造。其署指挥使事则加于指挥同知之首类造。署指挥同知事则加于指挥佥事之首类造。以下五级署职，俱照此例。其有以大署小，如实授百户署所镇抚事之类，乃署掌其事也，非级也，与前署职不同，仍归本级实授百户内抄造。

一、各卫所照官级次序，先以贴黄①历查辈数、袭替、优给、功罪、升革年月，将旧选簿逐一磨对。如黄、选功罪原载相同者，备细抄誊。其中有缺者，吊取内外二黄、审稿、零选、功次等簿，查出补写各辈项下。其选簿内有重复及非关系选法者不录，庶免淆乱。如旧选簿未载，贴黄有名，系近年官员，不得遗去。但袭替年月未开，无凭吊查黄、选者，只附抄总目后，俟后子孙袭替之日补造。

一、每员只用半叶，首书脚辈姓名，下用二行抄黄，每行分写。二黄俱有，从其详者书之。其辈数各占一行，先抄零选。若系优给出幼，亦每行内分写。其有功次，量空一字，下分行附抄，字多不拘一行。如无选有黄，则书"已载前黄"；如功次或载黄内，则书"已载前黄"；或载选内，则书"已载某辈选条"，免费时日查抄。至于某辈选缺，则旁注小"缺"字；某功次缺，则旁注小"候查"字，俱留半行。并前内、外黄俱无，亦注小"缺"字，以俟子孙袭替之日查补。

---

① 贴黄：《大明会典》卷一二二《兵部五·贴黄》："凡功次簿贮本司册库，与五府功次勘合底簿同，如黄、选内功次欠明，查功次簿。功次簿残缺，吊查五府勘合底簿。"

一、凡本人顶祖役总、小旗立功，升试百户以上，缘总、小旗不入大选，无选条可抄，而本人功次又多系祖名，今以本人作一辈起，于下先将贴黄所开祖、父总、小旗姓名、功次抄出，方查抄本人功次。如祖、父系宣德以后功，亦须查录。

一、凡旧选簿未载而有近年审稿者，此必当日所遗，该与抄造。

一、凡选条内外黄功次、诰命中，如有差落者，照旧传疑，不得增改；其有选条、功次原错附者，今俱改正，抄写本人名下，以便检查。

一、凡子替故绝或孙年幼，本人病痊，年未六十，应得复袭原职者，不作辈数，止附于子选条下。

一、调卫①，除不得复还原卫者，该载所调卫分，原卫止注明总目叶内。其例得回卫，并未经子孙袭替改调附近卫所者，仍造归本卫，庶检查不混。

一、旧选簿内止载数辈，无贴黄可查前后辈数，以凭吊查零选、功次者，则于各官级之后另用叶数类抄，约照员数各留白叶，俟后子孙袭替。每大选②毕日，该司员外郎督率各该吏役查照前式，将审稿③备细抄誊各官级之尾，每员照旧仍用半叶。

一、凡革充冠带总、小旗与总、小旗，虽不入大选，然日后获功，例升试百户，子孙袭替之日，前二级功次又所必查。今附七类之后，以备参考。

一、凡选条末辈，查贴黄开称死、故，在今新限十二年、十五年外者，不问子孙弟侄有［无，例］当革发，止附七类叶后，以备参考。如死、故年月未开者，仍依级抄，待其袭替之日查明定夺。

一、优养④，新官不拘年限，生子准袭；旧官十年生子准袭者，照旧与袭、替优给并造外，其优养妇女，系户无承袭之人，止附内抄叶尾，用备查考，以杜后来冒袭之弊。

一、充军，有终身者，终身方许承袭；有永远者，不得承袭。及许洪武、永乐

---

①调卫："'调卫'就是将犯罪武官调离本卫所，到别的卫所带俸差操，有发配、流放之意。"（梁志胜：《明代卫所武官世袭制度研究》，中国社会科学出版社，2012年，第156页）
②大选：应袭的武官子弟集中参加武选司统一举办的比试，称为大选。未参加大选者单独考试，其个人资料收为单本。
③审稿：兵部审批武官袭替武职经过的总记录。审稿不仅有兵部批文、武官亲供、宗图以及武选结果等内容，还将武官选簿中的贴黄和选条摘要附入。（《明代卫所武官世袭制度研究》，第388页）
④优养：《大明会典》卷一二二《兵部五·优给（附优养）》载，洪武二十七年规定"凡武臣在任亡故，及征伤失陷者，自指挥至镇抚妻并给米五石终身。无子孙者亦如之"。

年间立功子孙降袭，旧未登簿，竟贻冒袭之弊。今吊职方司编军簿，尽数抄附各人项下。庶后隐情不供者，难逃检查。其编军簿内原未开出原卫所者，总附目录，以便查考。

一、选簿、审稿如开贴黄查有功次选条者，此系各卫自造文册，难以凭信，俱不附写。

一、每簿前各将卫所官员照级编号，开立总目，大书脚选姓名，名下注立功始祖及籍贯、代数，并前项类抄，亦附于后。至于年远事故①及已经革发揭黄②不准袭替者，类附总目后，另书一款，用备参考，以杜日后买嘱隐情保袭之弊。

一、凡旧选簿总目有名，后未开载者，查出尽数抄造。如仍旧无查，亦开附总目之后。

一、旧革发人员未附选簿，以致复保，无凭稽察。后遇选毕，该管员外郎一并抄附选簿。

一、旧核册功次未附选簿，以致册籍散逸，查选未便。后经核题录升，该管协司郎中督率吏役抄附各人名下，以便大选检查。

一、旧充军揭黄，未附选簿，以致大选清黄，或滋奸弊。后遇前项文移到部，即时抄附各人名下，以便查考。

一、后经调卫不得还卫者，将祖卫、来历、缘由抄续今调卫分。两卫总纲内俱要各将调去、调来官级、姓名，明注于后，以便检查。

隆庆四年六月　日
兵部尚书郭③、右侍郎王④
委官车驾司员外郎赖嘉谟、武选司主事谢东阳
监写经历

---

① 年远事故：指在旧选簿中有部分记载，而现在已经历事故不在的武官，也有的是因充军、调卫、优给等原因使承袭情况发生变化，而本卫一时失于查理，以致多年不知下落者。（梁志胜：《明代卫所武官世袭制度研究》，第378页脚注）
② 揭黄：《大明会典》卷一二二《兵部五·贴黄》："军职应该揭黄者，每年终一次，通行各该卫所。"
③ 郭：郭乾（1511—1581），字孟阳，号一泉，直隶任丘县人。嘉靖十七年（1538）中进士，授兵部主事，历任兵部员外郎、兵部右侍郎，总督陕西三边军事，累迁南京户部尚书。
④ 王：王遴（1523—1608），字继津，顺天霸州人。嘉靖二十六年（1547）进士，除绍兴推官。入为兵部主事，历员外郎。

五军都督府所属卫所·右军都督府·陕西都司·西安左卫

原簿目录

内指挥、千、百、镇抚，共一百员[1]

指挥使七员

一号杨余庆，始祖杨珪，代七，海州人。
二号张承祖，始祖张三，代七，武定州人。
三号戴宗舜，始祖戴清，代七，寿州人。
四号任官，始祖任成，代七，澄城县人。
五号荣征，始祖荣胜，代七，临淮县人。
六号费增，始祖费义，代八，定远县人。
七号周栋，始祖周玉，代六，宛平县人。

辈数未全一员

房凤噌，合肥县人。

年远事故二员

朱鳌，和州人。
何宁。

署指挥使一员，指挥同知四员

一号尹勋，始祖尹成，署使，代八，宿州人。
二号王道诚，始祖王头，代七，山后人。
三号李孜，始祖李才，代五，枣阳县人。
四号赵安，始祖赵庆甫，代七，昌黎县人。
五号王兴祖，始祖王政，代六，济阳县人。

辈数未全一员

张申，萧县人。

年远事故一员

刘鉴，六安州人。

署指挥同知一员，指挥佥事十员

一号把爵，始祖把友，署同，代五，山后人。
二号刘葵，始祖刘通，代七，通州人。
三号陆希续，始祖陆旺，代五，沭阳县人。
四号张澄，始祖张谦，代八，玉田县人。
五号田镇，始祖田大，代七，盱眙县人。
六号耿世勋，始祖耿成，代十，和州人。
七号田雨，始祖田本，代八，武安县人。
八号杨继先，始祖杨大，代五，宿州人。
九号蒋鸾，始祖蒋兴，代七，盱眙县人。
十号郭世勋，始祖郭彦深，代七，商河县人。
十一号戴龙，始祖戴玉，代七，寿州人。

年远事故五员

阎得。

---

[1]《总汇》56册"校勘表"记"西安左卫"选簿182页本件后缺页。

王钦，宿州人。
杜钦。
马昇，山［后］县人。
周泰。

卫镇抚一员
一号程尚华，始祖程良，代八，定远县人。

左所正千户一员
一号毛应恩，始祖毛义，代九，盱眙县人。

年远事故一员
刘福，巨野县人。

副千户四员
一号王潋，始祖王敏，代九，盱眙县人。
二号周凤，始祖周林，代六，句容县人。
三号马爵，始祖马得青，代七，通州人。
四号冯翔，始祖冯仁，代九，江都县人。

年远事故三员
夏通，吉水县人。
时伽蓝奴，宿迁县人。
高达。

实授百户十员
一号王宝，始祖王兴，代六，丽水县人。
二号沈鹏，始祖沈茂，代九，六安州人。
三号高颐，始祖高岩，代六，合肥县人。
四号赵滋，始祖赵汶，代七，颍州人。
五号朱官，始祖朱德，代九，泰州人。
六号刘相，始祖刘罗儿，代八，合肥县人。
七号徐坤，始祖徐甲，代九，巢县人。
八号周勇，始祖周成，代七，江都县人。
九号朱衮（恭），始祖朱胜，代七，江都县人。
十号戴通，始祖戴能，代七，泰州人。
续入：朱栋，会稽人，无印。

年远事故十四员
韩福，仪真县人。
白怀，密云县人。
屈信。
周忠。
杜宗。
张礼。
李旺，新涂〔淦〕县人。
张英。
张玉。
李安。
李端。
汪宗。
潘贵。
郭英。

试百户二员
一号杨朝进，始祖杨春，代八，松滋县人。
二号叶溪，始祖叶茂，代五，江都县人。

年远事故一员
陶深，所抚。

右所正千户二员
一号陈秉元，始祖陈添得，代八，当阳县人。
二号丁振，始祖丁秀四，代七，汉川县人。

年远事故一员

王经，常熟县人。

副千户二员

一号尹洪，始祖尹刚，代八，沛县人。
二号李勋，始祖李英，代六，滕县人。
续入：吴玺，无印。

年远事故四员

刘泰。
曹忠，鱼台县人。
黄鼎，连江县人。
黄福。

实授百户八员

一号游宪，始祖游［斌］，代七，青州府人。
二号韦椿，始祖韦贤，代八，合肥县人。
三号沈兴，始祖沈寿，代八，鄞县人。
四号唐承裕，始祖唐熙，代七，武进县人。
五号徐栋，始祖徐骥，代九，武进县人。
六号陈朝，始祖陈荣，代七，江阴县人。
七号钱养民，始祖钱旺，代七，仪真县人。
八号葛清，始祖葛紫，代八，合肥县人。

年远事故十一员

蔡昂，晋江县人。
王隆，滋阳县人。
王敬，滋阳县人。
张瀚，新城县人。
刘进。
卢兴。
田昱。

毛瑛。
武政。
宫铎。
李雄。

试百户二员

一号王杰，始祖王来保，代五，兴化县人。
二号任仕，始祖任刚，代五，西安左卫人。

辈数未全一员

王用，玉山县人。

中所正千户一员

一号张策勋，始祖张旺，代七，宝应县人。

年远事故一员

时清。

副千户六员

一号宋章，始祖宋保，代五，澧阳县人。
二号杨仁，始祖杨荣，代五，滁州人。
三号张尧卿，始祖张通，代六，澧州人。
四号张榜，始祖张得，代九，江都县人。
五号苏宇宜，始祖苏彦希，代七，昌黎县人。
六号王祚，始祖王义，代八，萧县人。

年远事故三员

刘玉，山后人。
袁质。
王胜。

实授百户八员 ·74·

一号王韬，始祖王小大，代八，滦州人。

二号何柿，始祖何缠缠，代六，凤翔县人。

三号高立，始祖高显，代七，临淮县人。

五号周万相，始祖周成，代八，泗水县人。

六号李完（桓），始祖李昇，代六，滨州人。

七号任仝，父任禄，代二，澄城县人。

八号冯和，始祖冯来兴，代七，安定县人。

续入：赵尧相，怀远人，无印。

年远事故十一员

董鸿，华阴县人。

李顺，襄阳县人。

孟宗。

张旺。

周辅，武昌县人。

张汉。

王忠。

邵青。

刘昇。

邢贵。

宋立。

署百户一员，试百户一员

一号郑宏，始祖郑安儿，代八，寿州人，署百。

二号李成，始祖李朝现，代二，江都县人。

年远事故一员

王能，所抚。

前所正千户一员

一号管继祖，始祖管泰，代七，和州人。

年远事故一员

尚忠，滕县人。

副千户二员

一号宋相，始祖宋刚，代七，滦州人。

二号朱彬，始祖朱得，代十，和州人。

年远事故四员

方正，巴陵县人。

徐良。

周礼。

张广。

实授百户七员

一号马绳武，始祖马旺，代八，沔阳州人。

二号韦应岐，始祖韦成，代八，仪封县人。

三号欧阳宗，始祖欧阳旻，代六，彭泽县人。

四号丁绍武，始祖丁善，代六，合肥县人。

五号李汉，始祖李勇，代七，蒙城县人。

六号陈实，始祖黑陈二，代八，巢县人。 ·75·

七号殷朝用，始祖殷敬宗，代七，光州人。

续入：李可久，咸宁人，有印。

年远事故十员

吴隆，当涂县人。

刘德。

结缘。

曹英。

洪兴。

樊胜。

戴政。

满益。

傅霖。

祁信，大兴县人。

试百户二员

一号高品，始祖高遇仙，代九，和州人。

二号陆时夏，始祖陆人，代九，秦州人。

年远事故二员

周铨，杞县人，所抚。

蒋和，所抚。

后所正千户二员

一号方贯，始祖方昇，代五，汲县人。

二号朱世臣，始祖朱真，代五，临淮县人。

年远事故一员

胡僧。

副千户五员

一号萧凤，始祖萧才卿，代六，桃源县人。

二号徐桂，始祖徐成，代九，滁州人。

三号蔡朝勋，始祖蔡文贵，代九，高邮州人。

四号徐荣祖，始祖徐文，代九，宜城县人。

五号葛薑，始祖葛景，代七，当涂县人。

年远事故三员

朱通。

张真。

李旺。

世袭百户六员

一号张斌，始祖张成，代七，邳州人。

二号夏锦，始祖夏旺，代六，合肥县人。

三号杨钺，始祖杨关，代六，全椒县人。

四号李世禄，始祖李举，代七，宜阳县人。

五号杨铉，始祖杨茂，代六，合肥县人。

六号赵承恩，始祖赵玉，代六，署抚，贵池县人。

年远事故十员

徐琮，句容县人。

王敬。

洪胜，临淮县人。

娄恕。

李达。·76·

耿胜。

屈祥。

王瑄。

蒋寿。

赵瑛，济原县人。

试百户一员

一号商贤，始祖商贵，署实百，代六，宿迁县人。

年远事故二员

张福缘。

袁清，宜春县人，所镇抚。

所镇抚一员

一号孙尚贤，始祖孙良，代九，定远县人。

冠带总旗一名，总旗二名（以下选簿遗失）

杨一元。

王爵。

刘景章。

自指挥使杨余庆起，至副千户吴玺止，七十七页。

杨余庆·指挥使

内黄查有：杨宏，海州人。高祖杨珪，吴元年从军，洪武元年充小旗，四年充总旗，二十三年充所镇抚，故。曾祖杨斌替职①，三十三年济南升千户，三十四年西水寨升正千户，三十五年金川升指挥同知，永乐九年故。祖杨贤系嫡长男，袭职，二十一年故。父杨政系嫡长男，优给袭职；正统八年征麓川等处有功，升指挥使；十四年德胜门当先有功，升都指挥佥事；景泰元年大同等处节次有功，升都指挥同知，除陕西都指挥使，成化三年故。宏系庶长男，优给，十八年袭西安左卫②指挥使。

一辈杨珪，已载前黄。

二辈杨斌，已载前黄。

三辈杨贤，旧选簿查有：永乐九年八月，杨贤，系兰州卫故流官指挥同知杨斌嫡长男，敬袭世袭指挥同知。

四辈杨政，旧选簿查有：宣德九年四月，杨政，幼名回京，系兰州卫故世袭指挥同知杨贤嫡长男。

钦升簿查有：正统九年六月，麓川东西荣路当先剿敌，纳顺有功，金吾右卫指挥同知升指挥使一员杨政。

五辈杨宏，旧选簿查有：成化十八年十二月，杨宏，海州人，系陕西都司故都指挥同知杨政庶长男。先因年幼，已照例注西安左卫指挥使俸优给，出幼袭职。

六辈杨立，旧选簿查有：嘉靖十三年二月，杨立，年四十九岁，海州人，系西安左卫致仕患病署都督同知杨宏嫡长男。伊祖政，原袭指挥同知，正统八年麓川功升指挥使，十四年德胜门功升都指挥佥事，故。父宏袭指挥使，垛次推升前职，今患病，本舍告替。所据伊麓川功升指挥使一级查无斩获，并伊父推升都指挥以上职级系流官，俱例无承替。合照本部题准垛功事，例于指挥同知上加伊[祖]德胜门功升都指挥佥事一级，垛与指挥使。

七辈杨余庆，旧选簿查有：嘉靖二十八年二月，杨余庆，海州人，系西安左卫

---

①《明太祖实录》卷七一：洪武五年(1372)正月戊辰，"袭替之例：凡武官亡故、老疾、征伤，以嫡长男承袭。嫡长男有故，则嫡长孙承袭。无嫡长子孙，则嫡庶子孙俱无者，方许应继弟侄"。
②西安左卫：《明史》志第六六《兵志二》载，洪武六年(1373)置华山卫于西安府，洪武二十六年(1393)更名西安左卫。据嘉靖《陕西通志·陕西省城图》记，西安左卫署在西安府城东南隅。

故指挥佥事杨立嫡长男。伊父原袭祖职指挥使，功升都指挥佥事。所据伊父功升职级系流官，例无承袭，本舍照例革袭祖职指挥使。

八辈杨光胤，万历元年四月，杨光胤，年二十五岁，海州人，系西安左卫患疾指挥使杨余庆嫡长男。伊父原袭祖职指挥使，历升扬州等处参将；嘉靖三十六年犯该违□制，革职①为民，今老疾。所据推升流官，例不准替，本舍照例复替祖职指挥使。

九辈杨玠，万历十二年八月，杨玠，年二十一岁，海州人，系西安左卫故指挥使杨光胤嫡长男。比中②二等。

十辈杨继美，年四岁，万历二十一年六月，大选过西安左卫故指挥使杨玠庶长男。照例与全俸优给，至万历三十二年终住支。

万历三十三年四月，大选过西安左卫指挥使一员杨继美，年十六岁，出幼袭职。比中二等。〔对讫。〕

十一辈杨克振，天启二年八月，大选过西安〔左〕卫指挥使一员杨克振，年十七岁，系故指挥使杨继美嫡长男。比中二等。〔对讫。〕

张承祖·指挥使

外黄查有：张鹏，武定州人，始祖张三，洪武元年军，老③。张黎儿代役，三十二年克雄县升小旗，郑村坝升总旗，三十三年〔白沟〕河功升实授百户，三十四

---

① 《大明律·名例律·军官军人犯罪免徒流》之条例："军职犯该窃盗、掏摸、盗官畜产、白昼抢夺并纵容抑勒女及妻妾、子孙之妇妾与人通奸，或典与人，及奸内外有服亲属、同僚、部军妻女，一应行止有亏、败伦伤化者，俱问革，随本卫所舍余食粮差操。"（《大明律附例注解》卷一，第158页）
② 比中：即比试。《明太祖实录》卷五九：洪武三年十二月甲子，"凡授诰敕世袭武官，身殁之后，子孙应继袭职者，所司核实，仍达于都督府，试其骑射闲习，始许袭职。若年尚幼，则闻于朝，纪其姓名，给以半俸，俟长，仍令试艺，然后袭职"。卷二三二：洪武二十七年三月甲辰，"自今武官子弟宜于间暇时令习弓马，当承袭者，五军阅试，其骑射闲习者方许。否则，虽授职，止给半俸，候三年复试之，不能者谪为军。著为令"。《国朝典汇》卷一四四《兵部八·武臣袭替》："永乐元年十一月，"洪武三十一年至三十五年奉天征讨获升职者为新官，子孙年十六出幼袭替，免比试；三十一年以前者为旧官，子孙年十五出幼袭替，俱比试；永乐元年以后获功者，出幼、比试与旧官同"。
③ 老：指年岁大，六十岁以上致仕。《明太祖实录》卷一三〇：洪武十三年二月戊辰，"文、武官年六十以上者皆听致仕，给以诰敕"。《大明会典》卷一二〇《兵部三·铨选三·武职袭替》：弘治十三年，"年未及六十，有告残疾愿替职者，在内从兵部验实，在外从原卫勘明，兵部查照引奏附选"。

年夹河功升副千户，三十五年克应天升指挥佥事，永乐九年常州当先升指挥使，故。曾祖张英袭，故。祖张广袭，十四年德胜门杀贼有功，景泰元年升都指挥佥事，老。父雄，替西安右卫指挥使，八年郑家沟有功，成化九年升都指挥佥事，为地方事降指挥佥事；弘治十一年花果园等处斩首功升指挥〔同知〕；十四年圆山儿等处斩首升指挥使，故。鹏系庶长男，袭西安左卫指挥使。·78·

一辈张三，已载前黄。

二辈张黎儿，已载前黄。

三辈张英，已载前黄。

四辈张广，已载前黄。

五辈张雄，已载前黄。

六辈张鹏，旧选簿查有：正德十一年十二月，张鹏，年十六岁，武定州人，系西安左卫署都指挥佥事张雄庶长男。伊父原袭指挥使，遇例授前职，今故。本人照例革袭祖职指挥使。

七辈张承祖，旧选簿查有：嘉靖四十五年八月，张承祖，年二十岁，武定州人，系西安左卫年老署都指挥佥事张鹏庶长孙。伊祖原替祖职指挥佥事，嘉靖三十二年推升领班备御，今年老。父张宠未袭先故。所据伊祖推升流官，例不准袭。本舍照例革替祖职指挥使。

八辈张宇，万历三年四月，张宇，年二十八岁，武定州人，系西安左卫故指挥使张承祖亲叔。

九辈张延昆，万历十四年二月，张延昆，年二十岁，武定州人，系西安左卫故指挥使张宇嫡长男。比中二等。

十辈张嘉玺，万历四十一年十月，大选过西安左卫指挥使一员张嘉玺，年二十岁，系故指挥使张延昆嫡次男。比中二等。

戴宗舜·指挥使

外黄查有：戴旺，安丰县人。祖父戴清，甲辰年充马军小旗，洪武三年察罕脑儿等处除虎贲左卫百户，七年征云南升大兴左卫中所副千户，老疾。十四年令父戴翔替职，征哨灰山等处；二十九年升燕山中护卫世袭指挥佥事，郑村坝升指挥同知，调武成前卫；西水寨升本卫世袭指挥同知，淮河阵亡。旺系长男，永乐元年三月内钦准袭父前职，升武成前卫世袭指挥使。戴钦系戴旺庶长孙，祖宣德五年升都指挥佥事，宣德十年升指挥同知，老疾。父戴玺①替，授西安左卫指挥使，病故。钦于成化五年四月优给。

一辈戴清，已载前黄。

二辈戴翔，已载前黄。

三辈戴旺，已载前黄。

四辈戴玺，缺。

五辈戴钦，旧选簿查有：成化十一年十一月，戴钦，寿州人，系西安左卫故世袭指挥使戴玺庶长男。

六辈戴恩，旧选簿查有：正德十一年十月，戴恩，寿州人，系西安左卫故指挥使戴钦嫡长男。

七辈戴宗舜，旧选簿查有：嘉靖二十四年三月，戴宗舜，寿州人，系西安左卫故指挥使戴恩嫡长男。

八辈戴敕，隆庆六年八月，戴敕，年二十八岁，寿州人，系西安左卫患疾指挥使戴宗舜嫡长男，替职。

九辈戴国祯，万历四十年八月，大选过西安左卫指挥使一员戴国祯，年二十四岁，系故指挥使戴敕孙。比中三等。〔对讫。〕

十辈戴龙章，崇祯二年四月，大选过西安左卫指挥使一员戴龙章，年二十三岁，系故指挥使戴国祯嫡长男。比中三等。〔对讫。〕

任官·指挥使

内黄查有：任玺，澄城县人。高祖任成，洪武元年充军，二十八年升总旗，三十二年征真定升勇士百户，郑村坝升副千户，三年济南功升正千户，三十四年西水寨功升指挥同知，三十五年金川门功升指挥使，永乐六年故。曾祖任弘系嫡长男，袭，正统七年老。祖任和系嫡长男，替，成化十三年老。父任瑄系嫡长男，先故。玺系嫡孙，十四年替西安左卫指挥使。

---

①《明宪宗实录》卷二九：成化二年夏四月辛亥，"永兴王尚烈奏，西安左卫指挥使戴玺女与长子诚澜为婚，援例乞不调卫。上允之，令玺原卫食禄闲居如例"。

一辈任成，已载前黄。

二辈任弘，旧选簿查有：永乐七年闰四月，任弘，系羽林前卫故世袭指挥使任成嫡长男，先次敬袭本卫指挥使。

三辈任和，旧选簿查有：正统六年十二月，任和，系羽林前卫世袭指挥使任弘嫡长男。

四辈任玺，弘旧选簿查有：成化十四年十一月，任玺，澄城县人，系西安左卫世袭指挥使任和嫡长孙。·80·

五辈任杰①，旧选簿查有：正德十四年四月，任杰，年三十四岁，澄城县人，系陕西都司故都指挥佥事任玺嫡长男。伊父原袭西安左卫指挥使，遇例升署都指挥佥事，后降调庄浪卫指挥佥事，遇革改正升前职。所据都指挥系流官，例不该袭；世［与］袭指挥使，回原卫管事。

六辈任德，旧选簿查有：嘉靖二十七年十二月，任德，澄城县人，系西安左卫指挥使任杰庶长男。伊父原袭祖职指挥使，获功历升都指挥同知，故。所据伊父功升职级系流官，俱例无承袭。本舍照例革袭祖职指挥使。

七辈任官，旧选簿查有：嘉靖四十四年十二月，任官，年二十三岁，澄城县人，系西安左卫故指挥使任德庶长男。

八辈任继业，万历十一年四月，任继业，年二十三岁，澄城县人，系西安左卫故指挥使任官嫡长男。比中三等。

九辈任中英，万历三十年闰二月，单本选过西安左卫都指挥佥事一员任中英，年二十岁，澄城县人，系继业嫡长男。伊父原袭祖职指挥使，推升汉中守备；万历二十八年茶寇对敌阵亡，题奉钦准，袭升都指挥佥事一辈。所据伊父推升流官，例不准袭。本舍应与（于）指挥使上加伊父阵亡功一级，袭升都指挥佥事，一辈以后仍袭祖职。比中三等。

---

① 嘉靖《陕西通志》卷一九《文献》七《全陕名宦·固原总兵》："任杰，嘉靖十六年以都佥事镇守（固原）。"（［明］赵廷瑞修，马理、吕柟纂，董健桥总校点：《陕西通志》，三秦出版社，2006年，第948页）"任杰，西安左卫人。嘉靖十六年以指挥备御固原，料敌致胜，累立功效。十七年镇守宁夏，谋勇兼资，为虏所惮。十九年以都督同知镇守（榆林）。"（同前，第950页）《嘉靖宁夏新志》卷二《宁夏总镇续·国朝主将》："任杰，西安左护卫人，都督佥事，嘉靖十七年镇守（宁夏）。"（［明］胡汝砺修，管律重修，陈明猷校勘：《嘉靖宁夏新志》，宁夏人民出版社，1982年，第108页）

荣征·指挥使

内黄查有：荣承祖，年三十岁，系永昌卫指挥使，原籍临淮县人。始祖荣胜，旧名姓武。丙申年归附①，壬寅年选充小旗，甲辰年征庐州选充总旗，乙巳年克濠州除百户；洪武三年逃军事降雄武卫所镇抚，十六年征螺资县杀死达贼一名；十七年升龙虎卫前所副千户，二十一年迤北征进卜鱼儿海子，功升本卫右所正千户；征延安等处功升苏州卫指挥佥事，故。高祖荣贵系庶长男，二十八年袭，三十年攻安定等门，升本卫指挥同知；三十三年克大同、白沟河升指挥使，永乐十一年问拟军罪，十九年遇宥复职，故。曾祖荣福②系嫡长男，袭西安左卫指挥使，疾。祖荣镒③[系]嫡长男，替，疾。父荣琳系庶长男，替，正德十五年故，无子。承祖系庶长男，嘉靖九年四月袭，调永昌卫世袭指挥使。

一辈荣胜，已载前黄。

二辈荣贵，已载前黄。

三辈荣福，已载前黄。

四辈荣镒，已载前黄。

五辈荣琳，已载前黄。

六辈荣承祖，已载前黄。

七辈荣征，旧选簿查有：隆庆元年十月，荣征，年二十五岁，临淮县人，系西安左卫瘸疾指挥使荣承祖嫡长男。伊父原袭调永昌卫指挥使，嘉靖三十七年遇例纳银回卫，今瘸疾。本舍照例与替祖职指挥使。

八辈荣君赏，万历十二年十月，荣君赏，年二十一岁，临淮县人，系西安左卫患疾指挥使荣征嫡长男。比中二等。

九辈荣任，万历四十二年四月，大选过西安左卫指挥使一员荣任，年二十八

---

① 《明史》卷九〇《兵志二》："归附，则胜国及僭伪诸降卒。"万斯同《明史稿》卷一一二《兵卫志·卫所》："归附者，胜国及诸僭伪者所部兵，举部归义者也。"（册三，第47页），梁志胜教授认为，"归附"主要是指来自元朝或元末群雄部众的降附者。（《明代卫所武官世袭制度研究》，第48页）

② 《明英宗实录》卷一四六：正统十一年冬十月乙未，"升陕西西安左卫指挥使荣福署都指挥佥事"。《嘉靖固原州志》卷一《文武衙门·守备固原武臣》："荣福，都指挥佥事。景泰间，往来提督。"（[明]杨经纂辑、刘敏宽纂次，牛达生、牛春生校勘：《嘉靖万历固原州志》，宁夏人民出版社，1985年，第37页）

③ 《明英宗实录》卷三五〇：天顺七年三月癸卯，"命故陕西署都指挥同知荣福子镒袭为西安左卫指挥使"。

岁，系故指挥使荣君赏嫡长男。比中三等。〔对讫。〕

费增·指挥使

一辈费义，缺。

二辈费瑾①，旧选簿查有：永乐十三年八月，费瑾，原系金吾左卫指挥使，调行在锦衣卫，永乐十七年八月初十日升陕西都司都指挥佥事。具奏附选，钦与流官。

三辈费铭，旧选簿查有：永乐二十二年四月，费铭，系陕西都司都指挥使费瑾嫡长男。父原系指挥使，后升前职管事，病故。敬准袭授西安左卫世袭指挥使。

正统二年九月，费铭，系西安左卫指挥使，升陕西都司都指挥佥事。

四辈费澄，旧选簿查有：景泰五年十一月，费澄，系陕西都司故署都指挥使事都指挥佥事费铭嫡长男。照例袭伊父原职指挥使，定西安左卫。

五辈费梁，旧选簿查有：成化十二年三月，费梁，年十六岁，定远县人。有父费澄，系陕西都司署都指挥佥事指挥使，固原州阵亡。本人系嫡长男，先因年幼，照依父原职指挥使升与都指挥佥事俸，于本都司优给。今出幼，袭都指挥佥事。

六辈费栋，审稿查有：费栋，系费梁亲弟。

七辈费燻，旧选簿查有：正德十四年十二月，费栋，年五十五岁，定远县人，系西安左卫指挥使，患风疾在卫。有嫡长男费燻，年二十二岁，告替。

正德十五年二月，费燻，定远县人，系西安左卫指挥使费栋庶长男。

八辈费增，旧选簿查有：嘉靖二十五年十二月，费增，定远县人，系西安左卫瘤疾指挥使费勋（燻）嫡长男。

九辈费甲铎，万历二年二月，费甲铎，年二十二岁，定远县人，系西安左卫患疾指挥使费增嫡长男。

十辈费乙泓，万历十五年十二月，费乙泓，年七岁，定远县人，系西安左卫故指挥使费甲铎嫡长男。照例与全俸优给，至万历二十三年终住支。

万历二十五年二月，费乙泓，年十六岁，出幼袭职。比中二等。

---

①嘉靖《陕西通志》卷一九《文献》七《全陕名宦·宁夏总兵》："费瑾，永乐间以都指挥镇守。为人诚意端谨。"（第952页）

十一辈费尚桓，万历三十九年十月，大选过西安左卫指挥使优给舍人一名费尚桓，年四岁，系故指挥使费乙泓嫡长男。照例与全俸优给，至五十年终住支。〔对讫。〕

天启三年四月，大选过西安左卫指挥使一员费尚桓，年十六岁，系故指挥使费乙泓嫡长男。比中一等。〔对讫。〕

周栋·指挥使

一辈周玉，缺。

二辈周旺，旧选簿查有：永乐二十一年二月，周旺，系横海卫流官指挥同知周玉嫡长男。

三辈周全，旧选簿查有：正统元年五月，周全，年十岁，系横海卫故指挥使周旺嫡长男。

四辈周鉴，旧选簿查有：弘治十四年，周鉴，宛平县人，系金吾右卫都指挥使周全嫡长男，袭授原职指挥使，注西安左卫。

五辈周江，旧选簿查有：正德十五年四月，周江，宛平县人，系西安左卫故指挥使周鉴嫡长男。

六辈周栋，旧选簿查有：嘉靖十九年八月，周栋，年十七岁，宛平县人，系西安左卫故指挥使周江嫡长男，仍袭指挥使。

七辈周材，万历元年十二月，周材，年四十三岁，宛平县人，系西安左卫故指挥使周栋堂弟。

八辈周炳，万历十年十二月，周炳，年二十岁，宛平县人，系西安左卫故指挥使周材嫡长男。比中二等。

九辈周基，万历三十九年八月，大选过西安左卫指挥使一员周基，年二十六岁，系故指挥使周炳嫡长男。比中一等。〔对讫。〕

指挥使一员·房凤噂

正德十一年二月，房凤噂，年十九岁，合肥县人，系陕西都司都指挥佥事房怀庶长男。伊父原袭靖房卫指挥使，功升前职，今患疾。本人照例革替原职指挥使，改注西安左卫。

年远事故一员·朱鳌

永乐十八年五月，朱真，系西安左卫故世袭指挥佥事朱亮嫡长男。

宣德七年十二月，朱瑛，系西安左卫世袭指挥佥事朱真嫡长男。

景泰三年十一月，朱政，年十五岁，和州人，系西安左卫残疾世袭指挥佥事朱英（瑛）嫡长男。先因年幼，亲叔朱荣替职。今长成，退还职事。本人袭职，伊叔革闲。

天顺六年七月，西安左卫指挥佥事升指挥同知朱政。

成化六年五月，西安左卫指挥同知升指挥使朱政。

成化八年三月，朱鼎①，和州人，系西安左卫故署都指挥佥事朱政嫡长男，今袭指挥使于本卫。

弘治十五年九月，朱鳌，和州人，系西安左卫故世袭指挥使朱鼎嫡次男。·84·

又一员·何宁

永乐六年十二月，何宁，年十二岁，系陕西都司都指挥使何清庶长男。父原系指挥使，革除年间②升除前职，病故。本人见在本司，敬准于西安左卫关支伊父原职指挥使全俸优给，至永乐八年终住支，赴京袭职。

尹勋·署指挥使事指挥同知

内黄查有：尹清③，宿州人。祖父尹成，丙申年充军，乙巳年充小旗，洪武四年除百户，十一年调权镇西卫副千户，十二年实授本卫右所流官副千户，二十三年钦升甘肃（州）卫后所正千户，残疾。伯尹富，二十六年袭授世袭正千户，故。清

---

①《明宪宗实录》卷一〇二：成化八年三月壬戌，"命故陕西署都指挥佥事朱政子鼎袭为西安左卫指挥使"。

②革除年间：梁志胜教授谓"革除年间"指建文时期。

③《明武宗实录》卷一一八：正德九年十一月庚午，"虏入花马池，掠牧放官马五百三十二匹，参将尹清追之，出兵百余里，至方山，与虏战，中流矢死"。嘉靖《陕西通志》卷一九《文献》七《全陕名宦·(宁夏)都指挥使》："尹清，宁夏卫人。任本卫千户，历升都指挥使，授参将，分守宁夏东路，殁于阵。"（第956页）

系亲侄，永乐二年袭职，仍授甘州左卫世袭正千户。

一辈尹成，已载前黄。

二辈尹富，已载前黄。

三辈尹清，旧选簿查有：永乐二年八月，尹清，系甘州左卫后所故正千户尹富亲侄，今袭西安左卫中所正千户。

四辈尹廉，旧选簿查有：宣德七年五月，尹廉，系西安左卫中所故世袭正千户尹清亲弟。兄有嫡长男尹干，年八岁，幼小。钦准本人借职，待长成还与职事。

五辈尹干，旧选簿查有：正统四年三月，尹干，年十五岁，系西安左卫中所故世袭正千户尹清嫡长男。先因年幼，伊叔廉借职，病故。

功次簿查有：成化五年固原功次，西安左卫正千户升指挥佥事一员尹干。

成化五年开荒川等处功次，西安左卫指挥佥事升指挥同知一员尹干。

成化十年隆德等处杀贼有功，西安左卫署指挥同知升实授指挥同知一员尹干。

成化十三年五月十二日，尹干，系陕西都司西安左卫指挥同知，于岷州征剿番贼斩获首级有功。本部覆奏，于前项月日奉圣旨："是。钦此。"钦遵升指挥使。

六辈尹凤，旧选簿查有：弘治三年二月，尹凤，年十六岁，宿州人，系西安左卫指挥使尹干嫡长孙，钦与世袭。

七辈尹桓，旧选簿查有：嘉靖二年十二月，尹桓，宿州人，系西安左卫世袭指挥使尹凤嫡长男。

八辈尹勋，旧选簿查有：嘉靖十年六月，尹勋，宿州人，系西安左卫故世袭指挥使尹桓嫡长男。照例全俸优给，至嘉靖十九年终。嘉靖二十年十二月，尹勋，年十五岁，系西安左卫故指挥使尹桓嫡长男，优给出幼。伊高祖干，以正千户成化五年固原功升指挥佥事，开[荒]川功升署指挥同知，十年隆德等处功升实授指挥同知，十三年岷州斩获番贼升指挥使，故。祖、父沿袭，故。本人已与全俸优给，今出幼。所据开荒川署级例难承袭，照例革袭，署指挥使事指挥同知。·85·

九辈尹从汤，万历四十一年六月，尹从汤，年十七岁，宿州人，系西安左卫故署指挥使尹勋庶长男。伊父原袭祖职署指挥使事指挥同知，嘉靖四十一年为因宿娼改调宁夏中卫带俸差操①，万历十年故。本舍合照例与袭祖职署指挥使事指挥同知，

---

① 带俸差操："凡在卫所中参与管理卫事、分理屯田、营操等事务的武官，称作'见任管事'；闲住不任事者称为'带俸差操'。"（梁志胜：《明代卫所武官世袭制度研究》，第102页）

仍照宿娼事例，注调附近西安前卫。比中二等。

十辈尹民瞻，万历四十一年七月，单本选过西安前卫署指挥使事指挥同知一员尹民瞻，年二十二岁，系故署指挥使事指挥同知尹从汤嫡长男。比中二等。〔对讫。〕

王道诚·指挥同知

外黄查有：王斌，旧名锁住。兄王头，洪武三年充军，并枪①充小旗，真定升总旗，郑村坝升百户，白沟河阵亡。将锁住升副千户，西水寨升正千户，克金川门钦升府军卫指挥同知。

一辈王头，已载前黄。

二辈王斌，已载前黄。

三辈王玉，旧选簿查有：宣德十年四月，王玉，系府军卫流官指挥同知王斌嫡长男。

四辈王锡，旧选簿查有：成化八年十二月，王锡，山后人，系西安左卫世袭指挥同知王玉嫡长男。

五辈王节，旧选簿查有：弘治十五年九月，王节，山后人，系西安左卫世袭指挥同知王锡嫡长男。

六辈王武英，旧选簿查有：正德十三年十月，王武英，山后人，系西安左卫故世袭指挥同知王节嫡长男。

七辈王道诚，旧选簿查有：隆庆元年二月，王道诚，年十六岁②，山后人，系西安左卫故指挥同知王武英庶长男。照例与全俸优给，至隆庆十年终住支。

万历五年六月，王道诚，年十六岁，山后人，系西安左卫故指挥同知王武英庶长男，优给出幼袭职。比中三等。 ·86·

八辈王振，万历四十七年三月，大选过西安左卫世袭指挥同知一员王振，年二十一岁，系故指挥同知王道诚嫡长孙。比中一等。〔对讫。〕

九辈王洪勋，崇祯二年四月，大选过西安左卫指挥同知一员王洪勋，年三十八岁，系故指挥同知王振亲叔。比中二等。〔对讫。〕

---

①并枪：旗役升用时的比试，简作"并"。
②此处"十六岁"应为"六岁"，"十"为衍字。

李孜·指挥同知

一辈李才，缺。

二辈李谅，旧选簿查有：永乐二十一年十二月，李谅，系宁山卫世袭指挥同知李才嫡长男。

三辈李泽，旧选簿查有：景泰五年十月，李泽，枣阳县人，系甘州后卫世袭指挥同知李谅嫡长男。

四辈李祯，旧选簿查有：成化三年二月，李祯，枣阳县人，系西安左卫故世袭指挥同知李泽嫡长男。

五辈李孜，旧选簿查有：嘉靖元年三月，李孜，枣阳县人，系西安左卫年老世袭指挥同知李祯亲侄，待伯有男退与职事。

赵安·指挥同知

内黄查有：赵忱，高祖赵庆甫，洪武五年从军，年老。曾祖赵谅代役，真定功升小旗，东直门功升总旗，济南功升百户，克应天府升旗手卫指挥佥事，靖虏镇功升指挥同知，病故。祖赵广〔系〕嫡长男袭职，病故。良系嫡长男，袭指挥同知，风疾。忱系嫡长男，替西安左卫指挥同知。

一辈赵庆甫，已载前黄。

二辈赵谅，已载前黄。

三辈赵广，旧选簿查有：宣德七年，赵广，系旗手卫为事立功故流官指挥同知赵谅嫡长男。

四辈赵良，旧选簿查有：成化元年十二月，赵良，伊父赵广原系陕西都司西安左卫指挥同知升都指挥佥事，故。本人系嫡长男，袭授伊父原职指挥同知。

五辈赵忱，旧选簿查有：弘治十五年十月，赵忱，昌黎县人，系西安左卫世袭指挥同知赵良嫡长男。

六辈赵冕，旧选簿查有：正德十五年二月，赵冕，昌黎县人，系西安左卫故指挥同知赵忱嫡长男，优给出幼袭职，限外多支俸一年，查扣毕日关支。

七辈赵安，旧选簿查有：嘉靖十七年十月，赵安，年七岁，昌黎县人，系西安左卫故指挥同知赵冕嫡长男，优给，照例与全俸，至嘉靖二十五年终住支。

嘉靖二十九年十月，赵安，年十八岁，昌黎县人，系西安左卫故指挥同知赵冕嫡长男，优给出幼袭职。

八辈赵齐，万历三十一年四月，赵齐，年十九，岁系西安左卫老指挥同知赵安亲孙。比中三等。〔对讫。〕

王兴祖·指挥同知

一辈王政，缺。

二辈王敏，旧选簿查有：宣德五年七月，王敏，系陕西都司都指挥同知王政嫡长男。父原系指挥同知，后升前职，调本司管事，病故。准本人袭父原职指挥同知，与世袭，授西安左卫。

三辈王玘，旧选簿查有：景泰三年五月，王玘，济阳县人，系西安左卫世袭指挥同知王敏嫡长男。

成化五年，西安左卫指挥同知升署指挥使王玘。

四辈王锐，旧选簿查有：弘治十二年四月，王锐，济阳县人，系西安左卫署指挥使王玘嫡长男。伊父原系本卫指挥同知，功升前职；成化二十三年遇例实授，故。本人照例革袭署指挥使事指挥同知。

五辈王鉴，旧选簿查有：弘治十五年九月，王鉴，济阳县人，系西安左卫故署指挥同知王锐庶弟。

六辈王兴祖，旧选簿查有：嘉靖五年六月，王兴祖，济阳县人，系西安左卫故指挥使王鉴嫡长男。伊祖玘原袭指挥同知，石城当先升署指挥使。伯锐袭，父遇例实授。本人先因年幼，已革当先遇例，与指挥同知俸优给。今出幼，照例与袭指挥同知。·88·

指挥同知一员·张申

正统六年九月，张忠，系西安左卫老疾世袭指挥同知张均美庶长男。

景泰二年六月，张恕，系西安左卫故世袭指挥同知张忠亲弟。

成化十一年二月，张锦，萧县人，系西安左卫故世袭指挥同知张恕嫡长男。

嘉靖七年八月，张申，萧县人，系西安左卫故绝世袭指挥同知张锦亲侄，优给出幼袭职。

年远事故一员·刘鉴

成化十三年八月，刘鉴，六安州人，系西安左卫故指挥同知刘江嫡长男，钦与世袭。

把景隆·指挥佥事

天启五年十二月，大选过西安左卫指挥佥事优给舍人一名把景隆，年二岁，系故指挥佥事把成梁庶长男。照例与全俸优给，至天启十七年终住支。〔对讫。〕

把开先，崇祯十二年十月，大选过西安左卫指挥佥事一员把开先，年十六岁，出幼袭职。比中三等。〔对讫。〕

陆希续·指挥佥事

外黄查有：陆谨，曾祖陆得山，吴元年充济宁左卫军，洪武四年调济州卫，老。祖陆旺代役，白沟河功升小旗，哨消口功升总旗，回袭龙庙功升实［授］百户，小河大战，渡江克金川门，功升水军左卫前所正千户，永乐八年靖虏功升指挥佥事。父陆广，嫡长男袭职，调陕西西安左卫，老疾。兄让，嫡长男替职。

一辈陆旺，已载前黄。·89·

二辈陆广，旧选簿查有：正统九年闰七月，陆广，系济州卫带俸指挥佥事，调西安左卫。

三辈陆让，旧选簿查有：天顺七年九月，陆让，年三十二岁，沭阳县人，西安左卫世袭指挥佥事陆广嫡长男。

四辈陆谨，旧选簿查有：成化五年六月，陆谨，沭阳县人，系西安左卫失陷世袭指挥佥事陆让亲弟。

五辈陆希续，旧选簿查有：正德十五年六月，陆希续，沭阳县人，系西安左卫故世袭指挥佥事陆谨庶长男，优给出幼袭职。

张澄·指挥佥事

内黄查有：张谦，兄张得山，洪武五年充蓟州卫军，调营州中护卫，残疾。谦代役，升总旗，白沟河升本所勇士百户，八月升副千户，夹河功升正千户，升肃州卫指挥佥事，永乐二年钦与流官。

一辈张谦，已载前黄。

二辈张荣，审稿查有：张荣，系张谦嫡长男。

三辈张能，缺。

四辈张增，旧选簿查有：景泰五年二月，张增，玉田县人，系西安左卫减俸闲住故世袭指挥佥事张荣嫡长男。先因年幼，亲叔张能借职。今长成，退还职事。本人袭职，伊叔革闲。

五辈张钦，旧选簿查有：成化二十一年十一月，张钦，玉田县人，系西安左卫世袭指挥佥事张增嫡长男。

六辈张溥，旧选簿查有：正德七年十月，张溥，玉田县人，系西安左卫故世袭指挥佥事张钦庶长男。

七辈张桂，旧选簿查有：正德十二年十月，张桂，年三岁，玉田县人，系西安左卫故指挥佥事张溥嫡长男。钦与全俸优给，至正德二十四年终住支。

八辈张澄，旧选簿查有：嘉靖五年六月，张澄，玉田县人，系西安左卫故绝世袭指挥佥事张溥堂弟，优给出幼袭职。

充军簿查有：张澄，系西安左卫指挥佥事，原籍玉田县人。犯该守备不设，照例于嘉靖四十年五月初三日编发镇夷所充终身军①。·90·

九辈张世勋，隆庆六年二月，张世勋，年二十岁，玉田县人，系西安左卫故充军指挥佥事张澄亲孙。伊祖张澄原袭祖职指挥佥事，嘉靖三十八年犯该守备不设，问拟镇夷所充军终身，四十五年故。伊父张年未袭先故。本舍照例复袭祖职指挥佥事。

十辈张我英，万历二十九年八月，张我英，年二十一岁，玉田县人，系西安左卫故指挥佥事张世勋嫡长男。比中一等。

---

①疑此处所记张澄"四十年"充军与之下所记"三十八年"时间不符。类似情形在《总汇》中时有出现，以下不再逐一注明。

十一辈张蕴奇，崇祯八年十月，大选过西安左卫指挥佥事一员张蕴奇，年二十二岁，系故指挥佥事张我英嫡长男。比中三等。

田镇·指挥佥事

内黄查有：田锐，始祖田大，丙申年从军，阵亡。高祖田福补役，洪武十二年选充小旗，自首军器事除武德卫指挥佥事，永乐三年调西安左卫，故。曾祖田政先故。祖田广系嫡长孙，宣德九年袭职。父田雄，嫡长男替职，故。锐，嫡长男，成化二十年袭本卫指挥佥事。

一辈田大，已载前黄。

二辈田福，已载前黄。

三辈田广，旧选簿查有：宣德九年五月，田广，年十五岁，系西安左卫故世袭指挥佥事田福嫡长孙。

四辈田雄，旧选簿查有：成化十二年四月，田雄，盱眙县人，系西安左卫世袭指挥佥事田广庶长男。

五辈田锐，旧选簿查有：成化二十年六月，田锐，年十五岁，盱眙县人，系西安左卫故世袭指挥佥事田雄嫡长男。

六辈田滋，旧选簿查有：嘉靖元年四月，田滋，盱眙县人，系西安左卫指挥佥事田锐嫡长男。

七辈田镇，旧选簿查有：嘉靖十三年十月，田镇，年二十岁，盱眙县人，系西安左卫故以都指挥体统行事指挥佥事田滋嫡长男。父故，本舍告袭。所据推以都指挥虚衔，例无承袭，本舍照例革与指挥佥事。

八辈田应登，万历十一年四月，田应登，年十六岁，盱眙县人，系西安左卫中所年老降级副千户田镇嫡长男。伊父原袭祖职指挥佥事，嘉靖二十一年犯该役占军伴，问拟立功四年，仍降副千户，遇蒙万历十年九月恩诏："军职为事降级，年六十以上，子孙赴部替职者，准复祖职。"今伊父见年六十九岁，本舍合照例复袭祖职指挥佥事。比中三等。

九辈田应科，万历十八年十二月，田应科，年二十一岁，系西安左卫故指挥佥事田应登亲弟。比中三等。

耿世勋·指挥佥事

外黄查有：耿文，和州人。祖父耿成，丙申年充先锋，庚子年选充总旗；吴元年克苏州充百户，洪武二年克黄花寨除百户，十一年除绍兴所试（副）千户，十二年实授百（正千）户，十五年金沙滠故。父耿孝恭袭绍兴卫世袭指挥佥事，为军人变乱队伍处绞。有兄耿旺，世袭指挥佥事，永乐三年调西安左卫，故。有文袭职间犯徒罪，永乐九年准袭西安左卫世袭指挥佥事。

一辈耿成，已载前黄。

二辈耿孝恭，已载前黄。

三辈耿旺，已载前黄。

四辈耿文，旧选簿查有：永乐九年九月，耿文，系西安左卫故世袭指挥佥事耿旺亲弟。

五辈耿英，旧选簿查有：宣德三年十一月，耿英，年十六岁，系西安左卫故世袭指挥佥事耿文嫡长男。

六辈耿雄，旧选簿查有：景泰五年十二月，耿雄，系西安左卫故世袭指挥佥事耿英亲弟。

七辈耿钊，旧选簿查有：成化八年，耿钊，和州人，系陕西都司风疾署都指挥佥事耿雄嫡长男。

八辈耿俊，旧选簿查有：弘治元年十二月，耿俊，年十五岁，和州人，系西安左卫故世袭指挥佥事耿钊嫡长男。

九辈耿玉，旧选簿查有：正德十五年□月，耿玉，年十五岁，和州人，系西安左卫故世袭指挥佥事耿俊嫡长男，优给出幼袭职。

十辈耿世勋，旧选簿查有：嘉靖四十五年八月，耿世勋，年二十九岁，和州人，系西安左卫署都指挥佥事耿玉庶长男。伊父原袭祖职指挥佥事，嘉靖十一年部下二次获功，历升指挥使，历推清水营守备，今年老。所据部下功次并推升虚衔，俱例不准袭。本舍照例革替祖职指挥佥事。

十一辈耿光祖，旧选簿查有：万历十八年十二月，耿光祖，年十九岁，和州人，系西安左卫故指挥佥事耿世勋嫡长男。比中三等。

十二辈耿允中，万历四十二年十一月，大选过西安左卫指挥佥事一员耿允中，年二十五岁，系疾指挥佥事耿光祖嫡长男。比中三等。〔对讫。〕

十三辈耿允升，天启五年五月补四月份大选，过西安左卫指挥佥事一员耿允升，年二十六岁，系故指挥佥事耿允中亲弟。比中二等。〔对讫。〕·92·

田雨·指挥佥事

外黄查有：田安住，武安县人。有父田本，洪武二年充济宁左卫军，四年调济州卫左所，二十五年调燕山左卫后所；三十二年攻围真定，升本所勇士小旗；郑村坝大战全胜回升总旗；三十三年济南升本所百户，三十四年西水寨回升副千户，三十五年灵璧大战全胜，因伤身故。安住系嫡长男，永乐二年钦升金吾左卫指挥佥事，三年钦与流官职事。

一辈田本，已载前黄。

二辈田安住，已载前黄。

三辈田浩，缺。

四辈田忠，旧选簿查有：成化二年四月，田忠，年三十五岁，武安县人，系西安左卫世袭指挥佥事田浩嫡长男。

五辈田钺，旧选簿查有：弘治七年二月，田钺，武安县人，系西安左卫世袭指挥佥事田忠庶长男。

六辈田鉴，旧选簿查有：正德十年十月，田鉴，武安县人，系茂州卫故指挥佥事田钺亲庶男，原系西安左卫，调今卫。

七辈田辅，旧选簿查有：嘉靖十五年六月，田鉴，年五十七岁，武安县人，系西安左卫指挥佥事，今患疾在卫。有嫡长男田辅，二十七岁，告替。

八辈田雨，旧选簿查有：嘉靖三十四年二月，田雨，武安县人，系西安左卫故指挥佥事田辅庶长男。伊父原袭指挥佥事，推以都指挥，例无承袭，本舍革袭指挥佥事。

九辈田芝，万历十五年二月分，田芝，年二十岁，武安县人，系西安左卫故指挥佥事田雨嫡长男。伊父原袭祖职指挥佥事，万历九等年历推陕西都司军政佥书，十四年故。所据伊父推升流官，例不准袭，本舍合照例革袭祖职指挥佥事。比中二等。

十辈田国宠，万历三十八年四月，大选过西安左卫指挥佥事一员田国宠，年二十五岁，系疾指挥佥事田芝嫡长男。比中一等。〔对讫。〕

十一辈田万，崇祯十一年二月，大选过西安左卫指挥佥事一员田万，年四十七岁，系故指挥佥事田国宠堂叔。比中三等。〔对讫。〕

戴冠·指挥佥事

·93·

一辈戴玉，缺。

二辈戴祯，旧选簿查有：永乐九年十月，戴祯，原系前永清右卫世袭指挥佥事，革除年间调前汝宁卫，后为事做总旗名头宁夏立功，永乐五年四月复职西安左卫。

三辈戴全，旧选簿查有：宣德三年十一月，戴全，系西安左卫世袭指挥佥事戴祯嫡长男。

四辈戴瑄，旧选簿查有：正统八年九月，戴瑄，系西安左卫世袭指挥佥事戴全嫡长男。

五辈戴政，旧选簿查有：成化九年七月，戴政，寿州人，系西安左卫世袭指挥佥事戴瑄嫡长男。

六辈戴武，旧选簿查有：正德九年十月，戴武，寿州人，系西安左卫年老世袭指挥佥事戴政庶长男。

七辈戴龙，旧选簿查有：嘉靖五年十月，戴龙，寿州人，系西安左卫故绝世袭指挥佥事戴武亲弟。

八辈戴冠，审稿查有：嘉靖三十三年二月，戴冠，年二十三岁，寿州人，系西安左卫老疾指挥佥事戴龙庶长男。

九辈戴升，万历二年四月，戴升，年二十三岁，寿州人，系西安左卫患疾指挥佥事戴冠嫡长男。

十辈戴复初，万历二十二年五月分，单本选过西安左卫指挥佥事一员戴复初，年二十三岁，系寿州人。伊父戴升原袭指挥佥事，万历十七年推升守备，十九年为事参降正千户，今故。所据伊父推升流官，例不准袭，合照旧与袭指挥佥事。比中二等。

十一辈戴三锡，天启七年四月，大选过西安左卫指挥佥事一员戴三锡，年十九岁，系故指挥佥事戴复初庶长男。比中三等。〔对讫。〕

郭世勋·指挥佥事

外黄查有：郭胜，商河县人。父郭彦深，顶外祖父李龙名字，洪武元年归附，充燕山左卫军，十六年老。胜户名不动代役，三十二年真定回升勇士小旗，郑村坝升总旗，三十三年济南回升百户，三十四年平村坝战胜升副千户，三十五年克金川门升六安卫中所正千户，永乐三年钦与世袭。

一辈郭彦深，已载前黄。·94·

二辈郭胜，已载前黄。

三辈郭成，旧选簿查有：正统十一年六月，郭成，系六安卫中千户所世袭正千户，调西安左卫左千户所。

四辈郭斌，旧选簿查有：天顺二年五月，郭斌，商河县人，系西安左卫左所故世袭正千户郭成嫡长男。

成化四年二月，郭斌，系陕西西安左卫左所正千户，降二级降百户，本卫差操。

五辈郭良，旧选簿查有：正德三年十一月，郭良，商河县人，系西安左卫左所降级百户郭斌嫡长孙。伊祖原系正千户，为事降前职，今故。本人照例袭祖职正千户。

功次簿查有：嘉靖十年九月，为达贼犯边、官军拒敌、斩获首级等事，升实授一级，二人共斩获贼级一颗，为首官旗军舍共十四员名内一员西安左卫左所实授正千户升指挥佥事一员郭良。

六辈郭瀚，旧选簿查有：嘉靖二十一年六月，郭瀚，商河县人，系西安左卫指挥佥事郭良嫡长男。

七辈郭世勋，旧选簿查有：隆庆元年八月，郭世勋，年三十五岁，商河县人，系西安左卫老疾指挥佥事郭瀚嫡长男。伊父原替祖职指挥佥事，嘉靖三十一年推升凉州领班，三十四年回卫，今年老。所据推升虚衔，例不准袭，本舍照例革袭祖职指挥佥事。

八辈郭希礼，万历十四年六月，郭希礼，年五岁，商河县人，系西安左卫患疾指挥佥事郭世勋嫡长男。照例与全俸优给，至万历二十四年终住支。

九辈郭希光，万历十七年十二月，年七岁，系西安左卫故优给指挥佥事郭希礼亲弟。照例与全俸优给，至万历二十四年终住支。

十辈郭希光①，万历二十六年四月，郭希光，年十六岁，武定州人，系西安左卫故指挥佥事郭希礼亲弟。违限一年，有无多支，查扣。比中一等。

十一辈郭圻，天启元年五月补四月大选，过西安左卫指挥佥事一员郭圻，年二十岁，系故指挥佥事郭希光嫡长男。比中三等。〔对讫。〕

杨显祖·指挥佥事

万历三十二年十月，大选过西安左卫指挥佥事一员杨显祖，年三十五岁，宿州人。查伊始祖杨大，洪武元年军，三年充小旗，老。青代役，三十三年征进大同升总旗，济南升百户；三十四年藁城升副千户，三十五年应天升指挥佥事，老。忠系男替，故。泰系男袭，故。信系次男，未袭，故。继先系庶男，袭指挥佥事，未比，万历十三年故。显祖系嫡长男，准袭指挥佥事。比中三等。伊父一辈未比，照例罚俸三年。·95·

杨宪吉，天启元年正月补泰昌元年十二月分大选，过西安左卫指挥佥事一员杨宪吉，年二十三岁，系疾指挥佥事杨显祖嫡长男。比中二等。〔对讫。〕

杨毓琦，崇祯十二年二月，大选过西安左卫指挥佥事一员杨毓琦，年十六岁，系故指挥佥事杨宪吉嫡长男。比中二等。〔对讫。〕

蒋从志·指挥佥事

天启三年二月，大选过西安左卫指挥佥事一员蒋从志，年二十岁，系疾指挥佥事蒋愈谦嫡长男。比中一等。〔对讫。〕

年远事故指挥佥事一员·阎得

永乐二十一年二月，阎得，系西安左卫故流官指挥佥事阎兴庶长男。

---

① 此处"十辈郭希光"系衍文，其下"十一辈"应为"十辈"。

又一员·王钦

成化七年二月，王钦，宿州人，系西安左卫故世袭指挥佥事王荣庶长男。·96·

又一员·杜钦

永乐七年四月，杜钦，幼名庄儿，系西安左卫故流官挥佥事指挥佥事杜兴、旧名兴儿亲弟，敬准袭世袭指挥佥事。

又一员·马昇

天顺六年正月，马昇，峄山县人，系西安左卫故指挥佥事马云嫡长男。

又一员·周泰

洪武三十三年七月，周泰，年十一岁，系宁国卫伤故世袭指挥佥事周才嫡次男。钦准袭职，授西安左卫世授指挥佥事。支俸读书操练，至十五岁出幼冠带管事。

张毓奇·指挥佥事

内黄查有：崇祯十一年八月，大选过西安左卫指挥佥事一员张毓奇，年十九岁，系老指挥佥事张道行庶长男。比中三等。〔对讫。〕

程尚华·卫镇抚

内黄查有：程敬，定远县人。有父程良，旧名友良，甲午年从军，丁酉年充总旗，洪武九年起取赴京，除凤阳左卫后所镇抚；二十五年查年深起取赴京，钦升西安左卫世袭卫镇抚，故。兄程善袭，为仓粮事钦发立功，复职降除百户；永乐十一年复原职，故，无儿男。敬系亲弟袭。程智系程敬嫡次男，父因病自缢；兄程义残疾，不堪承袭。智洪熙元年袭，待兄有男还与职事。

一辈程良，旧名友良，已载前黄。

二辈程善，旧选簿查有：洪武二十六年七月，程善，系西安左卫故世袭卫镇抚程良嫡长男。钦准袭职，仍授本卫世袭卫镇抚。

三辈程敬，旧选簿查有：永乐十七年五月，程敬，系西安左卫故世袭卫镇抚程善亲弟。

四辈程智，旧选簿查有：洪熙元年二月，程智，系西安左卫因病自缢世袭卫镇抚程敬嫡次男。兄程义残疾，不堪承袭。敬准本人袭职，待兄有男还与职事。

五辈程真，旧选簿查有：正统六年六月，程真，年十六岁，系西安左卫故世袭卫镇抚程敬嫡长孙。

六辈程宪，旧选簿查有：成化十九年十二月，程宪，定远县人，系西安左卫故世袭卫镇抚程真嫡长男。

七辈程瓛，旧选簿查有：正德十年十月，程瓛，定远县人，系西安左卫世袭卫镇抚程宪嫡长男。

八辈程尚华，旧选簿查有：嘉靖二十四年二月，程尚华，定远县人，系西安左卫故卫镇抚程瓛嫡长男。

九辈程钦，隆庆五年二月二十八日，程钦，年二十六岁，定远县人，系西安左卫患疾卫镇抚程尚华嫡长男，钦准替职。

十辈程蛟，万历二十一年四月，程蛟，年二十三岁，系西安左卫故绝卫镇抚程钦从堂弟。比中三等。

十一辈程光显，崇祯六年十月，大选过西安左卫卫镇抚一员程光显，年三十四岁，系老卫镇抚程蛟嫡长男。比中三等。〔对讫。〕

毛应恩·正千户

内黄查有：毛遂，盱眙县人。父毛义，乙未年从军，洪武四年除授百户，七年授世袭，十一年钦除权千户，十二年实授流官副千户，二十三年钦升世袭正千户，老。遂系庶长男，仍授世袭正千户。毛雄系毛遂嫡次男。父疾，兄毛瑛替，故。侄毛恺，年幼。雄钦准袭世袭正千户，待侄长成还与职事。

一辈毛义，旧选簿查有：洪武三十三年，西安左卫左所正千户毛义。

二辈毛遂，旧选簿查有：永乐五年三月，毛遂，系西安左卫左所世袭正千户毛义庶长男。

三辈毛瑛，旧选簿查有：宣德八年五月，毛瑛，系西安左卫左所世袭正千户毛遂嫡长男。

四辈毛雄，已载前黄。

五辈毛恺，旧选簿查有：天顺元年七月，毛恺，盱眙县人，系西安左卫左所世袭正千户毛瑛嫡长男。父病故，本人先因年幼，亲叔毛雄借职。今长成，退还职事，伊叔革闲。

六辈毛怀，旧选簿查有：成化六年四月，毛怀，盱眙县人，系西安左卫左所世袭正千户毛恺堂弟。

七辈毛钺，旧选簿查有：弘治六年九月，毛钺，盱眙县人，系西安左卫左所故世袭正千户毛怀嫡长男。

八辈毛正，旧选簿查有：正德十四年六月，毛正，年十五岁，盱眙县人，系西安左卫左所阵亡世袭正千户毛钺嫡长男，优给。

九辈毛应恩，旧选簿查有：嘉靖三十五年八月，毛应恩，年三十四岁，盱眙县人，系西安左卫左所正千户故毛正嫡长男。

十辈毛腾云，隆庆六年七月，毛腾云，年二十三岁，盱眙县人，系西安左卫左所患疾正千户毛应恩嫡长男。

十一辈毛起龙，万历三十二年八月，毛起龙，年三十四岁，系西安左卫左所患疾正千户毛腾云嫡长男。比中三等。

十二辈毛起凤，万历三十五年六月，大选过西安左卫左所正千户一员毛起凤，年三十四岁，系毛起龙亲弟。比中三等。

十三辈毛起鸾，万历三十八年四月，大选过西安左卫左所正千户一员毛起鸾，年三十六岁，系故正千户毛起凤亲弟。比中一等。〔对讫。〕

十四辈毛鸿勋，天启七年四月，大选过西安左卫左所正千户一员毛鸿勋，年二十二岁，系故正千户毛起鸾嫡长男。比中二等。〔对讫。〕

左所年远事故正千户一员·刘福

正统八年十月，刘刚，系西安左卫左所世袭正千户刘荣嫡长男。

成化十五年三月，刘福，巨野县人，系西安左卫左所世袭正千户刘刚嫡长男。先因年幼，已与优给，扣该成化十三年终住支。今出幼，多支俸粮一年，照例袭职，仍行该卫将多支俸粮扣除，还官毕日照旧关支。

王㵭·副千户

外黄查有：王铭①，盱眙县人。祖父王敏，甲午年从军，丙申年选充小旗，乙巳年充总旗，洪武三年充西安卫百户，授流官世袭；四年调西安左卫左所，十一年升颍州卫试千户，十二年实授左所流官副千户，二十二年为事免罪还职，不与俸，调镇远卫；二十三年故。伯父王纲袭海南卫清澜所世袭副千户，二十九年为事典刑。父王斌袭，调清远卫，永乐二年为事发兴州右屯卫充军；三年恩宥复职，调西安左卫左所，十九年老。铭系嫡长男，宣德元年袭世袭副千户。

一辈王敏，已载前黄。

二辈王纲，已载前黄。

三辈王斌，旧选簿查有：洪武三十五年十一月，王斌，系海南卫清澜守御千户所世袭副千户王纲庶弟。父王敏从军任副千户，病故。兄袭除前职，为事典刑，因父立功，钦准袭授清远卫中所世袭副千户。

四辈王铭，旧选簿查有：宣德元年十二月，王铭，系西安左卫左所世袭副千户王斌嫡长男。

五辈王能，旧选簿查有：正统三年四月，王能，年十七岁，系西安左卫左所故世袭副千户王铭嫡长男。

六辈王杰，旧选簿查有：景泰五年四月，王杰，盱眙县人，系西安左卫左所故世袭副千户王能亲弟。

七辈王隆，旧选簿查有：成化十七年二月，王隆，盱眙县人，系西安左卫左所世袭副千户王杰嫡长男。

八辈王钺，旧选簿查有：弘治九年十一月，王钺，盱眙县人，系西安左卫左所故世袭副千户王隆嫡长男。

---

①《明太祖实录》卷一〇一：洪武八年十月丁亥朔，"召西安都指挥使濮英、王铭还京，以都督佥事叶昇、林济峰代之"。

九辈王激,旧选簿查有:嘉靖七年六月,王激,年四岁,盱眙县人,系西安左卫左所已故世袭副千户王钺嫡长男。照例与全俸优给,至嘉靖十七年终住支。

旧选簿查有:嘉靖二十一年十月,王激,年十八岁,盱眙县人,系西安左卫左所已故副千户王钺嫡长男,优给出幼袭职。·100·

十辈王印,隆庆五年二月,王印,年二十一岁,盱眙县人,系西安左卫左所故副千户王激嫡长男。伊父原袭祖职副千户,嘉靖四十年犯奸,参调宁夏中卫左所带俸差操,隆庆元年遇例释宥,今故。本舍照例准袭祖职副千户,仍照犯奸事例,注原调卫所带俸差操。

隆庆五年四月,王印,年二十一岁,盱眙县人,系西安左卫左所故副千户王激嫡长男。伊父原袭祖职副千户,嘉靖四十年犯奸,参调宁夏中卫左所带俸差操,隆庆三年故。本舍于五年二月内保送到部,该本部准还原职副千户,仍注原调卫所。题奉钦依外续。据本舍通状告称,请□改调附近卫所。查例相应,合将本舍照例准袭祖职副千户,仍改注附近西安前卫前所。

十一辈王爱,万历二十八年八月,王爱,年二十九岁,盱眙县人,系西安左卫左所副千户王印嫡长男。比中三等。

十二辈王佐,天启二年十月,大选过西安左卫左所副千户一员王佐,年三十三岁,系疾副千户王爱嫡长男。比中二等。〔对讫。〕

十三辈王圣,崇祯五年二月,大选过西安左卫左所副千户一员王圣,年二十三岁,系阵亡副千户王佐嫡长男。比中二等。〔对讫。〕

周凤·副千户

一辈周林,缺。

二辈周福,旧选簿查有:洪熙元年二月,周福,系归德卫后所故百户周林嫡长男。

三辈周海,旧选簿查有:天顺六年六月,周海,句容县人,系西安左卫左所故署所镇抚事世袭百户周福嫡长男。

四辈周源,旧选簿查有:成化四年五月,周源,句容县人,系西安左卫左所故署所镇抚事世袭百户周海亲弟。

五辈周南,旧选簿查有:正德三年十二月,周南,句容县人,系西安左卫左所

年老署所镇抚事世袭百户周源嫡长男。 ·101·

六辈周凤，旧选簿查有：嘉靖六年十二月，周凤，年二十岁，句容县人，系西安左卫左所世袭百户周南嫡长男。伊父原替实授百户，嘉靖元年商南县与贼对阵亡，钦升一级。本人照例与袭副千户，注原卫所。

七辈周应登，隆庆四年六月，周应登，年三十二岁，句容县人，系西安左卫左所老疾副千户周凤堂侄。伊堂伯祖周南，原袭祖职实授百户，嘉靖元年马蹄石店阵亡。伊堂伯周凤袭升副千户，今老疾，无嗣。伊父周雄未袭先故。本舍先于隆庆三年保勘赴部借职，查系二辈未袭，随经驳查去后。今既查明无碍，复保前来。所据周南阵亡功升副千户一级，于本舍为犯堂①，例应减革，合照例准借祖职实授百户。待后伊伯周凤生有儿男，退还职事。

八辈周继文，万历十八年十二月，周继文，年二十四岁，句容县人，系西安左卫左所故实授百户周应登嫡长男。伊父周应登系借替堂伯周凤实授百户，今故。本舍供词不明，开"周凤存故、有无儿男"面审本舍，及口哑废疾，例不得袭。该卫朦胧起送与妄保官员，□应并究。本舍照例发回该卫，查有应袭之人另行起送，赴部定夺。

九辈周继武，万历二十年五月，周继武，年二十三岁，句容县人，系西安左卫左所故实授百户周应登嫡次男。伊父周应登原袭实授百户，万历十八年故。本年伊兄周继文赴部承袭，审系口哑，发回。今该卫另保本舍前来，合照例借袭实授百户。如伊兄周继文生有儿男，退还职事。比中三等。

十辈周维新，万历三十八年二月，大选过西安左卫左所实授百户一员周维新，年二十岁，系故实授百户周继武嫡长男。比中一等。〔对讫。〕

马爵·副千户

外黄查有：马爵，年七十二岁，系陕西西安左卫左所副千户，原籍顺天府通州人。一世祖马得清（青），洪武五年充通州卫中所军，十七年疾。始祖马五代役，二十年疾。高祖马玉、旧名伴旧代役，三十二年奉天征讨，三十三年济南功升小

---

①《大明会典》卷一二〇《兵部·铨选·武职袭替》："武官多故绝，以旁枝继。其族属疏远者，名曰'犯堂'，例不得袭。"

旗，三十四年夹河功升总旗，三十五年应天府奇功升新安卫前所副千户，永乐七年饮马河阵亡。曾伯祖马全系嫡长男，优给，十六年十一月袭，宣德六年调西安左卫左所，景泰六年故绝。曾祖马骥系亲弟，七年七月袭，天顺五年故。祖马珍系嫡长男，七年六月袭，本年为失机降总旗，弘治十八年故。父马钦系嫡长男，未袭，故。爵系嫡长孙，正德元年八月仍袭西安左卫左所副千户。

一辈马得青，已载前黄。

二辈马五，已载前黄。 ·102·

三辈马玉，已载前黄。

四辈马全，已载前黄。

五辈马骥，旧选簿查有：景泰七年七月，马骥，顺天府通州人，系西安左卫左所故副千户马全亲弟。

六辈马珍，旧选簿查有：天顺七年六月，马珍，顺天府通州人，系西安左卫左所故世袭副千户马骥嫡长男。

七辈马爵，旧选簿查有：正德元年八月，马爵，通州人，系西安左卫左所降级总旗马珍嫡长孙。伊祖原系本卫所世袭副千户，为失机事降前役，故。本人该袭副千户。

八辈马燧，隆庆四年四月，马燧，年九岁，通州人，系西安左卫左所故副千户马爵嫡长孙。照例与全俸优给，至隆庆十年终住支。

万历六年四月，马燧，年十七岁，通州人，系西安左卫左所故副千户马爵嫡长孙，优给出幼袭职。违限一年，限外有无多支俸粮，查扣毕日关支。本舍比试不中，例给半俸，候及二年，彼处衙门就便再比①。

九辈马逢乐，万历三十九年八月，大选过西安左卫左所副千户优给舍人一名马逢乐，年七岁，系疾副千户马燧嫡长孙。照例与全俸优给，至四十七年终住支。伊祖一辈未比，俟出幼之日罚俸三年。〔对讫。〕

天启元年二月，大选过西安左卫左所副千户一员马逢乐，年十六岁，出幼袭职，比中二等。限外有无〔多〕支米石，彼中查扣。查伊祖马燧一辈未比，该出幼之日罚俸三年。今据本官告辨，移交中府，回称马燧已于万历八年补比，讫准免罚俸。〔对讫。〕

---

① 再比：武官世袭的复试。《明太祖实录》卷二三九，洪武二十八年七月庚子诏，"凡亡故、征伤武官子弟袭职，如比试弓马不中，仍令还卫署事，与半俸。二年后复比试，不中者降为中军"。

冯翔·副千户

内黄查有：冯禄，江都县人。祖父冯仁，乙未年从军，洪武五年充小旗，十九年升充陈州卫总旗，二十三年除百户，二十九年故。父冯政，眼疾。禄系嫡长孙，三十一年袭授甘州左护卫前所百户，三十二年调西安左卫后所。

一辈冯仁，已载前黄。·103·

二辈冯禄，旧选簿查有：洪武三十三年西安左卫后所百户冯禄。

三辈冯安，旧选簿查有：宣德五年十二月，冯安，年十五岁，系西安左卫后所故世袭百户冯禄嫡长男。先年九岁，错报作八岁，在卫优给。今出幼，钦准改正袭职。

四辈冯泰，旧选簿查有：成化三年四月，冯泰，江都县人，系西安左卫后所世袭百户冯安嫡长男。

五辈冯和，旧选簿查有：弘治六年十月，冯和，江都县人，系西安左卫后所故世袭百户冯泰亲弟。

六辈冯良，旧选簿查有：正德三年九月，冯良，江都县人，系西安左卫后所故世袭百户冯和嫡长男。

七辈冯勋，旧选簿查有：嘉靖十六年二月，冯勋，江都县人，系宁夏后卫左所故百户冯良嫡长男。

八辈冯翱，旧选簿查有：嘉靖二十六年二月，冯翱，年五岁，江都县人，系宁夏后卫左所阵亡实授百户冯勋嫡长男。伊父嘉靖二十五年定边营阵亡，今本舍优给。查无覆册，仍与百户俸优给，至嘉靖三十五年终住支。候覆册至日，另行定夺。

副千户功次［候］查。

九辈冯翔，旧选簿查有：嘉靖四十三年六月，冯翔，年二十岁，江都县人，系宁夏后卫左所副千户冯翱亲弟，优给出幼袭职。查得本舍违限五年，限外有无多支俸粮，查扣毕日关支。

年远事故左所副千户一员·夏通

永乐十年三月，夏旺，系西安左卫左所故副千户夏兴、顶户名夏甲嫡长男，敬袭副千户。

正统元年十一月，夏贵，系西安左卫左所故世袭副千户夏旺堂弟。

成化二年二月，夏通，吉水县人，系西安左卫左所故世袭副千户夏贵庶长男。

又一员·时伽蓝奴

宣德三年二月，时敬，系西安左卫左所故副千户时全、户名时得亲侄。·104·

成化六年十月，时伽蓝奴，年一岁，宿迁县人，系西安左卫左所老疾世袭副千户时敬庶长男。钦与全俸优给，至成化二十年终住支。

又一员·高达

永乐十三年八月，高通，系西安左卫左所故世袭副千户高忠堂叔。

宣德八年十二月，高达，年十五岁，系西安左卫左所故世袭副千户高通嫡长男。

王宝·实授百户

外黄查有：王信，旧名王祥，丽水县人。父兴，庚子年充军，乙巳年充小旗，洪武元年充总旗，二十三年拨锦衣卫带俸，钦除世袭百户；二十八年故。信系嫡长男，仍授百户，三十二年调西安左卫左所。王正（政）系王信玄孙，伊高祖于宣德五年地名哈思杀贼有功升副千户，年老。曾祖王辅替职，老。祖王铎未替先故。父王泽袭职，今患疾。正（政）于弘治四年优给，至十四年终住支。

一辈王兴，已载前黄。

二辈王信，旧名王祥，已载前黄。

三辈王辅，旧选簿查有：宣德十年十二月，王辅，系西安左卫左所副千户王信嫡长男，钦与世袭。

四辈王泽，旧选簿查有：成化六年十二月，王泽，年十六岁，丽水县人，系西安左卫左所老疾世袭副千户王辅嫡长男。

五辈王政，旧选簿查有：弘治四年四月，王政，年四岁，丽水县人，系西安左卫左所世袭副千户王泽庶长男。伊父患痔漏疾，告令本人优给，至弘治十四年终住支。

六辈王宝，旧选簿查有：嘉靖十年六月，王宝，年八岁，丽水县人，系西安左卫左所故副千户王政庶长男。照例与全俸优给，至嘉靖十六年终住支。

嘉靖十七年十二月，王宝，年十六岁，系西安左卫左所故副千户正王正（政）庶长男。伊高祖信以百户宣德五年哈思杀贼升副千户，[曾祖、祖、父]相沿。本人先因年幼优给，今出幼。所据哈思功[无]擒斩，例应减革。本人革与实授百户，限外有无多支俸粮，查扣支给。

七辈王冕，隆庆六年十二月，王冕，年二十岁，丽水县人，系西安左卫左所故实授百户王宝嫡长男。·105·

八辈王懋赏，万历二十七年八月，王懋赏，年十七岁，系西安左卫左所故实授百户王冕亲侄。比中三等。

九辈王吉士，崇祯二年四月，大选过西安左卫左所实授百户一员王吉士，年二十二岁，系疾实授百户王懋赏嫡长男。比中三等。〔对讫。〕

沈鹏·实授百户

外黄查有：沈能，祖沈茂，乙巳年归附，丙午年除横海卫所镇抚，吴元年升神武卫镇抚；洪武元年授[流]官，调鹰扬卫，故。伯沈昂充参侍舍人，十二年充凤阳卫总旗，敬除庆阳卫后所世袭百户，为事发开平卫充军，灵璧亡故，无儿男。父沈皋袭宁夏前卫中所世袭百户，调交州左卫左所，故。能，嫡长男，袭百户，回西安左卫右所，调本卫左所。

一辈沈茂，已载前黄。

二辈沈昂，已载前黄。

三辈沈皋，已载前黄。

四辈沈能，已载前黄。

五辈沈节，旧选簿查有：正统元年七月，沈节，系西安左卫左所故世袭百户沈能堂兄。

六辈沈祯，旧选簿查有：景泰四年七月，沈祯，六安州人，系西安左卫左所故世袭百户沈节嫡长男。

副千户功次已载九辈选条,革讫。

七辈沈澄,旧选簿查有:弘治九年十一月,沈澄,六安州人,系西安左卫左所副千户沈祯嫡长男。父原系功升署副千户,遇例实授。本人照例革替署副千户事百户。

八辈沈凤,旧选簿查有:正德十五年四月,沈凤,六安州人,系西安左卫左所署副千户事百户沈澄嫡长男。

九辈沈鹏,旧选簿查有:嘉靖三十五年四月,沈鹏,年七岁,六安州人,系西安左卫左所故署副千户事实授百户沈凤嫡长男。伊始祖沈茂以卫镇抚充军,钦取赴京。子昂充总旗,除世袭百户,故绝。昂之弟皋、皋之子能袭,又故绝。能之兄节、节之子祯,于成化五年陕西固原等处杀贼功升署副千户事实授百户。子澄、孙凤沿袭。又查本年事例,固原等处擒斩贼级一二名颗,为从升署级官旗,照例减革。今本舍革与祖职世袭百户俸优给,至嘉靖四十二年终住支。·106·

旧选簿查有:嘉靖四十四年五月,沈鹏,年十六岁,六安州人,系西安左卫左所故实授百户沈凤嫡长男,优给出幼袭职。查得本舍优给违限一年,限外有无多支俸粮,查扣毕日关支。

十辈沈奇明,万历四十四年八月,大选过西安左卫左所试百户一员沈奇明,年二十岁,系故试百户沈鹤(鹏)嫡长男。比中三等。

高颐·实授百户

内黄查有:高礼,合肥县人。有兄高岩,丙申年从军,丙午年选充小旗,洪武十七年升总旗,二十四年除兖州左护卫右所世袭百户,三十年为事发铜鼓卫充军,当年病故。有侄高亮,三十二年病故,无儿。礼具告,三十三年袭授西安左卫左所世袭百户。高镗系高礼嫡长孙,祖老疾;父高清袭职,老疾。镗先因年幼,优给。今出幼,于成化十六年准袭,授西安左卫左所世袭百户。

一辈高岩,已载前黄。

二辈高礼,旧选簿查有:洪武三十三年七月,高礼,系兖州左护卫右所为事充军故世袭百户高岩亲弟,钦袭西安左卫左所世袭百户。

三辈高清,审稿查有:高清,系西安左卫左所老疾世袭百户高礼嫡长男。

四辈高镗,旧选簿查有:成化十六年五月,高镗,年十五岁,合肥县人,系西安左卫左所老疾世袭百户高清嫡长男。

五辈高登，旧选簿查有：正德十四年十二月，高登，合肥县人，系西安左卫左所百户高堂（镗）嫡长男。

六辈高颐，旧选簿查有：嘉靖十三年二月，高颐，年五岁，合肥县人，系西安左卫左所故百户高登嫡长男。照例与全俸优给，至嘉靖二十二年终住支。

嘉靖二十三年八月，高颐，年十六岁，合肥县人，系西安左卫左所故实授百户高登嫡长男。

七辈高奎，万历元年六月，高奎，年九岁，合肥县人，系西安左卫左所故实授百户高颐嫡长男。照例与全俸优给，至万历六年终住支。

万历八年二月，高奎，年十六岁，合肥县人，系西安左卫左所故实授百户高颐嫡长男，优给出幼袭职。比中三等。〔对讫。〕

八辈高良弼，万历三十九年十二月，大选过西安左卫左所实授百户一员高良弼，年二十九岁，系故实授百户高奎嫡长男。比中一等。〔对讫。〕 ·107·

赵滋·实授百户

一辈，缺。

二辈赵汶，旧选簿查有：永乐十年八月，赵汶，系甘州中卫中所世袭百户，调西安左卫左所。

三辈赵敬，旧选簿查有：宣德二年五月，赵敬，年十六岁，系西安左卫左所故世袭百户赵汶嫡长男。

四辈赵英，旧选簿查有：天顺三年二月，赵英，年三十二岁，颍州人，系西安左卫左所世袭百户赵敬嫡长男。

五辈赵雄，旧选簿查有：成化十三年二月，赵雄，颍州人，系西安左卫左所故世袭百户赵英亲弟。

六辈赵鼎，旧选簿查有：弘治元年五月，赵鼎，年十五岁，颍州人，系西安左卫左所故世袭百户赵雄嫡长男。

七辈赵滋，旧选簿查有：嘉靖十一年四月，赵滋，年四十一岁，颍州人，系西安左卫左所老疾世袭百户赵鼎嫡长男。

八辈赵贤，万历八年二月，赵贤，年三十五岁，颍州人，系西安左卫左所世袭百户赵滋亲侄。比中三等。

九辈赵承勋，万历二十年四月，赵承勋，年二十八岁，系西安左卫左所患疾实授百户赵贤嫡长男。比中三等。

十辈赵光德，崇祯六年二月，大选过西安左卫左所实授百户一员赵光德，年十九岁，系老实授百户赵承勋庶长男。比中三等。〔对讫。〕

朱官·实授百户

外黄查有：朱贵，旧名普贤奴，泰州人。有父朱德，先系张氏下千户，丙午年充军，吴元年充总旗，二十五年起取赴京，除临洮卫左所世袭百户，二十八年问发充军，故。有长兄朱保，先故。贵系嫡次男，三十三年袭，授西安左卫世袭百户。朱贤系朱贵嫡长男，父伤故，贤于宣德二年袭百户。朱信系朱贤亲弟，兄疾，侄朱鉴幼小，信于正统六年替百户，待侄长成还与职事。

一辈朱德，已载前黄。·108·

二辈朱贵，旧选簿查有：洪武三十三年六月，朱贵，旧名普贤〔奴〕，系临洮卫左所为事故世袭百户朱德嫡次男，钦袭西安左卫左所世袭百户。

三辈朱贤，旧选簿查有：宣德二年六月，朱贤，系西安左卫左所伤故世袭百户朱贵嫡长男。

四辈朱信，已载前黄。

五辈朱鉴，旧选簿查有：景泰二年二月，朱鉴，年十七岁，系西安左卫左所残疾世袭百户朱贤嫡长男。先因年幼，亲叔朱信借职。今长成，退还职事，伊叔革闲。

六辈朱刚，旧选簿查有：成化二十二年四月，朱刚，泰州人，系西安左卫左所故世袭百户朱鉴嫡长男。

七辈朱朝用，旧选簿查有：正德十五年六月，朱朝用，泰州人，系西安左卫左所老疾百户朱刚嫡长男。

八辈朱杰，旧选簿查有：嘉靖三年二月，朱杰，泰州人，系西安左卫左所已故世袭百户朱朝用亲弟。

九辈朱官，旧选簿查有：嘉靖二十九年八月，朱官，泰州人，系西安左卫左所世袭百户朱杰嫡长男。

十辈朱启泰，万历六年四月，朱启泰，年三十六岁，泰州人，系西安左卫左所患疾世袭百户朱官嫡长男。比中三等。

十一辈朱永祚，万历三十八年四月，大选过西安左卫左所实授百户一员朱永祚，年三十六岁，系老实授百户朱启泰嫡长男。比中一等。〔对讫。〕

十二辈朱延龄，崇祯十年二月，大选过西安左卫左所实授百户优给舍人一名朱延龄，年八岁，系故实授百户朱永祚亲孙。照例与全俸优给，至崇祯十六年终住支。〔对讫。〕

刘相·实授百户

外黄查有：刘贵，合肥县人。父刘罗儿，乙未年从军，洪武十二年充小旗，十五年并枪充总旗，二十年起送年深总旗，钦除百户，老疾。贵三十二年替，授甘州前卫，十二月调西安左卫左所。

一辈刘罗儿，已载前黄。 ·109·

二辈刘贵，旧选簿查有：洪武三十三年，西安左卫左所百户刘贵。

三辈刘聚，旧选簿查有：永乐十八年十一月，刘聚，系西安左卫左所故流官百户刘贵嫡长男，钦与世袭。

四辈刘保，旧选簿查有：正统九年五月，刘保，系西安左卫左所世袭百户刘聚亲弟。

五辈刘谨，旧选簿查有：天顺六年四月，刘谨，年十六岁，合肥县人，系西安左卫左所故世袭百户刘保嫡长男。

六辈刘澄，旧选簿查有：弘治七年二月，刘澄，年十六岁，合肥县人，系西安左卫左所风疾世袭百户刘谨嫡长男。

七辈刘清，旧选簿查有：弘治十三年四月，刘清，合肥县人，系西安左卫左所故世袭百户刘澄亲弟。

八辈刘相，旧选簿查有：嘉靖十年六月，刘相，年二十三岁，合肥县人，系西安左卫左所百户患疾刘清嫡长男。

徐坤·实授百户

一辈徐甲，缺。

二辈徐勉，缺。

三辈徐勖，旧选簿查有：洪武二十七年十月，徐勖，系龙里卫中所典刑百户徐勉嫡长男。祖徐甲任所镇抚，病故。父袭职，为事调管垛集①军百户，又为打死军人典刑，引至御前，钦依："他父虽为事典刑，祖立功做官在前，还着他袭百户，领恩军②，授宁夏右屯卫右所世袭百户。"

四辈徐玺，旧选簿查有：宣德六年，徐玺，系西安左卫左所老疾世袭百户徐勖嫡长男。

五辈徐镗，旧选簿查有：正统十四年四月，徐镗，系西安左卫左所世袭百户徐玺嫡长男。·110·

六辈徐治，旧选簿查有：成化十八年二月，徐治，巢县人，系西安左卫左所世袭百户徐镗嫡长男。

七辈徐梁，旧选簿查有：正德十四年六月，徐梁，巢县人，系西安左卫左所年老正千户徐治嫡长男。父替授百户，大同三次当先升副千户，报捷升前职，俱例不该袭。本人照例革替祖职百户世袭。

八辈徐文灯，旧选簿查有：嘉靖九年四月，徐文灯，年十六岁，巢县人，系西安左卫左所故百户徐梁嫡长男。

九辈徐坤，旧选簿查有：嘉靖四十四年二月，徐文灯，年五十一岁，巢县人，系西安左卫左所实授百户，今患疾在所。有嫡长男徐坤，见年三十二岁，告替。

十辈徐兴，万历二年二月，徐兴，年八岁，巢县人，系西安左卫左所故实授百户徐坤嫡长男。照例与全俸优给，至万历八年终住支。

万历十一年二月，徐兴，年十七岁，巢县人，系西安左卫左所故实授百户徐坤嫡长男，出幼袭职。比中三等。

十一辈徐天荫，万历三十五年十二月，大选过西安左卫左所实授百户徐天荫，

---

①《明史》卷九二《志》第六十八《兵志四》："明初，垛集令行，民出一丁为军，卫所无缺伍，且有羡丁。"吴晗：《朱元璋传》："垛集，即征兵，照人口比例，一家有五丁或三丁出一丁为军。"（江苏人民出版社，2015年，第146页）

②恩军：指因犯罪而谪发当军的。（吴晗：《朱元璋传》，第146页）

年十九岁，系患疾实授百户徐兴嫡长男。比中二等。

周勇·世袭百户

一辈周成，缺。

二辈周武，旧选簿查有：洪武三十三年，西安左卫左所百户周武。

三辈周文，旧选簿查有：永乐二十二年十一月，周文，年十五岁，系西安左卫左所为事做工故世袭百户周武庶次男。

四辈周通，旧选簿查有：成化元年四月，周通，年二十二岁，江都县人，系西安左卫左所世袭百户周文嫡长男。

五辈周英，旧选簿查有：弘治元年三月，周英，江都县人，系西安左卫左所世袭百户周通嫡长男。

六辈周正，查。·111·

七辈周勇，查。

八辈周继功，万历十七年十月，周继功，年十七岁，系西安左卫左所年老世袭百户周勇庶长男。比中三等。

九辈周鼎，崇祯十二年十月，大选过西安左卫左所实授百户一员周鼎，年二十七岁，系故实授百户周继功嫡长孙。比中三等。〔对讫。〕

朱衮·世袭百户

内黄查有：朱恭，江都县人。叔父朱胜，丙午年充军，洪武元年充总旗，二十二年除试百户，十二月钦与实授，二十七年故，无儿男。恭系亲侄，本年袭授本卫所百户，三十四年为事罢职，三十五年调西安左卫左所。

一辈朱胜，已载前黄。

二辈朱恭，旧选簿查有：洪武二十七年五月，朱恭，系陈州卫前所故世袭百户朱胜亲侄。叔父别无儿男，钦准本卫所世袭百户。

三辈朱能，旧选簿查有：永乐十四年五月，朱能，年十六岁，系西安左卫所故世袭百户朱恭嫡长男。

四辈朱英，旧选簿查有：景泰二年六月，朱英，年十五岁，系西安左卫左所残疾世袭百户朱能庶长男。先因年幼，已与优给，今出幼袭职。

五辈朱奎，旧选簿查有：成化十年三月，朱奎，年十五岁，江都县人，系西安左卫左所失陷世袭百户朱英嫡长男。

六辈朱继功，旧选簿查有：正德六年六月，朱继功，江都县人，系西安左卫左所世袭百户朱奎庶长男。

七辈朱衮，旧选簿查有：嘉靖十六年十二月，朱衮，年二十岁，江都县人，系西安左卫左所故百户朱继功嫡长男。

八辈朱印，隆庆六年十月，朱印，年三十四岁，江都县人，系西安左卫左所故世袭百户朱衮嫡长男。伊父原袭祖职世袭百户，嘉靖三十六等年历推延绥游击将军，四十二年故。所据推升流官，例不准袭，本舍照例革袭祖职世袭百户。·112·

九辈朱昂，万历三十二年十月，大选过西安左卫左所实授百户一员朱昂，年五十岁，系故实授百户朱印亲弟。比中三等。

十辈朱世明，万历三十九年八月，大选过西安左卫左所实授百户一员朱世臣（明），年二十五岁，系故实授百户朱昂嫡长男。比中二等。〔对讫。〕

戴通·实授百户

一辈戴能，缺。

二辈戴昌，旧选簿查有：洪武三十三年，西安左卫左所百户戴昌。

三辈戴斌，旧选簿查有：永乐十六年十二月，戴斌，年十六岁，系西安左卫左所故世袭百户戴昌庶长男。

四辈戴亨，旧选簿查有：宣德四年五月，戴亨，系西安左卫左所故世袭百户戴斌亲叔。

五辈戴瑄，旧选簿查有：正统十二年闰四月，戴瑄，年十六岁，系西安左卫左所故世袭百户戴亨嫡长孙。

六辈戴忠，旧选簿查有：天顺三年四月，戴忠，泰州人，系西安左卫左所伤故世袭百户戴瑄亲侄。

七辈戴文，旧选簿查有：成化十五年十二月，戴文，年十六岁，泰州人，系西安左卫左所故世袭百户戴忠嫡长男。

八辈戴镇，旧选簿查有：正德十二年闰十二月，戴镇，泰州人，系西安左卫左所百户戴文嫡长男。

九辈戴通，旧选簿查有：嘉靖四十四年二月，戴通，年三十七岁，泰州人，系西安左卫左所故实授百户戴镇亲弟。

十辈戴应魁，万历三十三年六月，戴应魁，年二十七岁，系西安左卫左所故实授百户戴通亲侄。比中三等。·113·

年远事故左所实授百户一员·韩福

正统九年五月，西安左卫试百户韩得名。

成化二年闰三月，韩福，年十五岁，仪真县人，系西安左卫左所试百户韩原、户名韩得名嫡长男。父原系总旗，出境收捕达贼获功升前职，病故。本人先因年幼，照例已与实授百户俸优给。今出幼，该袭实授百户。

又一员·白怀

永乐十八年十二月，西安左卫前所试百户白羊儿。

永乐二十二年二月，白昇，年十六岁，系西安左卫前所试百户白保住、顶户名白羊儿嫡长男。父原系总旗，往撒马［儿］罕公干升除前职，病故。钦准本人仍袭试百户。

天顺三年二月，白瑛，年十六岁，密云县人，系西安左卫左所试百户白昇嫡长男。祖白保住原系总旗，差往撒马儿罕公干回还，升试百户，病故。父袭前职，残疾。已与本人优给，今出幼，照例袭实授百户。

弘治七年二月，白怀，密云县人，系西安左卫左所故世袭百户白瑛亲弟。

又一员·屈信

武洪二十五年四月，屈伯通，系济南卫总旗，钦除西安左卫左所世袭百户。

洪武三十四年三月，屈信，系西安左护卫左所故世袭百户屈伯通亲侄。

又一员·杜宗

洪武三十三年，西安左卫左所百户杜友才。

洪武三十三年十二月，杜宗，系西安左卫左所故世袭百户杜友才亲弟。 ·114·

又一员·周忠

洪武二十四年七月，周赵敏，系留守左卫总旗。先次取勘年深总旗，因公差不在。今次回还起到，为是日［久］，本部议拟不准。引至御前，钦除西安左卫左所世袭百户。

洪武三十三年十一月，周忠，系西安左护卫左所世袭百户周赵敏嫡长男，父北平阵亡。

又一员·张礼

洪武二十四年十一月，张景初，系平凉卫总旗，钦除西安左卫左所世袭百户。

永乐七年六月，张礼，系西安左护卫左所故世袭百户张景初亲侄。

又一员·李旺

宣德六年五月，李众神保，年十六岁，系西安左卫左所故世袭百户李胜嫡长男。先因年幼，送锦衣卫中左所优给。今出幼，患右胳膊残疾，不堪承袭。别无应袭之人，钦与本人全俸优养。

天顺八年七月，李旺，新涂（淦）县人，系西安左卫左所残疾世袭百户李众神保嫡长男。

又一员·张英

洪武二十五年四月，张原隆，系青州左卫总旗，钦除西安左卫左所世袭百户。

永乐九年五月，张谦，系西安左卫左所老疾世袭百户张原隆嫡长男。

宣德四年三月，张英，系西安左护卫左千户所故世袭百户张谦嫡长男。

又一员·张玉

永乐二十一年二月，张兴，系西安左卫左所故世袭百户张福嫡长男。

宣德二年六月，张忠，系西安左卫左所故世袭百户张兴亲叔。

景泰三年二月，张玉，年十一岁，系西安左卫左所故世袭百户张忠嫡长孙。钦与全俸优给，至景泰七年终住支。

又一员·李安

宣德九年四月，李安，系西安左卫左所世袭百户李仲良嫡长男。

又一员·李端

正统二年三月，李端，系西安左卫左所世袭百户李广嫡长男。父先因老疾，本人患黄病，不堪承替，已与父优养，病故。今本人原病痊可，钦准袭职。

又一员·汪宗

洪武二十六年五月，汪宗，系南昌左卫右所故世袭百户汪义亲侄。叔父别无儿男，[汪宗]袭除西安左卫左所世袭百户。

又一员·潘贵

宣德四年十二月，潘贵，系西安左卫左所故世袭百户潘忠嫡长男。

又一员·郭英

宣德四年二月，郭英，系西安左卫左所故世袭百户郭得名嫡长男。

周可达·实授百户

隆庆六年闰二月,一件豪势奸占良妇事,西安左卫左所实授百户周书革职为民。〔行讫。〕·116·

万历四十三年二月,大选过西安左卫左所实授百户一员周可达,年三十七岁,系故实授百户周书嫡长男。比中三等。〔对讫。〕

朱栋·实授百户

外黄查有:朱永康,会稽县人,洪武三年充小甲,三十五年除实授百户,永乐元年改保安王府典仗。朱世爵替。朱九思袭,老。朱荣替。朱福、朱政［替］。朱栋系秦府风疾典仗朱世爵嫡长男,照旧典仗。

一辈朱寿。

二辈朱永康。

三辈朱九思。

四辈朱荣。

五辈朱福。

六辈朱政。

七辈朱世爵。

八辈朱栋,俱载前黄。

九辈朱来诏,万历五年十二月,朱来诏,年三十岁,会稽县人,系秦府仪卫司故典仗朱栋嫡次男。查得黄选,原系洪武年间实授百户,永乐年间改除保安王府典仗。今查王府奉例裁革本舍通状比例,愿告改选实授百户。查据堂稿簿内伊父朱栋在奉例裁革之数。合照例改选西安左卫左所实授百户。比中三等。·117·

十辈朱钦,万历三十五年十月,大选过西安左卫左所实授百户优给舍人朱钦,年六岁,系故实授百户朱来诏嫡长男。照例与全俸优给,至四十三年终住支。

万历四十四年八月,大选过西安左卫左所实授百户一员朱钦,年十六岁,出幼袭职。比中三等。

杨朝进·试百户

外黄查有：杨泽，松滋县人。高祖杨春，丙申年从军，洪武三年选充小旗，三十二年老。曾祖杨志代役，永乐十九年并升总旗，正统九年迤北宿嵬口有功升试百户，老。祖杨忠系嫡长男，替。父杨铎，成化元年替，疾。杨泽系嫡长男，弘治七年替实授百户。杨锦系杨泽嫡长男。杨朝用系杨锦嫡长男。伊始祖志原以功升试百户；高祖忠替，钦准实授。祖、父沿袭。所据钦准一级例应减革，本人与袭祖职试百户。

一辈杨春，已载前黄。

二辈杨羔真①，旧选簿查有：正统九年五月，西安左卫总旗升试百户杨羔真。

三辈杨忠，旧选簿查有：正统十四年二月，杨忠，系西安左卫左所试百户杨羔真嫡长男。父原系总旗，迤北收捕达贼有功升除前职，钦准本人替实授世袭百户。

四辈杨铎，旧选簿查有：成化元年十二月，杨铎，年二十六岁，松滋县人，系西安左卫左所百户杨忠嫡长男，钦与世袭。

五辈杨泽，旧选簿查有：弘治七年四月，杨泽，松滋县人，系西安左卫左所世袭百户杨铎嫡长男。

六辈杨锦，旧选簿查有：正德十四年十二月，杨锦，松滋县人，系西安左卫左所百户杨泽嫡长男。

七辈杨朝用，旧选簿查有：嘉靖七年六月，杨朝用，年十五岁，松滋县人，系西安左卫左所故世袭百户杨锦嫡长男。伊始祖志原以功升试百户，高祖忠替职。

八辈杨朝进，旧选簿查有：嘉靖二十五年六月，杨朝进，年二十八岁，松滋县人，系西安左卫左所故试百户杨朝用亲弟。

九辈杨应时，万历元年四月，杨应时，年二十四岁，松滋县人，系西安左卫左所故试百户杨朝进嫡长男。

叶溪·试百户

一辈叶茂，缺。

---

① 此处"杨羔真"应为"杨志"旧名或别名。

二辈叶荣，旧选簿查有：正统九年，叶荣，系西安后卫右所试百户叶茂嫡长男。父原系总旗，因擒拿强盗得实升前职。

三辈叶暹，旧选簿查有：天顺二年三月，叶暹，年十六岁，江都县人，系西安左卫右所世袭百户叶荣嫡长男。

四辈叶永，旧选簿查有：成化二十年，叶永，年十七岁，江都县人，系西安后卫右所正千户叶暹庶长男。曾祖原系功升总旗，擒拿强盗升试百户。祖叶荣替实授百户。父替职，历功升正千户，病故。本人年幼，已革与百户俸优给，今出幼，袭百户。

五辈叶溪，旧选簿查有：嘉靖元年六月，叶溪，年十八岁，江都县人，系西安左卫左所故百户叶永庶长男。伊高祖茂充小旗，宣德三年并枪升总旗，擒盗升试百户。曾祖荣钦准实授。祖暹沿袭，功升正千户。父革，擒盗，钦准袭前职。据并枪升级例该减革，本人于原小旗上加功二级，与袭试百户。

年远事故左所所镇抚一员·陶深

洪武三十三年十月，陶深，年十九岁，系西安左卫左所故世袭所镇抚陶清嫡长男。

陈秉元·正千户

外黄查有：陈得，父陈添得，癸卯年从军，甲辰年拨飞熊卫，洪武元年调充大兴左卫左所小旗，病故。得补役，郑村坝全胜升总旗，白沟河全胜升实授百户，夹河全胜、西水寨升本所副千户，克金川门钦升忠义后卫前所正千户，永乐二年钦与世袭。

一辈陈添得，已载前黄。

二辈陈得，已载前黄。

三辈陈广，旧选簿查有：宣德二年十月，陈广，系西安左卫右所正千户陈得嫡长男。

四辈陈璟，旧选簿查有：正统二年二月，陈璟，系西安左卫右所故世袭正千户陈广嫡长男。

五辈陈鉴，旧选簿查有：成化十一年二月，陈鉴，当阳县人，系西安左卫右所故世袭正千户陈璟嫡长男。

六辈陈正，旧选簿查有：弘治十六年十二月，陈正，当阳县人，系西安左卫右所故世袭正千户陈鉴嫡长男。

七辈陈纪，旧选簿查有：正德十二年十一月，陈纪，当阳县人，系西安左卫右所故绝世袭正千户陈正亲弟。

八辈陈秉元，旧选簿查有：嘉靖三十二年，陈纪，五十八岁，当阳县人，系西安左卫右所正千户，今痼疾在所。有嫡长男陈秉元，见年二十八岁，告替。

九辈陈光裕，万历十三年四月，陈光裕，年十九岁，当阳县人，系西安左卫右所老疾正千户陈秉元亲侄。伊伯原袭祖职正千户，今年老无子。本舍合照例借替祖职正千户，待后伊伯陈秉元疾瘥或生有儿男，退还职事。比中三等。

十辈陈奇策，天启二年十二月，大选过西安左卫右所正千户一员陈奇策，年二十一岁，系老正千户陈光裕孙。比中二等。〔对讫。〕

十一辈陈奇谟，崇祯五年六月，大选过西安左卫右所正千户一员陈奇谟，年二十七岁，系故正千户陈奇策亲弟。比中三等。〔对讫。〕

丁振·正千户

外黄查有：丁诚，汉川县人。有父丁秀四，丙申年从军，丙午年选充小旗，洪武十三年并升总旗，二十三年以年深除世袭百户。

一辈丁秀四。

二辈丁诚，旧选簿查有：洪武三十三年十一月，丁诚，系西安左卫右所世袭百户丁秀四嫡长男。

三辈丁刚，旧选簿查有：宣德十年，丁刚，系西安左卫右所世袭百户丁诚嫡长男。·120·

四辈丁鉴，旧选簿查有：成化元年十二月，丁鉴，汉川县人，系西安左卫右所世袭百户丁刚嫡长男。

五辈丁济，旧选簿查有：弘治九年闰三月，丁济，汉川县人，系西安左卫右所世袭百户丁鉴庶长男。

六辈丁臣，旧选簿查有：正德十年二月，丁臣，年十七岁，汉川县人，系西安左卫右所故百户丁济嫡长男，优给出幼袭职。

正千户功次候查。

七辈丁振，旧选簿查有：嘉靖二十年八月，丁振，汉川县人，系西安左卫右所正千户丁臣嫡长男。

八辈丁光宇，万历七年二月，丁光宇，年二十八岁，汉川县人，系西安左卫故指挥佥事丁振嫡长男。查得伊父丁振原系正千户，以祖丁臣部下获功升指挥佥事。所据部功例不准袭，本舍照例革袭正千户，注右所。比中二等。

九辈丁光友，万历四十二年十一月，大选过西安左卫右所实授百户一员丁光友，年五十一岁，系故正千户丁光宇堂弟。查宇祖丁臣，原袭祖职实授百户，于嘉靖二十六年征金刚沟等处斩首二颗升正千户，沿袭至宇，故绝。序该本舍承袭，但查光友与臣原系侄孙承伯祖，例为犯堂，合照减袭祖职实授百户。比中三等。〔对讫。〕

十辈丁经，天启七年四月，大选过西安左卫右所实授百户一员丁经，年三十二岁，系老实授百户丁光友嫡长男。比中三等。〔对讫。〕

年远事故右所正千户一员·王经

永乐十六年六月，西安左卫右所副千户王玉。

宣德八年十二月，王恕，系西安左卫右所副千户王玉、旧名金保嫡长男。

成化十一年二月，王经，常熟县人，系西安左卫右所故世袭正千户王恕庶长男。

尹洪·副千户

外黄查有：尹忠，旧名粪草，沛县人。有祖父尹刚，丙午年归附，洪武二十八年老。将父尹安西代役，三十三年升小旗，白沟河升总旗，三十四年夹河升试百户，三十五年小河阵亡。忠系嫡长男，永乐元年与副千户优给，四年袭副千户。

一辈尹刚，已载前黄。

二辈尹安西，已载前黄。

三辈尹忠，旧选簿查有：永乐十六年六月，西安左卫右所副千户尹忠。

四辈尹政，旧选簿查有：正统八年三月，尹政，系西安左卫右所世袭副千户尹忠嫡长男。

五辈尹廉，旧选簿查有：天顺七年十一月，尹廉，沛县人，系西安左卫右所故世袭副千户尹政嫡长男。

六辈尹杰，旧选簿查有：成化二十三年九月，尹杰，沛县人，系西安左卫右所故世袭副千户尹廉嫡长男。

正千户功次已载八辈选条。

七辈尹塘，旧选簿查有：正德十四年十月，尹塘，沛县人，系西安左卫右所正千户尹杰嫡长男。父袭副千户，汉中征流贼升前职。

八辈尹洪，旧选簿查有：嘉靖三十二年八月，尹塘，年五十八岁，沛县人，系西安左卫右所正千户，今残疾在所。有嫡长男尹洪，见年二十一岁，告替。本舍伊祖杰原系副千户，以汉中〔征〕流贼功升正千户。伊父塘替正千户。所据流贼功无擒斩，例应减革，今本舍革与副千户。

九辈尹清，万历十八年十月，尹清，年五十二岁，沛县人，系西安左卫右所故副千户尹洪堂弟。比中三等。

十辈尹澜，万历二十一年四月，尹澜，年四十六岁，沛县人，系西安左卫右所故副千户尹清亲弟。比中三等。

十一辈尹喜奇，万历三十二年十二月，尹喜奇，年七岁，系西安左卫右所故副千户尹澜亲侄。照例与全俸优给，至四十年终住支。〔对讫。〕

十二辈尹继武，天启三年十二月，大选过西安左卫右所副千户一员尹继武，年二十三岁，系过（故）副千户尹喜奇亲弟。比中二等。〔对讫。〕·122·

李勋·副千户

一辈李英，缺。

二辈李福，旧选簿查有：正统元年十一月，李福，系西安左卫右所世袭副千户李英嫡长男。

三辈李恭，旧选簿查有：景泰四年三月，李恭，滕县人，系西安左卫右所故世袭副千户李福嫡长男。

四辈李谨，缺。

五辈李节，旧选簿查有：嘉靖四年十月，李节，滕县人，系西安左卫右所老疾世袭副千户李谨嫡长男。

六辈李勋，旧选簿查有：嘉靖三十七年六月，李勋，滕县人，系西安左卫右所副千户年老李节嫡长男。

七辈李芳，万历三年十二月，李芳，年二十八岁，滕县人，系西安左卫右所故副千户李勋庶长男。

八辈李蓁，万历十三年二月，李蓁，年二十三岁，滕县人，系西安左卫右所故副千户李芳亲弟。比中三等。

九辈李廷弼，万历四十二年二月，大选过西安左卫右所副千户一员李廷弼，年二十七岁，系疾副千户李蓁嫡长男。比中三等。〔对讫。〕

年远事故右所副千户一员·刘泰

永乐十六年五月，试百户升实授百户西安卫刘通。

永乐十八年十二月，刘通，系西安左卫右所百户升副千户。

正统二年十月，刘泰，系西安左卫右所故世袭副千户刘通亲弟。已与侄刘通优给，病故。

又一员·曹忠

永乐二十二年十二月，曹荣，年十三岁，系西安左卫右所故百户曹友、户名曹青嫡长男。敬与全俸优给，至洪熙二年终住支。

宣德二年二月，曹荣，系西安左卫右所故百户曹友、户名曹青嫡长男。

成化四年十月，曹海，鱼台县人，系西安左卫右所副千户曹荣嫡长男。

成化十七年四月，曹忠，年九岁，鱼台县人，系西安左卫右所故世袭副千户曹海嫡次男。钦与全俸优给，至成化二十三年终住支。

又一员·黄鼎

永乐十七年六月，黄粪草，年六岁，系西安左卫右所故世袭副千户黄得嫡长男。钦与全俸优给，至永乐二十六年终住支。

宣德四年五月，黄原，旧名粪草，系西安左卫右所故世袭副千户黄得嫡长男。

天顺八年七月，黄鼎，连江县人，系西安左卫右所故世袭副千户黄原嫡长男。

优养一员·黄福

正统八年九月，黄能，系西安左卫右所副千户黄福、户名陆泊羊嫡长男。

正统十三年十一月，黄福，年七十三岁，系西安左卫右所世袭副千户。先因老疾，男黄能替职，病故。别无应袭之人，钦与本人全俸优养。

游宪·实授百户

一辈，缺。

二辈［游文，］缺。

三辈游斌，袭簿查有：洪武二十六年，游斌，旧名赖儿，系西安卫中所故世袭百户游文庶长男。父为受赃擅收余丁充军，犯绞罪，免罪发充军，病故，告袭。引至御前，钦依："着袭了。领恩军去宁夏右屯卫守御。"授宁夏前屯卫左所世袭百户。

四辈游义，缺。

五辈游清，旧选簿查有：天顺三年二月，游清，年三十岁，青州府人，系西安左卫右所世袭百户游义嫡长男。

六辈游庆，旧选簿查有：弘治十年二月，游庆，年十七岁，青州府人，系西安左卫右所世袭百户游清嫡长孙。

七辈游宪，旧选簿查有：嘉靖十九年八月，游宪，年二十一岁，青州府人，系西安左卫右所老疾实授百户游庆嫡长男。

八辈游世勋，隆庆四年八月二十九日，游世勋，年三十一岁，青州府人，系西安左卫右所老疾实授百户游宪嫡长男，钦准替职。

九辈游升，万历十七年十二月，游升，年十八岁，青州府人，系西安左卫右所故实授百户游世勋嫡长男。比中三等。

十辈游之英，崇祯五年二月，大选过西安左卫右所实授百户一员游之英，年四

十一岁,系故实授百户游升嫡长男。比中三等。〔对讫。〕

韦椿·实授百户

一辈韦贤,缺。·125·

二辈韦贵,旧选簿查有:洪武三十三年,西安左卫右所百户韦贵。

三辈韦斌,缺。

四辈韦能,旧选簿查有:宣德七年五月,韦能,系西安左卫右所故世袭百户韦贵嫡长男。先因年幼,叔韦斌借职。今长成,退还职事,伊叔革闲。

五辈韦玘,旧选簿查有:景泰六年六月,韦玘,年十六岁,合肥县人,系西安左卫右所故世袭百户韦能嫡长男。

六辈韦成,旧选簿查有:成化十三年十二月,韦成,年十六岁,合肥县人,系西安左卫右所故世袭百户韦玘嫡长男。先因年幼优给,扣该成化十一年终住支。今出幼,多支俸粮一年零七个月。照例袭职,仍行该卫将多支俸粮照数扣除,还官毕日关支。

七辈韦镇,旧选簿查有:正德十年八月,韦镇,年三十岁,合肥县人,系陕西都司西安左卫右所百户韦成嫡长男。伊父一辈未比,患疾。本人照例替授百户,住俸三年。

八辈韦椿,旧选簿查有:嘉靖三十七年四月,韦椿,合肥县人,系西安左卫右所老疾世袭百户韦镇庶长男。

九辈韦大征,万历二十一年八月,韦大征,年三十岁,合肥县人,系西安左卫患疾世袭百户韦椿嫡长男。比中二等。

十辈韦金,万历四十五年十二月,大选过西安左卫右所实授百户一员韦金,年二十七岁,系疾实授百户韦大征嫡长男。比中三等。〔对讫。〕

沈兴·实授百户

外黄查有:沈达,鄞县人。有父沈寿,己亥年归附,壬寅年克处州充百户;甲辰年征蒲城,吴元年除百户,二十年除青〔州〕卫世袭百户;二十二年犯绞罪,免死充军,二十五年故。达系嫡长男,二十六年袭宁夏右屯卫世袭百户。

一辈沈寿，已载前黄。

二辈沈达，旧选簿查有：洪武三十三年十一月，西安左卫右所百户沈达。

三辈沈震，旧选簿查有：宣德八年六月，沈震，系西安左卫右所世袭百户沈达嫡长男。

四辈沈让，旧选簿查有：成化元年十二月，沈让，系西安左卫右所世袭百户沈震嫡长男。

五辈沈杰，旧选簿查有：弘治十三年六月，沈杰，鄞县人，系西安左卫右所世袭百户沈让嫡长男。

六辈沈澄，旧选簿查有：正德十一年六月，沈澄，鄞县人，系西安左卫右所世袭百户沈杰嫡长男。

七辈沈栋，旧选簿查有：嘉靖二十九年八月，沈栋，鄞县人，系西安左卫右所世袭百户沈澄嫡长男。

八辈沈兴，旧选簿查有：嘉靖四十年六月，沈兴，年十九岁，鄞县人，系西安左卫右所故实授百户沈栋嫡长男。

九辈沈尚文，万历三十二年二月，大选过西安左卫右所实授百户一员沈尚文，年二十岁，系老实授百户沈兴嫡长男。比中二等。〔对讫。〕

十辈沈明善，崇祯四年四月，大选过西安左卫右所实授百户一员沈明善，年三十岁，系故实授百户沈尚文嫡长男。比中三等。〔对讫。〕

唐承裕·实授百户

外黄查有：唐兴，武进县人。有父唐熙，丙申年充军，洪武二年充小旗，十年充总旗，二十三年除世袭百户，二十七年老疾告替。兴系嫡长男，三十二年替职，仍授世袭百户，调西安左卫右所。

一辈唐熙，已载前黄。

二辈唐兴，已载前黄。

三辈唐玉，旧选簿查有：永乐九年十二月，唐玉，系西安左卫右所故百户唐熙嫡长男（孙）。

四辈唐璟，旧选簿查有：景泰三年十一月，唐璟，武进县人，系西安左卫右所世袭百户唐玉嫡长男。

五辈唐玺，旧选簿查有：成化七年四月，唐玺，年十七岁，武进县人，系西安左卫右所世袭百户唐璟嫡长男。

六辈唐鼎，旧选簿查有：正德七年十月，唐鼎，武进县人，系西安左卫右所故世袭百户唐玺嫡长男。

七辈唐承裕，旧选簿查有：嘉靖十二年二月，唐承裕，年七岁，武进县人，系西安左卫右所故百户唐鼎嫡长男。照例与全俸优给，至嘉靖十九年终住支。

嘉靖二十年十月，唐承裕，武进县人，系西安左卫右所故实授百户唐鼎嫡长男，优给出幼袭职。

八辈唐泽，万历八年十二月，唐泽，年三十四岁，常州府人，系西安左卫右所患疾世袭百户唐承裕嫡长男。比中一等。

九辈唐禅舜，万历二十六年十二月，唐禅舜，年二十五岁，系故实授百户唐泽长男。比中二等。

十辈唐世勋，天启元年正月补泰昌元年十二月分大选，过西安左卫右所实授百户一员唐世勋，年二十九岁，系疾实授百户唐禅舜嫡长男。比中二等。〔对讫。〕

徐栋·实授百户

外黄查有：徐政，武进县人。有父徐骥，丁酉年充军，十五年并充小旗，十六年并充总旗；二十三年赴京，钦除世袭百户；二十七年故。政系嫡长男，二十九年袭，三十二年调西安左卫右所。

一辈徐骥，已载前黄。

二辈徐政，旧选簿查有：洪武三十三年，西安左卫右所百户徐政。

三辈徐麟，旧选簿查有：永乐八年八月，徐麟，年十七岁，系西安左卫右所故世袭百户徐政嫡长男。

四辈徐能，旧选簿查有：永乐十三年八月，徐能，系西安左卫右所故世袭百户徐麟亲叔。

五辈徐亮，旧选簿查有：永乐十九年六月，徐亮，系西安左卫右所故世袭百户徐能嫡长男。

六辈徐雄，旧选簿查有：成化元年十二月，徐雄，年十五岁，武进县人，系西安左卫右所残疾世袭百户徐亮庶长男。

七辈徐江，旧选簿查有：弘治十三年六月，徐江，武进县人，系西安左卫右所世袭百户徐雄嫡长男。

八辈徐深，旧选簿查有：嘉靖三年四月，徐深，武进县人，系西安左卫右所故绝世袭百户徐江亲弟。

九辈徐栋，旧选簿查有：嘉靖二十五年二月，徐栋，武进县人，系西安左卫右所老疾实授百户徐深嫡长男。

十辈徐茂，万历五年二月，徐茂，年三十岁，武进县人，系西安左卫右所故实授百户徐栋嫡长男。比中二等。

十一辈徐有进，万历四十四年八月，大选过西安左卫右所实授百户一员徐有进年，年二十一岁，系老实授百户徐茂亲孙。比中二等。

陈朝·实授百户

一辈陈荣，旧选簿查有：洪武三十三年，右所百户西安左卫陈荣。

二辈陈真，旧选簿查有：洪武三十三年十一月，陈真，系西安左卫右所世袭百户陈荣嫡长男。

三辈陈玉，旧选簿查有：永乐元年七月，陈玉，系西安左卫右所失陷世袭百户陈真嫡长男。

四辈陈刚，旧选簿查有：正统十年六月，陈刚，系西安左卫右所故世袭百户陈玉堂侄。

五辈陈鉴，旧选簿查有：成化四年五月，陈鉴，江阴县人，系西安左卫右所故世袭百户陈刚嫡长男。

六辈陈廷宝，旧选簿查有：嘉靖二年三月，陈廷宝，江阴县人，系西安左卫右所降级百户陈鉴嫡长男。父为事降总旗，病故。本人照例袭祖职百户。

七辈陈朝，旧选簿查有：嘉靖二十年十月，陈朝，江阴县人，系西安左卫右所故实授百户陈廷宝嫡长男，仍袭原职。

八辈陈龙仙，万历十一年二月，陈龙仙，年二十岁，江阴县人，系西安左卫中所年老实授百户陈朝庶长男。比中三等。

钱养民·世袭百户

外黄查有：钱得，仪真人。父钱旺，丙申年归附，丁酉年充小旗，洪武十六年并充总旗，二十年起取除试百户，二十五年与实授世袭百户，二十七年犯斩罪，宥死充军，当年故。得系嫡长男，二十九年袭，三十年调西安左卫右所。

一辈钱旺，已载前黄。

二辈钱得，旧选簿查有：洪武三十三年，西安左卫右所百户钱得。

三辈钱福，旧选簿查有：正统元年十月，钱福，系西安左卫右所世袭百户钱得嫡长男。

四辈钱钊，旧选簿查有：天顺元年七月，钱钊，仪真县人，系西安左卫左所故世袭百户钱福嫡长男。

五辈钱盛，旧选簿查有：弘治十一年二月，钱盛，仪真县人，系西安左卫右所世袭百户钱钊嫡长男。父为事降小旗，故。本人照例袭祖职百户。

六辈钱龙，旧选簿查有：弘治十七年闰四月，钱龙，年十六岁，仪真县人，系西安左卫右所故世袭百户钱盛嫡长男。

七辈钱养民，旧选簿查有：嘉靖二十九年八月，钱养民，仪真县人，系西安左卫右所世袭百户钱龙嫡长男。

八辈钱世魁，万历十二年十二月，钱世魁，年二十七岁，仪真县人，系西安左卫右所故实授百户钱养民嫡长男。比中二等。

九辈钱可大，万历二十四年二月，钱可大，年二十二岁，系故实授百户钱世魁嫡长男。比中二等。

十辈钱弘，崇祯三年四月，大选过西安左卫右所实授百户一员钱弘，年二十七岁，系疾实授百户钱可大嫡长男。比中三等。〔对讫。〕

葛清·实授百户

外黄查有：葛铅，合肥县人。始祖葛累，乙未年从军，洪武二年克凤翔、攻庆阳，十五年升小旗，十九年升总旗，二十一年升本卫世袭百户，二十四年调卫，二十六年故。高祖葛用系嫡长男，本年四月袭，宣德六年老。曾祖葛英系嫡长男，本年替，景泰七年故。祖葛宣系嫡长男，天顺二年袭，弘治十三年老。父葛泰系嫡长男，本年替，正德四年西沙墩阵亡。兄葛锏系嫡长男，十年袭，嘉靖二十年故。铅系亲弟，二十二年袭授百户。

一辈葛累，已载前黄。·130·

二辈葛用，旧选簿查有：洪武三十三年，西安左卫右所百户葛用。

三辈葛英，旧选簿查有：宣德六年五月，葛英，系西安左卫右所世袭百户葛用嫡长男。

四辈葛宣，旧选簿查有：天顺二年十二月，葛宣，合肥县人，系西安左卫右所故世袭百户葛英嫡长男。

五辈葛泰，旧选簿查有：弘治十三年十一月，葛泰，合肥县人，系西安左卫右所世袭百户葛宣嫡长男。

六辈葛锏，旧选簿查有：正德十年八月，葛锏，年十五岁，合肥县人，西安左卫右所故百户葛泰嫡长男，优给出幼袭职。

七辈葛铅，旧选簿查有：嘉靖二十二年二月，葛铅，合肥县人，系西安左卫右所故实授百户葛锏亲弟。伊兄生有男葛清，未及三个月，幼小，不堪优给。本人借职，待侄长男（成）还与职事。

八辈葛清，旧选簿查有：嘉靖二十七年十月，葛清，合肥县人，系西安左卫右所故百户葛锏嫡长男。伊父原袭祖职实授百户，故。本舍先因年幼，伊叔葛铅借职。今年八岁，照例改正，与实授百户俸优给，扣至嘉靖三十三年终住支。

旧选簿查有：嘉靖三十六年二月，葛清，年十六岁，合肥县人，系西安左卫右所故实授百户葛锏嫡长男，优给出幼袭职。

九辈葛彩，万历三十九年十二月，大选过西安左卫右所副千户一员葛彩，年二十六岁，合肥县人，系老副千户葛清庶长男。查伊父原袭祖职实授百户，于万历二十一年五月克复宁夏大城，斩获逆贼虏级，题升副千户葛清。再查堂稿：俞尚德七十七员名内实授一级世袭。本舍准袭副千户。比中一等。〔对讫。〕

年远事故右所实授百户一员·蔡昂

成化十三年十二月，西安左卫总旗升署百户蔡长仔。

成化十五年三月，蔡珍，晋江县人，系西安左卫右所故署百户蔡长仔嫡长男。

弘治七年七月，蔡昂，晋江县人，系西安左卫右所功升实授百户蔡珍嫡长男，钦与世袭。

万历六年十二月，准都察院咨内开西安左卫舍人蔡子仁隐下总旗，捏作试百户，驳回。今称病故，所遗总旗准令子孙替役。·131·

又一员·王隆

正统十三年十一月，王全，系西安左卫右所百户王奴才亲侄孙。

天顺三年十月，王胜，滋阳县人，系西安左卫右所故世袭百户王全亲弟。

弘治十六年八月，王隆，滋阳县人，系西安左卫右所故世袭百户王胜嫡长男。

又一员·王敬

正统十一年五月，王鉴，幼名重喜，系西安左卫右所世袭百户王彬嫡长男。父先因老疾，本人年幼，堂兄王友替职。今长成，退还职事。钦准袭职，伊堂兄革闲。

正统十四年十月，王友，系西安左卫右所阵亡百户王鉴堂兄。

成化三年四月，王敬，滋阳县人，系西安左卫右所故世袭百户王鉴堂兄。

又一员·张翰

正统八年五月，张弘，幼名咬儿，系西安左卫右所故世袭百户张青嫡长男。

成化十一年二月，张真，保定府新城县人，系西安左卫右所故世袭百户张弘嫡长男。

成化十六年七月，张彪，新城县人，系西安左卫右所革职世袭百户张真亲弟。

弘治十三年二月，张翰，新城县人，系西安左卫右所怯疾世袭百户张彪嫡长男，优给出幼袭职。

又一员·刘进

宣德三年六月，刘贵，系西安左卫右所百户刘得嫡长男。

景泰二年十二月，刘进，系西安左卫右所世袭百户刘贵嫡长男。

又一员·卢兴

宣德元年五月，卢得，系西安左卫右所故百户卢旺、户名卢青嫡长男。
景泰元年正月，卢兴，年九岁，系西安左卫右所阵亡百户卢得嫡长男。

又一员·田昱

洪武三十三年十二月，田昱，系兴州左屯卫安宁驿摆站世袭百户，先调山西寄住，后因公差赴京，钦调西安左卫右所。

又一员·毛瑛

正统八年三月，毛瑛，年十六岁，系西安左卫右所故世袭百户毛瑄嫡长男。

又一员·武政

宣德七年三月，武政，系西安左卫右所世袭百户武旺、旧名姓李原嫡长男。

又一员·宫铎

正统三年四月，西安左卫右所宫玉。
成化元年八月，宫茂，年二十七岁，商河县人，系西安左卫右所署所镇抚事世袭百户宫玉嫡长男。
弘治元年十二月，宫铎，商河县人，系西安左卫右所故署所镇抚事世袭百户宫茂嫡长男。本人先因年幼优给，出幼间多支俸粮一年零五个月。照例袭职，扣除多支俸粮，还官毕日关支。

优养一员·李雄

成化十四年四月，李雄，年六十三岁，襄阳县人，系西安左卫右所世袭百户李英亲弟。本人先因残疾，不堪承袭。伊男李顺袭职，今病故，无承袭之人，照例该与全俸优养。·133·

王杰·试百户

一辈王来保，旧选簿查有：永乐十六年二月，西安左卫右所试百户王来保。

二辈王瑄，旧选簿查有：宣德十年四月，王瑄，系西安左卫右所试百户王贵、户名王来保嫡长男。父原系总旗，因差往撒马儿罕公干回还，升试百户。本人仍替试百户。

三辈王秀，旧选簿查有：天顺七年十一月，王秀，兴化县人，系西安左卫右所故百户王瑄嫡长男，钦与世袭。

四辈王谅，旧选簿查有：弘治九年十一月，王谅，兴化县人，系西安左卫右所世袭百户王秀嫡长男。

五辈王杰，旧选簿查有：正德十一年六月，王杰，兴化县人，系西安左卫右所故绝百户王谅亲庶弟。祖王瑄替试百户，遇例实授。本人照例革袭试百户。

六辈王冠，零选簿查有：王冠，年十九岁，兴化县人，系西安左卫右所故实授百户王杰亲孙，革遇例，与袭试百户。

七辈王惟贤，万历三十九年十月，大选过西安左卫右所实授百户优给舍人一名王惟贤，年十岁，系故试百户王冠嫡长男。查本舍曾祖王杰，以试百户遇例实授。又，堂稿簿查有：二人共斩贼级一颗，为首王杰升副千户，应减遇例一级。本舍准以实授百户全俸优给，至四十三年终住支。〔对讫。〕

八辈王惟孝，万历四十五年八月，大选过西安左卫右所实授百户一员王惟孝，年十五岁，系故实授百户王惟贤亲弟。比中三等。〔对讫。〕

任仕·试百户

外黄查有：任伦，系陕西西安左卫右所试百户，原籍西安左卫人。祖任真，弘治十四年奉例召募充本卫左所军，故。父任刚，户名不动，补；嘉靖十五年大高渠斩首功，十六年花马池架炮梁斩首功，十八年开大高渠功升小旗，开花马池架炮梁功重升小旗。本年柳门儿斩首功，二十一年升试百户。重升小旗未曾并功，升试百户未敢授职。二十六年具奏，改正试百户，更名任纲（刚），调本卫右所，老。伦系嫡长男，三十年替西安左卫右所试百户。·134·

一辈任刚，已载前黄。

二辈任伦，旧选簿查有：嘉靖三十年二月，任伦，西安左卫人，系西安左卫右所试百户任刚嫡长男。

三辈任仕，旧选簿查有：嘉靖四十年六月，任仕，年三十四岁，西安左卫人，系西安左卫右所故试百户任伦亲弟。

四辈任希贤，万历七年二月，任希贤，年二十四岁，西安左卫人，系西安左卫右所患疾试百户任仕嫡长男。比中一等第九名。

五辈任养心，万历四十三年四月，大选过西安左卫右所试百户一员任养心，年二十六岁，系老试百户任希贤嫡长男。比中一等。〔对讫。〕

右所试百户一员·王用

功次簿查有：嘉靖十五年麻黄梁等处，二人共斩首一颗，为首官旗三百五十五员名，西安左卫前所总旗升试百户一员王文陆。

嘉靖四十一年四月，王用，年二十二岁，巫山县人，系西安左卫右所故遇例实授百户王堂庶长男。革遇例，与袭试百户。

张策勋·正千户

·135·

一辈张旺，旧选簿查有：洪武二十四年十二月，张旺，旧名旺哥，系济南卫总旗，钦除西安左卫中所世袭百户。

二辈张企，旧选簿查有：永乐三年十月，张企，系西安左卫中所故世袭百户张旺嫡长男。

三辈张坚，旧选簿查有：宣德五年四月，张坚，年十五岁，系西安左卫中所故世袭百户张企嫡长男。先年九岁，错报作八岁，优给。今出幼，钦准改正袭职。

四辈张雄，旧选簿查有：天顺七年五月，张雄，宝应县人，系西安左卫中所失陷世袭百户张坚嫡长男。

五辈张钺，旧选簿查有：弘治三年六月，张钺，宝应县人，系西安左卫中所世袭百户张雄长男。

六辈张表正，旧选簿查有：嘉靖三年二月，张表正，宝应县人，系西安左卫中所已故世袭百户张钺亲侄。

七辈张策勋，旧选簿查有：嘉靖四十五年八月，张策勋，年三十二岁，宝应县人，系西安左卫中所故署都指挥佥事张表正嫡长男。伊父原袭祖职实授百户，嘉靖二十等年金刚川等处斩首二颗并升正千户，三十五年为事为民，三十八年推升清水营守备，四十三年故。所据伊父推升虚衔，例不准袭，本舍照例革袭正千户，注中所。

八辈张荣祖，隆庆六年十二月，张荣祖，年八岁，宝应县人，系西安左卫中所故正千户张策勋嫡长男。照例与全俸优给，至万历六年终住支。

万历八年二月，张荣祖，年十五岁，宝应县人，系西安左卫中所故正千户张策勋嫡长男，优给出幼袭职。查本舍伊祖张表正，原袭祖职实授百户，后获功二次升正千户，于嘉靖三十五年为事革职为民，明系自己获功自己犯罪，例不准袭。本舍照例袭实授百户。比中三等。

九辈张策勃，万历三十年八月，大选过西安左卫中所实授百户一员张策勃，年三十九岁，系故实授百户张荣祖堂叔。比中三等。〔对讫。〕

张梁栋·实授百户

张南鬻，年十六岁，澧州人，系西安左卫中所故副千户张尧卿庶长男。伊父原袭祖职副千户，嘉靖四十三等年历升陕西行都司佥书，万历三年故。及查伊高祖张正，天顺五年凉州等处领军杀贼获功一级，系违例报功且无擒斩并伊父推升流官，俱不准袭。本舍照例革袭祖职实授百户。·136·

崇祯十二年八月，大选过西安左卫中所实授百户一员张梁栋，年二十七岁，原籍澧州人，系南鬻庶长男。该按勘无碍，本卫结保前来，相应照例准袭实授百户。比中三等。〔对讫。〕

年远事故中所正千户一员·时清

洪武二十七年正月，时政，系西安右护卫前所世袭正千户时良嫡长男。父为老疾告替，钦准替职，仍授本卫所世袭正千户。

永乐元年二月，时忠，系西安右护卫前所阵亡世袭正千户时政嫡长男。

永乐十五年二月，时祯，年十六岁，系西安右护卫前所故世袭正千户时忠嫡长男。

正统七年三月，时清，年十六岁，系西安左卫中所故世袭正千户时祯嫡长男。

宋章·副千户

一辈宋保，旧选簿查有：洪武三十三年，西安左卫中所副千户宋保。

二辈宋全，旧选簿查有：永乐元年十一月，宋全，年十岁，系西安左卫中所阵亡世袭副千户宋保嫡长男。

三辈宋广，旧选簿查有：正统六年二月，宋广，系西安左卫中所故世袭副千户宋全嫡长男。

四辈宋瑆，旧选簿查有：天顺二年十二月，宋瑆，年十五岁，澧阳县人，系西安左卫中所失陷世袭副千户宋广嫡长男。

成化五年七月，西安左卫副千户升署正千户宋瑆。

五辈宋章，旧选簿查有：嘉靖六年四月，宋章，澧阳县人，系西安左卫中所故正千户宋瑆庶长男。伊父原系副千户，成化五年固原州等处贼势大败后，擒斩贼级一颗，比照番贼事例升署正千户，遇例实授。今据固原州功次系斩首不及数，本人照例革去固原署级及遇例实授，与袭副千户。

宋章，编军簿查有：陕西西安左卫中所副千户宋章，嘉靖三十一年正月犯该计赃以监守自盗律斩，系杂犯，照例发边卫永远充军，编榆林卫左所。

杨仁·副千户

一辈杨庸，缺。

二辈杨贵，旧选簿查有：洪武三十四年四月，杨贵，系西安左卫中所流官百户杨庸嫡长男。父为事发海南卫充军起取，因老疾，贵代，征北有功。钦蒙将父复职，病故。钦准袭职，与世袭，仍授本卫所世袭百户。

三辈杨玉，旧选簿查有：正统七年三月，杨玉，年十六岁，系西安左卫中所故世袭副千户杨贵庶长男，钦与世袭。

四辈杨椿，旧选簿查有：成化十二年四月，杨椿，年十八岁，滁州人，系西安左卫中所故世袭副千户杨玉嫡长男。

五辈杨仁，旧选簿查有：正德三年九月，杨仁，滁州人，系西安左卫中所故世袭副千户杨椿嫡长男。·138·

张榜·副千户

内黄查有：张胜，江都县人。父张得，先双刀赵下军，庚子归附，吴元年充小旗，洪武元年充总旗，三年拨太原右卫，三十四年钦除西安左卫中所世袭百户，老。胜系嫡长男，替世袭百户。

一辈张得，已载前黄。

二辈张胜，旧选簿查有：洪武三十年十二月，张胜，系西安左卫中所世袭百户张得嫡长男。

三辈张荣，旧选簿查有：宣德三年三月，张荣，系西安左卫中所残疾世袭百户张胜嫡长男。

四辈张鉴，旧选簿查有：天顺二年三月，张鉴，江都县人，系西安左卫中所故世袭百户张荣嫡长男。

五辈张刚，旧选簿查有：成化七年二月，张刚，江都县人，系西安左卫中所世袭百户张鉴嫡长男。

六辈张英，旧选簿查有：弘治十七年，张英，江都县人，系西安左卫中所故世袭百户张刚嫡长男。

七辈张雄，旧选簿查有：正德十一年十月，张雄，江都县人，系西安左卫中所故绝世袭百户张英亲弟。

八辈张岐凤，旧选簿查有：嘉靖二十二年二月，张岐凤，江都县人，系西安左卫中所实授百户张雄嫡长男。

副千户功次已载九辈选条。

九辈张榜，旧选簿查有：嘉靖三十五年二月，张榜，江都县人，年七岁，系西安左卫中所阵亡实授百户张岐凤嫡长男。伊父原替实授百户，嘉靖三十二年金汤川阵亡。本舍照例加升一级，与副千户俸优给，扣至嘉靖四十二年终住支。

旧选簿查有：嘉靖四十三年二月，张榜，年十五岁，系西安左卫中所故副千户张岐凤嫡长男。

十辈张国显，万历七年十二月，张国显，年四岁，江都县人，系西安左卫中所故副千户张榜嫡长男。照例与全俸优给，至万历十七年终住支。查伊父一辈未比，待本舍出幼袭职，照例罚俸三年。

万历十七年十月，张国显，年十五岁，系西安左卫中所故副千户张榜嫡长男，出幼袭职。查伊父一辈未比，照例罚俸三年。比中三等。

十一辈张昱，万历二十五年四月，年六岁，系西安左卫中所故副千户张国显嫡长男。全俸优给，至三十三年终住支。

十二辈张昱①，万历三十四年十二月，大选过西安左卫中所副千户一员张昱，年十六岁，出幼袭职。比中三等。〔对讫。〕 ·139·

苏宇宜·副千户

内黄查有：苏奴儿，父苏彦希，洪武五年从军，升充小旗，年老。奴儿代役，西水寨升总旗，金川门钦升大同前卫右所百户。

一辈苏彦希，已载前黄。

二辈苏奴儿，已载前黄。

三辈苏原，审稿查有：苏原，系苏奴儿嫡长男。

四辈苏鉴，旧选簿查有：景泰四年正月，苏鉴，年十二岁，昌黎县人，系西安左卫中所故署所镇抚事世袭百户苏原嫡长男。钦与全俸优给，至景泰七年终住支。

五辈苏春，旧选簿查有：成化十八年二月，苏春，昌黎县人，系西安左卫中所百户苏鉴嫡长男。伊父固原杀贼阵亡，本人先因年幼，已升与副千户俸优给，今出幼袭职。

---

① 此处"十二辈张昱"系误记。

六辈苏正方，旧选簿查有：正德九年五月，苏正方，昌黎县人，系西安左卫中所世袭副千户苏春嫡长男。

七辈苏宇宜，旧选簿查有：嘉靖三十二年十月，苏宇宜，昌黎县人，系西安左卫老疾降级指挥佥事苏正方嫡长男。查得伊父正方袭副千户，功升指挥佥事，为事仍降副千户，系自己获功自己犯罪。所据正千户指挥佥事二级例难承袭，本舍照例替祖职副千户。

万历三年十月二十八日，准职方司手本一件侵欺地亩银两事，犯官苏宇宜系陕西西安左卫中所副千户，充密云中卫左所永远军。

王祚·副千户

外黄查有：王恭，萧县人。父王义，先系赵丞相下军役，后充张氏元帅，吴元年除徐州卫副千户，洪武三年授流官世袭，二十二年为受赃卖放军人事，免死，降除安庄卫后所百户，二十三年故。恭袭除宁夏中屯卫右所世袭百户，三十二年调西安左卫左所，三十五年奏准复职，袭副千户，调西安左卫中所。

一辈王义，已载前黄。

二辈王恭，已载前黄。

三辈王能，旧选簿查有：宣德八年五月，王能，系西安左卫中所世袭副千户王恭庶长男。

四辈王彪，旧选簿查有：天顺元年七月，王彪，萧县人，系西安左卫中所故世袭副千户王能嫡长男。

成化五年，西安左卫副千户王彪升署正千户。

五辈王号，旧选簿查有：成化十二年二月，王号，萧县人，系西安左卫中所故署正千户事副千户王彪亲弟。

六辈王勤，旧选簿查有：弘治七年十月，王勤，年十七岁，萧县人，系西安左卫中所故署正千户事副千户王号庶长男，优给出幼袭职。

七辈王珮，旧选簿查有：嘉靖十三年八月，王佩，年二十六岁，萧县人，系西安左卫中所故正千户王勤嫡长男。伊伯祖彪，以副千户石城儿杀贼升署正千户，遇例实授。所据杀贼并遇例不由擒斩，例无承袭。本人革袭副千户。

八辈王祚，旧选簿查有：嘉靖二十二年二月，王祚，年七岁，萧县人，系西安左卫中所故副千户王佩嫡长男。照例与全俸优给，至嘉靖二十九年终住支。

嘉靖三十年八月，王祚，萧县人，系西安左卫中所故副千户王佩嫡长男，出幼袭职。

九辈王宾，万历十一年十月，王宾，年三十四岁，萧县人，系西安左卫中所患疾副千户王祚嫡长男。比中三等。

十辈王承祖，万历四十年八月，大选过西安左卫中所副千户一员王承祖，年三十三岁，系故副千户王宾嫡长男。比中三等。〔对讫。〕

年远事故副千户一员·刘玉

正统八年七月，刘青，旧名咬儿，系西安左卫中所老疾世袭副千户刘斌、旧姓名李全嫡长男。先因年幼，庶兄刘原借职。今长成，退还职事。钦准本人袭职，伊庶兄革闲。

景泰三年二月，刘镇，系西安左卫中所失陷世袭副千户刘青、幼名咬儿亲侄，已与堂弟刘昇优给，病故。

天顺三年二月，刘钦，山后人，系西安左卫中所故副千户刘昇嫡长男。

成化十九年六月，刘玉，山后人，系西安左卫中所立功病故世袭副千户刘钦亲弟。

又一员·袁质

洪武三十五年四月，袁质，系宁夏中护卫世袭副千户，因多余，钦调西安左卫中所。

又一员·王胜

正统四年四月，王胜，系西安左卫中所自缢世袭百户王三嫡长男。

王重德·实授百户

崇祯二年十月，大选过西安左卫中所实授百户一员王重德，年三十岁，系疾实授百户王贵嫡长男。比中三等。〔对讫。〕

李丕显·实授百户

崇祯十年六月，大选过西安左卫中所实授百户一员李丕显，年三十七岁，系老实授百户李可久嫡长男①。比中三等。〔对讫。〕

王韬·世袭百户

外黄查有：王凤儿，滦州人。有叔小王大，洪武二年从军，五年故。取兄王石成补役，二十九年将凤儿户名不动，代兄军役；三十四年夹河大战全胜，升总旗；三十五年克金川门，除阳和卫前所百户。王荣系王凤儿改名麟亲侄，叔故，无儿男。荣于永乐十三年袭，授本卫所百户。

一辈小王大，已载前黄。·142·

二辈王石成，已载前黄。

三辈王凤儿，已载前黄。

四辈王荣，已载前黄。

五辈王福，旧选簿查有：景泰七年七月，王福，滦州人，系西安左卫右所署所镇抚事世袭百户王荣嫡长男。

六辈王鼐，旧选簿查有：弘治六年七月，王鼐，滦州人，系西安左卫右所故世袭百户王福嫡长男。

七辈王贤，旧选簿查有：嘉靖十六年二月，王贤，滦州人，系西安左卫中所老疾百户王鼐嫡长男。

八辈王韬，旧选簿查有：嘉靖三十七年二月，王韬，年三十一岁，滦州人，系西安左卫中所故世袭百户王贤嫡长男，准袭世袭百户。

---

①"李可久"条见《总汇》56册153页。

何柿·实授百户

外黄查有：何宏，凤翔县人。伊高祖何缠缠，洪武二年从军，年老。曾祖何海代役，永乐八年撒马〔儿〕罕等处公干升小旗，十三年复往撒马〔儿〕罕公干升总旗，十四年撒马儿罕公干升试百户，十六年撒马〔儿〕罕公干升实授百户，老疾。

一辈何缠缠，旧选簿查有：永乐十六年二月，西安左卫中所试百户何缠缠。

永乐十八年十二月，何缠缠，系西安左卫中所试百户，升实授百户。

二辈何海，已载前黄。

三辈何清，旧选簿查有：正统三年十二月，何清，系西安左卫中所百户何海、户名何缠缠嫡长男，钦与世袭。

四辈何璿，旧选簿查有：成化七年五月，何璿，年十六岁，凤翔县人，系西安左卫中所故世袭百户何清嫡长男。

五辈何宏，旧选簿查有：弘治十八年十二月，何宏，凤翔县人，系西安左卫中所世袭百户何璿嫡长男。

六辈何柿，旧选簿查有：嘉靖十八年六月，何柿，年九岁，凤翔县人，系西安左卫中所故实授百户何宏庶次男。照例与全俸优给，至嘉靖二十三年终住支。

嘉靖二十五年十二月，何柿，年十六岁，系西安左卫中所故实授百户何宏庶次男，优给出幼袭职。

七辈何鸣皋，万历十六年二月，何鸣皋，年十岁，系西安左卫中所故实授百户何伟（柿）嫡长男。照例与全俸优给，至万历二十年终住支。

八辈何应魁，万历二十四年四月，何应魁，系年二十八岁，系故绝实授百户何伟（柿）亲侄。比中三等。

高立·实授百户

外黄查有：高铭，临淮县人。有父高显，丙申年归附，洪武三年并充马军，十一年充小旗，十六年并充总旗，二十二年钦除羽林左卫试百户，十二月钦与世袭实授百户；永乐元年为田土事问拟杖八十，二年钦依住俸，发何都督处立功；七年故。铭系嫡长男，八年敬准袭职，仍授西安左卫中所世袭百户。

一辈高显，已载前黄。

二辈高铭，旧选簿查有：永乐八年九月，高铭，系西安左卫中所世袭百户高显嫡长男。

三辈高泰，旧选簿查有：宣德五年二月，高泰，系西安左卫中所故世袭百户高铭嫡长男。

四辈高英，旧选簿查有：天顺元年十二月，高英，年三十五岁，临淮县人，系西安左卫中所世袭百户高泰嫡长男。

五辈高杰，旧选簿查有：天顺七年八月，高杰，临淮县人，系西安左卫中所阵亡世袭百户高英亲弟。

成化五年，西安左卫百户升署千户高杰。

六辈高举，旧选簿查有：弘治元年十二月，高举，临淮县人，系西安左卫中所副千户高杰嫡长男。父原系署副千户，成化二十三年遇例实授。本人照例革替副千户事百户。

七辈高立，旧选簿查有：嘉靖十六年二月，高立，年十一岁，临淮县人，系西安左卫中所故副千户高举庶长男。伊祖高杰，原以百户成化五年固原等处杀贼升副千户，二十三年遇例实授。父袭。所据固原功升署职并遇例职级例应减革。本人照例革与实授百户俸优给，至嘉靖十九年终住支。

嘉靖二十年四月，高立，年十五岁，临淮县人，系西安左卫中所故实授百户高举庶长男。

万历八年十一月二十日，一件查究奸弊事，准职方司手本内开西安左卫实授百户高立，犯该监守自盗，照例编发永远充军。本犯子孙革袭。查取洪武、永乐年间子孙降袭，如无大次房子孙，即行停革。 ·144·

八辈高望，万历十三年二月，高望，年二十九岁，临淮县人，系西安左卫中所年老充永远军实授百户高立族侄孙。伊族伯祖高立，原袭祖职实授百户，万历三年犯该监守自盗，问充兰州卫中所永远军，今年老。本舍系大次房子孙，保送赴部承袭，应降一级；又照新例四辈未袭，再降一级。合照例于祖职实授百户上通降二级，与替冠带总旗。比中三等。

九辈高承勋，天启六年二月，大选过西安左卫中所试百户一员高承勋，年三十岁，系故冠带总旗高望嫡长男。四辈以上量减一级，本舍应准实授百户上减去一级，准袭试百户。比中一等。〔对讫。〕

周万相·实授百户

内黄查有：周都，旧名官肯保，泗水县人。有父周成，前王保保下同知，洪武五年归附，充先锋；十七年钦除高邮卫后所世袭百户，故。[周都]二十六年袭，授西安左卫后所世袭百户，后调中所。

一辈周成，已载前黄。

二辈周都，旧选簿查有：洪武二十六年五月，周都，系府军右卫左所世袭百户周成嫡长男，袭除西安左卫后所世袭百户。

三辈周企，旧选簿查有：正统六年四月，周企，系西安左卫中所世袭百户周都嫡长男。

四辈周玺，旧选簿查有：成化三年十二月，周玺，年十五岁，泗水县人，系西安左卫中所故世袭百户周企嫡长男。

五辈周臣，旧选簿查有：弘治十八年七月，周臣，泗水县人，系西安左卫中所世袭百户周玺嫡长男。

六辈周凤，旧选簿查有：嘉靖十三年六月，周凤，年二十四岁，泗水县人，系西安左卫中所故绝百户周臣亲侄。

七辈周万达，旧选簿查有：嘉靖三十二年四月，周万达，年八岁，泗水县人，系西安左卫中所故世袭百户周凤嫡长男。照例与全俸优给，至嘉靖三十八年终住支。

八辈周万相，旧选簿查有：嘉靖四十一年二月，周万相，年十二岁，泗水县人，系西安左卫中所故实授百户周凤嫡次男。照例与全俸优给，至嘉靖四十二年终住支。

旧选簿查有：嘉靖四十四年九月，周万相，年十六月岁，泗水县人，系西安左卫中所故实授百户周凤嫡次男，优给出幼袭职。

万历二年闰十二月二十七日，准职方司手本一件出巡事，犯官周万相，系陕西西安左卫中所百户，充密云后卫右所终身军。

九辈周易，万历三十五年十二月，大选过西安左卫中所世袭百户周易，年三十岁，系老世袭百户周万相嫡长男。伊父原袭世袭百户，为事充密云后卫终身军，遇赦回卫，今老。本人应准替世袭百户。比中二等。

十辈周文焕，崇祯十一年二月，大选过西安左卫中所实授百户一员周文焕，年

四十三岁,系故实授百户周易嫡长男。比中三等。〔对讫。〕

李桓·实授百户

外黄查有:李昇,有兄李驴儿,洪武元年从军,调永平卫后所,开设遵化卫中所,故。将昇补役,白沟河升小旗,西水寨升总旗,平定京师升睢阳卫前所百户,永乐三年与世袭。

一辈李昇,已载前黄。

二辈李福,旧选簿查有:正统四年十一月,李福,系西安左卫中所世袭百户李昇嫡长男。

三辈李荣,旧选簿查有:成化十二年二月,李荣,滨州人,系西安左卫中所故世袭百户李福嫡长男。

四辈李杰,旧选簿查有:正德三年十二月,李杰,滨州人,系西安左卫中所世袭百户李荣嫡长男。

五辈李准,旧选簿查有:嘉靖三年二月,李准,年九岁,滨州人,系西安左卫中所故绝百户李杰庶次弟。已与伊兄李冲优给,亦故。照例与本人全俸转名优给,至嘉靖九年终住支。

六辈李桓,旧选簿查有:隆庆元年二月,李桓,年十岁,滨州人,系西安左卫中所实授百户李准嫡长男。伊父原袭祖职实授百户,嘉靖三十八年为买功事,问拟本卫充终身军,三十九年故。本舍照例复与祖职实授百户俸优给,至隆庆六年终住支,出幼袭职。

李准,编军簿查有:陕西西安左卫中所实授百户李准,嘉靖四十年七月犯该有事,以财行来,照例编发本卫充军终身。·146·

七辈李林,隆庆六年七月,李林,年十二岁,滨州人,系西安左卫中所故实授百户李准嫡次男。照例与全俸优给,至万历三年终住支。

万历四年十二月,李林,年十六岁,滨州人,系西安左卫中所故实授百户李桓亲弟,优给出幼袭职。

八辈李琦,万历二十五年二月,李琦,年十六岁,系西安左卫中所故实授百户李相嫡长男。比中二等。

任仝·实授百户

一辈任禄，查。

二辈任仝，旧选簿查有：嘉靖三十年四月，任仝，澄城县人，系西安左卫中所实授百户任禄嫡长男。

三辈任应龙，万历十一年十月，任应龙，年二十岁，澄城县人，系西安左卫中所年老实授百户任仝嫡长男。比中三等。

四辈任锜，万历三十九年十二月，大选过西安左卫中所实授百户优给舍人一名任锜，年十一岁，系故实授百户任应龙庶长男。照例与全俸优给，至四十二年终住支。

万历四十四年八月，大选过西安左卫中所实授百户一员任锜，年十六岁，系故实授百户任应龙庶长男。比中三等。

冯和·世袭百户

一辈冯来兴，旧选簿查有：永乐十八年十二月，冯来兴，系西安左卫中所试百户·147·。

二辈冯春，缺。

三辈冯义，旧选簿查有：宣德元年六月，冯义，系西安左卫中所试百户冯春、顶户名冯来兴亲弟。兄原系总旗，因往哈烈（密）等处公干回还，升除前职，病故。钦准本人仍袭试百户。

四辈冯广，旧选簿查有：正统八年三月，冯广，系西安左卫中所试百户冯义嫡长男。伯原系总旗，差往哈密等处公干回还，升除试百户，病故。父袭前职，今为残疾。钦准本人仍替试百户。

五辈冯鉴，旧选簿查有：天顺七年五月，冯鉴，安定县人，系西安左卫中所失陷百户冯广嫡长男，钦与世袭。

六辈冯京，旧选簿查有：弘治十三年四月，冯京，安定县人，系西安左卫中所世袭百户冯鉴堂弟。伊兄为失机事降小旗，故。本人照例袭祖职百户。

七辈冯和，旧选簿查有：正德七年十月，冯和，年十九岁，安定县人，系西安左卫中所故世袭百户冯京嫡长男。

八辈冯昇，万历二年二月，冯昇，年六岁，安定县人，系西安左卫中所故实授百户冯和曾孙。照例与全俸优给，至万历十年终住支。

万历十一年二月，冯昇，年十六岁，安定县人，系西安左卫中所故实授百户冯和曾孙，出幼袭职。比中一等。

九辈冯文祥，天启七年四月，大选过西安左卫中所实授百户一员冯文祥，年十七岁，系故实授百户冯昇嫡长男。比中三等。〔对讫。〕

年远事故中所世袭百户一员·董鸿

洪武三十二年五月，董忠，系凤翔守御千户所长宁驿世袭百户，钦调西安左卫中所。

洪武三十五年十二月，董亮，系西安左卫中所阵亡世袭百户董忠嫡长男。

宣德十年四月，董麟，系西安左卫中所世袭百户董亮嫡长男。

天顺五年正月，董鹏，年三十三岁，华阴县人，系西安左卫中所世袭百户董麟嫡长男。·148·

成化八年六月，董干，年十七岁，华阴县人，系西安左卫中所失陷世袭百户董鹏嫡长男。

弘治七年二月，董鸿，华阴县人，系西安左卫中所故世袭百户董干亲叔。

又一员·李顺

宣德九年四月，李英，系西安左卫中所世袭百户李荣嫡长男。

成化十一年二月，李顺，襄阳县人，系西安左卫中所故世袭百户李英亲侄。

又一员·孟宗

洪武二十四年七月，孟信，系留守左卫总旗。先次取勘年深总旗，因公差不在，今次回还起到，为是日久，本部议拟不准。引至御前，钦除西安左卫中所世袭百户。

洪武三十四年正月，孟宗，系西安左卫中所为事充军故世袭百户孟信嫡长男。

又一员·张旺

洪武二十六年五月，张贵，系广洋卫前所故世袭百户张通庶长男，袭除西安左卫中所世袭百户。

宣德七年七月，张能，旧名童受，系西安左卫中所世袭百户张贵嫡长男。

景泰元年正月，张旺，年三岁，系西安左卫中所阵亡百户张能嫡长男。

又一员·周辅

洪武二十五年四月，周成，系西安左卫中所流官百户周友嫡长男，告替。相验得委有征伤，俱已痊可。本部拟奏难以准替，合发回卫。引至御前，钦依："他着替了，与世袭。仍授本卫所世袭百户。"

永乐十年正月，周斌，系西安左卫中所故世袭百户周成嫡次男。

正统三年五月，周玘，系西安左卫中所故世袭百户周斌嫡长男。

景泰六年四月，周璟，武昌县人，系西安左卫中所故世袭百户周玘亲弟。

成化十八年二月，周辅，武昌县人，系西安左卫中所世袭百户周景（璟）嫡长男。

又一员·张汉

宣德九年六月，张正，系西安左卫中所百户升本卫所副千户。

天顺八年六月，张汉，伊父张正原系西安左卫中所百户，擒拿强盗升副千户。又，该右副都御史陈镒①奏保升靖虏卫署都指挥佥事正千户，病故。本人系庶长男，照例革去擒拿强盗所升一级并保升署职一级，袭原职百户，于原卫所管事差操。

---

①陈镒（？—1456），字有戒，江苏吴县人。永乐十年（1412）进士。授官御史。迁湖广副使，历山东、浙江副使，皆有声。《明史·陈镒传》：景泰二年（1451），陕西饥，军民万余人"愿得陈公活我"，监司以闻，帝复命之。镒至是凡三镇陕，先后十余年，陕人戴之若父母。每还朝，必遮道拥车泣。再至，则欢迎数百里不绝。其得军民心，前后抚陕者莫及也。

又一员·王忠

永乐二十一年六月，王忠，系通州右卫中所故世袭百户王荣嫡长男。

又一员·邵青

永乐元年十一月，邵青，年十岁，系西安右护卫右所为事充军故世袭百户邵英嫡长男。钦准袭职，授西安左卫中所世袭百户。支俸读书操练，至十五岁出幼管事，二十岁比试弓马①。

又一员·刘昇

永乐十二年二月，刘昇，系西安左卫中所故百户刘得嫡长男。

又一员·邢贵

洪武二十四年十二月，邢贵，系济南卫总旗，钦除西安左卫中所世袭百户。·150·

又一员·宋立

洪武三十五年十二月，宋立，系西安左卫中所世袭所镇抚宋义嫡长男。父原任世袭百户，洪武十八年为事降除前职，病故。钦准袭父原职，授本卫所世袭百户。

郑宏·署百户

内黄查有：郑广，寿州人。高祖郑安儿，乙未年归附从军，洪武元年拨西安

---

① 比试弓马：《兵部武选司条例·比试》载"军职袭职，例该二十岁赴京比试弓马"，"年未及者先准袭替，待年二十，该都司保送比试，名曰径比官"（虞浩旭主编：《天一阁藏明代政书珍本丛刊》第十四册，线装书局，2010年，第481页）。

卫，三年充小旗，十一年调西安右护卫，十六年老。曾祖郑黑子替役并枪，二十四年调甘肃（州）卫，二十五年改甘州后卫左所，二十六年并枪升总旗，三十二年调西安左卫前所，永乐十三年老。祖郑祥代役并枪，老。父郑能代役并枪，成化四年征剿固原州石城儿土达满四等斩首有功，五年升署百户，六年老。广系亲男替职，十二年调中所。

一辈郑安儿，已载前黄。

二辈郑黑子，已载前黄。

三辈郑祥，已载前黄。

四辈郑能，已载前黄。

五辈郑广，已载前黄。

六辈郑鼎，旧选簿查有：弘治十五年，郑鼎，年四十一岁，寿州人。始祖郑安儿，乙未年从军，拨西安卫；洪武三年充小旗，年老。高祖郑黑子代役，二十六年并充总旗，调西安左卫中所，年老。曾祖郑祥代役，年老。祖郑能并替，成化五年固原州功升署百户，患疾。父郑广替职，弘治五年遇例实授，今老疾。鼎系嫡长男，照例革替署百户。

七辈郑巳，旧选簿查有：正德九年二月，郑巳，寿州人，系西安左卫中所世袭百户郑鼎嫡长男。伊父原系署百户，遇例实授。本人照例革替署百户，食总旗名粮。

八辈郑宏，旧选簿查有：嘉靖二十二年二月，郑宏，寿州人，系西安左卫中所署百户郑巳嫡长男。·151·

李成·试百户

一辈李朝现。

二辈李成，旧选簿查有：嘉靖四十五年十二月，李成，年八岁，江都县人，系西安左卫中所阵亡总旗李朝现嫡长男。伊父原补祖役总旗，嘉靖三十八年定边营阵亡。该本部题奉钦依应继儿男袭升一级。本舍照例于祖职上加伊父阵亡功一级，与试百户俸优给，候年十四岁住支，出幼袭职。

万历四年二月，李成，年十九岁，江都县人，系西安左卫中所故试百户李朝现嫡长男，优给出幼袭职。查得本舍优给违限三年，限外有无多支俸粮，查扣毕日关支。

三辈李继业，万历十九年四月，李继业，年五岁，系西安左卫中所故试百户李成嫡长男。照例与全俸优给，至万历二十八年终住支。

万历三十一年二月，大选过西安左卫中所试百户一员李继业，年十六岁，系故试百户李成嫡男，出幼袭职。比中二等。〔对讫。〕

年远事故中所所镇抚一员·王能

洪武二十六年八月，西安左卫中所镇抚王福。

宣德二年十一月，王能，系西安左卫中所故世袭所镇抚王福嫡长孙。·152·

李可久·实授百户

李可久，咸宁县人。据供，一世祖李义方，洪武十八年军，故。节辈代役至父李德补役。堂稿查有：嘉靖二十五年，为获功重升改正事，李德以祖李义方出名，于嘉靖十八年地名柳门儿等处共斩首四颗，并升实授百户，万历十五年故。可久系庶长男，照例与全俸优给，至万历二十三年终住支。

万历二十四年三月，李可久，年十四岁，系实授百户李德庶长男，出幼袭职。比中一等。

管继祖·正千户

外黄查有：管文昇，和州人，年五十三岁。始祖管泰，乙未年归附，洪武三年充总旗，十一年功升百户，十五年功升实授百户，克桃源县升副千户，二十年升正千户，三十五年故。高祖管旺袭，永乐十二年故。曾伯祖管义优袭，无子。祖管能系亲侄，景泰五年袭，成化二十一年故。父管玺袭，正德九年疾。文昇系嫡长男，十二年袭西安左卫前所世袭正千户。

一辈管泰，旧选簿查有：洪武三十四年，甘州中卫左所正千户管泰。

二辈管旺，旧选簿查有：永乐二年七月，管旺，系甘州中卫左所阵亡世袭正千户管泰嫡长男。

三辈管义，旧选簿查有：永乐十五年七月，管义，年十六岁，系西安左卫前所故世袭正千户管旺嫡长男。

四辈管能，旧选簿查有：景泰五年九月，管能，年二十六岁，和州人，系西安左卫前所世袭正千户管义亲侄。

五辈管玺，旧选簿查有：成化二十一年七月，管玺，和州人，系西安左卫前所故世袭正千户管能嫡长男。

六辈管文昇，旧选簿查有：正德十二年八月，管文昇，和州人，系西安左卫前所正千户管玺嫡长男。

七辈管继祖，旧选簿查有：嘉靖二十九年八月，管继祖，和州人，系西安左卫前所正千户管文昇嫡长男。

八辈管世勋，万历十四年十二月，管世勋，年三十一岁，系和州人，西安左卫前所故正千户管继祖嫡长男。比中三等。 ·153·

九辈管承祖，万历十七年十月，管承祖，年三十六岁，系西安左卫前所故绝正千户管世勋亲叔。比中三等。

十辈管世德，万历二十五年二月，管世德，年二十二岁，系西安左卫前所患疾正千户管承祖嫡长男。比中二等。〔对讫。〕

十一辈管耀武，万历四十一年十月，大选过西安左卫前所正千户一员管耀武，年十六岁，系故正千户管世德嫡长男。比中三等。〔对讫。〕

年远事故前所正千户一员·尚忠

正统四年五月，尚礼，系西安左卫前所世袭正千户尚兴亲侄。

成化七年五月，尚瑛，滕县人，系西安左卫前所老疾世袭正千户尚礼嫡长孙。

弘治十六年八月，尚忠，滕县人，系西安左卫前所故世袭正千户尚英（瑛）嫡长男。

宋相·副千户

外黄查有：宋刚，旧名伴旧，年三十五岁，北京永平府滦州人。洪武十八年蒙荥阳使收集①充军，拨燕山左卫寄操；洪武二十年三月运粮至大宁修城，二十一年三月调大宁前卫前所运粮至黄河；洪武二十四年征洮儿河等处，洪武二十八年七月调荥州左护卫左所，三十二年十月大宁归顺，随军奉天征讨；十一月郑村坝大战全胜，十二月取广昌；洪武三十三年正月取蔚州攻卫大门，四月白沟河大战全胜，五月攻围济南，八月升本所小旗，十月攻克沧州，十二月东昌大战；洪武三十四年三月夹河大战全战（胜），闰三月藁城大战全胜，十月攻克西水寨，升本所总旗；洪武三十五年正月攻克东阿、东平、汶上等处，四月小河、齐眉山、灵璧县大战全胜，攻破营寨；五月至泗州，本城归顺，过淮河；六月渡江，平定京师；十一月钦升杭州右卫右所副千户。永乐二年钦与世袭。

一辈宋刚，已载前黄。·154·

二辈宋安，旧选簿查有：宣德十年三月，宋安，系西安左卫前所世袭副千户宋刚嫡长男。

三辈宋整，旧选簿查有：景泰五年四月，宋整，滦州人，系西安左卫前所故世袭副千户宋安嫡长男。

四辈宋昇，旧选簿查有：成化十年六月，宋昇，滦州人，系西安左卫前所故世袭副千户宋整堂兄。

五辈宋沉，旧选簿查有：弘治十一年四月，宋沉，滦州人，系西安左卫前所故世袭副千户宋昇嫡长男。

六辈宋佐，已载七辈选条。

七辈宋相，旧选簿查有：嘉靖四十年六月，宋相，年二十岁，滦州人，系西安左卫前所痼疾副千户宋佐嫡长男。伊父原袭祖职副千户，嘉靖三十八年推升署指挥佥事，以都指挥体统行事宁夏玉泉营守备，今痼疾，不堪任事。所据伊父推升职级例不准袭，本舍照例革替祖职副千户。

八辈宋德隆，万历二十五年二月，宋德隆，年二十四岁，系西安左卫前所患疾副千户宋相嫡长男。比中二等。

---

① 收集：洪武年间，明朝政府曾对故元及元末群雄已经解甲为民的遗留将士进行广泛收集（亦称"招集"），重新收编为卫所旗军。（梁志胜：《明代卫所武官世袭制度研究》，第78页）

朱彬·副千户

外黄查有：朱得，和州人。有父朱得名，丙午年顶义祖孙来保名字充军，洪武二十六年老疾。将得户名不动代役，三十二年升小旗，三十三年升总旗，三十四年藁城升试百户，三十五年渡江升镇西卫左所副千户，永乐三年与世袭。

一辈朱得，已载前黄。

二辈朱铭，缺。

三辈朱真，旧选簿查有：正统十一年二月，朱真，系西安左卫前所残疾世袭副千户朱铭嫡长男。伯朱得任副千户，病故；有庶长男朱鉴，幼小。父借职后，朱鉴病故。

四辈朱福，旧选簿查有：成化九年十二月，朱福，和州人，系西安左卫前所故世袭副千户朱真亲弟。·155·

五辈朱麟，旧选簿查有：成化十七年九月，朱麟，和州人，系西安左卫前所世袭副千户朱福嫡长男。

六辈朱镇，旧选簿查有：正德七年十二月，朱镇，和州人，系西安左卫前所世袭副千户朱麟嫡长男。

七辈朱甲，旧选簿查有：嘉靖十六年二月，朱甲，年六岁，和州人，系西安左卫前所瘫疾副千户朱镇庶长男。照例与全俸优给，至嘉靖二十五年终住支。

八辈朱铉，旧选簿查有：嘉靖二十年六月，朱铉，和州人，系西安左卫前所故优给副千户朱甲亲叔。本人借职，待兄镇有男还与职事，仍袭原职。

九辈朱武，旧选簿查有：嘉靖二十七年四月，朱武，年四岁，和州人，系西安左卫前所痼疾副千户朱镇庶次男。照例与全俸优给，至嘉靖三十八年终住支。先因本人未生，伊叔铉借袭。续生本舍，相应退还，伊叔革闲。

旧选簿查有：嘉靖三十九年六月，朱武，年十六岁，和州人，系西安左卫前所老疾副千户朱镇庶次男，优给出幼袭职。

十辈朱彬，旧选簿查有：隆庆二年四月，朱彬，年四十六岁，和州人，系西安左卫前所故副千户朱铉嫡长男。

十一辈朱学诗，万历四年四月，朱学诗，年三十四岁，和州人，系西安左卫前所患疾副千户朱彬嫡长男。

十二辈朱养正，万历二十六年十二月，朱养正，年二十三岁，系西安左卫前所患疾副千户朱学诗嫡长男。比中一等。

十三辈朱继官，年四岁，万历三十二年四月，系西安左卫前所故副千户朱养正嫡长男。照例与全俸优给，至四十三年终住支。〔对讫。〕

万历四十四年八月，大选过西安左卫前所副千户一员朱继官，年十六岁，出幼袭职。比中一等。

年远事故前所副千户一员·方正

洪武三十三年，西安左卫前所副千户方昕。

永乐九年四月，方鼎，年十五岁，系西安左卫前所故世袭副千户方昕嫡长男。

正统八年三月，方铭，年十六岁，系西安左卫前所故世袭副千户方鼎嫡长男。

成化十一年四月，方泰，巴陵县人，系西安左卫前所世袭副千户方铭嫡长男。

弘治十五年九月，方正，巴陵县人，系西安左卫前所故世袭副千户方泰嫡长男。

又一员·徐良

永乐九年十二月，徐虎儿，年三岁，系西安左卫前所故世袭副千户徐旺庶长男。敬与全俸优给，至永乐二十一年终住支。

宣德元年七月，徐雄，旧名福儿，系西安左卫前千户所故世袭副千户徐旺庶次男。

正统十四年十二月，徐良，系西安左卫前所阵亡副千户徐雄嫡次男。有嫡长男徐贤，患双眼瞎疾，不堪承袭。本人借职，待有男还与职事。

又一员·周礼

宣德九年四月，周礼，系西安左卫前所世袭副千户周兴庶长男。

又一员·张广

宣德七年七月，张广，系西安左卫前所故副千户张山、户名张驴儿嫡次男。有兄张全，患两眼残疾，不堪承袭。钦准本人袭职，待有男还与职事。

马绳武·实授百户

一辈马旺。小旗功次。总旗功次。试百户功次。实授百户功次。·157·

二辈马彬，旧选簿查有：洪武二十四年正月，马彬，系松门卫故世袭百户马旺嫡长男。钦准袭职，授西宁卫前所世袭百户。

三辈马智，旧选簿查有：永乐四年正月，西安左卫前所百户马智。

四辈马信，旧选簿查有：永乐十九年七月，马信，年十八岁，系西安左卫前所百户马智亲弟。

五辈马林，旧选簿查有：正统九年五月，马林，系西安左卫前所世袭百户马信嫡长男。

六辈马良，旧选簿查有：成化七年八月，马良，年十五岁，沔阳州人，系西安左卫前所故世袭百户马林嫡长男。

七辈马景春，旧选簿查有：嘉靖五年二月，马景春，年十岁，沔阳州人，系西安左卫前所老疾世袭百户马良庶长男。照例与全俸优给，至嘉靖九年终住支。

旧选簿查有：嘉靖十一年二月，马景春，年十六岁，沔阳州人，系西安左卫前所世袭百户马良庶长男，优给出幼袭职。

八辈马绳武，旧选簿查有：嘉靖四十四年九月，马绳武，年三十岁，沔阳州人，系西安左卫前所实授百户马景春嫡长男。

九辈马骏，万历二十五年四月，年八岁，系西安左卫前所故实授百户马绳武庶长男，全俸优给至万历三十一年终住支。

十辈马骐，万历三十五年十二月，大选过西安左卫前所实授百户马骐，年二十二岁，系故绝优给实授百户舍人马骏堂兄。比中二等。

韦应岐·世袭百户

外黄查有：韦斌，仪封县人。父韦成，先系安丰刘平章下军，甲辰年渡江，乙巳年选充小旗，洪武十二年充马军小旗，十七年充升府军后卫马军总旗，二十一年钦除本卫前所世袭百户。斌先年为事发镇远卫充军，父二十九年故。斌系嫡长男，三十二年袭职，调西安左卫前所。

一辈韦成，已载前黄。

二辈韦斌，旧选簿查有：洪武三十三年，西安左卫前所百户韦斌。·158·

三辈韦安，旧选簿查有：宣德四年三月，韦安，系西安左卫前所世袭百户韦斌嫡长男。

四辈韦能，旧选簿查有：正统九年三月，韦能，年十五岁，系西安左卫前所故世袭百户韦安嫡长男。

五辈韦贤，旧选簿查有：天顺七年四月，韦贤，年十五岁，仪封县人，系西安左卫前所世袭百户韦能嫡长男。

六辈韦臣，旧选簿查有：弘治元年三月，韦臣，仪封县人，系西安左卫前所故世袭百户韦贤嫡长男。

七辈韦大经，旧选簿查有：正德十一年四月，韦大经，仪封县人，系西安左卫前所世袭百户韦臣嫡长男。

八辈韦应岐，旧选簿查有：嘉靖十三年十二月，韦应岐，年二十岁，仪封县人，系西安左卫前所故绝百户韦大经亲侄。

九辈韦尚仁，万历十九年六月，韦尚仁，年三十八岁，系西安左卫前所故绝世袭百户韦应岐堂侄。比中二等。

十辈韦尚德，万历二十七年二月，年八岁，系西安左卫前所故实授百户韦应岐亲侄。查功次无碍，伊亲伯祖韦应岐故绝之日，应该伊父袭，既重听，未生有子。堂侄尚仁借替，亦其所也。今伊父娶妾生，本舍自应改正，与实授百户全俸优给，扣至万历三十三年终住支。伊堂兄尚仁革闲。

万历四十年十月，大选过西安左卫准袭实授百户一员韦尚德，年二十一岁，系故世袭实授百户韦应岐亲弟韦应瑞庶长亲男，比中二等。违限七年，有无多支俸粮，彼中查扣。〔对讫。〕

欧阳宗·世袭百户

一辈欧阳旻，旧选簿查有：洪武三十二年五月，欧阳旻，系西安左卫前所试百户，原任世袭百户。先为领军，比箭不及分数，降除试职。今告"管军十年之上未蒙实授"具奏，钦与实授世袭百户职事。·159·

二辈欧阳政，旧选簿查有：永乐十年五月，欧阳政，系西安左卫前所百户欧阳旻嫡长男。父原系世袭百户，为事降除试百户，革除年间复职，淖故。敬准照洪武旧例，袭原职世袭百户。

三辈欧阳春，旧选簿查有：正统六年四月，欧阳春，系西安左卫前所世袭百户欧阳政庶长男。

四辈欧阳泰，旧选簿查有：成化八年四月，欧阳泰，年十七岁，彭泽县人，系西安左卫前所残疾世袭百户欧阳春嫡长男。

五辈欧阳洪，旧选簿查有：弘治十三年十二月，欧阳洪，彭泽县人，系西安左卫前所世袭百户欧阳泰嫡长男。

六辈欧阳宗，旧选簿查有：嘉靖三年四月，欧阳宗，彭泽县人，系西安左卫前所老疾世袭百户欧阳洪嫡长男。

七辈欧阳顺，万历二十六年二月，大选过世袭百户一员欧阳顺，年三十六岁。查祖欧阳迪，洪武三年授管军百户，故。欧阳旻，三十二年钦与世袭百户，故。欧阳政袭，老。欧阳春替，疾。欧阳泰优替，疾。欧阳洪替，疾。〔欧〕阳宗替，故绝。欧阳真系亲弟，未袭先故。欧阳顺系真嫡男，准照旧袭世袭百户。比中二等。

八辈欧阳科，万历三十九年十一月，单本选过西安左卫前所实授百户一员欧阳科，年四十二岁，系故实授百户欧阳顺堂弟。比中二等。

九辈欧阳武，泰昌元年十月，大选过西安左卫前所实授百户一员欧阳武，年二十一岁，系故实授百户欧阳科嫡长男。比中三等。〔对讫。〕

丁绍武·实授百户

一辈丁善，旧选簿查有：永乐四年正月，西安左卫前所百户丁善。

二辈丁宣，旧选簿查有：天顺二年闰二月，丁宣，合肥县人，系西安左卫前所世袭百户丁善嫡长男。·160·

三辈丁镒，旧选簿查有：成化十六年五月，丁镒，年十六岁，合肥县人，系西安左卫前所世袭百户丁宣庶长男。

四辈丁大政，旧选簿查有：嘉靖五年四月，丁大政，合肥县人，系西安左卫前所故绝实授百户丁镒堂弟。

五辈丁轲，旧选簿查有：嘉靖三十七年十月，丁轲，年三十五岁，合肥县人，系西安左卫前所老疾实授百户丁大政嫡长男，照旧替实授百户。

六辈丁绍武，旧选簿查有：隆庆元年二月，丁绍武，合肥县人，系西安左卫前所故实授百户丁辅（轲）嫡长男。

七辈丁绍文，万历十七年十二月，丁绍文，年三十二岁，合肥县人，系西安左卫前所故绝实授百户丁绍武亲弟。比中一等。

八辈丁国玺，万历四十五年二月，大选过西安左卫前所实授百户一员丁国玺，年三十三岁，系疾实授百户丁绍文嫡长男。比中二等。〔对讫。〕

李汉·实授百户

内黄查有：李保，蒙城县人。父李勇，乙未年从军，洪武十四年选充小旗，十九年并升总旗，二十三年钦除世袭百户，二十四年调甘州卫左所，二十五年调甘州卫后所，老。保系嫡长男，替，调西安左卫前所。

一辈李勇，已载前黄。

二辈李保，旧选簿查有：洪武三十三年，西安左卫前所百户李保。

三辈李贵，旧选簿查有：宣德四年二月，李贵，系西安左卫前所世袭百户李保亲侄。

四辈李旺，旧选簿查有：景泰五年四月，李旺，年十八岁，蒙城县人，系西安左卫前所故世袭百户李贵嫡长男。

五辈李文，旧选簿查有：成化二十二年十一月，李文，蒙城县人，系西安左卫前所故世袭百户李旺嫡长男。

六辈李汉，旧选簿查有：正德八年八月，李汉，蒙城县人，系西安左卫前所世袭百户李文嫡长男。

七辈李恩，旧选簿查有：嘉靖三十六年十二月，李恩，蒙城县人，系西安左卫前所故实授百户李汉嫡长男。

八辈李成林，隆庆六年十二月，李成林，年二十七岁，蒙城县人，系西安左卫前所痼疾实授百户李恩嫡长男。伊父原袭祖职实授百户，嘉靖三十六年犯该宿娼，问调宁夏中卫；隆庆六年遇宥，今老。本舍照例准复替原卫所祖职实授百户。

九辈李茂林，万历十二年四月，李茂林，年二十四岁，蒙城县人，系西安左卫前所故实授百户李成林亲弟。比中三等。

十辈李昇，天启元年正月补泰昌元年十二月分大选，过西安左卫前所实授百户一员李昇，年二十八岁，系老实授百户李茂林嫡长男。比中一等。〔对讫。〕

陈实・实授百户

外黄查有：陈玘，巢县人。始祖黑陈二，丙申年从军，洪武二年选充小旗，五年充总旗，故。曾祖父陈善补，故。祖父陈斌并补，正统九年征阿良哈山擒获达贼，升试百户，老。父陈升替，老。玘系长男，成化二十一年替，二十三年遇例实授，弘治二年大浪口斩获达贼，功升西安左卫中所副千户。

一辈黑陈二，已载前黄。

二辈陈善，已载前黄。

三辈陈斌，旧选簿查有：正统九年五月，西安左卫试百户黑陈二。

四辈陈昇，旧选簿查有：天顺五年正月，陈昇，巢县人，系西安左卫后所百户陈斌、户名黑陈二嫡长男，钦与世袭。

五辈陈玘，旧选簿查有：成化二十一年十一月，陈玘，巢县人，系西安左卫中所百户陈昇嫡长男。祖陈斌原系功升试百户，年老。父天顺四年间替实授百户。本人照例革替试百户。

六辈陈忠，旧选簿查有：正德六年四月，陈忠，巢县人，系西安左卫中所故副千户陈玘嫡长男。伊曾祖原系试百户，祖陈昇天顺四年替实授百户；父陈玘革替，成化二十三年又遇例实授，又获功升前职。本人照例革去遇例加获功一级，与做实授百户。

七辈陈伦，旧选簿查有：嘉靖四年十月，陈伦，巢县人，系西安左卫前所世袭百户陈忠嫡长男。

八辈陈实，旧选簿查有：嘉靖二十八年十二月，陈实，巢县人，系西安左卫前所故实授百户陈伦嫡长男。

九辈陈寰，万历元年十二月，陈寰，年三十七岁，巢县人，系西安左卫前所故实授百户陈实亲弟。伊兄原袭祖职实授百户，嘉靖三十五年犯该侵盗官银、包奸乐妇，问拟立功五年，满日仍照宿娼事例，注调凉州卫中所，万历元年故绝。本舍照旧与袭祖职实授百户，仍照例改调附近汉中卫左所。

十辈陈力，万历十四年四月，陈力，年二十八岁，巢县人，系汉中卫左所患疾实授百户陈寰嫡长男。比中二等。

殷朝用·世袭百户

一辈殷敬宗，缺。

二辈殷贵，旧选簿查有：洪武三十三年，西安左卫前所百户殷贵。

三辈殷俊，旧选簿查有：宣德六年五月，殷俊，系西安左卫前所世袭百户殷贵嫡次男。

四辈殷广，旧选簿查有：正统八年五月，殷广，年十五岁，系西安左卫前所世袭百户殷俊堂侄。堂叔差往瓦剌公干，年久不知下落，无儿男。钦准本人袭职，仍打听伊叔下落。

五辈殷富，旧选簿查有：成化七年四月，殷富，光州人，系西安左卫前所世袭百户殷广嫡长男。

六辈殷雄，旧选簿查有：成化十九年二月，殷雄，年十六岁，光州人，系西安左卫前所故世袭百户殷富嫡长男。

七辈殷泰，旧选簿查有：弘治四年七月，殷泰，光州人，系西安左卫前所故世袭百户殷雄堂叔。

七（八）辈殷朝用，旧选簿查有：嘉靖三年六月，殷朝用，年十五岁，光州人，系西安左卫前所故世袭百户殷泰嫡长孙，优给出幼告袭。

八（九）辈殷光祖，万历八年十二月，殷光祖，年四十二岁，光州人，系西安左卫前所年老世袭百户殷朝用嫡长男。比中乙等。〔对讫。〕 ·163·

九（十）辈殷大聘，万历二十一年四月，殷大聘，年三十二岁，系西安左卫前所患疾世袭百户殷光祖嫡长男。比中一等。

十（十一）辈殷之辕，万历四十四年八月，大选过西安左卫前所实授百户一员殷之辕，年三十二岁，系疾实授百户殷大聘嫡长男。比中三等。〔对讫。〕

年远事故前所世袭百户一员·吴隆

永乐元年闰十一月,吴宣,系西安左卫前所故世袭百户吴彪嫡长男。

正统元年二月,吴能,系西安左卫前所世袭百户吴瑄(宣)嫡长男。

成化四年四月,吴清,当涂县人,系西安左卫前所世袭百户吴能嫡长男。

弘治七年十二月,吴隆,当涂县人,系西安左卫前所世袭百户吴清嫡长男。

万历十八年二月,吴□,年四十三岁,系西安左卫前所故绝世袭百户吴隆亲侄孙。据供,本舍伯祖吴隆于嘉靖二十五年故绝,伊祖、父二辈未袭,至今四十五年。虽供称伯祖、父俱故,于告袭间又不限有年月及有文书到部,乃妄引毛御史题例报来告袭。查例陕西十二年人文不到部者革发,本舍合照例革发。及查选簿,吴隆于弘治七年袭职,供开正德七年,明系违限年久,故为部移,希图承袭,但本舍既以革发保官,姑免究治。

又一员·刘德

洪武二十五年四月,刘德,系平凉卫总旗,钦除西安左卫前所世袭百户。

又一员·结缘

永乐九年四月,结昇,系西安左卫前所伤故世袭百户结胜嫡长男,敬袭世袭百户。

宣德五年闰十二月,结缘,旧名众神保,系西安左卫前所故世袭百户结昇嫡长男。先因年幼,于锦衣卫中左所关支优给。今出幼,钦准袭职。

又一员·曹英

洪武三十三年,西安左卫前所百户曹能。

正统元年十二月,曹英,系西安左卫前所世袭百户曹能嫡长男。

又一员·洪兴

洪武三十二年五月，洪兴，旧名赵保，系西安左卫前所试百户。先以故官女婿除授世袭百户，为事降除试职。今告"管军十年之上未蒙实授"具奏，钦与实授流官百户职事。

又一员·樊胜

洪武二十四年十二月，樊胜，系济南卫总旗，钦除西安左卫前所世袭百户。

又一员·戴政

宣德六年七月，戴政，系西安左卫前所故百户戴敬、旧姓名马住儿嫡长男。

又一员·满益

洪武二十五年五月，满益，系西安左卫前所故世袭百户满德嫡长男。钦准袭职，仍授本卫所世袭百户。

又一员·傅霖

洪武二十六年五月，傅霖，系定辽右卫左所故世袭百户傅云嫡长男。钦除西安左卫前所世袭百户。

优养一员·祁信

洪武三十三年，西安左卫前所百户祁信。

洪武三十三年四月，祁信，年六十九岁，大兴县人，系西安左卫前所世袭百户。今老疾，不能管事，别无应替弟、侄儿男，与全俸养老。 ·165·

高品·试百户

外黄查有：高用，和州人。始始祖高遇仙，乙未年归附从军，洪武九年故。始祖高聚补役，十八年调定州卫，二十二年调甘州后卫，二十六年并充小旗，二十八年并充总旗，三十二年调西安左卫，永乐十一年老。高祖高俊代役，哈剌（烈）公干升试百户，正统三年老。曾祖高文替，五年杀贼有功升实授百户，天顺三年老。祖高荣替，成化十一年老。伯高玺系长男，十二年替，弘治十七年老。高忠系嫡长男，正德元年替，故绝。父高璧系亲叔，九年袭，嘉靖元年故。用系嫡长男，四年袭西安左卫前所试百户。

一辈高遇仙，旧选簿查有：永乐十八年十二月，西安左卫前所试百户高遇仙。

二辈高俊，已载前黄。

三辈高文，旧选簿查有：正统五年三月，高文，系西安左卫前所试百户高俊、户名高遇仙嫡长男。父原系总旗，差往哈烈等处公干，回还，升除前职，钦准本人仍替试百户。

四辈高荣，旧选簿查有：天顺五年正月，高荣，年三十三岁，和州人，系西安左卫前所百户高文嫡长男，钦与世袭。

五辈高玺，旧选簿查有：成化十二年十二月，高玺，和州人，系西安左卫前所世袭百户高荣嫡长男。

六辈高忠，旧选簿查有：正德元年五月，高忠，和州人，系西安左卫前所世袭百户高玺嫡长男。

七辈高璧，旧选簿查有：正德九年二月，高璧，和州人，系西安左卫前所故百户高中（忠）亲叔。伊祖原替试百户，遇例实授。本人照例革袭试百户。

八辈高用，旧选簿查有：嘉靖四年八月，高用，和州人，系西安左卫前所故革袭试百户高璧嫡长男。

九辈高品，旧选簿查有：嘉靖二十九年八月，高品，和州人，系西安左卫前所老疾试百户高用嫡长男。

十辈高光祖，万历三十一年二月，大选过西安左卫前所试百户一员高光祖，年四十岁，和州人，系故试百户高品嫡长男。伊父推升流官，例不准袭，本舍准袭试百户。比中一等。〔对讫。〕

十二辈高阶，万历四十五年十二月，大选过西安左卫前所试百户一员高阶，年

十八岁，系疾试百户高光祖嫡长男。比中三等。〔对讫。〕

陆时夏·试百户

内黄查有：陆铭，泰州人。曾祖陆人，丙午年从军，洪武七年充小旗。祖陆从义代，并枪仍充小旗；二十六年并枪升总旗，老疾。父陆华代役，仍充总旗，永乐十六年升试百户，故。铭系嫡长男，宣德六年袭本所试百户。·166·

一辈陆人，已载前黄。

二辈陆从义，已载前黄。

三辈陆华，旧选簿查有：永乐十六年，西安左卫前所陆华、户名陆人，系试百户。

四辈陆铭，旧选簿查有：宣德六年五月，陆铭，年十八岁，系西安左卫前所试百户陆华嫡长男。父原系总旗，因往撒马儿罕公干升除前职，病故。钦准本人仍袭试百户。

五辈陆钟，旧选簿查有：成化七年十月，陆钟，年十六岁，泰州人，系西安左卫前所故世袭百户陆铭嫡长男。

六辈陆荣，旧选簿查有：弘治十一年六月，陆荣，年十六岁，泰州人，系西安左卫前所故世袭百户陆钟嫡长男。

七辈陆玄，旧选簿查有：弘治十六年四月，陆玄，扬（泰）州人，系西安左卫前所故世袭百户陆荣亲弟。

八辈陆时春，旧选簿查有：嘉靖十二年二月，陆时春，年六岁，泰州人，系西安左卫前所故百户陆玄嫡长男。伊曾祖铭原系试百户，天顺元年遇例实授，祖、伯、父沿袭。所据遇例一级应该减革，本人革与祖职试百户全俸优给，至嘉靖二十年终住支。

旧选簿查有：嘉靖二十二年二月，陆时春，年十八岁，系西安左卫前所故实授百户陆玄嫡长男，优给，已革试百户，出幼袭职。

九辈陆时夏，旧选簿查有：嘉靖四十一年八月，陆时夏，年三十四岁，系泰州人，西安左卫前所故试百户陆时春亲弟。

十辈陆继龙，万历十三年四月，陆继龙，年十九岁，泰州人，系西安左卫前所患疾试百户陆时夏嫡长男。比中三等。

十一辈陆承勋，万历三十九年十二月，大选过西安左卫前所试百户一员陆承勋，年二十三岁，系故试百户陆继龙嫡长男。比中一等。

年远事故前所所镇抚一员·周铨

宣德六年五月，周昶，系西安左卫前所故世袭所镇抚周鼎嫡长男。

成化四年九月，周铨，杞县人，系西安左卫世袭所镇抚周昶嫡长男。

又一员·蒋和

洪武二十四年八月，蒋和，系西安左卫前所流官所镇抚蒋云嫡长孙。为祖年老眼昏，并有父蒋昭旸见患眼疾，不堪承替。钦准替职，与世袭，仍授本卫所所镇抚。

方贯·正千户

内黄查有：方昇，有义父丁信，洪武元年从军，拨骁骑卫充马军，调神武卫中所，调大兴右卫中所，调燕山左卫右所，病故。将昇户名不动补役，郑村坝升小旗，济南升本所总旗，藁城战［胜］升本所试百户，渡江平定京师升凤阳卫中所副千户，钦与世袭职事。永乐八年静（靖）虏镇杀败胡寇阿鲁台有功，升本卫所正千户，九年授流官附选。

一辈方昇，已载前黄。

二辈方春，旧选簿查有：宣德五年四月，方春，系西安左卫后所流官正千户方昇嫡长男。

三辈方玉，旧选簿查有：成化十五年三月，方玉，汲县人，系西安左卫后所老疾世袭正千户方春庶长男。

四辈方义，旧选簿查有：正德五年二月，方义，汲县人，系西安左卫后所故世袭正千户方玉嫡长男。

五辈方贯，旧选簿查有：嘉靖二十九年十月，方贯，年八岁，汲县人，系西安左卫后所故正千户方义亲侄孙。照例与全俸优给，至嘉靖三十六年终住支。

嘉靖四十四年九月，方贯，年二十三岁，汲县人，系西安左卫后所故正千户方义亲堂侄孙，优给出幼袭职。查本舍优给应袭，违限七年，限外有无多支俸粮，查扣毕日关支。

六辈方世祖，万历四十二年二月，大选过西安左卫后所正千户优给舍人一名方世祖，年六岁，系故正千户方贯嫡长男。照例与全俸优给，至五十一年终住支。

天启五年五月补四月大选，过西安左卫后所正千户一员方世祖，年十七岁，系故正千户方贯嫡长男。比中三等。〔对讫。〕·168·

朱世臣·正千户

内黄查有：朱辉，临淮县人。祖〔朱〕川子，先归附军，调西安左卫，老。父真代，永乐八年有功升小旗，十三年升总旗，十九年升副千户，正统二年征榆林等处有功，升正千户，老。辉系嫡长男，替西安左卫后所正千户。

一辈朱真，已载前黄。旧选簿查有：永乐十六年二月，西安左卫后所试百户朱川子。

永乐十八年十二月，朱川子，系西安左卫后所试百户升副千户。

二辈朱辉，旧选簿查有：天顺元年三月，朱辉，临淮县人，系西安左卫后所正千户朱真、户名朱川子嫡长男，钦与世袭。

三辈朱锦，旧选簿查有：弘治四年七月，朱锦，临淮县人，系西安左卫后所世袭正千户朱辉嫡长男。

四辈朱源，旧选簿查有：正德六年二月，朱源，年十六岁，系西安左卫后所故世袭正千户朱锦嫡长男。

五辈朱世臣，旧选簿查有：嘉靖四十一年八月，朱世臣，年三十一岁，临淮县人，系西安左卫后所老疾正千户朱源嫡长男。

六辈朱光宇，万历二十年十月，朱光宇，年三十八岁，系西安左卫后所年老正千户朱世臣嫡长男。比中一等。

年远事故后所正千户一员·胡僧

永乐二十一年六月，胡原，系西安左卫后所故正千户胡闹军嫡长男。

正统十二年二月，胡僧，系西安左卫后所故世袭正千户胡原嫡长男。

萧凤·副千户

一辈萧才卿。小旗功次。总旗功次。试百户功次。·169·

二辈萧义，旧选簿查有：洪武二十五年十一月，萧义，系龙虎卫右所世袭百户，钦调甘州左卫前所。

三辈萧政，旧选簿查有：成化七年八月，萧政，年十五岁，桃源县人，系西安左卫后所故世袭百户萧义庶长男。

四辈萧荣，旧选簿查有：正德八年八月，萧荣，桃源县人，系西安左卫后所正千户萧政嫡长男。伊父原系百户，弘治十八年大同三次当先升副千户，正德四年宁夏有功升前职。缘大同三次当先一级，例无承袭，本人照例革替副千户。

五辈萧鸾，旧选簿查有：嘉靖六年四月，萧鸾，年九岁，桃源县人，系西安左卫后所故副千户萧荣庶长男。照例与全俸优给，至嘉靖十一年终住支。

六辈萧凤，旧选簿查有：嘉靖十六年十二月，萧凤，年十七岁，桃源县人，系西安左卫后所故绝优给副千户萧鸾亲弟。

七辈萧九成，万历四年十二月，萧九成，年二十四岁，桃源县人，系西安左卫后所故副千户萧凤嫡长男。

八辈萧良臣，万历二十六年十二月，萧良臣，年二十二岁，系西安左卫后所患疾副千户萧九成嫡长男。比中一等。

九辈萧迎恩，天启七年四月，大选故（过）西安左卫后所副千户一员萧迎恩，年二十三岁，系故副千户萧良臣嫡长男。比中三等。〔对讫。〕

徐桂·署正千户事副千户

一辈徐成。

二辈徐旺，旧选簿查有：诰命查有，徐旺，系致仕百户徐成嫡长男。有父癸巳年从军，甲辰编伍充小旗，丁未年收补崇德、嘉兴充总旗；洪武八年除庆阳卫百户，为因年老，十四年令旺替职。

三辈徐昇，旧选簿查有：宣德五年闰十二月，徐昇，系西安左卫后所故世袭副千户徐旺亲弟。

四辈徐真，旧选簿查有：正统元年十二月，徐真，系西安左卫后所世袭副千户徐昇嫡长男。·170·

五辈徐辅，旧选簿查有：景泰四年五月，徐辅，滁州人，系西安左卫后所世袭副千户徐真嫡长男。

六辈徐震，旧选簿查有：成化十五年十二月，徐震，滁州人，系西安左卫后所署正千户事副千户徐辅嫡长男。

七辈徐霪，旧选簿查有：弘治六年十月，徐霪，滁州人，系西安左卫后所署正千户徐震亲弟。伊兄遇例实授，故。本人照例革袭署正千户事副千户。

八辈徐宽，旧选簿查有：正德七年四月，徐宽，滁州人，系西安左卫后所署正千户事副千户徐霪嫡长男。

九辈徐桂，旧选簿查有：隆庆三年四月，徐桂，年四十五岁，滁州人，系西安左卫后所故署正千户事副千户徐宽从堂侄。

十辈徐宗礼，旧选簿查有：万历十一年八月，徐宗礼，年二十岁，滁州人，系西安左卫后所年老署正千户事副千户徐桂嫡长男。比中三等。

十一辈徐文华，天启五年十月，大选过西安左卫后所署正千户事副千户一员徐文华，年二十八岁，系老署正千户事副千户徐宗礼嫡长男。比中三等。〔对讫。〕

蔡朝勋·副千户

外黄查有：蔡完，高邮州人。有祖父蔡文贵，先系张氏百户，丙午年归附，吴元年充总旗，老。有父蔡整年幼，告令义伯蔡保并充总旗。有伯为系异姓，父出幼长成，二十三年告准令义伯充总旗，父并补祖役，当年以年深总旗起取赴京，除漳州卫世袭百户，三十年充军，三十五年调平阳卫左所世袭百户，永乐七年故。完系嫡长男，永乐九年袭西安左卫后所世袭百户。

一辈蔡文贵，已载前黄。

二辈蔡整，已载前黄。

三辈蔡完，已载前黄。

四辈蔡荣，旧选簿查有：蔡荣，系蔡完亲叔，侄潃故，无男。荣永乐二十二年袭本卫所百户。

五辈蔡鉴，旧选簿查有：蔡鉴，系蔡荣嫡长男。父景泰二年征进狼等处，杀贼有功，本年升本卫所副千户，疾。鉴天顺四年替西安左卫副千户。

六辈蔡镇，旧选簿查有：蔡镇，系蔡鉴庶弟，兄故，无儿男。镇天顺七年优给，至十四年终住支。

蔡镇，系蔡鉴庶弟，兄无儿男，故。本人优给出幼，成化六年袭。·171·

七辈蔡英，旧选簿查有：蔡英，系蔡镇嫡长男，父故。英弘治十三年优给，至弘治十九年终住支。

八辈蔡凤，旧选簿查有：蔡凤，年五十一岁，系西安左卫后所故副千户英庶长兄，嘉靖三十三年袭职。

九辈蔡朝勋，旧选簿查有：嘉靖三十年二月，蔡朝勋，年三十二岁，系西安左卫后所瘸疾副千户蔡凤嫡长男。

十辈蔡廷佐，万历六年十月，蔡廷佐，年十五岁，高邮州人，系西安左卫后所故副千户蔡朝勋嫡长男，优给出幼袭职。比中三等。

十一辈蔡惟忠，万历四十六年三月，大选过西安左卫后所副千户一员蔡惟忠，年三十三岁，系疾副千户蔡廷佐嫡长男。比中三等。〔对讫。〕

徐荣祖·副千户

外黄查有：徐文，襄阳人，壬寅年归附，洪武四年除皇陵卫百户，二十五年查年深赴京，钦升河州卫中所世袭副千户，三十二年调西安左卫后所。

一辈徐文，已载前黄。旧选簿查有：洪武三十三年，西安左卫后所副千户徐文。

二辈徐福，旧选簿查有：永乐五年三月，徐福，年十八岁，系西安左卫后所副千户徐文嫡长男。

三辈徐清，旧选簿查有：洪熙元年闰七月，徐清，年十五岁，系西安左卫后所故世袭副千户徐福嫡长男。

四辈徐璘，旧选簿查有：景泰七年三月，徐璘，年二十九岁，宜城县人，系西安左卫后所世袭副千户徐清嫡长男。

五辈徐鉴，旧选簿查有：成化二十一年十二月，徐鉴，宜城县人，系西安左卫后所世袭副千户徐璘嫡长男。

六辈徐泽，旧选簿查有：正德元年八月，徐泽，年十七岁，宜城县人，系西安左卫后所故世袭副千户徐鉴嫡长男。

七辈徐铠，旧选簿查有：嘉靖九年四月，徐铠，年四十七岁，宜城县人，系西安左卫后所故绝世袭副千户徐泽亲叔。

八辈徐梁，旧选簿查有：嘉靖二十四年六月，徐梁，宜城县人，系西安左卫后所老疾副千户徐铠嫡长男。·172·

九辈徐荣祖，旧选簿查有：嘉靖四十五年四月，徐荣祖，年二十一岁，宜城县人，系西安左卫后所故副千户徐梁嫡长男。

十辈徐守业，万历二十三年四月，徐守业，年三十岁，系西安左卫后所故副千户徐荣祖嫡长男。比中三等。

葛蕴·副千户

外黄查有：葛茂，年四十八岁，当涂县人。曾祖葛景，丁酉年归附，洪武二十四年并枪，升府军后卫左所小旗；二十六年并枪升总旗，三十五年故。祖葛缘补役，宣德三年故。父葛本收役，天顺二年寺子川阵亡，该升一级。茂系嫡长男，四年袭升试百户，八年遇例实授；成化二年小龙州涧杀贼斩首功升副千户，四年石城儿杀贼斩首有功，五年升实授正千户。

一辈葛景，已载前黄。

二辈葛缘，已载前黄。

三辈葛本，已载前黄。

四辈葛茂，已载前黄。

五辈葛献，缺。

六辈葛宇，旧选簿查有：堂稿查有，一件陈情乞恩并录军功以图报补事，西安左卫后所正千户葛宇奏："臣原系副千户，嘉靖十三年三井儿斩首一颗升正千户，石窑沟（川）斩首一颗重升副千户，乞敕兵部改并应得职事。"该本部议将葛宇于石窑川功升正千户上加三井儿功一级，与做指挥佥事。

七辈葛蕴，旧选簿查有：嘉靖三十年十一月，葛蕴，年二十一岁，当涂县人，系西安左卫故署都指挥佥事葛宇嫡长男。伊父原袭祖职副千户，获功二级升指挥佥事，推升署都指挥佥事，失事降副千户，故。所据伊父功升二级系自己获功自己犯罪，推升职级系流官，俱例与（无）承袭，本舍照例革袭祖职副千户。查得伊父葛宇，三井儿功升正千户，石窑川功升指挥佥事，后升兰靖参将，失事降二级，系自己获功自己犯罪，并署都指挥佥事系流官，例无承袭，本舍革袭祖职副千户。

八辈葛施，万历□年十二月，葛施，年二十四岁，当涂县人，系西安左卫后所患疾副千户葛蕌嫡长男。比中三等。·173·

九辈葛允升，万历三十五年四月，大选过西安左卫后所副千户一员葛允升，年三十一岁，系葛施亲侄。比中三等。

十辈葛凤巢，崇祯四年十月，大选过西安左卫后所副千户一员葛凤巢，年三十九岁，系疾副千户葛允升庶长男。比中三等。〔对讫。〕

十一辈葛凌云，崇祯十年四月，大选过西安左卫后所副千户一员葛凌云，年十八岁，系故副千户葛凤巢嫡长男。比中三等。〔对讫。〕

孙凤岐·署实授百户事试百户

〔一辈孙凤岐，〕类题稿簿查有：西安左卫后所孙凤岐前件，查得本役系舍人，于万历二十四年三月内在洮河莽剌脑地方斩达首一颗，钦升小旗。伊兄凤山一同从征①，生擒达妇一口，升署小旗。本役又于本年六月内在铁山地方，同兄凤山各斩达首一颗，各升小旗。凤山被虏射伤身故，绝嗣。凤岐系亲弟，例得并授。今据该都司起送前来，查与本部原题功次堂稿、《邦政条例》相同相应，议拟合准于本役重升小旗二级，上加伊兄孙凤山故绝斩功一级半，并授与做世袭署实授百户事试百户。〔对讫。〕

二辈孙景先，崇祯十年四月，大选过西安左卫后所署实授百户事试百户一员孙景先，年二十八岁，系故署实授百户事试百户孙凤岐嫡长男。比中三等。〔对讫。〕

年远事故后所副千户一员·朱通

永乐十七年五月，朱亮，年八岁，系西安左卫后所故副千户朱得全嫡长男。钦与全俸优给，至永乐二十四年终住支。·174·

宣德二年五月，朱亮，系西安左卫后千户所副千户朱得全嫡长男。

---

① 从征，即起事时所统的部队，也就是郭子兴的基本队伍。(吴晗：《朱元璋传》，第146页)

正德十年五月，朱通，系西安左卫后所故世袭副千户朱亮堂兄。

又一员·张真

永乐七年八月，张胜，系西安左卫后所故副千户张敬亲弟，敬袭世袭副千户。

永乐十一年五月，张真，系西安左卫后所故世袭副千户张胜亲弟，钦准袭职本卫所副千户。

又一员·李旺

景泰三年二月，李旺，系西安左卫后所失陷副千户李让嫡次男。有兄李聪，患双眼瞎疾，不堪承袭。本人袭职，待有男还与职事。

张斌·世袭百户

外黄查有：张俊，邳州人。有父张成，吴元年充总旗，洪武二十三年拨锦衣卫带刀百户，调肃州前卫后所分设甘州右护卫前所，老疾。俊系嫡长男，替甘州左护卫前所百户，二十三年调西安左护卫后所。

一辈张成，已载前黄。

二辈张俊，旧选簿查有：洪武三十三年，西安左卫后所百户张俊。

三辈张顺，旧选簿查有：宣德五年十二月，张顺，系西安左卫后所世袭百户张俊堂弟。

四辈张玉，旧选簿查有：天顺五年正月，张玉，邳州人，系西安左卫后所世袭百户张顺嫡长男。·175·

五辈张泰，旧选簿查有：成化二十二年四月，张泰，邳州人，系西安左卫后所故世袭百户张玉嫡长男。

六辈张云，旧选簿查有：嘉靖六年二月，张云，邳州人，系西安左卫后所故世袭百户张泰嫡长男。

七辈张斌，旧选簿查有：嘉靖三十四年十月，张斌，年二十二岁，系西安左卫后所老疾世袭百户张云嫡长男。

八辈张元庆，万历十二年二月，张元庆，年二十六岁，邳州人，系西安左卫后所年老世袭百户张斌嫡长男。比中一等。

九辈张弘道，万历四十三年四月，大选过西安左卫后所实授百户一员张弘道，年二十八岁，系疾实授百户张元庆嫡长男。比中一等。〔对讫。〕

夏锦·世袭百户

外黄查有：夏旺，合肥县人。有父夏成，甲午年充军，吴元年老。旺代役，选充小旗，洪武十五年拨留守中卫太平门千户所，十六年钦升应天卫后所总旗，十九年除横海卫后所流官百户，三十二年调西安左卫后所。

一辈夏旺，已载前黄。旧选簿查有：洪武三十三年十月，西安左卫后所百户夏旺。

二辈夏兴，旧选簿查有：永乐十年六月，夏兴，系西安左卫后所老疾流官百户夏旺嫡长男，敬与世袭。

三辈夏春，旧选簿查有：正统六年十月，夏春，系西安左卫后所世袭百户夏兴亲侄。伯有庶长男夏广，年十五岁，幼小。钦准本人替职，待长成还与职事。

四辈夏永，旧选簿查有：成化九年七月，夏永，年十六岁，合肥县人，系西安左卫后所老疾世袭百户夏春庶长男。

五辈夏经，旧选簿查有：正德六年六月，夏经，合肥县人，系西安左卫后所世袭百户夏永嫡长男。

六辈夏锦，旧选簿查有：嘉靖元年十二月，夏锦，年六岁，合肥县人，系西安左卫后所故世袭百户夏经嫡长男，全俸优给，至嘉靖九年终住支。

嘉靖十年十月，夏锦，年十五岁，合肥县人，系西安左卫后所故世袭百户夏经嫡长男，优给出幼袭职。

七辈夏典，隆庆六年七月，夏典，年二十岁，合肥县人，系西安左卫后所患疾实授百户夏锦嫡长男。·176·

九（八）辈夏瑸器，万历三十二年十月，夏瑸器，年三十一岁，系西安左卫后所患疾实授百户夏典嫡长男。比中一等。

十（九）辈夏文炳，崇祯五年二月，大选过西安左卫后所实授百户一员夏文炳，年三十七岁，系疾实授百户夏瑸器嫡长男。比中三等。〔对讫。〕

杨铖·世袭百户

一辈杨关,旧选簿查有:洪武三十三年,西安左卫后所百户杨关。

二辈杨瑄,旧选簿查有:永乐十五年九月,杨瑄,系西安左卫后所世袭百户杨关嫡长男。

三辈杨瑛,旧选簿查有:宣德九年七月,杨瑛,年九岁,系西安左卫后所故世袭百户杨瑄庶弟。钦与全俸优给,至宣德十四年终住支。

旧选簿查有:正统四年七月,杨瑛,年十五岁,系西安左卫后所故世袭百户杨瑄庶弟。

四辈杨政,旧选簿查有:成化四年四月,杨政,全椒县人,系西安左卫后所世袭百户杨瑛嫡长男。

五辈杨经,旧选簿查有:弘治十六年四月,杨经,全椒县人,系西安左卫后所故世袭百户杨政嫡长男。

六辈杨铖,旧选簿查有:嘉靖四年八月,杨铖,年十六岁,全椒县人,系西安左卫后所故世袭百户杨经嫡长男。

七辈杨懋,万历十年十二月,杨懋,年二十五岁,全椒县人,系西安左卫后所年老世袭百户杨铖嫡长孙。比中三等。

八辈杨武烈,天启三年二月,大选过西安左卫后所实授百户一员杨武烈,年三十七岁,系老实授百户杨懋嫡长男。比中一等。〔对讫。〕·177·

李世禄·世袭百户

一辈李举,旧选簿查有:洪武三十三年,西安左卫后所副千户李举。

二辈李坡,旧选簿查有:洪武三十三年十二月,李坡,系西安左卫后所世袭百户李举嫡长男。

三辈李斌,旧选簿查有:宣德五年五月,李斌,系西安左卫后所故世袭百户李坡嫡长男。

四辈李能,旧选簿查有:正统六年四月,李能,年十六岁,系西安左卫后所故世袭百户李斌嫡长男。

五辈李恭,旧选簿查有:成化十年三月,李恭,宜阳县人,系西安左卫后所故世袭百户李能嫡长男。

六辈李钦，旧选簿查有：弘治九年五月，李钦，宜阳县人，系西安左卫后所世袭百户李恭嫡长男。

七辈李世禄，旧选簿查有：嘉靖元年六月，李世禄，宜阳县人，系西安左卫后所故世袭百户李钦嫡长男。

杨铉·实授百户

一辈杨义，旧选簿查有：洪武三十三年，西安左卫后所百户杨义。

二辈杨忠，旧选簿查有：洪熙元年七月，杨忠，系西安左卫后所世袭百户杨义嫡长男。

三辈杨林，旧选簿查有：正统元年十二月，杨林，系西安左卫后所世袭百户杨忠嫡长男。

四辈杨弘，旧选簿查有：天顺五年正月，杨弘，合肥县人，系西安左卫后所故世袭百户杨林嫡长男。 ·178·

五辈杨武，旧选簿查有：成化十八年八月，杨武，年十五岁，合肥县人，系西安左卫后所故世袭百户杨弘嫡长男。先因年幼优给，今出幼袭职。

六辈杨铉，旧选簿查有：嘉靖十七年十二月，杨铉，年四十七岁，合肥县人，系西安左卫后所故实授百户杨武亲弟，照旧实授百户。

赵承恩·署镇抚事实授百户

外黄查有：赵臣，年三十一岁，贵池县人。始祖赵贵，吴元年军，故。高祖赵玉补役，三十二年白沟河升小旗，三十四年西水寨升总旗，三十五年平定京师升新安卫中所实授百户，故。曾祖赵信优袭，正统元年调西安左卫前所署镇抚[事]实授百户，老。祖赵祥系长男，替，老。父赵雄系嫡长男，袭，嘉靖五年老。臣系嫡长男，本年替西安左卫前所署镇抚事实授百户。

一辈赵玉，已载前黄。

二辈赵信，旧选簿查有：永乐二十年三月，赵信，系新安卫中所故百户赵玉、旧名马儿庶长男。

三辈赵祥，旧选簿查有：成化元年七月，赵祥，贵池县人，系西安左卫前所署所镇抚事世袭百户赵信嫡长男。

四辈赵雄，旧选簿查有：弘治八年二月，赵雄，贵池县人，系西安左卫前所署所镇抚事世袭百户赵祥嫡长男。

五辈赵臣，旧选簿查有：嘉靖五年十月，赵臣，贵池县人，系西安左卫前所署所镇抚事年老世袭百户赵雄嫡长男。

六辈赵承恩，旧选簿查有：嘉靖四十五年四月，赵承恩，年二十岁，贵池县人，系西安左卫后所老署镇抚事实授百户赵臣嫡长男。

七辈赵元勋，万历二十三年二月，赵元勋，年二十一岁，系西安左卫后所患疾署所镇抚事实授百户赵承恩嫡长男。比中三等。

八辈赵良弼，万历四十四年十月，大选过西安左卫后所署所镇抚事实授百户一员赵良弼，年二十五岁，系故署所镇抚事实授百户赵元勋男。比中一等。〔对讫。〕

孙崇先·实授百户

崇祯元年四月，单本选过西安左卫后所实授百户一员孙崇先，年二十三岁，系故所镇抚尚贤亲孙。查伊祖原袭祖职所镇抚，今故。本舍于天启二年在甘肃鞍子山地方斩达首一颗，应升一级。行准职方司手本，查与原题功次相同〔相〕应，准于祖职所镇抚上加亲斩功一级，与做世袭实授百户。比中二等。〔对讫。〕

年远事故后所实授百户一员·徐琮

景泰三年二月，徐刚，系西安后卫前所小旗徐鉴、户名徐三二嫡长男。父于临水站堡杀贼阵亡，例升二级，升试百户。

弘治九年九月，徐琮，句容县人，系西安左卫后所百户徐刚嫡长男。父系西安后卫前所袭升试百户，天顺元年遇例实授，调今卫所。本人照例替实授百户。

又一员·王敬

永乐十五年二月，王贵，系西安左卫后所老疾世袭百户王兴嫡长男。

宣德三年四月，王敬，系西安左卫后所残疾百户王贵嫡长男。

又一员·洪胜

永乐十二年五月，洪贵，系西安左卫后所世袭百户洪旺、旧名倪旺嫡长男。

景泰五年七月，洪胜，临淮县人，系西安左卫后所故世袭百户洪贵亲次三弟。有次房亲侄洪卓儿，逃走出外，不知下落。本人袭职，仍打听下落。

又一员·娄恕

洪武二十五年九月，娄恕，系西安左卫后所世袭百户娄晢嫡长男。父为年老风疾告替，钦准替职，仍授本卫所世袭百户。

又一员·李达

洪武二十五年四月，李达，系兰州卫总旗，钦除西安左卫后所世袭百户。

又一员·耿胜

永乐十二年五月，耿胜，系西安左卫后所故世袭百户耿得亲弟。

又一员·屈祥

宣德九年四月，屈祥，系西安左卫后所世袭百户屈荣嫡长男。

又一员·王瑄

正……王瑄，系西安左卫后所世袭百户王敏嫡长男。

又一员·蒋寿

洪武三十三年，西安左卫后所副千户蒋福。·181·
洪武三十三年十二月，蒋寿，系西安左卫后所世袭百户蒋福嫡长男。

又一员·赵瑛

成化元年八月，赵海，年二十七岁，济源县人，系西安左卫后所署所镇抚事世袭百户赵弘嫡长男。

弘治七年十月，赵瑛，济源县人，系西安左卫后所署所镇抚事世袭百户赵海嫡长男。·182·

五军都督府所属卫所·右军都督府·陕西都司·平凉卫

原簿目录

自指挥马腾起,至总旗王注止,共七十七页①。
内指挥、千、百、户、镇抚,共九十七员。

指挥使三员
一号马腾,始祖马福一,代九,无为州人。
二号石盘,始祖石玉,代九,高邮州人。
三号哈纬,始祖卜颜答失,代五,海罗(县)人。

年远事故三员
宋麒。
哈剌喏咄。
李增。

署指挥使一员,指挥同知五员
一号王思慎,始祖把失嗒,代七,女直人,署使。
二号陈希尧,始祖陈忠,代八,沛县人。
三号杜龙,始祖杜旺,代八,合肥县人。·183·
四号王大纲,始祖王德,代八,合肥县人。
五号陶岳,始祖陶德,代九,寿州人。
六号吴瀛,始祖吴真,代八,临淮县人。

年远事故五员
赵文,凤阳县人,署使。

杨勋,上海县人。
黄琮。
刘源。
钟容。

指挥佥事六员
续入:任继勋,临县人,无印。
续入:叶茂,松阳县人,有印。
一号保印,始祖保山奴,代六,开城县人。
二号尹玉,始祖濮阿住,代八,无锡县人。
三号马昇,始祖马俊,代九,山阳县人。
四号甘雨,始祖甘系,代八,潜山县人。
五号郑表,始祖郑资,代七,定远县人。
六号陈扬,始祖陈铭,代九,合肥县人。

年远事故七员
赵宝,通州人。
戚安。
韩忠。
李忠。
李能。
陈玉,固安县人。
张英,无为州人。

---
①《总汇》56册"校勘表"记"平凉卫"选簿189页、243页、295页均后件前缺页。

五军都督府所属卫所·右军都督府·陕西都司·平凉卫

卫镇抚二员

一号李得春，始祖李良儿，代七，昌邑县人。

二号翟昆，始祖翟清，代八，滕县人。

左所署指挥佥事三员，正千户一员

一号康诰，始祖黄敬，代九，息县人，署佥。

二号王佐，始祖王皮，代五，昆山县人，署佥。

三号李经，始祖李彬，代五，滁州人，署佥。

四号黄金重，始祖黄礼，代九，合肥县人。

年远事故四员

徐海，昆山县人。

朱政，无为州人。

梁端。

刘得。

署卫镇抚一员，副千户二员

一号陆瑾，始祖陆斌，代五，五河县人，署卫抚。

二号魏相，始祖魏庄，代六，邹平县人。

三号田登，始祖田胜，代八，泗州人。

辈数未全一员

周纲，泰州人。

年远事故三员

邢端。

张贵。

端铠，溧水县人。

实授百户八员

一号贾振，始祖贾逵，代六，临汾县人。

二号张隆，始祖张住，代六，江都县人。

三号贾栋，始祖贾瑾，代八，邹平县人。

四号林松，始祖林成，代八，高邮州人。

五号宋鹃，始祖宋旺，代九，寿州人。

六号施振，始祖施荣，代八，沙河县人。

七号丁钦，始祖丁贤，代七，泰州人。

八号曹钦，始祖曹宽，代六，塘（唐）县人。

年远事故八员

周忠，常熟县人。

杨旺，常熟县人。

苏广。

林贵。

沈归。

陈斌。

夏兴。

赵弼，常熟县人。

试百户一员，所镇抚一员

一号朱澄，始祖朱源，代七，凤阳县人。

二号花锦，始祖花信，代六，长葛县人，所抚。

续入：周朝忠，山阴人，无印。

右所年远事故正千户三员

杭玉，无为州人。

刘杰，无为州人。

逯通。

年远事故副千户九员

王住儿，武定州人。

蔡通，常熟县人。

苏通。

张奇。

周全。

陈忠。

鲁忠。

季恭。

许达，无为州人。

年远事故实授百户十员

徐隆，吴县人。

杨全。

萧禽兽。

李瑛。

周振。

徐友。

仇刚，灵台县人。

戚荣，通州人。

钱用。

陆铭，德清县人。

年远事故试百户一员

徐宽，胶州人。

中所正千户二员

一号杨玺，始祖杨克中，代七，邹平县人。

二号火镇，始祖阿都忽，代八，开城县人。

辈数未全一员

何木雷，隆德县人。

年远事故二员

姚政，昆山县人。

黄旻，抚宁县人。

副千户三员

一号王国正，始祖王均彰（章），代八，合肥县人。

二号时安，始祖时成，代七，泰安州人。

三号陈立，始祖陈得兴，代七，定远县人。

年远事故六员

叶茂，松阳县人。

刘福，武定州人。

王名。

陈贵。

钱友。

丁旺。

实授百户九员

一号刘朝，始祖刘萧（肃），代七，灵璧县人。

二号陈谏，始祖陈斌，代六，章丘县人。

三号计印，始祖计保，代五，隆德县人。

四号马麟（骥），始祖马臣，代八，监利县人。

五号张恩，始祖张成，代八，同州人。

六号赵隆，始祖赵旺，代六，邠州人。

七号陈铛，始祖陈文受，代八，江陵县人。

八号陈爵，始祖陈兴，代七，江都县人。

九号李麟，始祖李成，代九，兴化县人。

年远事故九员

王玉，来安县人。

朱永，崇明县人。

陶斌，当涂县人。

王林。

程安。

黄勇。

谈广。

魏刚，滁州人。
杨荣，盱眙县人。

试百户五员
一号何震，始祖何木勒，代七，隆德县人。
二号万福，始祖万留保，代六，来安县人。
三号公邦奇，始祖公古剌歹，代六，隆德县人。
四号白宪，始祖白帖木，代六，临县人。
五号张腾，始祖张从义，代七，长安县人。
续入：张武，江阴人，有印。

辈数未全所镇抚一员
和振，永平县人。

前所正千户一员
一号陈谟，始祖陈关子，代七，怀宁县人。

年远事故四员
卢胜，新喻县人。
王忠。
刘政。
殷兴。

副千户六员
一号丁采，始祖丁宽，代八，滁州人。
二号朱钦，始祖朱成，代六，随州人。
三号戴功，始祖戴祥，代七，定远县人。
四号孟玺，始祖孟得，代六，大兴县人。
五号杨激，始祖杨荣，代八，会同县人。
六号张勋，始祖张福，代八，淮安县人。

年远事故五员
祁英，泰安州人。
秦浩，崇明县人。
丁志。
谢荣。
陆瑄。

实授百户八员
一号武镇，始祖武得，代六，历城县人。
二号刘爵，始祖刘本，代五，临汾县人。
三号许汝修，始祖许成，代六，泰康县人。
四号张机，始祖张敏，代十，崇信县人。
五号黄朝，始祖黄全，代九，江都县人。
六号胡鳌，始祖胡子实，代八，华亭县人。
七号张东曦，始祖张舍的，代八，泾州人。
八号萧鸾，始祖萧兴，代九，澧州人。

年远事故七员
张泰，南昌县人。
张林。
刘刚。
郭友。
瞿谅。
孙显。
钱胜。

优养妇一口
王氏，系徐官(观)音保亲母。

试百户三员
一号徐铛，始祖徐成，代六，郯城县人。
二号赵晖，始祖赵增，代二，凤阳县人。

三号保进，始祖保的，代三，开城县人。

年远事故二员
甘锐，潜山县人，所抚。
郑赟，盱眙县人，所抚。

后所正千户四员
一号李光祖，始祖李旺，代九，和州人。
二号张鹏，始祖张贵，代七，黄陂县人。
三号赵梁，始祖赵守正，代二，平凉卫人。
四号胡见，始祖胡山，代七，清阳县人。

年远事故二员
朱贵。
梁端，江都县人。

副千户六员
一号成大功，始祖成德，代七，寿州人。
二号胡清，始祖胡通，代五，顺义县人。
三号廖豸，始祖廖清，代九，江陵县人。
四号田钟，始祖田大，代六，蓟州人。
五号邵泰，始祖魏关住，代六，无为州人。
六号张栾，始祖张胜，代五。

年远事故三员
金英，昆山县人。
张清。
郭成，无为州人。

实授百户八员
一号杨世臣，始祖杨士〔仕〕，代九，江都县人。
二号刘振，始祖刘兴，代六，江都县人。
三号陈镇，始祖陈来，代五，黄岩县人。
四号王钊，始祖王信，代六，无为州人。
五号朱麒，始祖朱野〔江〕，代九，宣城县人。
六号张钺，始祖张保子，代七，来安县人。
七号羊宗，始祖羊兴，代五，滁州人。
八号殷雄，始祖殷婆孙，代八，滁州人。

年远事故十四员
尤玺，昆山县人。
周泰，凤阳县人。
赵凯。
马昇。
史敬。
丁兴。
英锐。
王英。
周能。
唐敬。
刘贵。
王忠。
陆安。
韩义。

试百户四员
一号朱继武，始祖朱海，代八，永城县人。
二号孟贤，始祖孟喜，代七，华阴县人。
三号张钦，始祖张义，枣阳县人。
三（四）号赵燨，始祖赵源源，代三，凤阳县人。

辈数未全一员
朱瑄，乌城〔程〕县人，所抚。

年远事故二员

孟旸,固始县人,所抚。

李雄。

冠带总旗二员,小旗一名

戴经,黄冈县人。

段勋,滁州人。

王注,长安县人。

年远事故指挥佥事一员

潘胜。

左所年远事故实授百户七员

孙政。

刘源。

秦贵。

葛裕。

陈清。

陈英。

马驯。

右所年远事故副千户一员

宋良。

年远事故实授百户一员

王忠。

总旗一名

王保儿。

哈纬·指挥使

外黄查有：哈纬，年七十岁，系陕西平凉卫①今改宁夏中卫指挥使，原籍海罗县人。曾祖卜颜答失，洪武九年归附，十年除授大同右卫前所镇抚，十三年故。祖哈剌喏咄系嫡长男，本年九月优，二十五年十一月袭除平凉卫中所；永乐八年随征有功升副千户，二十二年迤北随征回还升正千户；宣德四年三月随征升指挥佥事；正统元年黑山儿功升指挥同知，三年迤北庄浪地面并黑松林等处获功升指挥使，故。父哈震系嫡长男，成化四年四月袭，弘治十五年老。兄哈经系嫡长男，本年九月袭，嘉靖二十年故绝。纬系庶弟，本年七月袭授陕西平凉卫指挥使。·189·

一辈卜颜答失，已载前黄。

二辈哈剌喏咄②，已载前黄。

三辈哈震③，旧选簿查有：成化四年四月，哈震，伊父哈昭④原系平凉卫指挥使守备，固原州杀贼阵亡。本人系嫡长男，升一级，袭升都指挥佥事，于陕西都司支俸差操。

四辈哈经，旧选簿查有：弘治十五年九月，哈经，海罗县人，系陕西都司都指挥佥事哈震嫡长男。伊祖哈昭原系平凉卫指挥使守备，固原地方领军杀贼阵亡。伊父哈震袭升前职，故。本人照例革袭伊祖原职指挥使，于原卫带俸。

五辈哈纬，旧选簿查有：嘉靖二十二年四月，哈纬，海罗人，系平凉卫故指挥使哈经庶弟。

---

①《读史方舆纪要》卷五八《陕西七·附见》："平凉卫，在府城内。洪武三年建，初置于府治东。永乐六年移于府治东南，辖千户所五。又，安东中护卫，在府治东。洪熙元年为韩府置。"（[清]顾祖禹撰，中华书局，2005年，第2791页）

②哈剌喏咄为哈昭父，此后疑漏"哈昭"一辈。《明宣宗实录》卷五二：宣德四年三月丁巳，"陕西平凉卫鞑官千户哈剌喏咄等来朝贡驼马"。嘉靖《平凉府志》卷二《兵制》："哈纬，高祖卜延答失，大同海罗人，元降将。洪武十年授大同右卫镇抚，征答塔里降司徒保保。子哈剌苦（喏）出（咄）嗣，调平凉卫中所镇抚。永乐六年擒番寇啰哩思雅班的升副千户，又擒达贼火者升正千户。宣德二年征松潘升指挥佥事，斩达贼一级升同知。正统二年战芦塘碱滩得生口，升指挥使。子昭嗣。征苏武山，得生口。帅师征可可脑儿，斩六级，升守备固原。生得迭列温于海剌都。成化二年迭山战死。"

③嘉靖《平凉府志》卷二《兵制》："（哈昭）子震嗣，升都指挥佥事，守备平凉，寻升庄浪协屯同，卒。"

④《嘉靖固原州志》卷一《文武衙门·守备固原武臣》："哈昭，都指挥佥事。天顺五年守备固原；成化二年大房入寇，率兵出战，殁于阵。"（第37页）《明宪宗实录》卷三四：成化二年九月辛巳，"守备固原指挥使哈昭，殁于战阵，宜量给赠祭。"卷三五：成化二年十月甲寅，"赐故固原州指挥使哈昭祭，以死于房"。

五军都督府所属卫所·右军都督府·陕西都司·平凉卫

六辈哈乾，万历十年十二月，哈乾，年四十三岁，海罗人，系平凉卫故绝指挥使哈纬亲侄。伊伯原袭指挥使，嘉靖三十四年因宿娼，问调宁夏中卫带俸差操，隆庆二年故，绝。应该伊父哈缤承袭，未袭先故。本舍先于万历四年保送赴部，隐匿伊伯宿娼调卫，请由随经驳查去后。今据咨查无碍，合照旧袭指挥使，仍尽（照）宿娼事例改调附近安东中护卫。〔对讫。〕

七辈哈胤昌，万历四十五年八月，大选过平凉卫土官①指挥使一员哈胤昌，年二十六岁，系故安东中护卫土官指挥使哈乾嫡长男，令本舍改还原卫。比中三等。〔对讫。〕

年远事故指挥使一员·宋麒

宣德十年三月，宋铭，系平凉卫流官指挥使宋斌嫡长孙。

正统元年六月，宋瑀，系平凉卫故世袭指挥使宋铭庶叔。

正统十四年五月，宋麒，年十二岁，系平凉卫为事典刑指挥使宋瑀嫡长男。照例与伊祖原职指挥使俸优给，调海宁卫关支。

成化五年七月，平凉卫指挥使升都指挥佥事宋麒。·190·

又一员·哈剌喏咄②

洪武二十五年十一月，哈剌喏咄，系大同右卫前所故流官所镇抚卜颜答失嫡长男。钦准袭职，与世袭，授平凉卫中所世袭所镇抚。

永乐八年，随征有功，所镇抚升副千户平凉卫中所哈剌喏咄。

永乐二十二年，迤北回还平凉卫副千户升正千户哈剌喏咄。

宣德四年三月，哈剌喏咄，系平凉卫正千户升本卫指挥佥事。

正统三年二月，哈剌喏咄，系平凉指挥同知，今升本卫指挥使。

---

①土官，是指卫所当地土著为武官者。（梁志胜：《明代卫所武官世袭制度研究》，第100页）

②此条为《总汇》本册190页"哈纬"条"二辈哈纳喏咄"档案。

又一员·李增

永乐二年九月，李增，年十七岁，系陕西行都司都指挥使李炜嫡长男。父原任汉中卫世袭指挥使，洪武三十二年选署都指挥使，永乐元年实授前职，病故。钦准袭，授平凉卫世袭指挥使，候年二十岁比试弓马。

石汝瑁·指挥使

天启七年正月，单本选过平凉卫指挥使一员石汝瑁，年三十六岁，系疾指挥使石清嫡长男。比中三等。〔对讫。〕·191·

王思慎[①]·署指挥使事指挥同知

外黄查有：王思慎，年二十四岁，系陕西平凉卫署指挥使事指挥同知，原籍女直人。始祖把失塔，原系达官[②]指挥同知，宣德三年来降，授锦衣卫镇抚司指挥同知。正统七年征麓川有功，九年升指挥使，成化八年故。高祖王鉴，旧名楚雄保，袭，正德八年故。曾祖王谦系长男，九年替平凉卫，嘉靖五年故。伯祖王鼎系嫡长男，六年八月袭，七年故，绝。祖王鼐系亲弟，八年十月袭，十九年故。父王文系嫡长男，二十二年四月袭。查麓川功无擒斩，革袭署指挥使事指挥同知，二十八年故。思慎系嫡长男，二十九年八月优，三十八年六月袭陕西平凉卫署指挥使事指挥同知。

　　一辈把失塔，已载前黄。
　　二辈王鉴，已载前黄。
　　三辈王谦，已载前黄。
　　四辈王鼎，旧选簿查有：嘉靖六年八月，王鼎，年三十四岁，女直人，系平凉

[①]嘉靖《平凉府志》卷二《兵制》："王思慎，始祖把失塔。海西女直人。永乐十二年，为□者左卫贡海青，升指挥同知。宣德三年复来贡，留锦衣卫南镇抚司带俸。正统七年，从定麓川升指挥使；从定贵州香炉山升都指挥佥事。天顺二年，升都指挥同知，卒。"
[②]达官是指以蒙古族（明代泛称为"达达""鞑靼"）为主，兼以女直等北方少数民族所构成的卫所武官。（梁志胜：《明代卫所武官世袭制度研究》，第100页）

卫年老带俸达官指挥使王谦嫡长男。

五辈王鼐，旧选簿查有：嘉靖八年八月，王鼐，年三十三岁，女直人，系平凉卫故绝带俸达官指挥使王鼎亲弟。

六辈王文，旧选簿查有：嘉靖二十二年四月，王文，年二十岁，海西女直人，系平凉卫故带［俸］达官指挥使王鼐嫡长男。伊高祖把失塔，以来降授指挥同知，正统七年麓川杀贼有功升指挥使。曾祖保、祖谦、伯鼎、父鼐沿袭。所据麓川功无擒斩，本人照例革袭署指挥使事指挥同知。

七辈王思慎，旧选簿查有：嘉靖二十九年八月，王思慎，女直人，系平凉卫故指挥使王文嫡长男。照例与全俸优给，至嘉靖三十六年终住支。

嘉靖三十八年六月，王思慎，女直人，系平凉卫故指挥使王文嫡长男，优给出幼袭职。查得本舍优给违限一年，限外有无多支俸粮，查扣毕日关支。

八辈王应龙，万历三十年正月，王应龙，年十六岁，女直人，系陕西平凉卫故达官署指挥使事指挥同知王思慎嫡长男。达官不比。

陈希尧·指挥同知

外黄查有：陈广，沛县人。有伯父陈中，丙午年从军，洪武二十一年老疾。将广代役，三十二年真定升小旗，郑村坝升总旗；三十三年济南升本所百户，三十四年西水寨升正千户，三十五年平定京师升江阴卫指挥同知。·192·

一辈陈中，已载前黄。

二辈陈广，已载前黄。

三辈陈贵，旧选簿查有：宣德八年八月，陈贵，系江阴卫流官指挥同知陈广嫡长男。

正统十三年十二月，陈贵，系江阴卫世袭指挥同知，调平凉卫。

四辈陈贤，旧选簿查有：天顺八年三月，陈贤，沛县人，系平凉卫故世袭指挥同知陈贵嫡长男。

五辈陈晟，旧选簿查有：成化十年九月，陈晟，沛县人，系平凉卫故世袭指挥同知陈贤嫡长男。

六辈陈清，旧选簿查有：正德十六年十月，陈清，沛县人，系平凉卫老疾世袭指挥同知陈晟嫡长男。

七辈陈英①，旧选簿查有：嘉靖十三年四月，陈英，年二十六岁，沛县人，系平凉卫故指挥同知陈清嫡长男。

八辈陈希尧，旧选簿查有：嘉靖四十三年二月，陈希尧，年三十五岁，沛县人，系平凉卫故署都指挥同知陈英嫡长男。伊父原袭祖职指挥同知，嘉靖十三年部下功升署都指挥同知，三十八年故。所据部下功升职级，例不准袭，本舍照例革袭祖职指挥同知。

九辈陈魁，万历二十八年六月，陈魁，年三十七岁，系平凉卫年老指挥同知陈希尧亲侄。比中二等。

十辈陈定国，天启二年四月分，大选过平凉卫指挥同知一员陈定国，年二十四岁，系故指挥同知陈魁嫡长男。比中三等。〔对讫。〕

杜龙·指挥同知

外黄查有：杜谅，合肥县人。有祖父杜旺，甲午年从军，丁酉年升充万户，吴元年除百户，洪武三年钦升副千户，十一年除定辽后卫权指挥佥事，十二年实授指挥佥事，年老。父杜芳替职，三十二年升陕西都指挥佥事②，故。谅系庶长男，永乐二年袭授平凉卫世袭指挥佥事。

一辈杜旺，已载前黄。

二辈杜芳，已载前黄。

三辈杜谅，旧选簿查有：永乐二年二月，杜谅，年十一岁，系陕西都司都指挥佥事杜芳庶长男。父原任世袭指挥佥事，三十二年升除前职，亡故。钦准袭父原职指挥佥事，授平凉卫世袭指挥佥事。

四辈杜瑄，旧选簿查有：正统八年五月，杜瑄，年十六岁，系平凉卫故世袭指挥佥事杜谅嫡长男。

指挥同知功次：钦升簿内查有，天顺四年，镇番地方杀贼获功，例升一级，平凉卫指挥佥事升指挥同知一员杜瑄。

---

①嘉靖《平凉府志》卷二《兵制》："嘉靖二十五年，督府中军精兵任勇等，破房宁塞，(陈)英以把总部下分二十五级，遂升都指挥同知。"

②嘉靖《平凉府志》卷二《兵制》："(洪武)三十三年征天都山乃儿卜花，(杜芳)升定远卫指挥佥事，寻升陕西都司都指挥佥事，卒。"

五辈杜钦，旧选簿查有：成化十二年五月，杜钦，合肥县人，系平凉卫故指挥同知杜瑄庶长男，钦与世袭。

六辈杜振，旧选簿查有：正德四年四月，杜振，合肥县人，系平凉卫故世袭指挥同知杜钦嫡长男。

七辈杜刚，旧选簿查有：嘉靖十年六月，杜振，年五十四岁，合肥县人，系平凉卫患疾指挥同知。有嫡长男杜刚，年十九岁，告替。

八辈杜龙，旧选簿查有：嘉靖二十四年十二月，杜龙，年十六岁，合肥县人，系平凉卫故指挥同知杜刚嫡长男。

万历十二年三月，准都察院咨为套房犯边杀死总兵千把总等事，内开杜龙犯该守备不设被贼侵入境内虏掠人民者律，减杖九十，发边远充军，遇革照例为民。候身终之日，保送应袭之人承袭。

九辈杜杰，万历二十九年正月，单本选过平凉卫指挥同知一员杜杰，年五十三岁，合肥县人。查伊父杜龙，原袭指挥同知，隆庆二年历升游击，问调卫，纳银免调；万历十一（二）年为事充终身军，遇宥免罪为民，今老。所据伊父推升流官，例不准替，本舍合照例与替祖职指挥同知。比中三等。

十辈杜柱，天启元年二月，大选过平凉卫指挥同知一员杜柱，年二十四岁，系老指挥同知杜杰嫡长孙。比中三等。〔对讫。〕

王大纲·指挥同知

一辈王德。

二辈王隆，旧选簿查有：洪武二十六年八月，王隆，系偏桥卫左所故世袭百户王德嫡长男，袭除宁夏左屯卫后所世袭百户。·194·

三辈王澄，旧选簿查有：宣德二年六月，王澄，年十七岁，系宁夏左屯卫后千户所阵亡世袭百户王隆嫡次男。

四辈王琮，旧选簿查有：成化六年十二月，王琮，合肥县人，系宁夏左屯卫后所世袭百户王澄嫡长男。

五辈王震①，旧选簿查有：弘治十二年十二月，王震，合肥县人，系宁夏左屯卫后所世袭百户王琮嫡长男。

审稿簿查有：吊来正德六年右府札付，查有宁夏双山南新墩地方获功升一级不赏，二人共斩贼级一颗，为首官旗二员名，宁夏左屯卫后所百户王震升副千户。

吊来正德八年右府札付，查有宁夏强家湃、月牙湖等处获功，宁夏左屯卫升一级，二人共斩贼级一颗，为首后所实授副千户升正千户内一员王震。

指挥佥事功次候查。指挥同知功次候查。

六辈王鳌，旧选簿查有：嘉靖八年二月，王鳌，年三十一岁，合肥县人，系平凉卫老疾指挥同知王震嫡长男。伊父原系百户，历功升前职，原系正德年间功次。本人暂准替职，候革册到日定夺。本人比试不中，暂准替职，与支半俸，候及二年起送再比。

七辈王鲎②，旧选簿查有：嘉靖十一年六月，王鲎，年二十七岁，合肥县人，系平凉卫故绝指挥同知王鳌亲弟。

充军簿查有：王鲎，系平凉卫指挥使。犯该守备不设，照例于嘉靖三十八年七月充平房卫左所终身军。

八辈王大纲，旧选簿查有：嘉靖四十四年六月，王大纲，年八岁，合肥县人，系平凉卫故指挥使王鲎嫡长男。伊父原袭祖职指挥同知，嘉靖三十三年部下获功升指挥使，三十四年推升宁夏协同，三十六年地方失事参问充终身军，四十年故。所据部下功次并推升虚衔，俱例不准袭。本舍照例革复祖职指挥同知半俸优给，扣至嘉靖五十年终住支，出幼袭职。

万历二年二月，王大纲，年十七岁，合肥县人，系平凉卫故指挥同知王鲎嫡长男。查得伊祖王震，历升指挥同知，功次系正德年间功。本人替职，候革册至日定夺。及查河南功次俱无擒斩，今本舍合革袭正千户，注中所。

---

①嘉靖《平凉府志》卷二《兵制》："（王震）正德五年战双山，斩一级，升副千户。六年战月牙湖，斩一级，升正千户。七年从征湖广河南流贼，升指挥同知。嘉靖四年调平凉卫。"
②嘉靖《平凉府志》卷二《兵制》："王鲎，始祖得，直隶合肥县人。癸卯年来附，充小旗，吴元年充总旗。洪武三年，征宁会州义军脑儿，授兴武卫百户。十年生擒苗贼一人、斩一级，除偏桥卫百户，卒。子隆嗣，宁夏右屯卫百户，战死。子澄嗣，卒。子琮嗣，卒。子震嗣，正德五年战双山，斩一级、升副千户。六年战月牙湖，斩一级，升正千户。七年从征湖广河南流贼，升指挥同知。嘉靖四年调平凉卫。子鳌嗣，卒。弟鲎嗣，升宁夏坐营，二十七年升广武分守东路协同，罢。"

陶岳·指挥同知

外黄查有：陶信，年一十八岁，寿州人。父陶友，旧名女直，乙未年随伯陶德根（跟）总管李胜信渡江，于太平归附。伯充百户，征宣州、广德州千户；己亥年克诸暨、绍兴，敬授百户，乙巳年与贼对敌阵亡。父陶友权管伯父百户职事，丙午年调守处州、严州，克桐庐充总旗；吴元年守御绍兴，克温台，调守凤阳；洪武七年除雄武卫中所百户，八年调密云卫，十三年调彭城卫中所，十四年征灰山等处，二十年征进大宁，二十一年征哈剌哈地面，二十三年调西凉左卫，二十四年开设甘肃卫中左所，征哈梅里城池；二十五［年］分设甘州左卫前所，为首本卫指挥佥事，［征］赵麒等党逆，升平凉卫世袭指挥佥事；二十八年调河州卫，征洮州番贼，对敌阵亡。兄陶志袭，授平凉卫世袭指挥佥事，故。信系亲弟，永乐二年袭，仍授平凉卫世袭指挥佥事。陶瑄，年四十岁，系陶信嫡长男，父正统元年口外双山遇贼，杀败贼众有功，升指挥同知，老。瑄替，授平凉卫世袭指挥同知。·195·

一辈陶德，已载前黄。

二辈陶友，已载前黄。

三辈陶志，旧选簿查有：洪武二十八年八月，陶志，系平凉卫阵亡世袭指挥佥事陶友嫡长男。父钦调河州卫管事，未奉之先阵亡，［志］袭平凉卫世袭指挥佥事。

四辈陶信，旧选簿查有：永乐二年十月，陶信，年十一岁，系平凉卫亡故世袭指挥佥事陶志亲弟。

指挥同知功次已载前黄。

五辈陶瑄，旧选簿查有：景泰五年四月，陶瑄，寿州人，系平凉卫指挥同知陶信嫡长男，钦与世袭。

六辈陶勋，旧选簿查有：成化十二年十二月，陶勋，寿州人，系平凉卫署指挥使事指挥同知陶瑄嫡长男。

七辈陶文，旧选簿查有：弘治六年闰五月，陶文，寿州人，系平凉卫指挥使陶勋嫡长男。伊父原系署指挥使，遇例实授。本人照例革替署指挥使事指挥同知。

八辈陶希皋①，审稿查有：陶希皋，年三十岁，系平凉卫带俸都指挥佥事陶文嫡长男。伊祖瑄原袭指挥同知，石城当先升署指挥使，遇例实授。父相沿推升前职。所据当先、遇例并都指挥流官职级，俱例无承袭。本舍照例革替指挥同知，嘉靖八年替职。

九辈陶岳，旧选簿查有：嘉靖四十年十二月，陶岳，年三十五岁，寿州人，系平凉卫老疾降级署正千户陶希皋庶长男。伊父原替祖职指挥同知，嘉靖三十六等年历升灵州左参将，三十八年革任回卫，四十年为声息事参降署正千户，今老疾。本舍照例暂替所降署正千户，候伊父身终之日，复袭祖职指挥同知。

十辈陶遇春，万历十二年四月，陶遇春，年十八岁，寿州人，系平凉卫故暂替署正千户纳级指挥佥事陶岳亲孙。伊曾祖陶希皋原袭祖职指挥同知，嘉靖三十八年失事参降署正千户，老。伊祖陶岳于四十年保送赴部，暂替所降署正千户，候伊曾祖陶希皋身终之日，复袭祖职指挥同知，本年遇例加纳指挥佥事。伊曾祖陶希皋，万历三年故。伊祖陶岳，万历四年故。伊父陶世忠未袭先故。所据伊祖纳级虚衔，例不准袭，本舍合照例复袭祖职指挥同知。比中二等。

十一辈陶光显，万历三十八年十二月，大选过平凉卫指挥同知一员陶光显，年二十五岁，系故指挥同知陶遇春嫡长男。比中三等。〔对讫。〕

十二辈陶唐臣，崇祯四年十月，大选过平凉卫指挥同知一员陶唐臣，年二十二岁，系故指挥同知陶光显嫡长男。比中二等。〔对讫。〕·196·

吴瀛②·指挥同知

一辈吴真。

二辈吴官音保，旧选簿查有：洪武二十五年十一月，吴彪，旧名官音奴，系府

---

① 嘉靖《平凉府志》卷二《兵制》："嘉靖九年，(陶希皋)师师征番板儿族，戮贼一百二十人。十一年守备环庆，战青沙岘，斩贼五级。十五年升中卫参将，却虏石空寺，斩贼二十，升都指挥使、宁夏副总兵。逐虏柳门儿，斩五级；又战铁柱泉，斩二百五级。二十年，战归德口，斩四十九级。援平虏城，斩一十五级，寻罢。二十九年，起为五军营左参将。三十六年，调神机营教火器，复为灵州左参将。"《嘉靖宁夏新志》卷二《宁夏总镇续·国朝副将》："陶希皋，平凉卫人，都指挥，嘉靖十六年协守(宁夏)。"
② 嘉靖《平凉府志》卷二《兵制》："吴瀛，始祖真，凤阳临淮人，甲辰年从军，渡江。洪武元年从克汴梁、潼关升总旗，克义军脑儿升百户，四年升虎贲右卫副千户，战桃林金齿，死之。"

军卫中所故世袭副千户吴真嫡长男。钦准袭职,升绍兴卫世袭指挥佥事。

三辈吴纲,缺。指挥同知功次候查。

四辈吴瑄,旧选簿查有:成化十二年十二月,吴瑄,年十三岁,临淮县人,系平凉卫故世袭指挥同知吴纲嫡长男。

五辈吴弘,旧选簿查有:弘治十五年八月,吴弘,临淮县人,系平凉卫故世袭指挥同知吴瑄亲弟。

六辈吴玺,旧选簿查有:正德十一年十月,吴玺,临淮县人,系平凉卫故指挥同知吴弘嫡长男。

七辈吴嵩,审稿查有:嘉靖十年四月,吴嵩,临淮县人,系平凉卫故指挥同知吴玺嫡长男。

八辈吴瀛,旧选簿查有:嘉靖二十六年十月,吴瀛,年九岁,临淮县人,系平凉卫故指挥同知吴嵩庶长男。照例与全俸优给,至嘉靖三十一年终住支。

嘉靖三十三年二月,吴瀛,年十六岁,临淮县人,系平凉卫故指挥同知吴嵩庶长男,优给出幼袭职。

九辈吴璘,万历元年二月,吴璘,年二十一岁,临淮县人,系平凉卫故指挥同知吴瀛嫡长男。

十辈吴国英,万历四十七年三月,大选过平凉卫指挥同知一员吴国英,年三十七岁,系故指挥同知吴璘嫡长男,比中二等。〔对讫。〕

赵登科·指挥同知

崇祯元年正月补天启七年十二月大选,过平凉卫世袭指挥同知一员赵登科,年四十五岁,凤阳县人,系故指挥同知赵偶嫡次孙。比中三等。〔对讫。〕

年远事故署指挥使一员·赵文

洪武三十三年十一月,赵惠,系平凉卫世袭指挥同知赵祥嫡长男。

宣德三年十二月,赵经,系平凉卫世袭指挥同知赵惠嫡长男。

正统六年二月,赵维,系平凉卫故世袭指挥同知赵经亲弟。

成化三年十二月,赵珣,凤阳县人,系平凉卫世袭指挥同知赵维嫡长男。

成化五年三月，平凉卫指挥同知升署指挥使二员，[内一员]赵珣。

弘治十年七月，赵文，直隶凤阳县人，系陕西平凉卫署都指挥使赵珣嫡长男。伊父原系本卫署指挥使，遇例升前职，今患疾。本人照例革替本卫署指挥使，仍于本卫支俸。

指挥同知一员·杨勋

宣德八年八月，杨政，系平凉卫故世袭指挥同知杨智亲弟。
景泰五年七月，杨荣，上海县人，系平凉卫故世袭指挥同知杨政嫡长男。
成化十五年六月，杨勋，上海县人，系平凉卫故世袭指挥同知杨荣嫡长男。

又一员·黄琮

永乐元年九月，黄琮，年十六岁，系陕西都司都指挥佥事黄庸嫡长男。父原任河州卫世袭指挥同知，洪武三十三年升指挥使，后又升前职，病故。钦准袭父原职，授平凉卫世袭指挥同知，候年二十岁比试弓马。

又一员·刘源

洪武二十六年四月，刘源，系刘洁男，见任平凉卫指挥佥事，钦升本卫世袭指挥同知。

又一员·钟容

洪武二十六年十一月，钟瑄①，系平凉卫流官指挥佥事钟彬庶长男。父为年老征伤告替。父子俱引至御前，钦依："他父从军年深，替了，越世袭指挥佥事，升他男做世袭指挥同知，回本卫管事。"

宣德六年三月，钟容，系平凉卫故世袭指挥同知钟瑄庶长男。

---

① 《明宣宗实录》卷二二：宣德元年冬十月辛巳，"册平凉卫指挥同知钟瑄侄女为襄陵王妃"。

任自重·指挥佥事

天启七年四月，大选过平凉卫指挥佥事一员任自重，年三十□岁，系故指挥佥事任住观嫡长亲男。比中三等。〔对讫。〕

保印·指挥佥事

外黄查有：保通，开城县人。祖保山奴，永乐十一年选做土民总甲征进，宣德五年黑山儿等处征阿台朵儿只伯有功，正统元年升总旗，二年碱滩等处杀夔脱火脱卜花等有功，升平凉卫中所试百户；三年白盐池有功，升实授百户，有疾。父保林替职，天顺元年于凉州团湖阵亡，例升副千户。通系亲男，八年袭授平凉卫中所副千户。

一辈保山奴，已载前黄。·199·

二辈保林，旧选簿查有：正统九年十二月，保林，系平凉卫中所百户保山奴嫡长男，钦与世袭。

阵亡功次已载三辈选条。

三辈保通，旧选簿查有：天顺八年六月，保通，开城县人，系平凉卫中所故世袭百户保林嫡长男。父于蔡旗堡等处杀贼阵亡，例升一级，照例本人该袭升副千户。

四辈保泰，旧选簿查有：弘治十二年六月，保泰，开城县人，系平凉卫中所袭升副千户保通嫡长男。

诰命查有：[保泰，]年六十一岁，原籍陕西平凉府开城县人，曾祖保山奴，永乐十一年选充土民总甲迤北征进，宣德十年黑山儿夺获人口、牛马有功，正统元年升总旗，二年石峡山口生擒脱脱卜花，升平凉卫中所试百户；三年白盐池斩首一颗升实授百户；八年风疾。祖保林，九年替，天顺二年团湖阵亡，六年升副千户。父保通，八年袭；弘治十一年老。泰系嫡长男，十二年仍替授本卫所副千户，正德四年会兵进套，凤城梁斩首一颗，五年升本卫所正千户，十年固原防御泾河滩斩首一颗，三年①升本卫指挥佥事。嘉靖元年牛圈岔斩首一颗，部下斩首五颗；五年升本

---

①此处"三年"有误，疑为"十三年"。

卫指挥同知。

五辈保邦，旧选簿查有：嘉［靖］十六年八月，保邦，开城县人，系平凉卫老疾指挥同知保泰嫡长男。伊高祖保山奴，以总甲越升总旗，功升试百户，白盐池杀贼升实授。曾祖林阵亡，升副千户；沿至父袭，历功升指挥同知。所据越升职级及白盐池功查无擒斩，相应减革，本人与替署指挥佥事事正千户。

六辈保印，旧选簿查有：隆庆元年四月，保印，开城县人，年三十五岁，系平凉卫年老署指挥佥事事正千户保邦嫡长男。查伊父保邦替职。查伊高祖保山奴，以总甲越升总旗及白盐池功无擒斩，已革与署指挥佥事事正千户。今本舍告袭，吊查诰命越升一级，例应减革；其白盐池功查有擒斩，准复与指挥佥事。

七辈保国祚，万历十三年四月，保国祚，年二十三岁，开城县人，系平凉卫患疾指挥佥事保印嫡长男。查伊父保印原袭指挥佥事。查伊曾祖保泰，嘉靖元年牛圈岔斩首一颗升指挥佥事一级，系领兵官违例报功，应照例革替正千户。比中二等。

八辈保元勋，崇祯四年三月，单本选过平凉卫中所正千户一员保元勋，年四十二岁，系故正千户保国祚嫡长男。比中三等。

尹玉·指挥佥事

外黄查有：濮清，无锡县人。有父濮祥，丙午年军，疾。将叔濮阿住代役，故。将清补役，三十三年大同升小旗，济南升总旗，三十四年西水寨升试百户，三十五年平定京师，升广武卫前所正千户。永乐三年世袭职事，系云南阳宗县人。先年被无锡县人、军人濮祥拘掳为义男，就作濮清姓名代充军，征进有功升前职。永乐八年［征］阿鲁台升指挥佥事，九年具启改正，复姓名尹贵，授流官附选。

一辈濮阿住，已载前黄。

二辈濮清，已载前黄。

三辈尹贵，已载前黄。

四辈尹忠，已载前黄。

五辈尹泰，零选簿查有：成化八年五月，尹泰，无锡县人，系平凉卫年老指挥佥事尹忠嫡长男。

六辈尹直，缺。

七辈尹玺，旧选簿查有：正德十三年六月，尹玺，无锡县人，系平凉卫世袭指挥佥事尹直堂弟。为失机事降正千户，故绝。本人袭祖职指挥佥事，故。

八辈尹玉，旧选簿查有：嘉靖四十一年六月，尹玉，年三十二岁，无锡县人，系平凉卫故指挥佥事尹玺嫡长男。

九辈尹濂，万历十九年十二月，尹濂，年二十五岁，无锡县人，系平凉卫故指挥佥事尹玉嫡长男。比中二等。

十辈尹廷瑞，崇祯六年二月，大选过平凉卫指挥佥事优给舍人一名尹廷瑞，年六岁，系故指挥佥事尹濂嫡长孙。照例与全俸优给，至崇祯十五年住支。

马昇·指挥佥事

外黄查有：马经，年五十八岁，系陕西平凉卫指挥佥事，原籍潜江县人。一世祖马俊，戊戌年充先锋，乙未年充小旗，六月选充总旗。洪武元年迤北征进升百户，二十年开设太原左护卫，二十三年除调太原右卫中所副千户，老疾。二世祖马兴系嫡长男，二十七年替，二十九年榆羊口备御升振武卫指挥佥事，三十二年调今卫，永乐七年疾。高祖马能系嫡长男，宣德二年三月替，老。曾伯祖马贤系嫡长男，正统六年二月替，阵亡。堂伯祖马云系嫡长男，天顺四年八月袭，故绝。祖马腾系堂弟，成化四年五月袭，推升署都指挥佥事，故。父马铖系嫡长男，弘治十二年七月袭，故。经系嫡长男，正德十三年十二月袭平凉卫指挥佥事。·201·

一辈马俊，已载前黄。

二辈马兴①，旧选簿查有：洪武二十七年，马兴，系太原右护卫中所世袭副千户马俊嫡长男。父为气疾，钦准替职，仍授本卫所世袭副千户。

正千户指挥佥事功次候查。

三辈马能，旧选簿查有：宣德二年三月，马能，系平凉卫世袭指挥佥事马兴嫡长男。

四辈马贤，旧选簿查有：正统六年二月，马贤，系平凉卫世袭指挥佥事马能嫡长男。

五辈马云，旧选簿查有：天顺四年八月，马云，年十五岁，山阳县人，系平凉

---

① 嘉靖《平凉府志》卷二《兵制》："（马兴）永乐五年调平凉卫，疾，子能嗣。"

卫阵亡世袭指挥佥事马贤嫡长男。

六辈马腾，旧选簿查有：成化四年五月，马腾，年十七岁，山阳县人，系平凉卫故世袭指挥佥事马云堂弟。

七辈马钺，旧选簿查有：弘治十二年七月，马钺，直隶山阳县人，系陕西都司署都指挥佥事马腾嫡长男。伊父原系平凉卫指挥佥事，保升前职，今病故。本人照例与袭指挥佥事，仍在原卫支俸。

八辈马经，旧选簿查有：正德十三年十二月，马经，年十七岁，山阳县人，系平凉卫故世袭指挥佥事马钺嫡长男。

九辈马昇，审稿查有：隆庆四年二月，马昇，年三十岁，山阳县人，系平凉卫故指挥佥事马经嫡长男。

十辈马友麟，万历二十二年二月，马友麟，年三十一岁，系平凉卫患疾指挥佥事马昇嫡长男。比中三等。

十一辈马之蛟，崇祯七年四月，大选过平凉卫指挥佥事马之蛟，年二十三岁，系老指挥佥事马友麟嫡长孙。比中三等。〔对讫。〕

甘雨·指挥佥事

外黄查有：甘忠，潜山县人。有祖甘杰，先充万户，辛丑年归附，甲辰年编伍，除百户，老疾。令叔甘冕于洪武十四年二月替职，故。父甘晟袭，升宣武卫左所世袭副千户，年深起取赴京；二十六年钦依越正千户，升除平凉卫世袭指挥佥事，故。忠系嫡长男，袭授本卫世袭指挥佥事。

一辈甘系（杰），已载前黄。·202·

二辈甘冕，已载前黄。

三辈甘晟，旧选簿查有：洪武二十六年六月，甘晟，系宣武卫左所世袭副千户。钦依越正千户，升除平凉卫世袭指挥佥事。

四辈甘忠，旧选簿查有：洪武二十八年十月，甘忠，年十三岁，系平凉卫故世袭指挥佥事甘晟嫡长男，钦袭本卫世袭指挥佥事。支俸操练，至十六岁管事。

五辈甘泽①，旧选簿查有：正统七年七月，甘泽，年十五岁，系平凉卫故世袭指挥佥事甘忠庶长男。

六辈甘瑞，旧选簿查有：弘治七年十月，甘瑞，直隶潜山县人，系陕西都司平凉卫署都指挥佥事甘泽庶长孙男。伊祖原系平凉卫指挥佥事，保升署都指挥佥事，病故。父甘禄系嫡长男，患风疾，不堪承袭。本人系甘禄庶长男，亦系甘泽庶长孙。照例革袭伊祖原职指挥佥事，于原卫支俸管理杂事。

七辈甘勋，旧选簿查有：嘉靖十年六月，甘瑞，年五十七岁，潜山县人，系平凉卫残疾指挥佥事。有嫡长男甘勋，年三十岁，告替。

八辈甘雨，旧选簿查有：嘉靖四十年十二月，甘雨，年三十七岁，潜山县人，系平凉卫老疾指挥佥事甘勋嫡长男。

九辈甘守礼，万历九年十月，甘守礼，年二十八岁，潜山县人，系平凉卫老疾指挥佥事甘雨嫡次男。伊父原替祖职指挥佥事，今老疾。应该伊兄甘守祯承替，患疾不堪，无子。本舍照例准伊替祖职指挥佥事，待后伊兄疾痊或生有儿男，退还职事。比中三等。

十辈甘永清，万历三十一年八月，大选过平凉卫指挥佥事一员甘永清，年二十二岁，潜山县人，系老指挥佥事甘守礼亲侄。比中三等。

郑表·指挥佥事

外黄查有：郑寿，旧名洪寿，年二十二岁，定远县人。祖父郑资②，甲午年归附从军，洪武元年除百户，八年除副千户，故。父郑忠袭副千户，二十九年为埋没军役事受赃犯罪，发南丹卫充军，故。寿系嫡长男，优袭副千户。郑璿，年三十五岁，系郑寿庶长男，父老疾，无嫡男。璿天顺七年替，授平凉卫左所正千户。

一辈郑资，已载前黄。

二辈郑忠，旧选簿查有：洪武二十六年五月，郑忠，系威清卫右所故百户郑资

---

①嘉靖《平凉府志》卷二《兵制》："（甘泽）天顺二年援凉州，斩一级；战滑石口，斩一级；天顺十二年战师婆涧，斩一级，升都指挥佥事，卒。"《嘉靖固原州志》卷一《文武衙门守备固原武臣》："甘泽，都指挥佥事。成化七年守备。凡十有八年，守备领敕自泽始。"

②嘉靖《平凉府志》卷二《兵制》："郑爵，始祖资，直隶定远人。甲午年从军渡江，克采石、太平，升祥符卫百户。洪武三年征定西，升庆阳卫副千户，卒。"

嫡长男。父原任副千户，为受赃容留年老总旗在伍，犯徒罪降百户，管垛集军，病故。告袭，引奏钦依还袭副千户，平凉卫左所管军。·203·

三辈郑寿，旧选簿查有：永乐十一年五月，郑寿，旧名洪寿，定远县人，系平凉卫左所为事充军夹河阵亡世袭副千户郑忠嫡长男。与全俸优给，今出幼袭职。

正千户功次：功次簿查有，天顺元年陕西宁夏等卫沙山儿、荀家滩等处擒贼获功，平凉卫副千户升正千户一员郑寿。

四辈郑璇，旧选簿查有：天顺七年二月，郑璇，凤阳府定远县人，系平凉卫左所正千户郑寿庶长男，钦与世袭。

五辈郑镛，旧选簿查有：成化二十三年五月，郑镛，定远县人，系平凉卫左所世袭正千户郑璇嫡长男。

六辈郑爵，旧选簿查有：嘉靖三年十月，郑爵，定远县人，系平凉卫左所故世袭正千户郑镛嫡长男。

功次簿查有：嘉靖五年为截杀斩获首级事，二人共斩贼级一颗，为首官旗十员名，平凉卫左所正千户升指挥佥事内一员郑镛。

七辈郑表，旧选簿查有：嘉靖四十三年六月，郑表，年二十四岁，定远县人，系平凉卫年老指挥佥事郑爵嫡长孙。

八辈郑国臣，万历二十二年二月，郑国臣，年十六岁，系平凉卫故指挥佥事郑表嫡长男。比中三等。

陈扬·指挥佥事

内黄查有：陈敬，合肥县人。父陈铭，旧名陈三，乙未年充军，洪武八年选充威武卫小旗，十七年升充羽林右卫总旗，十九年钦除府军左卫流官百户，二十一年除平凉卫中所世袭副千户，三十三年选署指挥佥事，三十四年故。敬系嫡长男，三十五年袭，授平凉卫指挥佥事。永乐三年钦与流官职事。

一辈陈铭，一载前黄。

二辈陈敬，旧选簿查有：永乐八年，平凉卫中所副千户升正千户陈敬。

三辈陈清，旧选簿查有：宣德五年十一月，陈清，系平凉卫中所故正千户陈敬嫡长男，钦与世袭。

四辈陈英，旧选簿查有：景泰六年七月，陈英，合肥县人，系平凉卫中所世袭正千户陈清嫡长男。

五辈陈怀，旧选簿查有：成化十年十二月，陈怀，合肥县人，系平凉卫中所故世袭正千户陈英亲弟。

六辈陈纲，旧选簿查有：弘治十四年二月，陈岗（纲），合肥县人，系平凉卫中所世袭正千户陈怀嫡长男。 ·204·

七辈陈铉，旧选簿查有：嘉靖八年四月，陈铉，年三十七岁，合肥县人，系平凉卫中所老疾世袭正千户陈纲嫡长男。

功次簿查有：嘉靖十五年三月固原等处获功，二人共斩首一颗，为首升实授一级，平凉卫中所正千户升指挥佥事一员陈铉。

八辈陈振①，旧选簿查有：嘉靖二十八年四月，陈振，年二十三岁，系合肥县人，系平凉卫老疾指挥佥事陈铉嫡长男。

职方司手本查有：内开巡按直隶御史李凤毛②题，称嘉靖三十五年六月，宣府张家堡阵亡官陈瑶、千总官陈振等九员，该本部议将陈瑶各儿男保送［赴］部，于祖职上加升三级世袭等。因奉圣旨："是，陈瑶等加袭。依拟。钦此。"

九辈陈扬，旧选簿查有：嘉靖三十八年二月，陈扬，年二十二岁，合肥县人，系平凉卫阵亡指挥佥事陈振亲弟。伊兄原袭指挥佥事，嘉靖三十五年黄土梁阵亡。奉钦依将儿男保送赴部，于祖职上加升三级世袭。今无嗣，本舍照例于指挥佥事上加伊兄阵亡三级，与袭都指挥佥事。

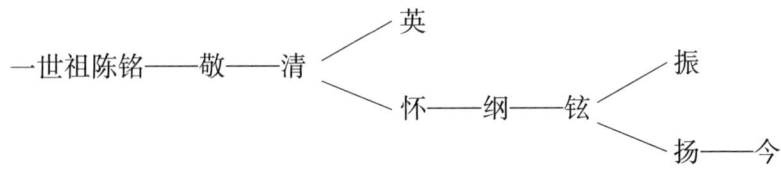

十辈陈九仪，万历二十三年正月，陈九仪，年二十三岁，合肥县人，系平凉卫故都指挥佥事陈扬嫡长男。伊父原袭都指挥佥事，万历十二年推升参将，二十一年故。所据伊伯陈振阵亡功三级并伊父推升流官，俱例不准袭，本舍合照例准袭指挥佥事。比中一等。

十一辈陈九礼，万历三十年十月，大选过平凉卫照旧指挥佥事一员陈九礼，年

---

①嘉靖《平凉府志》卷二《兵制》：陈振，"（嘉靖）三十五（年）入卫，师至鸡鸣山，遇虏死之。弟扬嗣，荫都指挥佥事"。
②李凤毛：字宇翔，四川成都府彭县人。

三十岁，合肥县人，系故指挥佥事陈九仪亲弟。比中一等。〔对讫。〕

年远事故指挥佥事一员·赵宝

成化五年十月，赵雄，通州人，系平凉卫世袭指挥佥事赵俊嫡长男。

弘治十五年四月，赵宝，年六岁，通州人，系平凉卫故世袭指挥佥事赵雄庶长男，伊父在忠义右卫带俸。钦与全俸优给，至弘治二十四年终住支。·205·

又一员·戚安

永乐九年四月，戚安，年八岁，系平凉卫阵亡流官指挥佥事戚聚嫡长男。敬与全俸优给，至永乐十六年终住支。

永乐十七年五月，戚安，系平凉卫阵亡流官指挥佥事戚聚嫡长男。

又一员·韩忠

永乐二十年六月，韩友，系平凉卫阵亡流官指挥佥事韩春庶长男。

正统十四年十二月，韩忠，系平凉卫阵亡指挥佥事韩友嫡长男。

又一员·李忠

洪武二十六年四月，李忠，系李青男，见任兰州卫百户，钦依越正副千户，升除平凉卫世袭指挥佥事。

又一员·李能

宣德十年八月，李能，系平凉卫指挥佥事李胜堂侄孙。

又一员·陈玉

成化十年九月，陈玉，固安县人，系平凉卫指挥佥事陈达嫡长男。

又一员·张英

永乐八年，平凉卫正千户升指挥佥事张智、户名张必达。

永乐十七年五月，张麟，系平凉卫故指挥佥事张智、户名张必达庶长男。

正统十年三月，张玉山，系平凉卫故世袭指挥佥事张麟堂弟。先因患病，不堪承袭，□男张振成袭职，病故。本人前病今痊，可准袭职。

成化六年六月，张英，无为州人，系平凉卫世袭指挥佥事张玉山嫡次孙。祖病故，本人未生。父张胜患疾，已与优养。续生本人，今长壮，该与承袭，仍将伊父优养俸粮开除。

充军指挥佥事一员·东昇

编军簿查有：陕西平凉卫指挥佥事东昇，嘉靖二十五年五月犯该监守自盗律斩，系杂犯，照例发边卫，编浔州卫左所永远充军。

李得春·卫镇抚

一辈李良儿，缺。

二辈李英，旧选簿查有：洪武三年九月，平凉卫军民指挥使司试卫镇抚李英。

三辈李俊，旧选簿查有：宣德四年，李俊，系平凉卫署卫镇抚事世袭副千户李英嫡长男。

四辈李贵，旧选簿查有：成化三年三月，李贵，昌邑县人，系平凉卫故世袭卫镇抚李俊嫡长孙。

五辈李钦，旧选簿查有：弘治十三年六月，李钦，昌邑县人，系平凉卫世袭卫镇抚李贵嫡长男。

六辈李政，旧选簿查有：正德十年十二月，李政，昌邑县人，系平凉卫故世袭卫镇抚李钦嫡长男。·207·

七辈李得春，堂稿簿查有：嘉靖四十五年三月，一件袭替优给事，计开替职官二十四员内一员李得春，年三十岁，昌邑县人，系平凉卫在外不回卫镇抚李政庶次男。伊父原袭祖职卫镇抚，嘉靖三十五年往原籍取讨盘缠不回。兄李得时风瘫，不堪承替，无子。本舍照例与借祖职卫镇抚，待后伊兄李得时疾痊或生有儿男，退还职事。

七辈李得时，零选查有：隆庆三年，李得时，年四十二岁，昌邑县人，系平凉卫故卫镇抚李得春亲兄。

八辈李茂，万历二十二年三月，李茂，年十九岁，昌邑县人，系平凉卫故卫镇抚李得时嫡长男。比中三等。

九辈李奇勋，崇祯九年十月，大选过平凉卫卫镇抚一员李奇勋，年十七岁，系老卫镇抚李茂庶长男。比中三等。〔对讫。〕

翟昆·卫镇抚

外黄查有：翟善，旧名清，滕县人。有叔翟顺，吴元年从军，洪武三十二年为叔眼疾，将善代役，三十三年济南升小旗，三十四年夹河升试百户，三十五年平定京师升陈州卫左所副千户。

一辈翟清①，已载前黄。

二辈翟顺，已载前黄。

三辈翟善，已载前黄。

四辈翟刚，旧选簿查有：正统二年十一月，翟刚，系平凉卫世袭卫镇抚翟善亲次侄。有亲兄翟马驹逃走出外，今久不知下落。钦准本人替职，仍令打听伊兄下落。

五辈翟振，旧选簿查有：成化十五年六月，翟振，滕县人，系平凉卫世袭卫镇抚翟刚嫡长男。

---

① 嘉靖《平凉府志》卷二《兵制》："翟林，始祖清，山东滕县人。吴元年从军，洪武三十二年从靖难，战白沟河升小旗，克东昌、夹河升试百户；三十五年克东阿、汶上，渡江升副千户。洪熙元年调平凉卫镇抚，老。"

六辈翟贤，旧选簿查有：弘治十五年九月，翟贤，滕县人，系平凉卫世袭卫镇抚翟振嫡长男。

七辈翟林，旧选簿查有：嘉靖十五年三月，翟林，年三十六岁，滕县人，系平凉卫故卫镇抚翟贤嫡长男。·208·

八辈翟昆，旧选簿查有：嘉靖四十三年九月，翟昆，年三十八岁，滕县人，系平凉卫老疾卫镇抚翟林嫡长男。

九辈翟世勋，万历十三年二月，翟世勋，年三十五岁，滕县人，系平凉卫患疾卫镇抚翟昆嫡长男。比中三等。

十辈翟瑛，万历四十年十月，大选过平凉卫卫镇抚一员翟瑛，年二十五岁，系老卫镇抚翟世勋嫡长男。比中二等。〔对讫。〕

康诰·署指挥佥事事正千户

外黄查有：康辅，息县人。有外曾祖黄敬，先甲辰年从军，乙巳年选充小旗，洪武三年故。将祖父康来保作黄来保补役，三十二年郑村坝升副千户，三十三年济南升正千户，三十四年西水寨升指挥佥事，三十五年小河阵亡。有父康宁，旧名黄斌，永乐元年为祖阵亡，升通州卫世袭指挥同知，七年阵亡。辅系嫡长男，康和系康辅嫡长孙。

一辈黄敬，已载前黄。

二辈康来保，已载前黄。

三辈康宁，已载前黄。

四辈康辅，旧选簿查有：正统四年十月，通州卫调平凉卫指挥同知康辅。

五辈康永，旧选簿查有：成化六年五月，康永，息县人，系平凉卫世袭指挥同知康辅嫡长男。

六辈康和，旧选簿查有：成化十五年正月，康和，息县人，系平凉卫故世袭指挥同知康永嫡长男。

七辈康隆，旧选簿查有：弘治十二年四月，康隆，息县人，系平凉卫世袭指挥同知康和嫡长男。

八辈康昆，旧选簿查有：嘉靖十九年十月，康昆，息县人，系平凉卫老疾指挥同知康隆嫡长男。伊始祖宁顶补外祖黄敬，先小旗，历升指挥同知。祖、父相沿。

所据外祖异姓军功，例无承袭，本人照例革替署指挥佥事事正千户。

堂稿簿查有：一件为陈时弊度房情等事，内开查催嘉靖三十二年分秋夏粮草未完七分以上者，管屯官调边卫官十九员内平凉卫指挥佥事康昆调宁夏中卫。

九辈康诰，审稿簿查有：隆庆三年八月，康诰，年二十八岁，息县人，系平凉卫故指挥佥事康昆嫡长男。伊父原革替祖职署指挥佥事事正千户，嘉靖三十年因催征屯粮不及分数，参调宁夏中卫。隆庆元年遇宥赦回原卫，故。本舍照例袭祖职指挥佥事事正千户，仍回原卫。·209·

十辈康元勋，万历四十六年六月，大选过平凉卫照旧署指挥佥事事正千户一员康元勋，年二十三岁，系老署指挥佥事事正千户康诰庶长男。比中三等。〔对讫。〕

王佐·署指挥佥事事正千户

内黄查有：王胜，旧名阿升，昆山县人。有兄王回住，丙午年从军，故。次兄王皮补役，洪武三十三年升小旗，阵亡。将胜补升试百户，三十五年克金川门升副千户，永乐三年钦与世袭职事。王骥系王胜嫡长男，父老疾。骥正统七年钦准替授平凉卫中所世袭副千户。

一辈王皮，已载前黄。

二辈王胜，已载前黄。

三辈王骥，旧选簿查有：正统七年七月，王骥，系平凉卫中所世袭副千户王胜嫡长男。

署指挥佥事功次已载四辈选条。

四辈王瑄，旧选簿查有：王瑄，昆山县人，系武城后卫中所世袭副千户王骥嫡长男。父原系副千户，德胜门等处历功，该升指挥佥事，未升，故。本人先因年幼，已与改正，升与署指挥佥事事正千户俸优给，后遇例实授。今出幼，该袭指挥佥事。

五辈王佐，旧选簿查有：嘉靖十四年十二月，王佐，年九岁，昆山县人，系柳州卫故指挥佥事王瑄嫡长男。伊父原袭署指挥佥事，天顺八年遇例实授，故。所据遇例职级例应减革，本人照例革与署指挥佥事事正千户俸优给，至嘉靖二十年终住支。

李经·署指挥佥事正千户

外黄查有：李杲，滁州人。曾祖李来住，丙午年顶异父周来住名字充军，老。祖李彬替役，三十三年克雄县升小旗，济南升总旗，三十四年西水寨升试百户，三十五年克应天府升虎贲右卫后所正千户。复姓李，宣德元年调平凉卫，老。祖李广替职，故。父李谦袭职。杲系嫡长男，弘治十年替本卫所正千户。·210·

一辈李彬，已载前黄。

二辈李广，旧选簿查有：宣德三年二月，李广，系平凉卫左千户所世袭正千户李彬、旧姓周嫡长男。

三辈李谦，旧选簿查有：天顺八年四月，李谦，滁州人，系平凉卫左所故世袭正千户李广嫡长男。

四辈李杲，旧选簿查有：弘治十年十月，李杲，滁州人，系平凉卫左所世袭正千户李谦庶长男。

五辈李经，旧选簿查有：嘉靖十六年十月，李经，滁州人，系平凉卫故指挥佥事李杲嫡长男。伊父杲原袭正千户，平凉功升前职。所据平凉功查无擒斩，例应减革。本人照例革袭署指挥佥事正千户。

六辈李实，万历五年六月，李实，年□十七岁，滁州人，系平凉卫故署指挥佥事事正千户李侍（经）嫡长男。比中二等。

七辈李先茂，万历三十年四月，李先茂，年二十五岁，系平凉卫患疾署指挥佥事事正千户李实嫡长男。比中一等。

八辈李国栋，天启二年正月补天启元年十二月大选，过平凉卫署指挥佥事事正千户一员李国栋，年二十三岁，系故署指挥佥事事正千户李先茂嫡长男。比中三等。〔对讫。〕

九辈李松年，崇祯四年四月，大选过平凉卫署指挥佥事正千户优经舍人一名李松年，年七岁，系故署指挥佥事正千户李国栋嫡长男。照例与俸优给，至崇祯十二年终住支。〔对讫。〕

黄金重·正千户

内黄查有：黄英，合肥县人。祖黄礼，丁酉年归附，壬寅年充小旗，洪武元年调河南右卫，四年并充总旗，十一年除庆阳卫中所试百户，十二年实授，十六年疾。父黄清，二十四年替世袭百户，二十六年越副千户，升平凉卫左所正千户，二十一年故。因英年幼，叔黄渊借职，三十五年袭正千户。英出幼，永乐元年袭正千户，叔闲住。黄贵系黄英堂弟。堂兄故，无儿男，贵宣德五年袭。

一辈黄礼，已载前黄。·211·

二辈黄清，旧选簿查有：洪武二十六年六月，黄清，系黄礼男，见任庆阳卫中所世袭百户，钦依越副千户，升除平凉卫左所世袭正千户。

三辈黄渊，已载前黄。

四辈黄英，旧选簿查有：永乐元年闰十一月，黄英，系平凉卫左所故世袭正千户黄清嫡长男。先因父病故，有叔黄渊借袭职事。今英告取职事，钦依袭授本卫所世袭正千户，叔闲住。

五辈黄贵，旧选簿查有：宣德五年十一月，黄贵，系平凉卫左所故世袭正千户黄英堂弟。

六辈黄祯，旧选簿查有：天顺七年八月，黄祯，合肥县人，系平凉卫左所世袭正千户黄贵嫡长男。

七辈黄杰，旧选簿查有：正德三年九月，黄杰，合肥县人，系平凉卫左所故世袭正千户黄祯嫡长男。

八辈黄玺，旧选簿查有：正德十四年二月，黄玺，合肥县人，系平凉卫左所故绝世袭正千户黄杰堂兄。

九辈黄金重，旧选簿查有：嘉靖二十四年二月，黄金重，年十七岁，合肥县人，系平凉卫左所故正千户黄玺嫡长男。

十辈黄道，万历三年四月，黄道，年二十五岁，合肥县人，系平凉卫左所故正千户黄金重嫡长男。

十一辈黄国胤，万历二十九年二月，黄国胤，年二十五岁，系平凉卫左所患疾正千户黄道嫡长男。比中三等。

十二辈黄锦，崇祯四年六月，大选过平凉卫左所正千户一员黄锦，年三十八岁，系故正千户黄国胤嫡长男。比中三等。〔对讫。〕

左所年远事故正千户一员·余海

宣德六年四月，余真，系平凉卫左所世袭副千户余得水嫡长男。
景泰元年六月，余彪，系平凉卫左所故世袭正千户余真嫡长男。
弘治四年八月，余海，昆山县人，系平凉卫左所世袭正千户余彪嫡长男。 ·212·

又一员·朱政

正统九年十一月，朱能，系平凉卫左所世袭正千户朱成嫡长男。
成化四年九月，朱政，无为州人，系平凉卫左所世袭正千户朱能嫡长男。

又一员·梁广

永乐十年八月，梁广，年七岁，系平凉卫左所失陷正千户梁友、顶名户梁胜庶长男。敬与全俸优给，至永乐十八年终住支。
永乐十九年七月，梁端，旧名端生，系平凉卫左所故正千户梁友、顶户名梁胜堂弟。侄梁广优给，病故。

优养一员·刘得

宣德六年七月，刘得，年六十六岁，系平凉卫左所世袭正千户，今为老疾。有嫡长男刘海，患两眼残疾，不堪承替，别无承替之人，钦与全俸优养。

陆瑾①·署镇抚事副千户

一辈陆斌，旧选簿查有：永乐十六年六月，平凉卫世袭卫镇抚陆斌，系副千户改。

---

① 嘉靖《平凉府志》卷二《兵制》："陆瑾，始祖清，直隶五河人。吴元年从军，洪武元年调济南卫。子斌代，从靖难，战白沟河升小旗，战东昌、夹河升试百户，渡江升副千户，永乐十六年调平凉卫，卒。"

二辈陆麟，旧选簿查有：宣德元年十一月，陆麟，系平凉卫署卫镇抚事故世袭副千户陆斌嫡次男。·213·

三辈陆瑄，旧选簿查有：成化元年三月，陆瑄，五河县人，系平凉卫卫镇抚陆麟嫡长男。

四辈陆文，旧选簿查有：弘治元年九月，陆文，五河县人，系平凉卫世袭卫镇抚陆瑄嫡长男。

五辈陆瑾，旧选簿查有：正德八年二月，陆瑾，五河县人，系平凉卫故署镇抚事副千户陆文嫡长男。

六辈陆雄，隆庆四年十二月，陆雄，五河县人，系平凉卫故署卫镇抚事副千户陆瑾庶长男。

七辈陆虎，万历十六年二月，陆虎，年四十三岁，五河县人，系平凉卫故署卫镇抚事副千户陆雄堂兄。比中三等。

八辈陆彩，万历三十六年二月，大选过平凉卫署卫镇抚事副千户陆彩，年三十二岁，系故署卫镇抚事副千户陆虎嫡长男。比中二等。

九辈陆国祯，崇祯十年正月补九年十二月大选，过平凉卫署卫镇抚事副千户一员陆国祯，年三十三岁，系陆彩嫡长男。比中三等。〔对讫。〕

魏相·副千户

内黄查有：魏庄，邹平县人，洪武三十三年招募赴济南朝见，除武功中卫左所实授百户，三十五年克金川门升武功中卫左所副千户。魏著系魏庄亲侄，伯故，有嫡次男魏英，矮短，不堪承袭。著借袭，待有男还与职事。魏选系魏著嫡长男，正统十年调平凉卫左所。魏钦系魏选嫡长男，魏经系魏钦嫡长男。

一辈魏庄，已载前黄。

二辈魏著，旧选簿查有：正统元年六月，魏著，系武功左所故世袭副千户魏庄亲侄。伯有嫡次男魏英，身材矮短，不堪承袭。钦准本人袭职，待有男还与职事。

三辈魏选，旧选簿查有：天顺二年闰二月，魏选，邹平县人，系平凉卫右所世袭副千户魏著嫡长男。

四辈魏钦，旧选簿查有：成化十八年六月，魏钦，邹平县人，系平凉卫左所故世袭副千户魏选嫡长男。

五辈魏经，旧选簿查有：嘉靖四年十二月，魏经，邹平县人，系平凉卫左所老疾世袭副千户魏钦嫡长男。·214·

六辈魏相，旧选簿查有：嘉靖二十五年二月，魏相，邹平县人，系平凉卫左所故副千户魏经庶长男。

七辈魏国忠，万历二年二月，魏国忠，年十七岁，邹平县人，系平凉卫左所故副千户魏相庶长男。〔查讫。〕

八辈魏璋，天启三年二月，单本选过平凉卫左所正千户一员魏璋，年三十五岁，系故正千户魏国忠嫡长男。伊父原袭祖职副千户，于万历二十年九月内克复宁夏获斩升正千户，今故。本舍以子承父，查无违碍，合准袭正千户。比中三等。〔对讫。〕

田登·副千户

外黄查有：田润，泗州人。有父田胜，旧名文胜，辛丑年归附充小旗，壬寅年充总旗，洪武四年除百户，十一年调权平凉卫左所千［户］，十二年授流官副千户，二十三年为父老疾告替。润系嫡长男，二十七年替，授平凉卫左所副千户。

一辈田胜，已载前黄。

二辈田润，旧选簿查有：洪武二十七年四月，田润，系平凉卫左所流官副千户田胜嫡长男。父为老疾，钦准替职，与世袭，仍授本卫所世袭副千户。

三辈田茂，旧选簿查有：永乐十五年八月，田茂，年十七岁，系平凉卫左所故世袭副千户田润嫡长男。

四辈田和，旧选簿查有：景泰二年二月，田和，系平凉卫左所故世袭副千户田茂嫡长男。

五辈田能，旧选簿查有：天顺元年五月，田能，系陕西都司平凉卫左所世袭副千户田和亲弟。兄为事立功，病故。本人年壮，照例袭职，调宁夏中卫左所。

六辈田璟，旧选簿查有：成化六年五月，田璟，年十五岁，泗州人，系平凉卫左所故世袭副千户田能嫡长男。

七辈田英，旧选簿查有：正德三年十二月，田英，泗州人，系平凉卫左所世袭副千户田璟嫡长男。

八辈田登，旧选簿查有：嘉靖十七年二月，田登，泗州人，系平凉卫左所老疾副千户田英嫡长男。

九辈田时新，万历二十三年十月，田时新，年二十八岁，系平凉卫左所故副千户田登庶男。比中三等。

左所副千户一员·周纲

宣德八年五月，周信，系平凉卫左所世袭百户周胜嫡长男。

成化十年七月，周勇，泰州人，系平凉卫左所副千户周信嫡长孙。

正德十二年八月，周纲，泰州人，系平凉卫左所在南京鹰扬卫左所带俸世袭副千户周勇嫡长男。

年远事故一员·邢端

永乐元年十一月，邢真，年十五岁，系宁夏左屯卫后所为事充失陷世袭百户邢福亲侄。钦准袭职，授平凉卫左所世袭百户。

永乐十八年十二月，邢真，系平凉卫左所百户升副千户。

正统八年十月，邢端，系平凉卫左所副千户邢真嫡长男，钦与世袭。

又一员·张贵

永乐十八年三月，张贵，旧名午儿，系平凉卫左所阵亡副千户张广、顶户名张子成亲侄。

又一员·端铠

宣德七年八月，端诚，系平凉卫左所故世袭副千户端礼嫡长男。

成化四年九月，端铠，溧水县人，系平凉卫左所世袭副千户端诚嫡长男。

赵文逵·试百户

万历三十九年十二月，大选过平凉卫中所署试百户事仍食总旗名粮赵文逵，年三十岁，系故试百户赵良和嫡长男。查万历元年题准阵亡止于应袭子孙照旧袭升；若以伯、叔、弟、侄冒并，候袭替之日，一体查革。今赵良相阵亡，而弟良和得袭试百户，相应查革。本舍量减袭署试百户事，仍食总旗名粮。比中三等。

贾振[①]·世袭百户·土人

一辈贾逵，缺。

二辈贾成，旧选簿查有：永乐二年，贾成，年十五岁，系西安左护卫左所为事充军砍蛮子头故世袭百户贾逵嫡长男。钦与袭职，授西安后卫左所世袭百户，候年二十岁比试弓马。

三辈贾瑄，旧选簿查有：宣德四年三月，贾瑄，年十七岁，系平凉卫左千户所故世袭百户贾成嫡长男。

四辈贾弘，旧选簿查有：弘治元年三月，贾弘，临汾县人，系平凉卫左所故世袭百户贾瑄嫡长孙。

五辈贾晟，旧选簿查有：正德十三年三月，贾晟，临汾县人，系平凉卫左所阵伤故绝世袭百户贾弘亲侄。

六辈贾振，旧选簿查有：嘉靖三十五年六月，贾振，临汾县人，系平凉卫左所年老世袭百户贾晟嫡长男。

七辈贾承业，旧选簿查有：隆庆六年七月，贾承业，年十八岁，临汾县人，系平凉卫左所阵亡实授百户贾振亲弟。伊兄原袭祖职实授百户，嘉靖四十五年红崖沟阵亡。该本部题奉钦依应继儿男袭升一级，绝嗣。所据伊兄阵亡一级例难并袭，本舍照例准袭祖职实授百户。·217·

八辈贾伟，天启三年四月，大选过平凉卫左所实授百户一员贾伟，年三十九岁，系故实授百户贾承业嫡长男。比中三等。〔对讫。〕

①嘉靖《平凉府志》卷二《兵制》："贾振，始祖逵，山西临汾人。洪武十四年垛军升总旗，十七年征哈剌哈，升西安左卫百户，卒。"

张隆·世袭百户

一辈张住,缺。

二辈张胜,旧选簿查有:宣德三年十一月,张胜,系平凉州(卫)左千户所百户张住嫡长男。

三辈张诩,旧选簿查有:景泰七年五月,张诩,江都县人,系平凉卫左所世袭百户张胜嫡长男。

四辈张雄,旧选簿查有:成化十四年二月,张雄,江都县人,系平凉卫左所故世袭百户张诩嫡长男。

五辈张镇,旧选簿查有:正德十二年八月,张镇,江都县人,系平凉卫左所故世袭百户张雄嫡长男。

六辈张隆,旧选簿查有:嘉靖元年三月,张隆,江都县人,系平凉卫左所故绝世袭百户张镇亲弟。

七辈张威,万历七年四月,张威,年二十四岁,江都县人,系平凉卫左所故世袭百户张隆庶长男。比中三等。

八辈张文炳,天启二年八月,大选过平凉卫左所实授百户一员张文炳,年二十五岁,系故实授百户张威庶长男。比中三等。〔对讫。〕·218·

贾栋·实授百户

外黄查有:贾铭,邹平县人。有父贾瑾,洪武三年充总旗,二十四年为年深全总旗,除锦衣卫右所世袭百户;二十九年为倒死马牛事犯斩罪,免死,发开平拿达子;三十年复职,调威房卫中所世袭百户,永乐元年故。有嫡长兄贾迪,先年故。铭系嫡次男,二年袭平凉卫左所世袭百户。

一辈贾瑾,已载前黄。

二辈贾铭,旧选簿查有:永乐二年十二月,贾铭,系平凉卫左所故世袭百户贾瑾嫡次男。

三辈贾瑢,旧选簿查有:正统元年闰六月,贾瑢,系平凉卫左所世袭百户贾铭嫡长男。

四辈贾忠,旧选簿查有:天顺八年六月,贾忠,年十六岁,邹平县人,系平凉卫左所故世袭百户贾瑢嫡长男。

五辈贾志，旧选簿查有：成化十四年二月，贾志，邹平县人，系平凉卫左所故世袭百户贾忠亲弟。

六辈贾源，旧选簿查有：正德七年十月，贾源，邹平县人，系陕西都司平凉卫左所世袭百户贾志庶长男。伊父今故，本人照例袭授本卫所世袭百户。

七辈贾朝，旧选簿查有：嘉靖二十九年六月，贾朝，邹平县人，系平凉卫左所故世袭百户贾源嫡长男。

八辈贾栋，旧选簿查有：隆庆二年二月，贾栋，年二十六岁，邹平县人，系平凉卫左所故实授百户贾朝嫡长男。

林松·实授百户

外黄查有：林春，高邮州人。父林成，丙午年归附充马军，吴元年充崇德卫总旗，洪武二十二年除西安左护卫中所世袭百户，二十四年调平凉卫左所，二十六年老。兄林贵，三十一年替，三十四年故。兄有嫡长男林斗斗，幼小。春系亲弟，三十五年袭平凉卫左所世袭百户，待侄长成还与职事。

一辈林成，已载前黄。

二辈林贵，已载前黄。

三辈林春，已载前黄。

四辈林让，旧选簿查有：永乐十一年五月，林让，系平凉卫左所故世袭百户林春亲侄，钦准袭授本卫所百户。

五辈林泰，缺。

六辈林祥，旧选簿查有：景泰七年五月，林祥，高邮州人，系平凉卫左所故世袭百户林让嫡次男。已与侄林泰优给，病故。

七辈林清，旧选簿查有：弘治十六年九月，林清，高邮州人，系平凉卫左所世袭百户林祥嫡长孙。

八辈林松，旧选簿查有：嘉靖二十二年二月，林松，高邮州人，系平凉卫左所老疾实授百户林清亲侄。

九辈林有昇，万历七年十二月，林有昇，年二十一岁，高邮州人，系平凉卫左所故实授百户林松庶长男。伊父原袭祖职世袭百户，嘉靖三十四年委管屯粮，参调宁夏卫左所；隆庆二年遇宥回卫，隆庆四年故。本舍照旧准袭祖职世袭百户。比中三等。

十辈林国柱，万历三十年四月，林国柱，年二十四岁，系平凉卫左所故世袭百户林有昇嫡长男。比中三等。〔对讫。〕

宋鹀·实授百户

外黄查有：宋祯，寿州人，系宋敏、旧名关儿嫡长男。有祖宋旺，先系舒城县军，甲辰年归附选小旗，洪武元年充总旗，二十二年老，征伤残疾。父宋敏代并，仍充总旗；二十四年为年深总旗赴京，二十五年钦除平凉卫左所世袭百户，三十五年故。祯永乐二年钦准袭授本卫所世袭百户。

一辈宋旺，已载前黄。

二辈宋敏，已载前黄。

三辈宋祯，旧选簿查有：永乐二年五月，宋祯，年十五岁，系平凉卫左所失陷世袭百户宋敏嫡长男。

四辈宋刚，旧选簿查有：永乐十年正月，宋刚，年十六岁，系平凉卫左所故世袭百户宋祯亲弟。

五辈宋安，旧选簿查有：永乐十七年五月，宋安，年十七岁，系平凉卫左所故世袭百户宋刚亲弟。·220·

六辈宋轨，旧选簿查有：天顺七年二月，宋轨，年十六岁，寿州人，系平凉卫左所世袭百户宋安庶长男。

七辈宋经，旧选簿查有：正德二年七月，宋经，寿州人，系平凉卫左所老疾世袭百户宋轨庶长男。

八辈宋震，旧选簿查有：嘉靖十四年二月，宋震，寿州人，系平凉卫左所老疾百户宋经嫡长男。

九辈宋鹀，旧选簿查有：隆庆三年四月，宋鹀，年三十一岁，寿州人，系平凉卫左所年老实授百户宋震嫡长男。

十辈宋英，万历二十三年八月，宋英，年二十七岁，系平凉卫左所患疾世袭百户宋鹀嫡长男。比中一等。

十一辈宋雄，万历二十八年十月，宋雄，年三十岁，系平凉卫左所故实授百户宋英堂弟。比中三等。

十二辈宋铉，崇祯五年正月补四年十二月大选，过平凉卫左所实授百户一员宋铉，年四十三岁，系老实授百户宋雄嫡长男。比中三等。〔对讫。〕

施振·实授百户

内黄查有：施贵，沔阳州人。有父施荣，癸卯年归附，洪武二年充总旗，十八年除流官百户，二十三年为役使军人，二十四年充军，二十五年复职，二十六年除平凉卫左所世袭百户，老。贵系嫡长男，二十九年五月替职，仍授平凉卫左所世袭百户。

一辈施荣，旧选簿查有：洪武二十五年四月，平凉卫左所世袭百户施荣。

二辈施贵，旧选簿查有：洪武二十九年五月，施贵，系平凉卫左所世袭百户施荣嫡长男。为父老疾，钦准替职，仍授本卫所世袭百户。

三辈施广，旧选簿查有：宣德六年四月，施广，系平凉卫左所世袭百户施贵嫡长男。

四辈施祥，旧选簿查有：天顺元年七月，施祥，年十六岁，玉沙县人，系平凉卫左所世袭百户施广嫡次男。

五辈施铎，旧选簿查有：成化三年八月，施铎，玉沙县人，系平凉卫左所伤故世袭百〔户〕施祥亲弟。

六辈施瑛，旧选簿查有：弘治十三年六月，施瑛，玉沙县人，系平凉卫左所世袭百户施铎嫡长男。

七辈施文，旧选簿查有：正德十二年四月，施文，玉沙县人，系平凉卫左所世袭百户施瑛嫡长男。

八辈施振，旧选簿查有：嘉靖三十一年二月，施振，沙河（玉沙）县人，系平凉卫左所世袭百户施文庶长男。

九辈施诏，万历七年六月，施诏，年十八岁，玉沙县人，系平凉卫左所故世袭百户施振嫡长男。比中三等。

丁钦·百户

外黄查有：丁全，泰州人。有父丁贤，先张氏下千户，吴元年归附选充小旗，征山东等处选充总旗，洪武二十三年征伤残疾。令兄丁宗、旧名皂住代并，仍充总旗；二十四年钦取年深总旗赴京，三十五钦除平凉卫左所世袭百户，三十四年故，别无男儿。全系亲弟，三十五年准袭，仍授平凉卫左所世袭百户。

一辈丁贤，已载前黄。

二辈丁宗，已载前黄。

三辈丁全，已载前黄。

四辈丁刚，旧选簿查有：宣德六年九月，丁刚，系平凉卫左所世袭百户丁全嫡长男。

五辈丁鉴，旧选簿查有：正统十二年七月，丁鉴，年五岁，系平凉卫左所故世袭百户丁刚庶长男。钦与全俸优给，至正统二十一年终住支。

六辈丁振，旧选簿查有：弘治四年十月，丁振，泰州人，系平凉卫左所世袭百户丁鉴嫡长男。

七辈丁钦，旧选簿查有：嘉靖十四年二月，丁钦，泰州人，系平凉卫左所年老百户丁振嫡长男。

八辈丁麒，隆庆五年十月，丁麒，年四十九岁，泰州人，系平凉卫左所年老实授百户丁钦嫡长男。

九辈丁钺，万历十四年十二月，丁钺，年三十二岁，泰州人，系平凉卫左所故实授百户丁麒嫡长男。比中三等。

十辈丁勇，崇祯元年正月补天启七年十二月大选，过平凉卫左所实授百户一员丁勇，年四十四岁，系故实授百户丁钺嫡长男。比中三等。〔对讫。〕·222·

曹钦①·百户

一辈曹宽，旧选簿查有：洪武二十五年五月，曹宽，系泰州总旗，钦除平凉卫

---

① 嘉靖《平凉府志》卷二《兵制》："曾（曹）钦，始祖宽，河南唐县人。吴元年归附充总旗，洪武七年调平凉卫左所，二十五年升百户，老。"

左所世袭百户。

二辈曹均，旧选簿查有：永乐四年五月，曹均，系平凉卫左所世袭百户曹宽嫡长男。

三辈曹广，旧选簿查有：洪熙元年八月，曹广，系平凉卫左所故世袭百户曹均嫡长男。

四辈曹雄，旧选簿查有：正统十三年十一月，曹雄，系平凉卫左所世袭百户曹广嫡长男。

五辈曹文，旧选簿查有：弘治七年七月，曹文，年十七岁，唐县人，系平凉卫左所故世袭百户曹雄庶长男。

六辈曹钦，旧选簿查有：嘉靖十四年二月，曹钦，年三十二岁，唐县人，系平凉卫左所故百户曹文嫡长男。

七辈曹勋，隆庆五年十月，曹勋，年三十九岁，唐县人，系平凉卫左所年老实授百户曹钦嫡长男。

八辈曹可友，天启六年八月，大选过平凉卫左所实授百户一员曹可友，年三十七岁，系故实授百户曹勋侄孙。比中三等。〔对讫。〕

年远事故左所世袭百户一员·周忠

宣德五年四月，周谦，系平凉卫左千户所百户周成、旧名胜保嫡长男，钦与世袭。

成化十一年四月，周原，常熟县人，系平凉卫左所世袭百户周谦嫡长男。

成化二十年十月，周忠，常熟县人，系平凉卫左所故世袭百户周原嫡长男。

又一员·杨旺

永乐六年二月，杨俊，系平凉卫左所故世袭百户杨福、旧名阿啼嫡长男，敬袭世袭百户。

天顺六年正月，杨旺，常熟县人，系平凉卫左所老疾世袭百户杨俊庶长男。

又一员·苏广

永乐十七年五月，苏广，旧名广儿，系平凉卫左所故百户苏文胜嫡长男。

又一员·林贵①

洪武三十一年二月，林贵，系平凉卫左所世袭百户林成嫡长男。

又一员·沈归实

洪武二十六年五月，沈归实，系沂州卫前所故世袭百户沈枢嫡长男，袭除平凉卫左所世袭百户。

又一员·陈斌

宣德四年四月，陈斌，系平凉卫左千户所百户陈贵、旧名陈僧女婿。妻父别无应替弟、侄儿男，钦准替流官职事一次，随其姓氏，以继其后，不许出姓。

又一员·夏兴

宣德六年四月，夏兴，系平凉卫左所世袭百户夏荣嫡长男。

又一员·赵粥

正统三年九月，赵宽，系平凉卫左所世袭百户赵得政亲侄。·224·

天顺六年六月，赵瑾，常熟县人，系平凉卫左所故世袭百户赵宽嫡长男。

弘治十三年八月，赵粥，年九岁，常熟县人，系平凉卫左所故世袭百户赵瑾嫡次男。父调南京骁骑右卫水军所管事。钦与全俸优给，至弘治十九年终住支。

---

①此条与《总汇》56册219页"林松"档中"二辈林贵"重复。

朱澄·试百户

内黄查有：朱经，凤阳县人。始祖朱源，丙午年军，洪武三年充小旗，十五年并充总旗，故。高高祖朱英补役，故。高祖朱祯补，正统九年谎沌口擒贼有功升试百户，老。曾祖朱能未袭，故。祖朱璘系祯嫡长孙，替，宣德三年疾。父朱玉系嫡长男，替，十一年固原报捷升署副千户，嘉靖元年遇例实授，故。经系嫡长男，十三年革报捷及遇例职级，袭陕西平凉卫左所试百户。

一辈朱源，已载前黄。

二辈朱英，已载前黄。

三辈朱真（祯），已载前黄。

四辈朱璘，旧选簿查有：成化十年六月，朱璘，年十九岁，凤阳县人，系平凉卫左所百户朱真（祯）嫡长孙，钦与世袭。

五辈朱玉，旧选簿查有：正德五年四月，朱玉，凤阳县人，系平凉卫左所百户朱璘嫡长男。伊祖原系试百户，天顺元年遇例实授。父今患疾，本人照例革与试百户。

六辈朱经，旧选簿查有：嘉靖十三年十月，朱经，年三十岁，凤阳县人，系平凉卫左所故副千户朱玉嫡长男。伊高[祖]祯，功升试百户，遇例实授，沿至父报捷升前职。本人照例革遇例及报捷升级，与试百户。

七辈朱澄，旧选簿查有：嘉靖四十三年六月，朱澄，年二十四岁，凤阳县人，系平凉卫故左所实授百户朱经嫡长男。革遇例，与袭试百户。

八辈朱国荐，天启五年十月，大选过平凉卫左所试百户一员朱国荐，年三十九岁，系故试百户朱澄侄孙。比中三等。〔对讫。〕·225·

花锦·所镇抚

外黄查有：花茂，长葛县人。有父花信，先系前原杨平章下同佥，洪武元年归附，充宣武卫总旗，四年并枪仍充总旗，十九年除锦衣卫右所流官所镇抚，二十八年改肃州卫左所，三十三年为事典刑。茂系嫡长男，永乐元[年]袭职，与世袭，授平凉卫左所世袭所镇抚。花伟系花茂庶[长男]，父老疾，伟正统三年替平凉卫左所世袭所镇抚。花英系花伟嫡长孙，祖故，英成化十三年袭本卫所世袭所镇抚。

花芳系花英嫡长男。

一辈花信，已载前黄。

二辈花茂，旧选簿查有：永乐元年五月，花茂，系肃州卫左所流官所镇抚花信嫡长男。因父军前典刑，钦准袭授平凉卫左所世袭所镇抚。

三辈花伟，旧选簿查有：正统三年十一月，花伟，系平凉卫左所世袭所镇抚花茂庶长男。

四辈花英，旧选簿查有：成化十二年四月，花英，长葛县人，系平凉卫左所故所镇抚花伟嫡长孙，钦与世袭。

五辈花芳，旧选簿查有：正德十一年六月，花芳，长葛县人，系平凉卫左所世袭所镇抚花英嫡长男。

六辈花锦，旧选簿查有：嘉靖十四年二月，花芳，年五十四岁，长葛县人，系平凉卫左所所镇抚，今患疾在所。有嫡长男花锦，年三十五岁，告替。

七辈花奇，隆庆六年十二月，花奇，年二十二岁，长葛县人，系平凉卫左所故所镇抚花锦庶长男。伊父原替祖职所镇抚，纳级副千户，嘉靖四十五年故。所据纳级虚衔，例不准袭，本舍照例准袭祖职所镇抚。

八辈花登第，崇祯五年八月，大选过平凉卫左所所镇抚一员花登第，年四十三岁，系故所镇抚花奇堂侄。比中三等。〔对讫。〕

年远事故右所正千户一员·杭玉

永乐五年七月，杭得，系平凉卫右所故正千户杭兴、顶户名杭华一亲侄，钦袭世袭正千户。

永乐十年十二月，杭成，系平凉卫右所故世袭正千户杭得亲弟，钦袭世袭正千户。

弘治十三年十一月，杭玉，无为州人，系平凉卫右所世袭正千户杭宗政嫡长男。·226·

又一员·刘忠

宣德三年五月，刘忠，系平凉卫右千户所世袭百户刘成嫡长男。

景泰三年二月，刘信，系平凉卫右［所］世袭百户刘忠嫡长男。父于德胜门等处杀贼阵亡，照例该升二级。本人先因年幼，已升与正千户俸优给。今出幼，该袭流官正千户。

成化二十三年二月，刘杰，无为州人，系平凉卫右所故世袭正千户刘信嫡长男。

又一员·逯通

洪熙元年四月，逯通，系平凉卫右所故世袭正千户逯斌嫡长男。

年远事故右所副千户一员·王住儿

永乐十七年七月，王玉，系平凉卫右所故副千户王成、户名王京住亲侄。

正统九年十一月，王全，系平凉卫右所故世袭副千户王玉嫡长男。

成化二十一年二月，王住儿，武定州人，系平凉卫右所故世袭副千户名王全亲侄。

又一员·蔡通

永乐二十一年十二月，蔡兴，旧名伽蓝保，系平凉卫后所故副千户蔡荣嫡长男。

正统十四年二月，蔡信，旧名定圆，系平凉卫右所世袭副千户蔡兴嫡长男。父于草场收放马匹不知去向，年久根（跟）寻不见。本人先因年幼，已与优给。今出幼，钦准袭职，仍打听伊父下落。·227·

弘治七年四月，蔡通，常熟县人，系平凉卫右所世袭副千户蔡信嫡长男。

又一员·苏通

永乐二十年七月，苏敬，旧名伯家奴，系平凉卫右所阵亡副千户苏成嫡长男。

宣德七年五月，苏通，系平凉卫右所故世袭副千户苏成嫡次男。

又一员·张奇

洪武二十六年八月，张能，系平凉卫右所故世袭副千户张弘房弟。钦准袭职，仍授本卫所世袭副千户。

永乐元年闰十一月，张奇，年十六岁，系平凉卫右所阵亡世袭副千户张能亲弟。

又一员·周全

宣德十年八月，周全，系平凉卫右所故世袭副千户周遇成嫡长男。

又一员·陈忠

宣德六年六月，陈忠，系平凉卫右所世袭副千户陈祥嫡长[男]。

又一员·鲁忠

永乐二十二年十二月，鲁忠，系平凉卫右所故世袭副千户鲁兴庶长男。

又一员·季恭

永乐十五年六月，季恭，系平凉卫右所世袭副千户季杰即季庭牒嫡长男。

又一员·许达

永乐二十六年十一月，许贵，系平凉卫右所世袭副千户许旺亲弟。

正统三年七月，许贤，系平凉卫右所故世袭副千户许贵嫡长男。

正统十四年十月，许能，系平凉卫右所征进未回副千户许贤亲[弟]。兄有男许庄儿，年二岁，幼小。本人借职，待长成还与职事。

弘治六年九月，许达，无为州人，系平凉卫右所世袭副千户许能嫡长男。父原系武成后卫前所，调忠义后卫左所。

年远事故右所世袭百户一员·徐隆

宣德二年十月，徐福，系平凉卫右千户所世袭百户徐旺嫡长男。

宣德七年七月，徐智，吴县人，系平凉卫右所世袭百户徐福嫡长男。

成化十四年七月，徐隆，吴县人，系平凉卫右所世袭百户徐智嫡长男。

又一员·杨全

永乐三年十一月，杨懋，旧名神儿，系平凉卫右所亡故百户杨祖师保、顶户名杨伏二亲弟，敬准袭授世袭百户。

永乐二十二年十二月，杨胜，系平凉卫右所故世袭百户杨懋嫡长男。

景泰七年十月，杨全，系平凉卫右所故世袭百户杨胜嫡长男。

又一员·萧禽兽

永乐十九年九月，萧兴，系平凉卫右所阵亡世袭百户萧成、旧姓郭成庶长男。

正统九年二月，萧禽兽，年四岁，系平凉卫右所故世袭百户萧兴嫡次男。已与嫡长兄萧贵优给，病故。钦与本人全俸优给，至正统二十年终住支。

又一员·李瑛

洪武二十七年四月，李汉，系平凉卫右所世袭百户李忠嫡长男。父为风温病疾，钦准替职，仍授本卫所世袭百户。

永乐元年二月，李瑛，系平凉卫右所阵亡世袭百户李汉嫡长男。

又一员·周振

洪武二十六年五月，周振，系处州卫后所故世袭百户周成庶长男，袭除平凉卫右所世袭百户。

又一员·徐友

永乐二十一年十二月,徐友,年二岁,系平凉卫右所故世袭百户徐海嫡长男。钦与全俸优给,至永乐三十四年终住支。

又一员·仇刚

景泰七年五月,仇刚,灵台县人,系平凉卫右所百户仇安嫡长孙,钦与世袭。

又一员·戚荣

天顺元年七月,戚荣,年十七岁,顺天府通州人,系平京(凉)卫右所世袭百户戚友嫡长男。

又一员·钱用

洪武二十五年闰十二月,钱用,旧名神保,年九岁,系平凉卫右所故流官百户钱法嫡长男。钦与全俸优给,至洪武三十一年出幼住支。

又一员·陆铭

成化十年十二月,陆铭,德清县人,系平凉卫右所故世袭百户陆全嫡长男。

年远事故试百户一员·徐宽

正统十年十二月,徐兴,系锦衣卫驯象所试百户,调平凉卫右所所镇抚。

天顺八年六月,徐宽,胶州人,系平凉卫守御固原州右所所镇抚徐兴嫡长男。父原系总旗,征进麓川有功升试百户,改任前职,今老疾。本人替职,钦与世袭。

杨玺·正千户

外黄查有：杨得，邹平县人。有叔父杨克中，充济南卫小旗，拨济南卫，老疾。将得代役充军，克西水寨等升小旗，洪武三十五年渡淮升试百户，平定京师升汝宁卫中所副千户，永乐三年与世袭，七年调宿州卫中所。

一辈杨克中，已载前黄。

二辈杨得，已载前黄。

三辈杨贵，旧选簿查有：宣德八年三月，杨贵，系平凉卫中所故世袭副千户杨得嫡长男。

四辈杨泰，旧选簿查有：天顺元年五月，杨泰，邹平县人，系平凉卫中所世袭副千户杨贵嫡长男。

五辈杨威，旧选簿查有：弘治十三年十一月，杨威，邹平县人，系平凉卫中所世袭副千户杨泰嫡长男。

正千户功次候查。

六辈杨钦，旧选簿查有：正德八年二月，杨钦，邹平县人，系平凉卫中所故正千户杨威嫡长男。伊父原系副千户，阵亡升前职。本人该袭正千户。

七辈杨玺，旧选簿查有：嘉靖十八年四月，杨玺，邹平县人，系平凉卫中所故正千户杨钦嫡长男。

八辈杨时芳，万历二年二月，杨时芳，年二十八岁，邹平县人，系平凉卫中所故正千户杨玺嫡长男。

九辈杨捷，万历二十九年四月，杨捷，年二十六岁，系平凉卫中所患疾正千户杨时芳嫡长男。比中一等。

火镇①·正千户

缺。

一辈阿都忽。

①嘉靖《平凉府志》卷二《兵制》："火镇，始祖阿都忽，陕西隆德人。洪武七年充群牧长，九年征朵尔只巴，授平凉卫中所实授百户，老。"

二辈答答罕，旧选簿查有：洪武三十一年正月，答答罕，系平凉卫中所流官百户阿都忽嫡长男，钦与世袭。

三辈火力忽答，旧选簿查有：永乐二年二月，火力忽答，系平凉卫中所管土军不支俸故世袭百户答答罕亲侄。

副千户功次：永乐二十二年，迤北回还平凉卫百户升副千户火力忽答。

四辈火荣，旧选簿查有：正统四年四月，火荣，系平凉卫中所不支俸土官副千户火力忽答嫡长男，钦与世袭。

五辈火瑄，旧选簿查有：成化九年二月，火瑄，开城县人，系平凉卫故正千户火荣嫡长男，今袭前职。

六辈火清，旧选簿查有：弘治十一年四月，火清，开城县人，系陕西都司平凉卫中所不支俸土官正千户火瑄嫡长男。伊父原系副千户，遇例告复正千户，病故。本人照例革袭伊父原职副千户，仍不支俸。

七辈火松，旧选簿查有：嘉靖五年二月，火松，年三十一岁，开城县人，系平凉卫中所老疾世袭不支俸土官副千户火清嫡长男。

堂稿簿查有：嘉靖十三年六等月，地名麻黄梁、沙湖等处获功，升实授一级不赏，二人共斩首一颗，为首平凉卫中所副千户升正千户火松。

八辈火镇，旧选簿查有：嘉靖二十六年六月，火镇，开城县人，系平凉卫中所故不支俸土官正千户火松嫡长男。

九辈火荧，天启五年二月，大选过平凉卫中所不支俸土官正千户一员火荧，年三十八岁，系不支俸土官故正千户火德光嫡长男。土官不比。〔对讫。〕

陈国英·实授百户

崇祯四年三月，单本选过平凉卫中所实授百户一员陈国英，年二十九岁，系疾实授百户陈略嫡长男。比中二等。〔对讫。〕 ·233·

中所正千户一员·何木雷

正德十二年六月，何木雷即木雷，年五十岁，隆德县人，原系陕西平凉卫中所军，系尚衣监太监魏彬族弟，今荫原卫所正千户。

年远事故一员·姚政

正统元年十二月,姚贵,系平凉卫中所故世袭正千户姚亮嫡长男。

正统十三年八月,姚胜,系平凉卫中所故世袭正千户姚贵嫡长男。

景泰三年九月,姚政,年五岁,昆山县人,系平凉卫中所故世袭正千户姚胜亲弟。钦与全俸优给,至景泰十三年终住支。

又一员·黄旻

景泰三年二月,黄勇,系平凉卫中所故世袭百户黄贵嫡长男。父于德胜门等处杀贼阵亡,照例该升二级。本人先因年幼,已升与正千户俸优给。今出幼,该袭流官正千户。

天顺四年十二月,黄旻,年一岁,抚宁县人,系平凉卫中所故流官正千户黄勇遗腹嫡长男。钦与全俸优给,至天顺十八年终住支。

王国正①·副千户

内黄查有:王信,合肥县人。有祖父王均璋(章),乙未年从军,吴元年克苏州充小旗,洪武十三年并枪充总旗,二十五年除平凉卫中所世袭百户,老。有父王清,三十一年替职,仍授世袭百户;三十二年阵亡。信系嫡长男,永乐元年十一月袭平凉卫中所世袭百户。·234·

一辈王均彰(章),旧选簿查有:洪武二十五年五月,王均章系庄浪卫总旗,先为年深赴京,少军发回勾足,系一向在外守御,起到钦除平凉卫中所世袭百户。

二辈王清,旧选簿查有:洪武三十一年二月,王清,系平凉卫中所世袭百户王均章嫡长男。

三辈王信,旧选簿查有:永乐元年十一月,王信,年十二岁,系平凉卫中所阵亡世袭百户王清嫡长男。

---

①嘉靖《平凉府志》卷二《兵制》:"王国正,始祖均章,直隶合肥人。吴元年从军,克苏州充升副总旗。洪武二十二年征云南,升平凉卫中所百户。"

副千户功次候查。

四辈王真，旧选簿查有：天顺七年七月，王真，合肥县人，系平凉卫中所副千户王信嫡长男，钦与世袭。

五辈王英，旧选簿查有：弘治五年八月，王英，合肥县人，系平凉卫中所故世袭副千户王真嫡长男。

六辈王玺，旧选簿查有：正德九年六月，王玺，年十六岁，合肥县人，系平凉卫中所故世袭副千户王英嫡长男。优给出幼袭职，限外多支俸一年，扣除满日关支。

七辈王世功，审稿查有：嘉靖十八年十二月，王世功，合肥县人，系平凉〔卫〕中所故副千户王玺嫡长男。

八辈王国正，旧选簿查有：嘉靖三十一年二月，王国正，合肥县人，系平凉卫中所故副千户王世功嫡长男。

九辈王相，万历二十五年二月，王相，年二十四岁，系平凉卫中所故副千户王国正嫡长男。比中二等。

时安·副千户

外黄查有：时成，泰安州人。有兄时征，洪武二年充军，老疾。将成户名不动代役，三十二年郑村坝升小旗，三十三年升总旗，三十五年克东阿，升济阳卫右所百户。永乐三年钦与世袭职事。

一辈时成，已载前黄。

二辈时斌，旧选簿查有：宣德八年三月，时斌，系平凉卫中所故世袭百户时成庶长男。有嫡兄时贵，患痴呆风疾，不堪承袭。钦准本人袭职，待有男还与职事。

三辈时胜，旧选簿查有：景泰二年二月，时胜，系平凉卫中所故世袭百户时斌嫡长男。

四辈时景，旧选簿查有：成化十八年十一月，时景，泰安州人，系平凉卫中所世袭百户时胜嫡长男。·235·

五辈时玉，旧选簿查有：正德元年十月，时玉，泰安州人，系平凉卫中所世袭百户时景嫡长男。

诰命查有：时玉，弘治十八年替百户，正德四年宁夏兴武营风城儿地方斩首一颗，五年升副千户。

六辈时椿，旧选簿查有：嘉靖十一年四月，时春（椿），年三十七岁，泰安州人，系平凉卫中所故副千户时玉嫡长男。

七辈时安，旧选簿查有：嘉靖十三年十二月，时安，年十五岁，系泰安州人，系平凉卫中所故副千户时椿嫡长男。

八辈时际明，万历三年十二月，时际明，年十六岁，泰安州人，系平凉卫故纳级指挥佥事时安庶长男。伊父原袭祖职副千户，嘉靖三十三年纳级指挥佥事，万历二年故。所据纳级虚衔例不准袭，本舍照例革袭祖职副千户于原中所。

九辈时际可，万历十九年四月，时际可，年二十三岁，泰安州人，系平凉卫中所故副千户时际明亲弟。比中三等。

十辈时爱，万历四十一年十月，大选过平凉中所副千户一员时爱，年二十岁，系故副千户时际可嫡长男。比中三等。

陈立·副千户

外黄查有：陈策，定远县人。高祖得兴，甲午年归附充百户，乙巳年杀贼有功充小旗，洪武二年征北平、平阳有功充总旗，调平凉卫守御，疾。曾祖陈信代役，疾。祖陈敬代，宣德十年胭脂苏武台有功，正统元年升试百户，风瘫。父正统九年替平凉卫实授百户，成化四年石城儿征剿反贼满四等功升本人署副千户，故。策系长男，十一年袭本卫所署副千户。

一辈陈得兴，已载前黄。

二辈陈信，已载前黄。

三辈陈敬，已载前黄。

四辈陈弘，旧选簿查有：正统九年十二月，陈弘，系平凉卫中所试百户陈敬、户名陈得兴嫡长男。父原系总旗，征孛旺口达贼有功升前职。钦准本人替实授百户。

实授百户功次已载前黄。署副千户功次已载前黄。

五辈陈策，旧选簿查有：弘治十一年六月，陈策，年十六岁，定远县人，系平凉卫中所副千户陈弘嫡长男。父原系功升署副千户，弘治五年遇例实授，故。本人照例革袭署副千户事百户。

功次簿查有：嘉靖七年，固原地名盐池、细沟等处升实授一级不赏，二人共斩贼级一颗，为首平凉卫中所副千户升正千户二员内一员陈策。

六辈陈勋，旧选簿查有：嘉靖二十六年六月，陈勋，年二十六岁，定远县人，系平凉卫中所老疾正千户陈策嫡长男。伊祖洪（弘）以试百户钦准实授，又于石城儿升署副千户，遇例实授。父策沿袭，又功升正千户。所据遇例、钦准并石城儿署级俱例不准袭，本舍该与做实授百户。

堂稿簿查有：隆庆元年六月，一件套房犯边等事，计开定拟升赏嘉靖四十五年九等月固原、宁夏、榆林三镇、暗门等处地方获功阵亡功次升实授一级，阵亡平凉卫不开所分实授百户纳级副千户陈勋，该升副千户。

七辈陈立，旧选簿查有：隆庆二年十二月，陈立，年三十岁，定远县人，系平凉卫中所阵亡纳级指挥佥事陈勋嫡长男。伊父原革袭实授百户，遇例纳级指挥佥事，嘉靖四十五年瓦楂梁阵亡。该本部题奉钦依应继儿男袭升一级。所据纳级例不准袭，本舍照例革与实授百户，上加伊父阵亡功一级，与袭升副千户①。

叶茂·署指挥佥事

一辈叶富，缺。

二辈叶皋，洪武三十一年七月，叶皋，系平凉卫中所故世袭副千户叶富嫡长[男]。

三辈叶能，永乐九年八月，叶能，年十六岁，系平凉卫中所故世袭副千户叶皋嫡长男。

四辈叶盛，天顺二年闰二月，叶盛，松阳县人，系平凉卫中所故世袭副千户叶能堂弟。

五辈叶茂，弘治十八年二月，叶茂，年十七岁，松阳县人，系平凉卫中所故世袭副千户叶盛庶长男，优给出幼袭职。

六辈叶青，隆庆五年六月，叶青，松阳县人，系平凉卫故指挥佥事叶茂庶长男。查伊父叶盛，以祖职副千户历升署指挥佥事，今查冒供实授。所据冒供例不准

---

①《总汇》原簿"陈立"条后有"八辈时际明"，与本册236页"时安"档中"八辈时际明"内容相同，属误写，删去。

袭，今本舍仍革袭署指挥佥事。

七辈叶绳武，万历四十三年十月，大选过平凉卫署指挥佥事一员叶绳武，年二十七岁，系故署指挥佥事叶承芳嫡男，奉告免比。〔对讫。〕·237·

年远事故中所副千户一员·叶茂①

洪武三十一年七月，叶皋，系平凉卫中所故世袭副千户叶富嫡长男。

永乐九年八月，叶能，年十六岁，系平凉卫中所故世袭副千户叶皋嫡长男。

天顺二年闰二月，叶盛，松阳县人，系平凉卫中所故世袭副千户叶能堂弟。

弘治十八年二月，叶茂，年十七岁，松阳县人，系平凉卫中所故世袭副千户叶盛庶长男，优给出幼袭职。

又一员·刘福

正统六年十一月，刘宽，系平凉卫中所世袭副千户刘斌亲侄。

成化四年十月，刘福，武定州人，系平凉卫中所世袭副千户刘宽嫡长男。

又一员·王名

洪武二十六年十一月，王忠，旧名胜儿，系甘州中卫军王大夫代役弟，钦除平凉卫中所世袭副千户。

洪武三十二年正月，王名，系平凉卫中所故世袭副千户王忠嫡长男。

又一员·陈贵

宣德四年七月，陈贵，旧名斗保，系平凉卫中千户所故世袭副千户陈海庶长男。

---

① 此选条"叶皋"至"叶茂"与《总汇》56册237页重复。

又一员·钱友

宣德三年十二月，钱友，系平凉卫中千户所故世袭副千户钱旺亲侄。·238·

又一员·丁旺

宣德五年五月，丁旺，系平凉卫中千户所世袭副千户丁成亲侄孙。

刘朝·实授百户

外黄查有：刘成，旧名外驴，灵璧县人。父刘肃，甲辰年从军，洪武十四年选充小旗，十九年并枪充总旗，二十二年除和阳卫前所试百户，故。成系嫡长男，二十三年优给，二十五年袭除平凉卫中所世袭百户。刘灏系刘成嫡长孙，祖残疾，父刘贵替职，故。灏，钦准袭授平凉卫中所世袭百户。

一辈刘肃，已载前黄。

二辈刘成，已载前黄。

三辈刘贵，已载前黄。

四辈刘灏，旧选簿查有：天顺元年五月，刘灏，灵璧县人，系平凉卫中所故百户刘贵嫡长男，钦与世袭。

五辈刘礼，旧选簿查有：弘治二年六月，刘礼，灵璧县人，系平凉卫中所世袭百户刘灏嫡长男。

六辈刘钦，旧选簿查有：正德七年十月，刘钦，灵璧县人，系平凉卫中所世袭百户刘礼嫡长男。

七辈刘朝，旧选簿查有：嘉靖十八年十二月，刘朝，灵璧县人，系平凉卫中所老疾实授百户刘钦嫡长男。

八辈刘勇，隆庆六年十二月，刘勇，年二十六岁，灵璧县人，系平凉卫中所年老世袭百户刘朝嫡长男。

九辈刘宠，万历三十四年十月，大选过平凉卫中所实授百户一员刘宠，年三十八岁，系故实授百户刘勇嫡长男。比中二等。

十辈刘宪，天启元年五月补四月大选，过平凉卫中所实授百户一员刘宪，年三

十四岁，系故实授百户刘宠嫡长男。比中三等。〔对讫。〕·239·

陈谏·实授百户

内黄查有：陈斌，章丘县人。洪武二年垛集，将正户龙保儿充济南卫军，十九年病故。斌系贴户，顶户补役，济南升小旗，西水寨升总旗，平定京师升宁国卫左所百户，钦与世袭。

一辈陈斌，已载前黄。

二辈陈荣，旧选簿查有：宣德元年十一月，陈荣，系平凉卫中千户所故百户陈斌、旧姓名龙保儿嫡长男。

三辈陈能，旧选簿查有：天顺七年闰七月，陈能，章丘县人，系平凉卫中所故世袭百户陈荣嫡长男。

四辈陈锐，旧选簿查有：弘治二年八月，陈锐，章丘县人，系平凉卫中所世袭百户陈能嫡长男。

五辈陈文，旧选簿查有：正德十二年二月，陈文，章丘县人，系平凉卫中所老疾世袭百户陈锐嫡长男。

六辈陈谏，旧选簿查有：嘉靖三十八年六月，陈谏，年二十二岁，章丘县人，系平凉卫中所故实授百户陈文嫡长男，照旧实授百户。

七辈陈有功，万历十三年二月，陈有功，年二十岁，章丘县人，系平凉卫中所故实授百户陈谏嫡长男。比中三等。

计印·实授百户

内黄查有：计成，隆德县人。曾祖计保，洪武二十七年充军，三十年并枪升小旗，永乐十一年迤北征达贼杀敌功升实授总旗，疾。祖计海代役。父计堂代役，嘉靖五年镇房地方打剌堡斩首一级升试百户，老。成系嫡长男，十四年二月替平凉卫中所世袭试百户。

一辈计保，已载前黄。

二辈计海，已载前黄。

三辈计堂，已载前黄。

四辈计成，旧选簿查有：嘉靖十四年二月，计成，年二十一岁，隆德县人，系平凉卫中所年老试百户计堂嫡长男。

堂稿查有：隆庆元年六月，一件套虏犯边等事，计开拟升嘉靖四十五年九等月固原、宁夏、榆林三镇获功阵亡升实授一级，平凉卫中所试百户计成该升实授百户。·240·

五辈计印，审稿查有：隆庆三年八月，计印，年二十三岁，隆德县人，系平凉卫中所阵亡试百户计成嫡长男。伊父替祖职试百户，嘉靖四十五年瓦楂梁阵亡。该本部题奉钦依应继儿男袭升一级。本舍照例于祖职试百户上加伊父阵亡功一级，与袭升实授百户。

马骠·实授百户

外黄查有：马兴，监利县人。有父马臣，辛丑年从军，甲辰充威武卫小旗，吴元年升总旗；洪武元年克东昌，七年调延安卫，十三年调平凉卫，二十四年钦除平凉卫中所世袭百户，三十一年授世袭，老。兄马俊替，永乐七年故，无儿男。兴系亲弟，八年袭世袭百户。

一辈马臣，旧选簿查有：洪武二十四年十一月，马臣，系西宁卫总旗，钦除平凉卫中所世袭百户。

二辈马俊，旧选簿查有：洪武三十一年二月，马俊，系平凉卫中所世袭百户马臣嫡长男。

三辈马兴，旧选簿查有：永乐八年四月，马兴，系平凉卫中所故世袭百户马俊亲弟。

四辈马彪，旧选簿查有：宣德元年十一月，马彪，年十六岁，系平凉卫中千户所故世袭百户马兴嫡长男。

五辈马能，旧选簿查有：成化五年二月，马能，监利县人，系平凉卫中所世袭百户马彪嫡长男。

六辈马鉴，旧选簿查有：弘治十八年二月，马鉴，监利县人，系平凉卫中所故世袭百户马能嫡长男。

七辈马隆，旧选簿查有：嘉靖五年十二月，马隆，监利县人，系平凉卫中所故世袭百户马鉴嫡长男。

八辈马骥，旧选簿查有：嘉靖二十六年六月，马骥，监利县人，系平凉卫中所瘤疾实授百户马隆嫡长男。

九辈马世强：万历十四年六月，马世强，年二十一岁，监利县人，系平凉卫中所年老实授百户马骥庶长男。比中二等。 ·241·

张恩·实授百户

内黄查有：张寿，同州人。伯张荣起取赴京，洪武三年充金吾右卫将军，十八年将父张成补役，充将军；二十三年克马尾龙黄坝等处回还，二十六年除四川百户，无缺，调平凉卫中所世袭百户；三十年剿捕文县等处叛贼，永乐六年病故。寿系嫡长男，永乐八年袭平凉卫中所世袭百户。

一辈张成，已载前黄。

二辈张寿，旧选簿查有：永乐八年二月，张寿，年十八岁，系平凉卫中所故世袭百户张成嫡长男。

三辈张安，旧选簿查有：宣德三年十一月，张安，系平凉卫中千户所故世袭百户张寿亲弟。

四辈张通，旧选簿查有：天顺二年五月，张通，同州人，系平凉卫中所故世袭百户张安嫡长男。

五辈张泰，旧选簿查有：成化六年六月，张泰，年十六岁，同州人，系平凉卫中所故世袭百户张通嫡长男。

六辈张玺，旧选簿查有：正德十一年二月，张玺，年三十三岁，同州人，系陕西都司平凉卫中所百户张泰嫡长男。伊父袭职，未比，今老疾。本人照例替授百户，住俸二年。

七辈张钺，旧选簿查有：嘉靖二十六年十二月，张钺，同州人，系平凉卫中所故实授百户张玺嫡长男。

八辈张恩，旧选簿查有：隆庆元年八月，张恩，年三十九岁，同州人，系平凉卫中所年老实授百户张钺嫡长男。

九辈张虎，万历二十一年四月，张虎，年二十四岁，系平凉卫中所年老实授百户张恩嫡长男。比中三等。

十辈张瑷，天启元年十月，大选过平凉卫中所实授百户一员张瑷，年二十七岁，系疾实授百户张虎嫡长男。比中三等。〔对讫。〕

赵隆·世袭百户

·242·

一辈赵旺，缺

二辈赵海，旧选簿查有：正统六年十一月，赵海，系宽河卫后所世袭百户赵旺亲侄孙。

三辈赵铭，旧选簿查有：成化十五年闰十月，赵铭，邠州人，系宽河卫后所世袭百户赵旺侄孙。叔祖病故，父赵海袭职，调除平凉卫中所管事，为事降小旗立功，病故。本人照例袭伊叔祖原职百户，仍去后调卫所差操。

四辈赵云，旧选簿查有：弘治五年十二月，赵云，邠州人，系平凉卫中所故世袭百户赵铭嫡长男。

五辈赵雯，试百户功次：吊来右府嘉靖三年勘合剳付，内开二人共斩贼级一颗，为首官总五员名，平凉卫中所总旗升试百户一员赵雯。

实授百户功次：嘉靖五年连送，内开二人共斩贼级一颗，为首官旗七员名，俱升一级，平凉卫中所试百户升实授百户一员赵雯。

六辈赵隆，旧选簿查有：嘉靖十七年二月，赵隆，邠州人，系平凉卫中所故百户赵雯嫡长男。

七辈赵京，万历三年十二月，赵京，年三十一岁，邠州人，系平凉卫中所故世袭百户赵隆亲侄。

八辈赵登瀛，万历三十九年十月，大选过平凉卫中所实授百户一员赵登瀛，年十六岁，系故实授百户赵京庶长男。比中三等。

陈爵·实授百户

一辈陈兴，缺。

二辈陈贵，旧选簿查有：洪武二十六年十月，陈贵，系平凉卫中所故流官百户陈兴亲弟。钦准袭职，仍授本卫所世袭百户。

三辈陈智，旧选簿查有：宣德三年七月，陈智，旧名杨家儿，年十五岁，系平凉卫中千户所故世袭百户陈贵庶长男。

四辈陈英，旧选簿查有：成化二年闰三月，陈英，江都县人，系平凉卫中所世

袭百户陈智亲侄孙。·243·

五辈陈隆，旧选簿查有：弘治九年五月，陈隆，江都县人，系平凉卫中所故世袭百户陈英嫡长男。

六辈陈钺，旧选簿查有：嘉靖十四年四月，陈钺，年三十四岁，江都县人，系平凉卫中所年老百户陈隆嫡长男。

七辈陈爵，旧选簿查有：嘉靖四十一年六月，陈爵，年四十九岁，江都县人，系平凉卫中所故实授百户陈钺嫡长男。

八辈陈璋，隆庆六年十月，陈璋，年二十九岁，江都县人，系平凉卫中所年老实授百户陈爵嫡长男。

九辈陈国勋，万历三十七年三月，大选过平凉卫中所实授百户一员陈国勋，年二十岁，江都县人，系故实授百户陈璋庶长男。比中三等。〔对讫。〕

十辈陈三德，崇祯十三年四月，大选过平凉卫中所实授百户一员陈三德，年三十五岁，系故实授百户陈国勋嫡长男。比中三等。〔对讫。〕

李麟·实授百户

内黄查有：李观，兴化县人。父李成，丙午年归附，吴元年充小旗，洪武二年克陕西选充总旗，二十四年以年深总旗钦除平凉卫中所世袭百户，老。兄李受，疾；观系次男，替平凉卫世袭百户。李智系李观亲侄。有祖李成，原任百户，老。父李受，疾。将叔替职，续生智。今长成，叔退还职事，永乐九年替本卫所世袭百户。李刚系李智堂弟，兄疾，无男。刚替平凉卫中所世袭百户。

一辈李成，旧选簿查有：洪武二十五年三月，李成，系凉州卫总旗，钦除平凉卫中所世袭百户。

二辈李观，旧选簿查有：洪武二十八年十一月，李观，系平凉卫中所世袭百户李成嫡次男。父为风疾病证（症），有嫡长兄李受，见患右胳膊残疾。钦准替职，仍授本卫所世袭百户。

三辈李智，旧选簿查有：永乐九年四月，李智，年十七岁，系平凉卫中所世袭百户李观亲侄。有祖李成，原任百户，为老疾。因父李受残疾，叔李观替职，续生本人。今长成，退与职事，敬袭世袭百户，伊叔革闲。

四辈李刚，审稿簿查有：李刚，系李智堂弟，堂兄残疾，无儿男。刚于正统六年三月替授平凉卫中所世袭百户。

五辈李茂，旧选簿查有：成化七年八月，李茂，年二十六岁，高邮州兴化县人，系平凉卫中所世袭百户李刚亲侄。

六辈李胜，审稿簿查有：李胜，系李刚亲侄，伯父疾，无儿男。父李鉴风疾，不堪替职。兄李茂替职，病故，亦无儿男。胜于成化十三年钦准袭授平凉卫中所世袭百户，仍署副千户事〔百户〕。·244·

七辈李振，旧选簿查有：弘治九年十二月，李振，兴化县人，系平凉卫中所副千户李胜嫡长男。伊父原系署副千户，弘治五年遇例实授，故。本人照例革袭署副千户事百户。

八辈李恩，旧选簿查有：正德十四年十月，李恩，兴化县人，系平凉卫中所故署副千户事百户李振嫡长男。

九辈李麟，旧选簿查有：隆庆元年八月，李麟，年三十四岁，兴化县人，系平凉卫中所故署副千户事实授百户李恩嫡长男。伊父原袭祖职署副千户事实授百户，嘉靖三十二年因未完屯粮七分以上，参调宁夏卫中所，四十四年故。所据伊曾伯祖李茂署副千户职级，功无擒斩，例不准袭。本舍照例袭祖职实授百户，仍注原调卫所。

十辈李桂，万历十三年二月，李桂，年三十岁，系兴化县人，系平凉卫中所故实授百户李麟亲侄。比中三等。

十一辈李升，天启五年八月，大选过平凉卫中所实授百户一员李升，年三十六岁，系故实授百户李桂嫡长男。比中三等。〔对讫。〕

十二辈李宗，崇祯六年二月，大选过平凉卫中所实授百户一员李宗，年二十四岁，系故实授百户李升嫡长男。比中二等。〔对讫。〕

年远事故中所世袭百户一员·王玉

永乐二十年三月，王贵，系平凉卫中所世袭百户王成嫡长男。

宣德七年二月，王能，系平凉卫中所故世袭百户王贵嫡长男。

成化元年二月，王玉，来安县人，系平凉卫中所故世袭百户王能嫡长男。

又一员·朱永

宣德三年五月，朱成，系平凉卫中千户所世袭百户朱旺嫡长男。·245·
景泰三年五月，朱铭，崇明县人，系平凉卫中所故世袭百户朱成嫡长男。
弘治十四年九月，朱永，崇明县人，系平凉卫中所世袭百户朱铭嫡长男。

又一员·陶斌

成化十二年七月，陶英，当涂县人，系平凉卫中所百户陶志嫡长孙，钦与世袭。
弘治九年闰三月，陶斌，当涂县人，系平凉卫中所故世袭百户陶英嫡长男。

又一员·王林

洪武二十四年四月，王能，系平凉卫中所世袭百户王真嫡长男。为父征伤告替，钦准替职，仍授本卫所世袭百户。

正统五年十二月，王林，系平凉卫中所世袭百户王能亲叔。侄操练在逃，年久挨寻不见。钦准本人袭职，仍打听侄下落。

又一员·程安

正统三年五月，程安，系平凉卫中所世袭百户程进奉亲侄。

又一员·黄勇

正统七年七月，黄贵，系平凉卫中所百户黄友、户名黄鸡儿嫡长男。
景泰元年正月，黄勇，年十四岁，系平凉卫中所征进阵亡百户黄贵嫡长男。

又一员·谈广

永乐十一年五月，谈广，年三岁，系平凉卫中所故世袭百户谈清嫡长男。钦与

全俸优给，至永乐二十三年终住支。·246·

又一员·魏刚

宣德六年十二月，魏敬，系平凉卫中所世袭百户魏清嫡长男。

景泰三年七月，魏刚，滁州人，系平凉卫中所故世袭百户魏敬嫡长男。

又一员·杨荣

天顺八年二月，杨荣，盱眙县人，系平凉卫中所故世袭百户杨礼嫡长男。

何震·试百户

一辈何木勒，小旗功次缺。

二辈虎龙只，总旗功次缺。

三辈何清，缺。

四辈何景元，缺。

五辈何朝甫，功次簿查有：嘉靖七年，固原功次升实授一级不赏，二人共斩贼级一颗，为首平凉卫中所实授总旗试百户一员何木勒（朝甫）。

六辈何云，旧选簿查有：嘉靖二十八年四月，何云，年二十五岁，隆德县人，系平凉卫中所故试百户何朝甫嫡长男，照旧试百户。·247·

七辈何震，旧选簿查有：嘉靖四十五年十二月，何震，年二十七岁，隆德县人，系平凉卫中所故试百户何云亲弟。

八辈何凤，天启六年二月，大选过平凉卫中所试百户一员何凤，年五十七岁，系故试百户何震亲弟。比中三等。〔对讫。〕

九辈何天锡，崇祯十年补九年十二月大选，过平凉卫中所试百户一员何天锡，年二十岁，系老试百户何凤庶长男。比中三等。〔对讫。〕

万福·试百户

一辈万留保，旧选簿查有：永乐八年，征剿胡寇有功，平凉卫左所总旗升试百户万留保。

二辈万琏，旧选簿查有：正统十三年八月，万琏，年十五岁，系平凉卫中所试百户万能、户名万留保庶长男。父原系总旗，征剿胡寇有功，升除前职，病故。实授世袭百户。

三辈万通，旧选簿查有：天顺五年二月，万通，系平凉卫中千户所故世袭百户万琏堂兄。

四辈万忠，旧选簿查有：成化十五年三月，万忠，年十六岁，来安县人，系平凉卫中所故世袭百户万通嫡长男。

五辈万信，旧选簿查有：弘治元年三月，万信，来安县人，系平凉卫中所故世袭百户万忠庶弟。

六辈万福，旧选簿查有：嘉靖元年三月，万福，来安县人，系平凉卫中所百户万信嫡长男。伊曾伯祖万能原系功升试百户，堂叔祖琏、祖通、伯忠及父各袭实授，本人照例革与试百户。·248·

公邦奇·试百户

外黄查有：公邦奇，年三十八岁，系陕西都司平凉卫中所试百户，原籍陕西平凉府隆德县人。始祖公古剌歹，洪武七年收集土达军士归附平凉卫，因招达军有功升实授总旗，二十三年老疾。高祖公二保代役，征伤。曾祖公受代役，成化十三年疾。祖公士清代役，正德十六年老。父公爵代役，嘉靖七年固原盐池、袖沟等处斩首一颗，升试百户，三十年故。邦奇系嫡长男，三十一年二月袭平凉卫中所试百户。

一辈公古剌歹，已载前黄。

二辈公二保，已载前黄。

三辈公受，已载前黄。

四辈公士清，已载前黄。

五辈公爵，已载前黄。

六辈公邦奇，旧选簿查有：嘉靖三十一年二月，公邦奇，隆德县人，系平凉卫中所故试百户公爵嫡长男。

七辈公伯雍，万历二十二年五月，公伯雍，年三十二岁，隆德县人，系平凉卫中所老试百户公邦奇嫡长男。比中二等。

白宪·试百户

外黄查有：白宪，年六十岁，系陕西平凉卫中所试百户，原籍山西太原府临县人。始祖白帖木，吴元年充青州卫军，洪武三年征进王保保功升小旗，调平凉卫，故。高祖白黑子并补，疾。曾祖白番儿系嫡长男并补，永乐十四年故。祖白智系嫡长男并补，天顺元年汉坝生擒达贼一名升总旗，成化四年疾。父白玺系嫡长男代役，成化十七年纳米①免并，正德四年张偏店斩获达贼首级一颗，六年升平凉卫中所试百户，故。宪系嫡长男，嘉靖十五年六月袭陕西平凉卫中所试百户。

一辈白帖木，已载前黄。 ·249·

二辈白黑子，已载前黄。

三辈白番儿，已载前黄。

四辈白智，已载前黄。

五辈白玺，已载前黄。

六辈白宪，旧选簿查有：嘉靖十五年六月，白宪，临县人，平凉卫中所故试百户白玺嫡长男。

张腾·试百户

外黄查有：张腾，年四十岁，系陕西平凉卫中所试百户，原籍陕西西安府长安县人。太祖张从义，洪武二年选充勇士小旗，四年拨平凉卫前所，二十年老。始祖张益系嫡长男，三十二年赴京随军奉天征讨，三十三年白沟河阵亡，升本所实授总旗。高祖张兴补役，景泰元年老。曾祖张景代役，成化五年疾。祖张珣代役，十七年疾。父张端代役，正德四年陕西庄浪地方马营沟等处为首斩首二颗，升本卫所世

---

①纳米：捐纳米谷换取世袭，是军户纳职途径之一。梁志胜：《明代卫所武官世袭制度研究》："纳职就是通过捐纳银、米等物获得武职。但是这类武职一般只准承袭若干辈，不准永远世袭。"（第93页）

袭试百户，嘉靖二十九年老疾。腾系嫡长男，本年十二月替陕西平凉卫中所试百户。

一辈张从义，吊来勘合查有：陕西庄浪地名马营沟等处地方获功，平凉卫升实授一级不赏，二人共斩贼级二颗，为首不开所分总旗升试百户二员内一员张从义。

二辈张益，已载前黄。

三辈张兴，已载前黄。

四辈张景，已载前黄。

五辈张珣，已载前黄。

六辈张端，已载前黄。·250·

七辈张腾，旧选簿查有：嘉靖十九年十二月，张腾，长安县人，系平凉卫中所老疾试百户张端嫡长男。

八辈张邦儒，万历八年二月，张邦儒，年二十四岁，长安县人，系平凉卫前所年老试百户张腾嫡长孙。比中三等。

九辈张存仁，万历四十年十月，大选过平凉卫前所试百户一员张存仁，年三十五岁，系疾试百户张邦儒嫡长男。比中二等。〔对讫。〕

十辈张宗禹，崇祯十三年四月，大选过平凉卫前所试百户一员张宗禹，年四十一岁，系故试百户张存仁嫡长男。比中三等。〔对讫。〕

张武·试百户

一辈张朝凤，缺。

二辈张武，隆庆五年六月，张武，年一十八岁，江阴县人，系平凉卫中所阵亡实授总旗张朝凤嫡长男。伊父原顶祖役张士中总旗，嘉靖四十五年瓦楂梁阵亡，彼时错报固原卫人张思中，该本部照册拟升小旗，题奉钦依备行外。今据平凉卫结称：阵亡张士中原系本卫总旗，随赴本都司告明改正讫今。本舍合于祖役总旗上加伊父阵亡功一级，与袭升试百户。

四（三）辈张添德，万历三十二年八月，大选过平凉卫中所试百户一员张添德，年二十五岁，系故试百户张武嫡长男。比中三等。

［四辈］张勋，崇祯十三年四月，大选过平凉卫中所试百户一员张勋，年四十岁，系故试百户张添德嫡长男。比中三等。〔对讫。〕

中所所镇抚一员·和振

宣德九年八月,和保,年十六岁,系锦衣卫锦衣中所带管试百户和敬嫡长男。父原系总旗,因下西洋公干升除前职,病故。钦准本人仍袭试百户。·251·

正统十年十二月,和保,系锦衣卫锦衣中所试百户,调平凉卫中所所镇抚。

成化十三年二月,和宗,永年县人,系平凉卫中所故所镇抚和保嫡长男,钦与世袭。

正德十六年二月,和振,永年县人,系平凉卫中所年老所镇抚和宗嫡长男。

陈谟·正千户

内黄查有：陈琦,怀宁县人。洪武四年,高伯祖陈关子收充军,八年调遵化卫右所小旗,三十三年济南升总旗,三十四年西水寨升百户,三十五年阵亡。高祖陈谅因(伯)阵亡,永乐元年袭升正千户,未任,老。曾祖陈斌,二十年调平凉卫前所,老。祖陈林替,被达贼抢掳。父陈(怀)优替,老。琦系嫡长男,替正千户。

一辈陈关子,已载前黄。

二辈陈谅,已载前黄。

三辈陈斌,旧选簿查有：宣德九年,平凉卫前所陈斌世袭正千户。

四辈陈林,已载前黄。

五辈陈怀,旧选簿查有：天顺七年二月,陈怀,怀宁县人,系平凉卫前所老疾世袭正千户陈斌嫡长孙。

六辈陈琦,旧选簿查有：弘治十八年四月,陈琦,怀宁县人,系平凉卫前所世袭正千户陈怀嫡长男。

七辈陈谟,旧选簿查有：嘉靖三十六年十二月,陈谟,年十六岁,系平凉卫前所故正千户陈琦嫡长孙。

八辈陈详,万历七年四月,陈详,年二十七岁,怀宁县人,系平凉卫前所故正千户陈谟叔伯弟。查得伊兄陈谟一辈未比,照例罚俸三年。比中三等。

九辈陈锐,万历四十五年十二月,大选过平凉卫前所正千户一员陈锐,年二十九岁,系故正千户陈详侄。因伊堂兄陈美患瞽,不堪承袭。本舍借袭前职,待兄生子退还。比中一等。〔对讫。〕·252·

年远事故前所正千户一员·卢胜

永乐十七年五月,卢广,系平凉卫前所副千户卢通嫡长男。
永乐二十一年六月,卢敬,系平凉卫前所故副千户卢广亲弟。
景泰二年五月,卢得,系平凉卫前所故世袭副千户卢敬庶兄。
成化二年二月,卢胜,新喻县人,系平凉卫前所正千户卢得嫡长男。

又一员·王忠

永乐十五年三月,王铭,系平凉卫前所故世袭正千户王信嫡长男。
洪熙元年九月,王忠,系平凉卫前［所］故世袭正千户王铭亲叔。

又一员·刘政

宣德四年四月,刘政,系平凉卫前所正千户刘成女婿。父别无应替弟、侄儿男。钦准替流官职事一次,随其姓氏,以继其后,不许出姓。

又一员·殷兴

宣德四年七月,殷兴,系平凉卫前所正千户殷胜义男。义父别无应替弟、侄儿男。钦准本人替流官职事一次,随其姓氏,以继其后,不许出姓。

丁采·副千户

内黄查有：丁冕,滁州人。祖父丁宽,旧名谷用,甲午年归附军,乙未年充小旗,丁酉年保充百户,乙巳年降充小旗,洪武二年选充总旗,三年并除西安卫百户,调平凉卫前所世袭,故。父丁允,二十四年袭职,仍任本卫所世袭百户,阵亡。冕系嫡长男,永乐元年袭职,仍授平凉卫前所世袭百户。·253·

一辈丁宽,已载前黄。
二辈丁允,旧选簿查有：洪武二十四年四月,丁允,系平凉卫前所故世袭百户丁宽嫡长男。钦准袭职，仍授本卫所世袭百户。

三辈丁冕，旧选簿查有：永乐元年十一月，丁冕，年十一岁，系平凉卫前所阵亡世袭百户丁允嫡长男。

四辈丁勋，旧选簿查有：景泰七年七月，丁勋，滁州人，系平凉卫前所世袭百户丁冕嫡长男。

钦升簿查有：天顺四年，镇番地方杀贼获功例升一级，平凉卫百户升副千户五员内一员丁勋。

钦升簿查有：成化五年，固原等处杀贼，平凉卫副千户升署正千户二员内一员丁勋。

五辈丁通，旧选簿查有：成化十九年二月，丁通，滁州人，系平凉卫前所故署正千户事副千户丁勋嫡长男。

六辈丁礼，旧选簿查有：嘉靖八年四月，丁礼，年三十八岁，滁州人，系平凉卫前所故绝正千户丁通亲侄。伊伯原袭署正千户，遇例实授。缘遇例一级，例应减革，本人与袭署正千户事副千户。

七辈丁朝相，旧选簿查有：嘉靖二十三年二月，丁朝相，滁州人，系平凉卫前所故署正千户丁礼嫡长男。伊曾伯祖勋，天顺四年镇番擒贼功升副千户，成化五年固原功升署正千户。祖、父沿袭。所据固原功查无擒斩，照例革袭副千户。

八辈丁采，旧选簿查有：隆庆三年六月，丁采，年二十三岁，滁州人，系平凉卫前所故副千户丁朝相嫡长男。

九辈丁汝成，万历四十一年十二月，大选过平凉卫前所副千户一员丁汝成，年三十九岁，系故副千户丁采嫡长男。比中二等。〔对讫。〕

朱钦·副千户

内黄查有：朱昶，随州人。祖父朱成，先陈友谅下总管，癸卯年归附充军，甲辰年充小旗，吴元年克苏州充总旗；洪武三年取兴原，四年除世袭百户，授世袭，敕命归并平凉卫；二十五年查出年深，钦升平凉卫前所世袭副千户，老。父朱通替职，故。昶系嫡长男，袭平凉卫前所世袭副千户。

一辈朱成，已载前黄。

二辈朱通，旧选簿查有：洪武二十八年十一年，朱通，系平凉卫前所世袭副千户朱成嫡长男。父为年老征伤，钦准替职，仍授本卫世袭副千户。

三辈朱昶，旧选簿查有：洪武二十九年九月，朱昶，年九岁，系平凉卫前所故世袭副千户朱通嫡长男。钦与本卫所世袭副千户，支俸操练至十六岁管事。·254·

四辈朱瑛，旧选簿查有：正统十三年四月，朱瑛，系平凉卫前所世袭副千户朱昶嫡长男。

五辈朱能，旧选簿查有：成化十三年七月，朱能，随州人，系平凉[卫]前所世袭副千户朱[瑛]庶长男。

六辈朱钦，旧选簿查有：嘉靖元年十月，朱钦，年十一岁，随州人，系平凉卫前所故世袭副千户朱能嫡长男。钦与全俸优给，至嘉靖四年终住支。

七辈朱邦清。

八辈朱纲，万历十四年十二月，朱纲，年二十一岁，随州人，系平凉卫前所故副千户朱邦清嫡长男。比中二等。

九辈朱馨，天启四年四月，大选过平凉卫前所副千户一员朱馨，年三十二岁，系故副千户朱纲嫡长男。比中三等。〔对讫。〕

十辈朱玺，崇祯七年四月，大选过平凉卫前所副千户一员朱玺，年二十一岁，系故副千户朱馨嫡长男。比中三等。〔对讫。〕

戴功·副千户

外黄查有：戴亨，定远县人。有父戴祥，旧名均祥，甲午年从军，丙辰年充小旗，洪武元年充总旗，三年除百户，四年授世袭，二十二年升副千户除平凉卫，二十六年老，无嫡男。亨系庶长男，替副千户。

一辈戴祥，已载前黄。

二辈戴亨，旧选簿查有：洪武三十一年二月，戴亨，系平凉卫前所世袭副千户戴祥庶长男。

三辈戴俨，旧选簿查有：永乐十五年六月，戴俨，年十五岁，系平凉卫前所为事立功故世袭副千户戴亨嫡长男。

四辈戴瑛，旧选簿查有：天顺七年五月，戴瑛，凤阳府定远县人，系平凉卫前所故世袭副千户戴俨嫡长男。

五辈戴文，旧选簿查有：弘治十年二月，戴文，定远县人，系平凉卫前所世袭

副千户戴瑛嫡长男。·256·

六辈戴江，旧选簿查有：正德八年二月，戴江，年十六岁，定远县人，系平凉〔卫〕前所故世袭副千户戴文嫡长男。

七辈戴功，旧选簿查有：嘉靖三十一年二月，戴功，定远县人，系平凉卫前所副千户戴江嫡长男。

八辈戴用，万历二十四年十二月，戴用，年四十二岁，系平凉卫前所老副千户戴功嫡长男。比中三等。

九辈戴承聘，崇祯十一年二月，大选过平凉卫前所副千户一员戴承聘，年二十五岁，系故副千户戴用亲孙。比中三等。〔对讫。〕

孟玺[①]·副千户

一辈孟得，缺。

二辈孟广，旧选簿查有：永乐十五年十一月，孟广，系宁国卫已改涿鹿左卫左所故世袭副千户孟得嫡长男。

三辈孟杰，旧选簿查有：正统十二年五月，孟杰，系平凉卫前所世袭副千户孟广嫡长男。

四辈孟祯，旧选簿查有：成化四年十月，孟祯，大兴县人，系平凉卫前所世袭副千户孟杰庶长男。

五辈孟虎，旧选簿查有：正德四年六月，孟虎，大兴县人，系平凉卫前所老疾世袭副千户孟祯嫡长男。

六辈孟玺，旧选簿查有：嘉靖二十八年十二月，孟玺，大兴县人，系平凉卫前所老疾副千户孟虎嫡长男。

七辈孟养浩，万历十三年二月，孟养浩，年三十一岁，大兴县人，系平凉卫前所老疾副千户孟玺嫡长男。比中二等。

八辈孟君重，天启元年二月，大选过平凉卫前所副千户一员孟君重，年三十三岁，系老副千户孟养浩嫡长男。比中三等。〔对讫。〕·256·

---

①嘉靖《平凉府志》卷二《兵制》："孟玺，始祖得，顺天大兴人。洪武六年从军，并，得胜升小旗，从靖难升总旗，战白沟河升百户。洪武三十五年渡江，升宁国卫副千户，老。"

杨激·副千户

外黄查有：杨祯，会同县人。祖父杨荣，癸卯年充军，乙巳年除虎贲卫百户，洪武四年溺水身故。父杨安，十三年袭安陆卫百户，十七年调应天卫，二十二年调平凉卫，三十三年白沟河亡故。祯系嫡长男，袭。杨钦系杨祯庶长男，先因年幼，亲叔杨宁借职。景泰五年袭平凉卫世袭百户，叔革闲。

一辈杨荣，已载前黄。

二辈杨安，已载前黄。

三辈杨祯，旧选簿查有：洪武三十三年十一月，杨祯，年十五岁，系平凉卫前所世袭百户杨安嫡长男。父白沟河阵亡。

四辈杨宁，已载前黄。

五辈杨钦，景泰五年四月，杨钦，年十八岁，会同县人，系平凉卫前所故世袭百户杨祯庶长男。先因年幼，亲叔杨宁借职。今长成，退还职事。本人袭职，伊叔革闲。

六辈杨英，旧选簿查有：成化十三年七月，杨英，年十九岁，会同县人，系平凉卫前所失陷副千户杨钦嫡长男，钦与世袭。

七辈杨恩，旧选簿查有：正德九年六月，杨恩，会同县人，系平凉卫前所老疾世袭副千户杨英嫡长男。

勘合查有：嘉靖六年五月，为斩贼获首级等事，二人共斩贼级一颗，升实授一级，本所升正千户杨恩。

八辈杨激，旧选簿查有：嘉靖二十六年四月，杨激，会同县人，系平凉卫前所患疾正千户杨恩嫡长男。伊曾祖钦，天顺四年以百户镇番功升副千户。沿袭至父恩，又功升正千户所。据镇番功无擒斩，例应减革，本舍革与副千户。

九辈杨文，万历十九年二月，杨文，年二十八岁，会同县人，系平凉卫前所年老副千户杨激嫡长男。比中二等。

十辈杨大勇，万历四十年六月，大选过平凉卫前所副千户一员杨大勇，年十六岁，系故副千户杨文嫡长男。比中三等。〔对讫。〕

张勋[①]·副千户

一辈张福，缺。·257·

二辈张雄，缺。

三辈张广，旧选簿查有：永乐七年九月，张广，系平凉卫前所世袭百户张雄嫡长男。

四辈张琰，旧选簿查有：正统八年九月，张琰，系平凉卫前所故世袭百户张广嫡长男。

五辈张璟，旧选簿查有：天顺二年闰二月，张璟，淮安府人，系平凉卫前所故世袭百户张琰亲弟。

六辈张钦，旧选簿查有：弘治四年八月，张钦，淮安府人，系平凉卫前所故世袭百户张璟嫡长男。

七辈张镇，旧选簿查有：嘉靖四年十二月，张镇，年三十五岁，山阳县人，系平凉卫前所老疾世袭百户张钦嫡长男。

堂稿簿查有：嘉靖十五年，地名麻黄梁等处升实授一级不赏，二人共斩首一颗，为首平凉卫前所实授百户升副千户张镇。

八辈张勋，旧选簿查有：嘉靖二十四年十月，张勋，淮安府人，系平凉卫前所故副千户张镇嫡长男。

九辈张守祖，万历二十年十一月，张守祖，年四十五岁，淮安府人，系平凉卫前所副千户张勋嫡长男。伊父原袭副千户，嘉靖三十二年为事参调宁夏卫，纳赎免调，今老。本舍合照旧与替副千户。比中三等。

十辈张英，万历二十六年六月，张英，年二十四岁，系平凉卫前所患疾副千户张守祖嫡长男。比中三等。〔对讫。〕

十一辈张杰，万历四十一年十二月，大选过平凉卫前所副千户一员张杰，年三十一岁，系故副千户张英堂弟。比中三等。〔对讫。〕

[①] 嘉靖《平凉府志》卷二《兵制》："张勋，始祖福，直隶淮安人。丙申年从军，吴元年克苏州充小旗，洪武二十年充总旗，十一年升平凉卫前所百户，老。"

年远事故前所副千户一员·祁英

宣德四年七月，祁原，系平凉卫前所世袭副千户祁胜堂侄。

正统三年九月，祁祥，系平凉卫前所世袭副千户祁原侄长男。

成化六年六月，祁英，泰安州人，系平凉卫前所世袭副千户祁祥嫡长男。

又一员·秦浩

宣德二年十月，秦义，系平凉卫前所世袭副千户秦兴嫡长男。

成化元年七月，秦通，崇明县人，系平凉卫前所世袭副千户秦义嫡长男。

成化二十年八月，秦琮，崇明县人，系平凉卫前所世袭副千户秦通嫡长男。

弘治七年七月，秦浩，崇明县人，系平凉卫前所故世袭副千户秦琮嫡长男。

又一员·丁志

洪武二十五年八月，丁刚，系平凉卫前所故世袭副千户丁坚嫡长孙。有父丁杰，先年病故。钦准袭职，仍授本卫所世袭副千户。

洪武二十八年七月，丁志，系平凉卫前所故世袭副千户丁刚亲叔，钦准本卫所世袭副千户。

又一员·谢荣

洪武二十四年四月，谢荣，系平凉卫前所故世袭副千户谢安嫡长男，年一十二岁，至洪武二十七年出幼住支。

优养一员·陆瑄

宣德十年八月，陆瑄，年十六岁，系平凉卫前所故副千户陆三庶长男，患矮短残疾，不堪承袭，别无应袭之人。钦与全俸优养。

武镇·实授百户

内黄查有：武英，历城人。曾祖武得，洪武三十三年军，三十四年藁城升小旗，三十五年克金川门升总旗，永乐元年节次功升中（忠）义右卫前所百户，宣德十年老。伯武成系长男，替，残疾。堂兄武威系长男，成化三年替。英系堂弟，弘治十一年借袭本卫所百户，见任。

一辈武得，已载前黄。

二辈武大，缺。

三辈武成，旧选簿查有：正统元年十二月，武成，年十七岁，系忠义右卫前所百户武大嫡长男，钦与世袭。

旧选簿查有：正统十年十二月，武成，系忠义右卫前所世袭百户，调平凉卫前所。

四辈武威，旧选簿查有：成化八年七月，武威，历城县人，系平凉卫前所世袭百户武成嫡长男。

五辈武英，旧选簿查有：弘治十一年九月，武英，历城县人，系平凉卫前所世袭百户武威堂弟。伊堂兄脱逃，无嗣。本人借袭，待堂兄寻获有男，还与职事。

六辈武镇，旧选簿查有：嘉靖二十四年二月，武镇，历城县人，系平凉卫前所故实授百户武英嫡长男。

七辈武大勇，万历十一年十二月，武大勇，年二十二岁，历城县人，系平凉卫前所患疾实授百户武镇嫡长孙。比中三等。

八辈武杰，万历三十八年十二月，大选过平凉卫前所实授百户一员武杰，年十九岁，系故实授百户武大勇嫡长男。比中三等。〔对讫。〕

刘爵·实授百户

一辈刘本，缺。·260·

二辈刘胜，旧选簿查有：景泰三年四月，刘胜，年十九岁，临汾县人，系平凉卫前所老疾世袭百户刘本庶长男。

三辈刘昶，旧选簿查有：弘治九年五月，刘昶，临汾县人，系平凉卫前所故世袭百户刘胜嫡长男。

四辈刘宗，旧选簿查有：正德七年八月，刘宗，临汾县人，系平凉卫前所故世袭百户刘昶嫡长男。

五辈刘爵，旧选簿查有：嘉靖三十七年六月，刘爵，临汾县人，系平凉卫前所老疾实授百户刘宗庶长男。

六辈刘继功，万历三十四年正月，单本选过平凉卫前所实授百户一员刘继功，年四十岁，临汾县人，系故实授百户刘爵次男。待伊兄继勋生子退还。比中三等。〔对讫。〕

七辈刘国彦，崇祯十二年六月，大选过平凉卫前所实授百户一员刘国彦，年二十八岁，系老实授百户刘继功亲孙。比中三等。〔对讫。〕

许汝修·实授百户

外黄查有：许汝修，年二十四岁，系陕西平凉卫前所世袭百户，原籍河南泰康县人。一世祖许成，洪武二年充小旗，本年选充总旗，四年调平凉卫中所，十九年老。二世祖许僧加（家）奴、户名许成，代役并充总旗。二十六年洮州征剿番贼有功，三十年升平凉卫前所百户，天顺六年故。高祖许通系嫡长孙，成化二年九月袭，弘治六年故。曾祖许英系嫡长男，七年九月袭，正德四年疾。祖许昂系嫡长男，七年二月替，嘉靖二十三年故。汝修系嫡长孙，二十五年四月优给，四十一年八月袭陕西平凉卫世袭百户。

一辈许成，已载前黄。

二辈许僧家奴，已载前黄。

三辈许通，旧选簿查有：成化二年九月，许通，泰康县人，系平凉卫前所故世袭百户许僧家奴、户名许成嫡长孙。

四辈许英，旧选簿查有：弘治七年九月，许英，泰康县人，系平凉卫前所世袭百户许通嫡长男。

五辈许昂，旧选簿查有：正德七年十二月，许昂，泰康县人，系平凉卫前所世袭百户许英嫡长男。 ·261·

六辈许汝修，旧选簿查有：嘉靖二十五年四月，许汝修，年七岁，泰康县人，系平凉卫前所故实授百户许昂嫡长孙。照例与全俸优给，至嘉靖三十二年终住支。

旧选簿查有：嘉靖四十一年八月，许汝修，年二十三岁，泰康县人，系平凉卫前所故实授百户许昂嫡长孙。

七辈许谏,万历十二年十二月,许谏,年二十岁,泰康县人,系平凉卫前所阵亡实授百户许汝修嫡长男。伊父原袭祖职实授百户,嘉靖四十五年瓦楂梁阵亡,升一级。本舍照例于祖职实授百户上加伊父阵亡功一级,与袭升副千户。比中三等。

八辈许国祚,万历四十八年正月,大选过平凉卫前所副千户一员许国祚,年三十六岁,系故副千户许谏亲侄。伊兄患疾不堪,本舍借袭前职,待兄生子退还。比中三等。〔对讫。〕

张机·世袭百户

一辈张敏,缺。

二辈张荣,旧选簿查有:洪武二十七年四月,张荣,系平凉卫前所世袭百户张敏嫡长男,父为征伤风疾。钦准替职,仍授本卫所世袭百户。

三辈张玉,旧选簿查有:永乐元年三月,张玉,系平凉卫前所阵亡不支俸土官世袭百户张荣嫡长男,钦袭本卫所世袭百户。

四辈张本,旧选簿查有:宣德三年十一月,张本,系平凉卫前所故不支俸土官世袭百户张玉嫡长男,钦准袭职。

五辈张翱,旧选簿查有:景泰四年三月,张翱,崇信县人,系平凉卫前所故世袭百户张本堂兄。

六辈张泰,旧选簿查有:成化十年九月,张泰,崇信县人,系平凉卫前所故百户张翱嫡长男。

七辈张节,旧选簿查有:弘治元年闰正月,张节,崇信县人,系平凉卫前所不支俸土官故世袭百户张泰嫡长男。

八辈张龙,旧选簿查有:嘉靖二年九月,张龙,年三十五岁,崇信县人,系平凉卫前所患疾不支俸土官世袭百户张节嫡长男。

九辈张勤,候查。

十辈张机,候查。

十一辈张榜,万历二年二月,张榜,年三十岁,崇信县人,系平凉卫前所老疾不支俸土官实授百户张玑(机)嫡长男。伊父原袭祖职不支俸土官世袭百户,今老。本舍照旧准替不支俸土官世袭百户。

十二辈张澄，万历二十五年正月，张澄，年二十六岁，崇信县人，系平凉卫前所故土官实授百户张榜嫡长男。

黄朝·实授百户

内黄查有：黄堂，江都县人。始祖黄全，甲辰年选小旗，吴元年充总旗，洪武十七年收捕贼寇有功，十五（八）年升羽林右卫前所试百户，故。黄佛保系长男袭，调豹韬卫前所，故绝。黄敬系亲弟，袭调海宁卫后所，永乐元年调平凉卫前所，故。黄郁系嫡长男，宣德三年疾。祖黄宗系嫡长男，正统十三年替，老。祖黄信系嫡长男，成化十三年袭，疾。父黄福系嫡长男，弘治十二年替，故。堂，嫡长男，优给，嘉靖元年袭平凉卫前所世袭百户。

一辈黄全，已载前黄。

二辈黄佛保，已载前黄。

三辈黄敬，旧选簿查有：洪武二十七年四月，黄敬，旧名官音保，系豹韬卫前所故试百户黄佛保亲弟。

四辈黄郁，旧选簿查有：宣德三年十二月，黄郁，系平凉卫前所故世袭百户黄敬嫡长男。

五辈黄宗，旧选簿查有：正统十三年四月，黄宗，系平凉［卫］前所世袭百户黄郁嫡长男。

六辈黄信，旧选簿查有：成化十三年十二月，黄信，江都县人，系平凉卫前所世袭百户黄宗嫡长男。

七辈黄福，旧选簿查有：弘治十二年九月，黄福，江都县人，系平凉卫前所世袭百户黄信嫡长男。

八辈黄堂，旧选簿查有：嘉靖元年三月，黄堂，江都县人，系平凉卫前所故百户黄福嫡长男。优给出幼袭职，限外多支俸粮，查扣关支。

九辈黄朝，旧选簿查有：隆庆元年八月，黄朝，年三十二岁，江都县人，系平凉卫前所故实授百户黄堂亲堂弟。

十辈黄纲，万历四十年三月，大选过平凉卫前所实授百户黄纲，年四十岁，系故实授百户黄朝嫡长男。比中三等。〔对讫。〕

十一辈黄元吉，万历四十七年三月，大选过平凉卫前所实授百户一员黄元吉，

年三十一岁，系故实授百户黄纲嫡长男。比中三等。〔对讫。〕

胡鳌·实授百户

一辈胡子实，旧选簿查有：洪武二十五年五月，钦取复职宁山卫中所世袭百户胡子实。

二辈胡宽，缺。

三辈胡能，旧选簿查有：永乐二十二年二月，胡能，系宁山卫中所故世袭百户胡子实嫡长孙。

四辈胡增，旧选簿查有：正统元年十月，胡增，系宁山卫中所故世袭百户胡能亲弟。兄为事充军，病故。本人年壮，钦准袭职调平凉卫前所。

五辈胡斌，旧选簿查有：景泰六年七月，胡斌，年十八岁，直隶华亭县人，系平凉卫前所故世袭百户胡增亲侄。

六辈胡经，旧选簿查有：弘治十年八月，胡经，华亭县人，系平凉卫前所故世袭百户胡斌嫡长男。

七辈胡永①，旧选簿查有：正德十五年十二月，胡永，华亭县人，系平凉卫前所故世袭百户胡经嫡长男。优给出幼袭职，限外多支俸粮，查扣关支。

八辈胡鳌，旧选簿查有：嘉靖四十年十二月，胡鳌，年四十一岁，华亭县人，系平凉卫前所老疾实授百户胡永嫡长男。

九辈胡岱，万历二十二年二月，胡岱，年四十五岁，华亭县人，系平凉卫前所故世袭百户胡鳌嫡长男。比中三等。

十辈胡佳鸾，万历四十二年十一月，大选过平凉卫实授百户胡佳鸾，年四十岁，系故实授百户胡岱嫡长男。比中三等。〔对讫。〕

十一辈胡印，崇祯十五年六月，大选过平凉卫前所实授百户一员胡印，年三十一岁，系故实授百户胡佳鸾嫡次男。俟兄胡英疾痊生子退还。比中三等。〔对讫。〕

---

① 嘉靖《平凉府志》卷二《兵制》："胡永，始祖子实，直隶华亭人。吴元年归附充小旗，洪武八年升燕山卫总旗，二十二年升百户，卒。"

张东曦·实授百户

外黄查有：张英，泾州人。曾祖张舍的，洪武三年充总旗，五年归并平凉卫前所，故。伯祖张仲僧保，并充总旗，三十五年故。曾祖张九住补役，永乐元年仍充总旗，老疾。祖张义代役，正统三年亦林其碱滩等处杀贼有功，本年升试百户，九年疾。父张彪替实授百户，成化四年陕西固原州石城儿征剿反贼满四等节次生擒斩首有功，五年升署副千户，九年故。英系亲男，袭。

一辈张舍的，已载前黄。

二辈张仲僧［保］，已载前黄。

三辈张九住，已载前黄。

四辈张义，已载前黄。

五辈张彪，旧选簿查有：正统九年十二月，张彪，系平凉卫前所试百户张义、户名张舍的嫡长男。父原系总旗，调征碱滩达贼有功升前职。钦准本人替实授百户，钦与世袭。

署副千户功次已载前黄。

六辈张英，旧选簿查有：成化十年三月，张英，年十七岁，泾州人，系平凉卫前所署千户张彪庶长男。父原系百户，于石城儿杀贼获功升署前职，今病故。本人照例该袭百户，仍署副千户事。

七辈张敕，旧选簿查有：嘉靖五年十月，张敕，泾州人，系平凉卫前所老疾副千户张英嫡长男。伊曾祖张义功升试百户。祖彪袭，成化十年钦准实授，固原获功升署副千户，冒做实授。父英沿袭今职。缘钦准并冒职，俱应减革，本人于试百户上加署一级，该替署实授百户事试百户。

八辈张东曦，旧选簿查有：嘉靖二十一年四月，张东曦，年十九岁，泾州人，系平凉卫阵亡署实授百户事试百户张敕嫡长男。伊父原袭祖职署实授百户，嘉靖二十年贺兰山斩首阵亡。本舍保送前来，所据伊父敕贺兰山阵亡应升职级，候彼处巡按御史覆册至日另议外，本舍照例与袭祖职署实授百户。

九辈张弘正，万历元年四月，张弘正，年三十一岁，泾州人，系平凉卫前所故署实授百户张东曦嫡长男。伊祖张敕原袭祖职署实授百户，嘉靖二十年贺兰山阵亡。伊父张东曦保送承袭，因覆册未到，仍袭祖职署实授百户，续于二十三年造册到部，照例拟升实授百户。伊父未并，隆庆四年故。本舍照例于祖职署实授百户上加伊祖

阵亡功一级，与袭升实授百户。·265·

十辈张光先，万历二十七年六月，张光先，年三十五岁，系平凉卫前所故实授百户张弘正长男。比中三等。

十一辈张国祯，天启元年二月，大选过平凉卫前所实授百户一员张国祯，年二十四岁，系故实授百户张光先嫡长男。比中三等。〔对讫。〕

十二辈张国祥，崇祯七年四月，大选过平凉卫前所实授百户一员张国祥，年二十七岁，系故实授百户张国祯亲弟。比中三等。〔对讫。〕

萧鸾·实授百户

外黄查有：萧源，澧州人。父萧兴，辛丑年充军，壬寅年充小旗，吴元年充总旗，老。兄萧赵保代，洪武二十八年故。源补役，洪武三十一年除所镇抚。萧翰系萧祥嫡长男。父年老，翰正德十二年替平凉卫世袭百户。萧玉系萧翰嫡长男，嘉靖十六年替职。

一辈萧兴，已载前黄。

二辈萧赵保，已载前黄。

三辈萧源，旧选簿查有：永乐十八年十二月，平凉卫试百户萧原（源）。

四辈萧铨，旧选簿查有：宣德十年五月，萧铨，系平凉卫前所试百户萧原（源）嫡长男。父原系总旗，因差往哈烈等处公干回还，升除前职。钦准本人仍替试百户。

钦升簿查有：天顺四年，镇番地方杀贼获功例升一级，平凉卫百户升副千户五员内一员萧铨。

五辈萧玫，旧选簿查有：天顺七年二月，萧玫，澧州人，系平凉卫前所失陷副千户萧铨嫡长男，钦与世袭。

六辈萧祥，旧选簿查有：成化十五年三月，萧祥，年十七岁，澧州人，系平凉卫前所故副千户萧玫嫡长男。祖萧铨原系试百户，遇例实授，功升副千户；父萧玫袭职。本人照例革袭实授百户。

七辈萧翰，旧选簿查有：正德十二年二月，萧翰，澧州人，系平凉卫前所世袭百户萧祥嫡长男。

八辈萧玉，旧选簿查有：嘉靖十六年二月，萧玉，澧州人，系平凉卫前所老疾百户萧翰嫡长男。

九辈萧鸾，旧选簿查有：嘉靖三十二年四月，萧鸾，年四十五岁，澧州人，系平凉卫前所故实授百户萧玉亲弟。·266·

十辈萧斌，万历四十五年正月，单本选过平凉卫前所实授百户一员萧斌，年六十二岁，系阵亡实授百户萧鸾的（嫡）次孙。伊父萧朝均，未袭先故。本舍以孙承袭，合照旧准袭实授百户。比中二等。〔对讫。〕

十一辈萧添俸，崇祯五年二月，大选过平凉卫实授百户一员萧添俸，年五十二岁，系老实授百户萧斌嫡长男。比中三等。〔对讫。〕

年远事故前所世袭百户一员·张泰

景泰三年十月，张胜，南昌县人，系平凉卫前所百户张忠、旧名关保嫡长男。

成化十二年二月，张通，南昌县人，系平凉卫前所世袭百户张胜嫡长男。

弘治十七年九月，张泰，南昌县人，系平凉卫前所世袭百户张通亲侄，待伯有男还与职事。

又一员·张林

永乐元年二月，张信，系平凉卫前所世袭百户张良富嫡长男。为父老疾告替，钦准替授平凉卫前所世袭百户。

弘治元年八月，张林，系平凉卫前所故世袭百户张信亲弟。

又一员·刘刚

宣德六年四月，刘青，系平凉卫前所世袭百户刘忠庶长男。·267·

正统七年六月，刘刚，系平凉卫前所故世袭百户刘清、改名清（青）亲弟。

又一员·郭又成

洪武二十五年正月，郭友成，系凉州卫前所流官百户。为年深起到，钦与世袭，调平凉卫前所管事。

又一员·瞿谅

永乐二十四年四月，瞿谅，系平凉卫前所故世袭百户瞿胜长男。

又一员·徐观音保①

永乐十二年六月，徐官音保，年一岁，系平凉卫前所故世袭百户徐荣嫡长男。敬与全俸优给，至永乐二十六年终住支袭职。

优养一员·孙显

正统五年九月，孙显，年七十岁，系平凉卫前所世袭百户。今为老疾，别无应替之人，钦与全俸优养。

又一员·钱得胜

永乐十四年十二月，钱胜得，年六十岁，系平凉卫前所世袭百户。今为老疾，别无应替之人，钦与全俸养老。

优养②妇女一口·王氏

宣德四年十二月，王氏，年四十六岁，系平凉卫前所故优给世袭百户徐官音保亲母，别无应袭之人，钦与五石米优养终身。 ·268·

---

①《总汇》56册将此条混夹于"优养妇女一口"之前。
②[明]陆容撰：《菽园杂记》卷一一："老而无子者，月给全俸。早亡而妻守寡者，月给俸二石。子患残疾不能承袭者，月支俸三石。十年内有子，仍袭祖职。十年后有子，不准袭，令为民。无子而有孤女者，月给俸五石，年至十五住支，名曰优养。"（上海古籍出版社，2012年，第89页）

徐镗·试百户

外黄查有：徐兴，郯城县人。祖徐成，吴元年归附充小旗，洪武元年升总旗，二十三年调平凉卫前所，老疾。父徐义代役，永乐十九年故。兴系嫡亲男补役，天顺元年大坝等处擒获达贼有功升试百户，天顺八年遇例实授，成化十一年钦与流官。

一辈徐成，已载前黄。

二辈徐义，已载前黄。

三辈徐兴，已载前黄。

四辈徐钦，旧选簿查有：成化十三年七月，徐钦，郯城县人，系平凉卫前所百户徐兴嫡长男，钦与世袭。

五辈徐泰，旧选簿查有：弘治十七年九月，徐泰，郯城县人，系平凉卫前所故世袭百户徐钦嫡长男。

六辈徐镗，旧选簿查有：嘉靖二十一年十二月，徐镗，郯城县人，系平凉卫前所故实授百户徐泰亲孙。伊高祖兴，原以功升试百户天顺八年遇例实授。伊曾祖钦、祖泰相沿，故。父文未袭先故。今照例革去遇例，与本舍袭试百户。

七辈徐大昇，隆庆五年六月，徐大昇，郯城县人，系平凉卫前所故试百户徐堂（镗）嫡长男。

八辈徐纲，万历三十八年十二月，大选过平凉卫前所试百户一员徐纲，年二十九岁，系故试百户徐大昇嫡长男。比中一等。〔对讫。〕

九辈徐登魁，崇祯六年二月，大选过平凉卫前所试百户一员徐登魁，年三十岁，系疾试百户徐纲嫡长男。比中三等。〔对讫。〕

赵晖·试百户

一辈赵增，小旗功次候查，总旗功次候查，试百次功次候查。

二辈赵晖，旧选簿查有：嘉靖十三年十二月，赵晖，年三十四岁，凤阳县人，系平凉卫前所年老试百户赵增嫡长男。

三辈赵继勋，万历元年十二月，赵继勋，年三十五年，凤阳县人，系平凉卫前所故试百户赵晖嫡长男。

四辈赵应武，万历三十一年八月，大选过平凉卫前所试百户一员赵应武，年三十一岁，系故试百户赵继勋嫡长男。比中三等。〔对讫。〕

五辈赵承业，崇祯三年十月，大选过平凉卫前所试百户一员赵承业，年三十岁，系疾试百户赵应武嫡长男。比中三等。〔对讫。〕

保进·试百户

缺。

一辈保的，功次簿查有：嘉靖五年靖房地方打刺堡等处功次，平凉卫阵亡前所总旗升试百户一员保的。

二辈保廷章，缺。

三辈保进，旧选簿查有：嘉靖十三年二月，保进，年二十二岁，开城县人，系平凉卫前所故试百户保廷章嫡长男。本人比试不中，暂准袭职，与支半俸，候及二年起送再比。

年远事故前所所镇抚一员·甘锐

天顺八年六月，甘祥，潜山县人，系平凉卫前所故所镇抚甘志嫡长孙，钦与世袭。

弘治五年八月，甘锐，潜山县人，系平凉卫前所故世袭所镇抚甘祥嫡长男。

又一员·郑赟

成化十一年四月，郑赟，年十八岁，盱眙县人，系平凉卫前所所镇抚郑兴嫡长男，钦与世袭。

李光祖·正千户

外黄查有：李宝，和州人。父李旺，乙未年从军，甲辰年拨充羽林右卫总旗，洪武元年除安丰所百户，六年调绥德卫，授世袭，老疾。兄李贤替职华山卫后所世袭百户，二十七年调平凉卫后所，三十四年故，无男。宝系亲弟，三十五年袭平凉卫后所世袭百户。

一辈李旺，已载前黄。

二辈李贤，已载前黄。

三辈李宝，已载前黄。

四辈李能，旧选簿查有：永乐十三年五月，李能，年十七岁，系平凉卫后所故世袭百户李宝嫡长男。

副千户正千户功次：宣德十年，黑山儿并黑木林二处杀达贼有功，百户历升正千户李能。

五辈李通，旧选簿查有：景泰元年五月，李通，系平凉卫后所故正千户李能嫡长男，钦与世袭。

六辈李文，旧选簿查有：成化十五年闰十月，李文，年十八岁，和州人，系平凉卫后所残疾世袭正千户李通庶长男。

七辈李玺，旧选簿查有：弘治十五年六月，李玺，年十八岁，和州人，系平凉卫后所患疾世袭正千户李文嫡长男，优给出幼袭职。

八辈李卿，旧选簿查有：嘉靖八年二月，李卿，年二十一岁，和州人，系平凉卫后所故世袭正千户李玺嫡长男。本人比试不中，暂准袭职。与支半俸，候及二年起送再比。

功次簿查有：嘉靖十三年，固原等处地方获功升赏，授一级不赏，二人共斩首一颗，为首官旗共一百二十四员名，平凉卫后所正千户升指挥佥事李卿。·271·

九辈李光祖，旧选簿查有：嘉靖二十八年二月，李光祖，年十五岁，和州人，系平凉卫故指挥佥事李卿嫡长男。伊高高祖李能原系百户，黑山儿功升副千户，以黑木林功升正千户。至父李卿，以固原功升指挥佥事。今查，据黑山儿功一级无擒斩，例应减革，止从百户上加黑木［林］、固原功二级，本舍与做正千户，注后所事。

十辈李荣增，万历二十五年三月，单本选过李荣增，年二十二岁，和州人，系平凉卫老指挥同知李光祖嫡长男。所据伊父纳级修台功，例不准袭，合照旧与替祖职正千户。比中二等。

十一辈李士达，天启元年二月，大选过平凉卫后所正千户一员李士达，年二十二岁，系疾正千户李荣增嫡长男。比中三等。

张鹏·正千户

外黄查有：张贵，旧名曾贵，黄陂县人。有义伯父曾昭，吴元年充军，阵亡。将贵补役，洪武三十二年郑村坝升小旗，三十三年济南升总旗，三十四年西水寨升试百户，三十五年平定京师升和阳卫中左所正千户，永乐三年与世袭，洪熙元年调平凉卫后所。

一辈张贵，已载前黄。

二辈张能，旧选簿查有：宣德十年三月，张能，系平凉卫后所正千户张贵、旧名曾照即曾昭亲侄。

三辈张通，旧选簿查有：天顺四年七月，张通，黄陂县人，系平凉卫后所阵亡正千户张能庶长男。

四辈张璧，旧选簿查有：成化十五年闰十月，张璧，黄陂县人，系平凉卫后所故世袭正千户张通嫡长男。

五辈张机，缺。

六辈张铨，旧选簿查有：正德六年二月，张铨，黄陂县人，系平凉卫后所故世袭正千户张璧嫡次男。已与兄张机优给，故。本人告转优给，今出幼袭职。

七辈张鹏，旧选簿查有：嘉靖九年四月，张鹏，年二十一岁，黄陂县人，系平凉卫后所故世袭正千户张铨嫡长男。·272·

八辈张九重，隆庆四年六月，张九重，年三十八岁，黄陂县人，系平凉卫后所世袭正千户张鹏嫡长男，钦准袭职。

九辈张遴，旧选簿查有：万历二十四年十二月，张遴，年二十五岁，系平凉卫后所年老正千户张九重嫡长男。比中一等。

十辈张弘谟，天启五年六月，单本选过平凉卫后所正千户一员张弘谟，年二十一岁，系老正千户张遴嫡长男。比中二等。〔对讫。〕

赵梁·正千户

一辈赵守正，审稿查有：嘉靖四十三年五月，一件酋虏大举等事，计开定拟升嘉靖四十一年十等月宁夏、固原、延绥三镇等处功次，升实授一级，二人共斩首一颗，为首平凉卫后所军人赵守正，该升小旗。

堂稿查有：隆庆元年十月，一件乞怜血战军功俯赐并升事，计开平凉卫后所试百户赵守正前件。查得本官原以家丁嘉靖三十九年榆林响水堡斩首一颗拟升小旗，四十三年石头梁斩首一颗拟升银五十两，四十五年宣府西阳河斩首一颗重升小旗；本年小松山斩首一颗拟升总旗，瓦楂梁阵亡拟升试百户。俱经题奉钦依备行外。续据本官告称，石头梁一级不愿领赏，乞要并升，恐有诈冒情弊。随经咨查，开称将寄库未领银两准作升级，仍行该道照旧贮库，听给别起获功人丁等，因前来相应议拟，合无将赵守正于试百户上加西阳河、石头梁功二级改正，与做副千户。

正千户功次候查。

二辈赵梁，审稿查有：隆庆三年六月，赵梁，年二十一岁，平凉县人，系平凉卫后所阵亡纳级指挥佥事赵守正嫡长男。伊父原系家丁，纳级指挥佥事。嘉靖三十九等年尖山儿、石头梁、西阳河、小松山四处节次斩首四颗，四十一年萧家堡斩首一颗，四十五年瓦楂梁阵亡。隆庆元年，将尖山儿等处斩首功四级并阵亡功一级并升副千户，随将萧家堡斩首功一级备行查勘去后。今既查明，具结前来，本舍照例于伊父并升副千户上加萧家堡斩首功一级，与袭升正千户。

三辈赵文焌，万历四十年六月，大选过平凉卫后所正千户赵文焌，年三十一岁，系故正千户赵梁嫡长男。所据伊父遇例纳级挥佥，例不准袭，本舍照例准祖职正千户。比中一等。〔对讫。〕·273·

四辈赵基，年四十岁，崇祯十年四月，大选过平凉卫后所正千户，系故赵文焌嫡长男。比中二等。〔对讫。〕

胡见·正千户

外黄查有：胡山，青阳县人，吴元年顶，故。义父杨信从军，洪武八年调永平卫，三十三年白沟〔河〕大战升小旗，十月克沧州升总旗，三十四年夹河大战升试百户，三十五年淝河升平凉卫后所正千户，永乐三年钦与世袭。

一辈胡山，旧名杨信，已载前黄。

二辈胡敬，旧选簿查有：永乐十年十一月，胡敬，系平凉卫后所世袭正千户胡山、旧姓名杨信嫡长男，敬替世袭正千户。

三辈胡通，旧选簿查有：洪熙元年十二月，胡通，系平凉卫后所故世袭正千户胡敬亲弟。

四辈胡福庆，旧选簿查有：景泰五年四月，胡福庆，青阳县人，系平凉卫后所故世袭正千户胡通嫡长男。

五辈胡政，旧选簿查有：成化十二年二月，故（胡）政，青阳县人，系平凉卫后所故世袭正千户胡福庆嫡长男。

六辈胡聪，旧选簿查有：嘉靖元年十月，胡聪，青阳县人，系平凉卫后所在大宁中卫左所带俸老疾正千户胡政嫡长男。

七辈胡见，旧选簿查有：嘉靖二十四年八月，胡见，清（青）阳县人，系大宁中卫左所故正千户胡聪嫡长男。

年远事故后所正千户一员·朱贵

永乐二年二月，朱成，旧名旺儿，年十二岁，系甘州前卫后所为事充军阵亡世袭百户朱冕堂弟。钦准袭职，授平凉卫前所世袭百户。支俸读书操练，至十五岁出幼管事，二十岁比试弓马。·274·

永乐十四年六月，朱贵，系平凉卫后所世袭正千户朱成嫡长男。

又一员·梁端

宣德元年六月，梁成，系平凉卫后所故世袭正千户梁广嫡长男。

天顺七年四月，梁端，江都县人，系平凉卫后所正千户梁成亲侄。

成大功·副千户

外黄查有：成大功，年三十一岁，系陕西平凉卫后所副千户，原籍凤阳府寿州霍丘县人。始祖成德，庚子年归附从军，节年征进有功，洪武四年升实授百户，拨永州卫；五年调龙江卫，十六年与世袭，升除今本卫中左所副千户；十八年调后所，二十六年故。高祖成文系嫡长男，本年十月袭，永乐十年老疾。曾祖成义系嫡长男，宣德五年九月替，天顺三年故。伯祖成全系嫡长男，四年七月袭，成化十七年老疾。祖成荣系亲侄，弘治八年九月借替，老。父成瀚系嫡长男，正德十四年替，嘉靖九年老。大功系嫡长男，三十六年六月替平凉卫后所副千户。

一辈成德，已载前黄。

二辈成文，旧选簿查有：洪武二十六年十月，成文，系平凉卫后所故流官副千户成德嫡长男。钦准袭职，与世袭，改授本卫所世袭副千户。

三辈成义，旧选簿查有：宣德五年九月，成义，系平凉卫后所世袭副千户成文嫡长男。

四辈成全，旧选簿查有：天顺四年七月，成全，寿州人，系平凉卫后所故世袭副千户成义嫡长男。

五辈成荣，旧选簿查有：弘治八年九月，成荣，寿州人，系平凉卫后所世袭副千户成全亲侄，待伯有男还与职事。·275·

六辈成瀚，旧选簿查有：正德十四年二月，成瀚，年十七岁，寿州人，系平凉卫后所故世袭副千户成荣嫡长男。

七辈成大功，已载前黄。

八辈成美，万历二十四年二月，成美，年三十二岁，[寿州人，]系平凉卫后所故副千户成大功嫡次男。比中三等。

胡清·副千户

外黄查有：胡贞，顺义县人。有父胡通，洪武三十二年充义勇前卫军，三十三年白沟河升小旗，三十四年升总旗，三十五年平定京师升总旗。后查原征夹河升总旗勘合，永乐四年敬升义勇前卫后所百户，九年故。贞系嫡长男，年幼，准与优给出幼，宣德五年袭；十五年归并兴武卫左所差操，正统六年调征云南麓川反寇，冲入贼阵杀□贼，制给"雄"字号勘合，升义勇前卫后所副千户，正统十二年钦与流官。

一辈胡通，已载前黄。

二辈胡贞，旧选簿查有：宣德五年八月，胡真（贞），系义勇前卫后所故世袭百户胡通嫡长男。

正统十年十二月，胡真（贞），系义勇前卫后所世袭副千户，调平凉卫后所。

钦升功次簿查有：正统七年，兴武卫百户征麓川反寇一次头功，升副千户十员内一员胡真（贞）。

三辈胡济,旧选簿查有:成化五年二月,胡济,顺义县人,系平凉卫后所故副千户胡贞嫡长男。

四辈胡振,旧选簿查有:正德八年二月,胡振,顺义县人,系平凉卫后所故副千户胡济嫡长男。

五辈胡清,旧选簿查有:嘉靖二十二年八月,胡清,年二十岁,顺义县人,系平凉卫后所已故世袭实授副千户胡振嫡长男。查得麓川头功,准袭祖职副千户。

六辈胡思明,万历十九年八月,胡思明,年四十一岁,顺义县人,系平凉卫后所年老副千户胡清嫡长男。比中二等。〔对讫。〕 ·276·

七辈胡显忠,万历三十六年二月,大选过平凉卫后所副千户胡显忠,年三十五岁,系疾副千户胡思明嫡长男。伊父遇例加纳指挥佥事,例应革去纳级虚衔,准替副千户。比中一等。

八辈胡佐圣,崇祯四年五月,单本选过平凉卫后所副千户一员胡佐圣,年二十四岁,系老副千户胡显忠嫡长男。比中二等。

廖豸·副千户

外黄查有:廖斌,江陵县人。祖父廖清①,癸卯年归附,洪武四年选充小旗,十二年选充总旗,二十四年取年深,二十五年除平凉卫后所世袭百户,九月阵亡。父廖兴,二十六年仍袭世袭百户,三十年故。斌系嫡长男,三十一年袭本卫世袭百户。

一辈廖清,旧选簿查有:洪武二十五年三月,廖清,系凉州卫总旗,钦除平凉卫后所世袭百户。

二辈廖兴,旧选簿查有:洪武二十六年八月,廖兴,系平凉卫后所阵亡世袭百户廖清嫡长男。钦准袭职,仍授本卫所世袭百户。

三辈廖斌,旧选簿查有:洪武三十一年正月,廖斌,年十四岁,系平凉卫后所故世袭百户廖兴嫡长男。支俸读书操练,至十五岁管事。

四辈廖昇,旧选簿查有:正统二年十月,廖昇,系平凉卫后所世袭百户廖斌嫡

---

①嘉靖《平凉府志》卷二《兵制》:"廖清(原书作"廖青"),癸卯年从军,洪武□年调延安卫,克定西升小旗。三年征义罕脑儿,斩一级,升总旗。二十年征哈密,升平凉卫后所百户,征四川战死。"

长男。

五辈廖英,旧选簿查有:景泰元年十一月,廖英,系平凉卫后所故世袭百户廖昇嫡长男。

副千户功次已载五辈选条。

六辈廖俊,旧选簿查有:成化十五年闰十月,廖俊,江陵县人,系平凉卫后所故署正千户事副千户廖英嫡长男。

七辈廖震,旧选簿查有:正德十六年五月,廖震,江陵县人,系平凉卫后所年老正千户廖俊嫡长男。父袭署正千户,遇例实授。本人照例革替署正千户事副千户。

八辈廖忠,审稿簿查有:吊来诰命,廖忠,江陵县人。曾祖廖英,天顺二年调镇番守御,四坝等处斩获首级有功,四年升副千户;成化三年归并庄浪备御,石城儿节次生擒并斩获首级有功;五年升署正千户,故。祖廖俊袭,遇例实授,老。父廖震,正德十六年革袭署正千户,故。忠系嫡长男,嘉靖十年革袭本卫所世袭副千户。

九辈廖豸,旧选簿查有:嘉靖二十九年八月,廖豸,江陵县人,系平凉卫后所副千户廖忠嫡长男。

十辈廖志杰,崇祯六年十月,大选过平凉卫后所副千户一员廖志杰,年三十九岁,系故副千户廖豸嫡长孙。比中三等。〔对讫。〕

田钟·副千户

外黄查有:田兴,蓟州人。有父田大,洪武六年收充小旗,二十二年老。将兴户名不动代役,三十四年西水寨升试百户,三十五年平定京师升副千户。

一辈田大,已载前黄。

二辈田兴,已载前黄。

三辈田旺,旧选簿查有:宣德十年九月,田旺,系平凉卫后所副千户田兴、户名田大嫡长男,钦与世袭。

四辈田能,旧选簿查有:成化元年三月,田能,蓟州人,系平凉卫后所世袭副千户田旺嫡长男。

五辈田畯,旧选簿查有:弘治元年三月,田畯,蓟州人,系平凉卫后所老疾副千户田能嫡长男。

六辈田钟,旧选簿查有:嘉靖二年七月,田钟,年五岁,蓟州人,系平凉卫后所风疾副千户田畯嫡长男。钦与全俸优给,至嘉靖十二年终住支。

旧选簿查有:嘉靖十三年四月,田钟,年十六岁,蓟州人,系平凉卫后所副千户田畯嫡长男,优给出幼袭职。

七辈田实,万历二年二月,田实,年二十四岁,蓟州人,系平凉卫后所副千户田钟嫡长男。

八辈田济民,万历四十一年十二月,大选过平凉卫后所副千户一员田济民,年二十八岁,系故副千户田实庶长男。比中三等。〔对讫。〕

九辈田日茂,崇祯二年六月,大选过平凉卫后所副千户一员田日茂,年二十二岁,系故副千户田济民嫡长男。比中三等。〔对讫。〕 ·278·

邵泰·副千户

外黄查有:邵礼中,无为州人。吴元年蒙沈指挥将正户魏关住垛集充军,洪武元[年]克北平等处,二年拨永平守御,三年选充小旗,二十八年正户残疾。礼中代役,三十年并充小旗,三十二年杀退辽东犯城军马升总旗,三十四年杀退辽东军马升试百户,三十五年金川门升平凉卫副千户。

一辈魏关住,已载前黄。

二辈邵礼中,已载前黄。

三辈邵安,旧选簿查有:永乐二十年三月,邵安,系平凉卫后所世袭副千户邵礼中嫡长男。

四辈邵纲,旧选簿查有:成化四年二月,邵纲,幼名铁块儿,无为州人,系平凉卫后所老疾世袭副千户邵安庶长男。

五辈邵镇,旧选簿查有:弘治十五年二月,邵镇,无为州人,系平凉卫后所世袭副千户邵纲嫡长男。

六辈邵泰,旧选簿查有:嘉靖二十七年四月,邵泰,无为州人,系大宁中卫左所带俸年老副千户邵镇嫡长男。

张栾·副千户

一辈张胜，旧选簿查有：洪武三十五年，试百户张胜，渡江升平凉卫后所升副千户，永乐二十二年钦与世袭。

二辈张青，旧选簿查有：宣德十年，张青，系武成后卫前所年老副千户张胜嫡长男。

三辈张荣，缺。

四辈张英，旧选簿查有：嘉靖十一年四月，张英，系神武左卫左所带俸年老副千户张荣嫡长男。·279·

五辈张栾，旧选簿查有：嘉靖十九年二月，张栾，系神武左卫左所带俸副千户张英嫡长男。

六辈张龙，万历十八年十月，张龙，山阳县人，系神武左卫左所故带俸副千户张仁嫡长男。比中三等。

年远事故后所副千户一员·金英

永乐三年六月，金铭，系平凉卫后所虎咬死副千户金镛嫡长男，敬准袭授世袭副千户。

正统二年七月，金全，旧名保儿，系平凉卫后所故世袭副千户金铭嫡长男。

正统十四年十月，金政，系平凉卫后所征进未回副千户金全亲弟。兄有男金回子，年十岁，幼小。本人借职，待长成还与职事。

天顺五年三月，金忠，昆山县人，系平凉卫后所失陷副千户金全嫡长男。本人先因年幼，亲叔金政借职。今长成，退还职事。本人袭职，伊叔革闲。

弘治十一年三月，金英，昆山县人，系平凉卫后所故世袭副千户金忠嫡长男。

又一员·张清

宣德六年十二月，张清，系平凉卫后所世袭副千户张胜嫡长男。

优养一员·郭晟

永乐十八年三月,郭清,旧名陆拾,系平凉卫后所故世袭副千户郭亮嫡长男。

天顺二年三月,郭晟,年二十岁,无为州人,系平凉卫后所故世袭副千户郭清嫡长男。本人患驼背残疾,不堪承袭,别无应袭之人,钦与全俸优养。

刘承先·世袭百户

外黄查有:刘旺,年二十六岁,江都县人。祖刘兴,丙申年充军,当年克金坛充小旗,丙午年克湖州,洪武二年下海运粮,三年征德安府收捕临洮,选充江阴卫前所总旗;十年逢年出海攒运定辽粮储,十一年调权平凉卫中左所百户,十二年钦与实授本所流官百户,复调本卫后所;二十年云南征进,二十三年往永宁沙木箐收捕蛮人,老。旺系嫡长男,二十八年替世袭百户。

一辈刘兴。

二辈刘旺①。

三辈刘源。

四辈刘贵。

五辈刘雄。

六辈刘振。

七辈刘安。

八辈刘承先,万历二十四年十二月,刘承先,年二十六岁,系平凉卫后所故世袭百户刘安嫡长男。比中二等。

九辈刘玺,崇祯十年正月补九年十二月大选,过平凉卫后所世袭百户一员刘玺,年二十岁,系老世袭百户刘承先嫡长男。比中三等。〔对讫。〕

杨世臣·实授百户

一辈杨仕,缺。

---

① 此档中"刘旺"至"刘安"履历见《总汇》56册282页"刘振"选条。

二辈杨保,缺。

三辈杨广,缺。

四辈杨友,实授百户功次,缺。

五辈杨铭,副千户功次已载九辈。

六辈杨泰,旧选簿查有:成化四年二月,杨泰,江都县人,系平凉卫后所副千户杨铭嫡长男,钦与世袭。

七辈杨荣,旧选簿查有:弘治六年四月,杨荣,江都县人,系平凉卫后所世袭副千户杨泰嫡长男。

八辈杨杰,旧选簿查有:弘治十二年六月,杨杰,江都县人,系平凉卫后所故世袭副千户杨荣亲弟。

九辈杨世臣,旧选簿查有:嘉靖四十一年十月,杨世臣,年四十一岁,江都县人,系平凉卫后所故副千户杨杰亲侄。伊祖杨友原补祖役总旗,宣德九年凉州等处杀贼有功,越升实授百户。曾祖杨铭袭,天顺二年镇番四坝斩首一颗,升副千户。祖杨泰袭。伯杨荣、父杨杰袭。三伯杨连未任,故。弟杨绍祖应袭前职,得患风癫,不堪承袭。所据伊祖杨友凉州越升职级,例应减革。本人照例与借祖职级实授百户,待后伊堂弟杨绍祖疾痊或生有儿男,退还职事。

刘振·实授百户

外黄查有:刘旺,江都县人。有父刘兴,旧名四,丙申年归附,丁酉年充小旗,洪武四年充总旗,十一年权百户,十二年与实授,老。旺系嫡长男,替授平凉卫后所世袭百户。刘源系刘旺嫡长男,父老,源于永乐十八年替授本卫所百户。

一辈刘兴,已载前黄。 ·282·

二辈刘旺,旧选簿查有:洪武二十八年十一月,刘旺,系平凉卫后所流官百户刘兴嫡长男。父为老疾,钦准替职,仍授本卫所世袭百户。

三辈刘源,旧选簿查有:永乐十八年三月,刘源,系平凉卫后所世袭百户刘旺嫡长男。

四辈刘贵,旧选簿查有:成化二年三月,刘贵,年十八岁,江都县人,系平凉卫后所故世袭百户刘源嫡长孙。

五辈刘雄,旧选簿查有:正德十二年二月,刘雄,江都县人,系平凉卫后所世袭百户刘贵亲侄。伯年老无嗣，本人借职，待伯有男还与职事。

六辈刘振，旧选簿查有：嘉靖三十四年十二月，刘振，年四十三岁，系平凉卫后所故实授百户刘雄嫡长男。

七辈刘安，隆庆四年六月二十七日，刘安，年三十二岁，江都县人，系平凉卫后所年老世袭百户刘振嫡长男，钦准替职。

陈镇[①]·世袭百户

一辈陈来，缺。

二辈陈能，旧选簿查有：宣德八年四月，陈能，年十八岁，系平凉卫后所故百户陈来庶长男，钦与世袭。

三辈陈玉，旧选簿查有：天顺七年闰七月，陈玉，年十六岁，黄岩县人，系平凉卫后所故世袭百户陈能嫡长男。

四辈陈玘，旧选簿查有：弘治十八年七月，陈玘，黄岩县人，系平凉卫后所故世袭百户陈玉亲弟。有侄陈菩萨奴，眼疾不堪。本人袭职，待侄有男还与职事。

五辈陈镇，旧选簿查有：嘉靖四年二月，陈镇，年八岁，黄岩县人，系平凉卫后所故世袭百户陈玉嫡长孙。父菩萨奴，患瞎疾不堪。伯祖陈玘借袭，故。续生本人，照例改正与全俸优给，至嘉靖十年终住支。

旧选簿查有：嘉靖十一年二月，陈镇，年十五岁，黄岩县人，系平凉卫后所故世袭百户陈玉嫡长孙，优给出幼袭职。

六辈陈功，万历二十六年十二月，陈功，年三十六岁，系老世袭百户陈镇嫡长男。比中三等。

六（七）辈陈瀛，万历二十八年四月，陈瀛，年二十一岁，系平凉卫后所故实授百户陈镇庶长男，比中三等。

[①] 嘉靖《平凉府志》卷二《兵制》："陈镇，始祖来，浙江黄岩人。洪武四年从军，五年征云南升小旗，二十四年升总旗，二十一年升平凉卫左所百户，卒。"

王钊·实授百户

外黄查有：王钺，无为州人。五世叔祖王云二，丙辰年充军，洪武二十四年老。高祖王信替役，三十三年白沟河升小旗，三十四年夹河功升总旗，三十五年克东阿头功升永平卫中前所实授百户，永乐十三年故。曾祖王辅优袭，正统元年调羽林右卫左所，十年调平凉卫后所，成化四年老。祖王琏，五年替，弘治十二年老。父王雄替，故。钺系嫡长男，正统八年袭实授百户。

一辈王信，已载前黄。

二辈王辅，旧选簿查有：永乐十四年七月，王辅，旧名法保，系永平卫前所故世袭百户王信嫡长男。

旧选簿查有：正统十三年十二月，王辅，系永平卫中前所世袭百户，调平凉卫后所。

三辈王琏，旧选簿查有：成化五年四月，王琏，无为州人，系平凉卫后所世袭百户王辅嫡长男。

四辈王雄，旧选簿查有：弘治十二年七月，王雄，无为州人，系平凉卫后所世袭百户王琏嫡长男。

五辈王钺，旧选簿查有：正德八年二月，王钺，无为州人，系平凉卫后所故世袭百户王雄嫡长男。

六辈王钊，旧选簿查有：嘉靖二十五年四月，王钊，无为州人，系平凉卫后所故实授百户王钺亲弟。

七辈王进功，万历四年六月，王进功，年二十二岁，无为州人，系平凉卫后所故实授百户王钊嫡长男。

朱麒·世袭百户

外黄查有：朱政，宣城县人。有曾祖父朱野江，前宁国奕万户镇抚，乙未年归附，甲辰年编充小旗，乙巳［年］选充总旗，洪武二十一年钦除世袭百户，二十三年故。祖朱任袭，除平凉卫后所世袭百户，二十五年与贼对敌，伤故。父朱选（巽）二十六年袭，除本卫所世袭百户，三十五年父于灵璧县伤故。政系嫡长男，永乐元年袭，除本卫所世袭百户。

一辈朱野［江］，已载前黄。

二辈朱任，已载前黄

三辈朱巽，旧选簿查有：洪武二十六年八月，朱巽，系平凉卫后所伤故世袭百户朱任嫡长男。钦准袭职，仍授本卫所世袭百户。·284·

四辈朱政，旧选簿查有：永乐元年十一月，朱政，年十六岁，系平凉卫后所伤故世袭百户朱巽嫡长男。

五辈朱敬，旧选簿查有：景泰五年四月，朱政，年五十六岁，系平凉卫后所世袭百户，老疾在卫。有嫡长男朱敬，年三十一岁，替职。

六辈朱泰，旧选簿查有：弘治元年三月，朱泰，宣城县人，系平凉卫后所世袭百户朱敬嫡长男。

七辈朱勇，旧选簿查有：正德二年二月，朱勇，宣城县人，系平凉卫后所年老世袭百户朱泰嫡长男。

八辈朱贤，旧选簿查有：嘉靖十四年二月，朱贤，宣城县人，系平凉卫老疾百户朱勇嫡长男。

九辈朱麒，旧选簿查有：嘉靖三十九年十月，朱麒，年三十六岁，宣城县人，系平凉卫后所老疾世袭百户朱贤嫡长男。

十辈朱麟，万历二十一年四月，朱麟，年四十三岁，系平凉卫后所故世袭百户朱麒亲弟。比中三等。

［十一辈］朱国祚，万历二十五年八月，朱国祚，年二十九岁，系平凉卫后所故实授百户朱麟嫡长男。比中三等。

张钺·世袭百户

内黄查有：张成，旧名客儿，来安县人。父张保子，甲辰年从军，洪武十五年故。将成补役，三十三年白沟河大战升小旗，三十四年夹河全胜升总旗，三十五年渡江克金川门，升永平卫前所百户。

一辈张保子，已载前黄。

二辈张成，已载前黄。

三辈张聚，旧选簿查有：宣德六年四月，张聚，系永平卫前所世袭百户张成嫡长男。

旧选簿查有：正统十年十二月，张聚，系永平卫前所世袭百户，调平凉卫后所。

四辈张斌，旧选簿查有：天顺八年四月，张斌，来安县人，系平凉卫后所故世袭百户张聚嫡长男。·285·

五辈张泰，旧选簿查有：弘治六年二月，张泰，来安县人，系平凉卫后所故世袭百户张斌嫡长男。

六辈张宪，旧选簿查有：正德四年八月，张宪，来安县人，系平凉卫后所世袭百户张泰嫡长男。

七辈张钺，旧选簿查有：嘉靖二十四年四月，张钺，来安县人，系平凉卫后所世袭百户张宪嫡长男。

八辈张继勋，万历六年二月，张继勋，年三十一岁，来安县人，系平凉卫后所故世袭百户张钺嫡长男。比中二等。

九辈张崇功，万历三十年四月，张崇功，年三十一岁，系平凉卫后所患疾实授百户张继勋嫡长男。比中一等。

十辈张钰，崇祯六年二月，大选过平凉卫后所实授百［户］一员张钰，年三十一岁，系故实授百户张崇功嫡长男。比中三等。

羊宗·实授百户

外黄查有：羊珍，年三十五岁，滁州人。一世祖羊彬，甲午年军，故。羊兴补役，洪武二十三年并充小旗，二十四年以年深升总旗，三十四年升百户，永乐八年［征］阿鲁台［升］副千户，疾。羊溥未生，堂侄羊旺袭。羊溥续生，长成告取，天顺七年袭职，老。珍，嫡长男，正德八年袭世袭百户。

一辈羊兴，已载前黄。

二辈羊旺，已载前黄。

三辈羊溥，旧选簿查有：天顺七年二月，羊溥，滁州人，系平凉卫后所所副千户杨［羊］兴、户名羊彬庶长男。父原系总旗，革除年间升百户，后因征剿胡寇有功升副千户，患疾。本人未生，堂侄羊旺革替百户。续生本人，今长成，退还职事。本人袭职，伊堂侄革闲。

四辈羊珍，旧选簿查有：正德八年十二月，羊珍，滁州人，系陕西都司平凉卫前所百户羊溥嫡长男。伊父年老，本人照例替授本卫所世袭百户。

五辈羊宗，旧选簿查有：嘉靖四十一年六月，羊宗，年二十四岁，滁州人，系平凉卫后所年老实授百户羊珍嫡长孙。·286·

六辈羊自正，万历二十五年二月，羊自正，二十岁，系平凉卫后所患疾世袭百户羊宗嫡长男。比中一等。

七辈羊翔，万历四十三年十月，大选过平凉卫后所实授百户一员羊翔，年十九岁，系故实授百户羊自正嫡长男。奉旨免比。〔对讫。〕

殷雄·世袭百户

外黄查有：殷友，滁州人。有兄殷婆孙，甲午年从军，洪武十三年故。取友补役，三十一年达□军马犯城，固守本城升小旗；三十四年杀军马升总旗，三十五年克金川门升永平卫左所百户，永乐二年与世袭。

一辈殷婆孙，已载前黄。

二辈殷友，已载前黄。

三辈殷贵，旧选簿查有：宣德二年十月，殷贵，系永平卫左前所故百户殷友、旧名佛保嫡长男。

正统十年十二月，殷贵，系永平卫左所故世袭百户，调平凉卫后所。

四辈殷祥，旧选簿查有：成化三年八月，殷祥，滁州人，系平凉卫中所世袭百户殷贵嫡长男。

五辈殷通，旧选簿查有：弘治五年八月，殷通，丰县人，系平凉卫后所为事监故世袭百户殷祥嫡长男。

六辈殷纲，旧选簿查有：正德八年八月，殷纲，滁州人，系平凉卫后所百户殷通嫡长男。

七辈殷纪，旧选簿查有：嘉靖六年十月，殷纪，滁州人，系平凉卫后所故绝世袭百户殷纲亲弟。

八辈殷雄，旧选簿查有：嘉靖三十三年十月，殷雄，滁州人，系平凉卫后所故世袭百户殷纪嫡长男。

九辈殷朝凤，隆庆六年十二月，殷朝凤，年三十二岁，滁州人，系平凉卫后所年老实授百户殷雄嫡长男。

十辈殷国臣，万历三十一年二月，殷国臣，年三十四岁，滁州人，系平凉卫后所故实授百户殷朝凤嫡长男。比中三等。

十一辈殷世爵，天启六年十二月，大选过平凉卫后所实授百户一员殷世爵，年二十岁，系故实授百户殷国臣嫡长孙。比中三等。〔对讫。〕·287·

高暻斗·试百户

崇祯七年七月，单本选过平凉卫后所试百户一员高暻斗，年四十二岁，青柳（清流）县人。查伊一辈陈卯儿即高卯儿，壬寅年归附，故。二辈高遇先系男补役，洪武八年有功升小旗，故。三辈高贵系男补小旗，十七年有功升总旗，永乐二年调平凉卫后所，故。四辈高谊系男补役，故。五辈高镕系男补役，故。六辈高籍系男补役，故。七辈高魁系男补役，故。八辈高佑系男补役，疾。九辈高琢系男补役，嘉靖四十五年瓦楂梁阵亡，升试百户，故绝。十辈高曜系弟袭，故绝。今本舍系曜亲弟，准袭试百户。比中三等。〔对讫。〕

年远事故后所世袭百户一员·尤玺

宣德六年四月，尤聚，系平凉卫后所世袭百户尤贵嫡长男。

景泰七年七年（月），尤忠，昆山县人，系平凉卫后所世袭百户尤聚嫡长男。

弘治十七年八月，尤玺，昆山县人，系平凉卫后所世袭百户尤忠嫡次男。

又一员·周泰

永乐二十二年二月，周清，系平凉卫后所故世袭百户周聚嫡长男。

成化九年二月，周泰，凤阳县人，系平凉卫后所故世袭百户周清嫡长男。

·288·

又一员·赵凯

永乐二年十二月，赵真，旧名真保，系平凉卫后所亡故世袭百户赵忠亲侄。

洪熙元年闰七月，赵凯，系平凉卫后所故世袭百户赵真嫡长男。

又一员·马昇

宣德三年五月,马文整,系平凉卫后所世袭百户马敬嫡长男。

正统十三年七月,马昇,系平凉卫后所故世袭百户马文整嫡长男。

又一员·史敬

永乐二十年八月,史敬,旧名拜儿,系平凉卫后所故世袭百户史旺嫡长男。

又一员·丁兴

永乐十九年十月,丁兴,旧名兴儿,系平凉卫后所故世袭百户丁良亲侄。

又一员·英锐

洪武二十五年十月,英锐,旧名道童,系前龙江卫后所阵亡世袭百户英雄嫡长男。钦准袭职,授平凉卫后所世袭百户。

又一员·王英

洪武二十四年九月,王英,系平凉卫后所流官百户王宝嫡长男。为父年老,告替。钦准替职,与世袭,仍授本卫所百户。

又一员·周能

永乐十二年七月,周能,年十五岁,系平凉卫后所故世袭百户周宾嫡长男。

又一员·唐敬

宣德六年七月，唐敬，系平凉卫后所百户唐阿伴嫡长男。

又一员·刘贵

宣德九年五月，刘贵，系平凉卫后所世袭百户刘进保嫡长男。

又一员·王忠

洪武二十七年三月，王忠，系甘州中卫中所故世袭百户王成嫡长男。钦准袭职，授平凉卫后所世袭百户。

又一员·陆安

宣德六年七月，陆安，系平凉卫后所世袭百户陆祥嫡长男。

优养一员·韩义

永乐三年五月，韩义，旧名阿关，系平凉卫后所被贼杀死百户韩斌亲兄，敬准袭授世袭百户。

宣德八年十二月，韩义，年六十三岁，系平凉卫后所世袭百户。今为老疾，别无应替之人，钦与全俸优养。

朱继武·试百户

一辈朱海，缺。
二辈朱贞，缺。
三辈朱兴，功次簿查有：正统九年头无平凉卫总旗升试百户二员内一员朱海。
四辈朱锦，旧选簿查有：天顺七年二月，朱锦，永城县人，系平凉卫后所百户朱兴、户名朱海嫡长男，钦与世袭。

五辈朱清，旧选簿查有：弘治八年六月，朱清，永城县人，系平凉卫后所世袭百户朱锦嫡长男。

六辈朱伦，旧选簿查有：正德十年十二月，朱伦，永城县人，系平凉卫后所故百户朱清嫡长男。

七辈朱凤，旧选簿查有：嘉靖二十三年，朱凤，永城县人，系平凉卫后所试百户朱伦嫡长男。

八辈朱继武，旧选簿查有：嘉靖四十四年六月，朱凤，年五十四岁，永城县人，系平凉卫后所实授百户，今患疾在所。有嫡长男朱继武，见年二十八岁，告替。革遇例，准替试百户。

九辈朱继名，万历二年二月，朱继名，年一十八岁，永城县人，系平凉卫后所阵亡试百户朱继武亲弟。伊兄原袭祖职试百户，嘉靖四十五年固原等处阵亡。该本部题奉钦升袭实授百户。绝嗣。所据阵亡功级例应追赠阵亡之人，本舍照例与袭祖职试百户。

十辈朱寿，万历二十五年二月，朱寿，年十八岁，系平凉卫后所故试百户朱继名嫡长男。比中二等。

十一辈朱茂，万历三十四年十一月，单本选过平凉卫后所试百户一员朱茂，年三十四岁，系朱寿堂弟。比中三等。

十二辈朱光明，崇祯六年二月，大选过平凉卫后所试百户一员朱光明，年二十一岁，系老试百户朱茂嫡长男。比中三等。〔对讫。〕

十三辈朱光显，崇祯十三年二月，大选过平凉卫后所试百户一员朱光显，年三十五岁，系故试百户朱光明堂兄。比中三等。〔对讫。〕 ·291·

孟贤·试百户

缺。

一辈孟喜，缺。

二辈孟震，缺。

三辈孟贵，旧选簿查有：宣德十年七月，孟贵，系平凉卫后所试百户孟震、户名孟喜嫡长男。父原系总旗，因差往哈烈公干回还，升除前职，病故。钦准本人仍袭试百户。

四辈孟聪，旧选簿查有：成化元年三月，孟聪，华阴县人，系平凉卫后所百户孟贵嫡长男，钦与世袭。

五辈孟铎，旧选簿查有：成化十九年七月，孟铎，华阴县人，系平凉卫后所百户孟聪嫡长男。伊祖孟贵原系试百户，遇例实授，患疾。父替职，患血蛔疾。本人照例革替原职试百户。

六辈孟钦，旧选簿查有：正德十二年二月，孟钦，华阴县人，系平凉卫后所故百户孟铎嫡长男。父替试百户，功升前职，钦与世袭。

七辈孟贤，旧选簿查有：嘉靖二十四年二月，孟贤，华阴县人，系平凉卫后所老疾实授百户孟钦嫡长男。伊祖铎，以试百户正德五年红城子杀贼功，升实授百户，故。父钦袭，疾。所据红城子功无擒斩，例应减革。本人照例革替试百户。

八辈孟彩，万历元年六月，孟彩，年三十七岁，华阴县人，系平凉卫后所年老试百户孟贤嫡长男。

九辈孟松，万历三十一年六月，大选过平凉卫后所试百户一员孟松，年三十四岁，系老试百户孟彩嫡长男。比中二等。〔对讫。〕

张钦·试百户

缺。

一辈张义，功次簿查有：嘉靖二十二年，陕西地名大岔沟、小江圈等处功次，二人共斩贼级一颗，为首平凉卫后所实授总旗升试百户一员张义。

二辈张廷现①，缺。

三辈张钦，旧选簿查有：嘉靖四十一年六月，张钦，年三十九岁，枣阳县人，系平凉卫后所老疾试百户张廷现嫡长男。

隆庆三年四月三十日，一件审录罪因事，平凉卫后所试百户张钦，犯该原拟诬告人，因而致死被诬之人，比依诬告〔人〕因而致死随行有服亲属一人者律绞，例应揭黄。

---

① 嘉靖《平凉府志》卷二《兵制》作"张廷宪"："张廷宪，始祖义，湖广枣阳人，丙午年从军，洪武七年升平凉中所总旗。嗣孙廷宪，嘉靖二十年战脑门岔，斩级升试百户。"

赵燨·试百户

缺。

一辈赵源源,小旗功次候查,总旗功次候查。

二辈赵长受,试百户功次候查。

三辈赵燨,旧选簿查有:嘉靖十七年四月,赵燨,凤阳县人,系平凉卫后所故试百户赵长受嫡长男。

四辈赵性,万历十二年十月,赵性,年三十六岁,凤阳县人,系平凉前所老疾试百户赵燨亲侄。伊伯原袭祖职试百户,今年老无子,应该伊父赵炜承替,未替先故。本舍合照例借替祖职试百户,待后伊伯赵燨生有儿男,退还职事。比中三等。

五辈赵炳然,万历三十二年十二月,大选过平凉卫前所试百户一员赵炳然,年三十三岁,凤阳县人,系患疾试百户赵性嫡长男。比中三等。〔对讫。〕

六辈赵承胤,崇祯六年二月,大选过平凉卫前所试百户一员赵承胤,年四十岁,系老试百户赵炳然嫡长男。比中三等。〔对讫。〕 ·293·

刘仰锜·试百户

祖刘理,吴元年归附充总旗,洪武二年改调平凉卫总旗,故……总旗。刘琦补役,故。刘英代役,老。刘光系男,嘉靖三十二年补役并总旗。

功次簿查有:嘉靖四十三年五月,一件为大虏压境、官军奋勇血战等事,本部尚书杨[①]等具题升实授一级,二人共斩首一颗,为首平凉卫后所实授总旗刘礼,该升试百户。

万历二十六年六月,刘仰锜,年二十六岁,系故试百户刘克长男。比中三等。

后所所镇抚一员·朱瑄

正德十年十二月,朱旺,系金吾后卫右所试百户,调平凉卫后所所镇抚。

[①] 杨:杨博,字博约,号虞坡。山西蒲州人。嘉靖八年(1529)进士。嘉靖二十五年(1546)任右佥都御史,巡抚甘肃,兴屯田、修水渠、筑屯堡,境内肃然。嘉靖三十五年(1556)后任兵部尚书、吏部尚书。

成化五年十二月，朱鉴，年十六岁，乌程县人，系平凉卫后所故所镇抚朱旺嫡长男，钦与世袭。

正德九年六月，朱瑄，乌程县人，系平凉卫后所故世袭所镇抚朱鉴嫡长男。

年远事故一员·孟旸

正统十年十二月，孟昇，系金吾后卫左所试百户，调平凉卫后所所镇抚。

成化元年三月，孟辉，固始县人，系平凉卫后所世袭所镇抚孟昇嫡长男。

弘治三年八月，孟旸，年十八岁，固始县人，系平凉卫后所世袭所镇抚孟辉嫡长男。

年远事故试百户一员·李雄

永乐七年五月，李雄，系平凉卫后所试百户李英亲弟。父原任正千户，为事降试百户；又为事充军，病故。兄已袭试百户，亦故。敬准本人仍袭原卫所试百户。

万历二十二年七月　日　委官武选司主事　陆经修

五军都督府所属卫所·右军都督府·陕西都司·甘州中护卫

原簿目录

[右所实授万户九员][1]

[一号单龙,始祖单以德,代八,南城县人。]
[二号殷辂,始祖殷礼,代八,仪真县人。]
[三号杨勋,始祖杨广,代七,巢县人。]
[四号裴凤,始祖裴淮,代五,和州人。]
[五号褚守官,始祖褚天儿,代八,高邮州人。]
[六号李奇,始祖李住儿,代七,汉阳县人。]
七号刘焕,始祖刘信,代七,乐亭县人。
八号陆寿,始祖陆荣,代七,无锡县人。
续入:武天福,颍州人,有印。

年远事故一员

费雄。

试百户三员

一号张流玉,始祖张凯,代六,沔阳州人。
二号高范,始祖高显,代七,华阴县人。
三号史相,始祖史英,代四,清河县人。
续入:蒋湜,泰安[县]人,无印。

中所千户一员

一号张旺,始祖张旺,代八,合肥县人。

实授百户七员

一号杨俊,始祖杨青,代八,忻州人。
二号赵栋,始祖赵兴,代六,易州人。
三号刘迪,始祖刘安,代十,迁江县人。
四号刘麟,始祖刘仲义,代九,掖县人。
五号阮绍[祖],始祖阮玉,代七,临川县人。
六号李龙,始祖李祥,代八,益阳县人。
七号钮凤,始祖钮富,代九,仪真县人。

年远事故二员

郑廉,丹徒县人。
潘安。

所镇抚一员

一号范龙,始祖范牧,代七,辽阳县人。

前所正千户一员

一号朱士英,始祖朱海,代六,六合县人。

副千户二员

一号郭动,始祖郭九思,代八,咸阳县人。
二号张勋,始祖张忠,代九,和州人。

---

①《总汇》甘州中护卫原簿目录自右所实授百户"七号刘焕"以上缺失,现据档案中所列人员补齐。

五军都督府所属卫所·右军都督府·陕西都司·甘州中护卫

续入：谢玘，常州人，无印。

署副千户一员，实授百户五员

一号马镛，始祖马敬，代八，洛川县人，署副。
二号杨英，始祖杨义，代九，巢县人。
三号吴守爵，始祖吴兴，代八，合肥县人。
四号王之翰，始祖王能，代六，锡山县人。
五号范葵，始祖范聚，代六，固始县人。
六号高永镇，始祖高二，代八，三原县人。

年远事故三员

许愆，祥符县人。
刘鸿。
郁斌。

所镇抚年远事故二员

史台儿，山后人。
戴高。

前所副千户二员

一号张勋，始祖张忠，代九，和州人。
二号杨灯，始祖杨郜，代八，定远县人。

实授百户[四]员

一号乔英，始祖乔义，代六，兰县人。
二号高鲸，始祖高旺，代七，合肥县人。
三号刘荣，始祖刘仲祥，代九，定远县人。
四号王镇，始祖王用，代六，□江县人。
续入：刘世爵，新野[县]人，有印。

辈数未全一员

刘聪，宿迁县人。

试百户[二]员

·298·
一号许虎，始祖许成，代十，荣成县人。
二号林雄，始祖林深，代六，徐州人。

年远事故二员

曹清。
杜荣。
中护卫年远事故指挥同知二员
徐庸。
陆英。

指挥佥事二员

一号宋国贤，始祖宋泊洋，代八，临淮县人。
二号樊简，始祖樊德，代七，江夏县人。

年远事故指挥佥事三员

申澄。
董俊。
黄璧。

署指挥佥事事正千户、指挥佥事二员

戴光国，始祖戴廷仁，代二，寿州人。
程延。

年远事故卫镇抚一员

赵玘。

左所副千户三员

一号于守成，始祖于益，代八，高邮州人。
二号刘文，始祖刘让，代八，扬州府人。
三号戴禄，寿州人。

年远事故左所世袭副千户一员

许塘。

左所实授百户

一号刘东，始祖刘兴，代八，益都县人。
二号黄鲛，始祖黄兴，代八，宁化县人。
三号马金，始祖马俊，代七，历城县人。
四号倪鹏，始祖倪安，代八，江阴县人。
五号叶傲冬，始祖叶贵，代八，合肥县人。
六号张凤，始祖张保儿，代八，庐江县人。
七号沈世忠，始祖沈惟善，代九，慈溪县人。
八号程继勳，始祖程澍，代九，盐城县人。

充军左所实授百户一员

刘淮。

左所所镇抚一员

咬潭。

右所副千户三员

一号赵恩，始祖赵明，代九，凤阳县人。
二号王勳，始祖王晟，代九，合肥县人。
聂四慎。

年远事故右所世袭副千户一员

张铭。

实授百户九员

自指挥同知徐义起，至试百户杜荣止，共四十六张①。

---

① 《总汇》56册"校勘表"记甘州中护卫"原簿目录""右所实授万户九员""七号刘焕"前职官缺失，现据档中所列人名补齐。"甘州中护卫"选簿297页本件前缺页，344页前件前缺页。

甘州中护卫①年远事故指挥同知一员·徐庸

洪武二十四年八月，徐义，系层台卫流官指挥佥事，为事钦依免罪复职，调甘州中护卫管事。

洪武二十六年十月，徐庸，系甘州中护卫流官指挥佥事徐义嫡次男。嫡长兄徐显先年病故，别无儿男。今父老疾，告替。父子俱至御前，问及从军年月，因怜功力深远，钦准替职，越世袭指挥佥事升本卫世袭指挥同知。

又一员·陆英

洪武二十四年七月，陆英，系浙江流官都指挥使陆龄庶长男。有父先任河南卫世袭指挥同知，后升前职，病故，并无嫡长次男。钦袭原职，授甘州中护卫世袭指挥同知。·299·

宋国贤·指挥佥事

内黄查有：宋岳，临淮县人。五世祖宋泊洋，吴元年归附从军，洪武五年充小旗，征伤。高祖宋得代役，二十五年充总旗，永乐七年迤北杀贼升试百户，天顺四年故。祖宋瓛系嫡长男袭职，成化二年石城儿擒贼三名，五年升副千户，弘治十七年故。父宋伦系嫡长男，十八年袭职，二月花马池等处斩首三颗，正德六年升甘州中护卫指挥佥事，十二年老疾。岳系嫡长男，十三年替原职。

一辈宋泊洋，已载前黄。

二辈宋得，已载前黄。

三辈宋福，缺。

四辈宋瓛，旧选簿查有：正统十三年二月，宋瓛，系甘州中护卫前所试百户宋福嫡长男。父原系总旗，该肃王保升前职，病故。钦准本人仍袭试百户。

---

① 《甘州府志校注》卷二《世纪下》："（洪武）二十八年，肃王楧就藩甘州，奏授安定卫土酋哈咎为指挥使。楧，太祖子。二十四年封，二十五年之国，以陕西各卫兵未集，驻平凉。至是，始就藩。""（建文元年）迁肃王府于兰县，即今兰州府。因王乞内徙也。或曰：曹国公李景隆奏移，并以右中二护卫扈从。"（[清]钟赓起著，甘肃文化出版社，2008年，第44、45页）

副千户功次,已载前黄。

五辈宋伦,旧选簿查有:弘治十八年四月,宋伦,临淮县人,系甘州中护卫前所故功升副千户宋瓛嫡长男,钦与世袭。

指挥佥事功次已载前黄。

六辈宋岳,缺。

七辈宋国贤,旧选簿查有:嘉靖十八年十二月,宋国贤,临淮县人,系甘州中护卫故实授指挥佥事宋岳嫡长男。

八辈宋国良,隆庆四年八月,宋国良,临淮县人,系甘州中护卫故指挥佥事宋国贤亲弟。查伊高祖宋福,以试百户成化二年石城儿等处擒贼功,冒报实授百户升副千户;弘治十八年花马池等处斩首二颗升指挥佥事。所据冒报升级,例无承袭,本舍合革袭正千户。

九辈宋卿,万历十八年六月,宋卿,年三十八岁,临淮县人,系甘州中护卫前所年老疾正千户宋国良嫡长男。比中三等。

十辈宋天胤,天启五年六月,大选过甘州中护卫前所正千户一员宋天胤,年十八岁,系故正千户宋卿庶长男。比中三等。〔对讫。〕

樊简·署指挥佥事事正千户

一辈樊德,缺。

二辈樊福,缺。

三辈樊俊①,旧选簿查有:永乐十四年五月,樊俊,年十六岁,系甘州中护卫后所故世袭正千户樊福、旧名祯嫡长男。

四辈樊玮,旧选簿查有:成化十二年十二月,樊玮,江夏县人,系甘州中护卫老疾指挥佥事樊俊侄,今替正千户于本卫所。

五辈樊天爵,旧选簿查有:弘治十三年十一月,樊天爵,江夏县人,系甘州中护卫后所世袭正千户樊玮嫡长男。

---

①《明英宗实录》卷一五三:正统十二年闰四月癸未,"肃王瞻焰为其子洵阳王禄埢择婚,得甘州中护卫指挥樊俊女,已奏封矣"。

指挥佥事功次候查。

六辈樊贤，旧选簿查有：嘉靖四年十二月，樊贤，年十六岁，江夏县人，系甘州中护卫故功升署指挥佥事樊天爵嫡长男。本人先因年幼，已与正千户俸优给。今出幼，照例与袭署指挥佥事事正千户。

七辈樊简，旧选簿查有：隆庆二年二月，樊简，三十八岁，江夏县人，系甘州中护卫年老署指挥佥事事正千户樊贤嫡长男。

八辈樊永禄，万历十六年二月，樊永禄，年二十七岁，江夏县人，系甘州中护卫患疾署指挥佥事事正千户樊简嫡长男。比中一等。

九辈樊瑜，万历三十年十二月，大选过署指挥佥事事正千户一员樊瑜，年二十一岁，江夏县人，系甘州中护卫故署指挥佥事事正千户樊永禄嫡长男。比中三等。

十辈樊珍，崇祯三年四月，单本选过甘州中护卫署指挥佥事正千户一员樊珍，年二十二岁，系故署指挥佥事事正千户樊瑜亲堂弟。比中三等。〔对讫。〕

甘州中护卫年远事故指挥佥事一员·申澄

永乐十九年十月，申玉，系甘州中护卫故世袭指挥佥事申敬堂弟。

正统元年闰六月，申澄，幼名五十八，系甘州中护卫故世袭指挥佥事申敬庶长男。先因年幼，堂叔申玉隐瞒不报，朦胧袭职。今具告问发外，钦准本人照例袭职。

又一员·董俊

洪武二十七年十一月，董俊，系镇西卫后所世袭副千户，二十二年征南，拨守御层台卫前所升正千户，钦升甘州中护卫世袭指挥佥事。

又一员·黄壁

洪武二十六年七月，黄壁，系济南卫中所世袭百户，钦依越正千户升除甘州中护卫世袭指挥佥事。

戴光国·署指挥佥事事正千户

一辈戴廷仁，查得堂稿：本官原系军余，嘉靖三十六年四月内江北淮扬等处斩真倭从贼首级三颗；三十八年四月内江北淮扬等处斩真倭从贼首级一颗；本年六等月，江北淮扬斩真倭从贼首级二颗、汉人胁从贼首级一颗。该本部将三十六年四月内斩首功三级拟升试百户，三十八年四月内斩首功一级拟升实授百户，三十八年六等月斩首三颗拟升实授百户二级署一级，与做署试百户。俱经题奉钦依备行外。今据本官告并前功，查与本部原题堂稿相同相应，议拟合无将戴廷仁于江北淮扬等处斩首功升实授百户上加重升署试百户功级改正，与并升署指挥佥事事正千户。

二辈戴光国，万历十九年十一月，单本选〔过〕戴光国，年二十一岁，寿州人，系甘州中护卫老世袭署指挥佥事事正千户戴廷仁嫡长亲孙。比中二等。

三辈戴星治，崇祯二年六月，单本选过甘州中护卫指挥同知一员戴星治，年二十岁，系寿州人。查伊祖戴光国，原袭署指挥佥事事正千户，于万历二十六年在红柳滩、黄草梁等处地方斩达首一颗，升指挥同知。今本舍系光国亲孙，准袭指挥同知。比中二等。〔对讫。〕·302·

年远事故卫镇抚一员·赵玘

正统二年二月，赵玘，系甘州中护卫故卫镇抚赵汉庶长男，钦与世袭。

程延·指挥佥事

万历四十七年八月，单本选过甘州中护卫指挥佥事一员程延，年二十一岁，旌德县人，系指挥佥事程从仁庶长男。查伊父原系家丁，于嘉靖四十一年十一月内宁夏烟墩斩首一颗，拟升小旗；后于四十三年六月内啰啰墩斩首一颗，四十五年正月内头坝堡斩首一颗，隆庆元年八月内倒狼可兔斩首一颗，俱以家丁报验，各拟升总旗。隆庆三年四月内敖（敖）忽洞斩首一颗，本年九月内白城子斩首一颗，俱以小旗报验，各拟升总旗；四年十月内西红山斩首一颗，仍以家丁报验，亦拟升小旗。查宁夏烟墩斩首一颗，堂稿姓字所分不同，遽难准并，于万历二年二月初九日改正重升功级，止与做正千户。随经行查明白，于万历二年十月二十三日于正千户上加

烟墩斩首功一级，并授与做指挥佥事，今故。本舍系从仁庶长男，准照旧袭指挥佥事。比中三等。〔对讫。〕·303·

于守成·副千户

外黄查有：于广，高邮州人。有父于益，先系头目，洪武三年充小旗，十四年充马军总旗，十七年升总旗征苗蛮，二十四年钦除世袭百户，跟随肃府操练，当年调甘州中护卫中所，老。广系嫡长男，三十二年仍授甘州中护卫左所世袭百户。

一辈于益，已载前黄。

二辈于广，旧选簿查有：洪武三十二年四月，于广，系甘州中护卫左所世袭百户于益嫡长男。

三辈于潭，旧选簿查有：正统三年，于潭，系甘州中护卫左所世袭百户于广嫡长男。

四辈于玘，旧选簿查有：景泰七年十一月，于玘，高邮州人，系甘州中护卫左所故世袭百户于潭嫡长男。

五辈于政，旧选簿查有：成化四年四月，于政，高邮州人，系甘州中护卫左所故世袭百户于玘嫡长男。

六辈于英，旧选簿查有：弘治十二年四月，于英，高邮州人，系甘州中护卫左所世袭百户于政嫡长男。

副千户功次：正德六年，陕西奔子等处一人自擒斩贼级三名颗、四名颗，官旗一十三员名，甘州中护卫阵亡实授百户升副千户二员内一员于英。

七辈于贤，旧选簿查有：正德八年二月，于贤，高邮州人，系甘州中护卫左所阵亡百户于英嫡长男。

八辈于守成，旧选簿查有：嘉靖三十八年二月，于守成，高邮州人，系甘州中护卫左所故副千户于贤亲孙。

九辈于光印，万历三十九年二月，大选过甘州中护卫左所副千户于光印，年二十二岁，系老副千户于守成庶长男。比中三等。·304·

刘文·副千户

外黄查有：刘敬，伯刘让，戊戌年充头目，充陕西凤翔招集军士，编充百户，实授凤翔卫，调守平凉卫。钦依贴黄查出年深，起取赴京，钦升临洮卫左所副千户，为事发调该卫砍蛮子头，在役故。有堂兄刘安，亦故，别无儿男。敬系亲侄，袭授世袭副千户，钦调平凉卫左所。

一辈刘让，已载前黄。

二辈刘敬，已载前黄。

三辈刘郁，旧选簿查有：正统二年二月，刘郁，系平凉卫左所世袭副千户刘敬嫡长男。

四辈刘钦，旧选簿查有：天顺七年八月，刘钦，扬州府人，系平凉卫左所失陷世袭副千户刘郁嫡长男。

五辈刘瑛，旧选簿查有：成化十八年四月，刘瑛，扬州府人，系平凉卫左所世袭副千户刘钦嫡长男。

六辈刘璋，旧选簿查有：正德十六年七月，刘璋，扬州府人，系安东中护卫卫左所年老副千户刘瑛嫡长男。

七辈刘恩，旧选簿查有：嘉靖二十五年二［月］，刘恩，扬州府人，系安东中护卫左所年老疾副千户刘璋嫡长男。

八辈刘文，旧选簿查有：嘉靖三十九年八月，刘文，扬州府人，年三十岁，系安东中护卫左所故副千户刘恩嫡长男。伊父原袭替祖职副千户，嘉靖三十年因催屯粮，问调甘州中护卫左所，今故。本舍与袭祖职副千户，仍调甘州中护卫左所。

九辈刘勋，万历二十三年七月，单本选过甘州中护卫左所世袭副千户一员刘勋，年三十五岁，系故副千户刘文男。查伊祖刘恩原系安东中护卫，为事调甘州中护卫，遇赦放回。今据通状告称，愿袭原调卫分，相应准从。本舍合照旧袭副千户。比中一等。

十辈刘爵，天启七年二月，大选过平凉安东中护卫左所副千户一员刘爵，年五十三岁，系故副千户刘勋嫡长男。比中三等。〔对讫。〕·305·

戴禄·署副千户

一辈戴禄,堂稿查有:嘉靖三十九年九月,一件题为查勘地方功罪事,内开据巡按直隶御史陈志①呈查勘过:嘉靖三十八年六月起至八月止,倭寇侵犯淮扬二府,盐城等州县地方官兵擒斩过首级数目应升应赏,缘由升实授四级署一级,亲斩真倭从贼首级四颗、汉人胁从首级一颗,军人一名陕西甘州中护卫军人戴禄,该升署副千户,注本卫左所。

二辈戴廷智,隆庆四年十二月,戴廷智,年七岁,寿州人,系甘州中护卫左所故署副千户戴禄庶长男。查伊父原系军,嘉靖三十八年三沙河等处共斩真倭首级四颗、汉人胁从首级一颗升署副千户,故。所据胁从贼级难准世袭,本舍合革与实授百户俸优给,至隆庆十一年终住支。

三辈戴云程,万历三十八年六月,大选过甘州中护卫左所实授百户一员戴云程,年十九岁,系故优给实授百户戴廷智亲侄。比中二等。〔对讫。〕

四辈戴光斗,崇祯十三年五月十九日,题袭过甘州中护卫左所实授百户一员戴光斗,年二十六岁,系故实授百户、纳级指挥佥事戴云程嫡次男。〔对讫。〕

年远事故左所世袭副千户一员·许塘

永乐四年十二月,许禧,系甘州中护卫左所自缢副千户许全嫡次男。

正统元年闰六月,许文,系甘州中护卫左所故世袭副千户许禧嫡长男。

成化十一年二月,许塘,年十七岁,无为州人,系甘州中护卫左所故世袭副千户许文嫡长男。

刘东·实授百户

外黄查:刘兴,益都县人,洪武二年从军,四年选充小旗,五年充总旗,二十五年除百户,调甘〔州〕中护卫左所。

---

① 陈志,字思尚,号少淇,巴县人。嘉靖三十二年(1553)进士。历任山东道监察御史、大理寺寺丞、左右少卿、佥都御史,巡抚郧阳。

一辈刘兴，已载前黄。

二辈刘斌，旧选簿查有：永乐三年四月，刘斌，系甘州中护卫左所世袭百户刘兴嫡长男。

三辈刘昭，旧选簿查有：景泰四年十一月，刘昭，系甘州中护卫左所故世袭百户刘斌嫡长男。

四辈刘纲，旧选簿查有：正统十年十一月，刘纲，系甘州中护卫左所故世袭百户刘昭嫡长男。

五辈刘广，旧选簿查有：成化八年四月，刘广，益都县人，系甘州中护卫左所世袭百户刘纲嫡长男。

六辈刘怀，旧选簿查有：弘治十一年二月，刘怀，益都县人，系甘〔州〕中护卫左所世袭百户刘广嫡长男。

七辈刘章，旧选簿查有：嘉靖十七年二月，刘章，益都县人，系甘州中护卫左所年〔老〕百户刘怀嫡长男。

八辈刘东，旧选簿查有：嘉靖四十年八月，刘璋（章），年五十六岁，益都县人，系甘州中护卫左所实授百户，今患疾在所。有嫡长男刘东，见年二十八岁，告替，照旧实授百户。

九辈刘承恩，万历二十一年四月，刘承恩，年二十八岁，系甘州中护卫左所故实授百户刘东亲侄。比中二等。

十辈刘振武，天启三年四月，大选过甘州中护卫左所实授百户一员刘振武，年三十三岁，系故实授百户刘承恩嫡长男。比中二等。〔对讫。〕

黄鲛·实授百户

一辈黄兴，缺。

二辈黄贵，缺。

三辈黄斌，旧选簿查有：永乐八年正月，黄斌，旧名受童，年十六岁，系甘州中护卫左所故世袭百户黄贵嫡长男。

四辈黄清，旧选簿查有：正统十年六月，黄清，系甘州中护卫左所故世袭百户黄斌嫡次男。

五辈黄文，旧选簿查有：成化七年二月，黄文，宁化县人，系甘州中护卫左所故世袭百户黄清嫡长男。

六辈黄玄，旧选簿查有：正德二年十一月，黄玄，宁化县人，系甘州中护卫左所年老世袭百户黄文嫡长男。

七辈黄敖，旧选簿查有：嘉靖二年三月，黄敖，宁化县人，系甘州中护卫左所故世袭百户黄玄嫡长男。

八辈黄鲛，旧选簿查有：嘉靖四十二年八月，黄鲛，年三十三岁，宁化县人，系甘州中护卫左所故实授百户黄敖堂弟。

九辈黄汝诏，万历二十八年十二月，［黄汝诏］，年三十六岁，系肃府仪卫司故典仗黄鲛嫡长男。比中三等。

十辈黄州英，万历四十四年二月，大选过照旧甘州中护卫左所实授百户一员黄州英，年二十五岁，系故实授百户黄汝诏嫡长男。比中二等。〔对讫。〕

马金·实授百户

一辈马俊，已载前黄。

二辈马麟，旧选簿查有：洪武三十二年三月，马麟，系甘州中护卫左所世袭百户马俊嫡长男。

三辈马兴，旧选簿查有：正统十三年四月，马兴，系甘州中护卫左所世袭百户马麟嫡长男。

四辈马骧，旧选簿查有：天顺六年四月，马骧，历城县人，系甘州中护卫左所世袭百户马兴嫡长男。

五辈马昇，旧选簿查有：成化二年四月，马昇，年十五岁，历城县人，系甘州中护卫左所故世袭百户马骧嫡长男。

六辈马腾，旧选簿查有：正德七年十二月，马腾，历城县人，系甘州中护卫左所故世袭百户马昇嫡长男。

七辈马金，旧选簿查有：嘉靖二十一年四月，马金，历城县人，系甘州中护卫左所痼疾实［授］百户马腾嫡长男。

倪鹏·实授百户

外黄查有：倪旺，江阴县人。有父倪安，旧名安三，洪武四年从军选充小旗，十七年升总旗，二十四年除世袭百户，二十八年老。旺系嫡长男，替世袭百户。

一辈倪安，已载前黄。

二辈倪旺，旧选簿查有：洪武三十二年四月，倪旺，系甘州中护卫左所世袭百户倪安嫡长男。

三辈倪忠，旧选簿查有：宣德七年二月，倪忠，系甘州中护卫左所世袭百户倪旺嫡长男。

四辈倪瑄，旧选簿查有：天顺四年四月，倪瑄，江阴县人，系甘州中护卫左所故世袭百户倪忠嫡长男。

五辈倪瓛，旧选簿查有：天顺八年四月，倪瓛，江阴县人，系甘州中护卫左所故世袭百户倪瑄庶弟。

六辈倪文，旧选簿查有：弘治七年五月，倪文，江阴县人，系甘州中护卫左所故世袭百户倪瓛嫡长男。

七辈倪锦，旧选簿查有：嘉靖五年十月，倪锦，江阴县人，系甘州中护卫左所年老世袭百户倪文嫡长男。

八辈倪鹏，旧选簿查有：嘉靖三十二年十二月，倪鹏，江阴县人，系甘州中护卫左所故实授百户倪锦嫡长男。

九辈倪承恩，万历三十五年四月，大选过甘州中护卫左所实授百户一员倪承恩，年三十九岁，系倪鹏嫡长男。比中二等。　·309·

叶傲冬·实授百户

外黄查有：叶旺，旧名狗儿，合肥县人，系故百户叶贵嫡次男。父乙未年充军，吴元年充英武卫小旗，洪武四年选马军总旗，九年除授黄海卫百户，十六年发辽东卫征进。有兄叶兴，除授兴武卫后所试百户，十七年为不应发充苏州卫总旗，故。旺二十一年敬除虎贲右卫左所世袭百户，二十四年开设甘州中护卫，拨左所。

一辈叶贵，已载前黄。

二辈叶兴，已载前黄。

三辈叶旺，已载前黄。

四辈叶荣，旧选簿查有：宣德五年九月，叶荣，系甘州中护卫左所故世袭百户叶旺嫡次男。

五辈叶怀，旧选簿查有：天顺元年五月，叶怀，幼名二郎保，合肥县人，系甘州中护卫左所故世袭百户叶荣嫡长男。先因年幼，亲叔叶春借职，病故。本人袭职。

六辈叶茂，旧选簿查有：弘治五年六月，叶茂，合肥县人，系甘州中护卫左所世袭百户叶怀嫡长男。

七辈叶松，旧选簿查有：正德十六年五月，叶松，合肥县人，系甘州中护卫左所年老百户叶茂嫡长男。

八辈叶傲冬，旧选簿查有：隆庆二年二月，叶傲冬，年二十三岁，合肥县人，系甘州中护卫左所故实授百户叶松嫡长男。

九辈叶承祖，万历二十四年八月，叶承祖，年二十五岁，系甘州中护卫左所故实授百户叶傲冬嫡长男。比中三等。

张凤·实授百户

内黄查有：张胜，庐江县人。父张保儿，乙未年从军，洪武四年并充小旗，十一年征洮州西番等处，二十年升泗州卫前所总旗，年老。胜并枪代役，三十一年取年深总旗，除虎贲右卫右所世袭百户。

一辈张保儿，已载前黄。

二辈张胜，已载前黄。

三辈张信，旧选簿查有：正统三年十二月，张信，系虎贲右卫右所老疾世袭百户张胜亲侄孙。叔祖有嫡长男张靖，选任肃府仪宾。钦准本人替职。

四辈张泰，旧选簿查有：正统十三年八月，张泰，系南京虎贲右卫右所故世袭百户张胜嫡长孙。先因年幼，堂兄借职，病故。钦准本人袭职。

五辈张俊，旧选簿查有：成化二年九月，张俊，庐江县人，系甘州中护卫左所故世袭百户张泰嫡长男。

六辈张潮宗，旧选簿查有：弘治十七年十二月，张潮宗，庐江县人，系甘州中护卫左所带俸世袭百户张俊嫡长男。

七辈张銮，旧选簿查有：嘉靖六年四月，张銮，年二十七岁，系甘州中护卫左所世袭痼疾百户张潮宗嫡长男。

八辈张凤，旧选簿查有：嘉靖四十八年八月，张凤，年三十二岁，庐江县人，系甘州中护卫左所故实授百户张銮亲弟。

九辈张宜廉，万历二十一年四月，张宜廉，年二十四岁，系甘州中护卫左所故实授百户张凤亲侄。比中乙等。

沈世忠·实授百户

外黄查有：沈昇，慈溪县人。父沈惟善，吴元年归附充总旗，洪武十五年钦除南海卫百户，十八年阵亡。将兄沈㬱、旧名官音保〔代役〕，十九年钦除世袭百户，三十五年阵亡。昇系亲弟，袭世袭百户。

一辈沈维（惟）善，已载前黄。

二辈沈㬱，已载前黄。

三辈沈昇，旧选簿查有：永乐二年五月，沈昇，系甘州中护卫左所阵亡世袭百户沈㬱亲弟。

四辈沈鉴，旧选簿查有：正统四年二月，沈鉴，系甘州中护卫左所世袭百户沈昇嫡长男。

五辈沈狗儿，旧选簿查有：正统九年二月，沈狗儿，年四岁，系甘州中护卫左所世袭百户沈昇嫡长孙。祖先因老疾，父沈鉴替职，后为败伦伤化革职为民。钦与本人全俸优给，至正统十九年终住支。·311·

六辈沈文，旧选簿查有：成化二十一年二月，沈文，慈溪县人，系甘州中护卫左所故世袭百户沈雄、幼名狗儿嫡长男。

七辈沈泰，旧选簿查有：正德十一年二月，沈泰，慈溪县人，系甘州中护卫左所故世袭百户沈文嫡长男。

八辈沈经，旧选簿查有：嘉靖二十五年八月，沈经，慈溪县人，系甘州中护卫左所世袭百户沈泰嫡长男。

九辈沈世忠，嘉靖四十四年十二月，沈世忠，年二十六岁，慈溪县人，系甘州中护卫左所故实授百户沈经嫡长男。

十辈沈世孝，万历三十五年八月，大选过甘州中护卫左所实授百户一员沈世孝，年四十四岁，系沈世忠亲弟。比中二等。

十一辈沈桂，天启五年二月，大选过甘州中护卫左所实授百户一员沈桂，年三十岁，系所故实授百户沈世孝嫡长男。比中三等。〔对讫。〕

程继勋·实授百户

一辈程澍，缺。

二辈程镛，旧选簿查有：洪武二十五年正月，程镛，旧名干音保，系金吾前卫右所世袭百户，钦调甘州中护卫前所。

三辈程铭，旧选簿查有：永乐十年正月，程铭，系甘州中护卫左所故世袭百户程镛亲弟。

四辈程俊，旧选簿查有：正统十年四月，程俊，系甘州中护卫左所世袭百户程铭嫡长男。

五辈程纲，旧选簿查有：天顺元年五月，程纲，盐城县人，系甘州中护卫左所故世袭百户程俊嫡长男。

六辈程英，旧选簿查有：弘治四年四月，程英，盐城县人，系甘州中护卫左所世袭百户程纲嫡长男。 ·312·

七辈程雷，旧选簿查有：正德十一年八月，程雷，盐城县人，系甘州中护卫左所故世袭百户程英嫡长男。

八辈程继周，旧选簿查有：嘉靖四十一年六月，程继周，年二十岁，盐城县人，系甘州中护卫左所故实授百户程雷庶长男。

九辈程继勋，旧选簿查有：嘉靖四十五年四月，程继勋，年二十二岁，盐城县人，系甘州中护卫左所故实授百户程继周亲弟。

十辈程祖荫，万历三十四年十二月，大选过甘州中护卫左所副千户一员程祖荫，年二十六岁，系程继勋嫡长男。比中三等。

充军左所实授百户一员·刘淮

编军簿查有：陕西甘州中护卫左所实授百户刘淮，嘉靖十三年十一月犯该守备不设，照例发边远，编山西镇虏卫前所充军。

咬潭·所镇抚

一辈咬薛，缺。

二辈咬忠，旧选簿查有：洪武二十五年十一月，咬忠，旧名保奴，系云南前卫故世袭所镇抚咬薛嫡长男。钦依袭职，授甘州中护卫左所世袭所镇抚。

三辈咬贵，旧选簿查有：景泰六年七月，咬贵，宁夏卫人，系甘州中护卫前所故副千户咬忠嫡长男，钦与世袭。·313·

四辈咬锐，旧选簿查有：成化三年五月，咬锐，伊伯咬贵原系甘州中护卫左所所镇抚，故。本人系亲侄袭职。

五辈咬英，旧选簿查有：弘治九年七月，咬英，宁夏人，系甘州中护卫左所故世袭所镇抚咬锐嫡长男。

六辈咬潭，旧选簿查有：嘉靖五年二月，咬潭，宁夏卫人，系甘州中护卫左所故绝世袭所镇抚咬英亲侄。

七辈咬得凰，隆庆五年十月，咬得凰，年二十七岁，宁夏人，系甘州中护卫左所故所镇抚咬潭亲侄。伊伯原袭祖职所镇抚，嘉靖十五年犯该监临官求索所部内财物，参问立功五年，调宁夏卫左所；十八年遇宥赦免，隆庆三年故绝。本舍先于四年保送赴部，查系二辈未袭，随经驳查去后。今既查明，覆保前来，照旧准袭祖职所镇抚。

八辈咬鼎，万历二十八年四月，咬鼎，年二十二岁，宁夏卫人，系甘州中护卫左所疾镇抚咬得凰嫡长男。比中一等。

九辈咬永禄，崇祯十三年五月十九日，题袭过甘州中护卫左所所镇抚一员咬永禄，年二十八岁，系故所镇抚咬鼎嫡长男。〔对讫。〕

赵恩·副千户

外黄查有：赵祥，凤阳县人。祖父赵明，丙申年镇江归附充小旗，任〔壬〕寅年选充天策卫总旗，克永新充□□卫中所百户，克辉州、兴原等处钦除青州卫副千户，故。父仪袭除留守右卫仪凤门所百户，十四年调留守中卫聚宝门所，十七年除留守右卫怀远门所副千户，故。祥系嫡长男，二十二年钦除留守中卫金川门所世袭副千户，二十一年调府军后卫前所，二十（五）年开设甘州中护卫前所，二十八年调本卫右所，三十五年调升本卫前所正千户，永乐九年敬授流官职事。

一辈赵明，已载前黄。

二辈赵仪，已载前黄。

三辈赵祥，已载前黄。

四辈赵玘，旧选簿查有：洪熙元年八月，赵玘，年十六岁，系甘州中护卫前所流官正千户赵祥嫡次男。父原系本卫右所副千户，革除年间升除前职，病故。钦准本人袭职副千户，仍回右所管事。·314·

五辈赵昂，旧选簿查有：天顺三年四月，赵昂，凤阳县人，系甘州中护卫右所故世袭副千户赵玘庶长男。

六辈赵谦，旧选簿查有：成化四年二月，赵谦，凤阳县人，系甘州中护卫右所故世袭副千户赵昂堂弟。庶兄赵昇患双眼瞎疾，本人袭职，待兄有男还与职事。

七辈赵同，旧选簿查有：成化十九年十二月，赵同，年十五岁，凤阳县人，系甘〔州〕中护卫右所世袭副千户赵昂亲侄。伯病故，无儿男。本人未生，已与堂叔赵谦袭职。续生本人，改政（正）袭职。

八辈赵凤，旧选簿查有：嘉靖元年三月，赵凤，年十六岁，凤阳县人，系甘州中护卫右所故世袭副千户赵同庶长男，优给出幼，告袭。伊父未曾比试，遇宥免究。

九辈赵恩，旧选簿查有：嘉靖二十四年四月，赵恩，凤阳县人，系甘州中护卫右所故副千户赵凤嫡长男。

十辈赵永镇，隆庆四年六月二十七日，赵永镇，年三十二岁，凤阳县人，系甘州中护卫右所故副千户赵恩嫡长男，钦准袭职。

十一辈赵宪，万历四十四年二月，大选过甘州中护卫右所副千户一员赵宪，年二十六岁，系故副千户赵永镇嫡长孙。比中三等。〔对讫。〕

王勋·副千户

外黄查有：王晟，合肥县人。祖父王昇，壬寅年归附充小旗，吴元年拨金吾卫充总旗，闰七月钦除坚城卫百户，洪武四年故。父王复袭除邳州卫中所百户，二十七年钦升甘州中护卫右所世袭副千户，三十三年改除本卫卫镇抚；永乐三年为事问拟徒罪，敬依做总旗名头，发武安侯处立功五年，复职。钦准仍复甘州中护卫右所副千户，十九年残疾。晟系嫡长男，宣德三年，钦准替授甘州中护卫右所世袭副千户。

一辈王昇，已载前黄。

二辈王复，旧选簿查有：洪武二十七年九月，王复，系邳州卫前（中）所世袭百户，钦升甘州中护卫右所世袭副千户。

三辈王晟，旧选簿查有：宣德三年六月，王晟，系甘州中护卫右所世袭副千户王复嫡长男。

四辈王宗，旧选簿查有：正统十年四月，王宗，系甘州中护卫右所世袭副千户王晟嫡长男。

五辈王琏，旧选簿查有：成化五年三月，王琏，合肥县人，系甘州中护卫右所世袭副千户王宗嫡长男。

六辈王谏，旧选簿查有：弘治十八年七月，王谏，年十五岁，合肥县人，系甘州中护卫右所世袭副千户王琏嫡长男。

七辈王宽，旧选簿查有：嘉靖元年三月，王宽，合肥县人，系甘州中护卫右所故绝世袭副千户王谏堂兄。

八辈王济，旧选簿查有：嘉靖四年十二月，王济，合肥县人，系甘州中护卫右所故世袭副千户王宽嫡长男。

九辈王勋，旧选簿查有：嘉靖十六年四月，王勋，合肥县人，系甘州中护卫右所副千户王济嫡长男。

十辈王应伦，隆庆五年二月，王应伦，合肥县人，系甘州中护卫右所患疾副千户王勋嫡长男。

十一辈王斌，万历四十一年四月，大选过甘州中护卫右所副千户一员王斌，系故副千户王应伦嫡长男。比中三等。〔对讫。〕

十二辈王腾云，崇祯十三年五月十九日，题替过甘州中护卫右所副千户一员王腾云，年三十岁，系疾副千户王斌嫡长男。〔对讫。〕

年远事故右所世袭副千户一员·张铭

洪武二十八年闰九月，张铭，系甘州右卫左所世袭副千户张禄嫡长男。父为征伤残疾，钦准替职，授甘州中护卫右所世袭副千户。

单龙·实授百户

外黄查有：单庆，南城县人。曾祖单以德，辛丑年归附，乙巳年充百户，年老。祖父单毅替，洪武十三年故。父单济袭，十四年故。庆系嫡长男，永乐八年袭，仍授甘州中护卫右所世袭百户。

一辈单以德，已载前黄。 ·316·

二辈单毅，已载前黄。

三辈单济，已载前黄。

四辈单庆，旧选簿查有：永乐八年正月，单庆，年十六岁，系甘州中护卫右所故世袭百户单济嫡长男。

五辈单玫，旧选簿查有：天顺八年十二月，单玫，南城县人，系甘州中护卫右所世袭百户单庆嫡长男。

六辈单谏，旧选簿查有：弘治十年二月，单谏，南城县人，系甘州中护卫右所年老世袭百户单玫嫡长男。

七辈单杰，旧选簿查有：正德十四年二月，单杰，南城县人，系甘州中护卫右所年老世袭百户单谏嫡长男。

八辈单龙，旧选簿查有：嘉靖十八年十二月，单龙，南城县人，系甘州中护卫右所故世袭实授百户单杰嫡长男。

九辈单辅，隆庆四年八月二十七日，单辅，年三十岁，南城县人，系甘州中护卫右所患疾世袭百户单龙嫡长男，钦准替职。

十辈单弼，万历二十八年二月，单弼，年三十九岁，系甘州中护卫右所世袭百户单辅亲弟。比中一等。

十一辈单濂，万历四十七年八月，单本选过甘州中护卫右所世袭实授百户一员单濂，年三十四岁，系老疾实授百户单弼嫡长男。比中三等。〔对讫。〕

十二辈单榴，天启二年十二月，大选过甘州中护卫右所实授百户一员单榴，年二十岁，系疾实授百户单濂嫡长男。比中三等。〔对讫。〕

殷铬·实授百户

外黄查有：殷迪，仪真县人。有父殷礼，丙申年从军，甲辰年充小旗，洪武四年充马军总旗，十一年除延安卫权百户；十二年实授前职，为事钦依免罪，发沅州听调；十三年获除广州左卫百户，阵亡。迪系嫡长男，十七年袭除留守中卫洪武门所世袭百户，二十四年调设甘州中护卫右所。

一辈殷礼，已载前黄。 ·317·

二辈殷迪，已载前黄。

三辈殷鉴，旧选簿查有：永乐十六年九月，殷鉴，旧名六十，年十七岁，系甘州中护卫右所故世袭百户殷迪嫡长男。

四辈殷琮，旧选簿查有：天顺三年四月，殷琮，仪真县人，系甘州中护卫右所世袭百户殷鉴嫡长男。

五辈殷实，旧选簿查有：成化八年二月，殷实，仪真县人，［系甘］州中护卫右所世袭百户殷宗（琮）嫡长男。

六辈殷宇，旧选簿查有：弘治十六年四月，殷宇，仪真县人，系甘州中护卫右所故世袭百户殷实亲弟。

七辈殷伦，旧选簿查有：正德八年二月，殷伦，仪真县人，系甘州中护卫右所世袭百户殷宇嫡长男。

八辈殷铬，旧选簿查有：嘉靖十一年十月，殷伦，年五十六岁，仪真县人，系甘州中护卫右所百户，今患疾在所。有嫡长男殷铬，年二十七岁，告替。

九辈殷孟学，万历八年十二月分，殷孟学，年二十五岁，仪真县人，系甘州中护卫右所故世袭百户殷铬亲侄。伊伯原替世袭百户，嘉靖二十五年犯该有事以财行求，问徒二年。纳赎还职，注调宁夏后卫前所。三十七年遇例纳银八十两，准回原卫还职，万历三年故绝。本舍照旧袭祖职世袭百户。比中二等。

［十辈殷道兴。］

［十一辈殷朝如，］崇祯九年九月，单本选过甘州中护卫右所实授百户一员殷朝如，年十八岁，系故实授百户殷道兴嫡长男。比中三等。〔对讫。〕

杨勋·实授百户

一辈杨广，缺。

二辈杨威，旧选簿查有：永乐十二年十二月，杨威，系甘州中护卫右所故世袭百户杨广嫡长男。

三辈杨清，旧选簿查有：正统四年四月，杨清，系甘州中护卫右所世袭百户杨威嫡长男。·318·

四辈杨鉴，旧选簿查有：成化三年八月，杨鉴，蠡县人，系甘州中护卫右所故世袭百户杨清嫡长男。

五辈杨忠，旧选簿查有：弘治九年十二月，杨忠，蠡县人，系甘州中护卫右所世袭百户杨鉴嫡长男。

六辈杨纲，旧选簿查有：嘉靖五年十二月，杨纲，年十六岁，蠡县人，系甘州中护卫右所故世袭百户杨忠嫡长男。

七辈杨勋，旧选簿查有：隆庆二年二月，杨勋，年二十二岁，蠡县人，系甘州中护卫右所故实授百户杨纲嫡长男。

八辈杨时茂，万历三十五年十二月，大选过甘州中护卫右所实授百户一员杨时茂，年二十五岁，系老实授百户杨勋嫡长男。比中□等。

裴凤·百户

外黄查有：裴雍，和州人。乙未年从军，洪武三年并充小旗，十二年并升总旗，十三年钦除世袭百户，十八年钦调甘州中护卫中所①。裴孙孙系裴雍嫡长孙，祖永乐元年故。父裴荣先年病故，孙孙于永乐五年钦与全俸优给，八年终住支袭职。

一辈裴雍，旧选簿查有：洪武三十年七月，钦调甘州中护卫中所世袭百户裴雍。

二辈裴兴，旧名孙孙。旧选簿查有：永乐十一年五月，裴兴，旧名孙孙，系甘州中护卫中所故世袭百户裴雍嫡长孙，钦与袭授本卫所百户。

三辈裴钊，旧选簿查有：天顺三年八月，裴钊，和州人，系甘州中护卫中所世袭百户裴兴、旧名孙孙嫡长男。

四辈裴英，旧选簿查有：弘治十一年六月，裴英，年十六岁，和州人，系甘州中护卫中所故世袭百户裴钊庶长男。

五辈裴凤，旧选簿查有：嘉靖十六年六月，裴英，年五十五岁，和州人，系甘

①此条裴雍于洪武十八年调甘州中护卫中所与之下"洪武三十年七月"调职时间不符。

州中护卫中所百户，今患疾在所。有嫡长男裴凤，年三十三岁，告替。

六辈裴光先，万历二十九年二月，大选过甘州中护卫中所实授百户一员裴光先，年二十二岁，系故实授百户裴凤亲孙。比中二等。·319·

褚守官·实授百户

一辈褚天儿，缺。

二辈褚文，缺。

三辈褚英，缺。

四辈褚全，缺。

五辈褚俊，功次簿查有：嘉靖四年功次簿内查有，地名延绥、巩临二府、陇西等州县地方升实授一级，陕西都司一人擒斩达贼首级一颗，旗军二名内一名甘州中护卫右所等处总旗升试百户一员褚天儿。

六辈褚潮，旧选簿查有：嘉靖十九年六月，褚潮，高邮州人，系甘州中护卫右所年老试百户褚俊嫡长男。

七辈褚凰，旧选簿查有：嘉靖二十五年十二月，褚凰，高邮州人，系甘州中护卫右所风疾世袭百户褚潮嫡长男。伊父原系试百户，冒供世袭，本舍仍革试百户。

堂稿查有：嘉靖三十一年……山等处升实授一级，甘州中护卫右所……实授百户。

八辈褚守官，旧选簿查有：嘉靖三十七年十月，褚守官，年六岁，高邮州人，系甘州中护卫右所阵亡试百户褚凰嫡长男。伊父原袭祖职试百户，嘉靖三十六年白岘儿阵亡，升实授百户。本舍照例于（与）实授百户优给，扣至嘉靖四十五年终住支。

褚守官，隆庆四年六月，褚守官，年十八岁，高邮州人，系甘州中护卫右所故实授百户褚凰嫡长男，优给出幼袭职。

九辈褚应兆，万历二十一年八月，褚应兆，年二十二岁，高邮州人，系甘州中护卫右所故实授百户褚守官嫡长男。比中二等。

武天福·世袭百户

外黄查有：武昌，颍州人。有叔祖武信，吴元年从军，洪武二年并枪充小旗，三年选除总旗，除滕县千户所百户。有父武俊，十二年钦依以弟侄儿男起送赴京，十四年除海南卫试百户，阵亡。昌于洪武十七年起取赴京，十八年发骁骑右卫充军，二十四年除甘州中护卫后所世袭百户。武英系武昌、旧名德庶长男。父擒拿强盗有功，宣德七年升副千户，老。英于正统五年替甘州中护卫右所世袭副千户。武威，年三十七岁，系甘州中护卫右所世袭百户武振嫡长男，嘉靖六年替职。

一辈武俊，已载前黄。

二辈武昌，已载前黄。

三辈武英，已载前黄。

四辈武澄。

五辈武振，已载前黄。

六辈武威，已载前黄。

七辈武天福，隆庆六年二月，武天福，年二十一岁，颍州人，系甘州中护卫右所故世袭百户武威嫡侄孙。

李奇·实授百户

内黄查有：李忠，汉阳县人。有父李住儿，丙午年从军，甲辰年改拨天策卫；洪武十四年改设河南中护卫，并枪充总旗，以年深除授本卫左所百户，当年为事降拨宁溪所充总旗。为父老疾，忠代役并枪，仍充总旗。具告赴京，钦准袭除河南中护卫左所百户，无缺。钦调安东中护卫前所，永乐二年钦与世袭。

一辈李住儿，已载前黄。

二辈李忠，已载前黄。

三辈李信，旧选簿查有：正统八年十一月，李信，年十六岁，系安东中护卫右所老疾百户李忠庶长男，钦与世袭。

四辈李英，旧选簿查有：成化四年十月，李英，年十七岁，汉阳县人，系安东中护卫右所故世袭百户李信嫡长男。

五辈李时芳，旧选簿查有：正德元年五月，李时芳，汉阳县人，系安东中护卫右所世袭百户李英嫡长男。

六辈李玉，旧选簿查有：正德十六年十一月，李玉，汉阳县人，系安东中护卫右所故世袭百户李时芳嫡长男。·321·

七辈李奇，旧选簿查有：嘉靖四十二年十二月，李奇，年四十八岁，汉阳县人，系安东中护卫右所故实授百户李玉堂弟。伊堂兄原袭祖职实授百户，嘉靖三十二年为催缴屯粮草束未完七分以上，参调甘州中护卫右所，今故绝。本舍照例与袭祖职实授百户，仍注原调卫所。

八辈李如松，万历二年二月，李如松，年三十一岁，汉阳县人，系平凉安东中护卫右所年老世袭百户李奇嫡长男。

聂四慎·副千户

万历三十一年十二月，大选过甘州中护卫右所副千户一员聂四慎，年四十岁，合肥县人。查伊始祖聂僧保，乙未年军，洪武三十二年①并升小旗，二十四年调甘州中护卫右所，二十六年并枪升总旗，老。聂安代役，故。聂林代役，老。聂容代役，老。聂臣代役，嘉靖七年小沟儿坪斩首四颗，阵亡，十三年升试百户。祖聂江系男，袭，故。父聂皋祖，二十三年优给，四十二年六月比袭试百户，万历二十三年甘肃镇孤山等处斩首一颗，二十五年升实授百户，二十六年松山六个井等处斩首一颗，二十七年升副千户，今老。四慎系嫡长男，准替副千户。比中二等。〔对讫。〕

聂师孔，崇祯十年正月补九年十二月大选，过甘州中护卫右所副千户一员聂师孔，年二十二岁，系故副千户聂四慎亲侄。比中三等。〔对讫。〕

刘焕·实授百户

一辈刘信，缺。

二辈刘贵，旧选簿查有：永乐九年十月，刘贵，年十五岁，系甘州中护卫右所故世袭百户刘信庶长男。·322·

---

① 此处"三十二年"疑为"二十二年"或"二十三年"。

三辈刘海，旧选簿查有：景泰四年三月，刘海，乐亭县人，系甘州中护卫右所世袭百户刘贵嫡长男。

四辈刘珍，旧选簿查有：成化十六年五月，刘珍，乐亭县人，系甘州中护卫右所故小旗刘海嫡长男。父原系世袭百户，为事降充小旗，病故。本人照例该袭原职百户。

五辈刘文，旧选簿查有：弘治十四年闰七月，刘文，乐亭县人，系甘州中护卫右所世袭百户刘珍嫡长男。

六辈刘松，旧选簿查有：正德七年二月，刘松，乐亭县人，系甘州中护卫右所故世袭百户刘文嫡长男。

七辈刘焕，旧选簿查有：隆庆二年六月，刘焕，年四十二岁，乐亭县人，系甘州中护卫右所故实授百户刘松嫡长男。

八辈刘在，万历十一年二月，刘在，年四十一岁，乐亭县人，系甘州中护卫右所故实授百户刘焕嫡长男。比中三等。

九辈刘钺，万历三十五年四月，大选过甘州中护卫右所实授百户一员刘钺，年二十六岁，系刘在嫡长男。比中二等。

十辈刘录，天启七年十一月补十月大选，过甘州中护卫右所实授百户一员刘录，年三十五岁，系故实授百户刘越（钺）亲弟。比中三等。〔对讫。〕

胡时真·试百户

一辈胡时真，崇祯十三年五月十九日，题袭过甘州中护卫右所试百户一员胡时真，年二十九岁，系故斩功升试百户胡君严嫡长男。〔对讫。〕

陆寿·世袭百户

外黄查有：陆旺，无锡县人。有父陆荣，吴元年充怀远卫小旗，洪武元年充总旗，二十二年老。旺并充总旗，二十七年为年深军全除甘州中护〔卫〕后所世袭百户，二十八年调本卫所右所。

一辈陆荣，已载前黄。

二辈陆旺，已载前黄。

三辈陆智，旧选簿查有：宣德五年九月，陆智，系甘州中护卫右所世袭百户陆旺嫡次男。父有嫡长孙陆护神奴，年三岁，幼小。钦准本人替职，待长成还与职事。

四辈陆海，旧选簿查有：正统十二年五月，陆海，幼名护神奴，系甘州中护卫右所故世袭百户陆旺嫡长孙。先因年幼，叔陆智借职。今长成，退还职事。钦准本人袭职，伊叔革闲。

五辈陆洪，旧选簿查有：弘治三年四月，陆洪，年十七岁，无锡县人，系甘州中护卫右所故世袭百户陆海庶长男。

六辈陆爵，旧选簿查有：嘉靖十二年四月，陆爵，年三十三岁，无锡县人，系甘州中护卫右所故百户陆洪嫡长男。伊父一辈未比，照例住俸三年。

七辈陆寿，旧选簿查有：嘉靖三十年六月，陆寿，无锡县人，系甘州中护卫右所故世袭百户陆爵亲弟。

八辈陆廷现，隆庆五年二月，陆廷现，无锡县人，系甘州中护卫右所年老世袭百户陆寿嫡长男。

九辈陆忠，万历六年四月，陆忠，年二十五岁，无锡县人，系甘州中护卫右所故世袭百户陆廷现嫡长男。比中二等。

年远事故右所世袭百户一员·费雄

洪武二十五年十月，费英，系锦依（衣）卫右所世袭百户。有婿范贵，为忤子事典刑，钦调甘州中护卫右所。

洪武三十二年二年，费雄，系甘州中护卫右所世袭百户费兴、旧名英嫡长男。

张流玉·试百户

内黄查有：张宗，沔阳州人。有父张凯，前陈氏下将军，癸卯年归附充头目，丙午年充小旗，吴元年征进山东，洪武元年充取汴梁，六年除天长卫百户，十七年故。宗系嫡长男，袭除宁夏卫百［户］；二十三年为年老总旗事，降试百户，调永昌卫；二十八年调甘州中护卫后所，三十三年与实授，三十五年升卫右所副千户，永乐元年授流官职事。

一辈张凯，已载前黄。

二辈张宗，旧选簿查有：洪武三十年七月，永昌卫试百户调甘州中护卫张宗。

三辈张瓛，旧选簿查有：正统三年五月，张瓛，系甘州中护卫右所流官副千户张宗嫡长男。父原系试百户，革除年间升实授百户，又升前职。钦准本人替原职试百户。

四辈张文桐保，旧选簿查有：正统七年二月，张文桐保，年四岁，系甘州中护卫右所试百户张瓛嫡长男。祖原系试百户，革除年间升实授百户，又升副千户，老疾。父替前职，今残疾。钦准本人该仍与试百户俸优给，至正统十七年终住支。

五辈张涌，旧选簿查有：弘治八年六月，张涌，沔阳州人，系甘州中护卫右所百户张文桐保嫡长男。伊父原系试百户，天顺元年遇例实授。本人照例革替试百户。

六辈张流玉，旧选簿查有：嘉靖十五年四月，张流玉，年二十岁，沔阳州人，系甘州中护卫右所故试百户张涌嫡长男。

高范·试百户

一辈高显，缺。

二辈高义，缺。

三辈高让，缺。

四辈高鉴，旧选簿查有：成化十二年八月，高鉴，华阴县人，系甘州中护卫右所试百户高让嫡长男。父原系总旗，苇子湾杀贼获功升前职，今老疾。本人照例该替实授百户。

五辈高柄，旧选簿查有：弘治二年四月，高柄，华阴县人，系甘州中护卫右所故百户高鉴嫡长男。伊父原系试百户，父成化二十二年袭职实授。本人照例革袭试百户。

六辈高震，旧选簿查有：嘉靖二年闰四月，高震，华阴县人，系甘州中护卫右所革袭试百户高柄嫡长男。

七辈高范，旧选簿查有：嘉靖四十年十二月，高范，年二十三岁，华阴县人，系甘州中护卫右所年老实授百户高震嫡长男。查伊祖高让以总旗功升试百户，至鉴、柄、震沿袭实授百户。所据实授不由军功，例无承袭，本舍照例革替试百户。

八辈高材，万历三十二年十月，大选过甘州中护卫右所试百户一员高材，年二十四岁，系故试百户高枢堂弟。比中三等。

九辈高思忠，天启三年八月，大选过甘州中护卫右所试百户一员高思忠，年二十三岁，系故试百户高材嫡长男。比中三等。〔对讫。〕

史相·试百户

一辈史英，旧选簿查有：成化五年，甘州中护卫总旗升试百户史英。

钦升簿内查有：成化五年，钦升簿内查有固原州功次，甘州中护卫总旗升试百户一员史英。

二辈史鉴，旧选簿查有：成化十四年五月，史鉴，清河县人，系甘州中护卫右所试百户史英嫡长男。

三辈史经，旧选簿查有：弘治十四年四月，史经，清河县人，系甘州中护卫右所百户史鉴嫡长男。父原系试百户，弘治五年遇例实授，今患疾。本人照例替试百户。

四辈史相，旧选簿查有：嘉靖十年十月，史经，年五十二岁，清河县人，系陕西甘州中护卫右千户所患疾试百户。有嫡长男史相，年二十二岁，告替。

蒋湜·试百户

内黄查有：蒋湜，来安县人。始祖蒋材，甲午年从军，洪武三年并升小旗，疾。高祖蒋兴代役，二十二年并升总旗，三十年调甘州中护卫右所，永乐十二年故。曾祖蒋荣代役，正统二年为缺官事升试百户，景泰五年故。祖蒋胜系嫡长男。查伊袭祖职照例革充总旗，弘治十年疾。父蒋玠代役，嘉靖十二年疾。湜系嫡长男代役，十□年固原等处斩首一颗，升甘州中护卫右所试百户。·326·

一辈蒋才（材），已载前黄。

二辈蒋兴，已载前黄。

三辈蒋荣，已载前黄。

四辈蒋盛（胜），已载前黄。

五辈蒋玩,已载前黄。

六辈蒋湜,已载前黄。

七辈蒋谦,万历六年二月,蒋谦,年二十一岁,来安县人,系甘州中护卫右所故实授百户蒋湜嫡长孙,革遇例,与袭试百户。比中三等。

八辈蒋一阳,万历二十九年六月,蒋一阳,年二十岁,来安县人,系甘州中护卫右所故试百户蒋谦嫡长男。比中三等。〔对讫。〕

张勖·正千户

外黄查有：张瑄,庐州府人。有祖父张旺,乙未年归附充先锋；洪武三年收捕沙不丁,除彰德卫百户；四年为收军不明事,降充广西浔州府巡检；九月钦取赴京,拨武德卫；八年复职,除永州卫百户；十一年钦升毕节卫右所世袭副千户,八月为党囚事拟杖罪记录；二十四年征海纳谷箐,与贼对敌阵亡。将父张琮二十五年钦准袭职,为祖阵亡,升除甘州中护卫中所世袭正千户。三十四年夹河有父阵亡,瑄系嫡长男,永乐元年钦准袭父原职,仍授甘州中护卫中所世袭正千户。

一辈张旺,已载前黄。

二辈张琮,旧选簿查有：洪武二十五年十月,张琮,系毕节卫右所阵亡世袭副千户张旺嫡长男。父洪武二十四年九月内〔征〕进阵亡,告袭。引至御前,钦依："他父阵亡,袭了。升世袭正千户,甘州中护卫中所管事。"

三辈张瑄,旧选簿查有：永乐元年四月,张瑄,系甘州中护卫中所阵亡世袭正千户张琮嫡长男。

四辈张政,旧选簿查有：洪熙元年八月,张政,年十七岁,系甘州中护卫中所故世袭正千户张瑄嫡次男。

五辈张宾,旧选簿查有：成化十四年七月,张宾,年十六岁,合肥县人,系甘州中护卫中所老疾世袭正千户张政庶长男。

六辈张晨,旧选簿查有：正德十一年二月,张晨,合肥县人,系甘州中护卫功升指挥佥事张宾嫡长男,钦与世袭。

七辈张枢,旧选簿查有：嘉靖五年十二月,张枢,年九岁,合肥县人,系甘州中护卫故世袭指挥佥事张晨嫡长男。照例暂与全俸优给,至嘉靖十年终住支。候革册到日，另行定夺。

旧选簿查有：嘉靖十四年六月，张枢，年二十岁，合肥县人，系甘州中护卫故指挥佥事张晨嫡长男，优给出幼，告袭。限外有无多支俸粮，查扣支给。

八辈张晁，旧选簿查有：嘉靖二十七年十二月，张晁，合肥县人，系甘州中护卫故指挥佥事张枢亲叔。伊伯张宾原袭正千户，正德七年白烟墩功升指挥佥事。堂兄晨、堂侄枢沿袭。所据白烟墩功查无擒斩，本舍照例革袭正千户，注中所。

九辈张榈，万历二十一年四月，大选过张榈，年三十六岁，合肥县人，系肃府年老仪卫正张晁嫡长男，合照旧与替仪卫正。比中一等。

十辈张光启，万历三十八年十月，大选过肃府仪卫司仪卫正一员张光启，年三十岁，系故仪卫正张榈庶长男。比中三等。〔对讫。〕

杨俊·世袭百户

外黄查有：杨兴，沂州人。父杨青，洪武元年归附，三年充小旗，十二月并升总旗，二十三年除授世袭百户，老。兄杨胜替职，故。兴系亲弟，敬准袭世袭百户。

一辈杨青，已载前黄。

二辈杨胜，旧选簿查有：洪武三十二年二月，杨胜，系甘州中护卫中所世袭百户杨青嫡长男。·328·

三辈杨兴，旧选簿查有：永乐三年四月，杨兴，系甘州中护卫中所故世袭百户杨胜亲弟。

四辈杨贵，旧选簿查有：正统六年十二月，杨贵，系甘州中护卫中所世袭百户杨兴亲侄。先因父杨旺患眼疾，叔袭职。

五辈杨昇，旧选簿查有：成化三年六月，杨昇，年十五岁，沂州人，系甘州中护卫中所世袭百户杨贵嫡长男。

六辈杨鸾，旧选簿查有：正德三年五月，杨鸾，沂州人，系甘州中护卫中所故世袭百户杨昇嫡长男。

七辈杨经，旧选簿查有：嘉靖四年八月，杨经，年十六岁，沂州人，系甘州中护卫中所故世袭百户杨鸾嫡长男。

八辈杨俊，旧选簿查有：嘉靖三十五年十月，杨俊，沂州人，系甘州中护卫中所故世袭百户杨经嫡长男。

九辈杨忠，万历十年四月，杨忠，年二十四岁，沂州人，系甘州中护卫中所故世袭百户杨俊嫡长男。比中二等。

十辈杨光铭，万历三十年十二月，杨光铭，年二十一岁，系甘州中护卫中所故世袭百户杨忠嫡长男。比中三等。

十一辈杨嘉谟，万历四十七年六月，大选过甘州中护卫中所实授百户一员杨嘉谟，年二十岁，系故实授百户杨光铭嫡长男。比中三等。〔对讫。〕

赵栋·实授百户

一辈赵兴，缺。

二辈赵能，旧选簿查有：宣德六年八月，赵能，系甘州中护卫中所故世袭百户赵兴庶长男。

三辈赵俊，旧选簿查有：景泰四年正月，赵俊，易州人，系甘州中护卫中所故世袭百户赵能嫡长男。·329·

四辈赵安，旧选簿查有：弘治四年七月，赵安，易州人，系甘州中护卫中所世袭百户赵俊庶长男。

五辈赵泰，旧选簿查有：正德十六年二月，赵泰，易州人，系甘州中护卫中所故百户赵安嫡长男。

六辈赵栋，旧选簿查有：嘉靖四十二年十二月，赵栋，年二十七岁，易州人，系甘州中护卫中所年老实授百户赵泰庶长男。

刘迪·世袭百户

一辈刘安，缺。

二辈刘斌，缺。

三辈刘成，旧选簿查有：永乐二年五月，刘成，系甘州中护卫中所故世袭百户刘斌亲弟。

四辈刘纲，旧选簿查有：正统四年四月，刘刚（纲），系甘州中护卫中所世袭百户刘成嫡长男。

五辈刘灏，旧选簿查有：正统十年十二月，刘灏，系甘州卫中所世袭百户刘刚（纲）嫡长男。

六辈刘深，旧选簿查有：成化五年二月，刘深，连江县人，系甘州中护卫中所故世袭百户刘灏亲弟。

七辈刘镗，旧选簿查有：成化十九年九月，刘镗，连江县人，系甘州中护卫中所故世袭百户刘深嫡长男。

八辈刘琥，旧选簿查有：嘉靖四年四月，刘琥，连江县人，系甘州中护卫中所年老世袭百户刘镗嫡长男。

九辈刘逵，旧选簿查有：嘉靖二十三年二月，刘逵，连江县人，系甘州中护卫中所年老实授百户刘琥嫡长男。

十辈刘迪，旧选簿查有：嘉靖三十四年二月，刘迪，连江县人，系甘州中护卫中所故绝世袭百户刘逵亲弟。 ·330·

刘麟·世袭百户

外黄查有：刘聚，掖县人。父刘仲义，前朝百户，吴元年从军，洪武元年选充青州左卫总旗，二十一年升除金吾卫左所百户，二十二年故。兄刘敏袭，二十六年调甘州中中（护）卫后所，当年调说甘州中护卫中所，二十九年故，无儿男。聚系亲弟，三十四年袭甘州中护卫中所世袭百户。

一辈刘仲义，已载前黄。

二辈刘敏，旧选簿查有：洪武二十三年，刘敏，系金州卫左所百户刘仲义庶长男。

三辈刘聚，旧选簿查有：洪武三十四年，刘聚，系甘州中护卫中所世袭百户刘敏亲弟。

四辈刘源，旧选簿查有：宣德八年七月，刘源，系甘州中护卫中所故世袭百户刘聚嫡长男。

五辈刘宣，旧选簿查有：天顺八年四月，刘宣，掖县人，系甘州中护卫中所阵亡世袭百户刘源亲侄。

六辈刘镇，旧选簿查有：弘治十五年九月，刘镇，掖县人，系甘州中护卫中所世袭百户刘宣嫡长男。

七辈刘栋，旧选簿查有：嘉靖五年十二月，刘镇，年五十五岁，掖县人，系甘州中护卫中所百户，今患疾在所。有嫡长男刘栋，年二十八岁，告替。

八辈刘麒，旧选簿查有：嘉靖二十四年四月，刘麒，掖县人，系甘州中护卫中所故世袭百户刘栋嫡长男。

九辈刘麟，旧选簿查有：嘉靖三十七年六月，刘麟，掖县人，系甘州中护卫中所故世袭百户刘麒亲弟。

十辈刘承宗，万历四十年十一月，单本选过甘州中护卫中所世袭试百户一员刘承宗，年三十三岁，系疾实授百户刘麟男。查本舍以子继父，似无可议，但渠父之职，系八辈以后继绝者，本处院道驳查甚悉，既议照旧袭职矣！然旧职系世袭百户，今详中又云"将舍人刘承宗准令起送比试，赴部承袭试百户职事"，前后之词虽互异，然惟从其所减可耳！准替职试百户。比中二等。〔对讫。〕

十一辈刘琨，崇祯十年正月补九年十二月大选，过甘州中护卫中所世袭试百户一员刘琨，年三十二岁，系老试百户刘承宗嫡长男。比中二等。〔对讫。〕 ·331·

阮绍〔祖〕·世袭百户

外黄查有：阮益，旧名添保，临川县人。父阮玉，陈氏头目，辛丑年从军，乙巳年编充总旗，洪武二十二年以年深总旗取赴京，故。益并总旗，三十五年取赴京，钦升甘州卫中所世袭百户，无缺，调后所，二十八年钦改甘州中护卫中所。

一辈阮玉，已载前黄。

二辈阮益，已载前黄。

三辈阮深，缺。

四辈阮鉴，缺。

五辈阮俊，旧选簿查有：弘治十四年，阮俊，临川县人，系甘州中护卫中所世袭百户阮鉴嫡长男。伊祖阮深，为事调宁夏右屯卫中所，年老。父替职，遇例回今卫所，老疾。本人替职。

六辈阮纲，缺。

七辈阮绍〔祖〕，旧选簿查有：嘉靖十九年十月，阮绍祖，临川县人，系甘州中护卫中所故实授百户阮纲嫡长男。照例与全俸优给，至嘉靖三十年终住支。

旧选簿查有：嘉靖三十二年六月，阮绍祖，年十七岁，临川县人，系甘州中护卫中所故世袭百户阮纲嫡长男，优〔给〕出幼袭职。查得伊父一辈未比，照例罚俸三年。

八辈阮祯，万历三年二月，阮祯，年二十岁，临川县人，系甘州中护卫中所故世袭百户阮绍祖嫡长男。

九辈阮承忠，天启二年十月，大选过甘州中护卫中所世袭百户一员阮承忠，年三十六岁，系故世袭百户阮祯嫡长男。比中三等。〔对讫。〕

李珑·实授百户

外黄查有：李祥，益阳县人。先陈氏下军，癸卯年充小旗，吴元年选充总旗，洪武二十二年除西安中护卫中所世袭百户，二十八年改设甘州中护卫中所。

一辈李祥，旧选簿查有：洪武三十年七月，钦调甘州中护卫中所世袭百户李祥。·332·

二辈李成，旧选簿查有：永乐七年九月，李成，系甘州中护卫中所故世袭百户李祥嫡长男。

三辈李寿，旧选簿查有：永乐八年十二月，李寿，系甘州中护卫中所故世袭百户李成亲弟。

四辈李义，旧选簿查有：正统八年十二月，李义，年十五岁，系甘州中护卫中所老疾百户李寿庶长男。

五辈李铭，旧选簿查有：成化十四年九月，李铭，益阳县人，系甘州中护卫中所世袭百户李义嫡长男。

六辈李楫，旧选簿查有：正德三年九月，李楫，益阳县人，系甘州中护卫中所世袭百户李铭嫡长男。

七辈李瀚，旧选簿查有：嘉靖十六年四月，李瀚，年三十五岁，益阳县人，系甘州中护卫中所老疾百户李楫嫡长男。

八辈李珑，旧选簿查有：嘉靖四十五年二月，李珑，年三十六岁，益阳县人，系甘州中护卫中所年老实授百户李瀚嫡长男。

九辈李时，万历十四年二月，李时，年三十五岁，益阳县人，系甘州中护卫中所患疾实授百户李珑嫡长男。比中三等。

十辈李振宗，万历四十年十月，大选过甘州中护卫中所实授百户一员李振宗，

年三十二岁，系故实授百户李时嫡长男。比中二等。〔对讫。〕

钮凤·实授百户

外黄查有：钮显，旧名佛保，仪真县人。有父钮富仪、富一，洪武四年从军选充小旗，十七年升府军右卫左所总旗，二十四年除世袭百户，当年调甘州护卫，三十四年夹河阵亡。显系嫡长男，永乐三年袭授甘州中护卫中所世袭百户。

一辈钮富，已载前黄。

二辈钮显，旧选簿查有：永乐三年四月，钮显，旧名佛保，系甘州中护卫中所故世袭百户钮富嫡长男。

三辈钮政，旧选簿查有：正统二年七月，钮政，系甘州中护卫中所故世袭百户钮显嫡长男。

四辈钮玑，旧选簿查有：正统四年三月，钮玑，系甘州中护卫中所故世袭百户钮政亲弟。

五辈钮荣，旧选簿查有：天顺八年六月，钮荣，年二十六岁，仪真县人，系甘州中护卫中所世袭百户钮玑嫡长男。

六辈钮英，旧选簿查有：成化十五年三月，钮英，仪真县人，系甘州中护卫中所故世袭百户钮荣嫡长男。

七辈钮鲲，旧选簿查有：正德七年四月，钮鲲，仪真县人，系甘州中护卫中所世袭百户钮英嫡长男。

充军簿查有：钮鲲，犯该守备不设，嘉靖十六年六月发朔州卫中所边远充军。

八辈钮嵩，旧选簿查有：嘉靖二十年四月，钮嵩，仪真县人，系甘州中护卫中所世袭百户钮英（鲲）嫡长男。

九辈钮凤，嘉靖三十九年八月，甘州中护卫中所照旧袭副千户一员钮凤。

十辈钮学礼，万历十二年六月，钮学礼，年二十四岁，仪真县人，系甘州中护卫中所患疾副千户钮凤嫡长男。比中二等。

年远事故中所世袭百户一员·郑廉

正统八年七月，郑英，系甘州中护卫中所试百户郑旺嫡长孙。祖原系总旗，因擒拿强盗得实除升前职，钦准本人替实授世袭百户。

弘治八年六月，郑廉，丹徒县人，系甘州中护卫中所故世袭百户郑英庶长男。

又一员·潘安

洪武二十八年二月，潘安，旧名锁住，年六岁，系甘州中护卫中所带管操练典刑世袭百户潘忠嫡长男。祖潘兴宗任百户，病故。父袭职，为事典刑。引至御前，钦依："父虽为事典刑，祖立功在先，还与他半俸优给，至洪武三十一年终住支袭职。"·334·

范龙·所镇抚

外黄查有：范洸，旧名锁住，辽阳府人，系范孜、旧名伯颜帖木儿嫡长男。父洪武四年归附，五年钦除盖州卫后所镇抚，十二年故。十七年洸优给，二十五年袭甘州中护卫中所世袭所镇抚。范铭系范洸嫡长男，范泰系范海嫡长男，范爵系范泰嫡长男。

一辈范孜，已载前黄。

二辈范洸，旧选簿查有：洪武二十五年十一月，范洸，旧名锁住，系盖州卫后所故世袭镇抚范孜嫡长男。钦准袭职，授甘州中护卫中所世袭所镇抚。

三辈范铭，旧选簿查有：正统七年六月，范铭，系甘州中护卫中所世袭所镇抚范洸嫡长男。

四辈范海，旧选簿查有：成化十九年十二月，范海，辽阳县人，系甘州中护卫中所故世袭所镇抚范铭嫡长男。

五辈范泰，旧选簿查有：嘉靖二年三月，范泰，辽阳县人，系甘州中护卫中所故世袭所镇抚范海嫡长男。

六辈范爵，旧选簿查有：嘉靖十六年二月，范爵，辽阳县人，系甘州中护卫中所年老所镇抚范泰嫡长男。

七辈范龙，旧选簿查有：嘉靖二十四年二月，范龙，辽阳县人，系甘州中护卫中所故所镇抚范爵嫡长男。

朱世英·正千户

一辈朱海,缺。

二辈朱溥,旧选簿查有:永乐元年四月,朱溥,系甘州中护卫前所故世袭正千户朱海亲弟。

三辈朱瑜,缺。

四辈朱镛,旧选簿查有:天顺元年五月,朱镛,六合县人,系甘州中护卫前所故世袭正千户朱瑜嫡长男。

审稿查有:朱镛,系朱溥嫡长孙,祖患疾。父朱瑜替职,景泰七年正月故。镛于天顺元年五月钦准袭授甘州中护卫前所世袭正千户。 ·335·

五辈朱能,旧选簿查有:成化元年十二月,朱能,年十六岁,六合县人,系甘州中护卫前所故世袭正千户朱镛庶长男。

六辈朱世英,旧选簿查有:正德十一年二月,朱士(世)英,六合县人,系甘州中护卫前所故世袭正千户朱能嫡长孙。父未袭,故。本人袭职。

七辈朱山,万历元年四月,朱山,年三十八岁,六合县人,系甘州中护卫前所年老正千户朱世英庶长男。

八辈朱镇,万历九年六月,朱镇,年二十六岁,六合县人,系甘州中护卫前所故正千户朱山嫡长男。伊父原袭祖职正千户,万历四年为边墙城堡捏报等事参降试百户俸四年,故。本舍照旧袭祖职正千户。比中三等。

时(谢)玘·世袭百户

一辈谢贵。

二辈谢遵。

三辈谢忠。

四辈谢端。

五辈谢宣。

六辈谢玘,宝簿查有:正德十六年七月,谢玘,常熟县人,系甘州中护卫前所故百户谢宣嫡长孙。

七辈谢时相,万历四年八月,谢时相,年三十二岁,常熟县人,系甘州中护卫前所故世袭百户谢玘嫡长男。

八辈谢承祖，万历三十五年十二月，大选过甘州中护卫前所世袭百户一员谢承祖，年二十二岁，系老世袭百户谢时相亲孙。比中二等。·336·

郭动·副千户

外黄查有：郭珍，咸阳县人。曾祖郭九儿，洪武二年从军选充小旗，二十五年升总旗，故。祖郭兴儿补并，故。父郭义补并，老。珍代，天顺五年河北盐场堡生擒达贼一名升总旗；成化四年固原州石城儿征剿叛贼满四等节次生擒贼人二名有功，五年升本卫所署百户。

一辈郭九儿，已载前黄。

二辈郭兴，已载前黄。

三辈郭义，已载前黄。

四辈郭珍，已载前黄。

五辈郭文，缺。

六辈郭方，旧选簿查有（原稿缺）。

七辈郭正，旧选簿查有：嘉靖六年十二月，郭正，咸阳县人，系甘州〔中〕护卫前所故绝署试百户事郭方亲弟，食总旗名粮。

实授百户、副千户功次俱载八辈选条。

八辈郭动，旧选簿查有：嘉靖三十三年十二月，郭动，咸阳县人，系甘州中护卫前所故正千户郭正庶长男。查得伊父正原袭署百户，嘉靖十四年柏林沟功升实授百户，十五年沙山湖功升副千户，扒沙等处功升正千户。所据沙山湖无功次，例难准袭，本舍革袭副千户。

九辈郭承武，万历十二年六月，郭承武，年三十岁，咸阳县人，系甘州中护卫前所故纳级指挥佥事郭动嫡长男。伊父原袭祖职副千户，隆庆元年遇例加纳指挥佥事，万历五年为捏报工程参降实授百户俸，万历六年故。所据伊父纳级虚衔例不准袭，本舍合照例革袭祖职副千户。比中二等。〔对讫。〕

十辈郭承忠，万历三十八年八月，大选过甘州中护卫前所副千户郭承忠，年三十九岁，系故绝副千户郭承武堂弟。比中三等。〔对讫。〕

张勋·副千户

外黄查有：张让，和州人，系张昇嫡长男。有祖父张忠，乙未年充军，戊戌年选充小旗，洪武元年充总旗，八年钦除西安［中］护卫百户，十一年改西安中护卫中所，二十三年钦除永昌卫前所副千户，调设甘州中护卫后所，三十四年夹河阵亡。让于永乐二年钦准袭职，仍授本卫所世袭副千户·337·。

一辈张忠，已载前黄。

二辈张昇，旧选簿查有：洪武二十八年闰九月，张昇，系永昌卫前所故世袭副千户张忠嫡长男，钦袭本卫所世袭副千户。

三辈张让，旧选簿查有：永乐二年正月，张让，系甘州中护卫后所阵亡世袭副千户张昇嫡长男。

四辈张鉴，旧选簿查有：正统十二年二月，张鉴，系甘州中护卫指挥佥事张让嫡长男，钦与世袭。

五辈张端，旧选簿查有：景泰五年七月，张端，和州人，系甘州中护卫故世袭指挥佥事张鉴庶长男。

六辈张璇，旧选簿查有：审稿内开张璇，系张端嫡长男。查伊高祖张让，系本卫所副千户保升指挥佥事，获功升前职。照例革袭正千户。

七辈张翱，旧选簿查有：弘治十六年四月，张翱，年十八岁，和州人，系甘州中护卫后所故世袭正千户张璇嫡长男。

八辈张翔，旧选簿查有：嘉靖十六年四月，张翔，年二十九岁，和州人，系甘州中护卫后所故正千户张翱堂弟。伊高祖让原袭副千户，肃王保升指挥佥事。沿至祖端，石城儿领军获功升指挥同知。伯璇替革，保升二级，与袭实授。据石城儿领军又系违例报功，仍该减革，本人革袭副千户。伊堂兄一辈未比，照例住俸三年。

九辈张勋，旧选簿查有：嘉靖三十八年八月，张勋，年九岁，和州人，系甘州中护卫后所故副千户张翔嫡长男。照例与全俸优给，至嘉靖四十三年终住支。

旧选簿查有：嘉靖四十五年十月，张勋，年十七岁，和州人，系甘州中护卫后所故副千户张翔嫡长男，优给出幼袭职。

马镛·署副千户事实授百户

内黄查有：马文，洛川县人。高祖马敬，洪武二年归附从军充总旗，五年并枪仍充总旗，二十九年疾。曾祖春代役，永乐九年改名马胜，以年深升百户，正统二年升副千户，疾。祖马俊替，景泰元年疾。父马祥替，成化四年征进石城儿反贼满四等，生擒斩首有功，五年升署正千户，七年疾。文系嫡长男，八年替署正千户。

一辈马敬，已载前黄。

二辈马胜，已载前黄。

三辈马俊，旧选簿查有：正统八年三月，马俊，系甘州中护卫前所副千户马胜嫡长男，钦与世袭。·338·

四辈马祥，旧选簿查有：景泰四年三月，马祥，洛川县人，系甘州中护卫前所世袭副千户马俊嫡长男。

署正千户功次已载前黄。

五辈马文，旧选簿查有：成化八年七月，马文，洛川县人，系甘州中护卫前所署正千户马祥嫡长男。父原系副千户，固原州杀贼获功升前职，患疾。本人照例该替副千户，仍署正千户事。

六辈马武，旧选簿查有：弘治元年闰正月，马武，年十七岁，洛川县人，系甘州中护卫前所故署正千户事副千户马文庶弟。

七辈马镛，旧选簿查有：嘉靖二十七年八月，马镛，洛川县人，系甘州中护卫纳级故指挥佥事马武嫡长男。伊高祖胜原系百户，正统二年奏升副千户。曾祖俊、祖祥替，成化四年石城儿斩首功升署正千户。伯文、父武沿袭，纳级指挥佥事。所据奏升与纳升职级不由军功，例应减革。本舍照例于祖职百户上加署正千户一级，与袭署副千户事实授百户。

八辈马渠，旧选簿查有：嘉靖三十年二月，马渠，洛川县人，系甘州中护卫前所署副千户事实授百户马镛嫡长男。

九辈马守仁，万历十年四月，马守仁，年二十四岁，洛川县人，系甘州中护卫前所患疾署副千户事实授百户马渠嫡长男。比中二等。

杨英·实授百户

一辈杨义,缺。

二辈杨霖,旧选簿查有:洪武二十九年二月,杨霖,系山丹卫前所流官百户杨义嫡长男。为父箭伤左胳膊、右脚膝,兼患喘嗽病证(症),钦准替职,与世袭,仍授本卫所世袭百户。

三辈杨瑄,旧选簿查有:永乐七年十一月,杨瑄,年十八岁,系甘州中护卫前所故世袭百户杨霖嫡长男。

四辈杨玫,旧选簿查有:宣德四年十一月,杨玫,系甘州中护卫前所故世袭百户杨瑄亲弟。

五辈杨珍,缺。

六辈杨铎,旧选簿查有:成化三年二月,杨铎,巢县人,系甘州中护卫前所世袭百户杨珍嫡长男。 ·339·

七辈杨威,旧选簿查有:弘治八年六月,杨威,巢县人,系甘州中护卫前所世袭百户杨铎嫡长男。

审稿查有:杨威,系杨玫侄孙。伊伯祖故,无儿男。祖杨珍袭职,老疾。父杨铎替职,年老。威系嫡长男,袭职。

八辈杨云衢,旧选簿查有:嘉靖四年十月,杨云衢,巢县人,系甘州中护卫前所世袭百户杨威嫡长男。

九辈杨英,旧选簿查有:嘉靖四十年十二月,杨英,年六岁,巢县人,系甘州中[护]卫前所故实授百户杨云衢庶长男。照例与全俸优给,至嘉靖四十八年终住支。

万历三年二月,杨英,年二十岁,巢县人,系甘州中护卫前所故世袭百户杨云衢庶长男,优给出幼袭职。查得优给违限五年,限外有无多支俸粮,查扣毕日关支。

十辈杨继荣,万历十五年十二月,大选过甘州中护卫前所实授百户一员杨继荣,年十七岁,系故实授百户杨英嫡长男。比中三等。

吴守爵·实授百户

内黄查有:吴亮,合肥县人,系吴兴嫡长男。[父]丙申年归附,癸卯年充小旗，吴元年充总旗，洪武十五年除西安后卫百户，十九年老。亮替百户，因年深与世袭职事，二十八年调甘州中护卫前所。吴澄系吴亮嫡长男，父老，澄宣德四年替本卫百户。吴泰系吴澄曾孙。伊曾祖故，堂叔吴性善袭职，亦故。父吴刚（纲）袭职，年老。泰系嫡长男，弘治九年七月替甘州中护卫前所世袭百户。

一辈吴兴，已载前黄。

二辈吴亮，已载前黄。

三辈吴澄，旧选簿查有：宣德四年十一月，吴澄，系甘州中护卫前所世袭百户吴亮嫡长男。

四辈吴性善，旧选簿查有：天顺二年五月，吴性善，幼名毛狗，年十六岁，合肥县人，系甘州中护卫前所为事故世袭百户吴澄嫡次孙。先因年幼，照例已与半俸优给，今出幼袭职。

五辈吴纲，旧选簿查有：成化十一年二月，吴纲，合肥县人，系甘州中护卫前所故世袭百户吴性善堂兄。

六辈吴泰，旧选簿查有：弘治九年七月，吴泰，合肥县人，系甘州中护卫前所世袭百户吴纲嫡长男。

七辈吴镇，旧选簿查有：正德十三年八月，吴镇，合肥县人，系甘州中护卫前所百户吴泰嫡长男。·340·

八辈吴守爵，旧选簿查有：嘉靖三十一年六月，吴守爵，合肥县人，系甘州中护卫前所老实授百户吴镇嫡长男。

九辈吴一麟，万历三十一年十月，大选过甘州中护卫前所实授百户一员吴一麟，年二十三岁，合肥县人，系故实授百户吴守爵嫡长孙。比中三等。〔对讫。〕

王之翰·世袭百户

外黄查有：王璿，砀山县人，系王能庶长男。父能，洪武二年充武德卫小旗，四年充总旗，八年除平凉卫百户，二十六年故。璿二十七年袭本卫所世袭[百户]，二十八年调甘州中护卫前所。

一辈王能，已载前黄

二辈王璿，旧选簿查有：洪武三十年七月，钦调甘州中护卫前所世袭百户王璿。

三辈王忠，旧选簿查有：洪熙元年八月，王忠，系甘州中护卫前所故世袭百户王璿嫡长男。

四辈王鉴，旧选簿查有：景泰四年八月，王鉴，砀山县人，系甘州中护卫前所故世袭百户王忠嫡长男。

五辈王冕，旧选簿查有：成化十五年十二月，王冕，年十八岁，砀山县人，系甘州中护卫前所故世袭百户王鉴嫡长男。

六辈王之翰，旧选簿查有：嘉靖十一年二月，王之翰，年三十岁，砀山县人，系甘州中护卫前所故世袭百户王冕嫡长孙。

七辈王继伯，隆庆五年十二月，王继伯，年二十八岁，砀山县人，系甘州中护卫前所故世袭百户王之翰亲侄。

八辈王一夔，万历三十五年二月，大选过甘州中护卫前所世袭百户一员王一夔，年二十岁，系王继伯嫡长男。比中二等。

[范葵·实授百户]

一辈范聚，缺。

二辈范晟，旧选簿查有：永乐十九年九月，范晟，系甘州中护卫前所世袭百户范聚庶长男。

三辈范宣，旧选簿查有：天顺五年三月，范宣，固始县人，系甘州中护卫前所世袭百户范晟庶长男。

四辈范琦，旧选簿查有：弘治五年六月，范琦，固始县人，系甘州中护卫前所故世袭百户范宣嫡长男。

五辈范永忠，旧选簿查有：嘉靖二年三月，范永忠，固始县人，系甘州中护卫前所世袭百户范琦嫡长男。

六辈范葵，旧选簿查有：嘉靖四十四年十月，范葵，年三十一岁，固始县人，甘州中护卫前所年老实授百户范永忠嫡长男。

七辈范爱众，万历□年，范爱众，年八岁，固始县人，系甘州中护卫前所故实授百户范葵庶长男。照例与全俸优给，至万历十三年终住支。

万历□□年四月，范爱众，年十六岁，固始县人，系甘州中护卫前所故实授百户范葵庶长男,出幼袭职、比中三等。

八辈范镇西,天启□□年□月,大选过甘州中护卫前所实授百户一员范镇西,年三十三岁,系故实授百户范爱众嫡长男。比中二等。〔对讫。〕

[高永镇·实授百户]

外黄查有:高达,旧名道童,三河县人。父高二,丙□□归附从军,甲辰年故。达补役,洪武十七年征布鱼儿功升小旗,二十三年充总旗,二十九年钦除□□卫世袭百户,本年五月调甘州中护卫。

[一辈高二,已载]前黄。

[二辈高达,已载]前黄。

三辈高昇,[旧选]簿查有:正统二年五月,高昇,系甘州中护卫右所副千户高达庶长男。父原系本卫前所百户,革除年间升除前职,今病故。钦准本人袭父原职世袭百户,仍于前所管事。

[四辈高鉴,旧选簿查有:]成化六年八月,高鉴,三河县人,系甘州中护卫前所故世袭百户高昇亲侄。

[五辈高启,旧选簿查有:弘治]四年二月,高启,三河县人,系甘州中护卫前所世袭百户高鉴嫡长男。 ·342·

[六辈高云,旧选簿查]有:正德七年十二月,高云,三河县人,系甘州中护卫前所故世袭百户高启嫡长男。

[七辈高勋,旧选簿查]有:嘉靖二十年十二月,高勋,三河县人,系甘州中护卫前所故实授百户高云嫡长男,优给出幼。

[八辈高永镇,旧选簿查]有:隆庆二年六月,高勋,年四十八岁,三河县人,系甘州中护卫前所实授百户,今患疾在所。有嫡长男高永镇,见年二十八岁,告替。

[九辈高一文]……年十二月,高一文,年二十岁,系甘州中护卫前所实授百户高永镇嫡长男,比中三等。

年远事故世袭百户一员·许衍

……一月，许瑾，系甘州中护卫前所故世袭百户许理嫡长男。

……三月，许铄，年十六岁，系甘州中护卫前所故世袭百户许瑾庶长男。

……十二月，许衍，年十七岁，祥符县人，系甘州中护卫前所故世袭百户许铄庶长男。

[又一员·刘鸿]

……五月，刘鸿，先任旗手卫前所世袭百户，为事钦发广西龙川充军，今同兵部……奏常茂事，钦依复职，除甘州中护卫前所世袭百户，跟随肃王操练……

[又一员·郁斌]

[郁斌]……[甘州中]护卫前所世袭百户郁福名嫡长男，父为年老风瘫……百户。·343·

[年远事故世袭副千户一员·刘冠]

□□元年正月二十七日，大选过甘州左卫中所副千户刘冠，年十七岁，系刘国玉嫡长男。伊父原袭副千户，由军功经升指挥佥事。除部功例不世及外，应减袭副千户。比中三等。〔对讫。①〕

[杨灯·副千户]

外黄查有：杨智，定远县人。有父杨郁，旧名文，[丙]午年选充总旗，洪武二年钦除百户，二十三年为因年深钦升世袭副千户，老。智系嫡长男，[袭]甘州中护卫世袭副千户。

---

① 《总汇》56册此处344页有副千户张勋档案，与同册337页重复，未录。

[一辈，杨郁。]

[二辈杨智]，洪武三十二年三月，杨智，系甘州中护卫后所世袭副千户杨郁、旧名文嫡长男。

[三辈杨弘]……五年九月，杨弘，系甘州中护卫后所世袭副千户杨智嫡长男。

[四辈杨启]……五年四月，杨启，系甘州中护卫后所故世袭副千户杨弘嫡长孙。

[五辈杨政]……二月，杨政，定远县人，系甘州中护卫后所故世袭副千户杨启堂叔。兄杨得患风疾，本人[替职，待兄]有男还与职事。

[六辈杨济]……十一月，杨济，定远县人，系甘州中护卫后所故世袭副千户杨政堂侄。叔有亲兄……[无]嗣，本人袭职，待堂伯有男还与职事。

[七辈杨栋]，□□十二年二月，杨栋，定远县人，系甘州中护卫后所世袭副千户杨济嫡长男。

[八辈杨灯]，嘉靖四十一年四月，杨灯，年二十岁，定远县人，系甘州中护卫后所副千户杨栋庶长男。

[九辈杨生金]……大选过甘州中护卫副千户一员杨生金，年二十三岁。伊父原袭副千户加纳指挥佥事，今故。所据伊父纳级当革，本舍合照[例与袭副千户]。比中三等。〔对讫。〕

[乔英]·实授百户

内黄查有：乔义，兰县人，前答剌罕总管，丙申年充小旗，癸卯年充总旗，吴元年升百户，洪武四年除升副千户，十一年试辰州卫指挥佥事，十二年与实授流官指挥佥事，二十三年为勾□军役降试百户，二十八年调甘州中护卫后所，三十三年与实授世袭百户。

[一辈乔义，]旧选簿查有：洪武三十二年，永昌卫调甘州中护卫后所试百户除实授百户乔义。

[二辈乔进，旧]选簿查有：永乐二年六月，乔进，年十八岁，系甘州中护卫后所世袭百户乔义庶长孙。·345·

[三辈乔智，旧选]簿查有：正统十年四月，乔智，系甘州中护卫后所世袭百户乔进嫡长男。

[四辈乔文，旧选]簿查有：成化十二年二月，乔文，年十八岁，兰县人，系

甘州中护卫后所世袭百户乔智嫡长男。

[五辈乔晏，旧选簿查有：]嘉靖十五年二月，乔晏，年三十二岁，兰县人，系甘州中护卫后所故绝百户乔文侄孙。

[六辈乔英]……乔英，年三十一岁，兰县人，系甘州中护卫后所年老实授百户乔晏嫡长男。

[高鲸·实授百户]

□□查有：高璿，合肥县人。有祖父高……归附，洪武元年征福建溺水身死。有父高昇，九年赴京授参侍舍人，十年……卫右所镇抚，授世袭；十一年征进四川，试凉州……二年实授流官百户，二十三年为……事降做试百户，二十八年钦依调甘州中护卫。高璿系嫡长男，三十四年袭职，与……系甘州中护卫后所世袭百户。

[一辈]

[二辈高昇，旧选簿查有：]……十年……卫试百户调甘州中护卫后所高昇。

[三辈高璿]……年十六岁，系甘州中护卫后所试百户高昇嫡长男。父原任流官百户，洪武二十三年为事……袭父原职，与世袭，仍授本卫所世袭百户，支俸贴办事，候年二十岁比试弓马管事。

[四辈高福，旧选簿查有：]……一月，高福，旧名福寿，年十六岁，系甘州中护卫后所故世袭百户高璿嫡长男。

[五辈高崇，旧选簿查有：]……高崇，合肥县人，系甘州中护卫后所世袭百户高福亲侄。

[六辈高谏，旧选簿查有：]……高谏，合肥县人，系甘州中护卫后所世袭百户高崇嫡长男。

[七辈高鲸，旧选簿查有：]……六月，高鲸，年九岁，合肥县人，系甘州中护卫后所故百户高谏嫡长男。照例与全俸优给，至嘉靖二十一年终住支。

……高鲸，年十六岁，合肥县人，系甘州中护卫后所故实授百户高谏嫡长男，优给出幼袭职。

[八辈高希尧]……系甘州中护卫后所年老实授百户高鲸嫡长男。

[九辈高铭]……实授百户一员，高铭，年三十九岁，系老实授百户高希尧嫡长男。比中三等。〔对讫。〕

五军都督府所属卫所·右军都督府·陕西都司·安东中护卫附群牧所

安东中护卫

安东中护卫①原无目录，恐滋弊窦，不敢补造。

指挥同知范漳起，至小旗仵讨儿止。②

内指挥，千、百户，镇抚共三十八员。

范漳·指挥同知

外黄查有：范英，凤阳府人，系范聚嫡长男，丁酉年归附，甲辰年敬授百户，洪武八年升指挥佥事，十七年升指挥同知，故。英袭常德卫指挥同知，为事调安东中护卫指挥同知。范荣系范英嫡长男，袭指挥同知。范瑄系范荣庶长男，优袭指挥同知。范钦系范瑄堂侄，堂伯故，无儿男。父范理袭，故。钦系庶长男，优给。

一辈范聚，已载前黄。

二辈范英，旧选簿查有：洪武二十七年七月，范英，系兴隆卫世袭指挥同知，为张胜二告不应事，钦依罪调安东中护卫管军五年，不支俸。·347·

三辈范荣，旧选簿查有：永乐四年四月，范荣，系安东中护卫故世袭指挥同知范英嫡长男。

四辈范瑄，旧选簿查有：宣德五年七月，范瑄，年十五岁，系安东中护卫故世袭指挥同知范荣庶长男。

五辈范珍，旧选簿查有：天顺七年八月，范珍，临淮县人，系安东中护卫故世袭指挥同知范瑄堂弟。

六辈范理，旧选簿查有：成化十三年十二月，范理，临淮县人，系安东中护卫故世袭指挥同知范珍亲弟。

七辈范钦，旧选簿查有：正德八年四月，范钦，年十九岁，临淮县人，系安东中护卫故世袭指挥同知范理庶长男。

---

① 嘉靖《平凉府志》卷一《藩封》："仪卫司、群牧所、安东中护卫俱在（平凉）府南。"卷二《兵制》："安东中护卫在韩府之南，内有左、右、中、前所，镇抚、经历司，吏户礼兵刑工房二。令史四，典吏四，所及镇抚经历司，各司吏一人，属百户所二十八。掌护守城池巡视宫城之事。以洪熙元年自南京移平凉，食粮步军三百人。"
② 《总汇》56册"校勘表"记"安东中护卫"选簿346页后件后缺页。

八辈范漳，旧选簿查有：嘉靖二十五年二月，范漳，年八岁，临淮县人，系安东中护卫故指挥同知范钦庶长男。照例与全俸优给，至嘉靖三十一年终住支。

嘉靖三十四年十月，范漳，年十七岁，临淮县人，系安东中护卫故指挥同知范钦庶长男，优给出幼袭职。

九辈范昆，万历二十一年八月，范昆，年二十五岁，临淮县人，系安东中护卫故指挥同知范漳庶长男。比中三等。

十辈范锦，崇祯五年六月，单本选过安东中护卫指挥同知一员范锦，年四十岁，系故指挥同知范昆庶长男。比中三等。〔对讫。〕

冯鲸·指挥同知

一辈冯国用[①]，缺。

二辈冯诚，缺。

三辈冯仁，缺。·348·

四辈冯义，旧选簿查有：永乐十三年九月，冯义，系韩王母舅。永乐十五年三月二十一日，钦除安东中护卫指挥佥事，支俸不管事，具奏授流官附选。

五辈冯纶，旧选簿查有：宣德十年十二月，冯纶，系安东中护卫故指挥同知冯义亲侄。

六辈冯显忠，旧选簿查有：弘治二年三月，冯显忠，定远县人，系安东中护卫支俸不管事故世袭指挥同〔知〕冯纶嫡长男。

七辈冯镇，旧选簿查有：正德元年二月，冯镇，定远县人，系安东中护卫支俸不管事故世袭指挥同知冯显忠嫡长男。

八辈冯元功，旧选簿查有：嘉靖七年十二月，冯元功，年三十二岁，定远县人，系安东中护卫带俸年老世袭指挥同知冯镇嫡长男。

九辈冯鲸，旧选簿查有：嘉靖四十二年八月，冯鲸，年三十九岁，定远县人，系安东中护卫老疾指挥同知冯元功嫡长男。

十辈冯继先，万历八年八月，冯继先，年三十四岁，定远县人，系平凉安东中护卫患疾指挥同知冯鲸嫡长男。比中三等。

---

① 嘉靖《平凉府志》卷二《兵制》："冯元功，始祖国用，直隶定远人，丁酉年累功授都指挥使，卒。"

十一辈冯玉，万历三十八年二月，大选过安东中护卫指挥同知一员冯玉，年二十九岁，系故指挥同知冯继先嫡长男。比中二等。

李朝卿·指挥同知

外黄查有：李荣①，临淮县人，系李聚嫡长男，甲午年归附，丁酉年充小旗，乙巳年充总旗，洪武元年除百户，三年授世袭，十一年除权百户，十二年钦蒙实授副千户，十七年除指挥佥事，故。荣于二十四年袭世袭指挥佥事，二十五年为因年深升安东中护卫世袭指挥同知。

一辈李聚，已载前黄。

二辈李荣，旧选簿查有：洪武二十八年闰九月，李荣，系怀庆卫世袭指挥佥事，钦升安东中护卫世袭指挥同知②。

三辈李瑾，旧选簿查有：永乐五年四月，李瑾，年五岁，系安东中护卫故世袭指挥同知李荣庶长男。敬与全俸优给，至永乐十四年终住支袭职。

四辈李昇，旧选簿查有：永乐十年八月，李昇，系安东中护卫故世袭指挥同知李荣亲弟。

五辈李隆，旧选簿查有：宣德五年七月，李隆，年十八岁，系安东中护卫故指挥同知李昇庶长男。

六辈李玚，旧选簿查有：成化七年五月，李玚，临淮县人，系安东中护卫世袭指挥同知李荣嫡长孙。先因伊祖病故，伊父李瑾年幼，优给出幼间患左眼残疾。叔祖李昇借职，病故。堂叔李隆隐匿借职，缘因朦胧袭职，续生本[人]告取职事，勘问明该与承袭，伊堂叔革闲。

七辈李雄，旧选簿查有：弘治十七年六月，李雄，年十五岁，临淮县人，系安

---

①《明太祖实录》卷一二二：洪武十二年春正月癸巳，"命平凉卫指挥李荣署陕西都指挥使司事"。卷一九五：洪武二十二年三月癸巳，"升西安右卫指挥同知王毅为陕西都指挥同知，平凉卫指挥同知李荣为都指挥佥事"。《皇明开国功臣录》卷三〇："李荣，临淮人，国初从，克滁和定江，左征进江南、灭强汉、殪伪吴、北伐中原皆有劳绩，由旗总授永平卫千户，升广武卫指挥佥事。"（安徽定远人黄金，弘治十七年撰）

②此条"外黄查有"记李荣于洪武二十五年升安东中护卫世袭指挥同知，而"二辈李荣"记为洪武二十八年闰九月"钦升安东中护卫世袭指挥同知"，疑有误。

东中护〔卫〕世袭指挥同知李玙庶长男。

八辈李景云，旧选簿查有（原簿无载）。

九辈李朝卿，旧选簿查有：嘉靖四十三年四月，李朝卿，年四十四岁，临淮县人，系安东中护卫故指挥同知李景云嫡长男。

十辈李科，万历十八年四月，李科，年三十四岁，临淮县人，系安东中护卫年老指挥同知李朝卿嫡长男。比中一等。

十一辈李维明，万历三十二年十月，大选过安东中护卫指挥同知一员李维明，年二十八岁，临淮县人，系故指挥同知李科嫡长男。比中三等。

十二辈李芳，崇祯七年六月，大选过安东中护卫指挥同知一员李芳，年三十九岁，系故指挥同知李维明嫡长男。比中二等。〔对讫。〕

安东中护卫年远事故指挥同知一员·谢荣

永乐十三年九月，安东中护卫正千户升指挥佥事谢辉。

永乐二十二年十一月，安东中护卫指挥佥事升指挥同知谢辉。

宣德四年七月，谢荣，年十六岁，系安东中户卫故指挥同知谢辉嫡长男，钦与世袭。·350·

毛麟①·指挥佥事

一辈毛畴，旧选簿查有：洪武二十八年七月，毛畴，系镇海卫左所世袭副千户。钦依越正千户，升除安东中护卫世袭指挥佥事。

永乐十三年九月，安东中护卫指挥佥事升指挥同知毛畴。

二辈毛荣，旧选簿查有：宣德五年七月，毛荣，年十七岁，系安东中护卫流官指挥同知毛畴亲侄，钦与世袭。

三辈毛忠，旧选簿查有：天顺二年十月，毛忠，系安东中护卫指挥同知毛荣嫡长男。伯祖毛畴原系指挥佥事，钦升前职，老疾。父替职，病故。本人照例革去伊

---

①嘉靖《平凉府志》卷二《兵制》："毛麟,始祖德,浙江青田人。洪武二十年累功授指挥同知。子寿（畴）嗣,指挥佥事,卒。"

祖保升指挥同知一级，袭原职指挥佥事。

四辈毛文，旧选簿查有：弘治九年九月，毛文，青田县人，系安东中护卫世袭指挥佥事毛忠嫡长男。

五辈毛麟，旧选簿查有：嘉靖六年十二月，毛文，年五十五岁，系安东中护卫世袭指挥佥事，今患疾在卫。有嫡长男毛麟，年十五岁，告替。

六辈毛鹤，隆庆六年十二月，毛鹤，年二十九岁，青田县人，系安东中护卫故指挥佥事毛麟嫡长男。伊父原袭祖职指挥佥事，嘉靖三十四年犯奸及拨置，韩王问拟降调，故。隆庆六年遇宥，本舍照例准复原职指挥佥事，仍复安东中护卫。

七辈毛缨，万历十七年二月，毛缨，年二十九岁，青田县人，系安东中护卫患疾指挥佥事毛鹤嫡长男。比中一等。

八辈毛勋，万历三十六年二月，大选过安东中护卫指挥佥事毛勋，年二十四岁，系故指挥佥事毛缨嫡长男。比中一等。

王世泽·指挥佥事

外黄查有：王珉，旧名吉祥，定远县人，系故百户王兴庶长男。有父充义兵头目，乙未年渡江投附，庚子年白峰岭杀退张寇升充千户，甲辰年编伍除充百户，洪武三年克应昌、虹螺山、野马川等处，回守金华卫，十一月归附本卫，改设金华守御所，十年授世袭，故。吉祥优袭世袭百户，二十五年为年深钦取赴京；二十八年越副千户，钦升安东〔中〕护卫右所世袭正千户。王刚系王珉嫡长男，父永乐四年故。刚于本年十二月敬与全俸优袭。王俊系王刚嫡长孙，祖永乐十五年三月该韩王奏升本卫指挥佥事，老。父王昇先故。俊于景泰七年替安东中护卫指挥佥事。

一辈王兴。

二辈王珉。

三辈王刚，选簿查有：永乐二年三月，王刚，年十五岁，系安东〔中〕护卫右所故正千户王珉嫡长男。

永乐十三年九月，安东中护卫正千户升指挥佥事王刚。

四辈王俊，景泰七年五月，王俊，年十一（八）岁，系安东中护卫指挥佥事王刚嫡长孙，钦与世袭。

弘治十八年四月，王世泽，定远县人，系安东中护卫故世袭指挥佥事王瑞嫡长男。

五辈王瑞。

六辈王世泽,俱载前黄。

七辈王子英,万历二年四月,王子英,年二十四岁,定远县人,系平凉安东中护卫故指挥佥事王世泽嫡次孙。

八辈王子雄,万历十二年十二月,王子雄,年二十三岁,定远县人,系平凉韩府安东中护卫故指挥佥事王子英亲弟。比中三等。

九辈王子杰,万历十八年十月,王子杰,年四十一岁,定远县人,系平凉韩府安东中护卫故指挥佥事王子雄庶长兄。比中三等。

年远事故指挥佥事一员·王世泽[①]

永乐六年三月,王刚,年十五岁,系安东中护卫右所故世袭正千户王珉嫡长男。

永乐十三年九月,安东中护卫正千户升指挥佥事王刚。

景泰七年五月,王俊,年十八岁,定远县人,系安东中护卫指挥佥事王刚嫡长孙,钦与世袭。

弘治十八年四月,王世泽,定远县人,系安东中护卫故指挥佥事王瑞嫡长男。

又一员·曹成

洪武二十七年四月,曹成,系台州卫左所流官百户。钦依越世袭百户,又越正、副千户,升除安东中护卫世袭指挥佥事。

张廷相·卫镇抚

一辈张原英,旧选簿查有:洪武三十一年五月,张原英,系陈州后(卫)后所世袭所镇抚,敬升安东中护卫世袭卫镇抚。

二辈张彦隆,旧选簿查有:永乐六年二月,张彦隆,年十五岁,系安东中护卫

[①]此条与前"王世泽"条重复,其中"王俊"世袭岁数有差。

故世袭卫镇抚张原英嫡长男。

三辈张宾，旧选簿查有：成化二年七月，张宾，伊伯张彦隆原系安东中护卫卫镇抚，保升本卫前所正千户，故。伊堂侄张泰，年幼优给，亦故。本人系亲侄，革袭伊伯原职卫镇抚。

四辈张庆，缺。

五辈张廷相，旧选簿查有：隆庆二年二月，张廷相，年四十四岁，鄱阳县人，系平凉安东中护卫故卫镇抚张庆长孙。

六辈张一科，万历二十三年八月，张一科，年二十九岁，系安东中护卫故卫镇抚张廷相嫡长男。比中三等。

七辈张鸿胤，万历三十八年二月，大选过安东中护卫卫镇抚一员张鸿胤，年二十七岁，系故卫镇抚张一科嫡长男。比中二等。

年远事故世袭卫镇抚一员·余高

洪武二十七年七月，余晟，系镇远卫世袭卫镇抚，调安东中护卫。

洪武三十一年正月，余高，系安东中护卫世袭卫镇抚余晟嫡长男。

又一员·谢宁

永乐八年四月，谢贵，原系仪真卫左所世袭副千户，调安东中护卫左所。

正统四年十二月，谢宁，系安东中护卫左所副千户谢贵嫡长男。父病故，本人袭职，钦准改任本卫卫镇抚。

又一员·卜铭

洪武二十六年九月，卜铭，系平阳卫前所世袭所镇抚，钦升安东中护卫世袭卫镇抚。

合栋·正千户

外黄查有：合宁，寿州人，系兰州卫故百户合义嫡长男。有父丙申年归附，乙巳年敬除百户，洪武二年授流官安陆卫百户，四年授世袭，十二年故。宁袭除洮州卫后所世袭百户，二十三年为年深，二十四年升锦衣卫马军前所副千户，当年授世袭，二十五年调安东中护卫左所。合礼系合宁嫡长男。合英系合礼嫡次男，父永乐十五年韩王保升正千户。有兄合全，残疾。英袭正千户，待〔兄〕有男还与职事。

一辈合义，已载前黄。

二辈合宁，已载前黄。

三辈合礼，已载前黄。

四辈合英，已载前黄。

五辈合良，旧选簿查有：成化六年十月，合良，寿州人，系安东中护卫左所世袭正千户合英嫡长男。

六辈合定，零选簿查有：弘治十八年二月，合定，寿州人，系宁夏前卫中所故世袭正千户合良嫡长男。伊父原系安东中护卫左所，调今卫所。

七辈合肥卿，旧选簿查有：嘉靖二十一年二月，合肥卿，年一十五岁，寿州人，系安东中护卫左所年老正千户合定庶长男。本人优给，已革副千户，合出幼替职。本舍告系永乐年间保升职级，仍与替祖职正千户。

八辈合浦珠①，旧选簿查有：嘉靖二十八年四月，合浦珠，寿州人，系安东中护卫左所故正千户合肥卿亲堂兄。·354·

九辈合栋，旧选簿查有：嘉靖三十四年四月，合栋，年二十七岁，寿州人，系安东中护卫左所年老正千户合浦珠嫡长男。

十辈合得龙，天启七年十一月补十月大选，过正千户一员合得龙，年四十一岁，系平凉安东中护卫左所故正千户合栋庶长男。比中三等。〔对讫。〕

满堂②·世袭百户

缺。

一辈满再旺，缺。

二辈满聚，旧选簿查有：洪武三十一年正月，满聚，系安东中护卫左所世袭百

---

①嘉靖《平凉府志》卷二《兵制》："合浦珠，始祖义，直隶寿州人。永乐十五年累功授正千户，卒。"
②嘉靖《平凉府志》卷二《兵制》："满堂，始祖再旺，直隶定远人。洪武二十五年累功实授百户，卒。"

户满再旺嫡长男。

三辈满得，旧选簿查有：永乐十一年八月，满得，年三岁，系安东中护卫左所故世袭百户满聚庶长男。钦与全俸优给，至永乐二十二年终住支。

四辈满鉴，旧选簿查有：永乐十三年八月，满鉴，系安东中护卫左所故世袭百户满聚亲弟。

五辈满潮，旧选簿查有：正统九年五月，满潮，系安东中护卫左所世袭百户满鉴嫡长男。

六辈满成，旧选簿查有：成化二十三年六月，满成，定远县人，系安东中护卫左所世袭百户满潮嫡长孙。

七辈满堂，旧选簿查有：嘉靖九年四月，满堂，年二十七岁，定远县人，系安东中护卫左所世袭百户满成嫡长男。

八辈满邦宁，万历五年十二月，满邦宁，年二十八岁，定远县人，系平凉安东中护卫左所年老世袭百户满堂嫡长男。比中二等。

九辈满泾，万历二十九年二月，大选过安东中护卫左所实授百户一员满泾，年二十六岁，系故实授百户满邦宁嫡长男。比中三等。 ·355·

叶锦·实授百户

外黄查有：叶茂，洛阳县人。有表兄张成，丙午年归附，故。茂补，洪武二十六年三月升带刀总旗，四月除世袭百户。

一辈叶茂，旧选簿查有：洪武三十二年，安东中护卫左所世袭百户叶茂。

二辈叶胜，旧选簿查有：永乐十一年八月，叶胜，旧名锁儿，系安东中护卫左所故世袭百户叶茂嫡长男，钦准袭授本卫所百户。

三辈叶智，旧选簿查有：天顺二年十二月，叶智，洛阳县人，系安东中护卫左所故世袭百户叶胜嫡长男。

四辈叶桧，旧选簿查有：弘治十一年二月，叶桧，年十五岁，洛阳县人，系安东中护卫左所故世袭百户叶智庶长男。

五辈叶锦，旧选簿查有：嘉靖三十四年十二月，叶锦，洛阳县人，系安东中护卫左所老疾实授百户叶桧嫡长男。

六辈叶葵，万历五年六月，叶葵，年四十五岁，洛阳县人，系平凉安东中护卫左所故实授百户叶锦嫡长男。比中三等。

七辈叶芝，万历二十五年八月，叶芝，年二十五岁，系安东中护卫左所故实授百户叶葵亲弟。比中三等。

八辈叶淮，万历四十年八月，大选过安东中护卫左所实授百户一员叶淮，年二十二岁，系疾实授百户叶芝嫡长男。比中三等。〔对讫。〕

陈彬·实授百户

内黄查有：陈谦，旧名锁儿，定〔远〕县人。父陈五，乙未年军，洪武十二年选充小旗，故。〔陈谦〕十四年并充总旗，故①，三十一年以年深总旗降（除）安东中护卫左所世袭百户。陈隆系陈谦嫡长男，父为疾，钦准替本卫所百户。

一辈陈五，已载前黄。

二辈陈谦，已载前黄。 ·356·

三辈陈隆，旧选簿查有：永乐十八年九月，陈隆，系安东中护卫左所世袭百户陈谦嫡长男。

四辈陈瑛，旧选簿查有：景泰四年十月，陈瑛，定远县人，系安东中护卫左所世袭百户陈隆嫡长男。

五辈陈广，旧选簿查有：成化十一年五月，陈广，定远县人，系安东中护卫左所世袭百户陈瑛嫡长男。

六辈陈惠，旧选簿查有：嘉靖元年八月，陈惠，定远县人，系安东中护卫左所年老世袭百户陈广庶长男。

七辈陈清，旧选簿查有：嘉靖二十六年二月，陈清，定远县人，系安东中护卫左所老疾实授百户陈惠嫡长男。本人比试不中，照例与支半俸，候及二年起送再比。

八辈陈彬，旧选簿查有：嘉靖四十一年八月，陈彬，年二十一岁，定远县人，系安东中护卫左所故实授百户陈清嫡长男。

九辈陈照，万历三十二年二月，大选过平凉安东中护卫左所实授百户一员陈照，年三十一岁，定远县人，系老实授百户陈彬嫡长男。比中一等。

---

① "故"为衍字。

冯儒·实授百户

外黄查有：冯福，江夏县人，系冯义祖①嫡次男。有父辛丑年充军，乙巳年充神武卫后所小旗，洪武十九年调南阳卫右所充总旗，二十二年归后所，老。兄冯贵，旧名狗儿，代并总旗，三十年以年深总旗除安东中护卫左所世袭百户，故，别无儿男。福袭，授安东中护卫左所世袭百户。

一辈冯义，已载前黄。

二辈冯贵，已载前黄。

三辈冯福，旧选簿查有：洪武二十五年十一月，冯福，系安［东］中护卫左所失陷世袭百户冯贵亲弟。

四辈冯谅，旧选簿查有：正统九年十一月，冯谅，年十五岁，系安东中护卫左所故世袭百户冯福嫡长孙。

五辈冯纲，旧选簿查有：弘治七年九月，冯纲，江夏县人，系安东中护卫左所世袭百户冯谅嫡长男。·357·

六辈冯世爵②，旧选簿查有：嘉靖十三年二月，冯世爵，年二十六岁，江夏县人，系安东中护卫左所年老百户冯纲嫡长男。

七辈冯儒，旧选簿查有：嘉靖四十四年九月，冯儒，年二十六岁，江夏县人，系平凉安东中护卫左所故实授百户冯世爵庶长男。

八辈冯应魁，万历二十五年二月，冯应魁，年二十八岁，系安东中护卫左所故世袭百户冯儒亲侄。比中一等。

九辈冯玺，崇祯五年四月，大选过安东中护卫左所实授百户一员冯玺，年三十三岁，系老实授百户冯应魁嫡长男。比中三等。〔对讫。〕

邵昂·世袭百户

内黄查有：邵英，和州人。有外祖父张三，乙未年于邵四总管归附从军，洪武十六年为因年老，伊父邵福补并，张福户户名不动代役，十七年并充济南卫小旗，

---

①"祖"为衍字。
②嘉靖《平凉府志》卷二《兵制》："冯世爵，始祖义，湖广江夏人。洪武八年累功实授百户，辛。"

十九年并充本卫所总旗，二十一年因年深升府军右卫中所世袭百户，二十三年调锦衣卫中前所，二十四年时除典仗，七月调本卫□□所管屯百户，二十六年调云川卫后所，二十八年为事调庆远卫前所，三十一年为事发本卫充军，三十二年故。英袭，授安东中护卫群牧所世袭百户。

一辈邵福，已载前黄。

二辈邵英，旧选簿查有：洪武三十三年四月，邵英，年十四岁，系庆远卫前所为事充军故世袭百户邵福、旧姓张嫡长男。钦准袭职，授东昌护卫群牧所世袭百户。支俸读书操练，至十五岁出幼冠带管事。

三辈邵俊，旧选簿查有：正统十年八月，邵俊，年十五岁，系安东中护卫左所世袭百户邵英庶长男。

四辈邵宗，旧选簿查有：成化七年二月，邵宗，年十八岁，和州人，系安东中护卫左所故世袭百户邵俊嫡长男。

五辈邵宁，旧选簿查有：弘治十一年九月，邵宁，和州人，系安东中护卫左所故世袭百户邵宗堂弟。

六辈邵时〔荣〕，旧选簿查有：嘉靖十一年十月，邵时荣，年二十七岁，和州人，系安东中护卫左所故世袭百户邵宁嫡长男。

七辈邵昂，旧选簿查有：嘉靖三十四年十月，邵昂，年十九岁，和州人，系安东中护卫左所故世袭百户邵时荣嫡长男。

八辈邵纲，天启元年二月，大选过安东中护卫左所实授百户一员邵纲，年三十三岁，系老实授百户邵昂嫡长孙。比中三等。〔对讫。〕·358·

年远事故左所世袭百户一员·李英

洪武三十年七月，李芳，系安东中护卫左所世袭百户李遇春嫡长男。

洪武三十一年十二月，李英，旧名伴叔，年一岁，系安东中护卫左所故世袭百户李芳嫡长男。钦与全俸优给，至〔永乐〕十三年终住支袭职。

又一员·伍全

永乐三年二月，伍全，年十五岁，系安东中护卫左所故世袭百户伍仲达嫡长男。

又一员·殷盛

洪武二十六年六月，殷盛，系安东中护卫左所故世袭百户殷旺庶长男。钦准袭职，仍授本卫所世袭百户。

又一员·张彬

洪武二十年四月，张彬，系安东中护卫左所署百户事小旗，镇（钦）除本卫所世袭百户。

又一员·张鉴

洪武二十五年九月，安东中护卫左所世袭百户张鉴，旧名丑蛮。

又一员·孙让

洪武二十七年七月，孙让，系归德卫右所世袭百户，调安东中护卫左所。

又一员·左实

洪武二十六年四月，左实，系安东中护卫左所署百户事小旗，钦除本卫所世袭百户。·359·

又一员·管得

洪武二十六年七月，管得，旧名德，系睢阳卫总旗，钦除安东中护卫左所世袭百户。

王三聘·试百户

外黄查有：王振，无为州人。祖王小成，乙未年归附，洪武八年充小旗，阵亡。父王礼补，三十年并总旗，宣德六年韩府奏保，钦升试百户，老。振系嫡长男，比替安东中护卫左所试百户。

一辈王小成，已载前黄。

二辈王礼，已载前黄。

三辈王振，已载前黄。

四辈王三聘，旧选簿查有：嘉靖三十三年十二月，王三聘，年三十五岁，无为州人，系安东中护卫左所故实授百户王振亲孙。查得伊祖、父系试百户，遇例实授。今本舍例革袭试百户，又比试不中。照例与支半俸，候及二年起送再比。

五辈王应登，万历三年二月，王应登，年二十三岁，无为州人，系平凉安东中护卫左所故试百户王三聘嫡长男。

六辈王继功，万历三十一年二月，大选过安东中护卫左所试百户一员王继功，年二十六岁，系故试百户王应登嫡男。比中三等。〔对讫。〕

年远事故试左所百户一员·林谧

正统八年二月，林清，系安东中护卫左所试百户林春嫡次男。父原系署事总旗，韩府奏保升除前职，病故。有嫡长孙林谧，患左手残疾，不堪承袭。钦准本人仍袭试百户，待有男还与职事。·360·

又一员·陈朗

永乐十三年，安东中护卫左所总旗升试百户陈朗。

又一员·杨铭

永乐十三年，安东中护卫左所总旗升试百户杨铭。

又一员·周瑜

正统九年三月，周瑜，系安东中护卫左所试所镇抚周斌嫡长男。父原系总旗，该韩府奏保升前职，今为老疾，钦准本人仍替试所镇抚。

年远事故右所世袭正千户一员·王吉祥

洪武二十八年六月，王吉祥，系滁州卫后所世袭百户。钦依越副千户，升除安东中护卫右所世袭正千户。① ·361·

谢得荣②·所镇抚

一辈谢得，缺。

二辈谢通，缺。

三辈谢忠，旧选簿查有：洪武二十五年闰十二月，谢忠，旧名官音保，系沅州卫前所故世袭所镇抚谢通庶弟。兄别无儿男，钦准袭职，授安东中护卫左所世袭所镇抚。

永乐十三年九月，安东中护卫左所所镇抚升副千户谢忠。

四辈谢俊，旧选簿查有：宣德七年八月，谢俊，年十八岁，系安东中护卫左所故副千户谢忠嫡长男，钦与世袭。

五辈谢春，旧选簿查有：成化十一年七月，谢春，新城县人，系安东中护卫左所故副千户谢俊嫡长男，今……

六辈谢谦，旧选簿查有：审稿查有谢春，年六十二岁，系安东中护卫左所世袭所镇抚。有嫡长男谢谦，年二十五岁，告替，袭职。

七辈谢得荣，旧选簿查有：嘉靖十四年六月，谢得荣，年二十二岁，新城县人，系安东中护卫左所故所镇抚谢谦嫡长男。

---

① 此条与《总汇》56册351页"王世泽"条中所记一致。
② 嘉靖《平凉府志》卷二《兵制》："谢得荣，始祖得，湖广新城人。洪武元年累功授所镇抚，卒。"

周于道·副千户

一辈周兴,缺。

二辈周起,旧选簿查有:洪武二十五年十月,周起,系福州左卫左所世袭百户周兴嫡长男,父为征伤,告替。系在外守御,父子俱老。御前问及从军年月,因怜功力年远,钦准替职,升安东中护卫右所世袭副千户。

永乐七年九月,安东中护卫右所副千户升正千户周起。

三辈周荣,旧选簿查有:正统元年十二月,周荣,年十五岁,系安东中护卫右所故正千户周起亲侄,钦与世袭。·362·

四辈周鉴,旧选簿查有:成化十六年八月,周鉴,江陵县人,系安东中护卫右所正千户周起亲侄。伊伯祖原系本卫所副千户,该韩王奏保升正千户,老疾,无儿男。伊父周荣替职,老疾。所据伊伯祖周起正千户一级系保升职事,本人照例革替副千户。

五辈周堂,旧选簿查有:正德四年十二月,周堂,江陵县人,系安东中护卫右所故世袭副千户周鉴嫡长孙。

六辈周于道,旧选簿查有:嘉靖七年十月,周于道,年十六岁,江陵县人,系安东中护卫右所世袭副千户周堂嫡长男。

七辈周一正,万历十三年二月,周一正,年二十一岁,江陵县人,系平凉韩府安东中护卫右所故副千户周于道庶长男。比中三等。

八辈周承武,天启五年二月,大选过安东中护卫右所副千户一员周承武,年四十一岁,系老副千户周一正嫡长男。比中一等。〔对讫。〕

年远事故右所世袭副千户一员·于信

洪武二十六年五月,于春,系安东中护卫左所试百户。父由洪武二年将军除试百户,征进落水溺死。本官袭职,仍任试百户。钦依送部查父脚色,回话本部复奏,钦与实授世袭职事。

永乐十三年九月,安东中护卫右所百户升副千户于春。

洪熙元年九月,于瑾,系安东中护卫右所副千户于春庶长男,钦与世袭。

正统二年二月,于玘,年十八岁,系安东中护卫右所百户于瑾亲弟。兄原系世袭副千户，为事降任前职，病故。钦准本人照例袭兄原职副千户。

成化三年八月，于铠，平度州人，系安东中护卫右所故世袭副千户于玘嫡长男。

弘治十一年十一月，于信，年十七岁，平度州人，系安东中护卫右所故世袭副千户于铠嫡次男。

又一员·李荣

永乐十三年，安东中护卫右所所镇抚升副千户李文。
永乐十八年九月，李春，系安东中护卫右所副千户李文嫡长男，钦与世袭。
景泰五年九月，李荣，天长县人，系安东中护卫右所世袭副千户李春嫡长男。

又一员·张允

洪武二十六年正月，张允，旧名保保，系临洮卫中所故世袭副千户张德嫡长男。钦准袭职，授安东中护卫右所世袭副千户。

又一员·朱英

洪武二十七年七月，朱英，系归德卫右所世袭副千户，调安东中护卫右所。

颜和·实授百户

外黄查有：颜文，宜春县人。有父颜信，壬寅年军，丙午年充袁州卫小旗，洪武九年并充总旗，老疾。二十八年令文并升统总旗，二十九年北口征进，除安东中护卫右所百户。颜达，年十六岁，系颜文嫡长男。父永乐四年故，达五年袭安东中护卫右所世袭百户。

一辈颜信，已载前黄。
二辈颜文，已载前黄。
三辈颜达，旧选簿查有：永乐五年三月，颜达，年十六岁，系安东中护卫右所故世袭百户颜文嫡长男。

四辈颜荣，旧选簿查有：宣德七年七月，颜荣，年十五岁，系安东中护卫右所故世袭百户颜达庶长男。

五辈颜祥，旧选簿查有：成化十五年正月，颜祥，宜春县人，系安东中护卫右所世袭百户颜荣嫡长男。

六辈颜世禄，旧选簿查有：正德六年二月，颜世禄，年十八岁，宜春县人，系安东中护卫右所世袭百户颜祥嫡长男。

七辈颜和，审稿内查有：隆庆四年二月，颜和，年二十八岁，宜春县人，系安东中护卫右所年老实授百户颜世禄嫡长男。

八辈颜威，万历三十八年二月，大选过安东中护卫右所实授百户一员颜威，年三十八岁，系故实授百户颜和嫡长男。比中三等。

李如松·世袭百户

万历二年二月，李如松，汉阳县人，系安东中护卫右所年老世袭百户李奇嫡长男。

李遇春·实授百户

一辈李顶，缺。

二辈李旺，旧选簿查有：洪熙元年十月，李旺，年十五岁，系安东中护卫右所故世袭百户。·365·

三辈李胜，旧选簿查有：正统十一年十月，李胜，年十五岁，系安东中护卫右所残疾世袭百户李旺嫡长男。

四辈李诚，旧选簿查有：成化十九年二月，李诚，颖昌（上）县人，系韩府仪卫司带管故世袭百户李胜嫡长男。

五辈李钺，旧选簿查有：嘉靖十年八月，李钺，年二十五岁，颖昌（上）县人，系韩府仪卫司带管故世袭百户李诚亲侄。本人比试不中，暂准袭职，与支半俸，候及二年起送再比。

六辈李遇春，旧选簿查有：嘉靖四十一年十月，李遇春，年二十九岁，颖上县人，系韩府仪卫司带管老疾实授百户李钺嫡长男。

李遇春，万历二年八月，李遇春，年四十一岁，颍上县人，系韩府仪卫司多余实授百户。本官原替祖职韩府仪卫司带管实授百户，隆庆三年奉例裁革。本官照例改授实授百户，注安东中护卫右所。

七辈李诰，万历三十八年四月，大选过安东中护卫右所实授百户一员李诰，年四十八岁，系老实授百户李遇春嫡长男。比中一等。〔对讫。〕

八辈李茂功，崇祯元年正月补天启七年十二月分大选，过韩府安东中护卫右所实授百户一员李茂功，年二十八岁，系故实授百户李诰嫡长男。比中三等。〔对讫。〕

年远事故右所世袭百户一员·杨孙孙

洪武二十七年七月，杨喜，系永宁卫右所试百户，调安东中护卫右所。

永乐十四年六月，杨孙孙，年七岁，系安东中护卫右所为事充军故世袭百户杨喜嫡长孙。钦与半俸优给，至永乐二十一年终住支。

又一员·叶茂

洪武二十五年闰十二月，叶茂，系西安后卫总旗，钦除安东中护卫右所世袭百户。

又一员·王德

洪武二十七年七月，王德，系大同右卫前所世袭百户，调安东中护卫右所。

杨景仁·试百户

一辈杨兴，缺。

二辈杨春，旧选簿查有：永乐十二年，安东中护卫右所总旗升试百户杨春，系杨兴嫡长男。

三辈杨清，旧选簿查有：正统五年七月，杨清，系安东中护卫右所百户杨春嫡长男。

四辈杨玉，旧选簿查有：成化四年九月，杨玉，沾化县人，系安东中护卫右所百户杨清嫡长男，钦与世袭。

五辈杨钦，旧选簿查有：弘治十四年四月，杨钦，沾化县人，系安东中护卫右所世袭百户杨玉嫡长男。

六辈杨景仁，旧选簿查有：嘉靖四十年六月，杨景仁，年二十三岁，沾化县人，系安东中护卫右所故实授百户杨钦嫡长孙。据黄选：永乐十三年原升试百户，误以实授相沿□袭，本舍改正试百户。

七辈杨芳，万历十五年八月，杨芳，年二十六岁，沾化县人，系安东中护卫右所故试百户杨景仁嫡长男。比中二等。

八辈杨勋，天启元年五月补四月分大选，过安东中护卫右所试百户一员杨勋，年三十二岁，系故试百户杨芳嫡长男。比中三等。〔对讫。〕

董钦·试百户

内黄查有：董昇，富平县人。父董友谅，系明民军，洪武四年收充小旗，阵亡。〔昇〕优给，拨锦衣卫中左所，二十五年调安东中护卫，三十二并充总旗，永乐十四年为年深升安东中护卫右所试百户。

一辈董友谅，已载前黄。

二辈董昇，旧选簿查有：永乐十三年，安东中护卫右所总旗升试百户董昇。

三辈董玘，缺。

四辈董永康，旧选簿查有：弘治十六年二月，董永康，系安东中护卫右所百户董玘嫡长男。祖原系小旗，永乐年间升总旗。后因年深，韩府奏保升试百户，又升实授百户，病故。钦准本人依父原役小旗升二级，袭试百户。

五辈董卿，旧选簿查有：嘉靖四十二年十二月，董卿，年二十八岁，富平县人，系安东中护卫右所故试百户董永康嫡长男。

六辈董应科，崇祯十一年三月，单题选过安东中护卫右所试百户一员董应科，年二十二岁，系故试百户董卿嫡长孙。比中三等。〔对讫。〕

叶应时·所镇抚

外黄查有：叶公定，松〔阳〕县人。有祖叶伯善，己亥年归附，洪武元年征福建阵亡。敬铭系嫡长男，二十五年升小旗，选锦衣卫带管，三十一年除安东中护卫，永乐五年升总旗，七年征交阯斩倭，十五年升世袭所镇抚，宣德六年韩王保升实授，老。公定系长男，正统五年十月比替本卫所所镇抚。

一辈叶敬铭，已载前黄。

二辈叶公定，已载前黄。

三辈叶达，旧选簿查有：弘治七年四月，叶达，松阳县人，系平凉韩府安东中护卫右所所镇抚叶公定嫡长男。

四辈叶纶①，旧选簿查有：嘉靖三十九年二月，叶纶，年三十岁，松阳县人，系安东中护卫右所故所镇抚叶达嫡长孙。

五辈叶应时，旧选簿查有：嘉靖四十四年九月，叶应时，年二十四岁，松阳县人，系平凉安东中护卫右所故所镇抚叶纶嫡长男。

六辈叶景华，万历二十二年三月分，单本选过安东中护卫右所所镇抚一员叶景华，年二十岁。伊伯原袭所镇抚，今患疾，无子。本舍合照例借替所镇抚，候伊伯叶应时疾痊或生有儿男，退还职事。比中一等。·368·

朱成·试百户

平凉安东中护卫左所试百户一员朱大用，钱塘县人。始祖朱一，洪武四年充军，当年选充小旗，阵亡。朱亮系嫡长男，钦升总旗，故。朱鉴系亲弟补，永乐元年并枪，仍充总旗，为年深升试百户。朱麟系嫡长男，宣德九年取年深，升实授百户，故。朱仲达系嫡长孙，袭，故。朱玉系嫡长男，革袭试百户，故。大用系嫡长男，嘉靖三十六年三月初一日照旧袭试百户。

万历二十六年六月，朱成，年三十二岁，系故试百户朱大用长男。比中三等。

---

①嘉靖《平凉府志》卷二《兵制》："叶纶，始祖伯善，浙江松阳人。永乐十五年累功授所镇抚，卒。子敬铭嗣，卒。"

年远事故右所试所镇抚一员·夏谅

正统九年八月，夏谅，系安东中护卫右所试所镇抚夏旺嫡次男。父原系总旗，该韩王奏保升前职，老疾。父有嫡长男夏英，患耳聋残疾。嫡长孙〔年幼〕。本人仍替试所镇抚，待长成还与职事。

朱国宝·副千户

一辈朱铭，旧选簿查有：洪武二十七年七月，朱铭，系严州千户所世袭百户，调安东中护卫左所。·369·

二辈朱保，旧选簿查有：洪武三十年九月，朱保，系安东中护卫左所世袭百户朱铭嫡长男。

副千户功次：永乐十三年九月，安东中护卫中所百户升副千户朱保。

三辈朱能，旧选簿查有：正统四年九月，朱能，年十五岁，系安东中护卫中所老疾副千户朱保嫡长孙。先年八岁，错报作七岁优给，今出幼。钦准改正袭职，与世袭。

四辈朱玺，旧选簿查有：成化十年三月，朱玺，年十九岁，定远县人，系安东中护卫中所故世袭副千户朱能嫡长男。

五辈朱光宇，旧选簿查有：正德十六年五月，朱光宇，年十七岁，定远县人，系安东中护卫中所副千户朱玺嫡长男，优给出幼袭职。

六辈朱国宝，旧选簿查有：隆庆三年六月，朱国宝，年三十九岁，定远县人，系安东中护卫中所故副千户朱光宇嫡长男。

七辈朱尽忠，万历十八年四月，朱尽忠，年三十四岁，系安东中护卫中所故绝副千户朱国宝亲侄。比中二等。

八辈朱承翰，万历三十九年十月，大选过安东中护卫中所副千户一员朱承翰，年二十二岁，系故副千户朱尽忠侄。比中一等。〔对讫。〕

九辈朱登隽，崇祯五年正月补四年十二月分大选，过安东中护卫中所副千户一员朱登隽，年二十二岁，系故副千户朱承翰嫡长男。比中三等。〔对讫。〕

年远事故中所世袭副千户一员·查允

洪武二十八年十二月，查允，系河南卫中前所世袭百户，钦依年深起到。查出伊父乙巳年袭叔职事续后，叔有男袭职，见任副千户。洪武二十八年十二月十二日引奏，钦升世袭副千户。覆奏附选，授安东中护卫中所世袭副千户。

又一员·李成

洪武二十六年六月，李成，系宁山卫左所流官百户，钦依越世袭百户，升除安东中护卫中所世袭副千户。

蒋宗翰·世袭百户

外黄查有：蒋政，仪真县人。有父蒋祐（佑），旧名官佑，己亥年归附，洪武元年充小旗，十二年充总旗，二十九年除安东中护卫中所百户，故。政系嫡长男，当袭授本卫所世袭百户。

一辈蒋佑，已载前黄。

二辈蒋政，已载前黄。

三辈蒋敬，旧选簿查有：洪熙元年二月，蒋敬，旧名奴儿，年十七岁，系安东中护卫中所故世袭百户蒋政嫡长男。

四辈蒋贵，旧选簿查有：成化七年二月，蒋贵，仪真县人，系安东中护卫中所故世袭百户蒋敬嫡长男。

五辈蒋锐，旧选簿查有：弘治十四年四月，蒋锐，仪真县人，系安东中护卫中所故世袭百户蒋贵嫡长男。

六辈蒋宗翰，旧选簿查有：嘉靖十七年八月，蒋宗翰，年十七岁，仪真县人，系安东中护卫中所老疾百〔户〕蒋锐嫡长男。

七辈蒋贤，崇祯五年八月，大选过平凉安东中护卫中所实授百户一员蒋贤，年三十三岁，系故实授百户蒋宗翰嫡长孙。比中三等。〔对讫。〕

陈聚·世袭百户

一辈陈二，缺。

二辈陈宏，缺。

三辈陈敬，旧选簿查有：永乐二十二年六月，陈敬，上元县人，系安东中护卫中所故实授百户陈宏嫡长男。

四辈陈恺，缺。

五辈陈铭，旧选簿查有：成化二十三年四月，陈铭，年十七岁，上元县人，系安东中护卫中所故世袭百户陈恺嫡长男。

六辈陈聚，旧选簿查有：嘉靖十八年二月，陈聚，年十六岁，上元县人，系安东中护卫中所故世袭百户陈铭嫡长男。

年远事故中所世袭百户一员·贾兴

洪武三十二年二月，安东中护卫中所世袭百户贾荣。

永乐元年三月，贾兴，系安东中护卫中所世袭百户贾荣亲侄，叔老疾，告替。钦准替职，仍授本卫所世袭百户。

又一员·徐真

洪武二十八年闰九月，徐真，年四（九）岁，系安东中护卫中所故世袭百户徐斌嫡长男。钦与全俸优给，至洪武三十三年终住支袭职。

又一员·姜达

洪武三十五年十一月，姜达，旧名六十，年七岁，系安东中护卫中所为事充军阵亡世袭百户姜胜嫡长男。钦与全俸优给，至永乐七年终住支袭职。

又一员·周荣

永乐元年十一月，周荣，旧名添喜保，年一岁，系安东中护卫中所故世袭百户周忠嫡长男。钦与全俸优给，至永乐十四年终住支袭职。

又一员·彭富①

永乐十三年八月，彭富，系安东中护卫中所故世袭百户彭惠嫡长男。

陶文·所镇抚

外黄查有：陶靖，昆山县人。祖父陶亨，丙午年归附，吴元年除长淮卫所镇抚，故。父洪武十三年袭，除海州卫中所世袭所镇抚，二十三年调辽海卫，二十六年问发兴州左屯卫充军，故。将家人陶添（宗）福补父军役，嘉靖三十三年袭授安东中护卫所镇抚。

一辈陶亨，已载前黄。

二辈陶宗福，已载前黄。

三辈陶靖，旧选簿查有：洪武三十三年五月，陶靖，系辽海卫右所为事充军故世袭所镇抚陶宗福嫡长男，钦袭东昌卫中所世袭所镇抚。

四辈陶昶，旧选簿查有：景泰五年十月，陶昶，昆山县人，系安东中护卫中所世袭所镇抚陶靖嫡长男。

五辈陶伦，旧选簿查有：成化十五年三月，陶伦，昆山县人，系安东中护卫中所世袭所镇抚陶昶庶长男。·373·

六辈陶璋，旧选簿查有：嘉靖二年十二月，陶璋，昆山县人，系安东中护卫中所故世袭所镇抚陶伦嫡长男。

七辈陶文，旧选簿查有：嘉靖二十六年十月，陶文，昆山县人，系安东中护卫中所老疾世袭所镇抚陶璋嫡长男。

---

①《明英宗实录》卷二二：正统十三年五月辛卯，"韩王范玜奏，祖考坟在南京向山之原，奉仁宗皇帝命存留仪宾王荣等看守，今俱病故、老疾，欲令内典宝正凤箫安东中护卫百户彭富代守。从之"。

八辈陶成才，旧选簿查有：万历十九年八月，陶成才，昆山县人，系安东中护卫中所故世袭所镇抚陶文亲侄孙。伊伯祖原袭实授所镇抚，万历十六年故绝。伊堂伯陶登，患疾不堪，本舍先于十七年保送赴部。查系二辈未袭，已经驳查去后。今准都察院咨回，查明无碍，覆保前来。本舍合照例借袭实授所镇抚，待伊堂伯陶登疾痊或生有儿男，退还职事。先年比中三等。

年远事故中所试百户一员·叶宗喜

景泰七年七月，叶宗喜，户名叶忠荦，年六十一岁，系安东中护卫中所试百户。原系总旗，该韩王保升前职，老疾。有嫡长男叶能，年三十四岁，照例该仍替试百户。

又一员·吕渊

景泰七年九月，吕渊，汜水县人，系安东中护卫中所试百户吕平嫡长男。父原系总旗，该韩王奏保升前职，今老疾，钦准本人仍替试百户。

试所镇〔抚〕一员·吴宗

正统七年六月，吴宗，年八岁，系安东中护卫中所试所镇抚吴杰庶长男。父原系总旗，先该韩王奏保升除前职，病故。钦准仍与本人试所镇抚俸优给，至正统十三年终住支。·374·

赵得辉①·副千户

一辈赵荣，旧选簿查有：永乐十三年九月，安东中护卫前所百户升副千户赵荣。

二辈赵敬，旧选簿查有：永乐十八年五月，赵敬，系安东中护卫前所故副千户

---

①嘉靖《平凉府志》卷二《兵制》："赵得辉，始祖荣，山东寿张人。永乐十五年累功授副千户，卒。子敬嗣，卒。"

赵荣嫡长男，钦与世袭。

三辈赵英，旧选簿查有：景泰七年五月，赵英，寿张县人，系安东中护卫前所世袭副千户赵敬嫡长男。

四辈赵盛，旧选簿查有：弘治十年十二月，赵盛，年十五岁，寿张县人，系安东中护卫前所故世袭副千户赵英庶长男。

五辈赵椿，旧选簿查有：正德十六年七月，赵椿，年十七岁，寿张县人，系安东中护卫前所故副千户赵盛嫡长男。伊父一辈未比，例住俸三年，今遇例合免住俸。

六辈赵得辉，旧选簿查有：嘉靖三十四年二月，赵得辉，寿张县人，系安东中护卫前所故副千户赵椿嫡长男。

七辈赵振，旧选簿查有：万历十八年十二月，赵振，年四十五岁，寿张县人，系安东中护卫前所年老副千户赵得辉嫡长男。比中三等。〔对讫。〕

八辈赵守祖，天启元年七月补六月分大选，过安东中护卫前所副千户一员赵守祖，年五十二岁，系故副千户赵振嫡长男。比中三等。〔对讫。〕

林皋·所镇抚

[一辈林皋，]万历十三年十月，大选过平凉韩府安东中护卫前所照旧所镇抚一员林皋，年四十二岁，广德州人。

内黄查有：始祖林盛，丙申年充先锋，戊戌年充百户，丙午年充总旗，洪武二年除太原卫百户，故。林保除登州卫所镇抚，洪武二十二年为整点军士事发充军，故。林茂，三十三年袭安东中护卫后所所镇抚，老。林英系嫡次男，袭，老。林彪替，老。父林春①，嘉靖二十一年替所镇抚，万历八年故。皋系嫡长男，照旧替所镇抚。比中三等。

二辈林起凤，天启五年二月，大选过平凉韩府安东中护卫前所所镇抚一员林起凤，年五十岁，系故所镇抚林皋嫡长男。比中二等。〔对讫。〕

---

① 嘉靖《平凉府志》卷二《兵制》："林春，始祖盛，直隶广德人。洪武二十七年累功授所镇抚，卒。子保嗣，卒。子茂嗣，卒。子英嗣，卒。子彪嗣，卒。子春嗣。"

前所年远事故世袭副千户一员·申庆

永乐十七年五月，申庆，系安东中护卫前所世袭副千户申善嫡长男。

施勇·世袭百户

一辈施信①。
二辈施斌。
三辈施荣。
四辈施端。
五辈施恩。
六辈施文。
七辈施隆。
八辈施勇，万历二十三年十二月，施勇，年二十七岁，山阳县人，系安东中护卫前所老世袭百户施隆嫡长男。比中一等。

前所年远事故世袭百户一员·白永中

永乐十三年，安东中护卫前所总旗升试百户白显。

景泰四年三月，白永中，陕州人，系安东中护卫前所故百户白显嫡长男，钦与世袭。

又一员·朱荣

永乐四年十二月，朱荣，年十一岁，系安东中护卫前所老疾世袭百户朱兴庶长男。敬与全俸优给，至永乐七年终住支袭职。

---

① 嘉靖《平凉府志》卷二《兵制》："施隆，始祖信，直隶山阳人。洪武二十八年累功实授百户，卒。"

宋纲·试百户

一辈宋让。

二辈宋贵。

三辈宋俨。

四辈宋文华。

五辈宋景昭。

六辈宋景旸[①]。

七辈宋儒。

八辈宋纲，万历二十三年十二月，宋纲，年二十九岁，系安东中护卫前所故试百户宋儒嫡长男。比中二等。

前所年远事故试所镇抚一员·谷永成

洪武二十四年五月，谷永成，系安东中护卫前所试所镇抚谷得铭亲侄。伯原系总旗，后因韩府奏保升前职，病故。钦准本人仍袭试所镇抚。

正统八年七月，谷永成，系安东中护卫前所试所镇抚谷得铭亲侄。伯原系总旗，后因韩府奏保升前职，病故。钦准本人仍袭试所镇抚[②]。·378·

朱襦·正千户

内黄查有：朱信，旧名原名。父朱大，庚子年充军充小旗，洪武二十年升充新河所总旗，故。将信补役并充总旗，以年深总旗赴京，除授安东中护卫左所世袭百户。

一辈朱大，已载前黄。

二辈朱信[③]，已载前黄。

[①] 嘉靖《平凉府志》卷二《兵制》："宋景畅（旸），始祖让，直隶怀远人。永乐十五年累功升实授百户，卒。"
[②] 上两条袭职时间有异，其余内容重复。
[③] 《总汇》56册378页"二辈朱信"条后注"安东群牧所"，以下为安东群牧所武职。

三辈朱镛，旧选簿查有：宣德六年九月，朱镛，年十六岁，系安东中护卫安东群牧所①副千户朱信嫡长孙。

四辈朱政，旧选簿查有：成化九年九月，朱政，山阳县人，系安东群牧所世袭副千户朱镛嫡长男。

五辈朱勇，旧选簿查有：成化二十一年，朱勇，系安东群牧所世袭副千户朱政嫡长男。

六辈朱玑，旧选簿查有：嘉靖元年三月，朱玑，山阳县人，系安东群牧所世袭副千户朱勇嫡长男。

功次簿查有：嘉靖三年，陕西镇番等处获功，安东群牧所升实授一级不赏，二人共斩首一颗，为首副千户升正千户一员朱玑。

七辈朱禶，旧选簿查有：嘉靖三十年十月，朱禶，山阳县人，系安东群牧所老正千户朱玑嫡长男。

八辈朱诏，万历十一年八月，朱诏，年三十八岁，山阳县人，系安东群牧所故正千户朱禶嫡长男。比中一等。

九辈朱权，万历四十一年二月，大选过安东群牧所正千户一员朱权，年四十二岁，系老正千户朱诏嫡长男。比中一等。〔对讫。〕

张泽②·副千户

一辈张雄，缺。

二辈张旺，旧选簿查有：洪武二十五年九月，张旺，系金齿卫后所故世袭百户张雄嫡长男。有嫡长兄张茂，先年病故，别无儿男。父洪武四年从军征南，就役除授，引至御前，钦依："他父虽从军年深，却在外征进□□，着袭了。授安东中护卫左所世袭百户。"

---

①嘉靖《平凉府志》卷二《兵制·安东群牧千户所》："安东群牧千户所，掌藩卫刍牧之事。宣德初移平凉。正、副千户各一员，百户所十，镇抚一员。司吏一人，典吏二人，食粮旗军二百一十人，以平凉府雄赡仓民税给之。草场地在固原牛营至八营等堡。遣官二员，旗军二十八人，以治牧地。余众供城守之役，视护卫仍守安国镇墩。"

②嘉靖《平凉府志》卷二《兵制·安东群牧千户所》："张泽，始祖雄，直隶吴县人。洪武十九年累功授副千户。泽嗣祖职。"

副千户功次：永乐十二年，安东群牧所百户升副千户张旺。

三辈张义，旧选簿查有：永乐二十二年二月，张义，系安东中护卫安东群牧所故副千户张旺嫡长男，钦与世袭。

四辈张廉，旧选簿查有：成化二年四月，张廉，吴县人，系安东群牧所故世袭副千户张义嫡长男。

五辈张钦，旧选簿查有：弘治元年，张钦，年十七岁，系安东群牧所故世袭副千户张廉嫡长男。

六辈张廷玉，旧选簿查有：正德十三年四月，张廷玉，年二十八岁，吴县人，系安东群牧所故世袭副千户张钦嫡长男，袭前职。伊父一辈未比，照例住俸三年。

七辈张泽，旧选簿查有：嘉靖十六年二月，张泽，吴县人，系安东群牧所故副千户张廷玉嫡长男。

八辈张光宗，万历十年二月，张光宗，年四十三岁，吴县人，系安东群牧所故副千户张泽嫡长男。伊父原袭祖职副千户，嘉靖四十一年犯该受财枉法，定发边方立功四年，满日还职，注调庄浪卫左所，万历八年故。本舍先于七年十二月保送到部，隐匿伊父立功调卫情由，随经驳查去后。今准都察院咨查，张泽犯该立功调卫，隆庆元年遇宥释放，回所还职，覆保前来，合照旧袭祖职副千户。比中二等。

九辈张印，万历十五年二月，张印，年二十六岁，吴县人，系安东群牧所故副千户张光宗嫡长男。比中三等。

赵耀·实授百户

万历三十年六月，大选过韩府安东群牧所实授百户一员赵耀，年二十四岁，高邮州人。查伊始祖赵旺，丙午年归附，老。赵贵系男代役，洪武十七年升小旗，并，二十二年有功升总旗，二十九年升试百户，三十五年取年深有功升实授百户，故。赵恒系男，袭，故。赵鉴系男，袭，故。赵堂系男，先故。赵春系堂长男，比袭，故。赵应元系男，先故。耀系亲孙，与袭实授百户。比中三等。

范文·实授百户

内黄查有：范铭，南平县人。父范松，洪武四年招集军士，五年钦除百户，调河南神武卫左所，授流官；九年调拨宁国卫，十二年调神武卫左所，十四年钦改河南右护卫左所，三十一年故。铭袭授安东群牧千户所世袭百户。范玉系范宣（瑄）嫡长男，父年老。玉正德十四年替，世袭百户。·380·

一辈范松，已载前黄。

二辈范铭，旧选簿查有：洪武三十一年十一月，范铭，系河南右护卫左所故世袭百户范松嫡长男。钦依袭职，授安东群牧所世袭百户。

三辈范斌，旧选簿查有：永乐八年九月，范斌，系安东中护卫群牧所世袭百户范铭嫡次男。

四辈范昇，旧选簿查有：成化元年三月，范昇，南平县人，系安东群牧所世袭百户范斌嫡长男。

五辈范瑄，旧选簿查有，弘治元年三月，范瑄，南平县人，系安东群牧所世袭百户范昇嫡长男。

六辈范玉，旧选簿查有：正德十四年二月，范玉，南平县人，系安东群牧所年老世袭百户范瑄嫡长男。

七辈范文，旧选簿查有：嘉靖二十年八月，范文，南平县人，系安东群牧所千户所实授百户范玉嫡长男。

八辈范麒，万历四年十二月，范麒，年三十三岁，南平县人，系平凉韩府安东群牧所年老实授百户范文嫡长男。·381·

陈麒·世袭百户[①]

内黄查有：陈兴，仁和县人。有父陈堂，丙午年充军，洪武元年选充总旗，二十二年除试百户，二十三年钦与实授，三十一年追征羊只不起，典刑。兴系嫡长男，袭授安东群牧所世袭百户。

一辈陈堂，已载前黄。

二辈陈兴，旧选簿查有：洪武三十一年十一月，陈兴，系河南中护卫前所典刑世袭百户陈堂嫡长男。钦准袭职，授安东群牧所世袭百户。

三辈陈环，旧选簿查有：正统二年二月，陈环，系安东中护卫安东群牧所故世

[①]此档前有"赵得辉"档，与《总汇》56册375页重复，未录。

袭百户陈兴亲侄。伯有嫡长男陈宁，患缺唇残疾，不堪承袭。已与嫡次男陈琅优给，渰故。钦准本人袭职，待有男还与职事。

四辈陈辅，旧选簿查有：成化二年九月，陈辅，年十八岁，仁和县人，系安东群牧所故世袭百户陈兴嫡长孙。先因来（未）生，父陈宁患缺唇残疾，不堪承袭。堂伯陈还（环）袭职。续生本人，今长壮，伯亦故，该与职事。

五辈陈威，旧选簿查有：弘治十八年七月，陈威，仁和县人，系安东群牧所世袭百户陈辅嫡长男。

六辈陈邃，旧选簿查有：嘉靖十四年二月，陈邃，年三十四岁，仁和县人，系安东群牧所故百户陈威嫡次男。

七辈陈麒，审稿查有：嘉靖三十年十月，陈邃，年五十岁，仁和县人，系安东群牧千户所世袭百户，今风疾在所。有嫡长男陈麒，见年二十二岁，告替。

八辈陈功，万历二十六年十二月，陈功，年三十六岁，系老世袭百户陈麒庶长男。比中三等。·382·

宋荣·实授百户

外黄查有：宋彬，蒙城县人，系宋成嫡长男。有父先系军，甲辰年充小旗，吴元年充总旗，洪武二十二年除河南中护卫中左所试百户，二十三年实授世袭职事，老。彬三十一年替授安东群牧所世袭百户。宋祥系宋彬嫡长男，袭本所百户。

一辈宋成，已载前黄。

二辈宋彬，旧选簿查有。

三辈宋祥，旧选簿查有：宣德六年十月，宋祥，系安东中护卫安东群牧所故世袭百户宋彬嫡长男。

四辈宋钦，旧选簿查有：成化元年十二月，宋钦，蒙城县人，系安东群牧所世袭百户宋祥嫡长男。

五辈宋贤，旧选簿查有，成化二十一年十二月，宋贤，蒙城县人，系安东群牧所世袭百户宋钦嫡长男。

六辈宋雄，旧选簿查有：嘉靖十二年六月，宋雄，年四十八岁，蒙城县人，系安东群牧所年老百户宋贤嫡长男。

七辈宋荣，旧选簿查有，嘉靖二十三年二月，宋荣，蒙城县人，系安东群牧所故实授百户宋雄嫡长男。

八辈宋春，万历五年四月，宋春，年三十三岁，蒙城县人，系安东群牧所年老实授百户宋荣嫡长男。比中三等。

李蓁·实授百户

外黄查有：李贵，青城县人。父李小兴儿，洪武四年垜集土军，选充济南卫小旗，五年充总旗，十九年征进江西，病故。将兄李英免并将补役，仍充总旗，二十二年以年深总旗除清平卫后所世袭百户，三十一年征进板山青（箐）阵亡。侄李祺（祯）于三十二年全俸优给，出幼袭职；三十三年故，无儿男。贵系祯亲叔，当年四月袭授安东群牧所世袭百户。李源系李贵嫡长男，父病故。源年幼，永乐三年与全俸优给出幼，十六年袭授本卫百户。

一辈李小兴儿，已载前黄。

二辈李英，已载前黄。·383·

三辈李祯，已载前黄。

四辈李贵，已载前黄。

五辈李源，旧选簿查有：永乐十六年五月，李源，年十五岁，系安东中护卫群牧所故世袭百户李贵嫡长男。

六辈李玉，旧选簿查有：天顺七年八月，李玉，青城县人，系安东群牧所世袭百户李源嫡长男。

七辈李忠，旧选簿查有：弘治九年五月，李忠，青城县人，系安东群牧所世袭百户李玉庶长男。

八辈李振，旧选簿查有：嘉靖十九年八月，李振，年三十七岁，清（青）城县人，系安东群牧所年老实授百户李忠嫡长男。

九辈李蓁，旧选簿查有：隆庆二年二月，李蓁，年三十六岁，青城县人，系平凉韩府安东群牧所故实授百户李振嫡长男。

韩义·世袭百户

外黄查有：韩杰，泗州人。有父韩保，旧名神保，丁酉年归附，壬寅年充牌首，洪武元年选充总旗，十一年除权百户，十二年钦与实授流官百户，十四年征进迤北，钦改河南右护卫前所，老。杰系嫡长男，三十一年替授安东群牧千户所世袭百户。韩贵，三十五岁，系韩杰嫡长男。父故，贵于永乐二十二年钦授安东中护卫安东群牧所世袭百户。

一辈韩保，已载前黄。

二辈韩杰，已载前黄。

三辈韩贵，旧选簿查有：永乐二十二年二月，韩贵，系安东中护卫安东群牧所故百户韩杰嫡长男，钦与世袭。

四辈韩弘，旧选簿查有：景泰四年八月，韩弘，泗州人，系安东群牧所故世袭百户韩贵嫡长男。

五辈韩祯，缺。

六辈韩震，旧选簿查有：弘治十三年四月，韩震，年十五岁，泗州人，系安东群牧所故世袭百户韩祯嫡长男。·384·

七辈韩云，旧选簿查有：正德九年十二月，韩云，年二十六岁，泗州人，系安东群牧所故绝百户韩震亲弟，照例袭授本所百户。

八辈韩义，审稿查有：韩义，年二十三岁，泗州人，系韩府安东群牧所千户所老疾百户韩云嫡长男。

万历十六年三月，准都察院咨为贪官逆父欺主、诱奸谋产、败伤风化、越关诬奏、恳乞敕除奸恶以彰法纪事。据陕西巡按姚三让[①]奏：问得安东群牧千户所百户韩义，犯该谋杀人者律斩，监候详决，照例揭黄，子孙永不许承袭。题奉圣旨："依拟监候详决。钦此。"

张盛·世袭百户

一辈张遇山，缺。

二辈张文保，缺。

三辈张震，旧选簿查有：永乐九年四月，张震，寿州人，系安东中护卫群牧所故实授百户张文保嫡长男。

---

① 姚三让(1540—1604)，名厫，字崇谦，号三让，直隶永年县人。明万历二年(1574)进士，历任山东道、河东盐道、陕西道、河南道监察御史。

四辈张禛，旧选簿查有：景泰六年五月，张禛，年十七岁，寿州人，系安东中护卫群牧所故世袭百户张震嫡长男。

五辈张经，旧选簿查有：弘治三年九月，张经，年十八岁，寿州人，系安东群牧所故世袭百户张禛嫡长男。

六辈张盛，旧选簿查有：嘉靖十七年二月，张盛，寿州人，系韩府安东群牧千户所故世袭百户张经嫡长男。

七辈张时茂，万历十九年二月，张时茂，年二十四岁，寿州人，系安东群牧所故绝世袭百户张盛亲侄。比中一等。

八辈张绳武，万历三十七年十二月，大选过韩府安东群牧所实授百户一员张绳武，年十六岁，系疾实授百户张时茂嫡长男。比中一等。〔对讫。〕·385·

安东群牧所年远事故世袭百户一员·周得

洪武三十一年十一月，周得，系河南右护卫左所典刑世袭百户周英嫡长男。钦准袭职，授安东群牧所世袭百户。

谢守仁·试百户

一辈谢均德，缺。

二辈谢官保，缺。

三辈谢通，缺。

四辈谢谅，缺。

五辈谢纲，功次簿查有：嘉靖六年，地名青羊岭，安东群牧所升实授一级不赏，二人共斩贼级一颗，为首实授总旗升试百户一员谢刚（纲）。

六辈谢守仁，旧选簿查有：嘉靖二十七年二月，谢守仁，溧阳县人，系安东群牧所故试百户谢刚（纲）嫡长男。

七辈谢麟，万历三年二月，谢麟，年三十四岁，溧阳县人，系平凉韩府安东群牧所故试百户谢守仁嫡长男。

八辈谢添祐，万历三十年六月，大选过韩府安东群牧所照旧试百户一员谢添祐，年二十岁，系故试百户谢麟庶长男。比中三等。〔对讫。〕·386·

谢德时·典仗

查得外黄：典仗以上俱系洪武年间功，今本舍照旧袭典仗。

一辈谢佛佑。

二辈谢法保。

三辈谢杰。

四辈谢诚。

五辈谢瑱。

六辈谢德时，万历十三年四月，谢德时，年四十二岁，淳安县人，系平凉韩府仪卫司带管乐平王府故典仗谢瑱嫡长孙。比中三等。

七辈谢守奇，万历三十八年十二月，大选过平凉韩府仪卫司带管乐平王府典仗一员谢守奇，年三十二岁，系故典仗谢德时嫡长男。比中三等。〔对讫。〕

安东群牧所年远事故试百户一员·谢凤

景泰六年六月，谢凤，年十六岁，无为州人，系安东中护卫安东群牧所试百户谢胜嫡长男。父原系总旗，该韩王保升前职。今老疾，钦准本人仍替试百户。

又一员·岳信

正统十四年，岳信，年十五岁，系安东群牧所试百户岳麟嫡长孙。祖原系总旗，该韩王奏保升除前职，钦准本人仍替试百户。

试所镇抚一员·徐敬

正统九年三月，徐敬，系安东中护卫群牧所试所镇抚徐亨嫡长男。父原系总旗，该韩府奏保升前职。今老疾，钦准本人仍替试所镇抚。

右所冠带总旗一员·宋德

正统八年二月，宋刚，系安东中护卫右所试百户宋伦嫡长男。父原系署事总旗，韩府奏保升前职，钦准本人仍替试百户。

嘉靖四十年六月，宋朝臣，年四十岁，长兴县人，系安东中护卫右所故实授百户宋昭嫡长孙。查伊祖役总旗，宣德九年升试百户。今查宣德九年功无擒斩，本舍革袭冠带总旗。

万历四年六月，宋德，年三十二岁，长兴县人，系韩府安东中护卫右所故冠带总旗宋朝臣嫡长男。

总旗一员·尹骥

洪武二十五年闰十二月，尹骥，系福宁卫定海所故试百户尹远嫡长男。父由军人，二十年除试百户，月支食米二石。后为事受赃犯流罪，发普安军，中途病故，难准承袭，合张（发）充军。钦依："着在安东中护卫做总旗，支总旗粮。"

小旗一员·张葛住

洪武二十五年十一月，张葛住，系建宁左卫中所故试百户张清嫡长男。父系官下弟男，除授试百户，病故。有伯张德，见在乌撒卫指挥同知，例无承袭。又兼查无黄选，合收充军。引至御前，钦依："着在安东中护卫做小旗，支小旗粮。"

又一员·仵讨儿

洪武二十六年正月，仵讨儿，系平海卫右所典刑试百户仵恭嫡长男。父为死军人处绞，拟奏系极刑，家属合发充军。钦依："着在安东中护卫做小旗，支小旗粮。"

万历二十二年七月　日　　委官武选司主事　陆经修

五军都督府所属卫所·右军都督府·陕西都司·宁夏前卫

原簿目录

自指挥郑献起,至揭黄总旗梁燧止,共八十二页①。

内指挥、千百户、镇抚共一百十九员。

指挥使五员

一号郑献,始祖郑敬,代七,南陵县人。

二号罗铠,始祖罗兴,代八,合肥县人。

三号张栋,始祖张勇,代七,滕县人。

四号赵应,始祖赵真,代九,滁州人。

五号吴嵩,始祖吴义,代八,临川县人。

指挥同知五员

一号江皋,始祖江源,代八,上饶县人。

二号韩辅,始祖韩诚,代四,山后人。

三号李堂,始祖李福先,代六,确山县人。

四号杨拱,始祖杨诚,代八,合肥县人。

五号王价,始祖王让,代七,山后人。

年远事故二员

仇理。

王琦。

指挥佥事十一员

一号汪度,始祖汪海,代八,淳安县人。

二号解麟,始祖解明,代七,巢县人。

三号赵炳,始祖赵成,代七,青县人。

四号王范,始祖王成,代七,信阳县人。

五号邓旸,始祖邓清,代八,池州府人。

六号任极,始祖任忠,代六,汤阴县人。

七号江龙,始祖江大,代八,徐州人。

八号陈奎,始祖陈山,代六,黄陂县人。

九号李植,始祖李矗,代十,临漳县人。

十号陈雷,始祖陈友孙,代六,潜山县人。

十一号杨鹏,始祖杨石来儿,代八,三河县人。

续入:徐诰,滑县人,无印。

年远事故六员

赵大宁,丰城县人。

梁辅。

申颙。

魏政。

王忠。

陈忠。

---

① 《总汇》56册"校勘表"记"宁夏前卫"选簿404页中件前缺页。

卫镇抚年远事故一员

杨纲，舒城县人。

左所正千户五员

一号路美，始祖路顺，代七，阳信县人。
二号蒋镒，始祖蒋华，代六，祁阳县人。
三号韩恩，始祖韩文，代六，乐安州人。
四号朱经，始祖朱四儿，代八，长兴县人。
五号刘东，始祖刘得，代六，沛县人。

年远事故一员

徐斌。

副千户一员

续入：鲁晟，江都人，无印。
一号蒯鹏，始祖蒯福安，代五，定远县人。

年远事故七员

柴纲，山后人。
柴朵儿只。
王真。
陈忠。
张成。
范兴。
赵什来的，浚县人。

署副千户二员，实授百户五员

一号陈表，始祖陈大，代六，大同县人，署副。
二号宋实，始祖宋裕，代八，合肥县人，署副。
三号李恩，始祖李思恭，代七，博兴县人。
四号郭邦，始祖郭玉，代九，内乡县人。
五号王勋，始祖王兴，代六，固安县人。

六号邓云，始祖邓成，代六，雄县人。
七号蒯训，父蒯善，代二，定远县人。
续入：周应龙，含山人，试百户，无印。

年远事故六员

张铭，固安县人。
朱海，高邮州人。
王贵。
袁瑛，遵化县人。
魏广。
罗茂，茶陵县人。

试百户十员，署试百户二员

续入：方泰，定远人，有印。
续入：于昂，吴村县人，有印。
续入：赵大授，滁州人，有印。
一号陈辅，始祖陈义，代七，钱塘县人。
二号赵清，始祖赵道加，代六，丹阳县人。
三号郑景文，代一，随州人。
四号王纲，始祖王文义，代五，清江县人。
五号王高，始祖王昇，代三，凤阳县人。
六号冷镇，始祖冷通三，代三，武进县人。
七号李瑾，始祖李得，代六，祥符县人。
八号张鉴，始祖张计儿，代六，丹徒县人。
九号赵龙，父赵康生，代二，鄱阳县人。
十号高旸，始祖高忠，代七，安吉县人，所抚。
十一号李宪，始祖李伏七，代六，鄱阳县人，署试。
十二号张魁，始祖张彬，代六，定远县人，署试。

右所正千户二员

一号宋杰，始祖宋文，代五，全椒县人。

二号王国，始祖王绒，代六，赣县人。

年远事故一员
洪宽，和州人。

署正千户一员，副千户二员
一号苏文，始祖苏得，代六，寿州人，署正。
二号陈阯，始祖陈忠，代七，宁晋县人。
三号杨湛，始祖杨狗儿，代七，武昌县人。

年远事故七员
曹定住，夏邑县人。
孙纪，滋阳县人。
李雄，归德州人。
成智。
高昇。
李惟澄。
韩忠。

署副千户一员，实授百户七员
一号刘镪，始祖刘源保，代五，沭阳县人，署副。
二号卢焕，始祖卢山，代六，洛阳县人。
三号刘昂，始祖刘允成，代五，延长县人。
四号方语，始祖方均实，代六，祥符县人。
五号杨铨，始祖杨清，代六，和州人。
六号潘桂，始祖潘实，代八，秦州人。
七号杜诗，始祖杜景文，代五，阌乡县人。
八号古节，始祖古荣，代三，武陟县人。

年远事故十员
陈瑾，滦州人。

陈赟，茌平县人。
华廉，盱眙县人。
孟景昭，邹县人。
王能。
何能。
王聚。
萧旺。
韩玉。
时旺。

优养妇一口
张氏，刘贵祖母。

试百户四员，署百户一员
一号马成龙，代一，聊城县人。
二号宋钺，代一，登封县人。
三号姚臣，始祖姚付，代五，无锡县人。
四号祁恩，父祁秀，代二，高邮州人。
五号王相，始祖王来保，代六，寿州人，署试。

中所正千户二员
一号郑官，始祖郑林，代九，合肥县人。
二号王隆，始祖王胜，代七，山阳县人。

年远事故一员
陈文。

副千户二员
一号王龙，始祖王受，代九，盱眙县人。
二号张选，始祖张得山，代八，宿州人。

年远事故三员

徐英,宿迁县人。

周胜。

刘斌。

实授百户三员

一号张钺,始祖张山,代五,遵化县人。

二号游善,始祖游青,代六,固始县人。

三号徐镇,始祖徐铁关,代六,无为州人。

年远事故九员

文林,长沙县人。

董寿,武定州人。

陈住儿。

陈宗,滋阳县人。

李斌,金县人。

张俊,潍县人。

杨旺。

阎贵。

孔斌。

试百户六员

一号俞时,始祖俞伏一,代八,宝应县人。

二号王佩,始祖王海,代四,泾县人。

三号华岳,始祖华茂,代七,盱眙县人。

四号李通,始祖李逢春,代三,乐平县人。

五号马思忠,始祖马宗,代四,蓝田县人。

六号赵邦卿,始祖赵名,代七,西华县人。

辈数未全一员

孔钊,东宁县人。

年远事故一员

华荣。

前所正千户四员

一号陶成栋,始祖陶宾,代三,常熟县人。

二号马瑞,始祖马全,代六,山后人。

三号曹元,始祖曹成,代六,宝坻县人。

四号李实,始祖李成,代七,唐县人。

年远事故一员

黄能。

副千户五员

一号方培,始祖方贵,代九,望江县人。

二号喻官,始祖喻泰,代八,万载县人。

三号李汉,始祖李成,代八,无极县人。

四号谢聘,始祖谢敬,代八,寿州人。

五号季爵,始祖季成,代七,泰兴县人。

年远事故七员

张铨,洛阳县人。

陈儒,定远县人。

任敬。

刘宁。

陈聚。

路通。

张礼。

实授百户六员

一号丁勇,始祖丁贵,代六,金华县人。

二号马登,始祖马益,代七,江都县人。

三号张云，始祖张兴，代五，潍县人。
四号魏鸾，始祖魏德，代七，曲阜县人。
五号靳时，始祖靳脱脱，代七，临潼县人。
六号魏朝元，始祖魏勇，代六，合肥县人。

年远事故九员
贾祥，峄县人。
钟洪，东平州人。
邵卿，利津县人。
朱通，枣阳县人。
刘全。
盛芳。
闪正。
萧旺。
于得海。

优养妇一口
宋氏，陈广亲母。

试百户一员
一号李育，始祖李三，代七，长兴县人。

后所正千户一员
一号李伦，始祖李义，代七，鄱阳县人。

年远事故一员
李锦，临漳县人。

副千户年远事故六员
徐钦，溧阳县人。
杨兴，海州人。
夏斌，蕲州人。

王兴。
沈忠，山阳县人。
倪景先。

实授百户八员，署所镇抚一员·396·
一号龚直，始祖龚庆一，代五，常熟县人。
二号朱印，始祖朱成，代七，临淮县人。
三号周臣，始祖周整，代六，福山县人。
四号韩儒，始祖韩遛，代五，定远县人。
五号刘显，始祖刘鉴，代八，来安县人。
六号胡镗，始祖胡关住，代四，临淮县人。
七号王贤，始祖王恭，代九，滋阳县人。
八号蒋泰，始祖蒋旺，代五，宿迁县人。
九号程宪，始祖程贵，代六，绩溪县人，署副。

辈数未全二员
赵纲，邓州人。
许靖，昆山县人。

年远事故九员
朱玺，新乡县人。
王泰，合肥县人。
张庆，迁安县人。
张宣，滁州人。
吕旺。
麻绮，定远县人。
薛友。
李显[宗]。
赵荣。

试百户一员
一号赵相，始祖赵黑子，代六，当涂县人。

冠带总旗一员，总旗一名

马山。

曹琳。

旧选簿目录有名，簿内未行开载一名

王计生，中所试百户。

选簿未载，贴黄有名，但袭替年月未开，无凭吊查黄选者十四员

徐纲，指佥，祖徐四，滑县人。

李钦，副千，祖李奴儿，历城县人。

鲁贤，副千，祖鲁良，江都县人。

郑经，世袭百户，祖郑原，宿迁县人。

李枝，试百，祖李成，祥符县人。

翟太，试百，祖翟□，成武县人。

何月，试百，祖何真得，巴陵县人。

王枈，试百，许州人。

于时，试百，祖于伏，宝应县人。

罗鉴，试百。

邵廷甫，试百，祖邵歪儿，兴化县人。

于昂，试百，祖于受，吴村县人。

方泰，试百，祖方和尚，定远县人。

刘景芳，署试，祖刘栻，延安县人。

郑献·指挥使

内黄查有：郑敬，旧名徐神保，南陵县人。有义父徐人四，丙申年充军。神保于甲辰年随母改嫁，徐人四就随姓徐。十八年义父病故，将神保户名不动补役。三十二年升总旗，三十三年升实授百户，三十四年升指挥佥事，三十五年升燕山左护卫世袭指挥同知，今改金吾左卫。永乐八年迤北征进有功升指挥使，九年授流官。郑信系郑敬嫡长男，郑远系郑信嫡长男，郑靖系郑远嫡长男。郑迪系郑远亲弟，兄老疾，侄郑靖替职，为事革职，无儿男。成化十一年钦准袭授宁夏前卫①世袭指挥使，待侄有男，还与职事。

一辈郑敬，已载前黄。

二辈郑信，旧选簿查有：宣德四年二月，郑信，系宁夏前卫流官指挥使郑敬嫡长男。

三辈郑远，旧选簿查有：景泰四年七月，郑远，南陵县人，系宁夏前卫世袭指挥使郑信嫡长男。

四辈郑靖，旧选簿查有：成化五年九月，郑靖，南陵县人，系宁夏前卫世袭指挥使郑远嫡长男。

五辈郑迪，已载前黄。

六辈郑卿②，旧选簿查有：弘治十年十二月，郑卿，南陵县人，系宁夏前卫指挥使郑靖嫡长男。伊父为事问革为民，本人未袭。叔祖郑迪袭职，为事降指挥佥事，故。本人照例袭祖职指挥使。

七辈郑献，旧选簿查有：嘉靖二十一年六月，郑献，年三十六岁，南陵县人，系宁夏前卫老疾署都督同知郑卿嫡长男。伊父原袭祖职指挥使，功升都指挥使，历升署都督同知，今老疾。所据伊父功升都指挥使□□都督同知，俱系流官，例无承替，本舍照例革替祖职指挥使。

---

①《读史方舆纪要》卷六二《陕西十一》："宁夏镇，明初曰宁夏府，洪武五年废，九年改置宁夏卫，寻又增置宁夏前卫及左右二屯卫，凡四卫。隶陕西都司。今为宁夏镇。"（第2941页）"宁夏前卫，治镇城内，明洪武十七年置。"（第2943页）

②《嘉靖宁夏新志》卷二《宁夏总镇续·武阶》："郑卿，宁夏前卫指挥使，历升都督同知，镇守陕西。"（第141页）《嘉靖固原州志》卷一《文武衙门·守备固原武臣》："郑卿，署都督佥事。嘉靖二年镇守固原，六年以镇戎之捷，升都督同知。以洮、岷事，被劾革任。"（第33页）

罗铠·指挥使

缺。

一辈罗兴，缺。

二辈罗真，缺。

三辈罗景，旧选簿查有：永乐十五年二月，罗景，系留守中卫指挥同知罗真嫡长男。

四辈罗勋，旧选簿查有：景泰七年五月，罗勋，合肥县人，系宁夏前卫世袭指挥同知罗景嫡长男。

指挥使功次候查。

五辈罗玉，旧选簿查有：天顺八年三月，罗玉，合肥县人，系宁夏前卫故世袭指挥使罗勋嫡长男。

六辈罗绮，旧选簿查有：弘治三年六月，罗绮，合肥县人，系宁夏前卫故世袭指挥使罗玉嫡长男。

七辈罗贤①，旧选簿查有：正德十一年十二月，罗贤，合肥县人，系宁夏前卫已故指挥使罗绮嫡长男。

八辈罗铠，旧选簿查有：嘉靖三十七年八月，罗铠，年三十二岁，合肥县人，系宁夏前卫故绝都指挥使罗贤堂侄。伊堂伯原袭指挥使，部下获功，历升都指挥使，推升参将、佐击等官，今故绝。本舍照例革袭祖职指挥使。

九辈罗三杰，万历十四年八月，罗三杰，年二十六岁，合肥县人，系宁夏前卫老疾都指挥使罗铠嫡长男。伊三世祖罗景原袭祖职指挥同知，正统六年麓川获功升都指挥使，九年为事参降指挥同知，天顺元年遇诏复职。伊父沿袭指挥使，隆庆三年部下获功升都指挥同知，四年互市有功升都指挥使，万历十一年推升甘州备御都司，今老疾。所据三世祖罗景麓川功升指挥使一级，功无擒斩，并伊父部功、互市升级及推升流官，俱例不准袭。本舍合照例革替祖职指挥同知。比中二等。

十辈罗斗枢，万历四十六年八月，大选过宁夏前卫世袭指挥同知一员罗斗枢，年二十一岁，系故世袭指挥同知罗三杰嫡长男。比中二等。〔对讫。〕

---

①《嘉靖宁夏新志》卷二《宁夏总镇续·武阶》："罗贤，宁夏前卫指挥使，以都指挥守备平虏，以功升都指挥使。余功该进都督同知，以其极品，不轻授焉。"（第142页）

张栋·指挥使

内黄查有：张勇，滕县人。有父张九儿，吴元年充军，老疾。将勇代役，洪武三十二年克蓟州升勇士小旗，克大宁升勇士百户，三十三年取蔚州升副千户，三十四年夹河升指挥佥事，三十五年克东阿，永乐元年钦升金吾左卫世袭指挥同知。

一辈张勇，已载前黄。指挥使功次缺。

二辈张震，缺。

三辈张溥，旧选簿查有：正统十三年四月，张溥，系宁夏前卫故指挥使张震嫡长男。·399·

四辈张钦，旧选簿查有：成化二十三年五月，张钦，滕县人，系宁夏前卫故世袭指挥使张溥庶长男。

五辈张淮，旧选簿查有：嘉靖十一年六月，张淮，年四十四岁，滕县人，系宁夏前卫故指挥使张钦嫡长男。

六辈张腾，旧选簿查有：嘉靖二十八年十月，张腾，年三十八岁，滕县人，系宁夏前卫年老指挥使张淮嫡长男。伊父原袭祖职指挥使，为事降指挥同知，老。本舍照例暂替伊父见降指挥同知，待伊父身终之日，仍袭祖职指挥使。

七辈张栋，旧选簿查有：隆庆二年四月，张栋，年三十五岁，兖州府人，系宁夏前卫故指挥同知张腾嫡长男。伊祖原袭指挥使，嘉靖二十二年草束烧毁，参降指挥同知，老。父张腾暂替所降职事，今故。本舍照例准复祖职指挥使。

八辈张梁，万历二十三年三月，单本选过张梁，年四十二岁，滕县人，系宁夏前卫故指挥使张栋亲弟。比中三等。

九辈张应龙，万历三十二年十二月，大选过宁夏前卫指挥使一员张应龙，年三十一岁，滕县人，系故指挥使张梁嫡长男。比中三等。

十辈张应虎，万历四十一年十月，大选过宁夏前卫指挥使一员张应虎，年四十一岁，系故指挥使张应龙亲弟。比中三等。〔对讫。〕

赵应·指挥使

缺。

一辈赵真，缺。

二辈赵麟，缺。

三辈赵惠，旧选簿查有：洪武二十六年四月，赵惠，系横海卫右所故世袭副千户赵麟亲弟。兄别无儿男，钦准本人袭职，授兴州前屯卫右所世袭副千户。

四辈赵福，旧选簿查有：永乐十九年十月，赵福，系宁夏前卫中所故世袭副千户赵惠嫡长男。

正千户功次候查。·400·

指挥佥事功次：审稿查有，生擒达贼功升正千户，又收捕达子功升指挥佥事赵福。

五辈赵泰，旧选簿查有：正统十四年九月，赵泰，系宁夏前卫故指挥佥事赵福嫡长男，钦与世袭。

六辈赵纲，旧选簿查有：成化十五年六月，赵纲，滁州人，系宁夏前卫世袭指挥佥事赵泰嫡长男。

七辈赵钺，旧选簿查有：弘治五年八月，赵钺，年十六岁，滁州人，系宁夏前卫故世袭指挥佥事赵纲嫡长男。

抄誊功次簿查有：正德五年第二等一，诛斩共谋反贼胡玺，共谋收胡通，升一级，为首宁夏前卫实授指挥佥事升指挥同知一员赵月（钺）。

八辈赵宪①，旧选簿查有：正德八年二月，赵宪，年十八岁，滁州人，系宁夏前卫故功升指挥同知赵钺嫡长男，钦与世袭。

指挥使功次：吊到勘合查有，嘉靖六年，地名盐池等处升实授一级，领军部下官军五百员名，斩首五颗，宁夏前卫指挥同知升指挥使一员赵宪。

九辈赵应，旧选簿查有：嘉靖十九年八月，赵应，滁州人，系陕西宁夏前卫已故都指挥佥事赵宪嫡长男。伊父袭祖职指挥同知，嘉靖六年长流水部下功升指挥使，十三年沙湖部下［功］升都指挥佥事，今故。所据都指挥佥事系流官，例无承袭，本舍照例革袭指挥使。

充军簿查有：赵应，系陕西宁夏前卫指挥使。犯该守边将帅守备不设，于嘉靖四十四年九月发朔州卫前所边远充军。

十辈赵忠，万历三年四月，赵忠，年三十七岁，滁州人，系宁夏前卫老疾指挥

① 《嘉靖宁夏新志》卷二《宁夏总镇续·武阶》："赵宪，宁夏前卫指挥使，以功升都指挥佥事。"（第143页）

使赵应嫡长男。伊父原袭指挥使，历推宁夏等处总兵官，于嘉靖四十四年犯该守备不设，问充朔州卫前所终身军。四十五等年陡沟子等处斩首三颗，题奉钦依准复副千户，今老。查得伊曾祖赵钺，正德五年斩反贼首级二颗升指挥同知。伊祖赵宪，嘉靖六年河东等处部下斩首五颗，升指挥使。所据伊曾祖斩系贼功不及数，并伊祖部下功级及伊父推升流官，俱例应减革。本舍照例革替祖职指挥佥事。

十一辈赵捷，万历十年十二月，赵捷，年二十岁，滁州人，系宁夏前卫患疾指挥佥事赵忠嫡长男，比忠三等。

十二辈赵有韩，年九岁，万历二十三年二月，大选过宁夏前卫故指挥佥事赵捷嫡长男。照例于全俸优给，至万历二十八年终住支。

万历三十年八月，大选过宁夏前卫降袭署指挥佥事一员赵有韩，年十七岁，系故指挥佥事赵捷嫡长男，出幼袭职。曾经减革谋谦泥口当先杀贼，供结、选簿俱不开擒斩，相应减革。本舍姑准降署指挥佥事。比中三等。·401·

十三辈赵有廉，万历三十七年八月，大选过宁夏前卫署指挥佥事一员赵有廉，年二十三岁，系故绝署指挥佥事赵有韩亲弟。比中一等。

十四辈赵有牧，万历四十年六月，大选过宁夏前卫署指挥佥事一员赵有牧，年廿五岁，系故署指挥佥事赵有廉亲弟。比中三等。①

吴嵩② · 指挥使

缺。

一辈吴义，缺。

二辈吴镛，缺。

三辈吴忠，旧选簿查有：宣德四年三月，吴忠，系宁夏前卫左所世袭副千户吴镛嫡长男。

正千户功次已载七辈选条。

四辈吴瑾，旧选簿查有：天顺四年三月，吴瑾，临川县人，系宁夏前卫左所正

---

① 此选条十三辈、十四辈在《总汇》56册400页，补写于一、二辈之前。
② 万历《朔方新志》卷三《武阶》："吴嵩，宁夏前卫指挥，历升定边副总兵。"（范宗兴校注：《增补万历朔方新志校注》，宁夏人民出版社，2015年，第238页）

千户吴忠嫡长男,钦与世袭。

五辈吴纲,缺。

六辈吴云①,旧选簿查有:弘治十五年六月,吴云,临川县人,系宁夏前卫左所故世袭正千户吴纲嫡长男。

指挥佥事功次候查。指挥同知功次候查。

七辈吴江,旧选簿查有:嘉靖十四年十二月,吴江,年二十七岁,临川县人,系宁夏前卫故署都指挥佥事吴云嫡长男。伊高祖忠,原袭副千户,苟家滩杀败(贼)袭升正千户。祖、父沿袭。父云,横城堡等处历功升指挥使,推升前职,今故。所据伊高祖苟家滩一级功无擒斩及推升署职俱例应减革。本舍照例革与指挥同知。

堂稿查有:一件照例并垜父功以问后效事,宁夏前卫指挥同知吴江奏:"父吴云原任指挥使,嘉靖十二年达贼入境,将父左哨千总部下斩首一十五颗,未升,故。臣系嫡长男,革袭指挥同知。后蒙兵部将父前功升实授一级,乞要查照垜功。"该本部议得,吴江于原袭指挥同知上加伊父吴云柳门儿部下功一级,与做指挥使。

八辈吴嵩,旧选簿查有:嘉靖二十九年十二月,吴嵩,临川县人,系宁夏前卫指挥使吴江嫡长男。

万历四年正月,准职方司手本一件纠劾贪庸将领等事,犯官吴嵩,系宁夏前卫指挥使,充密云中卫左所终身军。

九辈吴维吕,万历九年十月,吴维吕,年二十五岁,临川县人,系宁夏前卫故充终身军指挥使吴嵩嫡长男。伊父吴嵩原袭指挥使,嘉靖三十六年碱边部下斩首有功升都指挥佥事,四十等年历推定边副总兵,万历四年犯该受财枉法,问充密云中卫左所终身军,六年故。查得伊〔曾〕祖吴云原袭祖职副千户,于正统四等年野鸡台等处节次部下斩首有功,升署都指挥佥事。伊祖吴江、父吴嵩俱以例前沿袭指挥使。所据伊曾祖吴云、父吴嵩部下功升职级并推升流官,俱例不准袭。本舍合照例革袭其职副千户于原左所。比中一等第十三名。

十辈吴澄,万历四十年十月,大选过宁夏前卫左所试百户一员吴澄,年四十五岁,系故副千户吴维吕亲侄。比中一等。〔对讫。〕

---

①《嘉靖宁夏新志》卷二《宁夏总镇续·武阶》:"吴云,宁夏前卫指挥使,升都指挥,协同分守兴武营。"(第142页)

十一辈吴钦，崇祯二年二月，大选过宁夏前卫左所试百户一员吴钦，年三十九岁，系故试百户吴澄嫡长男。比中三等。〔对讫。〕

江皋·指挥同知

内黄查有：江镛，上饶县人。父江源，庚子年充参随，乙巳年钦授振武卫百户；洪武二年克西京、凤翔、东胜州，三年除广洋卫副千户，故。镛系嫡长男，于当年敬除世袭副千户，洪武二十六年蒙将□□。父洪武元年百户，今为年深，钦取赴京，三十一年除升永定卫世袭指挥佥事。永乐元年问拟立功，四年复职。江玘系江镛庶长孙，祖病故，父江斋永乐十七年袭职，亦故。玘永乐二十二年优给，宣德七年袭授本卫指挥佥事。江东，系宁夏前卫故署都指挥同知江山嫡长男。伊父原袭指挥同知，正德五年部下斩首五颗升指挥使，又历功升至今职。所据流官例无承袭，本人照例与指挥使，世袭，嘉靖四年袭职。

一辈江源，已载前黄。

二辈江镛，已载前黄。

三辈江斋，旧选簿查有：永乐十六年七月，江斋，系宁夏前卫故世袭指挥佥事江镛庶长男。

四辈江玘，旧选簿查有：宣德七年九月，江玘，年十六岁，系宁夏前卫故世袭指挥佥事江斋嫡长男。

指挥同知功次已载前黄。

五辈江浦，旧选簿查有：成化十二年十二月，江浦，上饶县人，系宁夏前卫指挥同知江玘嫡长男，钦与世袭。

六辈江山[①]，旧选簿查有：正德二年九月，江山，上饶县人，系宁夏前卫患疾指挥使江浦嫡长男。

七辈江东，旧选簿查有：嘉靖四年十月，江东，年十六岁，上饶县人，系宁夏前卫故署都指挥同知江山嫡长男。伊父原袭祖职指挥同知，正德五年部下斩首五颗升指挥使，又历功升至今职。所据流官例无承袭，本人照例与袭指挥使，世袭。

[①]万历《朔方新志》卷三《武阶》："江山，宁夏前卫指挥使，升指挥同知，守备洮州。"（第236页）

八辈江皋，旧选簿查有：隆庆二年十二月，江皋，年三十三岁，上饶县人，系宁夏前卫老疾都指挥使江东嫡长男。伊父原革袭指挥使，嘉靖三十三等年节次部下获功，历升都指挥使，今老。所据伊祖江山升指挥使一级系部下功次，减革未尽，并伊父所获部功俱例不准袭。本舍照例革替指挥同知。

九辈江廷辅①，万历十年十二月，江廷辅，年二十一岁，上饶县人，系宁夏前卫故指挥同知江皋嫡长男。伊父原替祖职指挥同知，隆庆四年囗输银四十一两三钱，问拟不应杖罪，万历八年故。本舍照旧袭祖职指挥同知。比中三等。

十辈江鲲，万历三十二年八月，江鲲，系故指挥同知江廷辅嫡长男，本舍照旧袭指挥同知。比中三等。

李堂·指挥同知

内黄查有：李斌，有伯李福先，系刘太保下军，甲辰年归附从军，洪武四年充小旗，老疾。将斌代并充总旗，郑村坝升百户，济南升副千户，西水寨升正千户，归附，克金川门，升今卫指挥同知。

一辈李福先，已载前黄。

二辈李斌，已载前黄。

三辈李玉②，旧选簿查有：宣德四年二月，李玉，系宁夏前卫流官指挥同知李斌嫡长男。

四辈李勋，旧选簿查有：天顺七年正月，李勋，系陕西都司故署都指挥佥事李玉嫡长男。先因年幼，已与父原职指挥同知俸优给，注宁夏前卫关支，今出幼袭职。

五辈李楫，旧选簿查有：成化十七年六月，李楫，确山县人，系宁夏前卫故世袭指挥同知李勋嫡长男。

六辈李堂，旧选簿查有：正德十四年六月，李堂，年六岁，确山县人，系宁夏前卫故世袭指挥同知李楫嫡长男。钦与全俸优给，至正德二十三年终住支。

---

①万历《朔方新志》卷三《武阶》："江廷辅，（宁夏）前卫指挥，历升玉泉营游击。"（第241页）
②《明英宗实录》卷一八六：正统十四年十二月甲戌，"升宁夏前卫指挥同知李玉、指挥佥事任信，俱署都指挥佥事，事领兵备边"。

杨拱·指挥同知

外黄查有：杨旺，庐州府人。父杨诚，丁酉年投附，甲辰年除充管军千户，洪武四年升除贵州卫管军正千户，故。兄杨忠除岷州卫左所正千户，二十五年钦升甘肃卫世袭指挥佥事，二十六年调甘州左卫，故。旺系亲弟，授宁夏前卫指挥佥事。

一辈杨诚，已载前黄。

二辈杨忠，已载前黄。

三辈杨旺，旧选簿查有：洪武三十五年十一月，杨旺，系甘州左卫为事充军阵亡世袭指挥佥事杨忠亲弟，钦袭宁夏前卫世袭指挥佥事。

四辈杨宗，旧选簿查有：永乐十九年九月，杨宗，系宁夏前卫故世袭指挥佥事杨旺嫡长男。

五辈杨端，旧选簿查有：正统十年七月，杨端，系宁夏前卫故世袭指挥佥事杨宗嫡长男。

六辈杨茂，旧选簿查有：成化元年十二月，杨茂，合肥县人，系宁夏前卫故世袭指挥佥事杨端嫡长男。

七辈杨淮，旧选簿查有：弘治五年八月，杨淮，合肥县人，系宁夏前卫故世袭指挥佥事杨茂嫡长男。

指挥同知功次已载八辈选条。

八辈杨拱，旧选簿查有：嘉靖十年十月，杨拱，年三十五岁，合肥县人，系宁夏前卫功升署都指挥同知杨淮嫡长男。伊父原袭祖职指挥佥事，正德五等年地名苜蓿渠等处节次获功四级，俱与做指挥同知。后改正署都指挥同知，为事降二级，今年老。本人告替，照例与替伊父见降指挥同知。

王价·指挥同知

缺。

一辈王谅，缺。

二辈王原，旧选簿查有：永乐二十二年二月，王原，系太原左卫右所故百户王谅、旧名买住嫡长男。

三辈王玘，旧选簿查有：成化三年三月王玘，山后人，系宁夏前卫中所世袭百户王原嫡长男。·405·

四辈王镎，旧选簿查有：弘治十一年七月，王镎，山后人，系宁夏前卫中所世袭百户王玘嫡长男。

五辈王惠，缺。

六辈王喻，旧选簿查有：正德十五年六月，王喻，山后人，系宁夏前卫中所故世袭百户王镎嫡次男。伊兄王惠先于优给，故绝，本人袭职。

副千户功次候查。正千户功次候查。

七辈王价，旧选簿查有：嘉靖二十三年八月，王价，山后人，系宁夏前卫中所残疾正千户王喻嫡长男。

功次簿查有：嘉靖三十五年九月，为达贼窥犯、官军拒敌斩获首级等事，开三十三年归德口等处获功升实授二级，部下斩首一十颗，宁夏前卫中正千户升指挥同知王价。

充军簿查有：王价，系宁夏前卫指挥使。犯该守备不设，照例于隆庆元年九月定发榆林卫中所边远终身充军。

八辈王纬，万历二十二年三月分，单本选过宁夏前卫中所正千户一员王纬，年四十五岁。父王价，嘉靖二十三年替正千户，嘉靖三十三等年部功历升指挥使，推升都司，今故。所据推升流官并部功升级，俱不准袭。本舍合照旧与袭祖职正千户。比中三等。

九辈王继唐，万历二十六年四月，王继唐，年二十六岁，系宁夏前卫中所故正千户王纬嫡长男。比中三等。

十辈王永祚，万历四十一年十月，大选过宁夏前卫中所正千户一员王永祚，年二十岁，系故正千户王继唐男。比中三等。〔对讫。〕

年远事故指挥同知一员·仇理

永乐十四年七月，仇廉①，系宁夏前卫世袭指挥佥事仇智嫡长男。父永乐十年在塔滩山踏看路道不知下落，钦准袭职。

天顺六年四月，仇理②，系陕西都司都指挥佥事仇廉男，袭伊父原职指挥佥事，注宁夏前卫。·406·

成化二年五月，宁夏前卫指挥佥事升指挥同知仇理。

又一员·王琦

永乐九年七月，王琦，系宁夏前卫世袭指挥同知王振嫡长男，敬袭世袭指挥同知。

汪度③·指挥佥事

外黄查有：汪泰，淳安县人。始祖汪海，丙午年归附从军，洪武元年升小旗，二十六年除府军前卫百户，调宁夏前卫，疾。高祖汪泉替世袭百户，故。曾祖汪名（铭）系嫡长男，袭，故。祖汪信系嫡长男，优袭，故。泰系嫡长孙，袭，正德四年花马池斩首一颗，五年升副千户；七年河南等处征剿流贼斩首四颗，应山县斩首四颗；八年奉勘合改正并功文册事：一人二处斩首，七里岗斩首四颗升一级、应山

---

①《明英宗实录》卷四六：正统三年九月庚戌，"升陕西庆阳卫指挥同知郭英、宁夏卫指挥佥事许宗、宁夏前卫指挥佥事仇廉，俱为本都司署都指挥佥事"。卷三四一：天顺六年六月癸酉，"以宁夏副总兵都指挥佥事等官仇廉等于柳沟盘塘子山等处杀贼获功，诏生擒达贼并斩获首级官旗俱升一级不赏"。嘉靖《陕西通志》卷二四《文献》一二：《三边名宦·(宁夏)副总兵》："仇廉以宁夏前卫指挥使。负文武才，充副总兵协守。时房酋以万骑攻城，连日不解。廉以忠义固结人心，并力死守，贼遂引去，城赖以全。后殁于阵。"(第954页)

②《明英宗实录》卷三三九：天顺六年四月庚寅，"陕西都指挥佥事仇廉子理袭为宁夏前卫指挥佥事"。《嘉靖宁夏新志》卷二《宁夏总镇续·武阶》："仇理，廉之子，以荐升都指挥佥事，授协同分守东路兴武营。"(第140页)

③《万历陕西通志》卷一三《公署·陕西行都指挥使司》："汪度，宁夏前卫人，万历九年任。"([明]李思孝修、冯从吾纂，陕西省地方志办公室整理：《万历陕西通志》，国家图书馆出版社，2017年，第168页) 万历《朔方新志》卷三《武阶》："汪度，(宁夏)前卫指挥，升甘州行都司。"(第240页)

县斩首四颗升一级，以副千户例升实授二级，改正并升宁夏前卫指挥佥事。

一辈汪海，已载前黄。

二辈汪泉，旧选簿查有：洪武三十三年六月，汪泉，系宁夏前卫中所世袭百户汪海嫡长男。

三辈汪铭，旧选簿查有：永乐二十一年六月，汪铭，系宁夏前卫中所故世袭百户汪泉嫡次男。

四辈汪信，旧选簿查有：景泰二年五月，汪信，系宁夏前卫中所故世袭百户汪铭嫡长男。

五辈汪泰，旧选簿查有：弘治六年闰五月，汪泰，淳安县人，系宁夏前卫中所故世袭百户汪信嫡长孙。

副千户、正千户、指挥佥事功次已载前黄。

六辈汪朝宗，旧选簿查有：正德十六年七月，汪朝宗，淳安县人，系宁夏前卫故功升指挥佥事汪泰嫡长男。

七辈汪鸾，旧选簿查有：嘉靖二十三年八月，汪鸾，淳安县人，系宁夏前卫年老指挥同知汪朝宗嫡长男。

八辈汪度，旧选簿查有：嘉靖三十六年四月，汪度，年十岁，淳安县人，系宁夏前卫故指挥同知汪鸾嫡长男。查得伊祖朝宗，原袭伊曾祖泰功升指挥佥事，嘉靖六年以花马池部下功升指挥同知。父鸾替袭。所据部下功例无承袭，本舍照例革与曾祖泰功升指挥佥事俸优给，至嘉靖四十年终住支。·408·

嘉靖四十四年十月，汪度，年十九岁，淳安县人，系宁夏前卫故指挥佥事汪鸾嫡长男。

九辈汪济民①，万历二十八年五月，单本选过宁夏前卫指挥佥事汪济民，年二十五岁，系疾指挥佥事汪度嫡长男。伊父历升都司，例不准替。本舍以子承父，合照例准替祖职指挥佥事。比中一等。

解麟·指挥佥事

缺。

---

①万历《朔方新志》卷三《武阶》："汪济民，度之子。（宁夏）前卫指挥，见任大坝守备。"（第243页）

一辈解明，缺。

二辈解珩，旧选簿查有：永乐十一年四月，解珩，原系汉中卫流官指挥同知，调宁夏前卫。

三辈解宏，旧选簿查有：宣德九年四月，解宏，系宁夏前卫流官指挥同知解珩嫡长男。父原系正千户，革除年间升指挥佥事，灵璧县归附，升除前职。钦准本人依原职正千户，照归附升一级，替袭世袭指挥佥事。

四辈解经，旧选簿查有：景泰七年五月，解经，巢县人，系宁夏前卫世袭指挥佥事解宏嫡长男。

五辈解庸，旧选簿查有：成化十五年六月，解庸，巢县人，系宁夏前卫世袭指挥佥事解经嫡长男。

六辈解钺，旧选簿查有：弘治十五年六月，解钺，年十六岁，巢县人，系宁夏前卫故世袭指挥佥事解庸嫡长男。

七辈解麟，旧选簿查有：嘉靖五年十月，解麟，巢县人，系宁夏前卫故世袭指挥佥事解钺嫡长男。

充军簿查有：解麟，系宁夏前卫指挥佥事。犯该守备不设，照例于嘉靖三十七年四月初四日发凉州卫左所边远充终身军。

八辈解魁，万历七年二月，解魁，年四十岁，无为州人，系宁夏前卫故充终身军指挥佥事解麟嫡长男。伊父原袭祖职指挥佥事，嘉靖三十七年犯该守备不设，问充凉州卫左所终身军，万历五年故。本舍照旧袭祖职指挥佥事，比试二等。

九辈解国重①，万历二十二年四月，解国重，年二十八岁，系宁夏前卫指挥佥事解魁嫡长男。 ·408·

赵炳·指挥佥事

内黄查有：赵成，青县人。有叔父赵大，洪武元年充军，征灰山阵亡。成补役，三十二年克雄县升小旗，郑村坝升总旗；三十四年藁城西水寨升副千户，三十五年克东阿，渡江升指挥佥事。赵宣，年十六岁，系赵成嫡长男。父永乐七年征胡寇阵亡，宣于九年袭金吾右卫世袭指挥佥事。赵玺，年十八岁，赵宣嫡长孙，祖原

---

① 万历《朔方新志》卷三《武阶》："解国重，（宁夏）前卫指挥，历文县守备。"（第243页）

系前卫前职，后调宁夏前卫指挥佥事，老疾。父赵让替职，今疾。玺于成化十七年替宁夏前卫世袭指挥佥事。

一辈赵成，已载前黄。

二辈赵瑄，旧选簿查有：永乐九年三月，赵瑄，系金吾右卫阵亡流官指挥佥事赵成嫡长男，敬袭世袭指挥佥事。

正统四年十月，金吾右卫赵瑄，旧名宣，调宁夏前卫指挥佥事。

三辈赵让，旧选簿查有：景泰三年十月，赵让，青县人，系宁夏前卫世袭指挥佥事赵瑄嫡长男。

四辈赵玺，旧选簿查有：成化八年二月，赵玺，青县人，系宁夏前卫世袭指挥佥事赵让嫡长男。

五辈赵昂，旧选簿查有：弘治六年十月，赵昂，青县人，系宁夏前卫故世袭指挥佥事赵玺嫡长男。

六辈赵祚，旧选簿查有：嘉靖五年二月，赵祚，青县人，系宁夏前卫指挥同知赵昂嫡长男。父原袭祖职指挥佥事，以贺兰山部下斩首功升前职。

七辈赵炳，旧选簿查有：嘉靖三十八年四月，赵炳，年三十六岁，青县人，系宁夏前卫故指挥同知降级正千户赵祚嫡长男。伊祖赵昂，以指挥佥事弘治十一年花果园部下功升指挥同知，老。伊父赵祚替，嘉靖二十八年为失事参降正千户，今故。所据伊祖花果园部下功升指挥同知一级不准袭，本舍照例革袭祖职指挥佥事。

八辈赵承先，万历九年二月，赵承先，年二十一岁，青县人，系宁夏前卫故指挥佥事赵炳侄。比中二等。

九辈赵承祖，万历二十二年六月，赵承祖，年三十一岁，青县人，系宁夏前卫故指挥佥事赵承先堂弟。比中三等。

十辈赵应龙，天启五年二月，大选过宁夏前卫指挥佥事一员赵应龙，年二十一岁，系故指挥佥事赵承祖亲侄。比中三等。〔对讫。〕·409·

王范·指挥佥事

缺。

一辈王成，缺。

二辈王贵，旧选簿查有：永乐九年四月，王贵，系宁夏前卫左所伤故百户王成嫡长男，敬袭世袭百户。

副千户功次缺。

三辈王俊，旧选簿查有：永乐二十年五月，王俊，系宁夏前卫右所故世袭副千户王贵嫡长男。

正千户功次缺。指挥佥事功次缺。

四辈王礼，旧选簿查有：正统二年，王礼，系宁夏前卫指挥佥事王俊嫡长男，钦与世袭。

五辈王铎，旧选簿查有：成化二年七月，王铎，信阳县人，系宁夏左屯卫阵亡世袭指挥佥事王礼嫡长男。

六辈王荣，旧选簿查有：正德三年十二月，王荣，信阳县人，系宁夏前卫年老世袭指挥佥事王铎嫡长男。

七辈王范，旧选簿查有：正德十四年十月，王范，信阳县人，系宁夏前卫世袭指挥佥事王荣嫡长男。

充军簿查有：王范，系宁夏前卫指挥佥事。犯该守备不设，于嘉靖十四年五月编发大同右卫左所边远充军。

八辈王耿，隆庆四年六月，王耿，年四十一岁，信阳县人，系宁夏前卫故充军指挥佥事王范嫡长男。伊父原替祖职指挥佥事，嘉靖十四年参问守备不设，充大同右卫终身军，隆庆元年故。本舍照例准复袭祖职指挥佥事。

九辈王有政，万历二十二年八月，王有政，年三十二岁，系宁夏前卫老疾指挥佥事王耿嫡长男。比中三等。

十辈王朝纲，天启五年正月补四年十二月大选，过宁夏前卫指挥佥事一员王朝纲，年二十九岁，系老指挥佥事王有政嫡长男。比中三等。〔对讫。〕·410·

邓旸·指挥佥事

外黄查有：邓诚，池州府人。父邓清，丙申年充千户，丁酉年充万户，甲辰年除豹韬卫百户，吴元年升怀远卫副千户，洪武元年授流官，三年授世袭，五年故。诚系嫡长男，十八年除府军右卫右所世袭副千〔户〕，二十二年调潼关卫后所世袭副千户，二十五年因年深钦取越升绥德卫指挥佥事，二十九年调宁夏前卫。邓显，系宁夏前卫指挥佥事邓达嫡长男。

一辈邓清，已载前黄。

二辈邓诚，旧选簿查有：洪武三十年正月，邓诚，系绥德卫世袭指挥佥事，钦调宁夏前卫。

三辈邓升，旧选簿查有：宣德七年九月，邓升，系宁夏前卫世袭指挥佥事邓诚庶长男。

四辈邓宣，旧选簿查有：成化十五年十二月，邓宣，池州府人，系宁夏前卫为事充军病故世袭指挥佥事邓升嫡长男。

五辈邓达，旧选簿查有：弘治三年九月，邓达，池州府人，系宁夏前卫年老世袭指挥佥事邓宣嫡长男。

六辈邓显，旧选簿查有：嘉靖三年十月，邓显，池州府人，系宁夏前卫年老世袭指挥佥事邓达嫡长男。

七辈邓周，旧选簿查有：嘉靖二十三年十二月，邓周，年二十四岁，池州府人，系宁夏前卫患疾指挥使邓显嫡长男。

邓周，编军簿查有：陕西宁夏前卫指挥使邓周，嘉靖三十六年三月犯该守备不设，照例发边远卫分充军终身，编岷州卫前所。

八辈邓旸，旧选簿查有：隆庆元年十二月，邓旸，年四十九岁，池州府人，系宁夏前卫故充军指挥使邓周堂兄。伊堂弟原替祖职指挥使，嘉靖二十九年犯该守备不设，参问岷州卫充终身军，四十四年故绝。所据伊伯邓显部下功升指挥同知、指挥使二级，例应减革，本舍照例革袭指挥佥事。

九辈邓继武，万历十五年八月，邓继武，年七岁，池州府人，系宁夏前卫故指挥佥事邓旸嫡长男。照例与全俸优给，至万历二十二年终住支。

万历二十四年六月，邓继武，年十六岁，系故指挥佥事邓旸嫡长男，出幼袭职，违限一年，有无多支查扣。比中三等。

任极·指挥佥事

·411·

缺。

一辈任忠，缺。

二辈任信①，旧选簿查有：正统元年十一月，任信，系宁夏前卫流官指挥佥事任忠嫡长男。

三辈任让②，旧选簿查有：天顺六年正月，任让，系陕西都司被贼杀伤故都指挥佥事任信嫡长男。照例袭父原职指挥佥事，注宁夏前卫。

四辈任纲，旧选簿查有：弘治五年八月，任纲，汤阴县人，系宁夏前卫故世袭指挥佥事任让嫡长男。

五辈任显，旧选簿查有：嘉靖三年十月，任显，汤阴县人，系宁夏前卫世袭指挥佥事任纲嫡长男。

六辈任极，旧选簿查有：嘉靖二十九年四月，任极，汤阴县人，系宁夏前卫故指挥同知任显庶长男。照例与全俸优给，至嘉靖三十六年终住支。

旧选簿查有：嘉靖三十七年十二月，任极，年十六岁，汤阴县人，系宁夏前卫故指挥同知任显庶长男，优给出幼袭职。伊父任显，以指挥佥事于嘉靖二十三年芦沟子部下功升指挥同知。所据部下功例不准袭，本舍照例革袭祖职指挥佥事。

七辈任继勋，万历十四年六月，任继勋，年二十五岁，汤阴县人，系宁夏前卫患疾指挥佥事任极嫡长男。比中三等。

八辈任勇，年七岁，万历二十二年二月，大选过宁夏前卫故指挥佥事任继勋嫡长男。照例与俸优给，至万历三十年终住支。

万历三十二年八月，大选过宁夏指挥佥事一员任勇，年十七岁，优给出幼。比中三等。〔对讫。〕

九辈任奇英，万历四十年八月，大选过宁夏前卫指挥佥事优给舍人一名任奇英，年四岁，系故指挥佥事任勇嫡长男。照例与全俸优给，至五十一年终住支。〔对讫。〕

十辈任奇英③，天启六年二月，大选过宁夏前卫指挥佥事一员任奇英，年十七岁，出幼袭职，限外多支俸粮，彼年查扣。比中三等。〔对讫。〕 ·412·

①《嘉靖宁夏新志》卷二《宁夏总镇续·武阶》："任信，宁夏前卫指挥使，以功升都指挥佥事。兵车之制及教演之法，皆任其责。"（第141页）
②《明英宗实录》卷三三六：天顺六年正月丙辰，"命故陕西都指挥佥事任信子让袭为宁夏前卫指挥佥事"。
③此处"十辈任奇英"为衍文。

江龙·指挥佥事

缺。

一辈江大,已载四辈题稿内。

二辈江成,已载四辈题稿内。

三辈江春,旧选簿查有:宣德四年二月,江春,系宁夏前卫前所正千户江成、旧姓名胡重阳嫡长男。

四辈江宽,题稿查有:江宽,祖江大补外祖胡重阳军,洪武四年调彭城卫,年老。父江成代役,济南升小旗,九月升总旗,西水寨升百户,金川门升豹韬卫正千户,洪熙元年调宁夏前卫前所。

旧选簿查有:天顺二年三月,江宽,滁(徐)州人,系宁夏前卫前所失[陷]故世袭正千户江春嫡长男。

五辈江清,旧选簿查有:成化二十年十一月,江清,徐州人,系宁夏前卫前所百户江宽嫡长男。父原系世袭正千户,为事降前职,今病故。本人该袭原职正千户。

六辈江山①,旧选簿查有:正德九年六月,江山,五郡(河)县人,系宁夏前卫前所故世袭正千户江清嫡长男。

七辈江嵒,旧选簿查有:正德十六年二月,江嵒,年八岁,徐州人,系宁夏前卫前所故绝世袭正千户江山堂弟。伊父未袭先故,本人钦与全俸优给。

旧选簿查有:嘉靖七年八月,江嵒,年十七岁,徐州人,系宁夏前卫前所故绝世袭正千户江山堂弟,优给出幼告袭。

指挥佥事功次已载八辈选条。

八辈江龙,旧选簿查有:嘉靖三十五年二月,江龙,徐州人,系宁夏前卫前所阵亡正千户江嵒嫡长男。伊父原袭正千户,嘉靖三十二年浮图峪阵亡,升指挥佥事。本舍照例与袭指挥佥事。

九辈江应诏②,万历十八年二月,江应诏,年二十六岁,系宁夏前卫老疾指挥佥事江龙嫡长男。比中二等。

---

①《嘉靖宁夏新志》卷二《宁夏总镇续·武阶》:"江山,宁夏前卫指挥使,升都指挥同知,守备洮州。"(第142页)

②万历《朔方新志》卷三《武阶》:"江应诏,(宁夏)前卫指挥,历升井坪参将,见任蓟镇副总兵。"(第242页)

十辈江奇英,崇祯六年正月补五年十二月分大选,过宁夏前卫指挥佥事一员江奇英,年十六岁,系故指挥佥事江应诏嫡长男。比中三等。·413·

陈奎·指挥佥事

缺。

一辈陈山,缺。

二辈陈荣,缺。

三辈陈聚,缺。

四辈陈能,缺。

五辈陈爵①,旧选簿查有:弘治七年九月,陈爵,年十五岁,蕲水县人,系宁夏前卫前所故世袭副千户陈能嫡长孙。祖原系宣武卫后所,调今卫所。父陈域袭职间亦故。本人优给出幼袭职。

指挥同知以上功次俱载六辈选条。

六辈陈奎,旧选簿查有:嘉靖三十一年三月,陈奎,黄陂县人,系宁夏前卫年老指挥同知陈爵嫡长孙。伊祖原袭祖职副千户,正德六年刘从湖斩首功升正千户,报捷功升指挥佥事。嘉靖六年麦垛山斩首功升指挥同知,推升署都指挥佥事,老。父陈鸾患疾,不堪承袭。所据伊祖推升职系流官,报捷一级不由军功,例应减革。本舍照例革替伊替伊祖功升指挥佥事。

七辈陈光祖,万历二十四年二月,陈光祖,年三十岁,系宁夏前卫年老指挥佥事陈奎嫡长男。比中三等。

八辈陈三杰,万历四十二年十一月,大选过宁夏前卫指挥佥事陈三杰,年二十九岁,系故指挥佥事陈光祖嫡长男。比中三等。〔对讫。〕

---

①《嘉靖宁夏新志》卷一《宁夏总镇·五卫·南路邵刚堡》:"陈爵,宁夏前卫指挥。嘉靖九年,总制、尚书王琼奏革之。"(第87页)卷二《宁夏总镇续·武阶》:"陈爵,宁夏前卫指挥同知,升都指挥,守备环县。"(第143页)

李植①·指挥佥事

外黄查有：李植，年十一岁，系陕西宁夏前卫指挥佥事，原籍河南彰德府临漳县人。伊始祖李鬄，洪武元年归附□□，二年庆阳、宁州等处有功，三年除骁骑左卫百户，十二年调颍川卫，老疾。始祖李铭系嫡长男替，以□□□等寨有功，十八年升坚垓卫正千户，开设沈阳左卫中所，调永定卫前所；永乐五年调宁夏前卫后所，故。高高祖李弘系嫡长男，十二年十二月比袭，故。高伯祖李宗优给，宣德五年二月袭，故。堂曾伯祖李瀚系嫡长男，优给，景泰五年六月比袭，故。伯祖李宣系堂叔，天顺七年三月比袭，老。曾祖李勋系嫡长男，成化十三年七月比替，为失机降百户，故。祖李锦系嫡长男，弘治十三年四月比替，袭正千户；正德五年宁夏横城堡等处斩首一颗，升指挥佥事，故。父李纲系嫡长男，本年十二[月]比袭，失机降副千户；部下功累升指挥同知，失事降指挥佥事。李植系嫡长男，嘉靖三十九年二月照例准袭祖职指挥佥事俸优给，至四十四年住支。·415·

一辈李鬄，已载前黄。

二辈李铭，已载前黄。

三辈李弘，旧选簿查有：永乐十二年十二月，李弘，系宁夏前卫后所故世袭正千户李铭嫡长男。

四辈李宗，旧选簿查有：宣德五年二月，李宗，系宁夏前卫后所故世袭正千户李弘嫡长男。

五辈李瀚，旧选簿查有：景泰五年六月，李翰，临漳县人，系宁夏前卫后所故世袭正千户李宗嫡长男。

六辈李宣，旧选簿查有：天顺七年三月，李宣，[临]漳县人，系宁夏前卫后所故世袭正千户李瀚堂叔。

七辈李勋，旧选簿查有：成化十三年七月，李勋，临漳县人，系宁夏前卫后所世袭正千户李宣嫡长男。

八辈李锦，旧选簿查有：弘治十三年四月，李锦，临漳县人，系宁夏前卫后所百户李勋嫡长男。伊父原系正千户，为失机事降今职，故。本人照例仍袭祖职正千户。

---

①万历《朔方新志》卷三《武阶》："李植，（宁夏）前卫指挥，历升玉泉营游击。"（第241页）

功次簿查有：正德五年，宁夏横城堡等处宁夏前卫升一级，二人共斩首一颗，为首后所正千户升指挥佥事李锦，准复祖职指挥佥事。

九辈李纲，旧选簿查有：正德十一年十二月，李纲，临漳县人，系宁夏前卫故功升指挥佥事李锦嫡长男，钦与世袭。

十辈李植，旧选簿查有：嘉靖三十九年二月，李植，年一十一岁，临漳县人，系宁夏前卫故指挥佥事李纲嫡长男。查得伊父李纲，原袭指挥佥事，失事降副千户，复以部下功累升至指挥同知，失事降指挥佥事，今故。除降后升指挥同知、失事复降职级，系自己获功自己犯罪，及减降不尽；指挥佥事原系部下功，俱不准袭外，所据依父、祖军功累升指挥佥事职级，本身既故，例应准复。本舍准照例以祖职指挥佥事全俸优给，扣至嘉靖四十四年终住支。

隆庆元年八月，李植，年十八岁，临漳县人，系宁夏前卫故指挥佥事李纲嫡长男，优给出幼袭职。查得本舍优给违限三年，限外有无多支俸粮，查扣毕日关支。

十一辈李永寿，万历三十五年二月，大选过宁夏前卫指挥佥事一员李永寿，年二十岁，系老指挥佥事李植嫡长男。比中一等。·415·

陈雷·指挥佥事

外黄查有：陈雷，年十岁，系陕西宁夏前卫优给世袭指挥佥事。原籍安庆府潜山县人。始祖陈友孙，洪武四年收集充军，五年调燕山后卫，十七年调燕山中护（卫）前所军。三十二年漠（鄚）州、真定功升小旗，大宁、北平、□□功升总旗；三十三年白沟河、济南功升本卫所百户；三十四年夹河、藁城、西水寨功升副千户，三十五年齐眉山阵亡。高祖陈广系嫡长男，永乐十一年四月袭。查阵亡功升羽林前卫世袭指挥佥事，调浔州卫；宣德八年调宁夏前卫，景泰七年老疾，无子。曾祖陈琦系亲侄，天顺六年袭，正德四年故。祖陈廉系庶长男，六年十二月袭，十五年故。父陈忠系嫡长男，优给；嘉靖十八年八月袭，为事降副千户，阵亡。雷系嫡长男，三十九年四月照例准复祖职指挥佥事俸优给，至四十年终住支，仍宁夏前卫支俸。

一辈陈友孙，已载前黄。

二辈陈广，旧选簿查有：永乐四年十一月，陈广，系羽林前卫前所齐眉山阵亡副千户陈友孙嫡长男，敬袭流官指挥佥事。

三辈陈琦，旧选簿查有：天顺六年六月，陈琦，潜山县人，系宁夏前卫故流官指挥佥事陈广亲侄。

四辈陈廉，旧选簿查有：正德六年十二月，陈廉，潜山县人，系宁夏前卫故世袭指挥佥事陈琦庶长男。

五辈陈忠，旧选簿查有：嘉靖六年八月，陈忠，年十六岁，潜山县人，系宁夏前卫故世袭指挥佥事陈廉嫡长男，优给出幼袭职。

六辈陈雷，旧选簿查有：嘉靖三十九年四月，陈雷，年十岁，潜山县人，系宁夏前卫阵亡指挥佥事降级副千户陈忠嫡长男。照例准复祖职，以指挥佥事全俸优给，至嘉靖四十四年终住支。

旧选簿查有：隆庆元年二月，陈雷，年十六岁，潜山县人，系宁夏前卫故指挥佥事陈忠嫡长男，优给出幼袭职。

七辈陈安国，万历三十年四月，陈安国，年二十八岁，系宁夏前卫患疾指挥佥事陈雷嫡长男。比中一等。

杨鹏·指挥佥事

外黄查有：杨庸，三河县人。兄杨石来儿，洪武三十二年充军，三十三年白沟河升小旗，三十四年夹河失陷。改庸补役总旗，三十五年渡江，除大宁前卫前所百户，永乐二年与世袭。杨信系杨庸嫡长男，父老疾，信于正统二年替大宁前卫前所百户，于金吾后卫右所带支俸。

一辈杨石来儿，已载前黄。·416·

二辈杨庸，已载前黄。

三辈杨信，已载前黄。

四辈杨盛，旧选簿查有：景泰四年五月，杨盛，三河县人，系宁夏前卫前所故署所镇抚事世袭百户杨信嫡长男。

五辈杨贤①，旧选簿查有：弘治二年十月，杨贤，三河县人，系宁夏前卫前所

---

①《明武宗实录》卷一〇八：正德九年十一月丙子，"宁夏前卫指挥同知杨贤守备宁夏镇城迤南地方"。嘉靖《陕西通志》卷一九《文献》七《全陕名宦·（宁夏）守备》："杨贤，宁夏前卫人。正德十二年分守中卫。"（第957页）《嘉靖宁夏新志》卷二《宁夏总镇续·武阶》："杨贤，宁夏前卫所镇抚，历升都督佥事。充左副总兵，镇守山西。"（第142页）

故署所镇抚事世袭百户杨盛嫡长男。

指挥同知以上功次已载六辈选条。

六辈杨德，旧选簿查有：优给审稿吊来嘉靖七年九月连送杨德，三河县人，系故绝署都指挥佥事杨贤亲弟。伊兄杨贤原袭百户，招军升副千户，纳粟升指挥佥事，〔晏官〕儿湖获功升指挥同知，海子湖获功仍以祖职百户上加副千户，月牙湖、黑龙泉二处获功二级重升正千户，改正指挥佥事，推升署都指挥佥事。后除去纳粟，于祖职上加军功四级，并招军一级，改正指挥使，仍准推升署职，今故。本人系亲弟，保送前来，所据招军一级并都指挥，俱不准袭，于祖职百户上加伊兄军功四级，与袭指挥同知。

七辈杨威，旧选簿查有：嘉靖十五年四月，杨威，年八岁，三河县人，系宁夏前卫故指挥同知杨德嫡长孙。照例与全俸优给，至嘉靖二十二年终住支。

旧选簿查有：嘉靖二十四年四月，杨威，年十六岁，三河县人，系宁夏前卫故指挥同知杨德嫡长孙，出幼袭职。除流官不袭，于指挥使上革招军一级并纳粟一级，照例革与本舍指挥佥事。

八辈杨鹏，旧选簿查有：嘉靖三十年十月，杨鹏，三河县人，系宁夏前卫故指挥佥事杨威亲叔。

充军簿查有：杨鹏，系宁夏前卫指挥。犯该守备不设，于嘉靖三十六年十一月十八日发固原卫前所边卫（远）充终身军。

九辈杨烈，万历九年十二月，杨烈，年四十五岁，三河县人，系宁夏前卫故充终身军指挥佥事杨鹏嫡长男。伊父原袭祖职指挥佥事，嘉靖三十一年犯该守备不设，问充固原卫前所终身军，万历三年故。本舍于八年二月保送到部承袭。查伊父充军虽有抄招，未经巡按御史查明印验，随经驳查去后。事既查明无碍，覆保前来，照旧与袭祖职指挥佥事。及查伊祖父节辈未比，照例罚俸五年。比中三等。

十辈杨勋，万历二十二年三月分，单本选过宁夏前卫左所正千户一员杨勋，年四十岁。伊兄原袭指挥佥事，今故。查得伊祖杨贤，原袭祖职实授百户，获功四级升指挥同知，故绝。伊祖杨德系亲弟，沿袭至伊堂兄杨威，减革指挥佥事。查军职获功故绝，弟、侄承袭事例三级以上，量减一级。本舍合照例减革，与袭正千户。比中三等。

〔十一辈杨皋，〕万历四十四年二月，大选〔过〕宁夏前卫前所正千户一员杨皋，年三十岁，系故正千户杨勋亲侄。比中□等。〔对讫。〕·417·

徐诰·指挥佥事

零选簿查有：嘉靖十八年六月，徐纲，年二十一岁，滑县人，系宁夏前卫中所阵亡试百户徐四即徐清[1]嫡长男。伊父原补祖役总旗，宁夏获功升前职，李纲堡杀贼阵亡……查议，本舍照例与袭试百户。

一辈徐四。

二辈徐林。

三辈徐干。

四辈徐清。

五辈徐纲。

六辈徐诰，万历五年八月，徐诰，年二十四岁，滑县人，系宁夏前卫故指挥佥事徐纲嫡长男。伊父原袭祖职试百户，嘉靖三十二年浮图峪冲锋破敌升实授百户，三十三年平虏城斩首一颗升副千户，三十六年宁夏碱边斩首一颗，三十七年宁夏横城斩首一颗，重升副千户；四十年并升指挥佥事，隆庆二等年历升副千户、凉庄游击，万历三年故。所据伊父推升流官例不准袭，本舍照旧袭指挥佥事。比试一等十二名。

七辈徐国辅，万历四十五年六月，大选过宁夏前卫指挥佥事一员徐国辅，年三十五岁，系故指挥佥事徐诰嫡长男。比中三等。〔对讫。〕

八辈徐忠，崇祯十三年二月，大选过宁夏前卫指挥佥事一员徐忠，年二十四岁，系疾指挥佥事徐国辅嫡长男。比中三等。〔对讫。〕

朱梦龙·指挥佥事[2]

万历三十五年九月，单本选过宁夏前卫指挥使一员朱梦龙，年十七岁，长兴县人，系故指挥佥事朱绶[3]嫡长男。查伊父原袭祖职指挥佥事，万历十九年西宁斩首一颗，二十年被刘东旸杀死。本舍加伊父西宁斩首功一级，又加难功二级，照原题议减合准并袭指挥使。一辈以后子孙止照原题议袭指挥同知。比中二等。

---

[1]此处"徐四即徐清"与"一辈徐四"年代、辈分不符，疑为户名。

[2]此条与《总汇》本册423页"朱经"档中"十辈朱梦龙"内容相同。

[3]万历《朔方新志》卷三《武阶》："朱绶，（宁夏）左卫指挥，升石空寺守备。壬辰被害。"（第241页）

年远事故指挥佥事一员·赵大宁

永乐二十二年十一月,赵让,系宁夏前卫流官指挥佥事赵英嫡长男。

成化六年九月,赵佐,丰城县人,系宁夏前卫世袭指挥佥事赵让嫡长男。

弘治十二年三月,赵大宁,丰城县人,系宁夏前卫患疾世袭指挥佥事赵佐嫡长男,优给出幼袭职。

又一员·梁辅

宣德六年三月,梁辅,系宁夏前卫流官指挥佥事梁瑛嫡长男。

又一员·申颙

成化五年十二月,申颙,伊父申澄[①]原系陕西都司宁夏前卫指挥佥事保升署都指挥佥事,遇例实授,失陷。本人系庶长男,袭授指挥佥事差操,注本卫。

又一员·魏政

洪熙元年闰七月,魏政,系宁夏前卫故流官指挥佥事魏真庶长男。

又一员·王忠

宣德四年二月,王忠,系宁夏前卫故流官指挥佥事王俊嫡长男。

又一员·陈忠

天顺八年十二月,陈忠,济宁州人,系宁夏前卫指挥佥事陈文嫡长男。

[①]《明英宗实录》卷二三七:景泰五年春正月戊午,"升临洮卫指挥使晏璟、宁夏前卫指挥佥事申澄,俱为陕西署都指挥佥事,听调操备,以镇守右副都御史耿九畴奏璟、澄曾经战阵,调度有方故也"。

年远事故卫镇抚一员·杨纲

宣德五年十一月，杨廉，系宁夏前卫署卫镇抚事世袭副千户杨忠嫡长男。

正统八年三月，杨新，系宁夏前卫故世袭卫镇抚杨廉嫡长男。

天顺四年八月，杨巽，舒城县人，系宁夏前卫故世袭卫镇抚杨新嫡长男。

弘治十五年六月，杨纲，舒城县人，系宁夏前卫故世袭卫镇抚杨巽庶长男。

路美·正千户

外黄查有：路顺，旧名路弟，阳信县人。有兄路五儿，洪武元年从军，二十年故。二十二年取顺补役，三十三年济南升小旗，三十四年夹河升试百户，三十五年金川门升高山卫右所副千户，永乐二年与世袭。路宽系路顺嫡长男，父永乐四年给授诰命一道，洪熙元年调宁夏前卫署卫镇抚事，老。宽于宣德五年替授本卫署卫镇抚事副千户。路亨系路宽嫡长男，父宣德八年改任卫镇抚，正统元年故。亨幼小，优给出幼，正统十二年袭授宁夏前卫世袭卫镇抚。路明系路亨嫡次孙，伊祖患风疾，父路昇替职，故。明系嫡次男，于弘治十年优给，至二十年终住支，正德三年袭授宁夏前卫世袭卫镇抚。路美系宁夏前卫左所阵亡正千户路义亲弟，优给至嘉靖二十四年终住支。其伊兄路义，晏官儿湖阵亡一级，候巡按御史覆册至日另行定夺。

一辈路顺，已载前黄。

二辈路宽，旧选簿查有：宣德五年十一月，路宽，系宁夏前卫署卫镇抚事世袭副千户路顺嫡长男。

三辈路亨，旧选簿查有：正统十二年七月，路亨，系宁夏前卫故世袭卫镇抚路宽嫡长男。

四辈路昇，旧选簿查有：弘治二年十月，路昇，阳信县人，系宁夏前卫世袭卫镇抚路亨嫡长男。

五辈路明，旧选簿查有：正德三年七月，路明，阳信县人，系宁夏前卫故世袭卫镇抚路昇嫡次男。

正千户功次已载前黄。·420·

六辈路义，旧选簿查有：嘉靖十五年六月，路义，年二十岁，阳信县人，系宁夏前卫左所故正千户路明嫡长男。伊父原袭祖职卫镇抚，嘉靖十二年蜂窝山斩首一颗升前职，未任先故。本舍告袭，照例于祖职卫镇抚上加伊父功升一级，与袭正千户。

七辈路美，旧选簿查有：嘉靖十七年四月，路美，年八岁，阳信县人，系宁夏前卫左所阵亡正千户路义亲弟。照例与全俸优给，至嘉靖二十四年终住支。其伊兄路义晏官儿湖阵亡一级，候巡按御史覆册至日另行定夺。

旧选簿查有：嘉靖二十九年二月，路美，年一十九岁，阳信县人，系宁夏前卫左所阵亡正千户路义亲弟。伊兄路义阵亡功，候覆册至日另议。

八辈路万里，万历十年十月，路万里，年三十六岁，阳信县人，系宁夏前卫左所瘸疾正千户路美嫡长男。伊父原袭祖职正千户，隆庆四年犯该受财枉法，问拟凉州卫立功五年，遇例回卫支俸，今老疾。本舍照旧替祖职正千户。比中三等。

十（九）辈路忠，万历二十二年二月，路忠，年二十岁，阳信县人，系宁夏前卫左所故正千户路万里嫡长男。比中三等。

蒋镒·正千户

缺。

一辈蒋华，缺。

二辈蒋礼，缺。

三辈蒋鼎，旧选簿查有：永乐二十一年六月，蒋鼎，系宁夏前卫左所阵亡世袭正千户蒋礼嫡次男。

四辈蒋琰，旧选簿查有：正统十一年四月，蒋琰，系宁夏前卫左所故世袭正千户蒋鼎嫡长男。

五辈蒋恕，旧选簿查有：弘治十六年二月，蒋恕，祁阳县人，系宁夏前卫左所世袭正千户蒋琰嫡长男。

六辈蒋镒，旧选簿查有：嘉靖二年十月，蒋镒，祁阳县人，系宁夏前卫左所故世袭正千户蒋恕嫡长男。

韩恩·正千户

内黄查有：韩江，武定州人。高祖韩保儿，洪武元年军，老。曾祖韩文代役，三十二年郑村坝升小旗，三十三年白沟河升总旗，东昌功升试百户，三十五年平定京师升正千户，调甘州右卫后所，故。伯祖韩迪系亲侄，袭，故。堂伯韩瑾系嫡长男，未袭先故。祖韩昱系韩迪亲弟，袭，故。父韩瑛系嫡长男，袭，故。江系嫡长男，正德七年袭甘州右卫后所正千户。

一辈韩文，已载前黄。

二辈韩迪，已载前黄。

三辈韩昱，已载前黄。

四辈韩瑛，已载前黄。

五辈韩江，已载前黄。

六辈韩恩，旧选簿查有：嘉靖三十七年十二月，韩恩，年二十九岁，乐安州人，系宁夏前卫左所年老正千户韩江嫡长男，照旧正千户。

充军簿查有：韩恩，系宁夏前卫左所正千户。犯该监守自盗，于隆庆元年七月照例定发山丹卫右所永远充军。

朱经·正千户

外黄查有：朱泰，长兴县人。曾祖朱四儿，丁酉年从军，调宁夏前卫。洪武十四年选充小旗，二十二年并升总旗，老。祖朱亮代，三十年升本卫右所百户，节次有功升二级，升副千户，老。父朱弼替，老。太（泰）系嫡长男，成化八年仍替本卫世袭百户。

一辈朱四儿，已载前黄。

二辈朱亮，已载前黄。

三辈朱弼，旧选簿查有：宣德七年三月，朱弼，系宁夏前卫后所副千户朱亮嫡长男。父原系总旗，革除年间降百户；洪武三十五年归附，升除前职。钦准本人依原役总旗上照归附升一级，替实授世袭百户。·422·

四辈朱泰，旧选簿查有：成化十二年十二月，朱泰，长兴县人，系宁夏前卫左所世袭百户朱弼嫡长男。

五辈朱永，旧选簿查有：弘治十二年九月，朱永，长兴县人，系宁夏前卫左所故世袭百户朱泰亲侄。

功次簿查有：嘉靖七年为捷音事，节年行勘未报宁夏等处杀贼阵亡升实授一级，阵亡官旗军八员名内一员宁夏前卫左所实授百户升副千户一员朱永。

六辈朱冕，旧选簿查有：正德八年四月，朱冕，长兴县人，系宁夏前卫左所故世袭百户朱永嫡长男，钦与全俸优给。

七辈朱镇，旧选簿查有：嘉靖五年八月，朱镇，年十六岁，系宁夏前卫左所故绝世袭百户朱永亲侄，优给出幼袭职。

八辈朱经，旧选簿查有：嘉靖二十七年六月，朱经，长兴县人，系宁夏前卫左所痼疾副千户朱镇嫡长男。

功次簿查有：嘉靖三十四年五月，为虏贼侵犯、仰仗天威、斩获首级等事，开三十二年贺兰山、无名高口、旧边等处获功升实授一级，二人共斩首一颗，为首宁夏前卫左所副千户升正千户一员朱经。

九辈朱绶，万历三年四月，朱绶，年三十二岁，长兴县人，系宁夏前卫故指挥佥事朱经亲弟。

十辈朱梦龙，年四岁，万历二十二年八月，大选过宁夏前卫故指挥佥事朱绶嫡长男。照例与全俸优给，至万历三十二年终住支。

万历三十五年九月，单本选过宁夏前卫指挥使一员朱梦龙，年十七岁，长兴县人，系故指挥佥事朱绶嫡长男。查伊父原袭祖职指挥佥事，万历十九年西宁斩首一颗，二十年被刘东旸杀死。本舍加伊父西宁斩首一级又加难功二级，照原题议减合准并袭指挥使。一辈以后子孙照原题议袭指挥同知。比中二等。

刘东·正千户

外黄查有：刘清，沛县人。有父刘得，吴元年从军，拨济宁左卫充小旗，洪武二十五年老。将清户名不动代役，三十三年济南升总旗，三十四年西水寨升实授百户，三十五年平定京师，钦升宁夏前卫左所副千户，永乐二年与世袭。

一辈刘得，已载前黄。

二辈刘清，已载前黄。

三辈刘能，旧选簿查有：宣德元年十二月，刘能，系宁夏前卫左所故世袭副千户刘清嫡长男。

正千户功次候查。

四辈刘钦，旧选簿查有：成化元年二月，刘钦，沛县人，系宁夏前卫左所残疾正千户刘能嫡长男。

五辈刘源，旧选簿查有：弘治九年十一月，刘源，沛县人，系宁夏前卫左所故世袭正千户刘钦嫡长男。

六辈刘东，旧选簿查有：嘉靖十六年十月，刘东，沛县人，系济州卫带俸故指挥佥事刘源嫡长男。伊父原以正千户，九庙工完升前职。所据九庙工完不系军工，例无承袭。本人照例革袭正千户。

鲁镇·副千户

一辈鲁贤。

二辈鲁镇，万历九年十月，鲁镇，年三十六岁，江都县人，系延安卫右所故副千户鲁贤嫡长男。伊父原袭祖职副千户，嘉靖三十二年为催征屯粮未完，注调宁夏前卫左所带俸差操，万历八年故。本舍照旧准袭祖职副千户一级，赴原调卫所。比中三等。

三辈鲁应奎，万历二十四年十二月，鲁应奎，年二十八岁，系宁夏前卫左所故副千户鲁镇嫡长男。比中一等。

四辈鲁应璧，万历四十二年四月，大选过宁夏前卫左所副千户一员鲁应璧，年四十二岁，江都县人，系故副千户鲁应奎亲弟。比中三等。〔对讫。〕·424·

年远事故左所正千户一员·徐斌

永乐八年，副千户升正千户，宁夏前卫左所徐兴，户名徐贵。

永乐二十一年七月，徐斌，系宁夏前卫左所流官正千户徐兴嫡长男。

沈士明·所镇抚

天启二年二月，单本选过宁夏前卫右所所镇抚一员沈士明，年三十四岁，嘉定县人。查伊父沈得寿，原应祖名沈阿升总旗，于万历二十一年克复宁夏斩首功升所镇抚，今故。本舍以子承父，查无违碍，合准袭所镇抚。比中三等。〔对讫。〕

蒯鹏·副千户

外黄查有：蒯英，定远县人。曾祖蒯得成，乙未年从军，洪武四年残疾。伯祖蒯官受代役，故。祖蒯福安补役，二十一年以年深并充武德卫右所小旗，二十四年并充总旗，二十六年调宁夏前卫左所，三十二年升百户，永乐元年调宁夏右屯卫右所，正统七年故。缘系革除年间升职，父蒯俊复回宁夏前卫左所，十年并枪仍充总旗，天顺元年宁夏汉坝西岸杀贼生擒斩首有功，故，升试百户。英系嫡长男，袭本卫所试百户，遇例实授。·425·

一辈蒯福安，已载前黄。

二辈蒯俊，已载前黄。

三辈蒯英，旧选簿查有：天顺五年八月，蒯英，父蒯俊原系宁夏前卫左所总旗，迤西杀贼获功一级，未升，病故。本人系嫡长男，先因年幼，已与试百户俸优给，今出幼袭职。

四辈蒯明，旧选簿查有：弘治十一年七月，蒯明，定远县人，系宁夏前卫左所百户蒯英嫡长男。伊父原系袭试百户，天顺八年遇例实授，今患风湿疾。本人照例革替试百户。

副千户、正千户功次：巡按革册内查有，宁夏前卫左所正千户蒯明，原系本卫实授百户。正德五年四月二十三日，跟随都指挥郑卿斩获反贼陈通首级一颗，奏奉勘合升副千户；正德七年三月二十八日，跟随总兵仇钺到①于六安州七里岗斩割流贼耳记四副，奏奉勘合升正千户职事前件应留。

五辈蒯鹏，旧选簿查有：嘉靖十三年二月，蒯鹏，年二十六岁，定远县人，系宁夏前卫左所故正千户蒯明嫡长男。伊父原替试百户，遇例实授，获功二级升前职。本人照例革袭副千户。

---

①"到"系衍字。

柴钦·副千户

一辈柴卜兰奚。

二辈柴朵耳。

三辈柴广。

四辈柴福。·426·

五辈柴清。

六辈柴纲。

七辈柴恩。

八辈柴心。

九辈柴钦，万历四年十二月，柴钦，年三十九岁，山后人，系灵州守御所老疾土官副千户柴心嫡长男。伊父原袭祖职带俸土官副千户，今老疾。本舍照旧替祖职带俸土官副千户。

年远事故左所副千户一员·柴纲[①]

成化九年五月，柴福，塔滩里土人，系宁夏前卫左所故土官副千户柴广嫡长男。

成化二十三年二月，柴清，山后人，系宁夏前卫左所故土官世袭副千户柴福嫡长男。

弘治十八年七月，柴纲，山后人，系宁夏前卫左所故土官世袭副千户柴清嫡长男。

又一员·柴朵儿只[②]

洪武三十三年五月，柴卜［兰］奚，系宁夏前卫左所所镇抚。覆奏附选，钦与流官职事。

永乐十二年十月，柴朵儿只，系宁夏前卫左所达官副千户柴卜兰奚嫡长男。父原系余丁，革除年间除所镇抚，后永乐九年因首报逃叛，得实升除前职，故。本人

[①]此选条系《总汇》426页"柴钦"档"四辈柴福"及后两辈。
[②]此档系《总汇》426页"柴钦"档前两辈。"柴朵耳"与"柴朵儿只"为同一人姓名异写。

告袭，拟依余丁升一级，改充小旗。钦准仍袭本卫所副千户。

又一员·王真

·427·

洪武二十九年二月，王纲，系宁夏前卫左所世袭副千户王寿嫡长男，父患风证（症）。钦准替职，仍授本卫所世袭副千户。

永乐元年二月，王真，系宁夏前卫左所阵亡世袭副千户王［纲］嫡长男。

又一员·陈忠

永乐十六年四月，陈忠，旧名神保，系宁夏前卫左所故副千户陈四儿亲侄。

又一员·张成

宣德元年七月，张成，旧名锁住马，系宁夏前卫左所故世袭副千户张山嫡长男。

又一员·范兴

正统八年九月，范兴，系宁夏前卫世袭副千户范宁亲侄。

又一员·赵什来的

天顺六年十二月，赵什来的，浚县人，系宁夏前卫左所故世袭副千户赵成嫡长男，钦与全俸优给。

陈表·署副千户事百户

外黄查有：陈良，大同县人。父陈大，前王保保下军，洪武二十二年钦选锦衣卫带刀旗手，二十六年钦除府军前卫左所世袭百户，当年调宁夏前卫左所，三十年授世袭，故。良系嫡长男，永乐元年袭。

一辈陈大，已载前黄。·428·

二辈陈良。旧选簿查有：永乐元年三月，陈良，系宁夏前卫左所阵亡世袭百户陈大嫡长男。

三辈陈宏，旧选簿查有：正统四年五月，陈宏，系宁夏前卫左所世袭百户陈良嫡长男。

钦升簿查有：天顺元年，于沙山儿荀家滩等处擒贼获功一级，宁夏前卫百户升副千户二员内一员陈宏。

四辈陈策，旧选簿查有：成化十九年十一月，陈策，大同县人，系宁夏前卫左所副千户陈宏庶长男，钦与世袭。

五辈陈相，旧选簿查有：嘉靖六年八月，陈相，大同县人，系宁夏前卫左所故世袭副千户陈策嫡长男。

六辈陈表，旧选簿查有：嘉靖二十三年十二月，陈表，大同县人，系宁夏前卫左所故副千户陈相嫡长男。伊曾祖宏以百户沙山儿杀贼升副千户。祖、父相沿。所据沙山儿功无擒斩，例应减革。本人量革与署副千户事百户。

七辈陈燧，万历十八年十二月，陈燧，年四十九岁，大同县人。伊父原袭署副千户，嘉靖四十五年以殴打军人参问为民，万历十六年故。及查伊高祖陈宏沙山儿功无擒斩，据供亦系领军报功。所据署级系减革未尽，本舍合照例革去署职，与袭实授百户。比中三等。

八辈陈一龙，万历三十五年六月，大选过宁夏前卫左所实授百户一员陈一龙，年廿五岁，系老实授百户陈燧嫡长男。比中三等。

九辈陈国英，崇祯元年六月，大选过宁夏前卫左所实授百户一员陈国英，年二十岁，系故实授百户陈一龙嫡长男。比中三等。

宋实·署副千户事实授百户

内黄查有：宋峪，旧名裕，幼名讨儿，合肥县人。有父宋润子，丙申年归附从军，洪武五年故。十年将峪补役充军，十九年充小旗，二十二年并充总旗，二十四年比中锦衣卫带刀，二十六年除府军前卫左所世袭百户，调宁夏前卫左所。宋祯系宋峪嫡长孙，祖患［疾］，父宋宏永乐十五年替官。祯宣德五年袭授本卫所世袭百户。宋敏系宋祯嫡长男,父患疾。敏景泰五年替授宁夏前卫左所世袭百户。

一辈宋峪,已载前黄。

二辈宋宏,旧选簿查有:永乐十五年九月,宋宏,系宁夏前卫左所世袭百户宋峪嫡长男。·429·

三辈宋祯,旧选簿查有:宣德五年五月,宋祯,系宁夏前卫左所故世袭百户宋宏嫡长男。

四辈宋敏,旧选簿查有:景泰五年九月,宋敏,合肥县人,系宁夏前卫左所世袭百户宋祯嫡长男。

副千户功次已载八辈选条。

五辈宋翊,旧选簿查有:成化二十三年六月,宋翊,合肥县人,系宁夏前卫左所故副千户宋敏嫡长孙。

六辈宋赟,旧选簿查有:正德元年八月,宋赟,合肥县人,系宁夏前卫左所故世袭副千户宋翊亲叔。

七辈宋宁,旧选簿查有:正德十一年四月,宋宁,合肥县人,系宁夏前卫左所故副千户宋赟嫡长男。

八辈宋实,旧选簿查有:嘉靖二十九年二月,宋实,合肥县人,系宁夏前卫左所故副千户宋宁嫡长男。伊曾祖敏,原以百户成化九年小盐池功升副千户。伯翊袭,故绝。祖赟、父宁沿袭。所据小盐池查无功次,例应减革。今本舍量革与署副千户事实授百户。

李恩·实授百户

外黄查有:李恩,年三十五岁,系陕西宁夏前卫左所实授百户,原籍青州府博兴县人。玄祖李思恭,洪武九年充威武卫军,二十三年充锦衣卫带刀旗手,二十六年除府军前卫百户,本年调今卫所,三十一年授世袭,三十三年故。二世祖李整系嫡长男,本年十一月比袭,宣德三年故。始祖李英系嫡长男,五年二月比袭,天顺八年故。高祖李铨系嫡长男,成化元年七月比袭,十八年故。曾祖李端系嫡长男,十九年六月比袭,嘉靖元年故。祖李钦未袭,故。父李璋系嫡长孙,五年十二月比袭,本年故。恩系嫡长男,二十二年十二月比袭宁夏前卫左所实授百户。

一辈李思恭,已载前黄。

二辈李整，旧选簿查有：洪武三十三年十一月，李整，系宁夏前卫左所故世袭百户李思恭嫡长男。

三辈李英，旧选簿查有：宣德五年二月，李英，系宁夏前卫左所故世袭百户李整嫡长男。

四辈李铨，旧选簿查有：成化元年七月，李铨，博兴县人，系宁夏前卫左所世袭百户李英嫡长男。·430·

五辈李端，旧选簿查有：成化十九年六月，李端，博兴县人，系宁夏前卫左所故世袭百户李铨嫡长男。

六辈李璋，旧选簿查有：嘉靖五年十二月，李璋，博兴县人，系宁夏前卫左所故世袭百户李端嫡长孙。

七辈李恩，旧选簿查有：嘉靖二十二年十二月，李恩，博兴县人，系宁夏前卫左所故实授百户李璋嫡长男。

八辈李成业，隆庆六年十二月，李成业，年二十岁，博兴县人，系宁夏前卫左所阵亡副千户李恩嫡长男。伊父原袭祖职实授百户，嘉靖三十二年浮图峪冲锋破敌有功升副千户，四十三年大松山阵亡。该本部题奉钦依……本舍照例于伊父功升副千户上加阵亡功一级，与袭升正千户。

九辈李春，万历十一年十二月，李春，年五十岁，博兴县人，系宁夏前卫左所故正千户李成业叔祖。查伊堂侄李恩，原袭实授百户，功升副千户，阵亡；升正千户，故绝。所据功升二级，在本舍查系犯堂，应照例革袭祖职实授百户。比中三等。

十辈李育芳，万历二十四年四月，李育芳，年三十二岁，系宁夏前卫左所年老实授百户李春嫡长男。比中三等。

郭邦·实授百户

内黄查有：郭通，内乡县人。有父郭玉，洪武元年归附充军，三年充小旗，十七年充总旗，二十六年钦除府军前卫世袭百户，当年调宁夏前卫左所，三十三年老疾。通系嫡长男，三十四年替职，仍授宁夏前卫左所世袭百户。

一辈郭玉，已载前黄。

二辈郭通，旧选簿查有：洪武三十三年五月，郭通，系宁夏前卫左所世袭百户郭玉嫡长男。

三辈郭云，旧选簿查有：永乐十五年十一月，郭云，系宁夏前卫左所故世袭百户郭通嫡长男。

四辈郭安，旧选簿查有：景泰七年七月，郭安，内乡县人，系宁夏前卫左所世袭百户郭云嫡长男。

五辈郭宁，旧选簿查有：成化十二年十二月，郭宁，内乡县人，系宁夏前卫左所故世袭百户郭安亲弟。·431·

六辈郭鉴，旧选簿查有：弘治六年闰五月，郭鉴，内乡县人，系宁夏前卫左所世袭百户郭宁嫡长男。

七辈郭纲，旧选簿查有：弘治十一年七月，郭纲，内乡县人，系宁夏前卫左所故世袭百户郭鉴嫡长男。

八辈郭䎖，旧选簿查有：嘉靖十五年六月，郭䎖，年二十五岁，邓州人，系宁夏前卫左所年老副千户郭纲嫡长男。

九辈郭邦，旧选簿查有：嘉靖二十七年四月，郭邦，内乡县人，系宁夏前卫左所故副千户郭䎖堂弟。伊伯祖纲原系百户，正德七年［征］流贼功升副千户。堂兄䎖替，故。流贼功无擒斩，例应减革。本舍与做实授百户。

十辈郭镇，万历四年十月，郭镇，二十五岁，内乡县人，系宁夏前卫左所患疾实授百户郭邦嫡长男。

十一辈郭高，天启三年十二月，单本选过宁夏前卫左所实授百户一员郭高，年二十七岁，系老实授百户郭镇嫡长男。比中二等。〔对讫。〕

王勋·世袭百户

外黄查有：王勋，年六十二岁，系陕西宁夏前卫左所实授百户，原籍顺天府固安县人。外祖薛大，洪武元年从军，老绝。高祖王兴系女婿，户名不动代役；三十二年奉天征讨怀来功升小旗，三十四年沧州东昌功升总旗，三十五年应天功升百户，永乐七年调宁夏前卫左所，故。曾祖王敬系嫡长男，宣德元年六月袭，故。祖王寿系嫡长男，天顺元年六月袭，老。父王钦系嫡长男，弘治三年十一月替，六年为事问革为民。勋未生，叔王镛系亲弟，十年十二月借替，正德六年老。续生勋，长成，十四年八月袭宁夏前卫左所实授百户。

一辈王兴，已载前黄。

二辈王敬，旧选簿查有：宣德元年六月，王敬，系宁夏前卫左所故百户王兴、旧姓名薛大嫡长男。

三辈王寿，旧选簿查有：天顺六年六月，王寿，固安县人，系宁夏前卫左所故世袭百户王敬嫡长男。

四辈王钦，旧选簿查有：弘治三年十一月，王钦，固安县人，系宁夏前卫左所世袭百户王寿嫡长男。·432·

五辈王镛，旧选簿查有：弘治十年十二月，王镛，固安县人，系宁夏前卫左所革职世袭百户王钦亲弟，待兄有男还与职事。

六辈王勋，旧选簿查有：正德十四年八月，王勋，固安县人，系宁夏前卫左所世袭百户王镛亲侄。先因父革职，本人未生，叔借职。续生本人，告取职事，伊叔革闲。

七辈王美，万历四年四月，王美，年二十三岁，固安县人，系宁夏前卫左所故世袭百户王勋亲侄。

八辈王承爵，天启四年十月，大选过宁夏前卫左所实授百户一员王承爵，年二十五岁，系故实授百户王美亲侄。比中三等。〔对讫。〕

邓云·世袭百户

缺。

一辈邓成，缺。

二辈邓贵，旧选簿查有：永乐二年九月，邓贵，系宁夏前卫左所故世袭百户邓成亲侄。

三辈邓忠，旧选簿查有：宣德十年九月，邓忠，系宁夏前卫左所世袭百户邓贵嫡长男。

四辈邓暹，旧选簿查有：成化六年四月，邓暹，雄县人，系宁夏前卫左所世袭百户邓忠嫡长男。

五辈邓杲，旧选簿查有：弘治十年十月，邓杲，雄县人，系宁夏前卫左所世袭百户邓暹嫡长男。

六辈邓云，旧选簿查有：嘉靖三年十月，邓云，雄县人，系宁夏前卫左所世袭百户邓杲嫡长男。

充军簿查有：邓云，系宁夏前卫左所副千户。犯该守备不设，于嘉靖三十二年八月十一日发山丹卫左所边远充终身军。

七辈邓相，隆庆四年六月，邓相，年四十六岁，雄县人，系宁夏前卫左所年老副千户邓云嫡长男，钦准替职。·433·

八辈邓尚文，万历四年十二月，邓尚文，年三十七岁，雄县人，系宁夏前卫左所故副千户邓相嫡长男。

九辈邓希夔，万历三十二年四月，大选过宁夏前卫左所减袭实授百户一员邓希夔，年二十二岁，系故副千户邓尚文嫡孙，百户以上洪武功。邓云曾犯军，系自己立功自己犯罪，副千户一级于例当裁，冒袭已久，本舍准减实授百户。比中三等。〔对讫。〕

蒯训·实授百户

缺。

一辈蒯善，堂稿查有：嘉靖三十七年六月，一件捷音事，计开定拟升赏嘉靖三十六年二月宁夏碱边地方功次升实授一级，二人共斩首一颗，为首宁夏前卫左所军人升小旗蒯善。

嘉靖三十七年九月，一件节报声息等事，计开定拟升赏嘉靖三十六年二等月宁夏沿河六墩等处功次，升实授一级，二人共斩首一颗，为首宁夏前卫左所军人蒯善，该升小旗。

嘉靖三十八年二月，一件节报声息等事，计开定拟升赏嘉靖三十六年八等月陕西黄峡口、石关儿等处功次，升实授一级，二人共斩首一颗，为首宁夏前卫左所军人蒯善，该升小旗。

嘉靖三十九年四月，一件套虏拥众等事，计开定拟升赏嘉靖三十七年十月宁夏横城马头曹湖滩等处功次，升实授一级，二人共斩首一颗，为首宁夏前卫左所军人蒯善，该升小旗。

二辈蒯训，旧选簿查有：隆庆二年十月，蒯训，年二十三岁，定远县人，系宁夏前卫左所瘸疾实授百户蒯善嫡长男。伊父原系家丁，嘉靖二十六年碱边斩首一颗升小旗；本年六月沿河六墩斩首一颗，九月黄峡口斩首一颗；三十七年横城马头斩首一颗，俱重升小旗，今瘸疾。实扣有军功四级，本舍照例改正，与替升实授百户。

三辈蒯相，万历二十七年四月，蒯相，年二十八岁，系故正千户蒯训长男。本舍合革去伊父部功二级，与袭祖职实授百户。比中二等。

四辈蒯仁基，万历四十年三月，大选过宁夏前卫左所实授百户优给舍人一名蒯仁基，年五岁，定远县人，系故实授百户蒯相嫡长男。照例与全俸优给，至四十九岁终住支。·434·

天启三年六月，大选过宁夏前卫左所实授百户一员蒯仁基，年十七岁，出幼袭职，限外有无支俸，彼中清理。比中三等。〔对讫。〕

周应龙·试百户

一辈周保儿。

二辈周昇。

三辈周见。

四辈周玉。

五辈周定。

六辈周应龙，万历九年八月，周应龙，年五十岁，含山县人，系宁夏前卫左所故总旗周定嫡长男。伊父原补祖役总旗，嘉靖二十年芦沟子斩首一颗，二十三年故。二十四年奉勘合，芦沟子斩首功升试百户。本舍于万历七年六月内保送到部承袭，查系年远，恐有诈冒，随经驳查去后。今准都察院咨回，伊父功升勘合委被本卫指挥王国收藏，不令本舍知会，以致违限，比与无故耽延者不同。今覆保前来，合照旧准袭试百户，先年比中三等。

万历二十八年八月，周朝卿，年二十七岁，系宁夏前卫左所老试百户周应龙嫡长男。比中三等。·435·

年远事故左所世袭百户一员·张铭

永乐十年四月，张能，系宁夏前卫左所老疾世袭百户张文举嫡长男。

正统三年四月，张瑄，系宁夏前卫左所故世袭百户张能嫡长男。

景泰五年九月，张铭，固安县人，系宁夏前卫左所故世袭百户张瑄嫡长男。

又一员·朱海

永乐十三年八月，朱受（绶），系宁夏前卫左所故世袭百户朱福嫡长男。

成化四年二月，朱海，高邮州人，系宁夏前卫左所老疾世袭百户朱绶嫡长男。

又一员·王贵

宣德三年四月，王贵，系宁夏前卫左所百户王昊、旧名王名聚亲侄。

又一员·袁瑛

天顺四年八月，袁瑛，遵化县人，系宁夏前卫左所试百户袁刚、户名袁伍嫡长男。父原系总旗，出境收捕达贼有功，升前职，病故。本人先因年幼，照例已与实授百户俸优给。今出幼，袭实授百户。

又一员·魏广

正统二年十月，魏广，系宁夏前卫左所故世袭百户魏忠嫡长男。

又一员·罗茂

洪武三十年五月，罗茂，茶陵县人，系宁夏前卫左所故世袭百户罗俊嫡长男。

编军簿查有充军百户一员·陆俊

宁夏前卫百户陆俊，嘉靖二十三年十一月，犯该监守自盗仓库钱粮律，系杂犯，照例编发容县守御千户所永远充军。

郑思廉·实授百户

一辈郑进。

二辈郑思廉，万历二十三年八月，郑思廉，年二十七岁，南陵县人，系宁夏前卫左所老疾实授百户郑进嫡长孙。查祖郑进系本卫舍丁，嘉靖三十年寺儿山斩首一颗升小旗，三十二年贺兰山斩首一颗升总旗；隆庆三年敖忽洞斩首一颗，本年白城子斩首一颗各升试百户；上加白城子功重升，改正与做实授百户，万历十九年老。思廉系嫡长孙，照旧替本卫所实授百户。比中一等。

三辈郑思忠，万历三十九年三月，单本选过宁夏前卫左所副千户一员郑思忠，年二十七岁，南陵县人，系功升故副千户郑思廉亲弟。比中三等。〔对讫。〕

陈辅·试百户

内黄查有：陈完，年三十四岁，钱塘县人。高祖陈义从军，洪武元年充小旗，老。曾祖陈玉代役，并枪充总旗，疾。祖陈雄代役，仍充总旗，双山儿杀获首级有功升百户，疾。父陈通替实授百户，疾。完系嫡长男，替实授百户。陈冠，年三十三岁，系宁夏前卫左所百户陈新嫡长男，照例革袭试百户。嘉靖三年钦准袭职。

一辈陈义，已载前黄。

二辈陈雄，已载前黄。

三辈陈通，旧选簿查有：正统十二年八月，陈通，系宁夏前卫左所试百户陈雄、户〔名〕陈义嫡长男。父原系总旗，于黑山儿剿杀达贼功升前职，老疾。钦准本人替实授世袭百户。

四辈陈完，旧选簿查有：成化三年九月，陈完，钱塘县人，系宁夏前卫左所世袭百户陈通嫡长男。

五辈陈新，旧选簿查有：成化十九年七月，陈新，钱塘县人，系宁夏前卫左所世袭百户陈完嫡长男。

六辈陈冠，旧选簿查有：嘉靖三年九月，陈冠，钱塘县人，系宁夏前卫左所故世袭百户陈新嫡长〔男〕。伊高祖雄系总旗，获功升试百户。曾祖通袭，钦准实授，祖、父沿袭。本人照例革袭试百户。

七辈陈辅，旧选簿查有：隆庆元年六月，陈辅，年二十一岁，钱塘县人，系宁夏前卫左所老疾试百户陈冠嫡长孙。伊祖原袭祖职试百户，今年老。伊父陈良佐未袭先故，伊兄陈赛儿患疾不堪。本舍照例准借替试百户，待后伊兄陈赛儿疾痊或生有儿男，退还职事。

赵清·试百户

缺。

一辈赵道，缺。

二辈赵亮，缺。

三辈赵斌，缺。

四辈赵得，缺。·438·

五辈赵宽，旧选簿查有：正德十四年三月，宁夏靖房墩等处有功，二人共斩贼级一颗，为首宁夏前卫左所已并枪实授总旗升试百户赵道加奴。

六辈赵清，旧选簿查有：正德十五年十月，赵清，丹阳县人，系宁夏前卫左所故功升试百户赵宽、户名赵道加奴嫡长男。

郑景文·试百户

外黄查有：郑景文，年五十岁，系陕西宁夏前卫左所试百户，原籍湖广德安府随州人。高祖郑七，洪武十七年充神策卫军，二十六年调宁夏前卫左所，节辈应役未缺。嘉靖七年景文补役，三十二年浮图峪兴武营旧边与贼对敌斩首一颗，三十三年平房城洪（红）井儿与贼对敌斩首一颗，三十六年方碱边与贼对敌斩首一颗，俱以祖郑七名字报官，重升实授小旗；三十七年乞恩改正，并升宁夏前卫左所试百户。

一辈郑景文，功次簿查有：嘉靖三十四年五月房贼侵犯、仰伏天威、斩获首级等事，开三十二年贺兰山无名高口旧边等处获功升实授一级，二人共斩首一颗，为首宁夏前卫左所军人升小旗一名郑七。

总旗试百户功次已载前黄。

二辈郑继韶，隆庆五年八月，郑继韶，随州人，系宁夏前卫左所故试百户郑景文嫡长男。

三辈郑一麒，万历十九年二月，郑一麒，年三十六岁，随州人，系宁夏前卫左所患疾试百户郑继韶嫡长男。比中二等。

四辈郑朝卿，万历三十八年四月，大选过宁夏前卫左所实授百户一员郑朝卿，年十七岁，系故实授百户郑一麒嫡长男。查伊父原袭职试百户，于万历二十七年黄草滩斩首一颗，升实授一级。功次堂稿存验，郑朝卿应袭实授百户。比中三等。〔对讫。〕

王弼·试百户

·439·

[一辈王弼，]万历二十九年四月，大选过宁夏前卫左所试百户一员王弼，年三十三岁，邵（招）远县人。查伊始祖王陈驴，丙午年军，洪武十年升小旗，故。二世祖王士中补役，永乐二年阵亡。三世祖王英补役，四年升实授小旗，故。高祖王贤补役，故。曾祖王贵补役并，弘治十八年庄浪阵亡。祖王宗补役，正德七年河南征流贼，七里岗斩获首、耳级五颗（副），五月铁牛庙斩获首、耳级四颗（副），生擒一名，以祖王陈驴报官，八年升试百户，故。父王应麒告袭，并充冠带总旗，隆庆三年兴武营征剿达贼，敖忽洞斩首一颗；六年升试百户，故。王弼系嫡长男，准袭试百户。比中二等。

[二]辈王锡绅，崇祯十二年六月，大选过宁夏前卫左所试百户一员王锡绅，年二十一岁，系老试百户王弼嫡长男。比中三等。〔对讫。〕

王纲·试百户

外黄查有：王纲，年五十一岁，系陕西宁夏前卫左所试百户，原籍江西清江县人。高祖王文义，乙未年从军，吴元年充小旗，洪武元年升总旗，调今卫所，永乐二十二年故。曾祖王安补并，天顺元年老。祖王昇并补，成化十八年故。父王良补并，正德十五年老。纲系嫡长男补并，嘉靖十六年宁夏地名清水营、花马池等处为首斩首一颗，升宁夏前卫左所试百户。

一辈王文义，已载前黄。

二辈王安，已载前黄。

三辈王昇，已载前黄。

四辈王良,已载前黄。

五辈王纲,已载前黄。 ·440·

王高·试百户

缺。

一辈王昇,小旗功次候查。

二辈王禄,功次簿查有:嘉靖十五年陕西沙湖等处获功,二人共斩首一颗,为首内宁夏前卫前所小旗升总旗二名内一名王久子。

嘉靖十六年,芗苦滩二人共斩贼级一颗,为首内宁夏前卫左所总旗升试百户三员内一员王久子。

三辈王高,旧选簿查有:嘉靖四十三年二月,王高,年三十四岁,凤阳县人,系宁夏前卫左所故试百户王禄嫡长男。

四辈王英,万历十年十二月,王英,年三十四岁,凤阳县人,系宁夏前卫左所故百户王高嫡长男。伊父原袭祖职试百户,万历十年故。本舍照旧袭祖职试百户。比中三等。

五辈王如薰,万历三十八年八月,大选过宁夏前卫指挥使一员王如薰,年二十七岁,系老指挥使王英嫡长男。查伊父原袭试百户,万历十七年在镇羌堡等处地方斩首一颗,升实授百户;本年"宁夏之变"谋杀逆贼首恶许朝、刘东旸,升三级,升至指挥佥事,改注宁夏后卫;万历二十一年在井沟口等处斩首一颗,升指挥同知;万历二十七年在黄草滩斩首一颗,重升指挥同知,改正指挥使,今老。本舍以子继父,准袭指挥使,仍注宁夏前卫。比中二等。〔对讫。〕

罗珮·试百户

万历十四年八月,大选过宁夏前卫左所照例革替试百户一员罗珮,年四十二岁,合肥县人。据供,父罗鉴系舍人,自备鞍马报效。功次簿查有:嘉靖十三年延宁沙湖等处斩首一颗升小旗,十六年清水营斩首一颗升总旗,三十七年宁夏横城马头斩首一颗升试百户,隆庆三年兴武营领兵部功升实授百户,今年老。珮系嫡长男。查得兴武营部功升级例不准袭,合照例革替试百户。比中二等。

二辈罗国臣，万历二十九年八月，罗国臣，年二十二岁，系宁夏前卫左所患疾试百户罗珮嫡长男。比中三等。

冷镇·试百户

·441·

缺。

一辈冷通三，缺。

二辈冷昱，旧选簿查有：正德十四年，宁夏靖虏等处有功，二人共斩贼级一颗，为首宁夏前卫左所已并枪实授总旗升试百户冷通三。

三辈冷镇，旧选簿查有：嘉靖元年三月，冷镇，武进县人，系宁夏前卫左所故功升试百户冷昱、户名冷通三嫡长男，钦与世袭。

李谨·试百户

外黄查有：李谨，年五十五岁，系陕西宁夏前卫左所试百户，原籍河南祥符县人。高祖李得，洪武四年从武德卫军，二十六年调宁夏前卫左所，二十八年并充小旗，老。曾祖李整代役并收，故。祖李佰补役并收，故。父李全补役并收，故。兄李让系嫡长男代役并收，正德七年河南等处征剿流贼，七里岗等处生擒刘贼一名、从贼一名，以祖名升实授总旗；嘉靖十五年陕西麻黄梁、沙湖等处斩首一颗升试百户，故绝。谨系亲弟，三十年四月比袭本卫所试百户。

一辈李得，已载前黄。

二辈李整，已载前黄。

三辈李福，已载前黄。

四辈李全，已载前黄。

五辈李让，堂稿查有：嘉靖十五年五月，陕西地名麻黄梁、沙湖等处获功，升实授一级不赏，二人共斩首一颗，为首官旗三百五十五名内一名宁夏前卫左所总旗升试百户李得（让）。

六辈李谨，旧选簿查有：嘉靖三十年四月，李谨，年四十五岁，祥符县人，系宁夏前卫左所故试百户李让亲弟，照旧试百户。

七辈李自贤，旧选簿查有：万历十八年十月，李自贤，年二十八岁，祥符县人，系宁夏前卫左所故试百户李谨嫡长孙。比中三等。

八辈李自良，万历二十三年二月，李自良，年二十七岁，系宁夏前卫左所故试百户李自贤亲弟。比中三等。 ·442·

张鉴·试百户

缺。

一辈张计儿，小旗功次缺。总旗功次缺。

二辈张广，缺。

三辈张俊，缺。

四辈张敏，缺。

五辈张鹏，试百户功次：正德八年宁夏强家湃等处有功，二人共斩贼级一颗，为首宁夏前卫左所已并枪总旗升试百户张鹏，户名计儿。

六辈张鉴，旧选簿查有：嘉靖六年八月，张鉴，丹徒县人，系宁夏前卫左所故功升试百户张鹏嫡长男，革册未到，本人暂与袭职，候册到日另行定夺。

方泰·试百户

一辈方泰，堂稿查有：嘉靖十五年五月，一件捷音事，内开嘉靖十三年六月等月沙湖等处获功升实授一级不赏，二人共斩一颗，为首宁夏前卫左所总旗方和尚（泰）。

二辈方正，隆庆四年六月，方正，年十一岁，定远县人，系宁夏前卫左所故试百户方泰庶长男。照例与全俸优给，至隆庆七年终住支。

万历四年十月，方正，年十七岁，定远县人，系宁夏前卫左所故试百户方泰庶长男，优给出幼袭职。查得本舍优给违限三年，限外有无多支俸粮，查扣毕日关支。 ·443·

三辈方懋功，万历四十年六月，大选过宁夏前卫指挥使一员方懋功，年三十五岁，系老指挥使方正嫡长男。查伊父方正，原袭祖职试百户，于万历二十年值刘挚之乱，密谋内应，大军坐失事机，致同事诸人尽歼贼手，而方正忍痛解腕，缒城来奔，万死一生，忠贯金石，功过擒斩。遂奉特旨"升指挥使世袭，以为义士倡"。题稿具在，此不得以无擒斩减革者也，方懋功应准替指挥使。比中一等第四名。〔对讫。〕

于昂·试百户

一辈于昂，堂稿查有：嘉靖四十一年十二月，一件钦奉圣谕事，计开拟升嘉靖四十年二月宁夏河东花马池功次升实授一级阵亡、被贼杀死宁夏前卫左所军人于受。

嘉靖四十三年五月，一件酉虏大本（举）等事，计开拟升嘉靖四十一年十等月宁夏、固原、延绥三镇功次升实授一级，二人共斩首一颗，为首宁夏前卫左所实授小旗于受，该升总旗。

嘉靖四十五年十一月，一件套虏窥边等事，计开拟升嘉靖四十四年正等月宁夏、延绥二镇功次升实授一级，二人共斩首一颗，为首宁夏前卫左所实授总旗该升试百户于受。

二辈于训，隆庆四年八月，于训，吴村县人，系宁夏前卫左所患疾试百户于昂嫡长男。

三辈于谅，万历三十九年十二月，大选过宁夏前卫左所试百户一员于谅，年三十二岁，系故绝试百户于训堂弟。比中三等。〔对讫。〕

高旸·所镇抚

缺。

一辈高忠，缺。·444·

二辈高信，旧选簿查有：永乐元年三月，高信，系留守左卫正阳门所故世袭所镇抚高忠嫡长男。

三辈高岩，旧选簿查有：永乐十九年十月，高岩，系宁夏前卫左所故世袭所镇抚高信嫡长男。

四辈高达，旧选簿查有：景泰二年九月，高达，系宁夏前卫左所世袭所镇抚高岩嫡长男。

五辈高淳，旧选簿查有：弘治二年三月，高淳，安吉县人，系宁夏前卫左所世袭所镇抚高达嫡长男。

六辈高荣，旧选簿查有：正德十一年四月，高荣，安吉县人，系宁夏前卫左所年老世袭所镇抚高淳嫡长男。

七辈高旸，旧选簿查有：嘉靖二十年四月，高旸，安吉县人，系宁夏前卫左所年老所镇抚高荣嫡长男。

充军簿查有：高旸，安吉州（县）人，系陕西都司宁夏前卫左所镇抚。犯该守备不设，于嘉靖三十一年六月十五日照例发大同右卫右所终身充军。

八辈高才，万历十一年八月，高才，年三十岁，安吉县人，系宁夏前卫故充终身军指挥佥事高旸嫡长男。伊父原袭祖职所镇抚，嘉靖二十五年三月芦沟子斩首一颗升实授百户；三十九①年犯该守备不设，问充大同右卫右所终身军；四十一年河防口堵截有功，准开伍复职；四十二年墙子岭堵截有功，升副千户；又于前项年月地方斩获达贼首级一颗升二级，升指挥佥事；万历三年犯该监守自盗，问拟立功五年，降一级，调烟瘴广西柳州卫中所，万历七年故。本舍亦于万历三年犯该宿娼，问拟徒罪附过，候承袭之日降一等，调边远卫分，遇蒙万历十年九月恩诏"军职为事降调两广等处烟瘴卫所病故，不分已未到卫，子孙为因路远不能赴所调卫分，起文承袭者，许令原卫起文承袭，带俸差操"。所据伊父墙子岭堵截升副千户一级，功无擒斩，例不准袭；又犯该侵欺，应降一级［至］指挥佥事一级；本舍犯该宿娼，应降一级于指挥佥事，共减革三级。合照例革袭实授百户，注调边方宁夏中屯卫左所。比中一等第十三名。

赵龙·试百户

缺。

一辈赵康生，小旗功次候查，总旗功次候查。

试百户功次已载二辈选条。

二辈赵龙，旧选簿查有：嘉靖二十四年二月，赵龙，年八岁，鄱阳县人，系宁夏前［卫］左所阵亡试百户赵康生即赵景春嫡长男。伊父原补祖军获功，历升总

---

① 此处所记高旸问充时间嘉靖"三十九年"与"七辈高旸"充军簿所记嘉靖"三十一年"有异。

旗，嘉靖十八年阵亡，升试百户。本舍照例与试百户俸优给，扣至嘉靖二十九年终住支。

李宪·署百户

外黄查有：李宪，年二十八岁，系陕西都司宁夏前卫左所署百户事总旗，原籍江西饶州府鄱阳县人。始祖李伏七，洪武元年归附武德卫军，十一年调府军前卫右所；二十二年升小旗，二十六年调宁夏前卫左所，永乐十二年老。高祖李贵代役，天顺三年老疾。曾祖李成代役，弘治十年故。祖李真补役，正德七年征河南流贼斩割耳记六副；八年升本卫所署百户，嘉靖十四年故。父李尚系嫡长男，十五年六月替，故。宪系嫡长男，三十年八月袭宁夏前卫左所署百户事总旗。

一辈李伏七，已载前黄。

二辈李贵，已载前黄。

三辈李成，已载前黄。

四辈李真，署百户功次：吊来右府右字七百九十一号勘合底簿，查有正德七年，直隶、山东、河南等处追杀流贼一人，斩割耳记六副，官舍旗军五十一员名，俱升实授一级署一级不赏，内宁夏前卫已并枪小旗升署百户一员李伏七。

五辈李尚，旧选簿查有：嘉靖十五年六月，李尚，鄱阳县人，系宁夏前卫左所故署百户事总旗李伏七即李真嫡长男。

六辈李宪，旧选簿查有：嘉靖三十年八月，李宪，年二十岁，鄱阳县人，系宁夏前卫左所故署百户事总旗李尚嫡长男。

充军簿查有：李宪，系宁夏前卫左所副千户。犯该守备不设，于隆庆元年十月初七日发山丹卫后所充终身军。

隆庆六年闰二月十八日，准职方司手本内开，一件参究误事官员以慎防伏事，宁夏前卫左所试百户李宪犯该守备不设，充密云中卫中所终身军。·446·

张魁·署百户

内黄查有：张鸿，定远县人，始祖张旺，甲午年军，故。高祖张彬代役，洪武二年征进云南大理有功，升大河卫右所百户；二十六年为事降充总旗，老。曾祖张广代役，故。祖张安代役，老。父张明代役，正德四年河东征进鼠湖斩首一颗，升宁夏前卫前所署百户；六年为捷音事，以大坝功升试百户；十年并升实授百户，老。鸿系嫡长男。查得署百户一级系幼男首级，革袭宁夏前卫前所试百户。

一辈张彬，已载前黄。

二辈张广，已载前黄。

三辈张安，已载前黄。

四辈张明，已载前黄。

五辈张鸿，已载前黄。

六辈张魁，旧选簿查有：隆庆元年八月，张魁，年十一岁，定远县人，系宁夏前卫左所故绝试百户张鸿侄孙。查得本舍祖张铭，原补总旗，正德四年河东鼠湖功升署百户，六年为捷音事升试百户，十年并升实授百户。先年，伊祖鸿革袭试百户。所据试百户系先年减革未尽，今本舍革与署百户俸优给，至隆庆四年终住支。

万历五年二月，张魁，年二十一岁，定远县人，系宁夏前卫左所故署试百户事总旗张鸿侄孙，优给出幼袭职。比中三等。

七辈张凤翔，万历二十八年二月，张凤翔，年十九岁，系故署试百户事冠带总旗张魁嫡长男。查署试百户事半级，系伊父减革未尽，本舍合照例革袭冠带总旗。比中三等。

宋杰·正千户

缺。

一辈宋文，缺。

二辈宋璟，旧选簿查有：永乐十五年十月，宋璟，系宁夏前卫右所世袭正千户宋文嫡长男。

三辈宋广，旧选簿查有：正统八年三月，宋广，系宁夏前卫右所世袭正千户宋璟嫡长男。

四辈宋瑛，审稿查有：宋瑛，系宁夏前卫右所残疾世袭正千户宋广嫡长男。

五辈宋杰，旧选簿查有：正德三年七月，宋杰，年十八岁，全椒县人，系宁夏前卫右所故世袭正千户宋瑛庶长男。

王国·正千户

外黄查有：王谏，赣县人。曾祖王纮从军，洪武八年升小旗，十八年升总旗，故。祖海并充总旗，调宁夏右卫；二十九年征哨升本所百户，永乐元年调本卫右所，十七年失喇思公干升副千户，宣德二年以失喇思功升正千户，老。父宁替百户，老。谏系庶长男，天顺四年替授宁夏前卫右所百户。

一辈王纮，已载前黄。

二辈王海，副千户功次：永乐二十年十一月，宁夏前卫右所百户王海升副千户。

正千户功次：宣德二年十月，宁夏前卫右所王海副千户升正千户。

三辈王宁，旧选簿查有：宣德九年五月，王宁，系宁夏前卫右所正千户王海嫡长男。父原系总旗，革除年间升百户。因往失喇思公干升副千户，复往失剌（喇）思公干升正千户。钦准本人依原役总旗，照迤西公干升二级事例替实授世袭百户。

四辈王谏，旧选簿查有：天顺四年八月，王谏，年十六岁，赣县人，系宁夏前卫右所老疾世袭百户王宁庶长男。

五辈王堂，旧选簿查有：弘治十七年六月，王堂，赣县人，系宁夏前卫右所世袭百户王谏嫡长男。

指挥佥事功次已载六辈选条。

六辈王国，旧选簿查有：嘉靖十八年八月，王国，赣县人，系宁夏前卫年老指挥同知王堂嫡长男。伊父堂，以百户正德六年六安州等处斩割耳记，历升指挥佥事，又功升指挥同知。所据耳记三级，例该署袭。本人照例革替正千户，注右所。·448·

七辈王得阳，万历十三年二月，王得阳，年六岁，赣县人，系宁夏前卫故指挥使王国庶次孙。伊祖原袭正千户，以斩获功升指挥佥事，又以部功升指挥使，被军人萧延受等诬告问官罗织斩罪，辩明奏请间在监病故。续奉钦依将原告萧延寿（受）反坐。讫伊父未袭先故，伊兄王得隆喑哑，不堪承职。本舍系王国庶次孙，所据伊祖部功所升二级例不准袭，应照例革以指挥佥事全俸优给，至万历二十二年终住支。如后伊兄王得隆生有儿男，仍依伦序改正优给。

万历二十六年正月，单本选过宁夏前卫右所正千户一员王得阳，伊（系）指挥佥事王国嫡次孙。该伊兄王得隆承袭，患疾不堪。本舍于万历十六年保送赴部，以指挥佥事优给，今出幼袭职。查得伊曾祖王堂，以百户正德六年六安州等处斩割耳记历升指挥佥事。缘斩割耳记功非斩首，合革袭正千户，待伊兄王得隆疾痊或生有

儿男，退还职事。比中二等。〔对讫。〕

八辈王化，万历四十一年十二月，大选过宁夏前卫右所正千户优给舍人一名王化，年五岁，系故正千户王得阳庶长男。照例与全俸优给，至五十年终住支。

天启四年十二月，单本选过宁夏前卫指挥佥事一员王化，年十六岁，系故正千户王得阳庶长男，结保辩复祖职前来。查得伊祖王国，原有芦沟子斩功，查《邦政》例不减革，今本舍合准复祖职指挥佥事。比中三等。〔对讫。〕

年远事故右所正千户一员·洪宽

正统三年三月，洪贵，系宁夏前卫右所故世袭正千户洪斌嫡长男。

天顺三年二月，洪端，原名原受，和州人，系宁夏前卫右所自缢世袭正千户洪贵遗腹嫡长男。

弘治十七年八月，洪宽，和州人，系宁夏前卫右所世袭正千户洪端嫡长男。

赵大授·试百户

一辈赵贤。

二辈赵大授，万历十六年十月分，赵大授，年二十八岁，滁州人，系宁夏前卫中所故功升试百户赵贤嫡长男。伊父原系舍人，嘉靖三十九年芧苦滩斩首一颗升小旗，本年麦垛山斩首一颗重升小旗，四十年花马池斩首一颗重升小旗，隆庆五年告并试百户，万历六年推升都司，十四年故。所据伊父推升流官例不准袭，本舍合照旧革袭试百户。比中二等。

三辈赵维翰，万历四十二年六月，单本选过宁夏前卫中所副千户一员赵维翰，年二十一岁。查伊父赵大授，原袭祖职试百户，于万历二十一年二月内广武营井沟口等处斩首一颗升实授百户；二十六年至二十八年六月止内宁夏等处斩首一颗升副千户，疾。维翰系嫡长男，应替副千户。比中一等。〔对讫。〕

四辈赵维屏，崇祯十四年六月，大选过宁夏前卫中所世袭指挥佥事一员赵维屏，年三十九岁，系故绝功升指挥佥事赵维翰亲弟。比中二等。〔对讫。〕

陈邱·副千户

外黄查有：陈刚，祖陈忠，前万户，甲辰年归附，拨骁骑卫旗手，丙午年充总旗，吴元年除通州卫百户，洪武三年升金吾左卫副千户，老疾。父陈坚替授本卫所世袭副千户，为事发东胜充军，复职。永乐二年调宁夏前卫右所，年老。刚系嫡长男，替，授本卫所副千户。

一辈陈忠，已载前黄。

二辈陈坚，已载前黄。

三辈陈刚，旧选簿查有：宣德元年十二月，陈刚，系宁夏前卫右所世袭副千户陈坚嫡长男。

四辈陈能，旧选簿查有：正统十二年闰四月，陈能，系宁夏前卫右所世袭副千户陈刚嫡长男。

五辈陈泰，旧选簿查有：成化三年六月，陈泰，宁晋县人，系宁夏前卫右所故世袭副千户陈能嫡长男。·450·

六辈陈印，旧选簿查有：正德十三年三月，陈印，年十六岁，宁晋县人，系宁夏前卫右所故世袭副千户陈泰嫡长男，出幼袭职。

七辈陈邱，旧选簿查有：嘉靖五年六月，年二十三岁，系宁夏前卫右所故世袭副千户陈印亲弟。伊兄一辈未比，照例住俸三年。

充军簿查有：陈邱，系宁夏前卫右所实授副千户。犯该监守自盗，于嘉靖十五年正月编发定远左卫中所永远充军。

杨湛·副千户

内黄查有：杨湛，年四十二岁，系宁夏前卫右所优给副千户，武昌县人。一世祖杨狗儿，甲辰年归附军，功升小旗，故。二世祖杨保儿补役，故。始祖杨林补役，故。高祖杨伏补役，天顺元年沙儿山等处杀贼功升总旗，故。曾祖杨惠补役，故。祖希元未役，故。父杨如松并补，嘉靖十九年旧七墩等处斩首一颗升试百户，二十五年把都河定边营斩首一颗升实授百户，三十五年裴家步口阵亡。湛系嫡长男，三十五年以阵亡功袭升宁夏前卫右所副千户俸优给。

一辈杨狗儿，已载前黄。

二辈杨保儿，已载前黄。

三辈杨林，已载前黄。

四辈杨伏，功次查有：天顺元年，沙儿山等处擒贼获功，内开宁夏前卫小旗升实授总旗杨狗儿。

五辈杨惠，已载前黄。

六辈杨如松，功次查有：嘉靖十九年四月，〔旧〕七墩等处获功升实授一级，二人共斩首一颗，为首宁夏前卫实授总旗升试百户杨狗儿。

堂稿查有：嘉靖二十五年七等月，把都河定边营获功升实授一级，斩首一颗，为首宁夏前卫右所试百户升实授百户杨狗儿。

嘉靖三十三年正等月，宁夏红圪塔峡阵亡潘纲、杨如松，开系官，俱候伊男承袭之日于祖职上加升。

七辈杨湛，旧选簿查有：嘉靖三十五年二月，杨湛，年五岁，武昌县人，系宁夏前卫右所阵亡实授百户杨如松嫡长男。伊高祖旺（伏），原补祖役小旗，天顺元年汉坝斩首一颗升总旗，故。曾祖惠补役，故。祖希元未役。父如松补役，嘉靖十九年旧七墩斩首一颗升试百户，二十五年寡妇寨斩首一颗升实授百户，三十三年裴家步口阵亡。本舍照例加伊父阵亡功一级，与副千户俸优给，扣至嘉靖四十四年终住支，出幼袭职，加升副千户俸优给。·451·

审稿查有：隆庆三年十二月，杨湛，年二十岁，武昌县人，系宁夏前卫右所故副千户杨如松嫡长男，优给出幼袭职。本舍以五岁、〔嘉靖〕三十五年优给副千户，见今一十九岁。内黄乃开四十二岁，且黄内所开杨林、杨伏俱与供结不对，是黄之讹谬无疑。当时因伊父阵亡，与优给必有所据。合仍与副千户，限外有无多支俸粮，查扣毕日关支。

八辈杨嗣业，万历四十一年十一月，单本选过宁夏前卫右所世袭正千户一员杨嗣业，年二十八岁，系老署指挥同知杨湛嫡长男。伊父原袭副千户，于万历二十三年在宁夏芦草湖斩达首一颗升正千户，又以部功升署指挥同知。其部功例不准袭，本舍准与替世袭正千户。比中一等。〔对讫。〕

苏文·署正千户事副千户

缺。

一辈苏得,缺。

二辈苏复,旧选簿查有:永乐五年十月,苏复,系宁夏前卫右所世袭百户苏得嫡长男。

三辈苏端,旧选簿查有:正统六年十一月,苏端,系宁夏前卫右所世袭百户苏复嫡长男。

署副千户功次已载四辈选条。

四辈苏颙,旧选簿查有:成化九年二月,苏颙,寿州人,系宁夏前卫右所署副千户苏端嫡长男。父原系百户,固原州杀贼获功升署前职,今患疾。本人照例该替百户,仍署副千户事,钦与世袭。

五辈苏英,旧选簿查有:成化二十三年二月,苏英,寿州人,系宁夏前卫右所故署副千户事百户苏颙嫡长男。先因年幼优给,今出幼袭职。

署指挥佥事功次已载六辈选条。

六辈苏文,旧选簿查有:嘉靖七年八月,苏文,年三十二岁,寿州人,系宁夏前卫署指挥佥事苏英嫡长男。伊父原袭署副千户,六安州斩割耳记六副〔升〕实授一级署一级,越升前职。扣算署副千户止加实授一级,该与副千户,又加署一级,本人该袭署正千户事副千户。注右所。

充军簿查有:苏文,系宁夏前卫右所署正千户。犯该监守自盗,于隆庆元年七月照例定发山丹卫前所永远充军。

七辈苏金,万历二十九年正月分,单本选过宁夏前卫右所试百户一员苏金,年四十一岁。查伊伯祖原替署正千户,隆庆元年为事问充永军,今故绝。本舍系大次房子孙,合于祖职洪武年功升实授百户上降一级,与袭试百户。比中三等。

八辈苏应龙,万历四十一年二月,大选过宁夏前卫右所试百户一员苏应龙,年二十一岁,系故试百户苏金嫡长男。比中三等。〔对讫。〕

王道·副千户

一辈王保保。

二辈王得。

三辈王缙。

四辈王贵。

五辈王臣。

六辈王进禄。

七辈王道，万历三年二月，王道，年二十一岁，长兴县人，系宁夏前卫右所阵亡总旗、户名王保保即王进禄嫡长男。伊父原补祖役小旗，嘉靖三十二年浮图峪等处冲锋破敌升总旗，四十年宁夏小盐池等处阵亡。该本部题奉钦依应继儿男袭升三级。本舍照例于祖役小旗上加伊父冲锋破敌功一级并阵亡功三级，与袭升副千户。

七（八）辈王嘉爵，万历四十一年五月，单本选过宁夏前卫右所副千户王嘉爵，年二十七岁，系故副千户王道嫡长男。比中三等。〔对讫。〕

八（九）辈王谊，崇祯十三年四月，大选过宁夏前卫右所副千户一员王谊，年三十岁，系故副千户王嘉爵嫡长男。比中三等。〔对讫。〕 ·453·

年远事故右所副千户一员·曹定住

宣德七年二月，曹敬，系宁夏前卫右所副千户曹忠、户名曹成嫡长男，钦与世袭。

天顺六年九月，曹通，幼名伯家儿，夏邑县人，系宁夏前卫右所征进伤故世袭副千户曹敬嫡长男。先因年幼，亲叔曹敏借职。今长成，退还职事。本人袭职，伊叔革闲。

弘治七年七月，曹定住，年二岁，夏邑县人，系宁夏前卫右所故世袭副千户曹通嫡长男。父在虎贲左卫右所带俸，钦与全俸优给，至弘治二十年终住支。

又一员·孙纪

永乐十二年五月，孙贵，系宁夏前卫右所残疾世袭副千户孙亮嫡长男。

永乐二十年正月，孙震，旧名安住，系宁夏前卫右所故世袭副千户孙贵堂侄。

天顺元年五月，孙胜，滋阳县人，系宁夏前卫右所世袭副千户孙震、旧名安住嫡长男。

成化二十二年四月，孙纪，幼名偏头，滋阳县人，宁夏前卫右所故世袭副千户孙胜嫡长男。

又一员·李雄

洪熙元年闰七月，李真，系宁夏前卫右所世袭副千户李芳亲侄。
成化三年八月，李通，归德州人，系宁夏前卫右所故世袭副千户李真嫡长男。
弘治十三年四月，李雄，归德州人，系宁夏前卫右所世袭副千户李通嫡长男。

又一员·成智

洪武三十一年二月，成震，系宁夏前卫右所世袭副千户成忠嫡长男。 ·454·
永乐元年四月，成智，系宁夏前卫右所伤故世袭副千户成震亲弟。

又一员·高昇

宣德五年八月，高昇，旧名伴哥，系宁夏前卫右所故世袭副千户高兴亲侄，堂兄高七十，优给，病故。

又一员·李惟澄

永乐十年九月，李惟澄，系宁夏前卫右所故世袭副千户李春堂侄，敬袭世袭副千户。

又一员·韩忠

宣德九年四月，韩忠，系宁夏前卫右所世袭副千户韩春嫡长男。

刘镒·署副千户事百户

缺。
一辈刘源保，缺。
二辈刘信，已载五辈选条。

三辈刘泰，旧选簿查有：景泰七年，刘泰，沭阳县人，系宁夏前卫右所故副千户刘信、户名刘源保嫡长男，与世袭。·455·

四辈刘江，旧选簿查有：弘治九年二月，刘江，沭阳县人，系宁夏前卫右所世袭副千户刘泰嫡长男。

五辈刘镒，旧选簿查有：嘉靖九年，刘镒，年十六岁，沭阳县人，系宁夏后卫掌印宁夏前卫故指挥佥事刘江嫡长男。伊曾祖信系总旗，宣德二年失剌思公干升试百户，功升实授。正统九年拷来口奋勇收捕达子，升副千户。祖泰相沿。父于正德七年河南斩割耳记六副，升署指挥佥事。本人先因年幼，已革公干与副千户俸优给，今出幼。所据奋勇收捕赍执旗牌不由军功，例该减革。照例于总旗上加军功二级并署一级，与袭署副千户事百户，回宁夏前卫右所。

充军簿查有：刘镒，系宁夏前卫千户。犯该盗沿边去处银一十两以上者，照例于嘉靖二十二年五月二十六日发榆林卫前所永远充军。

卢焕·世袭百户

外黄查有：卢山，旧名管住，洪武十六年充军，济南升小旗，藁城升总旗，平定京师升百户，永乐二年钦与世袭。

一辈卢山，已载前黄。

二辈卢哲，旧选簿查有：洪熙元年十月，卢哲，系河州卫中前所故世袭百户卢山嫡长男。

三辈卢忠，旧选簿查有：正统十四年九月，卢忠，系宁夏前卫右所故署所镇抚事世袭百户卢哲嫡长男。

四辈卢清，旧选簿查有：弘治六年十二月，卢清，洛阳县人，系宁夏前卫右所署所镇抚事世袭百户卢忠亲侄。伊伯为事降总旗，故。本人照例袭祖职百户。

五辈卢英，旧选簿查有：嘉靖五年十二月，卢英，洛阳县人，系宁夏前卫右所故世袭百户卢清嫡长男。

六辈卢焕，旧选簿查有：嘉靖二十二年十月，卢焕，年三十四岁，洛阳县人，系宁夏前卫右所老疾实授百户卢英嫡长男，照旧世袭百户。

七辈卢朝阳，万历十年十月，卢朝阳，年二十九岁，洛阳县人，系宁夏前卫右所故世袭百户卢焕嫡长男。比中三等。

八辈卢荣，万历二十六年六月，卢荣，年二十一岁，系宁夏前卫右所故世袭百户卢朝阳嫡长男。比中三等。·456

刘昂·世袭百户

外黄查有：刘昂，年六十岁，系陕西宁夏前卫右所世袭百户，原籍陕西延安府延长县人。高祖刘永（允）成，洪武五年拨羽林左卫左所军，十四年征灰山泉宁有功升小旗；二十一年谎（滉）忽都河斩首有功升总旗，选锦衣卫带刀；二十三年因各处征哨节次有功，升世袭百户，调除宁夏前卫右所；永乐九年疾。曾祖刘义系嫡长男，十年八月替，宣德五年疾。祖刘士安系嫡长男，七年三月替，景泰七年疾。父刘纪系嫡长男，成化元年十二月袭，正德十年疾。昂系嫡长男，本年六月比替宁夏前卫右所世袭百户。

一辈刘允成，已载前黄。

二辈刘义，旧选簿查有：永乐十年八月，刘义，系宁夏前卫右所世袭百户刘允成嫡长男。

三辈刘士安，旧选簿查有：宣德七年三月，刘士安，系宁夏前卫右所世袭百户刘义嫡长男。

四辈刘纪，旧选簿查有：成化元年十二月，刘纪，年十五岁，延长县人，系宁夏前卫右所老疾世袭百户刘士安嫡长男。

五辈刘昂，旧选簿查有：正德十年六月，刘昂，延长县人，系宁夏前卫右所年老百户刘纪嫡长男。

方语·世袭百户

外黄查有：方祥，旧名玖，祥符县人。有叔方均实，洪武七年充军，二十六年除府军前卫右所世袭百户，当年调宁夏前卫右所，三十三年升副千户，永乐元年调宁夏右屯卫前所副千户，故，别无嫡庶儿。祥系亲侄，三年袭授宁夏前卫后所百户。方昱系方祥嫡长男，袭百户。方伦系方昱嫡长男，袭百户。方言系方荣嫡长男，正德十六年优给，至嘉靖四年终住支。方语系方荣嫡次男，伊兄方言先故，照例转名优给，至嘉靖十年终住支。

一辈方均实，已载前黄。

二辈方祥，已载前黄。

三辈方昱，旧选簿查有：永乐十二年五月，方昱，年十六岁，系宁夏前卫右所故世袭百户方祥嫡长男。

四辈方伦，旧选簿查有：天顺二年五月，方伦，祥符县人，系宁夏前卫右所世袭百户方昱嫡长男。·457·

五辈方荣，旧选簿查有：弘治五年八月，方荣，祥符县人，系宁夏前卫右所世袭百户方伦嫡长男。

六辈方语，旧选簿查有：嘉靖六年六月，方语，年十岁，祥符县人，系宁夏前卫右所老疾世袭百户方荣嫡次男。伊兄方言先已优给，病故。照例与本舍全俸转名优给，至嘉靖十年终住支。

旧选簿查有：嘉靖十一年六月，方语，年十六岁，祥符县人，系宁夏前卫右所世袭百户方荣嫡次男，优给出幼袭职。

七辈方朝住，万历二十七年二月，方朝住，年二十一岁，系故世袭百户方语长孙。比中三等。

八辈方鲲，天启四年四月，大选过宁夏前卫右所世袭百户一员方鲲，年二十一岁，系故世袭百户方朝住嫡长男。比中三等。〔对讫。〕

杨铨·世袭百户

缺。

一辈杨清，缺。

二辈杨春，旧选簿查有：洪武三十五年十一月，杨春，系宁夏中屯卫左所为事充军故世袭百户杨清、旧名关住嫡长男，钦袭宁夏中卫右所世袭百户。

三辈杨茂，旧选簿查有：宣德七年七月，杨茂，系宁夏前卫右所世袭百户杨春嫡长男。

四辈杨政，旧选簿查有：天顺二年七月，杨政，和州人，系宁夏前卫右所世袭百户杨茂嫡长男。

五辈杨安，旧选簿查有：成化二十二年七月，杨安，和州人，系宁夏前卫右所世袭百户杨政嫡长男。父为失机事降充总旗，病故。本人该袭祖、父原职。

六辈杨铨，旧选簿查有：嘉靖二年七月，杨铨，年十五岁，和州人，系宁夏前卫右所老疾百户杨安嫡长男，优给出幼袭职。

充军簿查有：杨铨，和州人，系宁夏前卫右所实授百户。犯该守备不设，于嘉靖十六年六月发大同左卫右所边远充军。 ·458·

七辈杨坤，万历六年十二月分，杨坤，年三十六岁，历阳县人，系宁夏前卫右所充终身军世袭百户杨铨嫡长男。伊父原袭祖职世袭百户，嘉靖十一（六）年犯该守备不设，问充大同左卫右所终身军，四十二年故。本舍于万历五年保送到部承袭，恐有违碍，随经驳查去后。今既查明无碍，覆保前来，合照例与袭祖职世袭百户。考试三等。

八辈杨振宗，万历二十四年十二月，杨振宗，年三十三岁，系宁夏前卫右所故世袭百户杨坤嫡长男。比中三等。

九辈杨九华，天启四年四月，大选过宁夏前卫右所实授百户一员杨九华，年二十五岁，系老世袭百户杨振宗嫡长男。比中三等。〔对讫。〕

潘桂·实授百户

外黄查有：潘旺，泰州人。有父潘实，丙午从军，洪武七年选充小旗，故。旺十九年补充小旗，二十二年钦依锦衣卫带刀，二十五年除府军前卫中所世袭百户，改宁夏前卫右所。潘浩系潘旺嫡长男，袭百户；潘俨系潘浩嫡长男，袭百户；潘宏系潘俨嫡长男，袭百户；潘锐系潘宏嫡长男，袭百户。

一辈潘实，已载前黄。

二辈潘旺，已载前黄。

三辈潘浩，旧选簿查有：永乐十九年五月，潘浩，系宁夏前卫右所世袭百户潘旺嫡长男。

四辈潘俨，旧选簿查有：正统十年九月，潘俨，系宁夏前卫右所世袭百户潘浩嫡长男。

五辈潘宏，旧选簿查有：天顺六年五月，潘宏，泰州人，系宁夏前卫右所故世袭百户潘俨嫡长男。

六辈潘锐，旧选簿查有：弘治六年七月，潘锐，年十五岁，泰州人，系宁夏前卫右所患疾世袭百户潘宏嫡长男。

七辈潘椿，旧选簿查有：嘉靖三年六月，潘椿，年六岁，泰州人，系宁夏前卫右所患疾百户潘锐嫡长男。照例与全俸优给，至嘉靖十一年终住支。

旧选簿查有：嘉靖十二年八月，潘椿，年十五岁，泰州人，系宁夏前卫右所故百户潘锐嫡长男，优给出幼袭职。·459·

八辈潘桂，旧选簿查有：嘉靖二十三年十月，潘桂，泰州人，系宁夏前卫右所实授百户潘椿堂弟。

九辈潘煃，万历五年八月，潘煃，年三十五岁，泰州人，系宁夏前卫右所故实授百户潘桂嫡长男。比中二等。

十辈潘国臣，万历四十年四月，大选过宁夏前卫右所实授百户一员潘国臣，年二十二岁系故实授百户潘煃亲侄。比中三等。〔对讫。〕

杜诗·实授百户

外黄查有：杜洗（玺），阌乡县人。曾祖杜景文，洪武十七年充军，三十五年克金川门升总旗，永乐八年征靖虏镇升实授百户，正统二年故。祖杜铭系嫡长男，袭，年老。父杜连系庶长男，替，弘治十四年风疾。洗（玺）系嫡长男，替授宁夏前卫右所百户。

一辈杜景文，已载前黄。

二辈杜铭，已载前黄。

三辈杜濂，旧选簿查有：成化十一年十一月，杜濂，阌乡县人，系宁夏前卫右所百户杜铭庶长男，钦与世袭。

四辈杜玺，旧选簿查有：弘治十四年八月，杜玺，阌乡县人，系宁夏前卫右所世袭百户杜濂嫡长男。

五辈杜诗，旧选簿查有：嘉靖二十二年十月，杜诗，年十岁，阌乡县人，系宁夏前卫右所故实授百户杜玺嫡长男。照例与全俸优给，至嘉靖二十六年终住支，仍百户。

俞重茂·实授百户

堂稿查有：万历三十三年五月，一件为改正重升职级事，查得宁夏前卫右所所镇抚俞炳，原系万历二十年谋献南关功升所镇抚，二十七年二月为黄草滩地方斩虏首一颗重升小旗。今准咨要改正，前来覆查，相同相应，议拟合无将本官于所镇抚上加黄草滩重升功一级，改正与做实授百户。

万历四十年六月，大选过宁夏前卫右所实授百户一员俞重茂，年二十二岁，宣城县人。查伊父俞炳，系万历二十年谋献南关功升所镇抚，二十七年二月内黄草滩地方斩虏首一颗重升小旗一级，改正与做实授百户，今疾。本舍系炳嫡长男，应准替实授百户。比中三等。〔对讫。〕·460·

古节·实授百户

缺。

一辈古荣，已载三辈选条。

二辈古儒，旧选簿查有：正德十六年七月，古儒，年二十六岁，武陟县人，系宁夏前卫右所年老功升百户古荣、户名古兴儿嫡长男。

三辈古节，旧选簿查有：嘉靖二十九年二月，古节，年二十五岁，武陟县人，系宁夏前卫右所阵亡实授百户古儒嫡次男。伊祖荣，原以军人正德五年擒获反贼升实授总旗，七年山东征剿流贼越升实授百户。父儒替，嘉靖二十七年汝箕口阵亡升副千户。所据流贼越升一级例不准袭，本舍照例革与试百户上加伊父阵亡功一级，与袭实授百户。

四辈古书，万历十六年十二月分，古书，年三十四岁，武陟县人，系宁夏前卫右所故实授百户降小旗古节嫡长男。伊父原袭祖职实授百户，嘉靖二十九年委管平胡堡失事参降小旗，万历八年故。本舍合照旧与袭实授百户。比中三等。

五辈古还雅，天启四年四月，大选过宁夏前卫右所实授百户一员古还雅，年三十三岁，系老实授百户古书嫡长男。比中三等。〔对讫。〕

年远事故世袭百户一员·陈瑾

永乐二十一年六月，陈庸，年十八岁，系宁夏前卫右所故世袭百户陈忠嫡长男。·461·

天顺五年六月，陈刚，滦州人，系宁夏前卫右所故世袭百户陈庸嫡长男。

成化二十年四月,陈瑾,年十岁,滦州人,系宁夏前卫右所世袭百户陈刚嫡长男。父为事提问,中途病故。本人照例该与半俸优给。

弘治四年八月,陈瑾,年十六岁,滦州人,系宁夏前卫右所世袭百户陈刚嫡长男。

又一员·陈赟

永乐二十二年六月,陈刚,年十六岁,系宁夏前卫右所故世袭百户陈斌庶长男。

成化元年十二月,陈英,茌平县人,系宁夏前卫右所故世袭百户陈刚嫡长男。先因年幼,亲叔陈荣借职,今长壮告取职事。本人袭职,伊叔革闲。

弘治五年九月,陈敬,茌平县人,系宁夏前卫右所世袭百户陈英嫡长男。

弘治十六年四月,陈赟,茌平县人,系宁夏前卫右所革职世袭百户陈敬嫡长男。

又一员·华廉

成化五年十二月,华端,盱眙县人。有父华玘,系宁夏前卫右所所镇抚,固原州杀贼阵亡,例升一级。本人系嫡长男,照例袭升实授百户。

弘治九年七月,华廉,年十六岁,盱眙县人,系宁夏前卫右所故袭升百户华端嫡长男,钦与世袭。

又一员·孟昇

宣德九年四月,孟春,系宁夏前卫右所世袭百户孟敬嫡长男。 ·462·

成化十年七月,孟昇,邹县人,系宁夏前卫右所故世袭百户孟春嫡长男。

正德七年八月,孟景昭,邹县人,系宁夏前卫右所故世袭百户孟昇嫡长男。

又一员·王能

永乐五年十月,王成,系宁夏前卫右所世袭百户王用嫡长男。

永乐十五年九月，王能，年十七岁，系宁夏前卫右所世袭百户王成嫡长男。

又一员·何能

洪武二十九年二月，何能，系宁夏前卫右所典刑世袭百户何源嫡长男。祖何福充军阵亡。父补役后任百户，为事典刑。引奏因祖从军阵亡，钦准袭职，仍授本卫所世袭百户，支俸操练，至十六岁管事。

又一员·王聚

洪武三十三年六月，王聚，系宁夏前卫右所世袭百户王子成嫡长男。

又一员·萧旺

宣德三年二月，萧旺，系宁夏前卫右所故百户萧得亲侄。

优养一员·韩旺

宣德十年三月，韩玉，系宁夏前卫右所世袭百户韩旺嫡长男。

正统十一年十二月，韩旺，年七十二岁，系宁夏前卫右所世袭百户，先因老疾，男韩玉替职，病故。孙韩孙儿优给，亦故。别无应袭之人，钦与全俸优养。

又一员·时旺

永乐十七年七月，时蛮儿，年六岁，系宁夏前卫右所故世袭百户时兴嫡长男，钦与全俸优给。

宣德八年六月，时旺，年十六岁，系宁夏前卫右所故世袭百户时兴嫡次男。已与兄时蛮儿优给，病故。本人先因年幼，于锦衣卫中左所优给。今出幼，患腰胯残疾，别无应袭之人，钦与全俸优养。

又妇一口·张氏

宣德四年二月,刘贵,系宁夏前卫右所故世袭百户刘敬长男。

正统六年十月,张氏,年六十九岁,系宁夏前卫右所故世袭百户刘贵祖母。已与曾孙刘押头优给,亦故,别无应袭之人,钦与五石米优养。

编军簿查有边卫充军一员·白梅

陕西宁夏前卫右所试百户白梅,嘉靖三十七年闰七月,犯该守备不设,照例发边卫充军终身,编榆林卫左所。

李魁·试百户

功次簿查有:嘉靖四十三年五月,一件为酋房大举侵犯、官军奋勇、敌退等事,内开拟升四十一年十等月宁夏、固原、延绥三镇等处地方获功阵亡人员,相应议拟升赏,计开自袁凤起至大王太止,共五百十四员。二人共斩首一颗,为首宁夏前卫右所实授总旗李成,该升试百户。·464·

一辈李成。

二辈李名。

三辈李仁。

四辈李能。

五辈李清。

六辈李枝。

七辈李魁,万历十年四月,李魁,年三十六岁,祥符县人,系宁夏前卫右所故试百户李枝嫡长男。比中二等。

八辈李应春,万历三十五年六月,大选过宁夏前卫右所试百户一员李应春,年三十五岁,系故试百户李魁嫡长男。比中三等。

九辈李振英,天启四年二月,大选过宁夏前卫右所试百户一员李振英,年二十九岁,系故试百户李应春嫡长男。比中三等。〔对讫。〕

马成龙·试百户

外黄查有：马成龙，年四十岁，系陕西宁夏前卫右所试百户，原籍山东聊城县人。高祖马黑恩，洪武十六年充府军前卫右所军，宣德元年故。曾祖马伏补役，弘治十五年老疾。祖马忠替役，正德十五年河东横城阵亡。叔祖马名补役，嘉靖十六年晏海湖阵亡。父马得补役，故。成龙补役，二十年陕西芦沟子斩首一颗，为首功升小旗；二十二年贺兰山无名高口旧边等处斩首一颗升本所总旗，三十二年威虏城红井墩斩首一颗重升总旗，三十七年奏功明白，总旗上加红井［墩］重升一级，与做宁夏前卫右所试百户。

一辈马成龙，已载前黄。

二辈马三省，万历十九年二月，马三省，年二十岁，聊城县人，系宁夏前卫右所故试百户马成龙庶长男。比中二等。·465·

宋钺·试百户

外黄查有：宋钺，年三十八岁，系陕西都司宁夏前卫右所试百户，原籍河南府登封县人。始祖宋成，洪武五年充武德卫军，十一年改府军前卫，三十二年故。高祖宋礼补役，宣德五年故。曾祖宋连补役，成化六年故。祖宋全补役，正德十六年故。伯父宋景文补役，嘉靖十九年老疾。钺替役，二十三年陕西芦沟子斩首一颗升小旗，三十三年归德（口）等处达贼窥犯斩首一颗升总旗，三十七年宁夏碱边地方斩首一颗升宁夏前卫右所试百户。

一辈宋钺，已载前黄。

二辈宋铎，隆庆五年八月，宋铎，登封县人，系宁夏前卫中所故试百户宋钺亲弟。

三辈宋文征，万历二十八年八月，大选过宁夏前卫中所小旗一名宋文征，年二十六岁，登封县人。曾祖宋景明，嘉靖二十年芦沟子斩首一颗升小旗，故。祖宋钧系监生，未补。二叔祖宋钺补，三十四年归德口斩首一颗升总旗，三十六年碱边斩首一颗升试百户，故绝。父宋朝仕疾，未袭。三叔祖宋铎借袭，故。查小旗系宋景明斩首功，试百户系宋钺斩首功。钺故绝。本舍系钺侄孙，例为犯堂，不准袭，准补祖役小旗。比中三等。

四辈宋文英，万历四十年七月，单本选过宁夏前卫中所试百户一员宋文英，年三十四岁，系故试百户宋钺孙。查本舍之兄宋文征，以减袭之故气郁而死矣。今本舍欲复祖职，告袭前来。查宗图系宋钺之亲孙，则钺功二级似不可减，而试百户之改物适当还之。蒙堂查验宗图，并卫所保结，院道批词凿凿可据，姑念穷边，免其再查，准袭世袭试百户。比中二等。〔对讫。〕

五辈宋大勋，崇祯元年六月，大选过宁夏前卫中所试百户一员宋大勋，年十九岁，系故试百户宋文英嫡长男。比中三等。〔对讫。〕

姚臣·试百户

外黄查有：姚臣，年五十七岁，系陕西都司宁夏前卫右所试百户，原籍常州府无锡县人。高祖姚付，己（乙）未年充武德卫军，吴元年征龙江等处有功升小旗，洪武十一年改府军前卫，十八年征云南等处有功升总旗，二十六年调宁夏前卫右所，永乐元年故。曾祖姚直补并，天顺八年故。祖姚政补并，弘治十八年疾。父姚斌并，老。臣系嫡长男，嘉靖七年补役，本年并，三十四年贺兰山等处杀贼获功升宁夏前卫右所试百户。

一辈姚付，已载前黄。

二辈姚直，已载前黄。

三辈姚政，已载前黄。

四辈姚斌，已载前黄。

五辈姚臣，功次簿查有：嘉靖三十四年五月，为虏贼侵犯、仰伏天威、斩获首级等事，开三十二年贺兰山无名高口旧边等处获功升实授一级，二人共斩首一颗，为首宁夏前卫右所总旗试百户一员姚付。

六辈姚钦，隆庆四年十二月，姚钦，无锡县人，系宁夏前卫右所年老试百户姚臣嫡次男。

七辈姚之夔，万历四十年八月，大选过宁夏前卫右所实授百户优给舍人一名姚之夔，年十岁，系故指挥使姚钦嫡长男。查试百户，其祖职耳。至万历二十年，姚钦以谋杀哱贼事露，缒城来归，题升指挥使，后又以守备不设充终身军。二十七年又以黄草滩部下功准复副千户。若论前功则系自获自犯，论后功则系部下，于例均不准袭。但此一姚钦者，曾谋杀投死，其志正，其风雄矣！今其子优给，于祖职上

量加一级，准实授百户全俸优给，扣至四十四年终住支。〔对讫。〕

万历四十六年闰四月，单本选过宁夏前卫右所实授百户一员姚之夔，年十六岁，出幼袭职。比中一等。〔对讫。〕

祁恩·试百户

缺。

一辈祁秀，功次簿查有：嘉靖十二年在柳门儿斩首一颗，十三年沙湖又斩首一颗，因前功未升，重升冠带小旗；十四年清水营芗苦滩斩首一颗，因前功未并，重升总旗；宁夏前卫右所冠带总旗上加沙湖功重升一级，与做试百户一员祁先受（秀）。

二辈祁恩，旧选簿查有：嘉靖三十四年二月，祁恩，高邮州人，系宁夏前卫右所老疾试百户祁秀嫡长男。

三辈祁登高，万历二十二年四月，祁登高，年三十八岁，系宁夏前卫右所年老试百户祁恩嫡长男。比中三等。

四辈祁钟俊，崇祯四年六月，大选过宁夏前卫右所试百户一员祁钟俊，年三十七岁，系老试百户祁登高嫡长男。比中三等。

白自成·试百户

天启六年十二月，大选过宁夏前卫右所试百户一员白自成，年三十一岁，宜阳县人。今本舍系白龙嫡孙，准袭试百户。比中二等。〔对讫。〕

王相·署百户

内黄查有：王臣，寿州人。高祖王来保，乙未年归附府军前卫军，洪武二十二年取勘年深小旗并枪充总旗，二十六年调宁夏前卫右所，迤北征进阵亡。曾祖王羊保补役，故。祖王春仍充总旗，故。父王敬补充总旗，老疾。臣代并并枪，仍充总旗；正德七年河南等处征剿流贼，七里岗斩获首级二颗、耳记三副有功，正德八年升世袭署百户。

一辈王来保，已载前黄。

二辈王羊保，已载前黄。

三辈王春，已载前黄。

四辈王敬，已载前黄。

五辈王臣，已载前黄。

六辈王相，旧选簿查有：嘉靖二十年四月，王相，寿州人，系宁夏前卫右所年老署百户王臣嫡长男。

七辈王威，隆庆六年七月，王威，年三十三岁，寿州人，系兴武营守御千户所故署百户王相嫡长男。伊父原替祖职宁夏前卫右所署百户，嘉靖二十三年为缺官补位改拨兴武营守御千户所，三十三年酷刑打死墩军李贵，参问为民；四十四年故。本舍照例准复袭祖职署百户，仍回宁夏前卫右所。

李钦·正千户

外黄查有：李钦，年四十五岁，历城县人。高祖李奴儿，洪武三年军，故。曾祖李靖补役，三十一年□□卫有功升小旗，天顺元年沙山儿杀贼有功升总旗，故。祖李经系嫡长男补役，老。父李保补役，正德六年古方墩斩首一颗，七年河南七里岗瓜皮店征剿流贼，共斩割耳记六副；八年升实授百户，故。钦系嫡长男，优给；十四年勘合开古方墩功升试百户，未并；嘉靖四年出幼，袭实授百户，十三年沙湖等处斩首一颗，十五年升宁夏前卫中所副千户。·468·

堂稿查有：嘉靖四十二年六月，一件为达贼出边复行入犯事，计开定拨（拟）升赏宁固二镇地方升实授一级一百八员名，二人共斩首一颗，为首宁夏前卫中所副千户李钦，该升正千户。

一辈李奴儿，已载前黄。

二辈李靖，已载前黄。

三辈李经，已载前黄。

四辈李晟，已载前黄。

五辈李钦，以上俱载前黄。

六辈李继勋，隆庆六年十二月，李继勋，年三十五岁，历城县人，系宁夏前卫中所故正千户李钦嫡长男。

七辈李荣春，天启七年十一月补十月大选，过宁夏前卫中所正千户一员李荣春，年二十一岁，系故正千户李继勋嫡长孙。比中三等。〔对讫。〕

郑官·正千户

外黄查有：郑端，合肥县人。父郑林，旧名遇林，戊戌年充总管，洪武八年充总旗，十一年除试百户，十七年升除副千户，三十五年老。父郑荣替，为祖从军年深除正千户，永乐六年故。端系嫡长男，袭正千户。郑瑄系郑端嫡长男，父老，瑄正统元年替正千户。郑臣系郑伦嫡长男，伊父患疾，臣弘治十五年替世袭正千户。郑淳系郑臣嫡长男，父疾，淳正德十五年替正千户。

一辈郑林，已载前黄。

二辈郑荣，已载前黄。

三辈郑端，旧选簿查有：永乐七年七月，郑端，系宁夏前卫中所故世袭正千户郑荣嫡长男。

四辈郑瑄，旧选簿查有：正统元年十一月，郑瑄，系宁夏前卫中所世袭正千户郑端嫡长男。

五辈郑春，旧选簿查有：景泰七年十一月，郑春，合肥县人，系宁夏前卫中所世袭正千户郑瑄嫡长男。

六辈郑伦，旧选簿查有：成化十七年六月，郑伦，合肥县人，系宁夏前卫中所故世袭正千户郑春嫡长男。

七辈郑臣，旧选簿查有：弘治十五年八月，郑臣，合肥县人，系宁夏前卫中所世袭正千户郑伦嫡长男。

八辈郑淳，旧选簿查有：正德十五年十月，郑淳，合肥县人，系宁夏前卫中所世袭正千户郑臣嫡长男。

九辈郑官，旧选簿查有：嘉靖二十九年十二月，郑官，年四十一岁，合肥县人，系宁夏前卫中所故降级副千户郑淳嫡长男。伊父原袭祖职正千户，为事参降副千户，故。本舍照例复袭祖职正千户。

十辈郑大纲，万历四年四月，郑大纲，年二十岁，合肥县人，系宁夏前卫中所故正千户郑官嫡长男。

王隆 · 正千户

缺。

一辈王胜,缺。

二辈王用,旧选簿查有:永乐七年九月,王用,系宁夏前卫中所瘸疾世袭百户王胜嫡长男。

副千户功次缺。

三辈王麟,旧选簿查有:正统十年三月,王麟,系宁夏前卫中所副千户王用嫡长男,钦与世袭。

正千户功次候查。

四辈王铎,旧选簿查有:成化七年八月,王铎,山阳县人,系宁夏前卫中所正千户王麟嫡长男,钦与世袭。

五辈王锦,旧选簿查有:成化九年五月,王锦,山阳县人,系宁夏前卫中所故世袭正千户王铎亲弟。

六辈王靖,旧选簿查有:正德元年五月,王靖,山阳县人,系宁夏前卫中所世袭正千户王锦嫡长男。

七辈王隆,旧选簿查有:嘉靖六年二月,王隆,山阳县人,系宁夏前卫中所故世袭正千户王靖嫡长男。·470·

充军簿查有:王隆,系宁夏前卫中所正千户。犯该守备不设,于嘉靖十四年五月编发大同右卫右所边远充军。

八辈王栋,万历十六年二月分,王栋,年二十四岁,山阳县人,系宁夏前卫中所故充终身军正千户王隆亲孙。伊祖原袭祖职正千户,嘉靖十四年犯该守备不设,问充大同右卫左所终身军,万历六年故。应该伊父王加爵承袭,未袭先故,本舍合照例与袭祖职正千户。比中三等。

年远事故中所正千户一员 · 陈文

永乐十三年八月,陈文,系宁夏前卫中所故世袭正千户陈荣嫡长男。

文仲科·实授百户

年远事故选条查有：洪武三十九年五月，文忠，系宁夏前卫中所世袭百户文受庶长男。

正统六年九月，文义，系宁夏前卫中所世袭百户文忠嫡长男。

成化元年三月，文贵，年十六岁，长沙县人，系宁夏前卫中所世袭百户文义长孙。

弘治十五年八月，文林，长沙县人，系宁夏前卫中所世袭百户文贵嫡长男。

万历四十年十二月，大选过宁夏前卫中所实授百户文仲科，年三十一岁，系故副千户文东孙，查无顶辈大册。万历二十一年"宁镇之变"，伊父文宦被逆贼杀死，号纸无存。既经抚按起送，似应准从，但册称始祖三五辈俱实授百户，至曾祖文林、祖文东，功升副千户。查选簿、内黄，无文林、文东名讳，亦无功次，事属可疑，姑准袭祖职实授百户。比中二等。

王龙·副千户

外黄查有：王斌，年三十岁，系宁夏前卫中所世袭副千户，盱眙县人。始祖王受，丙午年选充小旗，洪武元年东昌充百户，调乐安卫，老。高叔祖王礼，替升真定卫右所副千户，故绝。王义系庶兄，袭升彰德卫正千户，调义勇后卫。永乐三年降宁夏前卫副千户，故。王增系亲男，袭，故。王鉴系嫡长男，袭，故。王成系堂兄，袭，故。王琏系嫡长男，袭，故。斌系嫡长男，正德十年袭宁夏前卫中所副千户。

一辈王受，已载前黄。

二辈王礼，旧选簿查有：洪武二十四年四月，王礼，系山海卫前所世袭百户王寿（受）嫡长男，为父征伤残疾，告替。钦准替职，授本卫所世袭百户。

副千户功次已载前黄。

三辈王义，旧选簿查有：洪武三十三年四月，王义，系真定卫右所亡故世袭副千户王礼庶兄，弟为（未）升，革除卫后所世袭正千户。

四辈王增，旧选簿查有：永乐二十二年五月，王增，系宁夏前卫中所故世袭副千户王义亲侄。

五辈王鉴，旧选簿查有：景泰二年五月，王鉴，年十五岁，系宁夏前卫中所故世袭副千户王增嫡长男。

六辈王成，旧选簿查有：天顺四年八月，王成，盱眙县人，系宁夏前卫中所故世袭副千户王鉴堂兄。

七辈王琏，旧选簿查有：成化九年五月，王琏，盱眙县〔人〕，系宁夏前卫中所故世袭副千户王成嫡长男。

八辈王斌，旧选簿查有：正德十年十二月，王斌，盱眙县人，系宁夏前卫中所故世袭副千户王琏嫡长男。

九辈王龙，旧选簿查有：嘉靖四十年六月，王龙，年二十六岁，盱眙县人，系宁夏前卫中所故副千户王斌嫡长孙。

十辈王国柱，万历十五年八月，王国柱，年三十一岁，盱眙县人，系宁夏前卫中所患疾副千户王龙嫡长男。比中二等。

十一辈王怀邦，崇祯四年十月，大选过宁夏前卫中所副千户一员王怀邦，年三十岁，系老副千户王国柱嫡长男。比中三等。〔对讫。〕

张选·副千户

内黄查有：张得山，旧名张大，洪武二十九年充平阳卫军，济南升小旗，西水寨升总旗，平定京师钦除彰德卫后所百户，永乐二十二年十二月钦与世袭。

一辈张得山，已载前黄。·472·

二辈张英，旧选簿查有：宣德二年，张英，系彰德卫后所世袭百户张得山嫡长男。

三辈张荣，旧选簿查有：景泰五年二月，张荣，宿州人，系宁夏前卫中所署所镇抚事世袭百户张英嫡长男。

四辈张勋，旧选簿查有：成化十年，张勋，宿州人，系宁夏前卫中所署所镇抚事世袭百户张荣嫡长男。

副千户功次候查。

五辈张怀，旧选簿查有：正德二年九月，张怀，宿州人，系宁夏前卫中所功升副千户张勋嫡长男，钦与世袭。

六辈张廉，旧选簿查有：正德九年六月，张廉，宿州人，系宁夏前卫中所故世袭副千户张怀嫡长男。

七辈张凤，旧选簿查有：嘉靖十九年八月，张凤，其县（宿州）人，系宁夏前卫中所故副千户张廉嫡长男。

八辈张选，旧选簿查有：嘉靖二十四年十月，张选，宿州人，系宁夏前卫中所故副千户张凤亲叔。

充军簿查有：张选，宁夏前卫〔副〕千户。犯该守备不设，于嘉靖三十二年八月十一日发庄浪卫后所边远充终身军。

九辈张鹏，隆庆五年十一月，张鹏，年三十九岁，宿州人，系宁夏前卫中所故充军副千户张选嫡长男。伊父原袭祖职副千户，嘉靖二十九年犯该守备不设，问发庄浪卫充终身军，四十三年故。本舍照例准复袭祖职副千户。

十辈张宦，万历二十四年四月，张宦，年二十岁，系宁夏前卫中所故副千户张鹏嫡长男。比中二等。

十一辈张仲举，天启四年四月，大选过宁夏前卫中所副千户一员张仲举，年二十二岁，系故副千户张宦嫡长男。比中三等。〔对讫。〕

年远事故中所副千户一员·徐英

宣德七年四月，徐胜，系宁夏前卫中所世袭副千户徐贵嫡长男。

天顺八年二月，徐荣，宿迁县人，系宁夏前卫中所残疾世袭副千户徐胜嫡长男。

弘治五年四月，徐英，宿迁县人，系宁夏前卫中所故世袭副千户徐荣嫡长男。

又一员·周胜

永乐十二年七月，周胜，系宁夏前卫中所故副千户周旺嫡长男，敬与世袭。

又一员·刘斌

永乐二十一年七月，刘斌，系宁夏前卫中所世袭副千户刘俊嫡长男。

编军簿查有·陈忠

陕西宁夏前卫中所副千户陈忠,嘉靖三十七年四月犯该守备不设,照例发边卫充军终身,编凉州卫右所。

红尽忠·实授百户

万历三十九年十二月,大选过宁夏前卫左所实授百户一员红尽忠,年二十八岁,汾州人。查伊祖红花,嘉靖三十七年充家丁,隆庆二年青山麻黄沟斩首一颗升小旗,三年兴武营暗门斩首一颗,本年九月白城子斩首一颗,俱经题奉钦依并升试百户。万历二十三年延绥、清平等处斩首一颗升实授百户,二十七年宁夏黄草滩等处部下获功升副千户,故。本舍系红花嫡长孙,除部功应减外,准袭实授百户。比中三等。〔对讫。〕

张钺·世袭百户

缺。

一辈张山,缺。

二辈张林,旧选簿查有:宣德元年十一月,张林,系遵化卫后千户所故世袭百户张山嫡长男。

三辈张茂,旧选簿查有:成化元年三月,张茂,遵化县人,系宁夏前卫中所故世袭百户张林嫡长男。

四辈张震,旧选簿查有:弘治十四年四月,张震,遵化县人,系宁夏前卫中所故世袭百户张茂嫡长男。

五辈张钺,旧选簿查有:正德八年四月,张钺,遵化县人,系宁夏前卫中所世袭百户张镇(震)亲弟。伊兄阵亡,无儿男,本人告袭职副千户。

六辈张守节,万历五年十月,张守节,年三十一岁,遵化县人,系宁夏前卫中所故副千户张钺嫡长孙。比中二等。

七辈张琮,万历三十年十月,张琮,年二十七岁,系宁夏前卫中所患疾副千户

张守节嫡长男。比中□等。〔对讫。〕

八辈张鸿勋，崇祯四年六月，大选过宁夏前卫中所副千户一员张鸿勋，年三十五岁，系疾副千户张琮嫡长男。比中三等。〔对讫。〕

游善·实授百户

外黄查有：游璿，固始县人。父游青，洪武元年归附从军，二十六年钦除百户，调宁夏前卫中所，老疾。璿系嫡长男，永乐六年替职。

一辈游青，已载前黄。

二辈游璿，旧选簿查有：永乐六年十一月，游璿，系宁夏前卫中所老疾世袭百户游青嫡长男。

三辈游亨，旧选簿查有：正统六年十二月，游亨，系宁夏前卫中所百户游璿嫡长男。父因老疾，选调宣武卫减奉闲住。本人替职，年力少壮，钦准仍回宁夏前卫中所管事。

四辈游广，旧选簿查有：成化六年四月，游广，年十六岁，固始县人，系宁夏前卫中所故世袭百户游亨庶长男。

五辈游锦，旧选簿查有：正德四年二月，游锦，年十七岁，固始县人，系宁夏前卫中所故世袭百户游广嫡长男。

六辈游善，旧选簿查有：嘉靖十年十月，游善，年七岁，固始县人，系宁夏前卫中所故百户游锦嫡长男。照例与全俸优给，至嘉靖十七年终住支。

旧选簿查有：嘉靖十九年十月，游善，固始县人，系宁夏前卫中所故实授百户游锦嫡长男，优给出幼袭职。

七辈游俊杰，万历十八年十月，游俊杰，年二十六岁，固始县人。伊父原袭实授百户，嘉靖三十六年宿娼，问调回原卫右所；三十九年遇例纳赎回卫，有抄招印验，今老。本舍合照旧与替实授百户。比中三等。

徐镇·实授百户

外黄查有：徐祥，无为州人。有父徐铁关，庚子年归附，洪武元年选充小旗，二十二年并充总旗，年老。祥代役，三十一年除宁夏前卫中所所镇抚，永乐三年钦与流官。

一辈徐铁关，已载前黄。

二辈徐祥，已载前黄。

三辈徐清，缺。

四辈徐信，缺。

五辈徐聪，功次簿查有：嘉靖六年清水营、红山儿等处，宁夏前卫升实授一［级］不赏，二人共斩贼级一颗，为首中所实授总旗升试百户一员徐祥。

堂稿内查有：嘉靖十五年堂稿内查有，嘉靖十三年六等月，地名麻黄梁、沙湖等处获功官旗升实授一级不赏，二人共斩首一颗，为首宁夏前卫中所试百户升实授百户徐聪。

六辈徐镇，旧选簿查有：嘉靖二十三年十二月，徐镇，无为州人，系宁夏前卫中所老疾实授百户徐聪嫡长男。

七辈徐琦，万历十三年六月，徐琦，年二十一岁，无为州人，系宁夏前卫中所老疾副千户徐镇亲侄。伊伯原袭祖职实授百户，嘉靖三十二年浮图峪堵截有功升副千户，世袭。今老疾，无子，应该伊父徐钦承袭，风疾不堪。本舍合照例借替副千户，待后伊伯徐镇生有儿男，退还职事。比中三等。·476·

八辈徐世显，天启二年十月，大选过宁夏前卫中所副千户一员徐世显，年三十二岁，系老副千户徐琦嫡长男。比中一等。〔对讫。〕

宣士能·试百户

查得功次堂稿，小旗系洪武年间功，至宣士能以祖名宣伏九，嘉靖三十六年宁夏碱边地方斩首一颗，三十七年升总旗，隆庆三年宁夏镇兴武营暗门斩首一颗，五年升试百户。

一辈宣伏九。

二辈宣文。

三辈宣荣。

四辈宣通。

五辈宣士举。

六辈宣士能，前已载功。

七辈宣宪,万历六年二月,宣宪,年二十三岁,江阴县人,系宁夏前卫中所年老试百户宣士能嫡长男。比中二等。

八辈宣廷诏,万历四十年四月,大选过宁夏前卫中所试百户一员宣廷诏,年三十二岁,系疾试百户宣宪嫡长男。比中一等。〔对讫。〕·477·

年远事故中所世袭百户一员·文忠①

洪武三十二年五月,文忠,系宁夏前卫中所世袭百户文受庶长男。

正统六年九月,文义,系宁夏前卫中所世袭百户文忠嫡长男。

成化元年三月,文贵,年十六岁,长沙县人,系宁夏前卫中所故世袭百户文义嫡长孙。

弘治十五年八月,文林,长沙县人,系宁夏前卫中所世袭百户文贵嫡长男。

又一员·董寿

天顺五年九月,董祥,武定州人,系宁夏前卫中所世袭百户董贵亲侄。

成化十九年六月,董寿,武定州人,系宁夏前卫中所故世袭百户董贵庶长男。先因本人未生,祥袭职。今长成改正袭职,堂兄革闲。

又一员·陈住儿

永乐四年正月,陈旺,系宁夏前卫中所故百户陈和嫡长男,敬袭世袭百户。

永乐五年九月,陈住儿,年十一岁,系宁夏前卫中所故百户陈旺亲弟。钦与全俸优给,至永乐九年终住支袭职。

又一员·陈宗

成化九年三月,陈政,滋阳县人,系宁夏前卫中所世袭百户陈让嫡长男。

---

① 此条与《总汇》56册471页"文仲科"档前四辈所载内容相同。

成化二十三年二月，陈宗，滋阳县人，系宁夏前卫中所故世袭百户陈政嫡长男。

又一员·李斌

成化九年七月，李原，金县人，系宁夏前卫中所故署所镇抚事世袭百户李海堂侄。

弘治十一年十二月，李斌，金县人，系宁夏前卫中所署所镇抚事世袭百户李原嫡长男。

又一员·张俊

天顺七年十一月，张俊，潍县人，系宁夏前卫中所百户张荣嫡长男，钦与世袭。

又一员·杨旺

宣德二年二月，杨旺，系宁夏前卫中所故百户杨狗皮亲弟。

又一员·阎贵

永乐十二年十二月，阎贵，系宁夏前卫中所故世袭百户阎兴嫡长男。

又一员·孔斌

永乐二十一年七月，孔斌，系宁夏前卫中所故世袭百户孔立嫡长男。

李光祖·试百户

万历二十九年八月，大选过宁夏前卫前所试百户优给舍人一名李光祖，年七岁，系故试百户李大缙嫡长男。查伊一世祖李春，甲午年军，故。二世祖李祥优除百户，洪武二十六年为事降充总旗，故。三世祖李安补，老。高祖李珍代，故。曾祖李镒补，故。祖李时补，故。父李大缙补役，万历二十四年九月内李王渠北岸沙嘴地方斩首一颗，祖名李春报验升试百户，故。光祖系嫡长男，照例与试百户全俸优给，扣至万历三十六年终住支。·479·

万历四十年十月，大选过宁夏前卫前所试百户一员李光祖，年十九岁，系故试百户李大缙男。比中一等。出幼袭职，但违限四年，有无多支奉银，彼中查扣。〔对讫。〕

俞时·试百户

外黄查有：俞淮，宝应县人。始祖俞伏一，丙午年从军，洪武三年选充小旗，十四年升天策卫总旗，二十四年故。高祖俞祯补役，永乐七年河（阿）鲁台功升宁夏前卫中所试百户，故。曾祖俞震替职，钦与实授，成化二十一年故。祖俞通系嫡长男，替，弘治五年故。伯俞洪系庶长男，正德十年故。兄俞贤系嫡长男，替，革去实授，十四年故绝。淮系堂弟，本年袭。

一辈俞伏一，已载前黄。

二辈俞祯，已载前黄。

三辈俞震，旧选簿查有：永乐十七年二月，俞震，系宁夏前卫中所试百户俞祯、户名俞福（伏）一嫡长男。父原系总旗，征剿胡寇升除前职，病故，钦与实授百户。

四辈俞通，旧选簿查有：正统十一年四月，俞通，年十五岁，系宁夏前卫中所故世袭百户俞震嫡长男。

五辈俞洪，旧选簿查有：弘治五年十二月，俞洪，年十六岁，宝应县人，系宁夏前卫中所故世袭百户俞通庶长男。

六辈俞贤，旧选簿查有：正德十年十月，俞贤，年十六岁，宝应县人，系宁夏前卫中所故百户俞洪嫡长男。

七辈俞怀，旧选簿查有：正德十四年十月，俞怀，年二十七岁，宝应县人，系宁夏前卫中所故世袭百户俞贤堂弟。伊高祖俞祯原升试百户。曾祖俞震袭，钦准实授，沿袭至堂兄俞贤，已革去钦准实授一级，与前职。本人仍袭试百户。伊伯俞洪一辈未比，照例住俸三年。

八辈俞时，旧选簿查有：嘉靖二十四年八月，俞怀，宝应县人，系宁夏前卫中所试百户，今患疾在所。有嫡长男俞时告替。

九辈俞继祖，万历二十五年五月，单本选过宁夏前卫中所试百户一员俞继祖，年二十二岁，宝应县人，系试百户俞时亲侄。本舍合照例与袭试百户。比中三等。

万历三十七年九月，准职方司手本为虏众内附、边患稍宁等事，内开该巡按陕西监察御史杨一桂①奏：问过犯人俞继祖，招系宁夏前卫中所试百户，原籍直隶扬州府宝应县人，照例编发永远充军，革袭，注辽东东宁卫左所。

王佩·试百户

缺。

一辈王海，缺。

二辈王刚，缺。

三辈王友才，旧选簿查有：吊来勘合，查得不赏二人共斩贼级一颗，已并枪实授小旗升总旗一名王计生。

四辈王佩，旧选簿查有：嘉靖十九年，王佩，年二十二岁，泾县人，系宁夏前卫中所已故试百户王友才嫡长男。伊父以祖王海阵亡升小旗，贺兰山等处获功重升小旗，并升总旗；河南等处斩割流贼耳记升署百户，马家庄功升试百户，今故。所据伊父河南斩割流贼耳记升署百户一级，不系斩首，例应减革。本舍系嫡男，照例革袭试百户。

五辈王纳忠，万历十三年四月，王纳忠，年四十七岁，泾县人，系宁夏前卫中所故试百户王佩嫡长男。比中三等。

六辈王印，万历二十五年十二月，选（过）试百户一员王印，年二十二岁，系故试百户王纳忠嫡长男。比中二等。

七辈王之卿，天启元年九月补八月分大选，过宁夏前卫中所试百户一员王之卿，年三十二岁，系故试百户王印嫡长男。比中三等。〔对讫。〕

① 杨一桂，字寒质，山西安邑人。万历二十三年（1595）进士，万历二十五年（1597）知唐县事，后历任巡按陕西监察御史、兵部主事等。

华岳·试百户

·481·

缺。

一辈华茂，缺。

二辈华荣，审稿查有替簿：宣德九年，华荣，系宁夏前卫中所副千户华茂嫡长男。父原系总旗，革除年间除百户，征剿胡寇升除前职。钦准本人依父原役总旗、照征剿胡寇例替试百户。

三辈华盛，缺。

四辈华清，旧选簿查有：成化三年三月，华清，年十六岁，泗州（盱眙县）人，系宁夏前卫中所故世袭百户华盛嫡长男。

五辈华浦，旧选簿查有：成化十二年十二月，华浦，盱眙县人，系宁夏前卫中所故世袭百户华清亲弟。

六辈华英，旧选簿查有：弘治十八年八月，华英，盱眙县人，系宁夏前卫中所世袭百户华浦嫡长男。

七辈华岳，旧选簿查有：嘉靖二十年十二月，华岳，盱眙县人，系宁夏前卫中所年老实授百户华英嫡长男。伊祖父荣以试百户老疾，父盛袭替实授。所据袭替职级应例减革，本人照例革试百户。

李通·试百户

外黄查有：李遵，系宁夏前卫中所试百户，原籍乐平县人。父李逢春系本卫所祖军李佑孙户内余丁。弘治十五年投充召募义勇土兵，正德五年大坝等处擒获反贼首恶丁广功升小旗，嘉靖三年固原等处斩首功升总旗，十七年宁夏地名平虏城柳门儿斩首功升试百户，老。遵系嫡长男，三十二年十二月替宁夏前卫中所试百户。

一辈李逢春，已载前黄。

二辈李遵，旧选簿查有：嘉靖三十二年十二月，李遵，乐平县人，系宁夏前卫中所年老试百户李逢春嫡长男。

三辈李通，旧选簿查有：嘉靖四十五年二月，李通，年四十一岁，乐平县人，系宁夏前卫中所故试百户李遵亲弟。

四辈李锜，万历八年十月，李锜，年三十岁，乐平县人，系宁夏前卫中所患疾试百户李通嫡长男。比中二等。

五辈李时茂，天启元年十月，大选过宁夏前卫中所试百户一员李时茂，年二十一岁，系故试百户李锜嫡长男。比中三等。〔对讫。〕 ·482·

杨元启·试百户

天启六年十二月，大选过宁夏前所（卫）中所试百户一员杨元启，年十八岁，巴县人。查伊始祖杨祯儿，丁酉年从军，洪武二十一年充小旗，洪武二十五年升总旗。二世祖杨春系男补役，故。三世祖杨□系男补役，老。四世祖杨能系男补役，故。高祖杨泉系男补役，故。曾祖杨显系男替，故。祖杨景荣系男补役，故。伯父杨富系景荣嫡长男，嘉靖四十年仍充总旗，万历二十九年十二月内宁夏黄草滩等处地方与达贼对敌，斩获强壮首级一颗升试百户，故绝。今本舍系富亲侄，准袭试百户。比中一等。〔对讫。〕

马思忠·试百户

缺。

一辈马宗，功次簿查有：成化四年，固原古城儿阵亡军人升小旗倒喇（刺）舌①。

二辈马景昇，缺。

三辈马骧，堂稿查有：一件捷音事，内开拟升嘉靖十三年六等月，在延宁地方麻黄梁等处地方功次升实授一级，二人共斩首一颗，为首宁夏前卫中所小旗倒刺舌升总旗。

一件捷音事，内开拟升嘉靖十五年正月内陕西宁夏清水营、岁苦滩等处地方功次升实授一级，二人共斩首一颗，为首宁夏前卫中所总旗升试百户倒刺舌。

四辈马思忠，旧选簿查有：嘉靖三十五年十二月，马思忠，年九岁，蓝田县人，系宁夏前卫中所故世百户马骧嫡长男。照例与全俸优给，至嘉靖四十年终

---

① 此条一辈与三辈所列"倒刺舌"疑为马宗及马骧户名。

住支。

旧选簿查有：嘉靖四十五年四月，马思忠，年二十岁，蓝田县人，系宁夏前卫中所故试百户马骧嫡长男，优给出幼袭职。查得本舍优给违限四年，限外有无多支俸粮，查扣毕日关支。

五辈马如龙，万历三十五年六月，大选过宁夏前卫中所试百户一员马如龙，年廿五岁，系老试百户马思忠嫡长男。比中一等。·483

赵邦卿·试百户

缺。

一辈赵名，小旗功次缺，总旗功次缺。

二辈赵顺，缺。

三辈赵淮，缺。

四辈赵达，缺。

五辈赵杰，缺。

六辈赵刚，试百户功次候查。

七辈赵邦卿，旧选簿查有：嘉靖十二年八月，赵邦卿，年二十一岁，西华县人，系宁夏前卫中所年老试百户赵纲（刚）嫡长男。

八辈赵敬，万历三年十月，赵敬，年三十六岁，西华县人，系宁夏前卫中所年老试百户赵邦卿嫡长男。

九辈赵国玺，万历三十年十月，大选过宁夏前卫中所准替试百户一员赵国玺，年二十二岁，系试百户赵敬嫡长男。比中三等。〔对讫。〕

十辈赵国金，天启三年十二月，单本选过宁夏前卫中所试百户一员赵国金，年二十四岁，系故试百户赵国玺堂弟。比中三等。〔对讫。〕

中所试百户一员·孔钊

正德元年八月，孔钊，年十五岁，东宁县人，系宁夏前卫中所阵亡袭升试百户孔雄嫡长男。·484·

年远事故一员·华荣①

宣德八年四月，华荣，系宁夏前卫中所副千户华茂嫡长男。父原系总旗，革除年间除授百户，征剿胡寇升除前职。钦准本人依父原役总旗照征剿胡寇例，替试百户。

陈良弼·试百户

万历十四年八月，大选过宁夏前卫中所照旧试百户一员陈良弼，年四十二岁，泰州人。据供，祖陈官音保，乙未年归附，洪武元年升小旗，故。陈忠补役，二十二年取勘年深并升总旗，故。陈能补并，老。节辈代并，老。至陈洪替，绝嗣。父陈本系亲弟，老疾不堪。兄陈良策系亲侄，补总旗，嘉靖三十二年贺兰山高口旧边斩首一颗升试百户，万历十一年故绝。良弼系亲弟，照旧袭试百户。比中二等。

陈荣先，万历四十六年六月，大选过宁夏前卫中所试百户一员陈荣先，年三十五岁，系故世百户陈良弼嫡长男。比中三等。〔对讫。〕

王彻·试百户

〔一辈王彻，〕万历十五年二月，大选过宁夏前卫中所照旧试百户一员王彻，年二十四岁，许州人。堂稿查有，伊父王荣原系军人，嘉靖三十三年九月平虏城斩首一颗，三十六年二月碱边斩首一颗，俱以军人报册拟升小旗；四十年二月河东花马池斩首一颗升总旗，四十一年告并。查得碱边斩首功升小旗一级委系重升，相应改正，与做试百户，今老。彻系庶长男，照旧替试百户。比中一等。

二辈王有光，万历二十七年十一月，单本选过宁夏前卫中所实授百户王有光，年八岁。伊父王彻原袭试百户，万历二十年宁夏死难升一级。本舍合照例与实授百户全俸优给，至三十四年终住支，出幼袭职。·485·

万历四十年十月，大选过宁夏前卫中所实授百户一员王有光，年二十一岁，出幼袭职。比中一等。〔对讫。〕

---

①此选条与《总汇》56册482页"华茂"档中"二辈华荣"时间有异，内容相同。

江廷诏·试百户

崇祯元年八月，单本选过宁夏前卫中所试百户一员江廷诏，年三十二岁，上饶县人。查伊父江皋，原补祖役总旗，万历二十九年在黄草滩斩达首一颗，钦升宁夏前卫中所试百户，老。今本舍系江皋嫡长男，准袭试百户。比中三等。〔对讫。〕

陶成栋·正千户

外黄查有：陶器，年二十一岁，系陕西宁夏前卫前所正千户，原籍苏州府常熟县人。高祖陶阿朴，洪武十九年充和州卫军，三十二年调今卫所。曾祖陶英，祖陶涞，俱故。节补，故。伯父陶明补役，芗苦滩斩首一颗，病故。伊男陶赛娃子幼小。嘉靖十五年父陶宾代役，本年十月以打硇〔口〕为首斩首一颗升小旗，又站马桥斩首一颗重升小旗，十六年定远山斩首一颗升实授一级，十九年乾园墩斩首一颗升总旗，二十年题准改正升副千户。本年八月乞恩将乾园墩一级改正并升正千户。二十年芦沟子为首斩首一颗，二十一年故。器系庶长男，二十六年八月，将芗苦滩功一级分与侄子陶赛娃子，应从革与副千户优给。三十六年以副千户上加芦沟子功并与袭宁夏前卫前所正千户。

一辈陶宾，已载前黄。

二辈陶器，旧选簿查有：嘉靖二十六年八月，陶器，年八岁，常熟县人，系宁夏前卫前所故正千户陶宾庶长男。伊兄陶明，以军芗苦滩斩首一颗，故。伊男陶赛娃子幼小，父陶宾代军，获功五级，及将陶明功一级并升正千户。所据陶明一级相应分与伊男承袭，陶宾系军立功，例无并枪，照例与本舍副千户俸优给，至嘉靖三十二年终住支。·486·

旧选簿查有：陶器，年一十七岁，常熟县人，系宁夏前卫前所故副千户陶宾庶长男。伊伯明补原祖军，嘉靖十四年芗苦滩斩首一颗，故。堂弟赛娃子幼小，父宾代役，节次斩首五颗，并将伊伯芗苦滩功一级奏并正千户；二十年芦沟子斩首一颗，二十一年故。本舍先年优给，已将伊伯芗苦滩功一级分与伊男应役，将本舍革与副千户俸优给。今出幼，保送到部，告并伊父芦沟子功一级，照例与并袭正千户，候年二十岁起送比试，照袭副千户上再加伊父宾芦沟子功升一级，准并与正千户。

三辈陶成栋，旧选簿查有：嘉靖四十一年十月，陶成栋，年九岁，常熟县人，系宁夏前卫前所故正千户陶器嫡长男。照例与全俸优给，至嘉靖四十六年终住支。

陶成栋，隆庆四年六月，陶成栋，年十七岁，常熟县人，系宁夏前卫前所故正千户陶器嫡长男，优给出幼袭职。查伊伯祖陶明，以军人芗苦滩斩首一颗，故。男陶赛娃子幼，祖陶宾代，嘉靖十五年打砠口斩首功升小旗，又站马桥斩首功重升小旗，十六年定远山斩首功升实授一级，十九年乾园墩斩首功升总旗，二十年改升副千户。本年重将乾园墩一级冒升正千户，二十年芦沟子斩首一颗，二十六年将芗苦滩功一级分与侄子陶赛娃子应役，革与副千户，三十六年将芦沟子功并袭正千户。父器沿袭。所据乾园墩冒报重升，例应减革。今本舍照例与祖军人上加军功五级，革袭副千户。

隆庆四年八月，陶成栋，年一十七岁，常熟县人，系宁夏前卫前所故正千户陶器嫡长男。伊父原袭祖职正千户，本舍先经优给出幼，起送到部。查得黄选内止开伊祖陶宾于嘉靖十五等年打砠口斩首一颗、站马桥斩首一颗、定远山斩首一颗、乾园墩斩首一颗、芦沟子斩首一颗，共扣军功五级，准革袭副千户。续据本舍具告，陶宾于嘉靖十七年柳门儿斩首一颗，该升实授一级。查与堂稿相同，本舍合与原袭副千户上加伊祖柳门儿斩首功一级，准与复袭正千户。

四辈陶尧辅，万历二十五年九月，单本选过宁夏前卫前所正千户一员陶尧辅，年一十八岁，常熟县人，陶成栋嫡□男。伊父原袭正千户，万历二十四年三月黄峡口阵亡。本舍合照旧与袭正千户。比中二等。

五辈陶国珍，万历三十九年十二月，大选过宁夏前卫指挥佥事优给舍人一名陶国珍，年六岁，系故指挥佥事陶尧辅嫡长男。照例与全俸优给，至四十七年终住支。〔对讫。〕

天启元年九月补八月份大选，过宁夏前卫指挥佥事一员陶国珍，年十六岁，出幼袭职。比中三等。〔对讫。〕

马瑞·正千户

内黄查有：马昇，山后人。有祖马冬驴，洪武三年充军，二十八年老。将父马全、旧名黑厮代役，三十三年白沟河全胜升小旗，三十四年升总旗；三十五年平定京师，钦升青州左卫前所副千户；永乐七年伤故。昇系嫡长男，十年优给，十七年钦准袭授青州左卫前所世袭副千户。

一辈马全，已载前黄。·487·

二辈马昇，旧选簿查有：永乐十七年十二月，马昇，系青州左卫前所故副千户马全、旧名黑厮嫡长男。

三辈马英，旧选簿查有：成化元年二月，马英，山后人，系宁夏前卫前所世袭副千户马昇嫡长男。

四辈马宽，缺。

五辈马宏，旧选簿查有：弘治九年七月，马宏，山后人，系宁夏前卫前所故世袭副千户马英嫡次男。已与兄马宽优给，病故。本人具告转名，今优给出幼袭职。

正千户功次已载六辈选条。

六辈马瑞，旧选簿查有：嘉靖十五年八月，马瑞，年二十七岁，山后人，系宁夏前卫前所已故重升副千户马宏嫡长男。伊父原袭前职，正德十三年红寺堡等处斩首一颗，嘉靖四年奉勘合错开实授百户升副千户，今故。本舍告袭，奉吊勘合查明，照例改正，与袭正千户。

充军簿查有：马瑞，宁夏前卫千户。犯该监守自盗，于嘉靖二十三年十一月发平乐守御千户所永远充军。

曹元·正千户

外黄查有：曹宽，年六十二岁，宝坻县人。曾祖曹成，洪武十六年军，三十三年济南升小旗，三十四年西水寨升总旗，三十五年克金川门升甘州左卫中所百户，故。曹兴系嫡长男，优袭，正统六年调宁夏前卫前所，老。曹智系嫡长男，替，故。宽系嫡长男，优袭，疾。有嫡长男曹臣，正德十五年替职，仍宁夏前卫前所百户。

一辈曹成。

二辈曹兴，旧选簿查有：永乐二十二年二月，曹兴，系甘州左卫中所故百户曹成嫡长男。

三辈曹智，旧选簿查有：成化元年三月，曹智，宝坻县人，系宁夏前卫前所世袭百户曹兴嫡长男。

四辈曹宽，旧选簿查有：成化十六年七月，曹宽，宝坻县人，系宁夏前卫前所世袭百户曹智嫡长男。

五辈曹臣，旧选簿查有：正德十五年六月，曹臣，宝坻县人，系宁夏前卫前所年老百户曹宽嫡长男。

副千户功次：功次簿查有，嘉靖十五年，陕西固原等处二人斩首一颗，为首官旗共一百二十四名内宁夏前卫前所实授百户升副千户一员曹臣。

正千户功次：功次簿查有，嘉靖十八年，陕西贺兰口红寺儿二人共斩贼级一颗，为首宁夏前卫前所副千户升正千户一员曹臣。

六辈曹元，旧选簿查有：嘉靖四十年六月，曹元，年三十五岁，宝坻县人，系宁夏前卫前所年老正千户曹臣嫡长男。·488·

七辈曹敏，万历十四年四月，曹敏，年二十七岁，宝坻县人，系宁夏前卫前所年老正千户曹元嫡长男。比中二等。

八辈曹世勋，万历十九年四月，曹世勋，年九岁，系宁夏前卫前所故正千户曹敏嫡长男。照例与全俸优给，至万历二十五年终住支。

万历二十七年二月，曹世勋，年十六岁，系出幼袭职。比中三等。

九辈曹祯，万历四十五年十月，大选过宁夏前卫前所正千户一员曹祯，年十九岁，系故正千户曹世勋嫡长男。比中三等。〔对讫。〕

李实·正千户

一辈李成，缺。

二辈李旺，旧选簿查有：永乐十四年十二月，李旺，系宁夏前卫前所故百户李成嫡长男，钦与世袭。

三辈李达，旧选簿查有：正统四年三月，李达，系宁夏前卫前所世袭百户李旺嫡长男。

四辈李远，旧选簿查有：成化四年二月，李远，唐县人，系宁夏前卫前所故世袭百户李达亲弟。

五辈李铭，旧选簿查有：成化十八年十二月，李铭，唐县人，系宁夏前卫前所故世袭百户李远嫡长男。

六辈李干，旧选簿查有：正德元年二月，李干，唐县人，系宁夏前卫前所故世袭百户李铭嫡长男。

旧选簿查有：传奉册内查有前件应留一员李干，系宁夏前卫署指挥佥事，原系本卫前所副千户。正德七年三月二十八日，跟随总兵官仇钺到于六安州七里岗斩割流贼耳记四副；本年四月二十九日，应山县斩割耳记三副。奏奉勘合，升署指挥佥事。·489·

七辈李实，旧选簿查有：嘉靖十三年十二月，李实，年五岁，唐县人，系宁夏前卫故指挥佥事李干庶长男。照例与全俸优给，至嘉靖二十三年终住支。

嘉靖二十七年六月，李实，年十八岁，唐县人，系宁夏前卫故指挥佥事李干庶长男，优给，已革署指挥佥事，今出幼袭职。伊父李干原袭副千户，以六安功升署指挥佥事，后遇例实授。所据六安功署职系越升，并遇例职级俱例应减革。本舍照例革袭正千户，注前所。

充军簿查有：李实，南阳府唐县人，系宁夏前卫千户，犯该守备不设被贼侵入境内掳掠人民者律，于嘉靖三十六年十一月十八日发边卫固原卫前所充终身军。

八辈李科，万历二十六年七月，单本选过宁夏前卫前所正千户一员李科，年三十六岁，系故正千户纳级指挥佥事李实嫡长男。李名（铭）以实授百户功升副千户，李干以副千户功升正千户，俱如例。李实以正千户守备不设充固原卫终身军，后以征剿达贼三次有功，准复原职正千户。本舍嫡长男也，合照旧袭正千户。比中三等。

九辈李尚志，万历三十二年十二月，大选过宁夏前卫前所正千户一员李尚志，年二十五岁，系故正千户李科嫡长男。比中二等。〔对讫。〕

十辈李承露，崇祯五年二月，大选过宁夏前卫前所正千户一员李承露，年三十二岁，系疾正千户李尚志嫡长男。比中三等。〔对讫。〕

年远事故前所正千户一员·黄能

永乐十五年二月，黄能，系宁夏前卫前所老疾正千户黄兴、旧名张福长男。

方培·副千户

外黄查有：方斌，旧名金山，望江县人。祖方贵，辛丑年归附，甲辰除百户，洪武十四年老。钦令父方泰替职，十七年升除水军左卫右所世袭副千户，二十年故。斌系嫡长男，二十四年袭授宁夏中屯卫左所副千户，三十二年调宁夏前卫前所。

一辈方贵，已载前黄。

二辈方泰，已载前黄。

三辈方斌，已载前黄。

四辈方霖，旧选簿查有：宣德八年二月，方霖，系宁夏前卫前所故世袭副千户方斌嫡长男。

五辈方鉴，旧选簿查：有天顺元年九月，方鉴，望江县人，系宁夏前卫前所世袭副千户方霖嫡长男。

六辈方英，旧选簿查有：成化五年六月，方英，年十六岁，望江县人，系宁夏前卫前所故世袭副千户方鉴嫡长男。

七辈方干，旧选簿查有：弘治十六年四月，方干，望江县人，系宁夏前卫前所世袭副千户方英嫡长男。

八辈方塘，旧选簿查有：嘉靖十六年十月，方塘，年二十四岁，望江县人，系宁夏前卫前所年老副千户方干嫡长男，照旧副千户。

九辈方培，旧选簿查有：嘉靖四十五年十二月，方培，年四十三岁，望江县人，系宁夏前卫前所故副千户方塘亲弟。

十辈方录德，万历三年八月，方录德，年二十七岁，望江县人，系宁夏前卫前所故副千户方培嫡长男。

十一辈方震，万历二十六年十二月，方震，年二十三岁，望江县人，系宁夏前卫前所正千户方录德嫡长男。伊父原袭祖职副千户，万历二十二年于宁寨营薛家湟、下马关、马莲井等处斩首一颗升正千户，今疾。震系嫡长男，照旧与替正千户。比中一等。

喻官·副千户

缺。

一辈喻泰，缺。 ·491·

二辈喻宁，旧选簿查有：洪武二十六年六月，喻宁，系怀远卫后所故世袭百户喻泰庶长男，袭除宁夏左屯卫左所世袭百户。

三辈喻安，旧选簿查有：宣德九年四月，喻安，系宁夏前卫前所故世袭百户喻宁嫡长男。

四辈喻义，旧选簿查有：成化六年二月，喻义，万载县人，系宁夏前卫前所世袭百户喻安嫡长男。

五辈喻英，旧选簿查有：正德二年六月，喻英，万载县人，系宁夏前卫前所年老世袭百户喻义嫡长男。

六辈喻荣，旧选簿查有：嘉靖元年八月，喻荣，万载县人，系宁夏前卫前所年老世袭百户喻英嫡长男。

七辈喻恩，旧选簿查有、内黄查有：嘉靖十九年，喻恩，年三十四岁，系宁夏前卫前所老疾百户〔喻〕荣嫡长男。

副千户功次已载八辈选条。

八辈喻官，旧选簿查有：嘉靖三十七年四月，喻官，万载县人，系宁夏前卫前所阵亡副千户喻恩嫡长男。伊父原替世袭百户，嘉靖三十二年浮图峪阵亡，升副千户。今本舍照例与袭副千户。

九辈喻国宠，万历三十年十月，大选过宁夏前卫前所准袭副千户一员喻国宠，年二十一岁，系故副千户喻官亲侄。比中三等。〔对讫。〕

李汉·副千户

缺。

一辈李成，缺。

二辈李信，旧选簿查有：洪武二十五年八月，李信，系宁夏中屯卫左所故世袭百户李成嫡长男。钦准袭职，仍授本卫所世袭百户。

三辈李纲，旧选簿查有：宣德七年三月，李纲，系宁夏前卫前所世袭百户李信嫡长男。

副千户功次候查。

四辈李宽，旧选簿查有：景泰六年七月，李宽，无极县人，系宁夏前卫前所副千户李纲嫡长男，钦与世袭。·492·

五辈李文〔裕〕，旧选簿查有：成化元年三月，李文裕，无极县人，系宁夏前卫前所故世袭副千户李宽嫡长男。

六辈李权，旧选簿查有：成化二十三年十二月，李权，无极县人，系宁夏前卫前所世袭副千户李文裕嫡长男。

七辈李江，旧选簿查有：正德十一年十二月，李江，年十六岁，无极县人，系宁夏前卫前所世袭副千户李权嫡长男。

八辈李汉，旧选簿查有：正德十四年二月，李汉，年十七岁，无极县人，系宁夏前卫前所故绝世袭副千户李江亲弟。

充军簿查有：李汉，无极县人，系宁夏前卫前所实授副千户。犯该守备不设，于嘉靖十九年三月初八日发甘州左卫右所充边远军。

九辈李桓，万历七年六月，李桓，年四十五岁，无极县人，系宁夏前卫前所故充边远军副千户李汉庶长男。伊父原袭祖职副千户，嘉靖十六年犯该守备不设，问充甘州左卫右所军，三十七年故。本舍于万历五年保送到部承袭。查本舍违限七年，随经驳查去后。今据查明，本舍曾于限内告袭，委因该卫违延，别无违碍，覆保前来，合照例袭职副千户。先年比试二等。

十辈李汝春，天启二年三月补二月大选，过宁夏前卫前所副千户一员李汝椿（春），年三十五岁，系故副千户李桓嫡次男。比中三等。〔对讫。〕

谢聘·副千户

外黄查有：谢成（诚），寿州人。祖谢敬，洪武元年于常国公下归附，三年除苏州府吴江县涢渎镇巡检①，八年调除麻城县双城镇巡检，十四年截替拨府军右卫监工，十八年除羽林右卫中右所试百户，十九年调飞虎卫，二十一年少军降充和州卫小旗，二十四年复除宁夏中屯卫左所试百户，三十二年归并宁夏前卫前所，老，替。父谢兰玉先故。诚系嫡长孙，三十三年五月替授宁夏前卫前所百户。谢荣系谢诚嫡长孙，祖因残疾，父谢昇替职，正统九年故。荣于十一年二月钦与全俸优给，至十二年终住支出幼，十三年四月袭授宁夏前卫前所世袭百户。

一辈谢敬，已载前黄。

二辈谢诚，旧选簿查有：洪武三十三年五月，谢诚，旧名六六，系宁夏前卫前所试百户谢敬嫡长孙。祖原系首军头目，除授试职，因老疾告替。因祖做官多年，准替

---

① 涢渎镇巡检：涢渎，乾隆《震泽县志》卷七《公署》作"因渎"。"因渎巡检司，旧在本村，宋时建，元因之。明洪武四年巡检谢敬移置吴溇村，后革"。

职与世袭,仍授本卫所世袭百户。支俸读书操练,至十五岁出幼冠带管事。

三辈谢昇,旧选簿查有:宣德八年五月,谢昇,系宁夏前卫前所百户谢诚嫡长男。曾祖敬原系巡检,除试百户,因老,父于革除年间替实授百户,本人已替实授世袭百户。

四辈谢荣,旧选簿查有:正统十三年四月,谢荣,年十七岁,系宁夏前卫前所故世袭百户谢昇嫡长男。

钦升簿查有:成化四年,固原州杀敌功次,宁夏前卫百户升副千户二员内一员谢荣。

五辈谢恩,旧选簿查有:成化十九年七月,谢恩,寿州人,系宁夏前卫前所故副千户谢荣嫡长男,钦与世袭。

六辈谢纲,旧选簿查有:正德元年五月,谢纲,寿州人,系宁夏前卫前所世袭副千户谢恩嫡长男。

正千户功次:提来箚付,查有嘉靖八年正月一件捷音事,内开升实授一级,二人共斩首贼级一颗,为首官旗军一员,宁夏前卫前所副千户升正千户一员谢纲。

七辈谢瑀,旧选簿查有:嘉靖十二年六月,谢瑀,年三十二岁,寿州人,系宁夏前卫前所年老正千户谢纲嫡长男。

八辈谢聘,旧选簿查有:嘉靖二十年二月,谢聘,寿州人,系宁夏前卫前所残疾正千户谢瑀嫡长男。伊曾祖荣,原袭百户,成化四年固原功升副千户。祖纲替,嘉靖二年镇北口斩首功升正千户。父沿袭。所据伊曾祖固原功无擒斩,例应减革,本舍革与副千户。

九辈谢雄,万历九年十月,谢雄,年三十六岁,寿州人,系宁夏前卫前所年老副千户谢聘嫡长男。比中三等。

十辈谢显忠,万历三十一年四月,谢显忠,年二十一岁,寿州人,系宁夏前卫前所副千户谢雄嫡长男。比中三等。

十一辈谢应麒,天启五年正月补四年十二月大选,过宁夏前卫前所副千户一员谢应麒,年二十岁,系故副千户谢显忠嫡长男。比中三等。〔对讫。〕

季爵·副千户

外黄查有:季任,泰兴县人。有祖父季受三,辛丑年从军,甲辰年故。将父季成收充和阳卫小旗，洪武十三年拨府军卫，仍充小旗；十四年克古州、八万等处，十七年升总旗，二十一年收捕鱼儿海子、哈喇哈地面，除旗手卫后所世袭百户；二十二年调和州卫左所，二十四年授世袭，三十二年调宁夏前卫前所，老。任系嫡长男，三十四年替职，仍授宁夏前卫前所世袭百户。季昇系季泰嫡长男。季爵，年十一岁，系宁夏前卫前所阵亡署副千户季昇嫡长男。伊父原袭百户，功升前职阵亡，例升一级。本人照例与副千户俸优给，至嘉靖十二年终住支。

一辈季成，已载前黄。·494·

二辈季任，旧选簿查有：洪武三十三年五月，季任，系宁夏前卫前所世袭百户季成嫡长男。

三辈季斌，旧选簿查有：宣德六年八月，季斌，系宁夏前卫前所残疾世袭百户季任嫡长男。

四辈季英，缺。

五辈季泰，旧选簿查有：成化十四年七月，季泰，泰兴县人，系宁夏前卫前所故世袭百户季英嫡长男。

六辈季昇，旧选簿查有：弘治十八年八月，季昇，泰兴县人，系宁夏前卫前所故世袭百户季泰嫡长男。

抄腾（誊）簿查有：正德六年功次，一人斩割耳记三副，千（百）户升署一级不赏，宁夏前卫前所实授百户升署副千户一员季昇。副千户功次已载前黄。

七辈季爵，旧选簿查有：嘉靖十七年四月，季爵，年二十岁，泰兴县人，系宁夏前卫前所阵亡升副千户季昇嫡长男。伊父原系功升署副千户，阎王雁对敌阵亡，升前职。本人先因年幼，已与全俸优给，今出幼。照例与袭副千户，照旧副千户。

充军簿查有：季爵，系宁夏前卫前所副千户。犯该监守自盗，照例于隆庆元年七月定发永昌卫后所永远充军。

夏文华·署试百户

堂稿查有：隆庆六年七月，题四年九等月宁、延二镇小松山、西红山等处升署一级，二人共斩幼小并砍壮首级，为首官旗家丁一十三员名内宁夏前卫前所并枪总旗夏景宗，该升署试百户。

一辈夏景宗。

二辈夏贤。

三辈夏官音保。

四辈夏英。

五辈夏玉。

六辈夏聪。

七辈夏文华。

八辈夏礼,万历五年八月,夏礼,年三十六岁,合肥县人,系宁夏前卫前所年老署试百户夏文华嫡长男。比中三等。

九辈夏建中,万历二十六年二月,夏建中,年三十四岁,宁夏前卫前所故署试百户夏礼嫡长男。比中三等。

十辈夏执中,万历三十七年十二月,大选过宁夏前卫左所署试百户一员夏执中,年三十六岁,系故署试百户夏建中亲弟。比中二等。〔对讫。〕

年远事故前所副千户一员·张铨

永乐二十一年七月,张青,系宁夏前卫前所世袭副千户张友才嫡长男。

正统八年十月,张能,系宁夏前卫前所世袭副千户张青嫡长男。

成化十二年十月,张拜住,年一岁,洛阳县人,系宁夏前卫前所故世袭副千户张能亲侄,钦与全俸优给。

弘治四年四月,张铨,幼名拜住,洛阳县人,系宁夏前卫前所故世袭副千户张能亲侄。

又一员·陈儒

弘治五年二月,陈儒,年十七岁,定远县人,系宁夏前卫前所故世袭副千户陈镒嫡长男。

又一员·任敬

宣德六年四月,任敬,系宁夏前卫前所故世袭副千户任中嫡长男。

又一员·刘宁

永乐八年正月，刘宁，旧名咬儿，系宁夏前卫前所世袭副千户刘兴、旧名敢儿嫡长男，敬袭世袭副千户。

又一员·陈聚

宣德二年三月，陈聚，系宁夏前卫前所故世袭副千户陈容堂侄。

又一员·路通

正统三年十月，路通，系宁夏前卫前所故副千户路友才、户名路均栗庶长男，钦与世袭。

又一员·张礼

宣德七年四月，张礼，系宁夏前卫前所世袭副千户张顺嫡长男。

江奇功·前所试百户

万历四十五年九月，单本选过宁夏前卫前所试百户一员江奇功，年二十八岁，原籍徐州人。类题堂稿簿查有：万历三十三年五月十八日，该少保兼太子太保兵部尚书臣萧[1]等谨题为改正重升职级事，武选清吏司案呈奉本部，送准宁夏等处巡抚黄[2]、宣府巡抚马[3]及通政司通状，各咨开宁夏等卫所官旗王问臣等新旧重升职级，各要改正并授缘由到部送司。查得王问臣等重升职级与本部原题功次堂稿相同相

---

[1] 萧：萧大亨（1532—1612），字夏卿，号岳峰，山东泰安州人。嘉靖四十一年（1562）进士，历任布政使、按察使，巡抚宁夏、宣府，晋升都御史，总督宣府、大同、山西三镇。后任兵部、刑部尚书。
[2] 黄：黄嘉善（1549—1624），字惟尚，号梓山，山东即墨人。万历五年（1577）进士，历任苏州同知、大同知府、陕西布政使参政、宁夏巡抚兼都察院右佥都御史、兵部右侍郎。
[3] 马：马鸣銮，字君御，四川内江人。万历二年（1572）进士，历官右都御史、兵部右侍郎、宣大总督。

应，照例改正并授。·497·通查案呈到部，看得宁夏等卫所官旗王问臣等各要改正并授重升职级来历，既经抚臣咨送前来，该司查理明白，相应题请合候命下，将王问臣等各照后开款目改正并授，移文各该卫所查照允行，缘系云云。谨题请旨计开宁夏前卫前所总旗江统前件，查得本役原补祖役总旗，万历二十□年□月内黄草滩地方斩虏首一颗重升小旗，今准咨要改正，前来覆查相同相应，议拟合无将本役于总旗上加黄草滩重升功一级，改正与做试百户。今查本舍系故试百户江统嫡长男，准袭试百户。比中二等。〔对讫。〕

崇祯十一年二月，单本选过宁夏前卫前所世袭实授百户一员江都，年二十六岁，系阵亡试百户江奇功嫡长男。查伊父于崇祯六年在河东大沙井地方与贼对敌阵亡。本部题叙升实授百户世袭，奉旨钦依在案。本舍结保承袭前来，查无违碍，合准袭实授百户。比中二等。〔对讫。〕

丁勇·世袭百户

缺。

一辈丁贵，缺。

二辈丁义，旧选簿查有：洪武二十七年四月，丁义，旧名海儿，系徐州卫右所故世袭百户丁贵亲侄，钦袭宁夏前屯卫左所世袭百户。

三辈丁纲，旧选簿查有：正统四年三月，丁纲，系宁夏前卫前所世袭百户丁义嫡长男。

四辈丁雄，旧选簿查有：成化三年九月，丁雄，金华县人，系宁夏前卫前所世袭百户丁纲嫡长男。

五辈丁泰，旧选簿查有：弘治十三年六月，丁泰，金华县人，系宁夏前卫前所故世袭百户丁雄嫡长男。·498·

六辈丁勇，旧选簿查有：正德十六年七月，丁勇，金华县人，系宁夏前卫前所世袭百户丁泰嫡长男。

马登·世袭百户

内黄查有：马麟，江都县人。父马益，乙未年军，归附，己亥年充小旗，甲辰年选充总旗，洪武八年除百户，十一年授世袭，故。麟系嫡长男，袭除宁夏右屯卫右所世袭百户，洪武三十四年调宁夏前卫前所。马昇系马麟嫡长孙，祖老，正统元年昇替世袭百户。马政系马绮嫡长男，父故，政于正德十三年袭授宁夏前卫前所世袭百户。

一辈马益，已载前黄。

二辈马麟，旧选簿查有：洪武二十六年六月，马麟，系凤阳留守中卫前所故世袭百户马益嫡长男，袭除宁夏右屯卫右所世袭百户。

三辈马昇，旧选簿查有：正统元年七月，马昇，年十八岁，系宁夏前卫前所世袭百户马麟嫡长孙。

四辈马镛，旧选簿查有：成化八年十一月，马镛，江都县人，系宁夏前卫前所副千户马昇嫡长男，钦与世袭。

五辈马绮，旧选簿查有、堂稿查有：参照舍人马绮，伊高祖马麟原系宁夏前卫前所世袭百户，老疾。曾祖马达，未替先故。祖马晟系马麟嫡长孙，因患耳聋，庶伯祖马昇冒袭祖职，功升副千户，将伊男马镛替职。续该马晟奏取职事，准令马绮袭伊高祖马麟原职世袭百户。

六辈马政，旧选簿查有：正德十三年八月，马政，江都县人，系宁夏前卫前所故世袭百户马绮嫡长男。

七辈马登，旧选簿查有：嘉靖三十六年八月，马登，年三十三岁，江都县人，系宁夏前卫前所故世袭百户马政嫡长男，准袭世袭百户。

八辈马勇，万历十一年四月，马勇，年三十六岁，江都县人，系宁夏前卫后所年老世袭百户马登嫡长男。比中三等。

张云·世袭百户

缺。·499·

一辈张兴，小旗功次缺。总旗功次缺。

二辈张俊，缺。

三辈张源，旧选簿查有：成化十二年十二月，张源，潍水[①]县人，系宁夏前卫

---

① "水"为衍字。

前所世袭百户张俊嫡长男。

四辈张钺，旧选簿查有：弘治十七年六月，张钺，潍县人，系宁夏前卫前所世袭百户张源嫡长男。

五辈张云，旧选簿查有：正德三年七月，张云，潍县人，系宁夏前卫前所故世袭百户张钺嫡长男。

魏鸾·实授百户

外黄查有：魏斌，曲阜县人。有祖父魏德，吴元年从军，洪武元年充济南卫小旗，九月充总旗，十五年滀故。父魏英，旧名保儿，十七年除百户，二十八年为事充军，永乐八年残疾告替。斌系嫡长男，二十年替授本卫所世袭百户。魏俊系魏斌嫡长男。父正统三年为侵盗粮草事，问发宁夏立功六年，复职，老疾。俊于十三年替授宁夏前卫左所世袭百户。

一辈魏德，已载前黄。

二辈魏英，已载前黄。

三辈魏斌，已载前黄。

四辈魏俊，旧选簿查有：正统十三年七月，魏俊，系宁夏前卫左所世袭百户魏斌嫡长男。

五辈魏廉，旧选簿查有：天顺七年三月，魏廉，年十五岁，曲阜县人，系宁夏前卫左所故世袭百户魏俊嫡长男。

六辈魏玺，旧选簿查有：弘治十一年六月，魏玺，年十八岁，曲阜县人，系宁夏前卫前所故世袭百户魏廉嫡长男。

七辈魏鸾，旧选簿查有：嘉靖十二年二月，魏鸾，年九岁，曲阜县人，系宁夏前卫前所故百户魏玺嫡长男。照例与全俸优给，至嘉靖十七年终住支。·500·

旧选簿查有：嘉靖十九年十月，魏鸾，年十六岁，曲阜县人，系宁夏前卫前所故实授百户魏玺嫡长男，优给出幼袭职。

八辈魏栋，万历十一年八月，魏栋，年二十五岁，曲阜县人，系宁夏前卫前所老疾副千户魏鸾嫡长男。伊父原袭祖职实授百户，嘉靖三十二年浮图峪当先有功升副千户，隆庆二年犯该守备不设，参降试百户，今老。遇蒙万历十年九月恩诏复职。所据浮图峪当先升副千户一级，功无擒斩，例不准替。本舍合照例革替祖职实授百户。比中三等。

九辈魏显宗，万历二十年十月，大选过宁夏前卫前所准袭实授百户一员魏显宗，年二十六岁，系故实授百户魏栋嫡长男。比中三等。〔对讫。〕

十辈魏柱，万历三十三年八月，大选过宁夏前卫前所实授百户一员魏柱，年二十八岁，系故实授百户魏显宗亲叔。比中三等。〔对讫。〕

靳时·世袭百户

缺。

一辈靳脱脱，缺。

二辈靳孝能，旧选簿查有：永乐四年三月，靳孝能，系隆庆左卫后所总旗靳脱脱亲弟。兄系军，夹河等处奇功升总旗，未给勘合，灵璧县失陷。今查有总旗勘合，敬升本卫所世袭百户。

三辈靳贤，旧选簿查有：洪熙元年十月，靳贤，系隆庆左卫后所故世袭百户靳孝能嫡长男。

四辈靳广，旧选簿查有：正统元年十二月，靳广，系隆庆左卫后所故世袭百户靳贤堂弟。

五辈靳寿，旧选簿查有：成化七年七月，靳寿，临潼县人，系宁夏前卫前所世袭百户靳广亲侄，待伯有男还与职事。

六辈靳让，旧选簿查有：弘治五年二月，靳让，临潼县人，系宁夏前卫前所世袭百户靳寿亲弟。伊兄原系本卫所带俸百户，病故，无儿男。本人照例袭伊兄原职百户，仍于本卫所带俸。

七辈靳时，旧选簿查有：嘉靖八年十二月，靳让，年五十八岁，临潼县人，系宁夏前卫前所世袭百户，今患疾。有嫡长男靳时，年十九岁，告替。

方象坤·试百户

崇祯三年四月，单本选过宁夏前卫前所试百户一员方象坤，年二十九岁，系老试百户方化龄嫡长男。比中二等。〔对讫。〕

魏朝元·世袭百户

缺。

一辈魏勇,缺。

二辈魏斌,旧选簿查有:洪武二十六年六月,魏斌,系蒲州守御千户所故流官百户魏勇嫡长男,袭除宁夏右屯卫右所世袭百户。

三辈魏祐,旧选簿查有:正统四年闰二月,魏祐,年十六岁,系宁夏前卫前所世袭百户魏斌庶长男。

四辈魏琰,旧选簿查有:成化二十年六月,魏琰,合肥县人,系宁夏前卫前所世袭百户魏祐嫡长男。

五辈魏臣,旧选簿查有:正德八年十二月,魏臣,合肥县人,系宁夏前卫前所老疾世袭百户魏琰嫡长男。

充军簿查有:魏臣,系宁夏前卫前所百户。犯该守备不设被贼侵入境内掳掠人民者[律],于嘉靖十年十月编发威远卫前所充边远军。

六辈魏朝元,旧选簿查有:嘉靖二十九年十二月,魏朝元,年二十九岁,合肥县人,系宁夏前卫前所充军故世袭百户魏臣庶长男。伊父原袭祖职世袭百户,为事参问充终身军,故。本舍照例与袭祖职世袭百户。

充军簿查有:魏朝元,系宁夏前卫前所百户。犯该守备不设,照例于嘉靖三十七年二月二十二日发固原卫中所边远充军终身。

年远事故前所世袭百户一员·贾祥

宣德七年八月,贾敏,系宁夏前卫前所故百户贾俊嫡长男,本人患左眼残疾。

天顺四年三月,贾广,峄县人,系宁夏前卫前所故世袭百户贾敏嫡长男。

成化二十二年四月,贾祥,峄县人,系宁夏前卫前所故世袭百户贾广嫡长男。

又一员·钟洪

宣德九年十一月,钟贵,系宁夏前卫前所百户钟兴、旧名钟丑儿嫡长男。

成化六年六月，钟鉴，东平州人，系宁夏前卫前所故世袭百户钟贵嫡次男。

成化十五年六月，钟宣，东平州人，系宁夏前卫前所故世袭百户［钟］鉴堂弟。

［弘治］六年六月，钟洪，东平州人，系宁夏前卫前所在济州卫右所带俸世袭百户钟宣嫡长男。

又一员·邵卿

景泰三年九月，邵通，利津县人，系宁夏前卫前所署所镇抚事世袭百户邵聚嫡长男。

弘治七年十二月，邵卿，利津县人，系宁夏前卫前所署所镇抚事世袭百户邵通嫡长男。

又一员·朱通

宣德七年二月，朱友才，系宁夏前卫前所百户朱荣、户名朱彦名嫡长男，钦与世袭。

景泰四年三月，朱通，幼名小厮，枣阳县人，系宁夏前卫前所自缢故世袭百户朱友才嫡长男。

又一员·刘全

永乐二十一年二月，刘全，系宁夏前卫前所故世袭百户刘海嫡长男。

又一员·盛芳

永乐六年九月，盛芳，系宁夏前卫前所故世袭百户盛峪嫡长男。

又一员·闪正

永乐元年正月，闪正，系宁夏前卫前所故世袭百户闪亮嫡长男，钦与全俸优给。

又一员·贾咬儿

景泰二年三月，贾咬儿，系宁夏前卫前所故世袭百户贾敬嫡长男，钦与全俸优给。

又一员·萧旺①

永乐二十一年十二月，萧旺，系宁夏前卫前所故百户萧得、旧名保儿亲侄，钦与全俸优给。

优养一员·于得海

永乐十二年十二月，于得海，年六十六岁，系宁夏前卫前所故世袭百户于忠亲父。本身老疾，别无承袭之人，钦与全俸养老。

又妇一口·宋氏

宣德十年三月，陈广，系宁夏前卫前所故世袭百户陈兴嫡长男。

正统六年十月，宋氏，年六十岁，系宁夏前卫前所自缢世袭百户陈广亲母。男别无应袭之人，钦与五石米优养。 ·504·

唐廷臣·所镇抚

万历三十五年十月，大选过宁夏卫前所所镇抚唐廷臣，年二十二岁，溧阳县人。查伊高祖唐礼三，洪武元年充军，故。曾祖唐玉系男补役，老。祖唐聪系男，替，故。父唐虎系长男，补役，万历二十年宁夏逆贼鼓众作乱，勾引北虏，临城输忠，约同南关有功，以祖名唐礼三报官升所镇抚，故。廷臣系嫡长男，准袭所镇抚。比中二等。

---

①此选条与《总汇》56册463页"萧旺"为同一人。

李育·试百户

外黄查有：李育，年三十五岁，系陕西宁夏前卫前所试百户，原籍浙江湖州府长兴县人。始始祖李三，丁酉年归附从军，乙巳年征进南蛮有功升长兴守御所小旗，洪武二年西平等处擒获脱火赤平章人马有功升总旗，二十三年老。始祖李仲名系嫡长男代并，本年调守御西安右护卫前所，归并今卫所，永乐二十年故。高祖李海系长男补并，景泰六年故。曾祖李通系嫡长男并补，弘治十二年故。祖李贵系嫡长男补并，嘉靖五年老。父李得时系长男并代，十三年河东延宁、沙湖等处斩首一颗，十五年升本卫试百户，三十二年故。育系嫡长男，三十六年八月比袭宁夏前卫前所试百户。

一辈李三，已载前黄。

二辈李仲名，已载前黄。

三辈李海，已载前黄。

四辈李通，已载前黄。

五辈李实，已载前黄。

六辈李得时，功次簿查有：嘉靖十五年延宁、沙湖等处升实授一级，二人共斩一颗，为首官旗共三百五十五员名，宁夏前卫总旗升试百户二员内一员李得时。

七辈李育，旧选簿查有：嘉靖三十六年八月，李育，年三十三岁，长兴县人，系宁夏前卫前所故试百户李得时嫡长男。

八辈李攀龙，年七岁，万历二十三年四月，大选过宁夏前卫前所故试百户李育嫡长孙。照例与全俸优给，至万历三十年终住支。

万历三十二年八月，大选过宁夏前卫前所试百户一员李攀龙，年十七岁，系老试百户李育嫡长孙，出幼袭职。比中三等。 ·505·

江一龙·试百户

一辈江仑。

二辈江策。

三辈江一龙，万历二十五年七月，单本选过宁夏前卫前所世袭试百户江一龙，年二十八岁。伊父江策原袭试百户，嘉靖四十年为事参降总旗，今故。本舍合照例准袭祖职百户。比中一等。

四辈江人龙，万历三十二年十二月，大选过宁夏前卫前所试百户一员江人龙，年二十四岁，系故试百户江一龙亲弟。比中三等。

五辈江廷赞，崇祯十二年二月，大选过宁夏前卫前所试百户一员江廷赞，年三十四岁，系疾试百户江人龙嫡长男。比中三等。〔对讫。〕

方永春·试百户

崇祯四年三月，单本选过宁夏前卫前所试百户一员方永春，年二十三岁，系故试百户方诚嫡长男。比中三等。〔对讫。〕

李伦·正千户

缺。

一辈李义，缺。·506·

二辈李真，旧选簿查有：永乐二十一年七月，李真，系宁夏前卫后所故世袭百户李义嫡长男。

三辈李璇，旧选簿查有：正统三年四月，李璇，年十八岁，系宁夏前卫后所故世袭百户李真嫡长男。

四辈李政，旧选簿查有：天顺八年三月，李政，年十六岁，鄱阳县人，系宁夏前卫后所故世袭百户李璇嫡长男。

五辈李梁，旧选簿查有：正德六年六月，李梁，鄱阳县人，系宁夏前卫后所老疾世袭百户李政嫡长男。

副千户功次候查。

六辈李材，旧选簿查有：正德十四年八月，李材，鄱阳县人，系宁夏前卫后所故功升未任副千户李梁堂弟，已与堂侄李武副千户俸优给，故绝。本人照例仍袭祖职百户，副千户开除。

正千户功次候查。

七辈李伦，旧选簿查有：嘉靖二十五年四月，李伦，鄱阳县人，系宁夏前卫后所故正千户李材嫡长男。

吴应举·所镇抚

万历四十三年十二月，单本选过宁夏卫前所所镇抚一员吴应举，年四十五岁，青阳县人。查功次有：克复宁夏大城斩获逆贼房级并镇北张亮堡获功人员与夫在事功次，该太子太保本部尚书石①等具题，二十一年五月十五日奉圣旨："是。钦此。"自麻贵起至石栋止，共一百三十一员名内吴成升所镇抚。据此查得吴得虎有献关之功，以祖役户名吴成报官，升授所镇抚。今既告老，应举以子继父，准替所镇抚，奉旨免比。〔对讫。〕·507·

年远事故后所正千户一员·李锦②

永乐十二年十二月，李弘，系宁夏前卫后所故世袭正千户李铭嫡长男。

宣德五年二月，李宗，系宁夏前卫后所故世袭正千户李弘庶长男。

景泰五年六月，李瀚，临漳县人，系宁夏前卫后所故世袭正千户李宗嫡长男。

天顺七年三月，李宣（瑄），临漳县人，系宁夏前卫后所故世袭正千户李瀚堂叔。

成化十三年七月，李勋，临漳县人，系宁夏前卫后所世袭正千户李瑄嫡长男。

弘治十三年四月，李锦，临漳县人，系宁夏前卫后所百户李勋嫡长男。父原系正千户，为失机事降今职，故。本人照例仍袭祖职千户。

年远事故后所副千户一员·徐钦

永乐六年六月，徐濬，年十八岁，系宁夏前卫后所世袭副千户徐政嫡长男。

正统十年三月，徐玺，系宁夏前卫后所世袭副千户徐濬嫡长男。

天顺二年五月，徐纶，溧阳县人，系宁夏前卫后所故世袭副千户徐玺嫡长男。

弘治二年三月，徐钦，年十六岁，溧阳县人，系宁夏前卫后所革职副千户徐纶庶长男。

---

①石：石星（1537—1599），字拱宸，号东泉，山东东明县人。嘉靖三十八年（1559）进士，万历十九年（1591）转兵部尚书，二十五年（1597）下狱，二十七年（1599）病死狱中。
②此选条与《总汇》56册417页"李植"条所记"三辈李弘"至"八辈李锦"条重复。

又一员·杨兴

永乐十一年四月,杨兴,系宁夏前卫后所故世袭副千户杨春嫡长男,钦准袭授本卫所副千户。·508·

正统三年八月,杨旺,系宁夏前卫后所故世袭副千户杨兴嫡长男。

成化十五年八月,杨广,海州人,系宁夏前卫后所故世袭副千户杨旺嫡长男。

又一员·夏斌

正统十年十一月,夏广,系宁夏前卫后所世袭副千户夏谅堂侄。

成化十二年七月,夏斌,蕲州人,系宁夏前卫后所故世袭副千户夏广亲侄。

又一员·王兴

永乐十九年六月,王兴,系宁夏前卫后所世袭副千户王政庶长男。

优养一员·沈忠

永乐十五年二月,沈全,系宁夏前卫后所老疾副千户沈得、旧名金保嫡长男。

宣德十年七月,沈忠,系宁夏前卫后所故副千户沈全亲侄。

成化六年四月,沈忠,年六十七岁,山阳县人,系宁夏前卫后所世袭副千户,今老疾。户内别无应袭之人,照例该与全俸优养。

又一员·倪景先

永乐五年四月,倪景先,旧名倪小大,年七十一岁,系宁夏前卫后所故副千户倪兴亲父,敬与全俸养老。·509·

龚直·实授百户

内黄查有：龚直，常熟县人。高祖龚庆一，洪武四年军，三十二年调宁夏前卫后所，永乐二年以年深并枪升小旗，故。曾祖龚能补役，老。祖龚勋代役，仍充小旗，老。父龚林代役，正德四年贺兰山野鸡台斩首一颗，六年升总旗，八年追贼于宣家沙窝斩首一颗，本年三湖杀贼有功升试百户，十一年因宣家沙窝有功升实授百户，嘉靖九年故。直系庶长男，二十二年替宁夏前卫后所实授百户。

一辈龚庆一，已载前黄。

二辈龚能，已载前黄。

三辈龚勋，已载前黄。

四辈龚林，旧选簿查有：吊到正德五年六百三十九号勘合，内开升一级不赏，宁夏前卫后所二人，共斩贼首级一颗，为首小旗升总旗一名龚庆一。

吊到正德十年九百八十一号勘合，内开二人共斩达贼［首级］一颗，为首宁夏前卫后所已并枪实授冠带总旗升实授百户龚庆一。

吊到四十号勘合，内开宁夏等处地方获功，正德十一年奉钦依二人共斩贼级一颗升一级不赏，宁夏前卫后所实授总旗升实授百户龚庆一。

功次簿查有：正德十一年一件斩犯边达贼等事，地名宣家沙窝等处地方升一级不赏，二人共斩达贼首级一颗，为首官旗九员名，宁夏前卫后所冠带实授总旗升实授百户龚庆一。

五辈龚直，旧选簿查有：嘉靖十年十二月，龚直，年四岁，常熟县人，系宁夏前卫后所故副千户龚麟（林）庶长男。伊父麟（林）遇例纳冠带总旗，功升实授百户，正德九年斩首升副千户。所据纳升一级不应承袭，本人照例革与百户全俸优给，至嘉靖二十年终住支。

嘉靖二十二年八月，龚直，常熟县人，系宁夏前卫后所故副千户龚麟（林）庶长男，优给，革与实授百户，今出幼袭实授百户。

朱印·实授百户

内黄查有：朱能，临淮县人。祖朱成，先系张鉴（监）院下万户，吴元年调嘉兴卫，改宁波卫，年老。父朱贵替百户，又改越州卫，故。能系嫡长男，袭宁夏右屯卫百户，三十二年调今卫所。

一辈朱成，已载前黄。

二辈朱贵，已载前黄。·510·

三辈朱能，已载前黄。

四辈朱鉴，旧选簿查有：宣德三年闰四月，朱鉴，系宁夏前卫后千户所故世袭百户朱能嫡长男。

五辈朱桓，旧选簿查有：景泰五年六月，朱桓，临淮县人，系宁夏前卫后所故世袭百户朱鉴嫡长男。

六辈朱震，旧选簿查有：弘治三年二月，朱震，临淮县人，系宁夏前卫后所世袭百户朱桓嫡长男。

七辈朱印，旧选簿查有：嘉靖六年十月，朱印，年三十三岁，临淮县人，系宁夏前卫后所老疾世袭实授百户朱震嫡长男。

充军簿查有：朱印，系宁夏前卫后所百户，原籍无差，饶死，于嘉靖二十六年十月充梧州所永远充军。

周臣·实授百户

内黄查有：周整，福山县人。洪武八年充军，十八年充小旗，二十六年除百户，钦与世袭。周澄，旧名咬儿，系周整庶长男。父永乐六年故，澄九年优给，十年袭百户。周勇系周澄嫡长男，父正统五年故，勇优给，七年袭百户。周理系周勇嫡长男，父故，理成化六年袭世袭百户。周冕系周理嫡长男，父问发充军，故。本人照例仍袭祖职。

一辈周整，已载前黄。

二辈周澄，旧选簿查有：永乐十三年三月，周澄，系宁夏前卫后所故世袭百户周整庶长男。

三辈周勇，旧选簿查有：正统十年七月，周勇，系宁夏前卫后所故世袭百户周澄嫡长男。

四辈周理，旧选簿查有：成化六年四月，周理，福山县人，系宁夏前卫后所故世袭百户周勇嫡长男。

五辈周冕，旧选簿查有：正德十四年八月，周冕，福山县人，系宁夏前卫后所故世袭百户周理嫡长男。伊父为亏折草束问发充军，遇例回卫，病故。本人照例仍袭祖职。

六辈周臣，旧选簿查有：嘉靖二十九年十二月，周臣，福山县人，系宁夏前卫后所年老实授百户周冕亲侄。伊伯原袭祖职实授百户，老，无儿男。本舍借替祖职实授百户，待后伊伯生有儿男，退还职事。

七辈周鹏，万历元年十月，周鹏，年三十六岁，福山县人，系平房守御所故实授百户周臣嫡长男。·511·

韩儒·世袭百户

缺。

一辈韩暹，缺。

二辈韩昇，旧选簿查有：永乐八年二月，韩昇，年十七岁，系宁夏前卫后所故世袭百户韩暹嫡长男。

三辈韩懋，旧选簿查有：景泰四年五月，韩懋，定远县人，系宁夏前卫后所世袭百户韩昇嫡长男。

四辈韩泰，旧选簿查有：成化九年七月，韩泰，定远县人，系宁夏前卫后所世袭百户韩懋嫡长男。

五辈韩儒，旧选簿查有：正德九年六月，韩儒，年十六岁，定远县人，系宁夏前卫后所故世袭百户韩泰嫡长孙。

充军簿查有：韩儒，系宁夏前卫后所百户。犯该守备不设，于嘉靖十四年五月编发大同右卫中所边远充军。

六辈韩经。

七辈韩嘉爵，万历二十五年四月，韩嘉爵，年二十一岁，系平房守御所故世袭百户韩经嫡长男。比中三等。

刘显·实授百户

缺。

一辈刘鉴，缺。小旗功次缺。总旗功次缺。

二辈刘敬，缺。

三辈刘定，缺。

四辈刘通，缺。

五辈刘玫，缺。

六辈刘珍，缺。

七辈刘昆，堂稿内查有：嘉靖十二年十月，地名柳门儿等处升实授一级不赏，二人共斩首一颗，为首宁夏前卫后所总旗升试百户刘鉴。

嘉靖二十年，宁夏地名芦沟子获功阵亡官军宁夏前卫后所试百户升实授百户刘昆。

八辈刘显，旧选簿查有：嘉靖二十七年二月，刘显，来安县人，系宁夏前卫后所阵亡试百户刘昆嫡长男。伊父原补祖役总旗，嘉靖十二年柳门儿斩首一颗升试百户，二十年芦沟子阵亡，升实授百户。本舍照例与袭实授百户。

胡镗·实授百户

缺。

一辈胡关住，小旗功次候查。总旗功次候查。

二辈胡宗，旧选簿查有：正德十一年，宁夏等处二人共斩达贼首级一颗，为首宁夏前卫后所实授总旗升试百户胡关住。

三辈胡逊，旧选簿查有：嘉靖三年九月，胡逊，临淮县人，系宁夏前卫后所年老功升试百户胡宗、户名关住嫡长男，钦与世袭。

实授百户功次已载四辈选条。

四辈胡镗，旧选簿查有：嘉靖二十四年八月，胡镗，临淮县人，系宁夏前卫后所老疾试百户胡逊嫡长男。伊父原袭试百户，下七墩斩首一颗，今老。本舍照例于试百户上加伊父下七墩功一级，与替实授百户。

王贤·世袭百户

外黄查有：王凤，汝阳县人。六（一）世祖王泰（恭），洪武三年归附从军，十七年以头目起取赴京首报军士，八年除授锦衣卫右所试百户，二十二年故。五

（二）世祖王哲，系王泰嫡长男，二十九年袭广宁右屯卫前所百户，三十二年调岳州卫中所，本年调武平卫左所实授百户，永乐二年拨宁夏前卫后所。王纲系王哲嫡长男，王镛系王纲嫡长男，王汉系王镛嫡长男，王震系王汉嫡长男，王鹏系王震嫡长男，正德十六年故，无儿。凤系亲弟，嘉靖三年袭宁夏前卫后所百户。

一辈王恭，已载前黄。

二辈王哲，旧选簿查有：洪武二十九年十二月，王哲，系锦衣卫故试百户王恭嫡长男。父系首军头目除授，钦袭广宁右屯卫前所世袭百户。

三辈王纲，旧选簿查有：洪熙元年二月，王纲，系宁夏前卫后所世袭百户王哲嫡长男。

四辈王镛，旧选簿查有：正统八年三月，王镛，系宁夏前卫后所世袭百户王刚（纲）嫡长男。

五辈王汉，旧选簿查有：成化十一年四月，王汉，汝阳县人，系宁夏前卫后所世袭百户王镛嫡长男。

六辈王鹏（震），旧选簿查有：正德五年六月，王震，汝阳县人，系宁夏前卫后所年老世袭百户王汉嫡长男。

七辈王震（鹏），旧选簿查有：正德十二年六月，王鹏，汝阳县人，系宁夏前卫后所故世袭百户王震嫡长男。

八辈王凤，旧选簿查有：嘉靖三年九月，王凤，汝阳县人，系宁夏前卫后所故绝世袭百户王鹏亲弟。

九辈王贤，旧选簿查有：嘉靖二十一年八月，王贤，年二十岁，汝阳县人，系宁夏前卫后所阵亡试百户王凤嫡长男。伊父原袭百户，嘉靖十七年为事参降试百户，二十年芦沟［子］阵亡。本舍照例与袭祖职百户于原卫所，查照施行。

十辈王嘉言，万历九年八月，王嘉言，年二十五岁，汝阳县人，系平房守御所故副千户王贤嫡长男。伊父原袭祖职副千户，嘉靖四十一年犯该科敛人财，问调贵州都匀卫中所带俸差操，四十五年遇蒙恩宥免调，万历二年故。本舍照旧袭祖职副千户。比中三等。·514·

蒋泰·实授百户

外黄查有：蒋旺，宿迁县人。有父蒋羊马，洪武元年从军，故。将旺户名不动补役，三十三年白沟河升小旗，三十四年西水寨升试百户，三十五年渡江升宁夏前卫后所百户，永乐三年与世袭。

一辈蒋旺，已载前黄。

二辈蒋刚，旧选簿查有：永乐二十一年六月，蒋刚，系宁夏前卫后所故世袭百户蒋旺嫡长男。

三辈蒋全，旧选簿查有：天顺二年十一月，蒋全，年十九岁，宿迁县人，系宁夏前卫后所世袭百户蒋刚嫡长男。

四辈蒋斌，旧选簿查有：弘治十二年十二月，蒋斌，宿迁县人，系宁夏前卫后所世袭百户蒋全嫡长男。

五辈蒋泰，旧选簿查有：嘉靖十五年四月，蒋泰，年十三岁，宿迁县人，系济州卫右所年老百户蒋斌庶长男。照例与全俸优给，至嘉靖十七年终住支。

旧选簿查有：嘉靖十八年二月，蒋泰，宿迁县人，系济州卫右所实授百户蒋斌庶长男，优给出幼袭职。

程宪·署所镇抚事世袭百户

缺。

一辈程贵，缺。

二辈程忠，旧选簿查有：永乐二十一年七月，程忠，系平阳卫后所故世袭百户程贵嫡长男。

三辈程和，旧选簿查有：宣德二年四月，程和，系平阳卫后所故世袭百户程忠亲弟。

四辈程皋，旧选簿查有：成化七年二月，程皋，绩溪县人，系宁夏前卫后所署所镇抚事世袭百户程和嫡长男。

五辈程玺，旧选簿查有：弘治十四年二月，程玺，绩溪县人，系宁夏前卫后所署所镇抚事世袭百户程皋嫡长男。

六辈程宪，旧选簿查有：嘉靖六年十月，程宪，年十八岁，绩溪县人，系宁夏前卫后所年老署所镇抚事世袭百户程玺嫡长男。

后所实授百户一员·赵良臣

嘉靖二十三年十二月，赵纲，邓州人，系宁夏前卫后所阵亡试百户赵立嫡长男。伊父原补祖役总旗，蜂窝山斩首一颗升试百户，芦沟子阵亡。本舍照例于伊父试百户上加阵亡一级，与做实授百户。

又，万历三年四月，赵良臣，年十九岁，内乡县人，系平房守御所故实授百户赵纲庶长男。

又一员·许靖

嘉靖二十六年八月，许靖，昆山县人，系宁夏前卫后所年老实授百户许瑐嫡长男。

年远事故一员·朱玺

洪武三十二年，宁夏前卫后所流官百户朱思恭。

洪熙元年二月，朱贵，系宁夏前卫后所百户朱思恭亲侄。伯原系旧日头目，除试百户，为事复职，革除年间与实授，病故。敬准本人仍袭试百户。

正统十二年七月，朱洪，年十岁，系宁夏前卫后所试百户朱贵嫡长男。伯祖朱思恭原系旧日头目，除前职，为事复职，革除年间与实授，病故。父袭试百户，亦故。钦准仍与本人试百户俸优给。 ·516·

弘治十年八月，朱玺，新乡县人，系宁夏前卫后所百户朱洪庶长男。父原系试百户，天顺元年遇例实授，故。本人照例袭实授百户。

又一员·王泰

洪熙元年二月，王诚，系宁夏前卫后所故世袭百户王昇嫡次男。

正统十三年四月，王宏，系宁夏前卫后所世袭百户王诚嫡长男。

成化十八年十二月，王泰，年十五岁，合肥县人，系宁夏前卫后所老疾世袭百户王宏嫡长男。先因年幼优给，今出幼袭职。

又一员·张庆

永乐二十一年十二月,张贵,系宁夏前卫后所故世袭百户张山亲侄,钦与世袭。

成化元年三月,张胜,迁安县人,系宁夏前卫后所百户张贵嫡长男。

弘治九年十二月,张景,迁安县人,系宁夏前卫后所故世袭百户张胜嫡长男。

弘治十六年六月,张庆,迁安县人,系宁夏前卫后所故世袭百户张景嫡长男。

又一员·张宣

永乐七年六月,张镛,系宁夏前卫后所故世袭百户张贵嫡长男。

景泰四年五月,张威,滁州人,系宁夏前卫后所世袭百户张镛嫡长男。

成化二十二年七月,张宣,滁州人,系宁夏前卫后所世袭百户张威庶长男。

又一员·吕旺

永乐十五年二月,吕贵,系宁夏前卫后所老疾世袭百户吕成嫡长男。

正统八年十月,吕兴,系宁夏前卫后所世袭百户吕贵嫡长男。

正统十四年十二月,吕旺,系宁夏前卫后所阵亡百户吕兴亲弟。

又一员·麻绮

永乐五年六月,麻整,系宁夏前卫后所世袭百户麻茂嫡长男。

洪熙元年二月,麻瓛,系宁夏前卫后所故世袭百户麻整嫡长男。

成化三年九月,麻绮,定远县人,系宁夏前卫后所世袭百户麻瓛嫡长男。

又一员·薛友

宣德三年二月,薛祥,系宁夏前卫后所故百户薛旺、旧名姓陈均保嫡长男。

宣德十年十一月,薛忠,系宁夏前卫后所故世袭百户薛祥堂兄。

正统十四年十月，薛友，系宁夏前卫后所阵亡百户薛忠嫡长男。

又一员·李显宗

宣德七年七月，李驴马，系宁夏前卫后所故世袭百户李福春庶长男。先因年幼，在锦衣卫中左所优给。今出幼，患癣疾。别无（应）袭之人，钦与全俸优养。

正统十一年四月，李显宗，年七岁，系宁夏前卫后所故世袭百户李福春庶长孙。父李驴马，先因年幼，优给后出幼，患痞疾。本人未生，已与优养。续生本人，今告转名，钦与全俸优给，至正统十九年终住支，将伊父优养俸给开除。·518·

又一员·赵荣

宣德二年七月，赵荣，系宁夏前卫后所故世袭百户赵敬嫡长男。

赵相·试百户

缺。

一辈赵黑子，小旗功次缺。

二辈赵忠，总旗功次缺。

三辈赵茂，缺。

四辈赵聚，缺。

五辈赵銮，堂稿内查有：嘉靖十二年三月，据宁夏前卫申勘得舍人赵銮，系故世百户赵黑子即赵聚嫡长男，结送到部送司，看得本舍供称：高祖父赵黑子，当涂县人，乙未年从军，洪武四年升充小旗，故。曾祖父赵忠补役，调宁夏前卫右所，二十八年并充总旗，年老。祖父赵茂代并，老。父赵聚代并，正德五年生擒反贼安化王贼首，六年升本卫所试百户，故。銮系嫡长男，保袭。查得擒安化王功系人众功。征合照蒋敏事例，革与总旗。

堂稿查有：嘉靖十三年，延宁地名沙湖等处获功官旗升实授一级不赏，二人共斩首一颗，为首官旗三百五十五员名内一名宁夏前卫后所总旗赵黑子。

六辈赵相，旧选簿查有：嘉靖十七年四月，赵相，年六岁，当涂县人，系宁夏前卫后所故试百户赵銮庶长男。照例与全俸优给，至嘉靖二十五年终住支。

旧选簿查有：嘉靖二十八年十月，赵相，年十八岁，当涂县人，系宁夏前卫后所故试百户赵銮庶长男，优给出幼袭职。·519·

李忠·总旗

一辈李伏保。

二辈李宾。

三辈李杰。

四辈李泰。

五辈李镇。

六辈李祥。

七辈李忠，万历二十七年十一月，单本选过宁夏卫前所总旗李忠，年四十七岁。伊父李祥原补总旗，嘉靖三十二年阵亡，迄今四十二年，方咨并升，违限年远，例不准并，姑照旧与补总旗。比中三等。

中所冠带总旗一员·马山

外黄查有：马钦，祁门县人。高祖马谷保，丁酉年从军，甲辰年升总旗，故。曾祖马添寿补役，老。祖马能代，正统九年迤北阿良哈山等处收捕达贼有功升试百户，十一年故。马晟系庶长男，景泰三年钦袭实授百户，弘治九年老。钦系嫡长男替，正德十五年疾。嫡长男马纲替宁夏前卫中所百户。

景泰二年五月，马晟，年十七岁，系广宁前卫中所试百户马能、户名马添寿庶长男。父原系总旗，迤北收捕达贼有功升前职，病故。钦准本人袭实授世袭百户。

弘治十年八月，马钦，祁门县人，系宁夏前卫中所世袭百户马晟嫡长男。

正德十六年五月，马纲，祁门县人，系宁夏前卫中所年老百户马钦嫡长男。曾祖马能功升试百户，祖马晟钦准袭实授。·520·

嘉靖二十五年四月，马山，祁门县人，系宁夏前卫中所患疾试百户马纲嫡长男。伊高祖能以总旗正统九年迤北收捕达贼升试百户。曾祖晟袭，钦准实授。祖钦、父纲沿袭。所据收捕达贼并钦准职级俱非临阵军功，例应减革，与本舍冠带总旗。

后所总旗一名·曹琳

正德五年，宁夏功次，擒寔镭孙甂机升一级，为首宁夏前卫右所总旗升试百户小曹。

正德十二年八月，曹琳，年八岁，武功县人，系宁夏前卫后所故试百户曹荣、户名小曹嫡长男。伊父由总旗擒获叛贼升前职，例该承袭二辈。本人照例与试百户俸优给，至正德十八年终住支。候出幼承袭，事故之后再袭一辈，子孙革充总旗。

揭黄总旗一员·梁燧

□□元年六月，为袭职事，宁夏前卫总旗梁洲（州）阵亡舍人梁燧，赴袭十年之外照例革□。

万历二十二年七月 日　委官武选司主事　陆经修　　　　　·521·

五军都督府所属卫所·右军都督府·陕西都司·宁夏中屯卫(中护卫)

原簿目录

内指挥、千、百户、镇抚共七十员。

指挥使一员
一号曹卿，始祖曹进，代六，凤阳县人。

指挥同知四员
一号曹伸，始祖曹邦，代八，巢县人。
二号高震，始祖高谅，代八，永清县人。
三号颜昆，始祖颜通，代九，丹阳县人。
四号汪槛，始祖汪信，代八，祁门县人。

指挥佥事九员
一号盛溱，始祖盛兴，代七，长兴县人。
二号彭濬，始祖彭启，代八，寿州人。
三号赵继，始祖赵林，代九，定远县人。
四号李恩，始祖李德，代九，仪真县人。
五号朱三省，始祖朱瑛，代九，夏邑县人。
六号包勋，始祖包福，代八，合肥县人。
七号刘栋，始祖刘用，代九，江都县人。
八号徐应祯，始祖徐均，代五，江阴县人。
九号张仁，始祖张成，代七，潜江县人。

年远事故二员
钟渊。
胡英。

左所正千户一员
一号刘清，始祖刘能，代五，广平县人。

辈数未全一员
尹灏，凤阳县人。

年远事故一员
苏祯。

年远事故副千户一员
方金山。

年远事故卫镇抚一员
李真。

实授百户四员，署所镇抚事世袭百户一员
一号陈善，始祖陈杰，代六，仁和县人。
二号俞璋，始祖俞谷真，代六，江都县人。
三号金印，始祖金木清，代七，武定州人。
四号白采，始祖白二，代五，房山县人。
五号陈金，始祖陈源，署所抚，代六，彰德府涉县人。

年远事故二员

张俊。

贾胜保。

续入：姜思孝，栖霞县人，试百户，有印。

署试百户总旗一员

一号王德，始祖王铨，代四，户县人。

右所副千户二员

一号汤璿，始祖汤礼，代七，宣州人。

二号周相，始祖周兴儿，代六，嵩县人。

年远事故一员

徐政。·2·

世袭百户三员

一号王臣，始祖王彪，代六，钧州人。

二号李衍，始祖李立仁，代七，无锡县人。

三号田烈，始祖田聚，代六，高唐州人。

年远事故二员

周泰。

栢祥。

试百户一员，所镇抚一员

续入：陈佃，和州人，无印。

一号汪权，始祖汪士聪，代六，泰（太）湖县人。

二号吕鉴，始祖吕得，所抚，代五，广平县人。

续入：王嘉谟，山阳人，有印。

中所正千户一员

一号罗栋，始祖罗昇，代七，合肥县人。

副千户一员

一号黄煜，始祖黄橄，代二，仁和县人。

年远事故一员

颜奉。

实授百户八员

一号朱勋，始祖朱亨，代七，仪真县人。

二号万玉，始祖万玉（善），代六，淳化县人。

三号张诰，始祖张林，代十，定远县人。

四号范准，始祖范用，代五，武邑县人。

五号朱玘，始祖朱胜，代六，鄞县人。

六号丘山，始祖丘荣，代六，黄冈县人。

七号闫中，始祖闫保，代六，光州人。

八号牛麟，始祖牛保保，代六，息县人。

年远事故一员

葛用。

所镇抚一员，实授试百户事总旗一员

一号孙佐，始祖孙豫，代六，合肥县人。

二号汤惠，始祖汤关儿，署试总，代七，滁州人。

年远事故中所试百户一员

韩原原。·3·

前所副千户三员

一号袁相，始祖袁海，代七，扬州府人。

二号赵臣，始祖赵福，代六，定远县人。

三号孙镗，始祖孙遇先，代七，和州人。

世袭百户四员

[一号郑铭，始祖郑僧，代七，金溪县人。]
二号张钺，始祖张宁，代六，和州人。
三号张松，始祖张义，代六，溧阳县人。
四号［刘雄，始祖］刘聚，代四，霍丘县人。

年远事故三员

裴信。
李斌。
韦斌。

所镇抚一员

一号孙辅，始祖孙纛，代六，定远县人。

年远事故试百户一员

郜彦名。
续入：张腾，常州府人，有印，试百户。
续入：熊兆吉，当涂［县］人，无印。

后所辈数未全正千户一员

安宗良。

副千户一员

一号郑祚，始祖郑法保，代五，合肥县人。

实授百户六员

续入：周澹，安东人，无印。
一号张维，始祖张崇智，代二，安仁县人。
二号吴江，始祖吴达，代七，鄞县人。
三号曹相，始祖曹得英，代七，南城县人。
四号李茂，始祖李春，代六，杞县人。
五号丁洲，始祖丁祥，代九，寿州人。
六号胡钦，始祖胡丑子，代六，五河县人。

年远事故二员

李旺。
郭纯。

试百户一员，所镇抚一员

续入：姬魁，蒲州人，有印记。·4·
一号胡铿，始祖胡受一，代五，黄冈县人。
二号孔彰，始祖孔先，代六，所抚，海州人。

中护卫年远事故指挥使一员

吴勋。

年远事故指挥同知二员

倪濬。
柴武先。

年远事故指挥佥事五员

张经，邓州人。
张华。
吴英。
朱绩。
孙庸。

左所副千户一员，仪卫副一员

一号王臣，始祖王政，副千户，代四，长沙县人。
二号张讷，始祖张成，仪副，代八，金溪县人。

调卫一员

张翰，溧阳县人，调庆府仪卫司。

年远事故一员

王忠。

世袭百户一员

一号毛伦,始祖毛贵,代五,安东县人。

年远事故二员

周澄。

姚纯。

右所年远事故副千户一员

党锐,狄道县人。

年远事故世袭百户四员

田清,盱眙县人。

张泰,淳化县人。

方雄,寿州人。

常旺。

年远事故所镇抚一员

郭毅。

中所年远事故副千户二员

王义。

张昇。

年远事故世袭百户四员

戴桂,江都县人。

李鉴,武定州人。

周让。

黄埙。

所镇抚一员·5·

一号耿鉴,始祖耿玉,代六,和州人。

前所年远事故副千户一员

叶能。

年远事故世袭百户三员

陈文。

许俊。

张琮。

年远事故世袭百户一员

李勋,杞县人。

后所年远事故副千户一员

(原簿目录残缺,正文无档案)

世袭百户一员

一号周卿,始祖周寔,代五,含山县人。

年远事故三员

王槛,合肥县人。

王兴。

谢茂。

年远事故所镇抚一员

葛威。

附各卫一条,选年远事故官二十四员

袁烈,宁左护指佥。

张敏,宁左护正。

李斌，宁左护中百。

王芳，宁左护前百。

丁嵩，宁左护前百。

花玉。

张广，宁左护后百。

杨钦，宁左护中左百。

赵忠，宁左护中左百。

后麟，宁左护中左百。

周贤，宁右护指佥。

叶瑁，宁右护抚。

仇忠，宁右护左百。

潘昶，宁右护左百。

戴亦里束，宁右护右百。

陶瑛，宁右护右所抚。

葛复，宁右护中百。

贾宣，宁右护前副。

张胜，宁右护后百。

王虎，宁右护后百。

冯答兰帖木儿，宁护百。

沈暹，宁左后百。

程玉，宁右中百。

徐旺，宁右前百。

自指挥使曹卿起，至充军百户孙玉止，共六十九叶。·6·

曹卿·指挥使

一辈曹进，缺。

二辈曹英，缺。

三辈曹怡，旧选簿查有：宣德十年五月，曹怡，系宁夏中护卫[1]指挥佥事曹英嫡长男，钦与世袭。

四辈曹璘，旧选簿查有：成化四年二月，曹璘，年十七岁，凤阳县人，系宁夏中护卫世袭指挥佥事曹怡嫡长孙。

五辈曹江[2]，旧选簿查有：弘治十年，曹江，年十六岁，凤阳县人，系宁夏中护卫故世袭指挥佥事曹璘嫡长男。

堂稿查有：嘉靖十四年，宁夏清水营、芧苦滩、花马池等处获功，升实授二级不赏，把总部下官军二百五十员名，斩首一十一颗，宁夏中屯卫指挥佥事升指挥使曹江。

充军簿查有：嘉靖十六年六月，曹江，凤阳县人，系宁夏中屯卫指挥佥事。犯该守备不设，充云川卫中所边远军。

六辈曹卿，旧选簿查有：嘉靖二十年四月，曹卿，凤阳县人，系宁夏中屯卫故指挥使曹江嫡长男。

曹伸·指挥同知

外黄查有：曹伦，巢县人。父曹邦，乙未年充千户，丙申年升充万户，甲辰年选充凤翔卫总旗，吴元年升百户，洪武十四年老疾。伦替兰州卫右所百户，二十五年以年深取赴京，钦依越升副千户，又越正千户，钦除宁夏中护卫世袭指挥佥事。

一辈曹邦，已载前黄。

---

[1]宁夏中屯卫：《嘉靖宁夏新志》卷一《宁夏总镇·建制沿革》记"洪武二十四年辛未，封宗室庆藩，自庆阳徙韦州以居，至三十五年辛巳，徙宁夏，置中护卫为扈从"（第8页）。"中屯卫建置沿革：洪武初，置中护卫，扈从庆王。……正统九年，增置广武营，都御史金濂奏谪旗军五百名守之。正德五年，宗藩寘鐇作变。诏以庆王委身从叛，革中护卫为中屯卫，改降宁夏中屯卫指挥使司之印，隶陕西都司。"（第78页）

[2]《嘉靖宁夏新志》卷二《宁夏总镇续·武阶》："曹江，宁夏中屯卫指挥同知，钦依指挥体统行事，守备阶、文。"（第142页）

二辈曹伦，旧选簿查有：洪武二十四年十二月，曹伦，系兰州卫右所世袭百户，为年深一向在外守御除官，代替赴京，引至御前，问及从军年月，因怜功力深远，越副千户，又越正千户，钦升宁夏中护卫世袭指挥佥事。

三辈曹熙，旧选簿查有：宣德五年五月，曹熙，系宁夏中护卫世袭指挥佥事曹伦庶长男。·7·

四辈曹荣，旧选簿查有：天顺六年四月，曹荣，巢县人，系宁夏中护卫世袭指挥佥事曹熙嫡长男。

五辈曹璋，旧选簿查有：成化十八年二月，曹璋，巢县人，系宁夏中护卫指挥同知曹荣嫡长男，钦与世袭。

六辈曹润，旧选簿查有：弘治十二年六月，曹润，巢县人，系宁夏中护卫故世袭指挥同知曹璋嫡长男。

七辈曹宗尧，旧选簿查有：嘉靖六年六月，曹宗尧，年十七岁，系宁夏中屯卫故指挥同知曹润嫡长男。伊曾祖荣原替指挥佥事，夺获战马衣甲，升指挥同知。本人已于全俸优给，今出幼。缘同知一级不由军功，例无承袭，照例革与本人指挥佥事。

审稿查有：堂稿查有，嘉靖十三年六月，陕西地名沙湖等处获功升实授一级不赏，把总部下军官三百五十员名斩首五颗，宁夏中屯卫指挥佥事升指挥同知曹宗尧。

八辈曹伸，旧选簿查有：嘉靖十七年二月，曹伸，年七岁，巢县人，系宁夏中屯卫阵伤身故指挥同知曹宗尧嫡长男。照例全俸优给，至嘉靖二十四年终住支。伊父嘉靖十四年正月阵伤身故。查得功次册未到，俟巡按覆册至日另行查议。

旧选簿查有：嘉靖二十四年四月，曹伸，巢县人，系宁夏中屯卫指挥同知曹宗尧嫡长男，优给出幼袭职。

九辈曹以忠，万历十九年四月，曹以忠，年二十六岁，巢县人，系宁夏中屯卫老疾指挥同知曹伸嫡长男。伊祖曹宗尧原袭指挥佥事，部功升指挥同知。伊父曹伸冒袭，历升游击。隆庆二年为事革职为民，万历七年拟调肃州卫，十年遇宥免调，今老。所据伊祖部功，例不准袭，本舍合照例革替指挥佥事。比中三等。

十辈曹世宠，万历四十六年八月，大选过宁夏中屯卫指挥佥事一员曹世宠，年三十三岁，系老指挥佥事曹以忠嫡长男。比中二等。

十一辈曹胤昌，年十七岁，崇祯九年二月，大选过宁夏中屯卫指挥佥事，系故

曹世宠嫡长男，照例与［替］。〔对讫。〕

高震·指挥同知

一辈高谅，缺。·8·

二辈高进，旧选簿查有：永乐十一年十二月，高进，系宁夏中护卫故流官指挥佥事高谅嫡次男，钦准袭授本卫［指挥佥事］。

三辈高铭，旧选簿查有：正统元年九月，高铭，系宁夏中护卫故流官指挥佥事高进亲侄。

四辈高钲，旧选簿查有：景泰二年十二月，高钲，系宁夏中护卫故指挥佥事高铭亲弟。

五辈高玉，旧选簿查有：成化十一年十一月，高玉，永清县人，系宁夏中护卫故世袭指挥佥事高钲庶长男。

六辈高显①，旧选簿查有：弘治五年八月，高显，永清县人，系宁夏中护卫故世袭指挥佥事高玉嫡长男。

指挥同知功次已载七辈选条。

七辈高琳，旧选簿查有：嘉靖八年十二月，高琳，年五十五岁，永清县人，系宁夏中屯卫故署都指挥佥事高显亲叔。伊侄原袭祖职指挥佥事，追……部下功升指挥同知，又推升前职，今故绝，本人告袭。缘都指挥系流官，例不该袭，照例与袭指挥同知，注原卫。

八辈高震，旧选簿查有：嘉靖十年十二月，高震，年三十四岁，永清县人，系宁夏中屯卫年老指挥同知高琳嫡长男。

颜昆·指挥同知

外黄查有：颜臣，年三十七岁。高祖颜通，丹阳县人，吴元年征金山功充总旗，二十五年以年深升世袭百户，永乐十四年老。曾祖颜胜袭，宣德二年故。祖颜

---

①《嘉靖宁夏新志》卷二《宁夏总镇续·武阶》："高显，中屯卫指挥同知，升都指挥，授参将，分守宁夏西路。"（第141页）

政，正统七年袭，故。伯颜泰，成化二十三年袭，故绝。父颜春，正德二年袭，嘉靖四年故。臣系嫡长男，袭世袭百户。

一辈颜通，已载前黄。

二辈颜兴，已载前黄。

三辈颜胜，旧选簿查有：永乐十五年，颜胜，系宁夏中护卫左所世袭百户颜兴嫡长男。

四辈颜政，旧选簿查有：正统七年十一月，颜政，系宁夏中护卫左所世袭百户颜胜嫡长男。

五辈颜泰，旧选簿查有：成化二十三年，颜泰，丹阳县人，系宁夏中护卫左所故世袭百户颜政庶长男。

六辈颜春，旧选簿查有：正德二年九月，颜春，丹阳县人，系宁夏中护卫左所故世袭百户颜泰亲弟。

七辈颜臣，旧选簿查有：嘉靖五年六月，颜臣，丹阳县人，系宁夏中屯卫故世袭百户颜春嫡长男。

审稿查有：堂稿查有，嘉靖十五年十月，打碾口等处获功升实授一级，二人共斩首一颗，为首宁夏中屯卫左所实授百户升副千户颜臣。

嘉靖十六年，沿河四墩等处升实授一级，二人共斩首一颗，为首宁夏中屯卫实授百户升副千户颜臣。

嘉靖十九年，下七墩等处升实授一级，二人共斩首一颗，为首宁夏中屯卫左所正千户升指挥佥事颜臣。

嘉靖二十年，芦沟子功次升实授一级，二人共斩首一颗，为首宁夏中屯卫左所正千户已升指挥佥事、今升指挥同知颜臣。

八辈颜相，审稿查有：嘉靖二十九年八月，颜相，年四十三岁，丹阳县人，系宁夏中屯卫故指挥同知颜臣亲弟。伊兄原袭祖职实授百户，获功四级，历升指挥同知，推升署都指挥佥事，故绝。所据伊兄推升职级系流官，例无承袭，本舍照例革袭伊兄功升指挥同知。

九辈颜昆，旧选簿查有：嘉靖三十九年二月，颜相，年五十一岁，丹阳县人，系宁夏中屯卫指挥同知，今痼疾在卫。有嫡长男颜昆，见年三十三岁，告替。

十辈颜汝玉，万历十四年八月，颜汝玉，年十七岁，丹阳县人，系宁夏中屯卫故指挥同知颜昆嫡长男。比中三等。

十一辈颜治中，万历四十四年八月，大选过宁夏中屯卫指挥同知优给舍人一名颜治中，年六岁，系故指挥同知颜汝玉嫡长男。照例与全俸优给，至五十三年终住支。〔对讫。〕

天启六年八月，大选过宁夏中屯卫指挥同知一员颜治中，年十六岁，出幼袭职。比中二等。〔对讫。〕

汪槛·指挥同知

外黄查有：汪进，祁门县人。有父汪信，旧名君信，丁酉年归附充总军元帅，乙巳年除授副千户，洪武十七年病故。进于洪武二十三年除授虎贲右卫右所世袭副千户，洪武二十五年钦调宁夏中护卫，三十二年升除本卫中所流官正千户。

一辈汪信，已载前黄。

二辈汪进，旧选簿查有：洪武二十五年三月，汪进，系虎贲右卫右所贴办事世袭副千户，钦调宁夏中护卫右所。

三辈汪澄，旧选簿查有：永乐十九年四月，汪澄，系宁夏中护卫右所故世袭正千户汪进嫡长男。·10·

四辈汪禧，旧选簿查有：正统九年五月，汪禧，系宁夏中护卫中所故正千户汪澄嫡长男。

五辈汪愫，旧选簿查有：成化十七年四月，汪愫，祁门县人，系宁夏中护卫中所故世袭正千户汪禧嫡长男。

六辈汪锦，旧选簿查有：正德元年二月，汪锦，祁门县人，系宁夏中护卫中所故世袭正千户汪愫嫡长男。

指挥佥事功次：嘉靖八年，地名断腰山等处获功升实授一级，二人共斩达贼首级一颗，为首宁夏中屯卫中所正千户升指挥佥事汪锦。

指挥同知功次：嘉靖十三年，延绥地名麻黄梁、沙湖等处获功升实授一级不赏，二人共斩首级一颗，为首官旗宁夏中屯卫指挥佥事升指挥同知汪锦。

七辈汪清，旧选簿查有：嘉靖二十年四月，汪清，祁门县人，系宁夏中屯卫年老指挥同知汪锦嫡长男。

八辈汪槛，旧选簿查有：嘉靖二十九年六月，汪槛，祁门县人，系宁夏中屯卫故指挥同知汪清嫡长男。

九辈汪炜，万历十六年十二月，汪炜，年三十七岁，系宁夏中屯卫故指挥同知汪槛嫡长男。比中三等。

十辈汪坤，万历三十五年六月，大选过宁夏中屯卫指挥同知一员汪坤，年二十六岁，系疾指挥同知汪炜嫡长男。比中三等。

彭濬·指挥佥事

内黄查有：彭和，寿州人。有父彭启，丙申年归附，洪武七年充总旗，十三年除授华山卫百户，二十七年越升正千户，三十年为倒死马匹事犯流罪，免罪发威房卫充军；钦蒙复职，调宁夏中护卫，老疾，告替。和系嫡长男，三十二年替授宁夏中护卫左所世袭正千户。

一辈彭启，已载前黄。

二辈彭和，已载前黄。

三辈彭复，旧选簿查有：永乐十八年五月，彭复，系宁夏中护卫后所故世袭正千户彭和嫡长男。

四辈彭泰，旧选簿查有：天顺八年三月，彭泰，寿州人，系宁夏中护卫左所世袭正千户彭复嫡长男。

指挥佥事功次已载五辈选条。·11·

五辈彭旭，旧选簿查有：成化十四年十一月，彭旭，年十六岁，寿州人，系宁夏中护卫左所世袭正千户彭泰嫡长男。父于固原州阵亡，先因彭旭年幼，已与指挥佥事俸优给。今出幼，袭指挥佥事。

六辈彭镇，缺。

七辈彭涤，旧选簿查有：嘉靖六年四月，彭镇，年五十一岁，寿州人，系宁夏中屯卫指挥同知，今患疾。有嫡长男彭涤，年二十一岁，告替。伊祖旭原系指挥佥事，正德元年功升前职。所据指挥同知系陕西新功，缘革册未到，本舍暂准承袭，候册到另行定夺。

八辈彭濬，旧选簿查有：嘉靖十六年十月，彭濬，寿州人，系宁夏中屯卫故指挥同知彭涤堂弟。伊祖旭以指挥佥事领军获功升前职。所据领军违例报功，例应减革。本人照例革领军一级，与指挥佥事。

充军簿查有：嘉靖二十四年九月，彭濬，系宁夏中屯卫指挥，凤阳府人。犯该守备不设，充大同卫左所边远军。

九辈彭洞，万历六年十二月分，彭洞，年四十一岁，寿州人，系宁夏中屯卫故指挥同知彭镇庶长男。伊父原袭祖职指挥同知，老，故。伊兄彭涤替授前职，故绝。比时未曾生有。本舍伊堂兄革借替祖职指挥佥事。嘉靖二十四年犯该守备不设，充大同前卫左所终身军，万历元年故。本舍合照例与袭祖职指挥〔佥〕事。考试二等。

十辈彭世爵，万历二十三年二月，彭世爵，年二十八岁，系宁夏中屯卫患疾指挥佥事彭洞嫡长男。比中二等。

十一辈彭师古，万历四十一年十月，大选过宁夏中屯卫指挥佥事一员彭师古，年二十九岁，系疾指挥佥事彭世爵嫡长男。比中一等。〔对讫。〕

十二辈彭凌云，天启六年四月，大选过宁夏中屯卫指挥佥事一员彭凌云，年十六岁，系故指挥佥事彭师古嫡长男。比中三等。〔对讫。〕

赵继·指挥佥事

外黄查有：赵继，年三十七岁，系陕西宁夏中屯卫指挥佥事，原籍直隶凤阳府定远县人。一世祖赵林，癸巳年从军，乙丑年高邮州有功升小旗；吴元年苏州有功升总旗，当年除和阳卫实授百户；洪武二年陕西庆阳等处有功，四年调处州卫，十一年升南昌卫副千户。十四年杭州容美洞、云南等处有功，十七年升西安前卫指挥佥事，故。二世祖赵炎系嫡长男，二十四年四月袭，二十八年洮州等处剿捕番贼有功，三十年升本卫指挥同知；永乐九年调宁夏左屯卫，故。始祖赵瑛系嫡长男，永乐六年一月革袭指挥佥事，十四年故。高祖赵鉴系嫡长男，幼小。始叔祖赵璧系瑛亲弟，十五年七月借袭。赵鉴长成，宣德七年七月袭，正统元年故。曾祖赵溥系嫡长男，九年十二月袭，疾。祖赵璟系庶长男，成化十五年三月替，老。父赵廉①系嫡长男，正德十五年六月替，嘉靖二十九年地方失事，参降副千户；部下功历升都指挥佥事，四十三年故。继系嫡长男，嘉靖四十四年六月，革部下功并推升职级，不准袭，照例袭陕西宁夏中屯卫祖职指挥佥事。·12·

---

①嘉靖《陕西通志》卷一九《文献》七《全陕名宦·(宁夏)守备》："赵廉，宁夏中屯卫人。嘉靖十九年署都指挥佥事，分守东路。"(第959页)

一辈赵林，已载前黄。

二辈赵炎，旧选簿查有：洪武二十四年四月，赵炎，系西安前卫故世袭指挥佥事赵林嫡长男。钦准袭职，仍授本卫世袭指挥佥事。

三辈赵瑛，旧选簿查有：永乐六年二月，赵瑛，系宁夏左屯卫指挥同知赵炎嫡长男。父原系世袭指挥佥事，革除年间升除前职，病故。敬袭原职指挥佥事。

四辈赵璧，旧选簿查有：永乐十五年七月，赵璧，系宁夏左屯卫故世袭指挥佥事赵瑛亲弟。兄有嫡长男赵鉴，年七岁，幼小。钦准本人借职，待侄长成，退还职事。

五辈赵鉴，已载前黄。

六辈赵溥，旧选簿查有：正统九年十二月，赵溥，系宁夏中护卫故世袭指挥佥事赵鉴嫡长男，患右眼瞎疾。

七辈赵璟，旧选簿查有：成化十五年三月，赵璟，定远县人，系榆林卫世袭指挥佥事赵溥嫡长男。

八辈赵濂（廉），旧选簿查有：正德十五年六月，赵濂（廉），系宁夏中屯卫年老指挥佥事赵璟嫡长男。伊父替榆林卫，遇例回今卫。

审稿查有：堂稿查有：嘉靖三十四年十二月一件节报声息事，内开宁夏左屯指挥同知赵濂（廉），问拟守备不设，情轻律重，于指挥同知上降三级，与做副千户，准送军门立功。

九辈赵继，旧选簿查有：嘉靖四十四年六月，赵继，年三十七岁，定远县人，系宁夏中屯卫年故降级副千户赵濂（廉）嫡长男。伊父原袭祖职指挥佥事，嘉靖十四年部下功升指挥同知，推升都指挥佥事；二十九年地方失事，参降副千户；四十三年故。所据部下功升职级并推升流官，俱例不准袭。本舍照例革复祖职指挥佥事。

李恩·指挥佥事

外黄查有：李焕，仪真县人。父李德，乙未年从军，乙巳年拨英武卫小旗，十五年并充总旗，二十一年钦除府军右卫后所世袭百户，十一月阵亡。焕系嫡长男，二十二年九月袭除大宁后卫中所世袭百户，三十五年钦除宁夏中护卫左所副千户。

一辈李德，已载前黄。

二辈李焕，已载前黄。

三辈李昇，旧选簿查有：宣德五年五月，李昇，系宁夏中护卫指挥佥事李焕嫡长男，钦与世袭。

四辈李宪，旧选簿查有：正统十二年九月，李宪，系宁夏中护卫残疾指挥佥事李昇嫡长男。

五辈李振，旧选簿查有：成化十七年二月，李振，仪真县人，系宁夏中护卫故世袭指挥佥事李宪嫡长男。

六辈李钦，旧选簿查有：正德十五年六月，李钦，仪真县人，系宁夏中屯卫故世袭指挥佥事李振嫡长男，优给出幼袭职。

七辈李鉴，旧选簿查有：嘉靖六年八月，李鉴，年三十四岁，仪真县人，系宁夏中屯卫故绝世袭指挥佥事李钦庶长兄。伊弟辈未比，照例住俸三年。

八辈李金，旧选簿查有：嘉靖十七年四月，李金，年十一岁，仪真县人，系宁夏中屯卫阵亡指挥佥事李鉴嫡长男。照例全俸优给，至嘉靖二十年终住支。伊父嘉靖十六年正月领军遇贼对敌阵亡一级，候巡按御史覆册至日另行查议。

九辈李恩，旧选簿查有：嘉靖三十一年四月，李恩，年八岁，仪真县人，系宁夏中屯卫故指挥佥事李金嫡长男。照例与全俸优给，至嘉靖三十七年终住支。

嘉靖三十九年二月，李恩，年十六岁，仪真县人，系宁夏中屯卫故指挥佥事李金嫡长男，优给出幼袭职。查得本舍优给违限二年，限外有无多支俸粮，查扣毕日关支。

十辈李玉，万历十二年四月，李玉，年四十九岁，仪真县人，系宁夏中屯卫故指挥佥事李恩亲叔。比中三等。

十一辈李承爵，万历二十三年十二月，李承爵，年二十三岁，系宁夏中屯卫故指挥佥事李恩玉嫡长男。比中三等。

朱三省・指挥佥事

外黄查有：朱铠，年五十八岁，宁夏中屯卫指挥佥事，原籍河南开封府夏邑县人。一世朱瑛，前元充云南右卫军，己亥年赴京归附，乙巳年保充赣州卫所镇抚，洪武六年故。始祖朱保，十一年除授永州卫中所所镇抚，十七年征进金齿等处斩首一颗，十九年升调云南前卫镇抚，二十三年征云南斩首一颗，二十六年升宁夏中护卫指挥佥事，故。高祖朱绩系嫡长男，永乐九年袭，故。曾祖朱麟系嫡长男，洪熙元年四月袭，故。祖朱嵒系嫡长男，成化十八年二月袭，嘉靖九年故。堂叔朱泰系嫡长男，四年四月袭，故绝。铠系亲堂侄，二十四年八月袭宁夏中屯卫祖职指挥佥事。

一辈朱瑛，已载前黄。·14·

二辈朱保，审稿查有：洪武三十年二月十四日，钦升簿内查有，朱保系曲靖卫多余卫镇抚，引奏调用。自奏年深，钦升宁夏中卫右所世袭正千户。

三辈朱绩，旧选簿查有：永乐九年，朱绩，年十八岁，系宁夏中护卫为事故流官指挥佥事朱保嫡长男，敬与世袭。

四辈朱麟，旧选簿查有：洪熙元年四月，朱麟，系宁夏中护卫为事惧罪自缢世袭指挥佥事朱绩嫡长男。

五辈朱俊，旧选簿查有：成化五年三月，朱俊，夏邑县人，系宁夏中护卫世袭指挥佥事朱麟嫡长男。

六辈朱嵒，旧选簿查有：成化十八年二月，朱嵒，夏邑县人，系榆林卫故世袭指挥佥事朱俊嫡长男。

七辈朱泰，旧选簿查有：嘉靖四年六月，朱泰，年十七岁，夏邑县人，系宁夏中屯卫故世袭指挥佥事朱嵒庶长男。优给出幼袭职，限外多支俸粮，查扣关支。

八辈朱铠，旧选簿查有：嘉靖二十四年八月，朱铠，夏邑县人，系宁夏中屯卫故指挥佥事朱泰亲堂侄。伊堂叔原袭祖职指挥佥事，失事降副千户；又获功历升前职，今故。本舍照例革袭祖职指挥佥事。

审稿查有：堂稿查有，嘉靖三十六年四月，一件违法事，内开朱铠系宁夏中屯卫指挥佥事，嘉靖三十一年安守（宁）红寺堡操守不合故，违管军头目，将领出军粮物料招以公用差使为由，因而侵欺银三十两以上者，军职立功五年，满日降一级，带俸。合无将朱铠于指挥佥事上降一级，与做正千户，注本卫左所。候立功年限满日，照今降品级带俸差操。

九辈朱三省，审稿查有：嘉靖四十四年十二月，朱三省，年三十三岁，夏邑县人，系宁夏中屯卫左所老疾降级正千户朱铠嫡长男。查得伊父原袭指挥佥事，侵欺军粮，问发立功，降正千户，患疾，本舍告替。准暂替父，见降正千户，待父身终之日，仍复祖职指挥佥事。

十辈朱家梁，万历四十年四月，大选过宁夏中屯卫指挥佥事一员朱家梁，年三十五岁，系故指挥佥事朱三省嫡长男。比中三等。〔对讫。〕

十一辈朱家柱，天启元年九月补八月份大选，过宁夏中屯卫指挥佥事一员朱家柱，年三十一岁，系故指挥佥事朱家梁亲弟。比中一等。〔对讫。〕

包勋·指挥佥事

内黄查有：包隆，合肥县人。父包福，旧名二。丙午年归附，乙巳年充小旗，洪武四年除河南卫百户，为事发辽东征进，二十年阵亡。隆系嫡长男，二十一年改除留守左卫中所世袭百户，二十八年改设宁夏右护卫后所，三十二年改除庆府仪卫司典仗。·15·

一辈包福，已载前黄。

二辈包隆，已载前黄。

三辈包瓛，旧选簿查有：宣德元年五月，包瓛，系宁夏中护卫为事充军故世袭卫镇抚包隆嫡长男。

四辈包铎，旧选簿查有：天顺四年五月，包铎，合肥县人，系宁夏中护卫故世袭卫镇抚包瓛庶长男。

五辈包铉，旧选簿查有：天顺八年四月，包铉，合肥县人，系宁夏中护卫故世袭卫镇抚包铎堂弟。

六辈包翼，旧选簿查有：成化十七年七月，包翼，合肥县人，系宁夏中护卫故世袭卫镇抚包铉嫡长男。

七辈包恩，旧选簿查有：正德十三年十月，包恩，合肥县人，系宁夏中护卫改中屯卫年老卫镇抚包翼嫡长男。

指挥佥事功次候查。

八辈包勋，旧选簿查有：嘉靖三十七年八月，包勋，合肥县人，系宁夏中屯卫老疾指挥佥事包恩嫡长男。伊祖恩与王府结亲，例该调卫，本舍隐情未调。

九辈包世爵，万历十一年二月，包世爵，年二十七岁，合肥县人，系宁夏中屯卫指挥佥事降调奉议卫中所故副千户包勋嫡长男。伊父袭祖职指挥佥事，嘉〔靖〕四十一年失事参降副千户，隆庆元年犯该科敛军钱，注调烟瘴奉议卫中所，起解间隆庆五年故。遇蒙万历十年九月恩诏："军职为事降调两广烟瘴卫所病故，不分已未到卫，子孙为因路远不能赴所调卫分，起文承袭者，许令原卫所起送承袭。"今本舍照例准复袭祖职指挥佥事于原宁夏中屯卫。比中三等。

十辈包大方，万历三十二年十二月，包大方，年六岁，系宁夏中屯卫故指挥佥事包世爵嫡长男。照例与全俸优给，至四十年终住支。

万历四十一年十月，大选过宁夏中屯卫指挥佥事一员包大芳（方），年十五岁，出幼袭职。比中三等。

刘栋·指挥佥事

外黄查有：刘澂，江都县人。有祖父刘用，旧姓周。丙申年归附充先锋，己亥年举充头目，壬寅年选充总旗，甲辰年敬除豹韬卫百户，洪武十一年授凉州卫中右所试千户，十二年实授本卫流官副千户，十五年伤故。有父刘宽，袭凉州卫后所世袭副千户，二十二年为盘点粮斛事，犯该斩罪，钦（遇）蒙免死复职，回本卫管事，住俸一月；二十五年以年深赴京，钦依越正千户，升除宁夏中护卫世袭指挥佥事，故。澂系嫡长男，永乐三年袭授宁夏中护卫世袭指挥佥事。刘璟系刘澂嫡长男，父故，璟于宣德元年袭授本卫指挥佥事。刘昂系刘璟庶弟，兄故，无儿男，昂于正统十年袭宁夏中护卫世袭指挥佥事。·16·

一辈刘用，已载前黄。

二辈刘宽，已载前黄。

三辈刘澂，旧选簿查有：永乐三年五月，刘澂，系宁夏中护卫故世袭指挥佥事刘宽嫡长男。

四辈刘璟，旧选簿查有：宣德元年十一月，刘璟，系宁夏中护卫故世袭指挥佥事刘澂嫡长男。

五辈刘昂，旧选簿查有：正统十年七月，刘昂，系宁夏中护卫故世袭指挥佥事刘璟庶弟。

六辈刘恩，旧选簿查有：天顺四年正月，刘恩，江都县人，系宁夏中护卫世袭指挥佥事刘璟遗腹嫡长男。父病故，本人先因未生，庶叔刘昂袭职，［续］生本人，告取职事，已与优给，今出幼袭职。

七辈刘鼎，旧选簿查有：成化十二年八月，刘鼎，江都县人，系宁夏中护卫故世袭指挥佥事刘恩嫡长男。

八辈刘文，旧选簿查有：正德十一年十二月，刘文，江都县人，系宁夏中护卫世袭指挥佥事刘鼎亲嫡长男。

九辈刘栋，旧选簿查有：嘉靖十八年十二月，刘栋，年十岁，江都县人，系宁夏中屯卫故指挥佥事刘文嫡长男。照例与全俸优给，至嘉靖二十二年终住支。

旧选簿查有：嘉靖二十三年十二月，刘栋，年十六岁，江都县人，系宁夏中屯卫故指挥佥事刘文嫡长男，优给出幼袭职。

十辈刘熺，万历七年二月，刘熺，年三十岁，江都县人，系宁夏中屯卫患疾指挥佥事刘栋嫡长男。查得伊父刘栋，嘉靖四十一年因奸部军妻，巡抚参问为民，后恤刑部郎中樊①题奉钦依"以部下斩首三十九颗，功为独多，似应准其赎罪"。奉圣旨："是。钦此。"看得刘栋犯奸为民，既经复职，本舍合行免其调卫。比中二等。

十一辈刘克正，天启四年四月，大选过宁夏中屯卫指挥佥事一员刘克正，年二十三岁，系故指挥同知刘熺庶长男。查指挥同知一级系部功，例不［准］袭，应减袭祖职指挥佥事。比中三等。〔对讫。〕

徐应祯②·指挥佥事

外黄查有：徐应祯，年二十一岁，系陕西宁夏中屯卫指挥佥事，原籍直隶常州府江阴县人。高祖徐均，丁酉年从军，洪武十一年以年深升小旗，二十一年征云南阵亡。曾祖徐恭补役，二十四年调宁夏中护卫中所，故。祖徐仁补役，嘉靖五年改中屯卫，疾。父徐英补役，嘉靖二十年芦沟子斩首一颗升总旗，二十二年沿河下七墩斩首一颗升试百户，三十二年高口旧边斩首一颗升实授百户，三十三年红井斩首一颗升副千户，三十四年归德口斩首一颗升正千户，三十六年平房城斩首一颗升指挥佥事，疾。应祯系嫡长男，四十年六月袭陕西宁夏中屯卫指挥佥事。

一辈徐均，已载前黄。

二辈徐恭，已载前黄。

三辈徐仁，已载前黄。

四辈徐英，审稿查有：功次簿查有嘉靖二十四年，宁夏中屯卫中所小旗徐均住奏称"实授小旗二次获功俱升总旗"，上加沿河下七墩一级，改并试百户一员徐

---

①樊：即樊垣，字伯师，叙州府宜宾县人。嘉靖三十二年（1553）进士，历官句容县令、户部郎中、刑部郎中、常德知府。

②万历《朔方新志》卷三《武阶》："徐应祯，（宁夏）中屯卫指挥，历升领班都司。"（第241页）

均住。

堂稿查有：徐英，原系宁夏屯卫中所试百户。嘉靖三十二年一月内在地名无名高口旧边斩首一颗，以试百户造报；三十三年九月，在平虏城地名红井斩首一颗，前功未升，以试百户造报。奉勘合旧边功升实授百户，红井功重升实授；三十四年地名归德口斩首一颗，以实授百户造报升副千户；三十六在平虏城碱边斩首一颗，以副千户造报升正千户。前红井功重升实百户一级，改正升指挥佥事。

五辈徐应祯，审稿查有：嘉靖四十年六月，徐应祯，年二十一岁，江阴县人，系宁夏中屯卫患疾指挥佥事徐英嫡长男。

六辈徐珩，万历二十七年二月，徐珩，年二十七岁，系宁夏中屯卫故指挥使徐应祯长男。伊父互市功升二级，不准袭。本舍准袭指挥佥事。比中一等。

七辈徐运泰，天启五年正月补四年十二月大选，宁夏中屯卫指挥佥事优给舍人一名徐运泰，年七岁，系故指挥佥事徐珩嫡长男。照例与全俸优给，至天启十二年终住支。〔对讫。〕

崇祯九年二月，大选过宁夏中屯卫指挥佥事一员徐运泰，年十九岁，出幼袭［职］。比中三等。〔对讫。〕

张仁·指挥佥事

一辈张成，缺。·18·

二辈张铭，旧选簿查有：洪武二十五年正月，张铭，系府军右卫带支俸世袭副千户，钦调宁夏中护卫中所。

三辈张昇，旧选簿查有：永乐九年九月，张昇，系宁夏中护卫中所故世袭副千户张铭嫡长男。敬与全俸优给，至永乐二十年终住支。

四辈张福，旧选簿查有：正统十二年二月，张福，系宁夏中护卫中所故世袭副千户张昇嫡长男。

五辈张锦，旧选簿查有：弘治五年九月，张锦，潜江县人，系宁夏中护卫中所世袭副千户张福嫡长男。

六辈张璘，旧选簿查有：嘉靖三年四月，张璘，潜江县人，系宁夏中屯卫中所故世袭副千户张锦嫡长男。

审稿查有：堂稿查有，嘉靖十六年，沿河下四墩等处升实授一级，二人共斩首一颗,为首宁夏中屯卫中所副千户升正千户张璘。

都察院咨内查有:嘉靖十七年,柳门儿并沿河八墩与贼对敌,宁夏中屯卫中所实授副千户张璘亲斩首级一颗,未升。

七辈张仁,旧选簿查有:嘉靖二十九年八月,张仁,潜江县人,系宁夏中屯卫中所故正千户张璘嫡长男。伊父原袭祖职副千户,沿河六墩获功一级升正千户;又在柳门儿获功一级,未升先故。本舍照例于祖职副千户上加伊父军功二级,与袭指挥佥事。

八辈张亨,万历十年四月,张亨,年三十一岁,潜江县人,系宁夏中屯卫指挥佥事张仁嫡长男。比中三等。

九辈张希孔,万历二十二年四月,张希孔,年二十岁,系宁夏中屯卫故指挥佥事张亨庶长男。比中三等。

十辈张忠,万历四十五年十二月,大选过宁夏中屯卫指挥佥事一员张忠,年十九岁,系故指挥佥事张希孔嫡长男。比中三等。〔对讫①。〕

李时芳·指挥佥事

[一辈李时芳,]万历年三十五年四月,大选过宁夏中屯卫指挥佥事一员李时芳,年二十九岁,仪真县人,系故指挥佥事李登②嫡长男。比中一等。 ·19·

[二]辈李占元,崇祯九年十月,大选过宁夏中屯卫指挥佥事一员李占元,年二十九岁,系故指挥佥事李时芳嫡长男。比中三等。〔对讫。〕

年远事故指挥佥事一员·孙应龙

洪武二十七年九月,钟渊,系天策卫世袭指挥佥事,钦调宁夏中屯卫掌印管事。

又一员·胡英

洪武三十年三月,胡英,系绥[德]卫典刑世袭指挥佥事胡谅嫡长男。祖胡海

---

① 《总汇》57册19页"十辈张忠"条后有"十一辈张忠",内容重复,删去。
② 万历《朔方新志》卷三《武阶》:"李登,(宁夏)中屯卫指挥,历升指京营游击。"(第241页)

从军，任指挥佥事，病故。父袭职，为事典刑。因祖立功，钦准袭职，授宁夏中屯卫世袭指挥佥事。

盛世龙·指挥佥事

崇祯十三年四月，大选过宁夏中屯卫指挥佥事一员盛世龙，年二十岁，系故指挥佥事盛邦彦嫡长男。比中三等。〔对讫。〕·20·

刘清·正千户

一辈刘能，缺。

二辈刘顺，旧选簿查有：宣德九年十一月，刘顺，系大同前卫右所百户刘能、旧姓名袁长头嫡长男。

钦升簿查有：天顺元年，湖广鬼枝等寨杀贼获功，燕山左卫百户升副千户二员内一员刘顺。

天顺七年，东苗杀贼获功，燕山左卫副千户升正千户二员内一员刘顺。

三辈刘通，旧选簿查有：成化十年六月，刘通，广平县人，系大同前卫右所故正千户刘顺嫡长男。

四辈刘冕，旧选簿查有：弘治三年十月，刘冕，广平县人，系宁夏中屯卫左所世袭正千户刘通嫡长男。

五辈刘清，旧选簿查有：嘉靖十年十二月，刘清，年二十岁，广平县人，系宁夏中屯卫左所老疾正千户刘冕嫡长孙。

充军簿查有：嘉靖三十八年八月初一日，刘清，系左所正千户，广平县人。犯该监守自盗，照例充榆林卫中所永远军。

七辈刘应武，万历二十五年四月，刘应武，年四十五岁，系宁夏中屯卫左所故正千户刘清嫡长男。查本舍父嘉靖年间犯永戍，查已无黄状。因隐匿不供，应照例革发，仍严究该卫妄保官员。

姜思孝·试百户

万历十九年正月，姜思孝，年二十五岁，栖霞县人，系宁夏中屯卫左所故试百户姜兴周孙。伊始祖姜四儿，吴元年军，洪武三年升小旗，二十七年升总旗，老。姜福代役并，故。姜倘补役并，故。姜兴周补役并。

堂稿查有：嘉靖十四年，题升嘉靖十二年十月在宁夏平虏城、柳门儿、蜂窝山等处斩首一颗，以始祖名姜四儿升试百户。祖姜兴周，万历年八年故。父姜祥未袭，老。思孝系孙，照旧袭试百户。比中三等。

姜显猷，天启三年六月，大选过宁夏中屯卫左所试百户一员姜显猷，年二十八岁，系疾试百户姜思孝嫡长男。比中三等。　·21·

左所正千户一员·尹灏

嘉靖四十三年八月，尹灏，年三十三岁，凤阳县人，系固原卫左所故正千户尹显亲弟。伊兄原袭祖职正千户，因伊父尹泰犯奸，调固原卫左所，嘉靖三十四年故绝。本舍照例与袭祖职正［千户］，注调宁夏中屯卫左所。

年远事故正千户一（二）员·苏祯、尹天顺

洪武二十七年九月，苏祯，系水军左卫前所世袭正千户，钦调宁夏中屯卫左所。

万历二十五年六月，尹天顺，二十岁，系宁夏中屯卫左所故正千户尹颢嫡长男。比中三等。

年远事故左所副千户一员·方金山

洪武二十四年七月，方金山，系水军左卫右所故世袭副千户方泰嫡长男。父系为事拿象，病故。比先告袭，钦依袭父职，调广西。本部议拟不准，钦依："行移原卫着落，他父原管的官旗都保勘将来。"今保勘明白，引至御前，钦准袭职，授宁夏中屯卫左所世袭副千户。

卫镇抚一员·李真

洪武三十一年八月，李真，系洮州卫中所世袭所镇抚，钦升宁夏中屯卫世袭卫镇抚。·22·

陈善·世袭百户

外黄查有：陈兴，仁和县人。伯父陈杰，洪武十四年虹螺山千户下归附振武卫，参随前去虎北口招集军士一百一十名有功，十七年除授五开卫左所百户，三十年调宁夏右屯卫，五月调宁夏中护卫左所，永乐二年故①钦与世袭，故。兴系亲侄，二十年袭本卫所百户。

一辈陈杰，已载前黄。

二辈陈兴，旧选簿查有：永乐二十年十一月，陈兴，系宁夏中护卫左所故世袭百户陈杰亲侄。

三辈陈旺，旧选簿查有：宣德七年五月，陈旺，年十七岁，系宁夏中护卫左所故世袭百户陈兴嫡长男。

四辈陈宽，旧选簿查有：景泰元年八月，陈宽，年十五岁，系宁夏中护卫左所故世袭百户陈旺嫡长男。

五辈陈琮，旧选簿查有：弘治九年六月，陈琮，年十五岁，系宁夏中护卫左所故世袭百户陈宽庶长男。

六辈陈善，旧选簿查有：嘉靖十八年八月，陈善，年三十九岁，系宁夏中护卫左所年老世袭百户陈琮嫡长男。

七辈陈继武，万历三年八月，陈继武，年二十三岁，仁和县人，系宁夏中屯卫左所老疾副千户陈善嫡长孙。伊祖原袭祖职世袭百户，嘉靖三十三年平虏城斩首一颗升副千户，三十六年宁夏碱边斩首一颗重升副千户，今老。伊父陈钊未替先故。本舍照例于祖职世袭百户上加伊祖斩首功三级，与袭升正千户。

---

①"故"系衍字。

俞璋·世袭百户

一辈俞谷真，缺。

二辈俞海，旧选簿查有：洪武三十二年四月，俞海，系宁夏中护卫左所世袭百户俞谷真嫡长男。·23·

三辈俞旺，旧选簿查有：永乐九年九月，俞旺，系宁夏中护卫左所故世袭百户俞海嫡长男。

四辈俞贤，旧选簿查有：正统十三年二月，俞贤，系宁夏中护卫左所世袭百户俞旺嫡长男。

五辈俞泰，旧选簿查有：成化十三年七月，俞泰，江都县人，系宁夏中护卫左所世袭百户俞贤嫡长男。

六辈俞璋，旧选簿查有：嘉靖五年四月，俞璋，年十七岁，江都县人，系宁夏中屯卫左所故世袭百户俞泰庶长男。原系宁夏中护卫所，改今卫所。

充军簿查有：嘉靖二十二年六月初八日，俞章（璋），直隶扬州府人，系宁夏中屯卫左所百户。犯该监守自盗仓库钱粮四十贯者，系杂犯，照例发边卫玉林卫中所永远军。

七辈俞相，万历十三年二月，俞相，年二十五岁，江都县人，系宁夏中屯卫左所故充永远军实授百户俞璋族侄孙。伊族伯祖原袭祖职实授百户，嘉靖二十年犯该监守自盗问充玉林卫中所永远军，万历十一年故。本舍系大次房子孙，保送赴部承袭，应降一级。又照新例"四辈以上未袭再降一级"，合照例于祖职实授百户上通降二级，与袭冠带总旗。比中三等。

金印·实授百户

外黄查有：金印，年四十岁，系陕西宁夏中屯卫左所实授百户，原籍山东武定州人。始伯祖金木消，吴元年归附大兴右卫军，洪武三年并充小旗，七年升除骁骑左卫总旗。始祖金锁非系余丁，瓦剌公干该升小旗，并升本卫所世袭百户，改宁夏中屯卫左所，故。高祖金昇系嫡长男，天顺三年六月袭，故。曾祖金凯系嫡长男，成化七年八月替，疾。祖金玉系嫡长男，正德元年八月替，故。父金梁系亲男，嘉靖十七年八月袭，三十六年疾。印系嫡长男，三十八年六月袭陕西宁夏中屯卫左所实授百户。

一辈金木消，已载前黄。

二辈金振，已载前黄。

三辈金昇，旧选簿查有：零选簿查有，天顺三年六月，金昇，武定州人，系宁夏中护卫中所试百户金振、户名金木消嫡长男。父原系总旗，伊叔金锁非系余丁，差往瓦剌公干回还，该升小旗，并，与父升授前职，病故。合照例本人该袭实授百户。

四辈金凯，旧选簿查有：成化七年八月，金凯，武定州人，系宁夏中护卫左所故百户金昇嫡长男，钦与世袭。

五辈金玉，旧选簿查有：正德元年八月，金玉，武定州人，系宁夏中护卫左所世袭百户金凯嫡长男。·24·

六辈金梁，旧选簿查有：嘉靖十七年八月，金梁，年三十八岁，武定州人，系宁夏中屯卫左所故百户金玉亲男。

七辈金印，旧选簿查有：嘉靖三十八年六月，金印，年四十岁，武定州人，系宁夏中屯卫左所年老实授百户金梁嫡长男，照旧实授百户。

八辈金禄，万历十二年八月，金禄，年五十三岁，武定州人，系宁夏中屯卫左所故绝降级总旗金印亲弟。伊兄原袭祖职实授百户，嘉靖四十一年犯该守边失事，参降总旗，万历七年故绝。本舍合照旧复袭祖职实授百户。比中三等。

九辈金汝卿，万历十六年十二月，金汝卿，年二十九岁，武定州人，系宁夏中屯卫左所患疾实授百户金禄嫡长男。比中三等。

白采·世袭百户

一辈白二，旧选簿查有：永乐十三年交阯有功，燕山左卫右所总旗升百户白二。

二辈白兴，旧选簿查有：永乐十五年三月，白兴，系燕山左卫右所故试百户白二嫡长男，钦准袭实授世袭百户。

三辈白瑾，旧选簿查有：景泰元年三月，白瑾，年十六岁，系燕山左卫右所故世袭百户白兴嫡长男。

四辈白纯，旧选簿查有：弘治十一年二月，白纯，房山县人，系宁夏中护卫左所世袭百户白瑾嫡长男。父原系燕山左卫右所，调今卫所。

五辈白采，旧选簿查有：嘉靖十五年十二月，白采，房山县人，系宁夏中屯卫左所故百户白纯嫡长男。

陈金①·署所镇抚事世袭百户

外黄查有：陈金，年三十岁，宁夏中屯卫左所署所镇抚事世袭百户，原籍河南彰德府涉县人。一世祖陈不秋，洪武二年充大宁左卫军，五年拨济州卫左所，二十八年老疾。二世祖陈源，旧名记住，代役；三十二年七月随军奉天征讨，三十三年济南功升小旗，三十四年夹河功升总旗，三十五年平定京师升临洮卫左所百户，永乐五年故绝。二世祖陈得辛系亲兄，十六年二月袭，宣德九年老疾。高祖陈斌系嫡长男，本年十一月替，正统六年调宁夏右屯卫左所所镇抚，成化四年老。曾祖陈休系嫡长男，五年二月替，弘治九年疾。父陈恂系嫡长男，优给，正德七年十二月袭，嘉靖六年犯奸为民，故。金系嫡长男，三十八年八月照例调宁夏中屯卫左所署所镇抚事世袭百户。·25·

一辈陈源，已载前黄。

二辈陈得辛，已载前黄。

三辈陈斌，已载前黄。

四辈陈休，已载前黄。

五辈陈恂，已载前黄。

六辈陈金，已载前黄。

七辈陈三策，万历二十四年五月分，单本选过宁夏中屯卫左所副千户一员陈三策，年二十二岁，磁州人，系年老实授副千户陈金男。查本舍系陈金庶男，合照旧与替副千户。伊父有无多支俸粮，查扣关支。比中一等。

八辈陈嘉绩，崇祯五年四月，单本选过宁夏中屯卫左所副千户一员陈嘉绩，年三十岁，系老副千户陈三策嫡长男。比中二等。

---

①万历《朔方新志》卷三《武阶》："陈金，（宁夏）中屯卫千户，历升固原游击。"（第240页）

张士珍·实授百户

万历四十年十二月，大选过宁夏中屯卫后所实授百户一员张士珍，年二十六岁，山阳县人。查伊父张教，并补祖役总旗，于万历二十三年洪广堡地方斩首一颗升试百户，二十七年黄草滩斩首一颗重升小旗，业已改正实授百户。札付可据，本舍系嫡长男，准替实授百户。比中一等。〔对讫。〕

崇祯十一年二月，大选过宁夏中屯卫后所实授百户一员张建功，年二十六岁，系故实授百户张士珍嫡长男。比中三等。〔对讫。〕 ·26·

王三耀·试百户

崇祯二年四月，单本选过宁夏中屯卫左所试百户一员王三耀，年二十二岁，系故试百户王继文嫡长男。比中一等。〔对讫。〕

年远事故左所世袭百户一员·张俊

洪武二十五年九月，张俊，系宁夏中屯卫左所故世袭百户张英亲弟。兄别无儿男，钦准袭职，仍授本卫所世袭百户。

又一员·贾胜保

洪武二十五年五月，贾胜保，年八岁，系宁夏中屯卫左所故世袭百户贾义嫡长男。钦与全俸优给，至洪武三十二年出幼住支。

王德·署试百户事总旗

外黄查有：王德，年三十九岁，系陕西宁夏中屯卫左所署试百户事总旗，原籍陕西西安府户县人。一世祖王二，洪武二十四年充军，三十二年调宁夏左屯卫左所，永乐二十年故。高（曾）祖王铨补役，天顺元年沙山儿有功，二年升小旗；成化四年石城儿斩首一颗，五年升总旗，弘治九年老。祖王鉴补役，正德四年兴武营等处鼠湖斩首一颗，五年升署百户，十五年调中屯卫左所，嘉靖元年五月阵亡。父王璋系嫡长男，本年十二月袭本卫左所署百户，二十五年老。德系嫡长男，二十八年六月替陕西宁夏中屯卫左所署试百户事总旗。

一辈王铨，已载前黄。·27·

二辈王鉴，户名王二。旧选簿查有：题稿查有，正德五年六月兴武营等处功次，宁夏左屯卫升署一级不赏，一人自斩幼男首级一颗，总旗升署百户一员王二。

三辈王璋，旧选簿查有：嘉靖元年十二月，王彰（璋），户县人，系宁夏中屯卫左所故署百户王鉴、户名王二嫡长男。父系总旗，兴武营斩幼男首级升前职，钦与世袭。

四辈王德，旧选簿查有：嘉靖二十八年六月，王德，户县人，系宁夏中屯卫左所年老署试百户事总旗王彰（璋）嫡长男。

汤璿·副千户

内黄查有：汤海，宣州人。高祖汤礼，丁酉年充先锋，辛丑年升小旗，洪武四年钦除金吾左卫流官百户，五年调鹰扬卫副千户，六年调蓟州卫，十年故。曾伯祖汤福系嫡长男，十一年袭授蓟州卫前所副千户，十四年调梧州守御所，故。堂伯祖汤盘，旧名锁儿，系嫡长男，年幼，拨锦衣卫左所副千户优给，二十四年袭除信阳卫左所世袭副千户，三十年调宁夏中卫左所副千户，续调宁夏中护卫右所，正统八年病疾，无儿。海系堂侄孙，十年替授宁夏中护卫右所世袭副千户。

一辈汤礼，已载前黄。

二辈汤福，已载前黄。

三辈汤盘，已载前黄。

四辈汤海，旧选簿查有：正统十年七月，汤海，系宁夏中护卫右所世袭副千户汤盘堂侄孙。

五辈汤新，旧选簿查有：成化十六年八月，汤新，年十五岁，宣州人，系宁夏中护卫右所故世袭副千户汤海庶长男。

六辈汤臣，旧选簿查有：嘉靖十四年四月，汤臣，年三十三岁，宣州人，系宁夏中屯卫右所年老副千户汤新嫡长男。

七辈汤璿，旧选簿查有：嘉靖三十一年二月，汤璿，宣州人，系宁夏中屯卫右所故副千户汤臣嫡长男。

八辈汤执中，万历十八年二月，汤执中，年三十一岁，系宁夏中屯卫右所年老副千户汤璿嫡长男。比中二等。

九辈汤霖，崇祯八年十月，大选过宁夏中屯卫右所副千户一员汤霖，年三十一岁，系故副千户汤执中侄孙。比中三等。〔对讫。〕·28·

周相·副千户

一辈周兴儿，缺。

二辈周得，旧选簿查有：永乐二十年五月，周得，系宁夏中护卫右所故流官周兴儿嫡长男，敬与世袭。

三辈周信，旧选簿查有：宣德九年三月，周信，年十六岁，系宁夏中护卫右所故世袭百户周得嫡长男。

四辈周英，旧选簿查有：成化二十二年七月，周英，嵩县人，系宁夏中护卫右所故世袭百户周信嫡长男。

五辈周臣，旧选簿查有：弘治十八年十二月，周臣，年十六岁，嵩县人，系宁夏中护卫右所世袭百户周英嫡长男。

右府吊来本司连送，查有灵州地名王铁庙儿等处阵亡，计开升一级项下宁夏中屯卫百户一员周臣，保送儿男赴部袭升。

六辈周相，旧选簿查有：嘉靖十三年二月，周相，年二十一岁，嵩县人，系宁夏中屯卫右所百户周臣嫡长男。伊父原替前职，嘉靖八年柳杨堡阵亡。今本舍告袭，照例于祖职百户上加一级与做副千户。

七辈周世忠，隆庆六年七月，周世忠，年二十九岁，嵩县人，系宁夏中屯卫年老指挥佥事周相嫡长男。查得伊父原以副千户嘉靖三十三年平虏城、红井地方斩首功升正千户，嘉靖四十三年领兵于花马池部下功升指挥佥事。所据部下功例不准袭，今本舍合革替正千户，注右所。

八辈周弘先，万历三十二年二月，周弘先，年二十岁，嵩县人，系宁夏中屯卫故指挥佥事周世忠嫡孙。伊祖原替正千户，万历二十一年广武营斩首一颗升指挥佥事，今故。本舍告袭。查洪武年军功、嘉靖年阵亡，而平虏、广武二功入功次簿载。本舍准袭指挥佥事。比中三等。〔对讫。〕

年远事故右所副千户一员·徐政

洪武二十四年八月，徐政，系彰德卫右所故流官副千户徐远庶长男。父为不应事，钦发云南充军征进，病故，告袭。拟发充军，引至御前，钦依："他父所犯罪轻，又年深，准袭父职，授宁夏中屯卫右所世袭副千户。" ·29·

王臣·世袭百户

一辈王彪，缺。

二辈王用，旧选簿查有：洪武三十年四月，王用，系宁夏中屯卫右所世袭百户王彪嫡长男。

三辈王宣，旧选簿查有：宣德十年三月，王宣，系宁夏中护卫右所世袭百户王用嫡长男。

四辈王英，旧选簿查有：景泰七年十二月，王英，钧州人，系宁夏中护卫右所世袭百户王宣嫡长男。

五辈王麒，旧选簿查有：成化二十二年四月，王麒，钧州人，系宁夏中护卫右所世袭百户王英亲侄，待伯有男还与职事。

六辈王臣，旧选簿查有：正德十二年四月，王臣，钧州人，系宁夏中屯卫右所世袭百户王麒嫡长男。

充军簿查有：嘉靖二十三年十二月，王臣，原籍河南钧州人。犯该监守自盗仓粮，发灌阳守御千户所永远充军。

七辈王仲科，万历二十九年二月，王仲科，年四十二岁，开封府钧州人，系宁夏中屯卫右所故绝世袭实授百户王臣亲侄。查得王臣已充永军，岂有复袭之理？应合革发。 ·29·

李衍·世袭百户

一辈李立仁，缺。

二辈李玄，旧选簿查有：洪武三十年四月，李玄，系宁夏中护卫右所世袭百户李立仁嫡长男。

三辈李芳，旧选簿查有：宣德元年三月，李芳，系宁夏中护卫右所故世袭百户李玄嫡长男，右眼残疾。

四辈李锜，旧选簿查有：正统十三年六月，李锜，系宁夏中护卫右所世袭百户李芳嫡长男。

五辈李俊，旧选簿查有：成化十一年二月，李俊，无锡县人，系宁夏中护卫右所世袭百户李锜嫡长男。

六辈李宾，旧选簿查有：弘治十四年四月，李宾，无锡县人，系宁夏中护卫右所世袭百户李俊嫡长男。

七辈李衍，旧选簿查有：正德十六年二月，李衍，无锡县人，系宁夏中屯卫右所百户李宾嫡长男。父原系宁夏中护卫右所，改今卫所。

八辈李忠，万历四年四月，李忠，年三十岁，无锡县人，系宁夏中屯卫右所年老实授百户李衍嫡长孙。

田烈·世袭百户

内黄查有：田登，高唐州人。始祖田聚，洪武四年军，选充小旗；八年附济宁卫，老。高祖田贵代役，升总旗；永乐九年随侍赴京，升宁夏中护卫右所百户，老。曾祖田仪，先故。祖田琮系嫡长男，景泰三年替，老。父田俊系嫡长男，十一年替，宣德五年改中屯卫，老。登系嫡长男，本年六月替宁夏中屯卫右所百户。

一辈田聚，已载前黄。

二辈田贵，已载前黄。

三辈田琮，旧选簿查有：景泰三年，田琮，高唐州人，系宁夏中护卫右所流官百户田贵嫡长孙。祖原系总旗，随侍庆王赴京升前职，老疾。钦准本人照例仍替流官百户。·31·

四辈田俊，旧选簿查有：弘治十一年二月，田俊，高唐州人，系宁夏中护卫右所百户田琮嫡长男，钦与世袭。

五辈田登，旧选簿查有：嘉靖四年十二月，田登，高唐州人，系宁夏中屯卫右所年老世袭百户田俊嫡长男。

六辈田烈，旧选簿查有：嘉靖三十八年二月，田烈，年三十四岁，高唐州人，系宁夏中屯卫右所故世袭百户田登嫡长男。查伊父登酷刑问革为民，今故。已经抚按查勘起送，仍袭世袭百户。

七辈田忠，万历十六年十二月，田忠，年二十五岁，高唐州人，系宁夏中屯卫右所年老世袭百户田烈嫡长男。伊父原袭祖职世袭百户，今年老。本舍合照旧与替世袭百户。比中三等。

八辈田懋勋，天启六年十月分，大选过宁夏中屯卫右所世袭实授百户一员田懋勋，年三十一岁，高唐州人，系故实授百户田忠嫡长男。比中三等。〔对讫。〕

王镜·试百户

天启五年二月，单本选过宁夏中屯卫右所试百户一员王镜，年二十一岁，定远县人，系故试百户王嘉谏嫡长男。比中三等。〔对讫。〕

年远事故右所世袭百户一员·周泰

洪武二十四年七月，周泰，系授（寿）州卫右所故流官百户周源嫡长男。父为事复职，病故。钦准袭职，与世袭，授宁夏中屯卫右所百户。

又一员·栢祥

洪武二十四年七月，栢祥，系平山卫右所故世袭百户栢兴嫡长男。钦准袭职，授宁夏中屯卫右所世袭百户。

王嘉谟·试百户

功次簿查有：本舍父王言，原补祖役总旗，隆庆五年八月宁夏花马池、白城子等处二人共斩首一颗，为首升试百户。

王嘉谟，万历二十一年四月，王嘉谟，年三十三岁，山阳县人，系宁夏中屯卫右所老试百户王言嫡长男。比中三等。

王钦，万历四十五年十二月，大选过宁夏中屯卫右所减袭试百户一员王钦，年二十二岁，系故署指挥佥事王嘉谟亲侄。比中三等。查王嘉谟隆庆五年花马池、白城子等处功系斩首，试百户已世袭也，宜也。此后平虏营及黄草滩二项功次皆部功，自嘉谟一辈而止。今嘉谟绝，钦以堂侄继之，减去部功，应准袭试百户职。〔对讫。〕

汪权·试百户

外黄查有：汪权，年十二岁，系陕西宁夏中屯卫右所优给百户，原籍安庆府太湖县人。始祖汪仕总（聪），癸卯年归附从军，拨虎贲左卫；洪武二十一年并升小旗，二十四年并升总旗，三十年调宁夏中护卫右所，故。高祖汪胜补役，故。曾祖汪文补役，故。祖汪铉补役，改今卫所，嘉靖十三年征进晏海湖阵亡。父汪河补并，仍充总旗，三十二年浮图峪等处与贼对袭阵亡，三十五年奉勘合升试百户。权系嫡长男，三十八年二月与试百户俸优给，至嘉靖四十年终住支。

一辈汪士聪，已载前黄。

二辈汪胜，已载前黄。

三辈汪文，已载前黄。

四辈汪铉，已载前黄。·33·

五辈汪河，户名王士聪。旧选簿查有：堂稿查有，嘉靖三十二年七月浮图峪升实授一级阵亡宁夏中屯卫右所总旗升试百户汪仕聪。

六辈汪权，旧选簿查有：嘉靖三十八年二月，汪权，年十二岁，太湖县人，系宁夏中屯卫右所阵亡总旗升试百户汪河嫡长男。伊父原补总旗，嘉靖三十三（二）年浮图峪阵亡，升试百户。今本舍照例于总旗上加阵亡功一级，与试百户俸优给，扣至嘉靖四十年终住支，出幼袭职。

旧选簿查有：嘉靖四十四年十二月，汪权，年十九岁，泰（太）湖县人，系宁夏中屯卫右所故试百户汪河嫡长男，优给出幼袭职。查违优限四年，有无多支俸粮，扣毕关支。

吕鉴·所镇抚

一辈吕得，缺。

二辈吕斌，旧选簿查有：永乐十七年五月，吕斌，年十六岁，系宁夏中护卫右所故世袭所镇抚吕得嫡长男。

三辈吕广，旧选簿查有：成化六年七月，吕广，广平府人，系宁夏中护卫右所世袭所镇抚吕斌庶长男。

四辈吕惠，旧选簿查有：正德六年二月，吕惠，广平府人，系宁夏中护卫右所年老世袭所镇抚吕广嫡长男。

五辈吕鉴，旧选簿查有：嘉靖四十五年六月，吕鉴，年三十八岁，广平府人，系宁夏中屯卫右所故为民所镇抚吕惠嫡长孙。伊祖原袭祖职所镇抚，嘉靖十年为赌博事问革为民，四十四年故。伊父吕汉未袭先故。本舍照例复袭祖职所镇抚。

六辈吕印，万历十三年四月，吕印，年二十三岁，广平府人，系宁夏中屯卫右所故所镇抚吕鉴嫡长男。比中三等。·34·

罗栋·正千户

一辈罗昇，缺。

二辈罗让，旧选簿查有：永乐二年七月，罗让，系宁夏中护卫中所故世袭副千户罗昇亲弟。

三辈罗震，旧选簿查有：宣德九年四月，罗震，系宁夏中护卫中所故世袭副千户罗让嫡长男。

四辈罗仪，旧选簿查有：天顺四年三月，罗仪，合肥县人，系宁夏中护卫中所世袭副千户罗震嫡长男。

五辈罗显宗，旧选簿查有：成化二十一年十二月，罗显宗，合肥县人，系宁夏中护卫中所故世袭副千户罗仪庶长男。

六辈罗锏，旧选簿查有：正德十五年六月，罗锏，合肥县人，系宁夏中屯卫中所副千户罗显宗嫡长男。

审稿查有；堂稿查有，嘉靖十六年，沿河四墩等处升实授一级不赏，二人共斩首一颗，为首宁夏中屯卫中所副千户升正千户罗锏。

七辈罗栋，旧选簿查有：嘉靖二十九年六月，罗栋，合肥县人，系宁夏中屯卫中所故正千户罗锏嫡长男。

充军簿查有：嘉靖三十七年九月二十九日，罗栋，系宁夏中屯卫中所正千户，原籍合肥县人。犯该监守自盗，照例发镇西卫中所永远充军。

八辈罗廷正，天启七年六月，单本选过宁夏中屯卫中所实授百户一员罗廷正，年四十五岁，系故正千户罗栋大次房叔。[罗栋]嘉靖三十七年犯监守自盗问拟永军，本犯子孙照例革袭，应取大次房子孙承袭。该卫结保前来，查无违碍，应照初政例于祖职副千户上降一级，其罗锏自获功一级例当减半，暂准减袭实授百户。比中三等。〔对讫。〕

陈佃·试百户

一辈陈伏二。 ·35·

二辈陈昭。

三辈陈琰。

四辈陈义。

五辈陈庆。

六辈陈瑞。

七辈陈纬。

八辈陈佃，万历十四年六月，陈佃，年二十七岁，和州人，系宁夏中屯卫右所故绝试百户陈纬亲侄。伊伯原补祖役总旗，嘉靖四十一年石峡儿斩首一颗升试百户，四十二年故绝。应该伊父陈纪承袭，未袭先故。本舍于万历十二年保送赴部承袭。查系年远，恐有违碍，驳查去后。今准都察院咨查回无碍，覆保前来，合照例与袭试百户。先年比中二等。

王承先·试百户

万历二十九年八月，大选过宁夏中屯卫右所试百户一员王承先，年二十一岁，系故试百户王在嫡长男。查伊祖王官保，丙午年军，洪武十四年功升陈州卫小旗；十九年起取赴京，升镇南卫总旗；三十二年调宁夏中护卫总旗，故。王忠补役，并，故。王成补并，故。王镇补役，正德六年为议处宗藩事，将宁夏中护卫改中屯卫，并，故。王体元疾，未役。父王在补并，万历二十四年平虏城斩首一颗升试百户，故。承先系男承袭。比中三等。

黄煜·副千户

外黄查有：黄煜，年十九岁，系陕西宁夏中屯卫中所副千户，原籍浙江杭州府仁和县人。始祖王（黄）保保，洪武十九年充鹰扬卫军，三十年故。高祖黄镛补役，故。曾祖黄淳补役，正德五年故（调）宁夏中屯卫，老。祖黄绶袭，故。父黄檄，嘉靖十四年补役，十五年打硇口斩首一颗升小旗，十六年安定堡斩首一颗，十七年重升小旗，本年柳门儿斩首一颗，二十年升世袭试百户，本年〔下〕七墩等处斩首一颗升实授百户，二十三年芦沟子斩首一颗升副千户，二十八年故。煜系嫡长男，二十九年优给，三十八年袭陕西宁夏中屯卫中所副千户。·36·

一辈黄檄，户名黄保保。旧选簿查有：嘉靖二十年堂稿查有，宁夏中屯卫中所总旗黄保保奏称原系军人，嘉靖十五年打硇口斩首一颗升小旗，十六年安定堡斩首一颗并升总旗；十七年柳门儿斩首一颗，亦以军人报官重升小旗，例该并升试百户。合无将黄保保于安定堡功升总旗上加柳门儿功，重升小旗一级，与做试百户。

嘉靖二十年堂稿查有：嘉靖十七年，陕西地名下七墩等处获功升实授一级，二人共斩贼级一颗，为首为官旗军舍十八员名内一员宁夏中屯卫中所实授总旗已并升试百户升实授百户黄保保。

嘉靖二十三年堂稿查有：宁夏地名芦沟子获功二人共斩首一颗，为首升实授一级宁夏中屯卫中所实授总旗已升实授百户，今升副千户黄保保。

二辈黄煜，旧选簿查有：嘉靖二十九年十二月，黄煜，年五岁，仁和县人，系宁夏中屯卫中所故副千户黄檄嫡长男。照例与全俸优给，至嘉靖三十八年终住支，照旧副千户优给。

旧选簿查有：嘉靖四十二年十二月，黄煜，年十九岁，仁和县人，系宁夏中屯卫中所故副千户黄檄嫡长男。

三辈黄培忠，万历十四年六月，黄培忠，年十八岁，仁和县人，系宁夏中屯卫中所故副千户黄煜嫡长男。查伊父一辈未比，照例罚俸三年。比中三等。

四辈黄培孝，天启二年十月，大选过宁夏中屯卫中所副千户一员黄培孝，年三十八岁，系故副千户黄培忠亲弟。比中一等。〔对讫。〕

五辈黄图，崇祯九年二月，大选过宁夏中屯卫中所副千户一员黄图，年二十五岁，系故副千户黄培孝嫡长男。比中二等。〔对讫。〕

卢从政·实授百户

万历二十三年十月，大选过宁夏中屯卫右所实授百户一员卢从政，年三十四岁，赣榆县人。查伊始祖卢清，洪武十五年充力士，二十一年功升锦衣卫小旗，二十八年升充总旗，三十年调宁夏中护卫右所，老。高祖卢铨补并，老。曾祖通卢补并，正德五年将宁夏中护卫改做中屯卫，老。祖卢鸾补并，嘉靖十五年波罗堡等处斩首一颗，以祖名卢清报功；十八年升试百户，二十年征芦沟子斩首一颗，二十五年升实授百户，万历十八年故。父卢廷相告袭间故。从政系鸾嫡长孙，照旧袭本卫所实授百户。比中一等。

万历三十七年九月，职方司手本为虏众内附、边患稍宁等事，内开该巡按陕西监察御史杨一桂奏：问过犯人卢从政，招系宁夏中屯卫右所实授百户，原籍直隶淮安府赣榆县人，照例编发边卫永远充军。革袭，注辽东盖州卫前所。·37·

年远事故中所副千户一员·颜奉

成化十七年二月，颜奉，邳州人，系宁夏中屯卫中所故世袭副千户颜俊嫡长男。

朱勋·世袭百户

外黄查有：朱镇，始祖朱亨，仪真县人，丙午年从军，洪武二年选充小旗，二十三年调潞州卫左所总旗，二十六年以年深升试百户，二十七年实授，当年老。高祖朱成，三十一年袭实授百户，三十五年故。曾祖朱得名系嫡长男，永乐元年优，十四年袭，成化六年老。祖朱泰系嫡长男，本年袭，弘治十三年老。父朱经系嫡长男，十四年袭职，正德五年改宁夏中屯卫，嘉靖五年老。镇系嫡长男，本年袭实授百户。

一辈朱亨，已载前黄。

二辈朱成，旧选簿查有：洪武三十二年四月，朱成，系宁夏中护卫中所世袭百户朱亨嫡长男。

三辈朱得名，旧选簿查有：永乐十四年十一月，朱得名，年十五岁，系宁夏中护卫中所故世袭百户朱成嫡长男。

四辈朱泰，旧选簿查有：成化六年十二月，朱泰，仪真县人，系宁夏中护卫中所世袭百户朱得名嫡长男。

五辈朱经，旧选簿查有：弘治十四年四月，朱经，仪真县人，系宁夏中护卫中所世袭百户朱泰嫡长男。

六辈朱镇，旧选簿查有：嘉靖六年二月，朱镇，仪真县人，系宁夏中屯卫中所故世袭百户朱经嫡长男。

七辈朱勋，旧选簿查有：嘉靖二十九年十二月，朱勋，仪真县人，系宁夏中屯卫中所老疾世袭百户朱镇嫡长男。

八辈朱国宝，万历二十五年二月，朱国宝，年二十一岁，系故绝实授百户朱勋亲侄。比中二等。

九辈朱明朝，崇祯十年六月，大选过宁夏中屯卫中所实授百户一员朱明朝，年二十岁，系故实授百户朱国宝嫡长男。比中一等。〔对讫。〕·38·

万玉·世袭百户

一辈万善，缺。

二辈万恩，旧选簿查有：永乐二年七月，万恩，系宁夏中护卫中所世袭百户万善庶长男。

三辈万昇，旧选簿查有：正统六年十月，万昇，系宁夏中护卫中所故世袭百户万恩嫡长男。

四辈万智，旧选簿查有：正统十年七月，万智，系宁夏中护卫中所故世袭百户万昇亲弟。

五辈万复，旧选簿查有：成化二十年八月，万复，淳化县人，系宁夏中护卫中所故世袭百户万智庶长男。

六辈万玉，旧选簿查有：正德十年十月，万玉，年十六岁，淳化县人，系宁夏中屯卫中所世袭百户万复嫡长男，优给出幼袭职。

七辈万钟，嘉靖四十五年八月，万钟，年四十四岁，三水（淳化）县人，系宁夏中屯卫中所故世袭副千户万玉嫡长男。伊父原袭祖职实授百户，嘉靖十三年沙湖斩首一颗升副千户，十四年芗苦滩斩首一颗重升副千户，四十一年故。本舍照例以祖职实授百户上加斩首功二级，与袭升正千户。查伊父万玉一辈未比，罚俸三年。

八辈万永庆，万历十五年八月，万永庆，年三十四岁，淳化县人，系宁夏中屯卫中所年老正千户万钟嫡长男。比中一等。

九辈万国泰，万历三十三年八月，大选过宁夏中屯卫中所正千户一员万国泰，年二十七岁，系故正千户万永庆嫡长男。比中二等。

张诰·实授百户

外黄查有：张诰，年二十二岁，系陕西宁夏中屯卫中所世袭百户，原籍直隶凤阳府定远县人。世祖张林，甲午年归附从军克枝门寨，渡江克采石水寨等处有功，辛丑年除授府州卫管军百户，洪武二年给世袭诰命，十年开设青州右卫右所，故。二世伯祖张彬，本年十月袭，十四年故。三世祖张德系亲男，优给，十七年十月袭，二十一年调锦衣卫中所，二十四年调宁夏中护卫中所，二十六年故绝。二（四）世祖张胜系亲叔，二十七年四月袭，宣德元年故。始祖张琮系嫡长男，二年八月袭，正统十年故。高祖张铎系嫡长男，十一年四月袭，成化五年故。曾祖张鹏系嫡长男，六年十二月袭，正德五年改宁夏中屯卫中所，七年老。祖张俊系嫡长男，本年八月替，嘉靖八年故。父张恩系嫡长男，十年八月袭，故。诰系嫡长男，四十三年八月袭宁夏中屯卫中所世袭百户。

一辈张林，已载前黄。·39·

二辈张彬，已载前黄。

三辈张德，已载前黄。

四辈张胜，旧选簿查有：洪武二十七年四月，张胜，系宁夏中护卫中所故世袭百户张德亲叔，钦袭本卫所世袭百户。

五辈张琮，旧选簿查有：宣德二年八月，张琮，系宁夏中护卫中所世袭百户张胜嫡长男。

六辈张铎，旧选簿查有：正统十一年四月，张铎，系宁夏中护卫中所故世袭百户张琮嫡长男。

七辈张鹏，旧选簿查有：成化六年十二月，张鹏，年十七岁，定远县人，系宁夏中护卫中所故世袭百户张铎嫡长男。

八辈张俊，旧选簿查有：正德七年八月，张俊，定远县人，系宁夏中护卫中所老疾世袭百户张鹏嫡长男。

九辈张恩，旧选簿查有：嘉靖十年八月，张恩，年二十五岁，定远县人，系宁夏中屯卫中所故百户张俊嫡长男。

十辈张诰，旧选簿查有：嘉靖四十三年八月，张诰，年三十七岁，定远县人，系宁夏中屯卫中所故实授百户张恩嫡长男。

十一辈张应登，万历十二年六月，张应登，年三十二岁，定远县人，系宁夏中屯卫中所患疾世袭百户张诰嫡长男。比中三等。

十二辈张士英，万历四十五年九月，单本选过宁夏中屯卫中所副千户一员张士英，年二十五岁，系疾副千户张应登嫡长男。比中二等。伊父原袭实授百户，黄草滩地方斩首一颗加升副千户。〔对讫。〕

范准·世袭百户

外黄查有：范瑀，系宁夏中屯卫实授百户。高祖范云（用），原籍武邑县人，洪武元年从军，十八年升总旗，二十六年升世袭百户，故。曾祖范钺（云）系嫡长男，优给，〔永乐〕十五年袭职①，故。祖范泰系嫡长男，袭，老。范纲系嫡长男，未袭，故。瑀系嫡长孙，袭实授百户。

一辈范用，已载前黄。·40·

二辈范云，旧选簿查有：永乐十七年五月，范云，年十六岁，系宁夏中护卫中所故世袭百户范用庶长男。

三辈范泰，旧选簿查有：景泰六年四月，范泰，武邑县人，系宁夏中护卫中所故世袭百户范云嫡长男。

四辈范瑀，旧选簿查有：弘治十年十二月，范瑀，年十六岁，武邑县人，系宁夏中护卫中所世袭百户范泰嫡长男。

五辈范准，旧选簿查有：嘉靖三十三年十二月，范准，武邑县人，系宁夏中屯卫中所故世袭百户范瑀嫡长孙。

六辈范应龙，万历十八年四月，范应龙，年三十六岁，武邑县人，系宁夏中屯卫中所故世袭百户范准嫡长男。比中三等。

七辈范有声，万历四十二年四月，大选过宁夏中屯卫中所实授百户一员范有

---

① 此处永乐"十五年袭职"与本选条"二辈范云""永乐十七年五月"袭职抵牾。

声，年三十八岁，系老实授百户范应龙亲男。比中三等。〔对讫。〕

八辈范有名，万历四十五年八月，大选过宁夏中屯卫中所实授百户一员范有名，年三十二岁，系故实授百户范有声亲弟。比中三等。〔对讫。〕

朱玘·世袭百户

一辈朱胜，缺。

二辈朱得，旧选簿查有：洪武三十一年二月，朱得，系宁夏中护卫中所故世袭百户朱胜亲弟。

三辈朱显，旧选簿查有：正统二年四月，朱显，系宁夏中护卫中所世袭百户朱得嫡长男。

四辈朱英，旧选簿查有：天顺元年九月，朱英，鄞县人，系宁夏中护卫中所故世袭百户朱显嫡长男。

五辈朱洪，旧选簿查有：成化十三年八月，朱洪，鄞县人，系宁夏中护卫中所世袭百户朱英嫡长男。

六辈朱玘，旧选簿查有：弘治九年九月，朱玘，年十五岁，鄞县人，系宁夏中护卫中所故世袭百户朱洪嫡次男。已与兄朱珍优给，病故。本人具告转名优给，今出幼袭职。

充军簿查有：嘉靖二十二年六月初八日，朱玘，浙江宁波府人，系宁夏中屯卫百户。犯该监守自盗仓库钱粮四十贯者，系杂犯，照例发边卫玉林卫后所永远军。

丘山·世袭百户

一辈丘荣，缺。

二辈丘礼，旧选簿查有：洪武二十九年六月，丘礼，系武英卫右所故世袭百户丘荣亲侄，钦袭本卫所世袭百户。

三辈丘贵，旧选簿查有：正统二年四月，丘贵，系宁夏中护卫中所世袭百户丘礼嫡长男。

四辈丘铭，旧选簿查有：成化四年九月，丘铭，黄冈县人，系宁夏中护卫中所世袭百户丘贵嫡长男。

五辈丘昇，旧选簿查有：弘治十四年四月，丘昇，黄冈县人，系宁夏中护卫中所故世袭百户丘铭嫡长男。

六辈丘山，旧选簿查有：嘉靖十六年十月，丘山，黄冈县人，系宁夏中屯卫中所故百户丘昇嫡长男。

七辈丘陵，万历五年八月，丘陵，年三十六岁，黄冈县人，系宁夏中屯卫中所年老世袭百户丘山嫡长男。比中三等。

八辈丘万钟，万历三十九年十二月，大选过宁夏中屯卫中所实授百户一员丘万钟，年二十二岁，系老实授百户丘陵嫡长孙。比中二等。〔对讫。〕

闫中·实授百户

·42·

一辈闫保，缺。

二辈闫敬，旧选簿查有：洪武三十二年四月，闫敬，系宁夏中护卫中所世袭百户闫保嫡长男。

三辈闫信，旧选簿查有：宣德六年七月，闫信，系宁夏中护卫中所故世袭百户闫敬庶长男。

四辈闫纲，旧选簿查有：成化五年二月，闫纲，年十五岁，光州人，系宁夏中护卫中所故世袭百户闫信庶长男。

五辈闫龄，旧选簿查有：嘉靖十年八月，闫龄，年二十一岁，光州人，系宁夏中屯卫中所故世袭百户闫纲嫡长男。

六辈闫中，旧选簿查有：隆庆二年二月，闫中，年二十二岁，光州人，系宁夏中屯卫中所故降级实授百户闫龄嫡长男。伊父原袭祖职实授百户，嘉靖四十一年地方失〔事〕参降总旗，四十三年故。本舍照例复袭祖职实授百户。

七辈闫锦，万历十五年四月，闫锦，年三十八岁，光州人，系宁夏中屯卫中所故实授百户闫中堂侄。比中一等。

八辈闫承恩，万历四十三年四月，大选过宁夏中屯卫中所实授百户一员闫承恩，年三十三岁，系故实授百户闫锦嫡长男。比中三等。〔对讫。〕

九辈闫开先，崇祯七年十月，大选过宁夏中屯卫中所实授百户一员闫开先，年二十岁，系故实授百户闫承恩嫡长男。比中三等。〔对讫。〕

牛麟·实授百户

一辈牛保保，缺。

二辈牛广，缺。

三辈牛善，缺。

四辈牛仲芳，户名牛旺。实授百户功次已载五辈选条。

五辈牛凉，审稿簿查有：选簿查有，正德九年二月，牛凉，息县人，系陕西都司宁夏左屯卫左所总旗、顶户名牛旺嫡长男。伊父河南获功升一级，又阵亡升实授一级。本人照例袭升原卫所实授百户。

堂稿查有：一件人命事，都察院咨巡抚宁夏都御史张①：问得犯人牛良（凉），系宁夏中屯卫中所实授百户，监临管囚公事，于人虚怯去处殴打至死，照酷刑事例发原籍为民。

六辈牛麟，审稿查有：嘉靖四十二年十二月，牛麟，年三十五岁，息县人，系宁夏中屯卫中所故实授百户牛凉嫡长男。伊父原袭祖职实授百户，嘉靖二十七年责打余丁陈哇子病故，照酷刑事例发原籍为民，今故。本舍照例准复袭祖职实授百户。

七辈牛国重，万历三十八年二月，大选过宁夏中屯卫中所实授百户一员牛国重，年二十二岁，系故实授百户牛麟嫡孙。比中一等。〔对讫。〕

年远事故中所世袭百户一员·葛用

洪武二十七年四月，葛用，系宁夏中屯卫中所故世袭百户葛累嫡次男，钦袭本卫所世袭百户。

耿元·试百户

天启二年十二月，单本选过宁夏中屯卫中所试百户一员耿元，年二十八岁，和

---

① 都张：张九一（1534—1599），字助甫，号周田，新蔡县人。嘉靖三十二年（1544）进士。官湖广参议。累至右佥都御史，巡抚宁夏。

州人，系阵亡功升试百户耿世忠嫡长男。伊父原补祖役总旗，于万历二十七年二月内黄草滩地方与贼对敌阵亡，题升试百户。本舍以子承父，合准袭世袭试百户。比中三等。〔对讫。〕

齐坤・试百户

・44・

天启四年六月，单本选过宁夏中屯卫中所试百户一员齐坤，年十八岁，砀山县人。查伊父齐勋，原补齐保儿祖役总旗，以祖齐文约于万历三十六年十月内在广武营地方阵亡例升一级，于万历四十一年二月内题升任试百户，故。今本舍以子承父准袭试百户。比中三等。〔对讫。〕

孙佐・所镇抚

一辈孙豫，缺。

二辈孙福，旧选簿查有：正统八年四月，孙福，系宁夏中护卫中所故所镇抚孙豫嫡长男。

三辈孙雄，旧选簿查有：正统十一年四月，孙雄，系宁夏中护卫中所故所镇抚孙福嫡长男。

四辈孙溥，旧选簿查有：成化二十年十月，孙溥，合肥县人，系宁夏中护卫中所老疾所镇抚孙雄嫡长男。

五辈孙昊，旧选簿查有：嘉靖三年四月，孙昊，合肥县人，系宁夏中屯卫中所年老世袭所镇抚孙溥庶长男。

充军簿查有：嘉靖十六年六月，孙昊，合肥县人，系宁夏中屯卫中所所镇抚。犯该守备不设，充大同右卫前所边远军。

六辈孙佐，旧选簿查有：嘉靖四十五年十月，孙佐，年三十七岁，合肥县人，系宁夏中屯卫中所故充军所镇抚孙昊嫡长男。伊父原袭祖职所镇抚，嘉靖十一年地方失事参问充终身军，三十八年故。本舍照例复祖职所镇抚。

七辈孙栋，万历十九年二月，孙栋，年三十四岁，合肥县人，系宁夏中屯卫中所老疾所镇抚孙佐嫡长男。比中三等。

八辈孙佃，万历二十七年六月，孙佃，年四十岁，系宁夏中屯卫中所故所镇抚孙栋亲叔。比中三等。

九辈孙标，万历四十五年八月，大选过宁夏中屯卫中所所镇抚一员孙标，年三十四岁，系故所镇抚孙佃嫡长男。比中三等。〔对讫。〕·45·

汤惠·署试百户事总旗

外黄查有：汤恩，年三十九岁，滁州人。始祖汤泰①，旧名关儿，乙未年军，洪武十一年征西番八郎川功升小旗，二十二年调宁夏前卫右所，故。高祖汤全补役，老。[曾祖]汤敬补役，老。祖汤泰补役，正德五年宁夏城擒获有功升总旗，六年六安州斩割耳记三副、首级二颗升署百户，嘉靖十一年故。父汤贤系嫡长男，袭今卫所，故。恩系嫡长男，二十七年袭宁夏中屯卫中所署试百户事总旗。

一辈汤关儿，已载前黄。

二辈汤全，已载前黄。

三辈汤敬，已载前黄。

四辈汤泰，旧选簿查有：功次簿内查有，正德五年本部题为捷音事，宁夏城擒获實鐳男台縉（晋）升一级，为首宁夏前卫右所小旗升总旗一名汤官（关）儿。

正德六年六安州功次，一人斩割耳记三副、首级二颗，升署一级不赏，宁夏前卫右所实授总旗升署百户一员汤官（关）儿，即汤泰。

五辈汤贤，旧选簿查有：嘉靖十五年八月，汤贤，滁州人，系宁夏中屯卫中所故署百户事、食总旗名粮汤关儿即汤泰嫡长男。伊父系正德年升级。本人暂准袭职，候革册至日另行定夺。

六辈汤恩，旧选簿查有：嘉靖二十七年六月，汤恩，仪真县人，系宁夏中屯卫中所故署试百户事总旗汤贤嫡长男。

七辈汤惠，旧选簿查有：隆庆元年六月，汤惠，年三十九岁，滁州人，系宁夏中屯卫中所故署试百户事总旗汤恩亲弟。

---

①该选条"始祖汤泰"与"四辈汤泰"姓名重复，存疑。

年远事故中所试百户一员·韩原原

洪武二十四年六月，韩原原，系沈阳左卫试百户，为因少军降充和州卫小旗。今勾足备，钦授宁夏中屯卫中所试百户，领军立卫。·46·

袁相·副千户

一辈袁海，缺。

二辈袁质，旧选簿查有：洪武二十五年八月，袁质，系宁山卫中所世袭百户袁海嫡长男。父为征伤，右腿寒湿，告替。系八年以前在京护卫，父子俱至御前，钦依："他在京止是护卫不多年，他从军年深，替了。升睢阳卫前所世袭副千户。"

三辈袁英，旧选簿查有：永乐二十年八月，袁英，系宁夏中护卫前所故世袭副千户袁质嫡长男。

四辈袁政，旧选簿查有：正统六年十二月，袁政，系宁夏中护卫前所故世袭副千户袁英嫡长男。

五辈袁溥，旧选簿查有：成化八年六月，袁溥，扬州府人，系宁夏中护卫前所世袭副千户袁政嫡长孙。

六辈袁清，旧选簿查有：正德十八年八月，袁清，扬州府人，系宁夏中屯卫前所老疾副千户袁溥嫡长男。伊父原系中护卫，改今卫。

七辈袁相，旧选簿查有：嘉靖二年十月，袁相，年七岁，扬州府人，系宁夏中屯卫前所故副千户袁清嫡长男。照例与全俸优给，至嘉靖九年终住支。

嘉靖十三年二月，袁相，年十八岁，扬州府人，系宁夏中屯卫前所故副千户袁清嫡长男。优给出幼袭职，限外多支俸粮，查扣支给。

八辈袁栋，万历九年十二月，袁栋，年四十八岁，扬州府人，系宁夏中屯卫前所故绝正千户袁相堂弟。伊堂兄原袭祖职副千户，嘉靖四十年犯该监守自盗，参问平虏所立功五年，注调腾冲卫□所带俸差操；四十五年九月立功限满还职，本年十二月遇蒙恩宥免其调卫；隆庆三年花马池部下斩首七颗升正千户，万历五年故绝。所据伊堂兄部功升级，例不准袭。本舍照例革袭祖职副千户。比中三等。

九辈袁梁，万历二十五年四月，袁梁，年四十六岁，系故副千户袁栋堂弟。比中三等。

十辈袁门，万历三十五年四月，大选过宁夏中屯卫前所副千户一员袁门，年二十五岁，系故副千户袁梁嫡长男。比中二等。

十一辈袁勋爵，崇祯十年二月，大选过宁夏中屯卫前所正千户一员袁勋爵，年二十岁，系故正千户袁门嫡长男。比中二等。〔对讫。〕

赵臣·副千户

内黄查有：赵彝，旧名德，系定远县人。有父赵福，癸巳年从军，乙巳年拨守广信编伍，充广信卫总旗，吴元年征福建等处，洪武三年克兴泉，七年赴京除授金吾右卫百户，十一年改设羽林右卫，十四年钦升宁夏守御千户所副千户，二十二年病故，别无嫡男。彝系庶长男，钦准袭职。为因年幼，拨锦衣卫支俸操练，二十九年征□房等，三十三年升除宁夏中护卫前所流官正千户。·47·

一辈赵福，已载前黄。

二辈赵彝，已载前黄。

三辈赵庸，旧选簿查有：宣德十年三月，赵庸，系宁夏中护卫前所副千户赵彝嫡长孙，钦与世袭。

四辈赵琮，旧选簿查有：成化十五年正月，赵琮，定远县人，系宁夏中护卫前所故世袭副千户赵庸庶长男。

五辈赵镇，旧选簿查有：嘉靖二年三月，赵镇，年十九岁，定远县人，系宁夏中护卫改设中屯卫前所故世袭副千户赵琮嫡长男，优给出幼袭职。

六辈赵臣，旧选簿查有：嘉靖二十八年十二月，赵臣，定远县人，系宁夏中屯卫前所故副千户赵镇嫡长男。

七辈赵世绩，万历三十年四月，赵世绩，年二十一岁，系宁夏中屯卫前所老副千户赵臣嫡长男。比中二等。

孙镗·副千户

一辈孙遇先，缺。

二辈孙义，缺。

三辈孙昇，旧选簿查有：宣德元年五月，孙昇，系宁夏中护卫前所为事充军故世袭百户孙义嫡长男。

四辈孙福，旧选簿查有：天顺五年七月，孙福，和州人，系宁夏中护卫前所故世袭百户孙昇嫡长男。

五辈孙璇，旧选簿查有：弘治十四年四月，孙璇，和州人，系宁夏中护卫前所世袭百户孙福嫡长男。·48·

六辈孙经，旧选簿查有：零选查有，正德十二年四月，孙经，和州人，系宁夏中屯卫前所世袭百户孙璇嫡长男。

功次簿查有：嘉靖十五年五月，陕西延宁麻黄梁、沙湖等处获功，二人共斩首一颗，为首官旗共三百五十五员名，宁夏中屯卫前所实授百户升副千户二员内一员孙经。

七辈孙镗，旧选簿查有：嘉靖三十八年八月，孙镗，年三十八岁，和州人，系宁夏中屯卫前所年老副千户孙经嫡次男。

八辈孙显，万历十三年二月，孙显，年四十六岁，和州人，系宁夏中屯卫前所年老副千户孙镗嫡长男。比中三等。

九辈孙崇忠，万历二十四年十二月，孙崇忠，年二十八岁，系宁夏中屯卫前所副千户患疾孙显嫡长男。比中一等。

孙世爵·副千户

万历四十五年十一月，单本选过宁夏中屯卫前所副千户一员孙世爵，年二十五岁，定远县人。

类题堂稿查有：万历元年十月初六日，一件为乞怜重升改正事，该巡按山东御史赵应元①等查明过辽东等都司官旗获功升授，应该改正加并职级。缘由该本部尚书谭②等具题，本月初八日奉圣旨："是。既查勘明白，依拟升赏。钦此。"钦遵计开自何宗禹起至陈纶止，共二十七员，陕西都司宁夏中屯卫前所功升实授百户孙子成前件。查得本官原系降级总旗，隆庆元年八月宁夏镇斩首一颗升试百户，三年九

---

①赵应元，字仁斋，西安府泾阳县人。嘉靖四十四年(1565)进士。万历六年(1578)，任都察院监察御史，巡按湖广。后升为南京大理寺右丞。
②谭：谭纶(1520—1577)，字子理，江西宜黄县人。明代抚倭名将。历任台州知府、福建巡抚、蓟辽总督、兵部尚书。

月花马池斩首一颗。因功升勘合未到,仍以总旗报验,亦升试百户。本年四月兴武营斩首一颗,以试百户报验实授百户,俱经题奉钦依备行外。今据本官告并前功,查与本部原题功次堂稿相同相应,议拟合无将孙子成于实授百户上加花马池斩首重升试百户一级,改正与做副千户。查伊祖孙烱,以祖名报功,所称子成者即烱也。孙烱三次斩级功已经查,题改升副千户职,今老矣。伊父孙继美目盲,不能承职。世爵以嫡孙承祖,查无违碍,准替副千户祖职。比中二等。〔对讫。〕·49·

郑铭·世袭百户

一辈郑僧,缺。

二辈郑彝,旧选簿查有:永乐十四年十二月,郑彝,系宁夏中屯卫前所故世袭百户郑僧嫡长男。

三辈郑让,旧选簿查有:宣德十年三月,郑让,系宁夏中护卫前所自缢世袭百户郑彝亲弟。

四辈郑福,旧选簿查有:景泰三年四月,郑福,金溪县人,系宁夏中护卫前所故世袭百户郑让嫡长男。

五辈郑全,旧选簿查有:成化六年二月,郑全,金溪县人,系宁夏中护卫前所故世袭百户郑福嫡长男。

六辈郑瓛,旧选簿查有:正德二年二月,郑瓛,金溪县人,系宁夏中护卫前所世袭百户郑全嫡长男。

七辈郑铭,旧选簿查有:嘉靖五年二月,郑铭,金溪县人,系宁夏中屯卫前所故世袭百户郑瓛嫡长男,优给出幼袭职,限外多支俸粮,查扣关支。

充军簿查有,嘉靖二十四年九月,郑铭,系宁夏中屯卫百户,抚州府人。犯该守备不设,充大同卫右所边远军。

八辈郑印,万历十六年四月分,郑印,年二十五岁,金溪县人,系宁夏中屯卫前所故充终身军实授百户郑铭长孙。伊祖原袭祖职实授百户,嘉靖二十二年为事问充大同(卫)前卫(所)终身军,万历八年故。应该伊父郑大承袭,未袭先故。本舍合照例与袭祖职实授百户。比中二等。

张钺·世袭百户

·50·

一辈张宁,缺。

二辈张贵,旧选簿查有:洪武二十九年十二月,张贵,系平山卫右所故流官百户张宁嫡长男。先充总旗,来告。钦依镇夷守御所署所世袭百户,领恩军。

三辈张诚,旧选簿查有:永乐十年六月,张诚,系宁夏中护卫前所故世袭百户张贵嫡长男。

四辈张琮,旧选簿查有:景泰六年十月,张琮,系宁夏中护卫前所老疾世袭百户张诚嫡长男。

五辈张震,旧选簿查有:成化二十二年九月,张震,和州人,系宁夏中屯卫前所故世袭百户张琮嫡长男。

六辈张钺,旧选簿查有:正德九年十月,张钺,年六岁,和州人,系宁夏中屯卫前所故世袭百户张震嫡长男。钦与全俸优给,至正德十七年终住支。

张松·实授百户

外黄查有:张松,年三十八岁,系陕西宁夏中屯卫前所实授百户,原籍应天府溧阳县人。始祖张兴,丙甲年归附从军,洪武元年阵亡。高祖张保儿补役,二十一年并升小旗,二十六年并充总旗,调宁夏中护卫;永乐九年为年深升实授百户,改名张义,宣德六年故。曾伯祖张聪系嫡长男,正统元年袭,成化五年故绝。祖张铭系聪亲侄,本年十二月替,弘治十六年老。父张文系嫡长男,十八年替,正德五年改宁夏中屯卫前所,嘉靖五年故。兄张相系嫡长男,九年十月袭,二十三年故绝。松系庶弟,二十五年袭宁夏中屯卫前所实授百户。

一辈张义,已载前黄。

二辈张聪,旧选簿查有:正统元年十一月,张聪,年十五岁,系宁夏中护卫前所故百户张义、旧名保儿嫡长孙,钦与世袭。

三辈张铭,旧选簿查有:成化五年十二月,张铭,年十七岁,溧阳县人,系宁夏中护卫前所故世袭百户张聪亲侄。

四辈张文,旧选簿查有:弘治十八年八月,张文,溧阳县人,系宁夏中护卫前所世袭百户张铭嫡长男。

五辈张相，旧选簿查有：嘉靖九年十月，张相，溧阳县人，系宁夏中屯卫前所故百户张文嫡长男。·51·

六辈张松，旧选簿查有：嘉靖二十五年二月，张松，溧阳县人，系宁夏中屯卫前所故绝实授百户张相庶弟。

七辈张体元，万历二十六年六月，张体元，年三十九岁，系故实授百户张松亲男。比中三等。

刘雄·世袭百户

一辈刘聚，缺。

二辈刘广，旧选簿查有：永乐二十年三月，刘广，年十九岁，系宁夏中护卫前所世袭百户刘聚嫡长男。

三辈刘信，旧选簿查有：成化三年十二月，刘信，霍丘县人，系宁夏中护卫前所世袭百户刘广嫡长孙。

四辈刘雄，旧选簿查有：正德三年二月，刘雄，年十六岁，霍丘县人，系宁夏中护卫前所年老世袭百户刘信庶长男，优给出幼袭职。

充军簿查有：嘉靖四十二年四月二十六日，刘雄，系宁夏中屯卫百户。奉钦依饶死，照例发朔州卫中所永远充军。

孙辅·所镇抚

一辈孙鬴，缺。

二辈孙璟，旧选簿查有：永乐八年三月，孙璟，年十七岁，系宁夏中护卫前所故世袭所镇抚孙鬴嫡长男。·52·

三辈孙宏，旧选簿查有：正统三年九月，孙宏，系宁夏中护卫前所故世袭所镇抚孙璟亲侄。

四辈孙铠，旧选簿查有：成化七年七月，孙铠，凤阳府定远县人，系宁夏中护卫前所故世袭所镇抚孙宏嫡长男。

五辈孙泰，旧选簿查有：弘治十二年六月，孙泰，定远县人，系宁夏中护卫前所故世袭所镇抚孙铿嫡长男。

六辈孙辅，旧选簿查有：嘉靖十年十月，孙辅，年三十一岁，定远县人，系宁夏中屯卫前所故世袭所镇抚孙泰嫡长男。

张腾·试百户

一辈张泼养。

二辈张得。

三辈张成。

四辈张荣。

五辈张贤。

六辈张遇时。

七辈张腾，隆庆五年十二月，张腾，年二十九岁，常州府人，系宁夏中屯卫前所年老试百户张遇时嫡长男。

功次簿查有：嘉靖三十六年，碱边地方获功升实授一级，二人共斩首一颗，为首宁夏中屯卫左所总旗升试百户张泼养。

年元事故前所试百户一员·郜彦名

洪武二十四年六月，郜彦名，原系沈阳右卫试百户，为因少军降充和州卫小旗。今勾足备，钦授宁夏中屯卫前所试百户，领军立卫。

于仲贤·所镇抚

于养性，天启五年十二月，大选过宁夏中屯卫前所所镇抚一员于养性，年二十岁，系疾所镇抚于仲贤嫡长男。比中三等。〔对讫。〕

周道行·试百户

功次簿查有：嘉靖十六年九月三十日，一件为捷音事，看得陕西宁夏地方岁苦滩等处获功升一级不赏，二人共斩首级一颗，为首官旗军舍共八十三员名内一员宁夏中屯卫前所小旗升总旗一名周福禄。

勘合查有：嘉靖二十四年一件为达贼壅（拥）众侵犯等事，地名芦沟子获功阵亡官旗六员名，二人共斩首一颗，为首宁夏中屯卫前所实授总旗升试百户周福禄。

一辈周福禄。

二辈周原。

三辈周惠。

四辈周道行，万历二十四年十二月，周道行，年四十岁，武陵县人，系宁夏中屯卫前所故试百户周惠亲孙。比中三等。·54·

五辈周运昌，万历四十六年四月，大选过宁夏中屯卫前所试百户一员周运昌，年二十一岁，系故试百户周道行嫡长男。比中一等。〔对讫。〕

熊兆吉·试百户

一辈熊秀三。

二辈熊伴叔。

三辈熊忠。

四辈熊仁。

五辈熊信。

六辈熊刚。

七辈熊镇，功次簿查有：嘉靖四十三年五月，一件酉房大举侵犯、官军奋勇等事，拟升四十一年宁夏、固原、延绥三镇获功升实授一级，二人共斩首一颗，为首二百二十一员名内一员宁夏中屯卫前所实授总旗熊秀三，该升试百户。

八辈熊兆吉，万历十二年六月，熊兆吉，年三十四岁，当涂县人，系宁夏中屯卫前所故试百户熊镇嫡长男。比中三等。

九辈熊罴，万历二十五年二月，熊罴，年二十一岁，系故试百户熊兆吉嫡长男。比中二等。

杨麒·试百户

功次簿查有：嘉靖十五年五月初八日，一件捷音事，看得陕西延宁地名麻黄梁、沙湖等处获功官军舍□仲良等二千二十八员名，升一级不赏，二人共斩首一颗，为首官旗共三百五十五员名内一员宁夏中屯卫前所总旗升试百户杨观音保。

一辈杨官（观）音保。

二辈杨真。

三辈杨本。

四辈杨洪。

五辈杨淮。

六辈杨世英。

七辈杨麒，万历二十四年十二月，杨麒，年三十岁，盐城县人，系宁夏中屯卫前所故试百户杨世英亲孙。比中三等。

八辈杨立勋，万历三十八年八月，大选过宁夏中屯卫前所试百户一员杨立勋，年二十一岁，系疾试百户杨麒嫡长男。比中三等。〔对讫。〕

九辈杨天威，崇祯九年正月补八年十二月大选，过宁夏中屯卫前所试百户一员杨天威，年二十二岁，系故试百户杨立勋嫡长男。比中二等。〔对讫。〕

邵振武·署实授百户事试百户

天启七年七月，单本选过宁夏中屯卫前所署实授百户事试百户一员邵振武，年二十九岁，系故署实授百户事试百户邵应龙嫡长男。比中三等。〔对讫。〕

后所正千户一员·安宗良

嘉靖十八年十月，安宗良，长洲县人，系宁夏中屯卫后所故正千户安延璧嫡长男。

充军簿查有：嘉靖二十九年七月，安宗良，长洲县人，宁夏中屯卫百户。犯该监守自盗仓粮，问发凉州卫中所永远军。

沈天恩·试百户

天启三年闰十月,单本过宁夏中屯卫前所试百户一员沈天恩,年二十二岁,金坛县人。查伊父沈遵道,原补祖役沈福益总旗,于万历二十四年九月内平房营、横城等处地方部下获功二级升实授百户;又于二十七年二月内黄草滩等处地方斩强壮达首一颗升副千户,今老。本舍系嫡长男,除部〔功〕例不世及外,相应减替试百户。比中一等。〔对讫。〕

黄金印·试百户

天启五年,单本选过宁夏中屯卫前所试百户一员黄金印,年口十岁,江阴县人。伊父黄登,原补黄彦安祖役总旗,于万历二十七年在黄草滩等处斩首一颗,以祖名报验,叙升试百户,今故。舍本以子承父,结保无碍,准袭试百户。比中三等。〔对讫。〕

郑祚·副千户

外黄查有:郑鸾,年五十三岁,系陕西宁夏中屯卫后所副千户,原籍直隶庐州府合肥县人。高祖郑旺,乙未年归附从军,洪武二十年调骁骑右卫中所,故。曾祖郑法保补役,二十一年充小旗,三十年调宁夏中护卫后所,三十四年故。祖郑铭补役,永乐二十一年故。父郑玺补役,正德五年改宁夏中屯卫后所,老。鸾系嫡长男,嘉靖十八年补役,二十年正月芦沟子斩首一颗升总旗,二十四年沿河下七墩等处斩首一颗,本年九月升试百户,遇例实授。三十三年九月平房城红井地方二人共斩首一颗,为首升陕西宁夏卫后所副千户。·57·

一辈郑法保,已载前黄。

二辈郑铭,已载前黄。

三辈郑玺,已载前黄。

四辈郑鸾,户名郑旺。旧选簿查有:吊来勘合查有,嘉靖二十年正月,前往归德口芦〔沟〕子地方斩首一颗。奉右府九百五十号勘合,开升宁夏中屯卫后所总旗郑旺升试百户。

嘉靖二十二年四等月，一件为虏贼拥众浮河侵犯、官军预先设伏斩获首级等事，宁夏羊胡子井、沿河［下］七墩等处获功，拟升宁夏中屯卫后所试百户升实授百户郑旺，在于沿河下七墩为首斩获首级升实授一级。

堂稿查有，嘉靖三十六年五月，一件为拼命杀贼等事，内开拟升嘉靖三十三年九月平虏城红井地方获功官旗军丁共三百六员名升实授一级，二人共斩首一颗，为首宁夏中屯卫后所实授百户升副千户郑旺。

五辈郑祚，旧选簿查有：隆庆二年十二月，郑祚，年二十岁，合肥县人，系宁夏中屯卫后所年老副千户郑鸾嫡长男。

周瀋·实授百户

功次簿查有：嘉靖十六年九月，题为一件捷音事，宁夏地名清水营、芴苦滩□□等处，二人共斩……宁夏中屯卫后所总旗升试百户一员周成。

嘉靖三十四年五月，为虏贼侵犯、仰仗天威、斩获首级等事，内开嘉靖三十二年贺兰山无名高口旧边等处二人共斩获首级一颗，宁夏中屯卫后所总旗升试百户一员周成。嘉靖三十四年闰十一月，题为重升职级，照例改正……试百户。周成奏称，原以总旗获功二级，重升试百户，乞要改正等。因查勘合……于试百户上加浮图峪重升功一级，改正与做实授百户。

一辈周成。

二辈周全。

三辈周礼。

四辈周英。

五辈周钺。

六辈周纲。

七辈周瀋，万历三年十月，周瀋，年二十二岁，安东县人，系宁夏中屯卫后所故实授百户周纲庶长男。

张维·实授百户

一辈张崇智，试百户功次候查。实授百户功次候查。

二辈张维，旧选簿查有：嘉靖十八年四月，张维，安仁县人，系宁夏中屯卫后所老疾正千户张崇智嫡长男。伊父以舍人报效升总旗，已革随伍，仍妄报总旗，历功升前职。本人照例革妄报，与替实授百户。

三辈张柱，万历十年十月，张柱，年二十七岁，安仁县人，系宁夏中屯卫老疾指挥佥事张维嫡长男。伊父原袭祖职实授百户，嘉靖三十二年红井斩首一颗升副千户，四十一年小盐池部下斩首一十二颗升正千户；隆庆元年清水营部下斩首七颗升指挥佥事，老疾。本舍于八年八月内保送赴部承袭。查伊父张维于隆庆四年拖欠粮草，犯该提问。本舍隐匿不供，随经驳查去后。今准都察院咨查，张维拖欠粮草，问拟不应杖罪，无碍承袭，复保前来。所据伊父部功升指挥佥事二级，例不准替。本舍照例革替副千户于原后所。比中二等。

四辈张自强，万历三十二年八月，大选过宁夏中屯卫后所副千户一员张自强，年二十岁，安仁县人，系故副千户张柱嫡长男。比中三等。伊父张柱原功乃叙。〔查讫。〕

五辈张神龙，崇祯十五年二月，单本选过宁夏中屯卫指挥佥事一员张神龙，年二十九岁，系老正千户张自强嫡长男。察伊父崇祯七年功级，应于正千户加升指挥佥事。向年号纸上误袭正千户。今据抚按结明重升，例应改正，准袭指挥佥事。比中三等。〔对讫。〕

吴江·世袭百户

一辈吴达，缺。·59·

二辈吴伯吉，旧选簿查有：洪武三十年二月，吴伯吉，泗州卫屯田前所故世袭百户吴达亲侄。叔为事降百户，领恩军，病故。钦准袭职，领恩军，授宁夏中卫右所世袭百户。

三辈吴瑛，旧选簿查有：宣德四年，吴英，系宁夏中护卫后千户所故世袭百户吴伯吉嫡长男。

四辈吴诚，旧选簿查有：天顺七年三月，吴诚，鄞县人，系宁夏中护卫后所失陷世袭百户吴瑛嫡长男。

五辈吴荣，旧选簿查有：成化十四年二月，吴荣，鄞县人，系宁夏中护卫后所故世袭百户吴成嫡长男。

六辈吴山，旧选簿查有：弘治十二年六月，吴山，鄞县人，系宁夏中护卫后所故世袭百户吴荣嫡长男。

七辈吴江，旧选簿查有：正德十四年十月，吴江，年十六岁，鄞县人，系宁夏中屯卫后所故世袭百户吴山嫡长男。钦与全俸优给，至正德二十二年终住支。

八辈吴震，万历十八年四月，吴震，年三十九岁，系宁夏卫中屯后所故世袭百户吴江嫡长男。比中三等。

九辈吴思忠，万历二十九年八月，吴思忠，年三十二岁，系宁夏中屯卫后所患疾世袭百户吴震嫡长男。比中三等。

十辈吴国俊，万历四十年十月，大选过宁夏中屯卫后所世袭百户一员吴国俊，年二十六岁，系疾世袭百户吴思忠嫡长男。比中三等。〔对讫。〕

曹相·世袭百户

外黄查有：曹真，南城县人。父曹得英，辛丑年归附，乙巳年选充总旗，洪武二十二年除试百户，三十三年钦与实授百户，老。真系嫡长男，二十八年替，三十年为倒死马疋事，发威房卫充军。钦蒙复职，调宁夏中卫右所世袭百户。

一辈曹得英，已载前黄。

二辈曹真，旧选簿查有：洪武二十七年十二月，曹真，系灵武卫世袭百户曹得英嫡长男。父为眼疾，钦准替职，仍授本卫所世袭百户。

三辈曹鼎，旧选簿查有：景泰四年正月，曹鼎，南城县人，系宁夏中护卫后所世袭百户曹真嫡长男。

四辈曹海，旧选簿查有：成化四年正月，曹海，伊祖曹鼎原系宁夏中护卫后所百户，故。本人系嫡长孙，年幼，已与优给，今出幼袭职。·60·

五辈曹干，旧选簿查有：弘治十四年四月，曹干，南城县人，系宁夏中护卫后所百户曹海嫡长男。

六辈曹贤，旧选簿查有：正德十一年二月，曹贤，南城县人，系宁夏中屯卫后所故世袭百户曹干嫡长男。

七辈曹相，旧选簿查有：嘉靖十七年八月，曹相，南城县人，系宁夏中屯卫后所老疾百户曹贤嫡长男。

八辈曹秉忠，万历二十五年二月，曹秉忠，年二十六岁，系故世袭百户曹相亲孙。比中二等。

九辈曹学彬，天启三年十二月，大选过宁夏中屯卫后所实授百户一员曹学彬，年三十二岁，系老实授百户曹秉忠嫡长男。比中三等。〔对讫。〕

李茂·世袭百户

一辈李春，缺。

二辈李原，旧选簿查有：永乐十九年五月，李原，系宁夏中护卫后所故世袭百户李春嫡长男。

三辈李珍，旧选簿查有：成化五年二月，李珍，杞县人，系宁夏中护卫后所故世袭百户李原嫡长男。

四辈李文，旧选簿查有：弘治十七年十一月，李文，杞县人，系宁夏中护卫后所世袭百户李珍嫡长男。

五辈李荣，旧选簿查有：正德十四年八月，李荣，杞县人，系宁夏中护卫后所故世袭百户李文嫡长男。伊父原替宁夏中护卫后所，改今卫所。

六辈李茂，旧选簿查有：嘉靖三年十月，李茂，杞县人，系宁夏中屯卫后所故绝世袭百户李荣亲弟。

丁洲·实授百户

外黄查有：丁俊，寿州人。高伯祖丁富，洪武十八年补充府军左卫军，选充小旗，疾。次高伯祖丁贵代役，二十七年升总旗，永乐九年迤北征进，功升百户，故绝。曾祖丁振系亲侄袭职，故。祖丁荣系嫡长男袭职，成化元年固原失陷。父丁纲（刚）系嫡长男袭职，故。俊系嫡长男，弘治十八年袭宁夏中护卫百户，正德五年改宁夏中屯卫管事。

一辈丁祥，已载前黄。

二辈丁富，已载前黄。

三辈丁贵，已载前黄。

四辈丁振，旧选簿查有：永乐十九年五月，丁振，系宁夏中护卫后所故流官百户丁贵亲侄，钦与世袭。

五辈丁荣，旧选簿查有：景泰七年七月，丁荣，寿州人，系宁夏中护卫后所故世袭百户丁振嫡长男。

六辈丁刚，旧选簿查有：成化五年十二月，丁刚，寿州人，系宁夏中护卫后所失陷世袭百户丁荣嫡长男。

七辈丁俊，旧选簿查有：弘治十八年七月，丁俊，寿州人，系宁夏中护卫后所故世袭百户丁刚嫡长男。

八辈丁臣，旧选簿查有：嘉靖十六年二月，丁臣，寿州人，系宁夏中屯卫后所年老百户丁俊嫡长男。

九辈丁洲，旧选簿查有：隆庆元年四月，丁洲，年三十岁，寿州人，系宁夏中屯卫后所年老实授百户丁臣嫡长男。

十辈丁一奎，万历二十三年十二月，丁一奎，年三十岁，系宁夏中屯卫后所老疾实授百户丁洲嫡长男。比中一等。

十一辈丁宪，天启五年六月，单本选过宁夏中屯卫后所副千户一员丁宪，年二十八岁，系老副千户丁一奎嫡长男。查伊父原袭祖职实授百户，于万历二十七年二月内在黄草滩地方斩虏首一颗重升实授百户，改正与做副千户。今本舍以子承父，准袭副千户。比中三等。〔对讫。〕

胡钦·世袭百户

·62·

一辈胡丑子，缺。

二辈胡清，缺。

三辈胡昊，旧选簿查有：宣德十年三月，胡昊，系宁夏中护卫后所故世袭百户胡清嫡长男。

四辈胡璡，旧选簿查有：正统十二年七月，胡璡，年十五岁，系宁夏中护卫后所胡（故）世袭百户胡昊嫡长男。

五辈胡俊，旧选簿查有：成化十二年八月，胡俊，年十六岁，五河县人，系宁夏中护卫后所故世袭百户胡璡……不堪承袭。本人袭职，待兄有男还与职事。

六辈胡钦，旧选簿查有：嘉靖十三年十二月，胡钦，年三十五岁，五河县人，系宁夏中屯卫后所故百户胡俊嫡长男。

年远事故后所世袭百户一员·李广

洪武二十四年六月，李广，系广武卫世袭百户。先为少军三名除官，替下勾补足备，钦调和州卫。今改宁夏中屯卫后所，随军立卫。

永乐元年五月，李旺，系宁夏中屯卫后所世袭百户李广嫡长男。

又一员·郭纯

洪武二十四年七月，郭纯，系寿州卫中所故世袭百户郭聚嫡长男。父为事在禁病故。同起为事百户在后复职，钦依准袭授宁夏中屯卫后所世袭百户。

王化敏·试百户

·63·

天启四年六月，单本选过宁夏中屯卫后所试百户一员王化敏，年三十七岁，定远县人。查伊父王□彬（袭）祖役总旗，于万历二十七年二月内在黄草滩处地方斩首一级，以总旗升试百户，老。本舍以子承父，准替试百户。比中三等。〔对讫。〕

胡镗·试百户

外黄查有：胡镗，年六十五岁，系陕西宁夏中屯卫后所试百户，原籍湖广黄冈县人。高祖胡受一，洪武六年充军，拨府军前卫中所；十九年云南大理功升小旗，二十一年四川松潘功升总旗，故。曾祖胡智并补，二十六年为事革充军役，故。祖胡清补，成化十四年故。父胡永宣并补，本年改宁夏中屯卫后所，正德七年老。镗补役，嘉靖十三年沙湖斩首一颗，十四年岁苦滩斩首一颗，俱以总旗报官，重升试百户；十五年打硇口斩首一颗升实授百户，改正并升副千户；二十四年为清查原役总旗未复，应革二级，仍与宁夏中屯卫后所试百户，遇例实授。

一辈胡受一，已载前黄。

二辈胡智，已载前黄。

三辈胡清，已载前黄。

四辈胡永宣，已载前黄。

五辈胡镗，已载前黄。

六辈胡璘，万历元年十月，胡璘，年二十三岁，黄冈县人，系宁夏中屯卫后所年老试百户胡镗嫡长男。

七辈胡宗智，万历四十一年四月，大选过宁夏中屯卫后所试百户一员胡宗智，年三十七岁，系□署正千户胡璘嫡长男。比中三等。〔对讫。〕 ·64·

孔彰·所镇抚

一辈孔先，缺。

二辈孔斌，旧选簿查有：洪武三十二年四月，孔斌，系宁夏中护卫后所故流官所镇抚孔先嫡长男，与世袭。

三辈孔刚，旧选簿查有：景泰六年十月，孔刚，海州人，系宁夏中护卫后所世袭所镇抚孔斌嫡长孙。

四辈孔聚，旧选簿查有：成化十一年十二月，孔聚，海州人，系宁夏中护卫后所世袭所镇抚孔刚嫡长男。

五辈孔贤，旧选簿查有：成化十九年七月，孔贤，海州人，系宁夏中护卫后所故世袭所镇抚孔聚亲弟。

六辈孔彰，旧选簿查有：正德四年十二月，孔彰，年十六岁，海州人，系宁夏中护卫后所故世袭所镇抚孔贤嫡长孙。

充军簿查有：嘉靖三十五年十二月，孔彰，原籍海州人。犯该监守自盗仓粮，发山丹卫前所永远充军。

年远事故指挥使一员·吴勋

永乐十五年十二月，吴勋，旧名斗保。有父吴杰，原系宁夏中护卫世袭指挥使，升陕西都司都指挥佥事，病故。本人系庶次男，袭父原职指挥使。 ·65·

年远事故指挥同知一员·倪濬

洪武三十三年三月，宁夏中护卫世袭指挥佥事倪昇。

永乐十六年六月，钦准复职官一员倪昇，原系宁夏右屯卫指挥佥事。洪武三十二年调宁夏中护卫，三十三年升指挥同知，后征剿胡寇升指挥使，为事犯杖罪做工。依原职指挥佥事升一级，改复指挥同知，于宁夏中护卫管事。

宣德五年五月，倪濬，系宁夏中护卫指挥同知倪昇嫡长男，钦与世袭。

又一员·柴武先

洪武二十四年八月，柴武先，系留守左卫世袭指挥同知。为系幼官，根（跟）随庆王临清操练，钦此"就调宁夏中护卫管事"。

年远事故指挥佥事一员·张经

天顺八年十二月，张震，系宁夏中护卫故指挥佥事张鉴庶长男。

弘治十三年八月，张经，邓州人，系宁夏中护卫带俸故世袭指挥佥事张震嫡长男。

又一员·张华

永乐六年九月，张昭，年十五岁，系宁夏中护卫指挥同知张永嫡长孙。祖原系本卫世袭指挥佥事，革除年间升前职，病故。系止终本身敬袭伊祖原职世袭指挥佥事，至二十岁比试弓马。·66·

宣德元年十一月，张华，年十五岁，系宁夏中护卫故世袭指挥佥事张昭嫡长男。

又一员·吴英

洪武二十五年七月，吴英，系锦衣卫带支俸幼官，世袭指挥佥事。先往临清操练，调宁夏中护卫。后为事钦依免罪。自奏前往成都中卫取父骨殖到京，今告定夺卫分，引至御前，钦依"还着去宁夏中护卫官事"。

又一员·朱绩

洪武三十四年，宁夏右卫右所百户朱保。

永乐九年二月，朱绩，年十八岁，系宁夏中护卫为事故流官指挥佥事朱保嫡长男，钦与世袭。

又一员·孙庸

永乐十六年三月，孙庸，原系尚宝［司］，永乐十五年三月二十一日钦升宁夏中护卫指挥佥事，支俸不管事，具奏钦授流官附选。

王臣·副千户

一辈王政，缺。

二辈王昇，旧选簿查有：永乐三年七月，王昇，年十六岁，系宁夏中护卫左所副千户王政嫡长男。父原系本卫所世袭百户，因随侍年深，钦升副千户，未定流世，病故。先次具奏，钦准袭授本卫所副千户，覆启敬与世袭附选。

三辈王铭，旧选簿查有：成化五年，王铭，年十五岁，长沙县人，系宁夏中护卫左所故世袭副千户王昇庶长男。

四辈王臣，旧选簿查有：正德四年，王臣，年十六岁，长沙县人，系宁夏中护卫左所故世袭副千户王铭嫡长男。

姬魁·试百户

功次簿查得堂稿：本舍父姬鲁，原补祖役总旗，隆庆三年宁夏镇兴武营、暗门□□二人共斩首一颗，为首升试百户。

万历十三年二月，姬魁，年三十三岁，蒲州人，系宁夏中屯卫后所年老试百户姬鲁嫡长男。比中三等。

姬承勋，万历二十一年四月，姬承勋，年二十一岁，系宁夏中屯卫后所故试百户姬魁嫡长男。比中三等。

徐琪·试百户

万历四十七年八月初五日，单本题过宁夏中屯卫后所世袭试百户一员徐琪，年二十八岁，直隶常州府江阴县人，系宁夏中屯卫后所总旗。本役原系总旗，有伊祖徐舍木，先充家丁，因追房血战，在香山红水阵亡，钦升小旗。伊父生员，未并。本役以孙承祖，保送并袭前来。查与功次堂稿相同，及查《条例》，钦开"阵亡总旗儿男已奉钦依准袭升者，父、祖亡故，虽限外仍照总旗儿男事例，准令并补总旗加与阵亡功一级，与做试百户"在卷。今本役与例相符，应照例并袭，与做试百户。·68·

张讷·仪卫副

一辈张成，缺。

二辈张彬，旧选簿查有：洪武二十五年三月，张彬，系太原右卫后所流官百户张成嫡长男。父为年老眼昏，告替。系在外守御，父子俱至御前，问及从军年月，因怜功力深远，钦准替职，越世袭百户，升除肃府仪卫司世袭仪卫副。

三辈张政，旧选簿查有：永乐三年六月，张政，年十七岁，系甘州右护卫右所正千户张彬嫡长男。父原任肃府仪卫司仪卫副，革除年间升仪卫正，无缺，调除前职，病故。敬准仍袭本司仪卫副，至二十岁比试弓马。

四辈张荣，旧选簿查有：正统二年八月，张荣，系肃府仪卫司世袭仪卫副张政嫡长男。父为事在监病故。本人年壮，钦准袭职，对品改任副千户，调甘州中卫左所。

五辈张盛，缺。

六辈张泰，旧选簿查有：成化十年三月，张泰，年十五岁，金乡县人，系肃府仪卫司故世袭仪卫副张盛嫡长男。

七辈张顶，旧选簿查有：弘治十二年九月，张顶，金乡县人，系肃府仪卫司故世袭仪卫副张泰嫡长男。

八辈张讷，旧选簿查有：嘉靖二十二年十二月，张讷，金乡县人，系肃府仪卫司年老仪卫司副张鼎（顶）嫡长男。

朱朝阳·实授百户

选簿查有：陕西都司宁夏中屯卫左所实授百户朱廷玉，嘉靖十三年［犯该］守备不设，照例发边远，编庄浪卫左所充军。

功次簿查有：嘉靖三十四年十月初一日，本部尚书杨①等题为边臣□职纵贼等事，该巡抚宁夏都御史王②□咨称嘉靖二十二年七月地名浮图峪等处地方对敌斩首阵亡功次缘由，内开郭周起至郭会止，共三百九十员名，内有宁夏卫左所试百户升实授百户一员朱鸾。·69·

朱朝阳，万历二十六年七月分，单本选过宁夏中屯卫左所实授百户一员朱朝阳，年二十一岁，松江府人，系阵亡百户升授百户朱鸾亲孙。本舍父朱国未袭先故，至今违限四十二年。查伊父于万历十七年病故，则本舍止违限九年，尚在限内，合照旧与袭实授百户。比中三等。

朱一阳，万历四十年四月，大选过宁夏中屯卫左所实授百户一员朱一阳，年四十一岁，系故实授百户朱朝阳□□。比中二等。〔对讫。〕

年远事故左所副千户一员·王忠

永乐二年二月，王志，系宁夏中护卫左所失陷世袭副千户王政亲叔。

永乐十七年十一月，王忠，系宁夏中护卫左所故世袭副千户王忠嫡长男。

毛伦·世袭百户

一辈毛贵，旧选簿查有：洪武二十五年九月，毛贵，系羽林左卫钦军幼官百户，钦调宁夏中护卫左所。·70·

---

①杨：即杨博，见《总汇》294页"平凉卫"注。
②王：王梦弼，字惟省，山西代州人，由进士历官巡抚宁夏右副都御史。

二辈毛俊，旧选簿查有：永乐十六年六月，毛俊，年十六岁，系宁夏中护卫左所故世袭百户毛贵嫡长男。

三辈毛昉，旧选簿查有：正统六年九月，毛昉，年十五岁，系宁夏中护卫左所故世袭百户毛俊嫡长男。

四辈毛广，旧选簿查有：弘治九年十一月，毛广，安东县人，系宁夏中护卫左所世袭百户毛昉嫡长男。

五辈毛伦，旧选簿查有：正德五年四月，毛伦，年十七岁，安东县人，系宁夏中护卫左所年老世袭百户毛广嫡长孙。

年远事故左所世袭百户一员·周澄

洪武三十年四月，周渊，系宁夏中护卫左所世袭百户周雄嫡长男。

永乐二年二月，周澄，系宁夏中护卫左所故世袭百户周渊嫡长男。

又一员·姚纯

永乐元年九月，姚纯，系宁夏中护卫左所世袭百户姚永嫡长男。

年远事故右所副千户一员·党锐

宣德十年三月，党敬，系宁夏中护卫右所副千户党霖嫡长男，钦与世袭。

正统三年九月，党瑄，年十六岁，系宁夏中护卫右所故世袭副千户党敬嫡长男。

弘治十七年二月，党锐，年十七岁，狄道县人，系宁夏中护卫右所故世袭副千户党瑄庶次男。

年远事故右所世袭百户一员·田清

永乐十九年五月，田敏，系宁夏中护卫右所故世袭百户田顺亲弟。

正统十年四月，田英，系宁夏中护卫右所世袭百户田敏嫡长男。

成化六年四月，田完，盱眙县人，系宁夏中护卫右所世袭百户田英嫡长男。

成化十五年八月，田瑄，盱眙县人，系宁夏中护卫右所故世袭百户田瓛亲弟。

弘治十四年四月，田清，盱眙县人，系宁夏中护卫右所世袭百户田瑄嫡长男。

又一员·张泰

永乐二十二年二月，张诚，系宁夏中护卫右所故流官百户张谦、旧名章保嫡长男，钦与世袭。

宣德九年三月，张让，年十六岁，系宁夏中护卫右所故世袭百户张成（诚）嫡长男。

成化二十三年六月，张泰，年十七岁，淳化县人，系宁夏中护卫右所世袭百户张让庶长男。

又一员·方雄

永乐元年九月，方隆，系宁夏中护卫右所世袭百户方成嫡长孙。

正统十二年十二月，方谦，系宁夏中护卫右所世袭百户方隆嫡长男。

成化七年十月，方雄，寿州人，系宁夏中护卫右所世袭百户方谦嫡长男。

又一员·常旺

永乐元年四月，常得，系宁夏中护卫右所故世袭百户常忠嫡长男。

永乐十七年五月，常旺，年十七岁，系宁夏中护卫右所故世袭百户常得嫡长男。

年远事故右所所镇抚一员·郭毅

洪武三十年七月，郭毅，年三岁，系宁夏中护卫右所典刑世袭所镇抚郭普安保嫡长男。祖郭兴任所镇抚，病故。父袭职，为事典刑。敬与半俸优给，至洪武三十五年终住支袭职。

年远事故中所副千户一员·王义

洪武三十三年三月,宁夏中护卫中所副千户王英。

洪武三十三年十一月,王义,系宁夏中护卫中所故世袭副千户王英亲弟。

又一员·张昇

永乐二十二年二月,张昇,年十六岁,系宁夏中护卫中所故世袭副千户张铭嫡长男。

年远事故中所世袭百户一员·戴桂

洪武三十二年四月,戴斌,系宁夏中护卫中所故世袭百户戴宽、旧姓聂五庶长男。

宣德九年四月,戴茂,系宁夏中护卫中所故世袭百户戴斌嫡长男。

成化元年三月,戴暄,江都县人,系宁夏中护卫中所故世袭百户戴茂嫡长男。

弘治四年四月,戴桂,江都县人,系宁夏中护卫中所世袭百户戴暄嫡长男。

又一员·李鉴

成化十五年八月,李鉴,武定州人,系宁夏中护卫中所故世袭百户李进嫡长男。

又一员·周让

洪武三十三年四月,周让,系宁夏中护卫中所世袭百户周昇嫡长男。

又一员·黄埙

永乐十四年十二月，黄埙，系宁夏中护卫中所故世袭百户黄兴嫡长男。

耿鉴·所镇抚

一辈耿玉，缺。

二辈耿英，旧选簿查有：耿英，旧选簿查有：永乐十七年五月，耿英，系宁夏中护卫中所故世袭所镇抚耿玉嫡长男。

三辈耿雄，旧选簿查有：宣德四年十二月，耿雄，年十六岁，系宁夏中护卫中所故世袭所镇抚耿英亲弟。

四辈耿成，旧选簿查有：成化四年二月，耿成，和州人，系宁夏中护卫中所故世袭所镇抚耿雄堂侄。

五辈耿通，旧选簿查有：弘治五年六月，耿通，年十八岁，和州人，系宁夏中护卫中所故世袭所镇抚耿成庶长男。

六辈耿鉴，旧选簿查有：正德四年十二月，耿鉴，年十七岁，和州人，系宁夏中护卫中所故世袭所镇抚耿通嫡长男。

充军簿查有：嘉靖三十八年八月初一日，耿鉴，系宁夏中护卫中所镇抚，和州人。犯该监守自盗，照例充榆林卫前所永远军。

年远事故前所副千户一员·叶能

永乐元年七月，叶兴，系宁夏中护卫前所失陷世袭副千户叶茂亲弟。

永乐十五年九月，叶能，年十七岁，系宁夏中护卫前所世袭副千户叶兴堂侄。

年远事故前所世袭百户一员·陈文

永乐六年五月，陈文，系宁夏中护卫前所故世袭百户陈敏嫡长男。

又一员·许俊

宣德八年六月,许俊,系宁夏中护卫前所故流官百户许能嫡长男,钦与世袭。

又一员·张琮①

正统十二年七月,张琮,年七岁,系宁夏中护卫前所老疾百户张诚嫡长男。钦与全俸优给,至正统十九年终[住支]。

年远事故前所试百户一员·李蕃

永乐元年三月,李荣,系宁夏中护卫前所故试百户李忠亲弟。有父李原任抚州守御所镇抚,□□十年病故。兄李忠于二十六年起取故官儿男,发充军;二十九年告袭。钦准前职,病故,告送前来。查有兄[李]黄,钦除本卫所试百户。

宣德四年二月,李晟,年十六岁,系宁夏中护卫前所试百户李荣嫡长男。伯李忠系故官儿男,除试百户,病[故。兄李黄]袭职,亦故。钦准本人仍袭试百户。

天顺七年闰七月,李勋,杞县人,系宁夏中护卫前所故试百户李晟嫡长男。[曾伯祖]李忠原系故官儿男,[试百]户,病故。祖李荣袭前职,亦故。父仍袭试百户,遇例实授朦胧。今改正,本……·76·

弘治六年闰五月,李蕃,杞县人,系宁夏中护卫前所故试百户李勋□□□。

周卿·世袭百户

一辈周寔,缺。

二辈周鼎,旧选簿查有:洪武二十九年,周鼎,系龙里卫后所为事发充军世袭百户周寔嫡长男。今告自愿报效,钦袭……户所世袭百户,领恩军。开除伊父军役……

三辈周麒,旧选簿查有:正统六年,周麒,系宁夏中护卫后所老疾世袭百户周

---

①此选条与《总汇》57册51页"张钺"档案之"四辈张琮"相同。

鼎庶长男。

四辈周谦，旧选簿查有：成化十八年二月，周谦，含山县人，系宁夏中护卫后所世袭百户……

五辈周卿，旧选簿查有：正德六年六月，周卿，含山县人，系宁夏中护卫后所老疾……

年远事故后所世袭百户一员·汪鉴

正统十二年二月，汪让，系宁夏中护卫后所百户汪源、户名汪显宗亲侄孙，与世袭。

成化二十一年十二月，汪鉴，合肥县人，系宁夏中护卫后所故世袭百户汪让嫡长男。·77·

又一员·王兴

洪武二十六年十一月，王兴，年十四岁，系宁夏中护卫后所故世袭百户王……

又一员·谢茂

正统元年五月，谢茂，系宁夏中护卫后所故老疾百户谢政嫡次男。

年远事故后所所镇抚一员·葛威

洪武二十五年十月，葛威，旧名佛保，系广州左卫前所故……袭职，授宁夏中护卫后所世袭所镇抚。

万历二十二年七月　日　委官武选司……·78·

五军都督府所属卫所·右军都督府·陕西行都司·镇番卫

原簿目录

自指挥方伯起，至试百户张四体止，共七十八叶①；〔对讫。〕

内指挥，千、百户，镇抚一百二十五员。

指挥使八员

一号方伯，始祖方诚，代九，定远县人。

二号李天爵，始祖李马儿，代六，山后兴州人。

三号许鳌，始祖许成，代八，临淮县人。

四号刘勇，始祖刘源，代七，定远县人。

五号刘蒇，始祖刘伯谅，代六，永清县人。

六号张梁，始祖张胜，代六，滦州人。

七号马希龙，始祖马福，代九，景陵县人。

八号吴炳，始祖吴麟，代八，六安州人。

年远事故二员

陈源，沛县人。

刘源。

指挥同知五员

一号马举，始祖马他竹，代五，西和县人。

二号王允奏，始祖王禄，代三，滁州人。

三号李登朝，始祖李广，代七，汝阳县人。

四号刘世忠，始祖刘得升，代六，瑞州人。

五号何淮，始祖何才，代七，临川县人。 ·79·

年远事故一员

刘勋。

指挥佥事十员

续入：何奇显，临川人，无印。

一号彭秉乾，始祖彭成，代七，虹县人。

二号马世宦，始祖马得②，代八，遵化县人。

三号彭九筹，始祖彭澜，代三，虹县人。

四号姚扬，始祖姚吉，代六，巢县人。

五号王璧，始祖王士廉，代五，安定县人。

六号周制，始祖周复，代八，定远县人。

---

①《总汇》57册"校勘表"记镇番卫选簿78页、98页后件前缺页，114页前件前缺页。

②此"马得"仅见于目录，疑原簿缺页遗漏。嘉靖《陕西通志》卷二四《文献》一二《三边名宦·陕西行都指挥司》："马得，顺天府遵化县人。永乐元年，以渡江战功升指挥同知，调镇番卫。七年，追剿达达、可可思等至白盐池，手刃三人，中箭而没。"（第1239页）《明宣宗实录》卷七六记其子马麟于宣德六年二月己亥由"镇番卫指挥同知为指挥使"；卷一三〇记正统十年六月庚午"命故守备镇番都指挥使马麟子昭袭为指挥使"。

七号戴恩，始祖戴通一，代七，六合县人。
八号王允亨，始祖王义，代六，滁州人。
九号张天宠，始祖张礼，代七，襄阳县人。
十号罗玉，始祖罗什狗，代七，伏羌县人。

卫镇抚二员
一号李世芝，始祖李钦，代八，遵化县人。
二号马世良，始祖马得，代五，襄阳县人。

左所正千户三员
一号皮桂，始祖皮龙，代八，丰城县人。
二号萧朝佐，始祖萧允，代八，兴化县人。
三号戴哑不素，代一。

年远事故一员
孙铭。

副千户八员
一号王官，始祖王治，代七，定远县人。
二号张应武，始祖张思温，代七，秦州人。
三号陈皋谟，始祖陈祐寿，代六，定远县人。
四号李震，始祖李二，代七，高邮州人。
五号高玥，始祖高兴，代五，安定县人。
六号杨继芳，始祖杨涧，代六，乐亭县人。
七号孙长儿，始祖孙义，代五，吉水县人。
八号严德，始祖严虎，代七，安丰县人。

辈数未全一员
马机，西和县人。

年远事故二员
尚昭。
唐瑾。

实授百户五员
续入：田大有，会宁人，无印。
一号杜一凤，始祖杜伯通，代九，陇西县人。
二号胡绅，始祖胡得，代八，和州人。
三号田登，始祖田安，代七，陇西县人。
四号王世臣，始祖王珣，代四，金华县人。
五号徐江，始祖徐得胜，代八，定远县人。
续入：何希闵，文县人，无印。

年远事故六员
张荣。
朱旺。
徐瑛。
刘玘。
韩晖。
吴迪。

试百户十九员，署试百户事冠带总旗二员
续入：彭九叙，虹县人，有印。
续入：王克明，武进人，无印。
一号王惠，始祖王居本，代八，伏羌县人。
二号黄彦文，始祖黄文义，代六，溧水县人。
三号李琥，始祖李玉，代六，陇西县人。
四号张伟，始祖张真，代六，通渭县人。
五号孙魁，始祖孙成，代五，陇西县人。
六号崔章，始祖崔源，代五，安定县人。
七号刘恕，始祖刘敬，代七，陇西县人。
八号张世威，始祖张海，代六，安定县人。
九号蔺良佐，佐始祖蔺兴，代五，通渭县人。
十号白鹤，始祖白士元，代八，迁安县人。

十一号刘桂，始祖刘玥，代二，成县人。
十二号姚臣，始祖姚顺，代五，伏羌县人。
十三号景铁住保，始祖景二，代六，秦安县人。
十四号张朝臣，始祖张荣，代五，湖口县人。
十五号丁锐，始祖丁祥，代六，乌江县人。
十六号赵恩，始祖赵义，代四，陇西县人。
十七号王忠，始祖王顺，代四，陇西县人。
十八号祁恩，始祖祁润，代四，会宁人。
十九号杨继武，始祖杨柔谦，代四，秦州人。
二十号朱清，始祖朱顺，代七，陇西县人，署试。
二十一号尹淮，始祖尹士付，代五，泰州人，署试。

辈数未全一员
崔仑，陇西县人。

左所正千户一员
一号李应朝，始祖李宣，代五，高陵县人。

辈数未全一员
马经，淳化县人。

实授百户五员
一号张希龙，始祖张兴，代六，临淮县人。
二号钱聚，始祖钱贵，代五，吴江县人。
三号陈绪，始祖陈福，代五，当涂县人。
四号甄汝良，始祖甄得才，代七，通渭县人。
五号孙潮，始祖孙真，代五，安塞县人。

试百户八员
一号陈恩，始祖陈小一，代七，全椒县人。
二号刘宝，始祖刘铠，代六，安福县人。
三号张翀，始祖张成，代五，和州人。
四号何九皋，始祖何兴，代五，桐柏县人。
五号桂林，始祖桂保子，代五，寿州人。
六号朱锦，始祖朱舍保，代六，合肥县人。
七号何巍，始祖何未未，代六，永清县人。
八号马凤，始祖马和，代四，泰州人。

辈数未全一员
陈禄，合肥县人。

中所正千户二员
一号王致中，始祖王玉，代八，泗州人。
二号裴尚质，始祖裴荣，代九，息县人。

年远事故一员
汤新。

副千户五员
一号朱勋，始祖朱名子，代七，山阳县人。
二号陶福，始祖陶成，代七，定远县人。
三号卢铲，始祖卢宣，代六，陇西县人。
四号仲宦，始祖仲成，代七，江都县人。
五号樊英，始祖樊信卿，代五，望江县人。

年远事故二员
赵能。
项定，仪真县人。

署副千户一员，实授百户十二员
一号王卿，始祖王玉，代七，盱眙县人。
二号孙继祖，始祖孙成，代五，通渭县人。
三号徐彦美，始祖徐兴，代四，太湖县人。

四号戴应科，始祖戴八七，代八，武进县人。
五号张云，始祖张友成，代七，临淮县人。
六号王论，始祖王隆，代七，桐城县人。
七号丘荣，始祖丘祥，代六，盱眙县人。
八号刘廷佐，始祖刘宽，代七，宛平县人。
九号薛祥，始祖薛得，代八，定远县人。
十号刘灼，始祖刘官兴，代六，寿州人。
十一号仰祥，始祖仰贵，代五，建德县人。
十二号郭麒，始祖郭兴，代六，江津县人。
十三号侯显，始祖侯廷玉，代二，丰化县人。

辈数未全一员

谢澄。

年远事故五员

杨昂，常熟县人。
殷浩。
刘拳。
马木。
葛洪。

试百户十九员，署试百户事冠带总旗二员

续入：袁友仁，怀安人，无印。
续入：吴悦道，仪真人，无印。
一号王旻，始祖王伯通，代五，会宁县人。
二号石宗，始祖石聚，代八，咸宁县人。
三号陆斌，始祖陆阿兴，代五，仪真县人。
四号王州，始祖王见，代四，滁州人。
五号曹金，始祖曹□，代五，滁州人。
六号王朴，始祖王敏，代四，昆山县人。
七号李世英，始祖李坛，代二，遵化县人。
八号包谨，始祖包清，代四，宁远县人。

九号蒋斌，始祖蒋贵，代六，蒲城县人。
十号亢鸾，始祖亢定住，代七，盱眙县人。
十一号高世爵，始祖高和，代六，当涂县人。
十二号齐宗道，始祖齐能，代六，嵩县人。
十三号李锦，始祖李成，代六，德清县人。
十四号时重文，始祖时连，代五，上元县人。
十五号孟堂，始祖孟大都，代六，鄞县人。
十六号刘用威，始祖刘义，代五，扶风县人。
十七号魏灼，始祖魏正九，代七，泰州人。
十八号葛江，始祖葛林，代四，登封县人。
十九号陈栋，始祖陈谷用，代五，定远县人。
续入：侍存禄，安东人，无印。
续入：郭灼，大兴人，无印。

辈数未全四员

曹忠，江都县人。
王凤，桐城县人。
张礼，益都县人。
刘官保，扶风县人。

年远事故一员

王焕，咸宁县人。

冠带总旗一员·83·

范世忠，安定县人。

选簿未载，贴黄有名，但袭替年月未开，无凭吊查黄选者四十四员

黄荣，始祖黄云，代五，合肥县人。
何昆，始祖何保保，代五，临川县人。
王叙，始祖王今凌，代九，宝鸡县人。
卢瓒，始祖卢桂，代五，陇西县人。

王洋，始祖王□□，代六，陇西县人。
袁继宗，始祖袁真，代六，陇西县人。
阿龙，始祖阿能，代五，徽州人。
张玥，始祖张林，代六，安定县人。
张恩，始祖张士付，代五，安定县人。
马朝，始祖马英，代三，西和县人。
左文达，始祖左闹二，代六。
马世禄，始祖马荣，代四，遵化县人。
李滋，始祖李四，代七，上元县人。
吴彦名，始祖吴谷用，代七，徽州人。
马仲仁，始祖马文才，代六，成县人。
李相，始祖李天付，代六，会宁县人。
牟杰，始祖牟友才，代八，徽州人。
王淮，始祖王林，代五，陇西县人。
黑彦钊，始祖黑赛夫，代五，西和县人。
王应奎，始祖王伦青，代六，西和县人。
吴住，始祖吴居正，代五，陇西县人。
张伏，始祖张旺，代五，盂县人。
王洪，始祖王逊二，代六，营州人。
郭梅，始祖郭旺儿，代六，大兴县人。

戴忠，始祖戴俸，代四，六合县人。
侍朝用，始祖侍官音保，代五，[安]东县人。
赵贵，始祖赵隆保，代六，当涂县人。
袁冻（栋），始祖袁胜保，代六，凤阳府人。
樊恩，始祖樊浩，代四，望江县人。
周文学，始祖周官保，代五，华亭县人。
马彦章，始祖马悼，代四，遵[化]县人。
郭邦治，始祖郭益，代六，湖州府人。
吴楠，始祖吴婆孙，代六，仪真县人。
聂廷相，始祖聂荣，代八，蕲州人。
杨载南，始祖杨三住，代八，遵化县人。
高继宗，始祖高璋，代六，陇西县人。
运广，始祖运一具二，代五，迁安县人。
杨淮，始祖杨伏保，代六，江都县人。
张泰，始祖张丑蛮，代四。
尹海，始祖尹芉芉，代六。
刘汧，始祖刘敬，代七，蒲城县人。
杨才，始祖杨保二，代五，怀宁县人。
张梁，始祖张秀，代二，滦州人。
张才，始祖张三郎，代五，益都县人。

方伯·指挥使

内黄查有：方清，系陕西镇番卫①世袭指挥使，定远县人。始祖方诚，甲午年从军，乙巳年除百户；洪武三年升副千户，十三年升指挥佥事，老。高祖方贤②替，二十八年升指挥同知，永乐七年升指挥使，故。曾祖方暹系嫡长男，袭，故。伯祖方英系嫡长男，袭，故。堂叔方铠系嫡长男，袭，故绝。祖方蕙系方铠亲叔，袭，老。父方荣系嫡长男，袭，嘉靖三年凉州阵亡。清系嫡长男，五年袭镇番卫指挥使。

一辈方诚，已载前黄。·84·

二辈方贤，旧选簿查有：永乐十年十一月，方贤，原系西宁卫指挥同知，因征剿胡寇有功，升指挥使。永乐九年正月十八日，钦调镇番卫管事，照例授流官，覆启附选。

三辈方暹，旧选簿查有：宣德三年五月，方暹，年十七岁，系镇番卫故指挥使方贤嫡长男，钦与世袭。

四辈方英，旧选簿查有：天顺五年四月，方英，年二十五岁，定远县人，系镇番卫故世袭指挥使方暹嫡长男。

五辈方铠，旧选簿查有：成化二十二年九月，方铠，年十五岁，定远县人，系镇番卫故世袭指挥使方英嫡长男。

六辈方蕙，旧选簿查有：弘治十六年十二月，方蕙，定远县人，系镇番卫故正千户方铠亲叔。伊侄原系世袭指挥使，为事降前职，故。本人照例袭祖职指挥使。

七辈方荣，旧选簿查有：正德十一年六月，方荣，定远县人，系镇番卫年老指挥使方蕙嫡长男。

八辈方清，旧选簿查有：嘉靖五年四月，方清，定远县人，系镇番卫故指挥使方荣嫡长男。

九辈方伯，旧选簿查有：嘉靖三十四年六月，方伯，定远县人，系镇番卫故指

---

①镇番卫：《明史》卷四二《志第十八·地理三》："镇番卫本临河卫，洪武中，以小河滩城置。三十年正月更名。建文中罢。永乐元年六月复置。西有黑河，即张掖河下流也。又东有三岔河。南有小河。西有盐池。西南有黑山关。西距行都司五百五十里。"
②嘉靖《陕西通志》卷二四《文献》一二《三边名宦·陕西行都指挥司》："方贤，凤阳府定远县人。永乐八年，征进饮马河、答兰那木哥儿等处，杀败贼众，升指挥使，调镇番。"（第1239页）《总汇》此条记方贤升指挥使时间为永乐七年、永乐十年待考。

挥使方清嫡长男。

十辈方昇①，万历二十四年二月，方昇，年三十一岁，系镇番卫老指挥使方伯嫡长男。比中一等。

十一辈方维宁，天启三十四年四月，大选过镇番卫指挥使一员方维宁，年二十岁，系老指挥使方昇嫡长男。比中二等。〔对讫。〕

李天爵·指挥使

外黄查有：李志，山后［小］兴州人。有父李马儿，收集充彭城卫前所军，三十二年克雄县升小旗，十一月［郑］村坝升勇士百户，因患病，将志补伍，三十三年白沟河升副千户，三十四年夹河升本卫指挥佥事，三十五年平定京师升庐州卫指挥同知。

一辈李马儿，已载前黄。

二辈李志，已载前黄。

三辈李贵②，旧选簿查有：宣德八年二月，李贵，系镇番卫指挥使李志嫡长男。指挥使功次候查。·85·

四辈李杰，旧选簿查有：天顺七年三月，李杰，山后人，系镇番卫故世袭都指挥佥事李贵庶长男。

五辈李凤③，旧选簿查有：弘治十四年六月，李凤，山后人，系镇番卫故世袭指挥使李杰嫡长男。

六辈李释迦保，旧选簿查有：嘉靖八年十二月，李释迦保，年三岁，山后人，系陕西都司故都指挥佥事李凤庶长男。父原系镇番卫指挥使，功升前职。本人照例与父原职指挥使俸优给，至嘉靖二十年终住支，注原卫。

---

① 《明神宗实录》卷五五七：万历四十五年五月庚辰，"升甘肃镇番卫指挥使方昇为南川守备"。
② 《明英宗实录》卷二九七：天顺二年十一月癸卯，"先是，总兵官西宁侯宋晟奏镇番卫指挥使李贵等不严备御，致虏肆掠所守地方。下巡按御史郭文鞫之，至是论当杖遣充军。上特宥之，命各降二级，击贼自效"。
③ 《明武宗实录》卷一〇一：正德八年六月庚子，"兵部议覆守备镇番都指挥佥事李凤奏，镇番孤悬一隅，虏常出没，若听凉州调度，往返常五百余里，恐致失事。诏免听凉州节制"。

旧选簿查有：嘉靖二十一年六月，李天爵[1]即释迦保，年十五岁，小兴州人，系镇番卫故都指挥佥事李凤庶长男。本人先因年幼，革与祖职指挥使俸优给。今出幼，仍袭指挥使。

七辈李时渐[2]，万历十七年四月分，李时渐，年二十岁，山后人，系镇番卫故指挥使李天爵嫡长男。伊父原袭祖职指挥使，嘉靖二十一年为事参降指挥佥事，万历五年故。本舍合照旧与袭指挥使。比中三等。

八辈李光颜，崇祯元年正月补天启七年十二月大选，过镇番卫指挥使一员李光颜，年二十七岁，系故指挥使李时渐亲侄。比中三等。〔对讫。〕

许鳌·指挥使

内黄查有：许成，旧名公孙，临淮县人。父许福僧，乙未年从军，拨大兴右卫，故。成补役，改燕山左卫，洪武三十二年克雄县升小旗，当年郑村坝升本所勇士百户，白沟河升副千户，夹河升指挥佥事，齐眉山钦升沈阳左卫世袭指挥同知。

一辈许成，已载前黄。

二辈许兴，旧选簿查有：宣德五年四月，许兴，系镇番卫世袭指挥同知许成嫡长男。

三辈许能，旧选簿查有：正统四年七月，许能，系镇番卫为事立功故世袭指挥同知许兴嫡长男。

四辈许清，旧选簿查有：正统十年四月，许清，系镇番卫世袭指挥同知许能兄。[能]有嫡长男许寿，幼小，未堪承替，待长成还与职事。

五辈许寿，旧选簿查有：景泰四年八月，许寿，临淮县人，系镇番卫世袭指挥同知许能嫡长男。先因年幼，父患残疾，亲叔许清借职。今长成，退还职事。本人袭职，伊叔革闲。

堂稿查有：天顺四年，镇番卫功次升一级不赏，一人自斩贼级一颗，项下镇番卫指挥同知升指挥使许寿。

---

[1]《明穆宗实录》卷六五：隆庆六年正月庚午，"革镇番参将王绍勋、中军指挥李天爵，任命原任副总兵汪廷佐充为事官，管镇番参将"。

[2]《明神宗实录》卷四三七：万历三十五年八月乙酉，"陕西总督徐三畏、甘肃巡抚周盘题参镇番参将王允中丧师失众，守备甄尚贤隐匿败情，宜行提问。李时渐遇敌无功，并革职"。

六辈许瑄，旧选簿查有：成化二十一年九月，许瑄，临淮县人，系镇番卫故指挥使许寿嫡长男。

七辈许昇，旧选簿查有：正德十年八月，许昇，年二十岁，临淮县人，系陕西行都司镇番卫都指挥佥事许瑄庶长男。伊父原袭指挥使，功升前职，故。本人照例革袭伊父原职指挥使。

八辈许鳌，旧选簿查有：嘉靖三年六月，许鳌，年五岁，临淮县人，系镇番卫故世袭指挥使许昇庶长男。照例与全俸优给，至嘉靖十三年终住支。

旧选簿查有：嘉靖十四年二月，许鳌，年十六岁，临淮县人，系镇番卫故世袭指挥使许昇庶长男，优给出幼袭职。

充军簿查有：许鳌，镇番卫指挥，临淮县人。犯该守备不设，嘉靖三十四年四月充宁夏卫右所终身军。

九辈许邦佐，万历十二年八月，许邦佐，年三十八岁，临淮县人，系镇番卫老疾充终身军指挥使许鳌嫡长男。伊父原袭祖职指挥使，嘉靖三十一年犯该守备不设，问充宁夏卫右所终身军，遇有开伍。又遇蒙万历十年九月恩诏："军职为事充终身军已经开伍、年六十以上者，比照为民事例，子孙准其承袭。"今伊父见年六十四岁，本舍合照例与替祖职指挥使。比中三等。

刘勇·指挥使

一辈刘源①，缺。

二辈刘槟②，缺。

三辈刘真，旧选簿查有：宣德四年五月，刘真，系洮州卫世袭指挥使刘槟嫡长男。

四辈刘清，旧选簿查有：宣德十年三月，刘清，系洮州卫世袭指挥使刘真嫡长男。父为事纳米，病故。本人年壮，照例袭职，调镇番卫。

五辈刘杰，旧选簿查有：成化三年二月，刘杰，伊父刘清原系镇番卫指挥使，

---

①《总汇》57册第92页年远事故指挥使二员中有"又一员·刘源"条，疑即此"刘源"。
②《兰州府志》卷八：刘槟，定远人。精骑射，袭父原指挥使，调临洮掌卫事。招募精锐，教以兵法，筑堡寨，新城楼，与部下分劳苦，军丁故多占役。槟厘革宿弊，武弁畏服。孙清，袭职，调镇番卫。（[清]陈士桢修，涂鸿仪纂，高国祥校释：《兰州府志校释》，甘肃文化出版社，2024年）

功升都指挥佥事，老疾。本人系嫡长男，本舍照例革替指挥使，于原卫管事差操。

六辈刘钺①，旧选簿查有：弘治十四年四月，刘钺，系陕西行都司都指挥同知刘杰庶长男。伊父原系镇番卫指挥使，历升前职，患疾。本人照例革替伊父原职指挥使，仍在原卫带俸。

七辈刘勇，旧选簿查有：正德十四年十二月，刘勇，年十五岁，定远县人，系镇番卫故世袭指挥使刘钺庶长男，优给出幼袭职。限外多支俸二年，查扣毕日关支。·87·

八辈刘克敌，万历八年十二月，刘克敌，年二十四岁，定远县人，系镇番卫故降级指挥同知刘勇嫡长男。伊父原袭祖职指挥使，嘉靖三十五年犯该侵占军俸，参降指挥同知，万历四年故。本舍照旧复袭祖职指挥使。比中二等。

九辈刘国基，万历四十四年二月，大选过镇番卫指挥使一员刘国基，年三十岁，系老指挥使刘克敌嫡长男。比中一等。

十辈刘笃，崇祯十五年二月，单本选过镇番卫指挥使一员刘笃，年二十五岁，系老指挥使刘国基嫡长男。比中一等。〔对讫。〕

刘荪·指挥使

外黄查有：刘渊，永清县人。有父刘伯谅，洪武三十二年充义勇后卫后所总旗，三十三年济南升百户，三十四年升副千户，三十五年齐眉山阵亡。渊永乐二年升振武卫指挥佥事，三年钦与流官。

一辈刘伯谅，已载前黄。

二辈刘渊，旧选簿查有：永乐二年四月，刘渊，系义勇后卫后所副千户刘伯谅嫡长男。父原系民垛充总旗，节次征进有功，历升前职，齐眉山阵陷。

三辈刘鉴，旧选簿查有：正统十四年十二月，刘鉴，系振武卫流官指挥佥事刘渊嫡长男。

四辈刘泰，旧选簿查有：成化七年七月，刘泰，永清县人，系镇番卫世袭指挥佥事刘鉴嫡长男。

---

①《明孝宗实录》卷一九七：弘治十四年三月庚戌，"命陕西行都司都指挥同知刘杰之子钺，代原职镇番卫指挥使"。

吊来勘合查有：正德七年，镇番、凉州地方获功升官，有镇番卫领军把总管队部下斩首五颗以上官三员，指挥佥事升指挥同知刘泰。

五辈刘琥，旧选簿查有：正德十四年四月，刘琥，永清县人，系镇番卫功升年老指挥使刘泰嫡长男。

六辈刘蒾，旧选簿查有：嘉靖十年八月，刘蒾，年二十八岁，永清县人，系镇番卫故世袭指挥使刘琥嫡长男。伊祖泰原袭指挥佥事，功升前职。所据指挥使一级系领军报功，例无承袭。本人照例革袭指挥同知。

充军簿查有：刘蒾，原籍顺天府人。犯该监守自盗仓库，嘉靖二十五年五月发浔州卫左所永远充军。

张梁·指挥使

外黄查有：张胜，年三十八岁，滦州人。父张安儿，洪武三年充军，十六年老。胜户名不动代役，三十二年七月克怀来升小旗，十一月克〔郑〕村〔坝〕升总旗，三十三年升百户，三十四年西水寨升副千户，三十五年渡江升金吾后卫指挥佥事，钦与流官。·88·

一辈张胜，已载前黄。

二辈张钰①，旧选簿查有：宣德五年四月，张钰，系镇番卫流官指挥佥事张胜嫡长男。

三辈张永，旧选簿查有：正统二年三月，张永，年三岁，系镇番卫指挥佥事张钰庶长男。父与达贼对敌阵亡，钦升本人指挥同知全俸优给，至正统十四年终住支。

旧选簿查有：景泰三年五月，张永，滦州人，系镇番卫指挥佥事张钰庶长男。父于镇番等处杀贼阵亡，照例升一级。本人先因年幼，已升与指挥同知俸优给。今出幼，该袭流官指挥同知。

四辈张锦，旧选簿查有：弘治三年六月，张锦，滦州人，系镇番卫中所故正千户张永庶长男。祖张钰原系指挥佥事，阵亡。伊父袭升指挥同知，为失机事降副千

---

① 嘉靖《陕西通志》卷二四《文献》一二《三边名宦·陕西行都指挥司》："张玉，永平府滦州人，任镇番卫指挥佥事。宣德十年，遇胡寇阿台等犯边，玉奋勇当先，与贼力战死之。正统元年，朝廷遣行人李磐致祭，仍赠指挥同知。"（第1240页）

户，于四坝有功，故（升）世袭正千户，今病故。本人该袭祖职阵亡指挥同知。

五辈张源，旧选簿查有：弘治十六年九月，张源，滦州人，系镇番卫故世袭指挥同知张锦嫡长男。

六辈张梁，旧选簿查有：嘉靖二十九年六月，张梁，滦州人，系镇番卫患疾都指挥同知张源嫡次男。伊父原袭指挥同知，以凉州部下功升署都指挥同知，遇例实授，疾。所据流官职级例无承袭，并遇例俱应革减，仍扣算凉州军功。本舍照例与替伊父职指挥使。

充军簿查有：张梁，系镇番卫指挥使，原籍滦州人。犯该守备不设，照例嘉靖三十九年七月初三日发高山卫右所终身军。

马希龙·指挥使

外黄查有：马旺，景陵县人，故所镇抚马福嫡长男，甲辰年归附，选充小旗；洪武三年选充总旗，四年授青州卫所镇抚，五年调莱州卫，授流官；九年调登州卫，十三年故。旺于十四年袭，除河州卫后所镇抚；二十二年为进册事，调新添卫；三十年为受赃犯绞罪，免死，发威房卫充军；二月钦蒙复职，调镇夷守御所世袭百户。永乐元年设镇番卫中所。

一辈马福，已载前黄。

二辈马旺，已载前黄。

三辈马聪，旧选簿查有：永乐二十一年七月，马聪，系镇番卫中所世袭百户马旺嫡长男。

四辈马骃，旧选簿查有：正统六年，马骃，系镇番卫中所世袭百户马聪亲弟。

钦升簿查有：天顺四年，镇番地方杀贼获功，例升一级，镇番卫副千户升正千户四员内一员马骃。·89·

五辈马雄，旧选簿查有：成化十四年九月，马雄，景陵县人，系镇番卫中所正千户马骃嫡长男，钦与世袭。

六辈马骥，旧选簿查有：弘治四年七月，马骥，景陵县人，系镇番卫中所故世袭正千户马雄亲叔。

七辈马真，旧选簿查有：弘治九年五月，马真，景陵县人，系镇番卫中所世袭正千户马骥嫡长男。

指挥佥事功次：正德八年，柳条湾等处有功，镇番卫中所正千户升指挥佥事马真。

八辈马缙，旧选簿查有：正德十六年八月，马缙，景陵县人，系镇番卫年老功升指挥佥事马真嫡长男，钦与世袭。

堂稿查有：嘉靖十六年九月，拟升嘉靖十五年四等月陕西凉州、庄浪地方扒沙、散岔等处获功官旗军舍共六十九员名，升实授二级官三员；管司部下官军一百五十员名，斩首一十一颗，镇番卫指挥佥事升指挥使马缙。

九辈马希龙，旧选簿查有：嘉靖二十一年二月，马希龙，景陵县人，系镇番卫年老指挥使马缙嫡长男。

十辈马腾霄，万历十一年二月，马腾霄，年三十五岁，景陵县人，系镇番卫故指挥使马希龙嫡长男。伊祖马缙，原袭祖职指挥佥事，嘉靖十五年扒沙、散岔部下斩首一十一颗升指挥使。伊父马希龙，以例前承袭指挥使，万历七年故。所据伊祖部功升级，例应减革，本舍照例革袭祖职指挥佥事。比中二等。

十一辈马承胤，万历二十四年十二月，马承胤，年二十岁，系镇番卫故指挥佥事马腾霄嫡长男。查祖职系百户，后节军功升指挥佥事。查镇番等处功不及数，姑量减半级，与袭署指挥佥事事正千户。比中三等。

十二辈马承武，万历三十年十二月，马承武，年二十六岁，系镇番卫故署指挥佥事马承胤堂弟。本舍照旧袭署指挥佥事事正千户。比中二等。

十三辈马应麟，万历四十七年三月，大选过镇番卫署指挥佥事事正千户一员马应麟，年三十一岁，系疾署指挥佥事事正千户马承武嫡长男。比中一等。〔对讫。〕

吴炳·指挥使

一辈吴麟，缺。·90·

二辈吴辅①，旧选簿查有：永乐六年四月，镇番卫指挥佥事吴辅。

三辈吴刚，旧选簿查有：永乐十三年八月，吴刚，年十岁，系镇番卫世袭指挥佥事吴辅亲侄。伯原任定远卫，为事复职前卫，病故。本人见在永定卫，钦与全俸优给，于本卫关支，至永乐十七年终住支。

---

① 嘉靖《陕西通志》卷二四《文献》一二《三边名宦·陕西行都指挥司》："吴辅，凤阳府六安县人。永乐五年，调镇番卫。凉州达贼元保等叛逆，时贼窥城虚，并众攻之甚急。辅谋用火炮击之，昼夜固守四十余日，援兵至，贼遁去，城赖以完。"（第1240页）

指挥同知功次：天顺二年，四坝地方斩首有功，镇番卫指挥佥事升指挥同知二员内一员吴刚。

四辈吴濬，旧选簿查有：天顺八年八月，吴濬，年二十七岁，六安州人，系镇番卫指挥同知吴刚嫡长男。先以舍人杀贼获功，升冠带小旗。今替前职，仍将冠带小旗名粮开除，钦与世袭。

五辈吴江，旧选簿查有：成化十九年二月，吴江，六安州人，系镇番卫故世袭指挥同知吴濬庶弟。

六辈吴汉，旧选簿查有：成化二十年六月，吴汉，六安州人，系镇番卫故世袭指挥同知吴江亲弟。

七辈吴朴，旧选簿查有：正德十一年六月，吴朴，六安州人，系镇番卫世袭指挥同知吴汉嫡长男。

堂稿查有：嘉靖二十四年，陕西地名土山湖获功升实授一级，把总领军二百员名，部下斩首一十一颗，镇番卫指挥同知升指挥使吴朴。

八辈吴炳，旧选簿查有：嘉靖二十九年十二月，吴炳，六安州人，系镇番卫年老指挥使吴朴嫡长男。本人比试不中，照例与支半俸，候及二年起送再比。

九辈吴应孙，万历十四年十二月，吴应孙，年二十五岁，六安州人，系镇番卫年老指挥使吴炳嫡长男。查伊祖吴朴原袭指挥同知，以部功升指挥使。伊父吴炳先年冒袭一辈，本舍应照例革袭指挥同知。伊父比试不中，未经再比，应照一辈未比例罚俸三年。比中一等。

十辈吴三长，天启二年四月，单本选过镇番卫指挥同知一员吴三长，年二十五岁，系老指挥使吴应孙嫡长男。查伊父原袭指挥同知，于万历二十四年镇番等处部下获功升指挥使，部功例不世及，合准减替祖职指挥同知。比中三等。〔对讫。〕

年远事故指挥使一员·陈鉴

宣德十年十二月，陈智，系镇番卫流官指挥同知陈得嫡长男，钦与世袭。

天顺四年九月，镇番卫指挥同知升指挥使陈智。

成化三年十一月，陈鉴，伊父陈智原系镇番卫指挥同知，节次有功，升都指挥佥事，老疾。本人系嫡长男，照例革替指挥使，仍于原卫管事差操。

弘治二年十月，陈源，沛县人，系镇番卫故世袭指挥使陈鉴庶长男。

又一员·刘源

永乐九年七月，刘源，系陕西行都司被贼杀死流官都指挥同知刘秉谦嫡长男。父原系宽河卫指挥使，后升前职。永乐九年六月二十一日，钦准袭授镇番卫指挥使，覆启附选，敬与世袭。

彭维基·指挥佥事

宝簿查有：彭怀忠，年四十八岁，虹县人，系镇番卫老指挥佥事彭秉乾嫡长男。

万历四十八年正月，大选过镇番卫指挥佥事一员彭维基，年三十五岁，系老指挥佥事彭怀忠嫡长男。比中三等。补四十七年十二月分大选。〔对讫。〕

马举·指挥同知

外黄查有：马机，西和县人。曾祖马他竹，洪武十七年充巩昌卫小旗，永乐三年调镇番卫，宣德五年老。祖马能代役，天顺二年四坝斩首一颗，阵亡，升总旗。父马杲系亲男代役，弘治七年征凉州抹山儿斩首一颗升试百户，八年遇例实授。正德七年镇番莱葰山二人共斩首一颗，为首升副千户。八年柳条湾二人共斩首一颗，为首重升副千户，十六年改正升正千户，嘉靖二年老。机系马杲嫡长男，本年六月革替镇番卫左所副千户。·92·

一辈马他竹，已载前黄。

二辈马能，已载前黄。

三辈马杲，已载前黄。

四辈马机，旧选簿查有：嘉靖二年七月，马机，西和县人，系镇番卫左所年老正千户马杲嫡长男。伊父系总旗功升试百户，遇例实授，又获功二级升前职。本人照例革袭副千户，钦与世袭。

堂稿查有：嘉靖十六年九月，沙嘴（儿）等处升实授一级，二人共斩首一颗，为首镇番卫左所副千户升正千户马机。十九年五月镇番卫二卫获功升实授一级，二人共斩首一颗，为首镇番卫左所正千户升指挥佥事马机。

堂稿内查得：巡按陕西监察御史张雨①查勘嘉靖二十四年八月土山湖功次，内开镇番卫指挥佥事马机部下斩首六颗，该本部拟升一级，马机与做指挥同知。

五辈马举，旧选簿查有：嘉靖二十八年六月，马举，三十六岁，西和县人，系镇番卫老疾指挥同知马机嫡长男。伊父原袭祖职副千户，沙嘴儿功升正千户，大沙窝功升指挥佥事，土山湖功升指挥同知；双明沙部下斩首五颗，茨湖儿部下斩首五颗，行查未升，老。所据伊父双明沙、茨湖儿二次部下功次行查未到，难以准拟升。本舍照例与替伊父功升指挥同知，照旧指挥同知。

六辈马如豸，隆庆六年四月，马如豸，年二十二岁，西和县人，系镇番卫老疾指挥使马举庶长男。伊父原替祖职指挥同知，嘉靖二十九年以伊祖马机乌牛堡未任部功一级，奏并指挥使；三十三等年历推山西协守副总兵官，今老。所据部下功级并推升流官，例无承替，本舍照例革替祖职指挥同知。

七辈马永禄，万历三十八年四月，大选过镇番卫指挥同知一员马永禄，年三十岁，系老指挥同知马如豸嫡长男。比中二等。〔对讫。〕

王允奏·指挥同知

一辈王禄，堂稿查有：王爵，父王禄，由舍人充生员，弘治七年二月在红山儿地方斩首一颗，八年奉勘合升冠带小旗；正德六年四月在柳条湾地方阵亡，八年奉勘合升实授冠带总旗。·93·

二辈王爵，堂稿查有：一件改正重升职级事，查得正德十五年六月梭梭林功次，二人共斩贼级一颗，为首镇番卫冠带总旗王爵，升一级与做试百户。嘉靖七年七月红岭儿腰把子功次，二人共斩贼级一颗，为首镇番卫冠带总旗王爵升一级，与做试百户。嘉靖十一年四月狼跑泉功次，二人共斩贼级一颗，为首镇番卫中所试百户王爵升一级，与做实授百户。嘉靖七年八月红城子功次，二人共斩贼级一颗，为首镇番卫经历司总旗王爵功升一级，与做试百户。嘉靖十五年□□功次，镇番卫中所实授百户王爵，四月在扒沙等处为首斩首一颗，本年五月又在散岔为首斩首一

---

①张雨，字惟时，横塘人。嘉靖十七年（1538）进士，授大名府清丰县知县。任云南道御史、陕西巡按御史，纂成《全陕边政考》十二卷。后以大理寺左少卿转任右佥都御史抚治郧阳，升任两广佥都御史。

颗。二起功次一册问报，各拟升一级，俱与做副千户。看得副千户王爵奏称原系总旗，获功七级重升，乞要改正。既查明白，合将王爵于副千户上加腰把子、沙窝功二次，重升试百户二级，该指挥佥事；再加散岔堡重升副千户一级，与做指挥同知。

职方堂稿查有：嘉靖二十四年六月，一件为缺官事，内开守备红城子地方镇番卫指挥同知王爵为贪官抵换行粮、科敛银两等事，参问古浪所立功。

三辈王允奏，旧选簿查有：嘉靖三十八年八月，王允奏，年二十五岁，滁州人，系镇番卫老疾指挥同知王爵庶长男，钦准指挥同知，仍查伊父立功年限满否，支俸并查赃银有无完否，吊招定夺。

四辈王国泰，万历十二年六月，王国泰，年二十岁，滁州人，系镇番卫故指挥同知王允奏嫡长男。伊父原袭祖职指挥同知，嘉靖四十年推升红水守备，四十三年犯该科敛人财，问调云南烟瘴腾冲卫带俸差操，万历五年故。遇蒙万历十年九月□承恩诏："军职为事降调两广等处烟瘴卫所病故，不分已未到卫，子孙为因路远不能赴所调卫分，起文承袭者，许令原卫所起送承袭。"所据伊父推升流官，例不准袭。本舍合照例革袭原卫祖职指挥同知。比中一等第二名。

五辈王筹，万历三十九年十二月，大选过镇番卫指挥佥事一员王筹，年二十七岁，滁州人，系故指挥使王国泰堂侄。查伊曾祖王爵，由总旗累升指挥同知，合照南北军民籍舍人等只许升至指挥佥事而止之例，应减挥同一级。本舍系王国泰堂侄也，国泰获功一级升指挥使，名为犯堂，应减。且二辈未袭，儿孙皆准减袭指挥佥事。比中三等。

李登朝·指挥同知

内黄查有：李广，汝阳县人。父李成从军，年老。将广代役，洪武二十二年并枪充小旗，三十一年并枪充总旗，攻围济南升本所百户，克西水寨升本所正千户，克金川门钦升延安卫指挥佥事。

一辈李广，已载前黄。

二辈李斌，旧选簿查有：宣德五年四月，李斌，系镇番卫流官指挥佥事李广嫡长男。

三辈李达，旧选簿查有：正统十二年十一月，李达，系镇番卫世袭指挥佥事李斌嫡长男。

四辈李昊，旧选簿查有：成化二十年六月，李昊，汝阳县人，系镇番卫中所百户李达嫡长男。父原系世袭指挥佥事，为失机事降前职，病故。本人该袭祖职指挥佥事。

五辈李坚，旧选簿查有：正德四年二月，李坚，汝阳县人，系镇番卫年老世袭指挥佥事李昊嫡长男。

指挥同知功次候查。

六辈李璋，旧选簿查有：正德十六年十月，李璋，原名李五十，年十七岁，汝阳县人，系镇番卫阵亡指挥佥事李坚庶长男。父原袭前职，阵亡，升指挥同知。本人先与指挥佥事俸优给，今出幼，加阵亡功一级，与做指挥同知世袭。

七辈李登朝，旧选簿查有：嘉靖二十四年四月，李登朝，年十九岁，汝阳县人，系镇番卫故指挥同知李璋嫡长男。

充军簿查有：李登朝，镇番卫指挥同知。犯该监守自盗，嘉靖三十三年八月定发平虏卫左所永远充军。

陈溢彩·指挥同知

崇祯二年二月，单本选过镇番卫指挥同知一员陈溢彩，年二十九岁，系故指挥同知陈尚文亲侄孙。比中二等。〔对讫。〕

刘世忠·指挥同知

一辈刘得升，缺。

二辈刘胜，缺。

三辈刘琮，旧选簿查有：景泰七年五月，刘琮，山后人，系镇番卫世袭指挥同知刘胜嫡长男。

四辈刘恭，旧选簿查有：弘治元年闰正月，刘恭，山后人，系镇番卫充军故功升指挥使刘琮嫡长男。伊父原系指挥同知，获功升前职，为事充军，故。本人该袭祖职指挥同知。

五辈刘宇①,旧选簿查有:弘治十四年六月,刘宇,山后人,系镇番卫故世袭指挥同知刘恭嫡长男。

六辈刘世忠,旧选簿查有:嘉靖二十八年十二月,刘世忠,瑞州(山后)人,系镇番卫年老指挥使刘宇嫡长孙。伊祖原袭祖职指挥同知,凉州部下功升指挥使,推升以都指挥体统行事,守备镇羌地方,老。父刘振未袭先故。所据伊祖凉州功不及数,推袭职级系虚御(衔),俱例无承袭,本舍照例革替祖职指挥同知。

七辈刘鸿业,万历八年二月,刘鸿业,年二十六岁,山后人,系镇番卫故降级正千户刘世忠嫡长男。伊父原替祖职指挥同知,嘉靖四十二年达贼出没,参降正千户,隆庆六年故。本舍合照例复袭祖职指挥同知。比试二等。

八辈刘声远,万历三十九年十二月,大选过镇番卫指挥同知一员刘声远,年二十一岁,系故指挥同知刘鸿业嫡长男。比中三等。

何淮②·指挥同知

一辈何才,缺。

二辈何胜,缺。

三辈何全,旧选簿查有:景泰三年正月,何全,临川县人,系肃州卫后所总旗何贵补役阵亡何胜嫡长男,升世袭百户。

四辈何成,旧选簿查有:天顺四年十月,何成,临川县人,系肃州卫后所故百户何全亲弟,钦与世袭。

五辈何鉴,旧选簿查有:弘治四年八月,何鉴,临川县人,系镇番卫中所世袭百户何成嫡长男。伊父原系肃州卫后所,注调本卫所。

六辈何江,旧选簿查有:正德十四年八月,何江,临川县人,系镇番卫中所百户何鉴嫡长男。伊伯祖何全,因曾祖何胜总旗阵亡,袭升世袭百户。本人照旧准替世袭百户。

七辈何淮,旧选簿查有:嘉靖十年二月,何淮,临川县人,系镇番卫中所故世

---

①《明世宗实录》卷二三四:嘉靖十九年二月丙寅,"升镇番守备指挥使刘宇署都指挥佥事充固原游击将军"。

②《万历陕西通志》卷一三《公署·陕西行都指挥使司·管屯佥书》:"何淮,镇番卫人,嘉靖二十八年任。"(第169页)

袭百户何江亲弟。伊兄原袭祖职世袭百户，正德十五年六月，琐琐（梭梭）林斩首一颗升副千户，今故绝。本舍照例准与祖职实授百户上加何江斩首功一级，袭升副千户。

八辈何其高，隆庆四年十二月，何其高，年二十二岁，临川县人，系镇番卫老疾指挥同知何淮嫡长孙。伊祖原袭祖职副千户，嘉靖十五年扒沙等处斩首一颗升正千户，二十年黑夹道斩首一颗升指挥佥事；二十五等年推升守备，部下获功升指挥同知，历推五军营副将，今老。本舍父何坤自立军功，升指挥佥事。本舍照例应替职。所据伊祖推升流官并部下功级例不准袭，本舍照例革替指挥佥事。其伊父所获功级，查照弘治十二年自立军功升至指挥，与祖职相等事例，次男革袭，与升试百户。

九辈何玗，万历三十八年十二月，大选过镇番卫指挥佥事一员何玗，年二十七岁，系故指挥佥事何其高嫡长男。比中三等。〔对讫。〕

十辈何光祖，崇祯元年二月，大选过镇番卫指挥佥事一员何光祖，年二十二岁，系故指挥佥事何玗嫡长男。比中一等。〔对讫。〕

何奇显·指挥佥事

堂稿查有：何昆，原补祖役总旗，嘉靖二十九等年陕西柴城儿等处斩首一颗升试百户，三十三年水泉儿湖斩首一颗升正千户，三十八年庄浪岔口等处斩首一颗升指挥佥事，三十七年陕西宁远堡地方斩首一颗升指挥佥事，四十一年题奉钦依以祖名何保保庄浪岔口升指挥佥事一级，委系重升祖职，改正与做指挥同知。备查功次簿册，实授百户升副千户一级并无开载，多系冒升，例准减革。今本舍合革冒升一级，与袭指挥佥事。

一辈何保保。

二辈何荣。

三辈何源。

四辈何钦。

五辈何昆。

六辈何奇显，万历八年十二月，何奇显，年二十七岁，临川县人，系故镇番卫故指挥同知何昆嫡长男。革伊父冒升一级，与袭指挥佥事。比中三等。

年远事故指挥同知一员·刘勋

正统十二年十二月，刘勋，系镇番卫世袭指挥同知刘铎嫡长男。

戴朝聘·指挥佥事

一辈戴哑不素，即戴天爵。万历二十四年十二月，戴朝聘，年三十七岁，六合县人。查伊父戴天爵，乳名戴哑不素，由家丁嘉靖四十一年冯沟河斩首一颗，四十三年升小旗，四十四年抹山湖尾斩首一颗，四十五年马阴山沟斩首一颗；本年韩家塌斩首一颗，本年虎喇湖斩首一颗、延绥寺子川斩首一颗、清平堡斩首一颗。隆庆二年重升试百户，本年重升小旗，本月仍升总旗；本月升试百户，本年仍重升小旗；二年并升正千户，三年寺子川斩首重升试百户，改正指挥佥事。本年鹅头山斩首一颗，重升指挥佥事，并升指挥同知，二十一年老疾。所据鹅头山功次未明，且据例亦应减革，本舍合照例革替指挥佥事。比中三等。

二辈戴朝聘，已载前黄。

三辈戴玺，崇祯十一年二月，大选过镇番卫〔指挥〕佥事一员戴玺，年二十三岁，系老指挥佥事戴朝聘嫡长男。比中三等。〔对讫。〕

彭九筹（畴）·指挥佥事

外黄查有：彭九畴，年二十三岁，系陕西行都司镇番卫指挥佥事，原籍直隶凤阳府虹县人。高伯祖彭澜①，系今本卫指挥佥事。彭润，下舍人，正统三年以舍人报效，亦林真与贼对敌斩首一颗升冠带小旗，天顺二年四坝斩首一颗升冠带总旗，成化二年故绝。父彭汝为系亲侄孙，补役。嘉靖十五年扒沙斩首一颗升试百户，二十年长脑湖斩首一颗，二十二年双明沙斩首一颗，二十四年遇例实授。本年八月土山湖斩首一颗。二十五年以长脑湖功升实授百户，双明沙功重升实授百户，土山湖

---

① 《镇番彭氏家谱》记载：始祖彭鐩，凤阳虹县人。一世成。二世铉，成子，以父荫迁调镇，授指挥佥事。三世润，铉长子；淳，铉次子；澜，铉三子。《明宣宗实录》卷二二：宣德元年冬十月辛未，"升镇番卫指挥佥事彭铉为陕西行都司都指挥佥事"。

功亦重升实授百户。二十七年茨湖儿斩首一颗,又重升实授百户;二十九年具奏查明于长脑湖升实授百户上加重升三级,并升镇番卫指挥佥事,三十四年阵亡。九畴系嫡长男,本年十月比。查小、总旗二级系犯堂,扣有伊父军功五级,本舍革与副千户上加伊父阵亡二级,与袭镇番卫指挥佥事。

一辈彭澜,已载前黄。·98·

二辈彭汝为,已载前黄。

三辈彭九筹(畴),旧选簿查有:嘉靖三十七年十月,彭九筹(畴),年二十岁,虹县人,系镇番卫阵亡指挥佥事彭汝为嫡长男。伊高伯祖彭澜,以军人功升总旗,故绝。伊父以堂侄玄孙补役,历升指挥佥事,阵亡,题升二级。所据伊伯祖彭澜总旗二级系犯堂,功次例不准袭,扣有伊父军功五级,本舍革与副千户上加伊父阵亡二级,与袭指挥佥事。

四辈彭鹤年,万历二十九年二月分,大选过镇番卫指挥佥事一员彭鹤年,年二十岁,虹县人。伊父彭九畴原袭指挥佥事,万历二十一年推升游击,二十三年为边论庸鄙选臣等事提问间病故。都察院参详,彭九畴纳房畜而犯干永戍,于例似当革袭。第本犯提问未结,业已病故①,与已结者情稍不同。既经多官勘明,合无准其承袭具题,奉旨钦依准其子孙承袭。本舍合照旧与袭指挥佥事。比中二等。

五辈彭嗣祖,万历四十七年三月,大选过镇番卫指挥佥事一员彭嗣祖,年二十岁,虹县人,系疾指挥佥事彭鹤年嫡长男。比中三等。〔对讫。〕

姚扬·指挥佥事

一辈姚吉,缺。

二辈姚宁,旧选簿查有:永乐三年三月,姚宁,系甘州右卫指挥佥事姚吉庶次男。父原任山丹卫左所世袭正千户,革除年间升除前职。今为老疾,敬准替职,授甘州右卫右所世袭正千户。

三辈姚铠,旧选簿查有:正统九年二月,姚铠,系镇番卫流官指挥佥事姚宁嫡长男。父原系正千户,保升前职,老疾。钦准本人照例替父原职镇番卫,注本卫中

---

① 《明神宗实录》卷二九四:万历二十四年二月壬子,"陕西按臣乔廷栋题参……彭九畴违旨私市,媚房海房,自戕"。

所管事。

指挥佥事功次候查。

四辈姚钟，旧选簿查有：成化十三年二月，姚钟，巢县人，系镇番卫指挥佥事姚铠庶弟，钦与世袭。

五辈姚振，旧选簿查有：正德三年五月，姚振，巢县人，系镇番卫年老世袭指挥佥事姚钟庶长男。

六辈姚扬，旧选簿查有：正德十一年四月，姚扬，巢县人，系镇番卫故绝世袭指挥佥事姚振亲弟。·99·

王璧·指挥佥事

一辈王士廉，旧选簿查有：永乐八年，镇番卫左所征剿胡寇有功，总旗升试百户王士廉。

二辈王雄①，旧选簿查有：宣德元年十二月，王雄，系镇番卫左所试百户王士廉嫡长男。父原系总旗，征剿胡寇升除前职。钦准本人替实授百户，与世袭。

副千户功次（原簿无）。

三辈王鉴，旧选簿查有：正统五年正月，王鉴，年十六岁，系镇番卫左所副千户王雄嫡长男。父先与达贼对敌阵亡，本人年幼，已升正千户俸优给，今出幼，钦准袭流官正千户。

天顺六年七月，镇番卫正千户升指挥佥事王鉴。

四辈王源，旧选簿查有：成化十年三月，王源，年十五岁，安定县人，系镇番卫故指挥同知王鉴嫡长男，钦与世袭。

五辈王璧，旧选簿查有：正德十一年六月，王璧，安定县人，系镇番卫年老指挥同知王源嫡长男。高祖王士廉，功升试百户。曾祖雄，钦准替实授，获功一级，阵亡。祖鉴袭升正千户，历升前职。本人照例革替指挥佥事。

六辈王用中。

---

① 嘉靖《陕西通志》卷二四《文献》一二《三边名宦·陕西行都指挥司》："王雄，巩昌府安定县人，任镇番卫副千户。宣德十年，遇胡寇阿台等内侵，雄领队前哨至大教场，与本卫副千户周洪协力奋战，没于阵。正统元年，钦赐优恤粮米、银绢，遣行人致祭，仍升其子一级，袭正千户。"（第1240页）

七辈王兴才，万历十七年二月分，王兴才，年二十八岁，安定县人，系凉州卫老疾指挥佥事王用中嫡长男。伊祖王璧原袭镇番卫指挥佥事，犯奸为民。伊父王用中袭，调凉州卫，今年老。本舍合照例与替原卫指挥佥事。比中二等。

八辈王锡命，万历三十八年四月，大选过镇番卫指挥佥事一员王锡命，年二十岁，系故指挥佥事王兴才嫡长男。比中三等。〔对讫。〕

周制·指挥佥事

一辈周复，缺。

二辈周凯，旧选簿查有：洪武二十五年八月，周凯，系山丹卫左所故流官副千户周复庶长男。父别无嫡长、次男，钦准袭职，与世袭。本卫无缺，授临洮卫中左所副千户。

三辈周胜，旧选簿查有：永乐元年二月，周胜，系临洮卫中左所世袭副千户周凯嫡长男。父征进，因漫散军前总兵官典，钦准袭授巩昌卫左所世袭副千户。·100·

四辈周洪，旧选簿查有：洪熙元年七月，周洪，年十六岁，系镇番卫左所故世袭世袭副千户周胜嫡长男。

五辈周辅，旧选簿查有：正统十一年二月，周辅，年十六岁，系镇番卫左所世袭副千户周洪嫡长男。父与达贼对敌阵亡，钦准本人照例升一级，袭升流官正千户。

指挥佥事功次候查。

六辈周凤，旧选簿查有：成化十年七月，周凤，年十五岁，定远县人，系镇番卫指挥佥事周辅嫡长男，钦与世袭。

七辈周璘，旧选簿查有：正德八年六月，周璘，定远县人，系镇番卫指挥佥事周凤嫡长男。

八辈周制，旧选簿查有：嘉靖九年二月，周制，年三十一岁，定远县人，系镇番卫年老指挥佥事周璘嫡长男。

九辈周尚贤。

十辈周之祯，万历十七年五月，周之祯，年二十二岁，系镇番卫故指挥佥事周尚贤嫡长孙。比中三等。〔对讫。〕

十一辈周鹰扬，万历四十八年八月，单本选过镇番卫指挥佥事一员周鹰扬，年

二十岁，系故指挥使周之祯亲侄。查领兵功升，例不世及，相应减袭祖职指挥佥事。比中三等。〔对讫。〕

戴恩·指挥佥事

外黄查有：戴恩，年四十五岁，系陕西镇番卫世袭指挥佥事，原籍直隶应天府六合县人。一世祖戴通一，与王二家为义男，顶义祖名，乙未年从军，洪武十一年改燕山中卫，十七年选充小旗，二十三年选充总旗，二十五年调燕山左护卫中左所，老。高伯祖戴名代，三十二年七月奉天征讨，十一月守德胜门升勇士百户，三十三年济南功升副千户，三十四年夹河阵亡。高祖戴兴，旧名王兴，系通一嫡长男，本年十二月袭升流官指挥佥事，三十五年六月渡江平定京师，升新安卫世袭指挥佥事，老。曾祖戴鹏系嫡长男，正统十二年替，天顺四年调镇番卫，成化七年老。祖戴英①系庶长男，优给，十四年五月替，正德十二年老。父戴宝系嫡长男，十四年六月替，嘉靖十四年疾。恩系嫡长男，十五年八月替镇番卫世袭指挥佥事。

一辈戴通一，已载前黄。

二辈戴名，已载前黄。

三辈戴兴，旧选簿查有：永乐三年正月，戴兴，旧名锁锁，系济阳卫后所小河阵亡总旗王二嫡长男，敬升本卫所世袭副千户。 ·101·

四辈戴鹏，旧选簿查有：正统十二年，戴鹏，系新安卫世袭指挥佥事戴兴嫡长男。

五辈戴英，旧选簿查有：成化十四年五月，戴英，六合县人，系镇番卫残疾世袭指挥佥事戴鹏庶长男。

六辈戴宝，旧选簿查有：正德十四年六月，戴宝，六合县人，系镇番卫指挥佥事戴英嫡长男。

七辈戴恩，旧选簿查有：嘉靖十五年八月，戴恩，六合县人，系镇番卫患疾指挥佥事戴宝嫡长男。

充军簿查有：戴恩，镇番卫指挥。犯该守备不设，嘉靖三十四年正月充平房卫右所终身军。

---

①《明宪宗实录》卷二三二：成化二十年五月丁亥，"降陕西镇番卫指挥佥事戴英、姚钟为正千户，指挥同知王源为指挥佥事，以房寇失机，从巡按御史罗赞劾奏也"。

万历五年闰八月，准都察院咨为纠劾署事将官以饬法纪事，内开镇番卫指挥同知戴恩，所犯合依管军官科敛军钱入己者，计赃以枉法论律绞，系杂犯，准徒照例斩首示众，子孙例应革袭揭黄。

王允亨·指挥佥事

外黄查有：王义，旧名剪儿，滁州人。有父王兴，甲午年充军，洪武元年故。十七年取义补役，三十三年并枪充小旗，三十三年济南升总旗，三十四年夹河升实授百户，三十五年克金川门升大同后卫前所副千户，钦与世袭。王刚①系王义庶长男。父洪熙元年调镇番卫左所，年老，刚替副千户。王贤系王刚嫡长男，父宣德十年与达贼对敌阵亡，贤于正统二年升一级，与正千户优给。

一辈王义，已载前黄。

二辈王刚，旧选簿查有：宣德四年四月，王刚，系镇番卫左所世袭副千户王义庶长男。

三辈王贤，旧选簿查有：正统十一年九（月），王贤，系镇番卫左所世袭副千户王刚嫡长男。父与达贼对敌阵亡，已升本人正千户俸优给。今出幼，钦准袭流官正千户。

钦升簿查有：天顺四年九月，镇番地方杀贼获功，例升一级，镇番卫正千户升指挥佥事六员内一员王贤。

四辈王铭②，旧选簿查有：成化二十二年十一月，王铭，滁州人，系镇番卫指挥佥事王贤嫡长男，钦与世袭。

五辈王深，旧选簿查有：嘉靖五年六月，王深，年三十八岁，滁州人，系陕西行都司镇番卫老疾都指挥同知王铭嫡长男。伊父原系指挥佥事，以纳粟升都指挥佥事，以尖塔功升都指挥同知。缘都指挥系流官，例无承袭，本人照例革替指挥佥事，注原卫。

---

①嘉靖《陕西通志》卷二四《文献》一二《三边名宦·陕西行都指挥司》："王刚，直隶凤阳府滁州人，任镇番卫副千户。宣德十年，被贼首阿台等临城，刚勇敢当先，拒敌阵亡。正统元年，钦赐优恤米粮、银绢，遣人致祭，仍升其子一级，袭正千户。"（第1240页）
②《明武宗实录》卷一六八：正德十四年十一月戊申，"降陕西镇番卫都指挥同知王铭为都指挥佥事，坐房入境不设备也"。

充军簿查有：王深，陕西镇番卫指挥佥事。嘉靖十三年五月犯该守备不设，充肃州卫中所边远军。

六辈王允亨，旧选簿查有：嘉靖十二年六月，王允亨，年二十一岁，滁州人，系镇番卫故指挥佥事王深嫡长男。

七辈王国柱，隆庆四年四月，王国柱，年二十一岁，滁州人，系镇番卫故指挥佥事王允亨嫡长男。伊父原袭祖职指挥佥事，嘉靖二十等年历升大同参将，三十八年为事参降副千户，四十年故。本舍照例准复袭祖职指挥佥事。

张天宠·指挥佥事

外黄查有：张礼，襄阳县人，洪武十八年拨锦衣卫军，三十三年济南升小旗，西水寨升总旗，三十五年平定京师，钦除杭州右卫后所百户，永乐二年钦与世袭。

一辈张礼，已载前黄。

二辈张忠，旧选簿查有：宣德元年六月，张忠，系杭州右卫后所故世袭百户张礼嫡长男。

天顺四年九月，镇番卫百户升副千户张忠。

三辈张昇，旧选簿查有：天顺七年六月，张昇，年三十七岁，襄阳县人，系镇番卫左所副千户张忠嫡长男，钦与世袭。

四辈张英，旧选簿查有：成化二十二年九月，张英，襄阳县人，系镇番卫左所世袭副千户张昇嫡长男。

五辈张义，旧选簿查有：正德十三年四月，张义，襄阳县人，系镇番卫左所年老世袭副千户张英嫡长男。

功次簿查有：嘉靖十年，为斩获犯边达贼首级事，该将斩首为首等共有功官旗军四十九员名升实授一级，镇番卫左所副千户升正千户张义。

功次簿查有：嘉靖十七年，征陕西地方沙嘴儿等处功次，二人共斩贼级一颗，为首官旗军五十一员名，镇番卫左所正千户升指挥佥事一员张义。

六辈张缙，旧选簿查有：嘉靖三十九年二月，张缙，年三十五岁，襄阳县人，系镇番卫年老指挥佥事张义嫡长男。

七辈张天宠，旧选簿查有：隆庆三年二月，张天宠，年二十七岁，襄阳县人，系镇番卫故指挥佥事张缙嫡长男。

八辈张凤，万历四十七年十二月补十月大选，过镇番卫减袭指挥佥事一员张凤，年二十二岁，系故指挥使张天宠嫡长孙。其两级系部功，不准袭，减袭指挥佥事。比中一等。〔对讫。〕·103·

罗玉·指挥佥事

一辈罗什狗，缺。

二辈罗荣，缺。

三辈罗文，缺。

四辈罗忠，堂稿查有：弘治七年黄明沙功次，镇番卫已并枪总旗升试百户罗忠，户名罗什狗。

五辈罗恕，旧选簿查有：弘治十四年二月，罗恕，伏羌县人，系镇番卫左所故功升百户罗忠亲弟，钦与世袭。

副千户功次候查。

六辈罗福，旧选簿查有：嘉靖七年十月，罗福，年二十四岁，伏羌县人，系镇番卫左所患疾副千户罗恕嫡长男。伊父原袭百户，正德八年柳条湾功升前职。缘革册未到，本人暂与替职，待册到日另行定夺。

正千户功次候查。指挥佥事功次候查。

充军簿查有：罗福，系镇番卫指挥佥事，伏羌县人。犯该守备不设，嘉靖四十一年正月充大同左卫左所永远军。

七辈罗玉，旧选簿查有：嘉靖四十年二月，罗玉，年二十三岁，伏羌县人，系镇番卫老疾指挥佥事罗福庶长男。

八辈罗高才，万历三十八年十二月，大选过镇番卫指挥佥事一员罗高才，年二十一岁，系老指挥佥事罗玉庶长男。比中二等。〔对讫。〕

李世芝·卫镇抚

外黄查有：李世芝，年三十岁，系陕西镇番卫卫镇抚，原籍顺天府遵化县人。一世祖李钦，洪武十三年充力士，十四年权小旗，二十七年调大宁后卫守御，改设营州中护卫前所；三十二年大宁归顺升百户，三十三年济南功升副千户，永乐元年改宽河卫左所，二年故。始祖李斌系嫡长男，本年十月袭，老疾。高祖李洪系嫡长男，宣德四年十一月替，正统二年钦调镇番卫世袭卫镇抚，老疾。曾祖李权系嫡长男，天顺二年八月替，成化二十一年老疾。伯祖李焕系嫡长男，二十二年十一月替，故绝。祖李烨系亲弟，六年七月袭，正德十一年故。父李奎系嫡长男，十二年二月袭，嘉靖十年故。世芝幼名长孙，系庶长男，十二年六月优给，二十三年十月袭镇番卫世袭卫镇抚。

一辈李钦，已载前黄。·104·

二辈李斌，旧选簿查有：永乐二年十月，李斌，系宽河卫左所故副千户李钦嫡长男。

三辈李洪，旧选簿查有：宣德四年十一月，李洪，系宽河卫左所残疾世袭副千户李斌嫡长男。

四辈李权，旧选簿查有：天顺二年八月，李权，年二十二岁，遵化县人，系镇番卫卫镇抚李洪嫡长男，钦与世袭。

五辈李焕，旧选簿查有：成化二十二年十一月，李焕，遵化县人，系镇番卫卫镇抚李权嫡长男。

六辈李烨，旧选簿查有：弘治六年七月，李烨，遵化县人，系镇番卫故卫镇抚李焕亲弟。

七辈李奎，旧选簿查有：正德十二年二月，李奎，遵化县人，系镇番卫世袭卫镇抚李烨嫡长男。

八辈李世芝，旧选簿查有：嘉靖十二年六月，李世芝，年五岁，遵化县人，系镇番卫故卫镇抚李奎庶长男。照例与全俸优给，至嘉靖二十二年终住支。

旧选簿查有：嘉靖二十三年十月，李世芝，年十六岁，遵化县人，系镇番卫故世袭卫镇抚李奎庶长男，优给出幼袭职。

九辈李向胤，崇祯四年二月，大选过镇番卫卫镇抚一员李向胤，年二十九岁，系故卫镇抚李世芝亲孙。比中三等。

马世良·卫镇抚

外黄查有：马聪，襄阳县人。外曾祖王纳住，洪武十八年拨锦衣卫军，病故。祖马得补役，济南有功升小旗，三十四年夹河升总旗，三十五年克金川门升副千户，永乐二年病故。父马谅优给，宣德元年除镇抚，天顺二年杀贼有功，四年升正千户，成化元年风疾。聪系嫡长男，马楫系马聪嫡长男。

一辈马得，已载前黄。

二辈马谅，已载前黄。

三辈马聪，旧选簿查有：成化元年九月，马聪，年十八岁，襄阳县人，镇番卫右所正千户马谅嫡长男，钦与世袭。

四辈马楫，旧选簿查有：成化二十年十二月，马楫，襄阳县人，系镇番卫右所世袭正千户马聪嫡长男，患左眼瞎疾。·105·

五辈马世良，旧选簿查有：嘉靖十二年十二月，马世良，年二十岁，襄阳县人，系镇番卫右所故正千户马楫嫡长孙。伊高祖谅，原袭卫镇抚，天顺二年四坝功升前职。曾祖祖（聪）沿袭。所据四坝功查无擒斩，例应减革。本人革袭祖职卫镇抚。

六辈马奇才，万历十五年十月，马奇才，年二十一岁，襄阳县人，系镇番卫故卫镇抚马世良嫡长男。比中三等。

七辈马尚才，万历三十一年二月，大选过镇番卫卫镇抚一员马尚才，年二十八岁，系故卫镇抚马奇才亲弟。比中二等。

皮桂·正千户

一辈皮龙，缺。

二辈皮鉴，旧选簿查有：洪武三十二年三月，皮鉴，系巩昌卫左所世袭副千户皮龙庶长男。

三辈皮森，旧选簿查有：洪武三十二年十一月，皮森，年十一岁，系巩昌卫左所故世袭副千户皮鉴嫡长男。支俸读书操练，至十五岁出幼冠带管事。

四辈皮忠，旧选簿查有：正统二年七月，皮忠，系镇番卫左所世袭副千户皮森嫡长男。

钦升簿查有：天顺四年，镇番地方杀贼获功，例升一级，镇番卫副千户升正千户四员内一员皮忠。

五辈皮锐，旧选簿查有：成化十四年四月，皮锐，丰城县人，系镇番卫左所正千户皮忠庶长男，钦与世袭。

六辈皮浩，旧选簿查有：弘治十七年六月，皮浩，丰城县人，系镇番卫左所故正千户皮锐亲侄。

七辈皮常住，旧选簿查有：正德十六年十月，皮常住，年七岁，丰城县人，系镇番卫左所故正千户皮浩嫡长男。钦与全俸优给，至嘉靖七年终住支。

八辈皮桂，旧选簿查有：嘉靖十一年六月，皮桂，年十五岁，丰城县人，系镇番卫左所故世袭正千户皮浩亲侄。·106·

萧朝佐·正千户

外黄查有：萧成，兴化县人。有父萧允，丙午年从军，吴元年充小旗，洪武三年充总旗，二十四年除巩昌卫中左所世袭百户，二十八年调本卫左所，二月阵亡。成系嫡长男，当年仍授巩昌卫左所世袭百户。萧云系萧成嫡长男，父永乐三年调镇番卫左所，故。云永乐十六年授本卫百户。萧潴系萧云嫡长男，父正统十年故，潴十一年袭镇番卫左所世袭百户。萧桓系萧云嫡长孙，祖病故，父潴袭职，四坝杀贼有功升副千户，老。桓成化十五年替，授镇番卫左所副千户，钦与世袭。萧炳系萧桓嫡长男，父故，炳弘治七年袭镇番卫左所世袭副千户。萧玺系萧炳嫡长男，父故，玺弘治十六年袭镇番卫左所世袭副千户。

一辈萧允，已载前黄。

二辈萧成，旧选簿查有：永乐四年四月，萧成，调镇番卫左所世袭百户。

三辈萧云，旧选簿查有：永乐十六年二月，萧云，年十六岁，系镇番卫左所故世袭百户萧成嫡长男。

四辈萧潴，旧选簿查有：正统十一年十月，萧潴，系镇番卫左所故世袭百户萧云嫡长男。

功次簿查有：天顺五年，地方四坝，镇番卫百户升副千户一十五员内一员萧潴。

五辈萧桓，旧选簿查有：成化十五年十二月，萧桓，兴化县人，系镇番卫左所副千户萧潴嫡长男，钦与世袭。

六辈萧炳，旧选簿查有：弘治七年五月，萧炳，兴化县人，系镇番卫左所故世袭副千户萧桓嫡长男。

七辈萧玺，旧选簿查有：弘治十六年六月，萧玺，兴化县人，系镇番卫左所故世袭副千户萧炳嫡长男。

功次簿查有：嘉靖十二年七等月，地名砖井儿地方斩获首级、夺获达马，为首升一级，镇番卫左所副千户萧玺。

充军簿查有，萧洗（玺），系镇番卫左所副千户。犯该守备不设，嘉靖十三年十一月充山西威远卫左所边远军。

八辈萧朝佐，旧选簿查有：嘉靖二十九年十二月，萧朝佐，兴化县人，系镇番卫左所故正千户萧玺庶长男。

九辈萧馥，万历三十年十二月，萧馥，年二十二岁，系镇番卫左所老正千户萧朝佐亲孙。比中三等。

戴哑不素·正千户①

·107·

一辈戴哑不素，堂稿查有：嘉靖四十二年三月，一件重责成广举用等事，计开定拟升赏嘉靖四十一年三等月，大同汤淇河等处功次升实授一级，二人共斩一颗，为首镇番卫前所家丁［戴］哑不素，该升小旗。

隆庆元年十一月，一件达贼侵犯等事，计开定拟升赏嘉靖四十三年十一月十二日起至四十五年三月止，甘肃镇抹山湖等处地方功次升实授一级，二人共斩首一颗，为首镇番卫左所军人戴哑卜（不）速（素），该升小旗。

隆庆元年六月，一件套男（虏）犯边等事，计开定拟升赏嘉靖四十五年九等月，固原、宁夏、榆林、琵琶川等处地方功次升实授一级，二人共斩首一颗，为首镇番卫左所实授总旗戴哑不素，该升试百户。

隆庆元年八月，一件钦奉圣谕事，计开定拟升赏嘉靖四十五年十一等月，清平堡等处地方功次升实授一级，二人共斩首一颗，为首镇番卫左所实授总旗戴哑不素，该升试百户。

隆庆元年三月，一件钦奉圣谕事，计开定拟升赏嘉靖四十五年三等月，马阴山沟等处地方功次升实授一级，二人共斩首一颗，为首镇番卫左所随征家丁戴哑不素，该升小旗。吊来勘合查有：陕西行都使司为钦奉圣谕事，内开定拟嘉靖四十五

---

①此条与《总汇》57册98页"戴朝聘"档案中"戴哑不素"条互为补充。

年三月，榆林城、韩家墕等处功次升实授一级，二人共斩首一颗，为首镇番卫左所小旗戴哑不素，该升总旗。

旧选簿查有：隆庆二年十月，戴哑不素，年三十五岁，系镇番卫左所重升试百户。查得本官原系家丁，嘉靖四十一年汤其（淇）河斩首一颗升小旗，四十四年抹山湖斩首一颗重升小旗，四十五年马阴山沟斩首一颗亦升小旗，本年四月韩家墕斩首一颗升总旗，九月琵琶川斩首一颗，十一月清平堡斩首一颗，俱重升试百户。今实扣有军功六级，改正并升正千户。

孙光祚·实授百户

万历三十四年十二月，大选过镇番卫左所实授百户一员孙光祚，年三十二岁，安赛（塞）县人。查一世祖孙惟兴，由舍人嘉靖四十二年独青山斩首一颗升小旗，故。父孙海补，四十四年白盐忽（湖）地方斩首一颗升总旗，故。孙光被系男补，隆庆六年并枪充总旗，万历二十年水□子斩首一颗升试百户；二十三年又三道长湖斩首一颗，重升实授百户。其部〔功〕三级例应减革，本舍以弟承兄，准袭实授百户。比中一等。〔对讫①。〕·108·

左所年远事故正千户一员·孙铭

洪武三十二年二月，孙铭，系镇番卫左所世袭正千户孙再嫡长男。

孙谟·署正千户

天启二年四月，单本选过镇番卫左所署正千户事副千户一员孙谟，年二十五岁，安塞县人，系镇番卫左所署正千户事副千户孙光禄嫡孙。伊祖原补祖役小旗，于隆庆元年大碱滩斩达首一颗升总旗，四年鹅头山斩达首一颗升试百户。万历三十年十月内，以把总领兵在青羊山地方部〔下〕斩〔首〕一十五颗，升署正千户事副千户，未任先故。伊父孙承业，未袭亦故。查《条例》"部功未任先故，子孙准袭

---

①《总汇》57册此处错将该页置109页后。

一辈"。本舍以孙承祖，结保前来，应准袭署正千户事副千户一辈。以后子孙革去部功，止袭试百户。〔对讫。〕

吴养儒·试百户

万历三十四年十二月，大选过镇番卫左所试百户一员吴养儒，年三十六岁，西和县人。查伊始祖吴谷用，洪武年军，充小旗，故绝。吴国用补役，故。吴荣系男补役，红山儿阵亡。吴廉系男补役。吴彦章系男补役，嘉靖十七年吴千户营斩首一颗升总旗，故绝。吴彦铭系弟补并总旗，二十八年马鞍山斩首一颗升试百户，故。吴三省系男，残疾，未袭。养儒系男，系彦铭嫡孙，准袭试百户。比中一等。〔对讫。〕·109·

刘应诏·试百户

万历三十八年二月，大选过镇番卫左所试百户一员刘应诏，年二十三岁，临淮县人，系老试百户刘寓元嫡长男。祖役洪武间总旗，万历二十三年在孤山地方斩首一颗升试百户。本舍以子承父，准袭试百户。比中二等。〔对讫。〕

刘应荐，万历四十七年五月，单本选过镇番卫左所试百户一员刘应荐，年二十六岁，系故试百户刘应诏亲弟。比中二等。〔对讫。〕

王官·副千户

外黄查有：王官，年四十岁，系陕西行都司镇番卫左所副千户，原籍直隶凤阳府定远县人。一世祖王遇朝，甲午年从军，吴元年福建阵亡。二世祖王治补役，升小旗，调兴武卫；洪武十五年征沙漠有功，升总旗。二十一年征北平，与实授，年深升百户；二十三年调颍川卫，三十三年调巩昌卫后所，三十四年天河阵亡。三世祖王英系嫡长男，永乐元年二月袭，调镇番卫左所，宣德十年故。高祖王能系嫡长男，正统元年闰六月袭。天顺四年四坝地方获功升本卫所副千户，成化五年故。曾祖王谦系嫡长男，十六年六月袭，弘治十五年老疾。祖王辅系嫡长男，十六年六月替，正德十五年故。父王瓒系嫡长男，嘉靖元年六月袭，二年野猪湾地方阵亡。官幼名王长哥,系嫡长男,五年十二月优给,十三年十二月袭镇番卫左所副千户。

一辈王治,已载前黄。

二辈王英,旧选簿查有:永乐元年二月,王英,系巩昌卫后所阵亡世袭百户王治嫡长男。

三辈王能,旧选簿查有:正统元年闰六月,王能,系镇番卫左所故世袭百户王英嫡长男。

四辈王谦,旧选簿查有:成化十六年六月,王谦,定远县人,系镇番卫左所副千户王能嫡长男,钦与世袭。

五辈王辅,旧选簿查有:弘治十六年六月,王辅,定远县人,系镇番卫左所世袭副千户王谦嫡长男。

六辈王瓒,旧选簿查有:嘉靖元年六月,王瓒,定远县人,系镇番卫左所故世袭副千户王辅嫡长男。

七辈王官,旧选簿查有:嘉靖五年十二月,王官,幼名长哥子,年七岁,定远县人,系镇番卫左所阵亡世袭副千户王瓒嫡长男。照例与全俸优给,至嘉靖十二年终住支。

旧选簿查有:嘉靖十三年十二月,王官,年十五岁,定远县人,系镇番卫左所阵亡副千户王瓒嫡长男。·110·

八辈王希尧,万历十二年八月,王希尧,年三十五岁,定远县人,系镇番卫左所年老副千户王官嫡次男。查伊父王官一辈未比,照例罚俸三年。比中二等。

九辈王承基,天启二年三月补二月大选,过镇番卫左所副千户一员王承基,年二十八岁,系故副千户王希尧亲侄。比中三等。〔对讫。〕

张应武·副千户

外黄查有:张麟,秦州人。曾祖张思温,洪武十七年充总旗,永乐二年升百户,三年调镇番卫左所,四年故,系革除年间升用。十一年,祖张政仍充总旗;宣德十年镇番生擒达贼有功,正统元年升试百户,景泰元年老。父张广,二年替实授百户,天顺二年四坝杀贼斩首有功,四年升副千户,五年阿喇谷(骨)山斩首有功,六年升正千户,成化五年疾。麟系嫡长男,六年替本卫所正千户百户。

一辈张思温,已载前黄。

二辈张政，已载前黄。

三辈张广，旧选簿查有：景泰二年八月，张广，系镇番卫左所试百户张政、旧[户]名张思温嫡长男。父原系总旗，擒获达贼有功升前职，老疾。钦准本人照例替实授百户。

四辈张麟，旧选簿查有：成化六年六月，张麟，秦州人，系镇番卫左所百户张广嫡长男，钦与世袭。

五辈张钺，旧选簿查有：弘治九年九月，张钺，秦州人，系镇番卫左所故世袭正千户张麟嫡长男。

六辈张瀛，旧选簿查有：嘉靖十一年二月，张瀛，年十六岁，秦州人，系镇番卫左所故正千户张玥（钺）亲侄。伊曾祖广原袭试百户，钦准实授，历功二级升正千户。祖、伯沿袭。本人照例革袭副千户。

七辈张应武，旧选簿查有：嘉靖四十五年十二月，张应武，年二十二岁，秦州人，系镇番卫左所年老副千户张瀛嫡长男。查伊父一辈未比，照例罚俸三年。本舍比试不中，与支半俸，候及二年起送再比。·111·

罗俊才①·试百户

万历四十七年八月，单本选过镇番卫左所试百户一员罗俊才，年三十岁，伏羌县人，系故功升实授百户罗星②嫡长男。查伊父原应祖役总旗，于隆庆年间斩功一级升试百户。本舍以子继父，查无违碍，除部功例不准袭，准减袭试百户。比中三等。〔对讫。〕

杨继芳③·副千户

外黄查有：杨涧，乐亭县人。高祖杨聚，洪武六年充军，拨燕山前卫，年老。曾祖杨清代役，济南升小旗，西水寨升总旗，克应天府升陈州卫后所实授百户，

---

①其见《总汇》57册145页。
②《重刊甘镇志·官师·甘肃巡抚标下游击将军》："罗星，镇番人，万历二十一年任。"（《中国地方志集成·甘肃府县志辑》第44册，凤凰出版社，2009年）
③《重刊甘镇志·官师·甘肃巡抚标下游击将军》："杨继芳，镇番人，万历六年任。"（第62页）

故。祖杨昇袭职，调镇番卫左所，年老。父杨增系嫡长男替，四坝有功升副千户，故。涧系嫡长男，降袭本卫所百户。

一辈杨清，已载前黄。

二辈杨昇，已载前黄。

三辈杨增，旧选簿查有：景泰七年九月，杨增，年二十一岁，乐亭县人，系镇番卫左所世袭百户杨昇嫡长男。

四辈杨涧，旧选簿查有：弘治九年闰三月，杨涧，乐亭县人，系镇番卫左所副千户杨增嫡长男。父原系百户，功升前职，自己为事监，故。本人该袭祖职百户。

五辈杨经，旧选簿查有：嘉靖元年六月，杨经，乐亭县人，系镇番卫左所故百户杨涧嫡长男。

堂稿查有：嘉靖二十四年八月内在陕西地方土山湖获功升实授一级，官旗军舍二十七员名，二人共斩首一颗，为首实授百户升副千户内一员杨经。

六辈杨继芳，旧选簿查有：嘉靖三十年六月，杨继芳，乐亭县人，系镇番卫左所年老副千户杨经嫡长男。

万历九年六月，一件纠究贪庸将官以肃边纪事，准职方清吏司手本，该巡按陕西监察御史赵楷[①]奏：问得犯人杨继芳，招系镇番卫左所正千户。犯该管军官科敛军人钱粮入己者，计赃以枉法论，有禄人八十贯律绞，系杂犯，准徒五年，照例编发榆林卫前所永远充军，子孙革袭。查取洪武年间功升百户，次房无碍子孙赴部降袭。如无次房子孙，即行停革。 ·112·

李震[②]·副千户

一辈李二，缺。

二辈李志，缺。

三辈李荣（楣），总旗功次候查。

试百户功次：弘治八年七月，红山儿功次，镇番卫左所已并枪总旗升试百户李

[①]赵楷：浙江山阴人。万历二十八年（1600）六月由陕西右布政使兼副使、榆林中路兵备改右佥都御史巡抚辽东，赞理军务，兼管备倭。

[②]《万历陕西通志》卷一三《公署·甘肃总兵府》："李震，镇番卫人，都督佥事，万历二年任。"（第161页）

楫，户名李二。

功次簿查有：正德七年，凉州地方功次内镇番卫升一级不赏，二人共斩贼级一颗，为首官旗甲共二十五员名内左所实授百户升副千户三员，内一员李楫。

六（四）辈李灼，旧选簿查有：正德九年六月，李灼，高邮州人，系镇番卫左所副千户李楫嫡长男。伊父原系功升试百户，遇例实授，获功升前职，今年老。本人照例革替实授百户。

功次簿查有：嘉靖十年，拟升嘉靖八年凉州地方阎王沟获功官旗军余一十六员名内镇番卫实授百户升副千户一员李灼。

七（五）辈李震，旧选簿查有：嘉靖十九年二月，李震，高邮人，系镇番卫左所老疾副千户李灼嫡长男。

充军簿查有：李震，原籍高邮州人。犯该守备不设，于嘉靖四十五年四月定发平房卫左所终身军。

八（六）辈李胤弼，万历八年十二月，李胤弼，年三十二岁，高邮州人，系镇番卫老疾指挥佥事李震嫡长男。伊父原替祖职副千户，嘉靖二十二年双明沙斩首一颗升正千户，二十四年果园堡斩首一颗升指挥佥事，嘉靖三十一等年历推宁夏等处副总兵官；四十四年失事，参降二级，与做副千户；四十五年犯该守备不设，充平房卫左所终身军。隆庆三年九月内花马池出边捣巢，部下斩首一百七十六颗，题奉钦依准复原职指挥佥事，今老。本舍照旧替指挥佥事。比中三等。

九（七）辈李承勋，万历三十五年二月，大选过镇番卫指挥佥事一员李承勋，年三十岁，系李胤弼嫡长男。伊父推升守备，虚冒名粮，问拟杂犯，准徒五年，照例纳银闲住。五年限满开俸，老。承勋系嫡长男，准替指挥佥事。比中一等。　·113·

孙长儿·副千户

一辈孙义，旧选簿查有：永乐八年九月，孙义，系甘州后卫东乐驿世袭百户，调镇番卫左所。

二辈孙刚，旧选簿查有：宣德四年四月，孙刚，系镇番卫左所世袭百户孙义嫡长孙。

天顺四年九月，镇番卫百户升副千户孙刚。

三辈孙谦，旧选簿查有：成化三年三月，孙谦，吉水县人，系镇番卫左所故副千户孙刚嫡长男，钦与世袭。

四辈孙彰，旧选簿查有：成化二十一年十一月，孙彰，吉水县人，系镇番卫左所世袭副千户孙谦嫡长男。

五辈孙长儿，旧选簿查有：正德四年二月，孙长儿，年四岁，吉水县人，系镇番卫左所故世袭副千户孙彰嫡长男。钦与全俸优给，至正德十四年终住支。

严德·副千户

外黄查有：严礼，安丰县人。祖父严虎，丙申年归附从军，乙巳年选充凤翔卫小旗，洪武元年选充总旗，十年钦除绥德卫右所百户，十六年故。父严景，十八年敬准袭百户，二十八年钦升宁国卫左所副千户，三十三年升指挥佥事；永乐二年调肃州卫，三年将本卫裁革，仍回肃州卫；宣德九年在监病故。礼系嫡长男，正统六年钦准袭父原职世袭副千户，调镇番卫左所。

一辈严虎，已载前黄。

二辈严景，已载前黄。

三辈严礼，旧选簿查有：正统六年二月，严礼，系肃州卫指挥佥事严景嫡长男。父原系副千户，革除年间升除前职，为事在监病故。本人年壮，钦准袭父原职副千户，调镇番卫左所。

四辈严纲，旧选簿查有：景泰四年五月，严纲，安丰县人，系镇番卫左所世袭副千户严礼嫡长男。

五辈严泰，旧选簿查有：弘治元年七月，严泰，安丰县人，系镇番卫左所世袭副千户严纲嫡长男。·113·

六辈严忠，旧选簿查有：弘治十七年十一月，严忠，安丰县人，系镇番卫左所世袭副千户严泰嫡长男。

七辈严德，旧选簿查有：嘉靖二十年八月，严德，安丰县人，系镇番卫左所年老世袭副千户严忠亲侄。

充军簿查有：严德，镇番卫左所副千户。犯该监守自盗，嘉靖三十三年八月充云川卫右所永远军。

年远事故副千户一员·尚昭

洪武三十一年五月,尚昭,系镇番卫左所世袭副千户尚礼嫡长男。

又一员·唐瑾

洪武三十二年二月,唐瑾,系镇番卫左所世袭副千户唐海嫡长男。

又一员·马机①

嘉靖二年七月,马机,西和县人,系镇番卫左所年老正千户马杲嫡长男。伊父原系总旗,功升试百户,遇例实授,又获功二级升前职。本人照例革袭副千户,钦与世袭。

孙承胤·试百户

天启六年七月,单本选过镇番卫左所试百户一员孙承胤,年二十五岁,安塞县人,系阵亡实授百户孙光禧嫡长男。查伊叔祖孙泾,由舍人报效,嘉靖三十九年十二月内在沙山湖等处地方斩首一颗报官,奉札升小旗,故绝。伦该伯父孙光祐补役,嘉靖四十二年九月内在土山儿湖等处地方斩首一颗报官,奉札升总旗,故绝。伊父孙光禧系孙光祐亲弟,补役总旗,于万历二十三年在甘肃孤山等处地方获功,升试百户。又,万历二十九年七月部下获功,升实授百户。查部功例不世袭,今故本舍以子承父,结保无碍,合准袭试百户。比中一等。〔对讫。〕

陈皋谟·副千户

万历三十二年十二月,大选过镇番卫左所副千户一员陈皋谟,年二十七岁,定远县人,系老疾副千户陈达道亲侄。查伊一世祖陈祐寿,甲午年军,吴元年升小

---

① 此条与《总汇》57册93页"马举"档部分重复。

旗，洪武三等年陕西等处斩首有功升总旗，永乐元年调镇番卫左所总旗，故。二世祖陈本补役，阵亡，绝嗣。叔祖陈义补，天顺二年四坝地方斩首一颗，未经并枪仍充总旗，故。高祖陈宝补役，故。曾祖陈杰系男，补，老。祖陈庆补，嘉靖二十八年老。伯陈达道系男，补役总旗，四十四年清（青）土湖斩首一颗升试百户，本年四月大碱滩斩首一颗升实授百户，隆庆五等年推升守备都司，告病回卫；万历二十四年十月白水泉等处斩首一颗升副千户；今年六十以上，绝嗣。皋谟系亲侄。所据伊伯推升流官，例不准袭。本舍相应与祖役总旗上加陈达道三功，准袭副千户。比中一等。〔对讫。〕

陈朝纲，崇祯四年正月补三年十二月大选，过镇番卫左所副千户一员陈朝纲，年二十岁，系老［副千户］陈皋谟嫡长［男］。比中二等。〔对讫。〕

高登科·试百户

万历四十七年五月，单本选过镇番卫左所试百户一员高登科，年二十六岁，宁远县人，系镇番卫左所试百户高文燫嫡长男。伊父原补祖役总旗，于万历二十三年五月内在甘肃孤山地方斩达首一颗升试百户，今老。本舍以子承父，应准替试百户。比中二等。〔对讫。〕·116·

杜一凤·实授百户

外黄查有：杜铉，陇西县人。高祖杜伯通，洪武二十二年选充总旗，二十五年迤北阵亡。曾祖杜铭补役并，三十三年白沟河阵亡。祖杜文贵补并，调镇番卫左所，宣德七年老。父杜演代役并，天顺二年四坝杀败贼众有功，四年升试百户，八年遇例实授，风瘫。铉系嫡长男，成化元年替本卫所，钦准实授百户。

一辈杜伯通，已载前黄。

二辈杜铭，已载前黄。

三辈杜文贵，已载前黄。

四辈杜演，已载前黄。

五辈杜铉，旧选簿查有：成化元年四月，杜铉，陇西县人，系镇番卫左所百户杜演嫡长男，钦与世袭。

六辈杜诚，旧选簿查有：弘治二年十一月，杜诚，陇西县人，系镇番卫左所百户杜铉嫡长男。伊祖杜演原系功升试百户。父天顺八年正月以后遇例替实授，患疾。本人照例革替试百户。

七辈杜奎，旧选簿查有：正德九年六月，杜奎，陇西县人，系镇番卫左所副千户杜诚嫡长男。伊父原替试百户，遇例实授，又获功升前职，今老疾。本人照例革替实授百户，该与世袭。

八辈杜卿，旧选簿查有：嘉靖十七年二月，杜卿，陇西县人，系镇番卫左所老疾百户杜奎嫡长男。伊高祖演以总旗四坝杀贼有功升试百户，遇例实授。沿至祖诚，红山儿斩首功升副千户。父革，遇例与前职，所据四坝功查无擒斩，相应减革，本舍与替试百户。

九辈杜一凤，旧选簿查有：隆庆二年十月，杜一凤，年二十八岁，陇西县人，系镇番卫左所老疾实授百户杜卿嫡长男。伊父原革替祖职试百户，隆庆元年大碱滩斩首一颗，冒以实授百户报验，升副千户，今年老。所据冒升职级例应减革，本舍照例与祖职试百户上加伊父大碱滩斩首功一级，与替实授百户。

十辈杜一鹤，隆庆四年十二月，杜一鹤，陇西县人，系镇番卫左所故实授百户杜一凤亲弟。

十一辈杜之英，崇祯二年四月，大选过镇番卫左所实授百户一员杜之英，年二十岁，系老实授百户杜一鹤亲孙。比中三等。〔对讫。〕 ·117·

胡绅·实授百户

一辈胡得，缺。

二辈胡海，旧选簿查有：洪武二十五年，胡海，系横海卫无为州屯试百户胡得嫡长男，父为老疾，告替。

三辈胡成，旧选簿查有：永乐六年五月，胡成，系永昌卫中中①所故世袭百户胡海亲弟。

四辈胡清，旧选簿查有：正统二年十一月，胡清，系镇番卫左所世袭百户胡成嫡长男。父先因残疾选退，调彰德卫左所，减俸闲住。本人长壮，钦准替职，仍回

---

①"中"系衍字。

镇番卫左所。

五辈胡鉴，旧选簿查有：天顺四年三月，胡鉴，和州人，系镇番卫左所故世袭百户胡清嫡长男。

六辈胡铭，旧选簿查有：成化二十二年九月，胡铭，和州人，系镇番卫左所世袭百户胡鉴亲弟。

七辈胡琏，旧选簿查有：正德六年六月，胡琏，和州人，系镇番卫左所故世袭百户胡铭嫡长男。

八辈胡绅，旧选簿查有：嘉靖元年四月，胡小个儿，年四岁，和州人，系镇番卫左所故世袭百户胡琏嫡长男。钦与全俸优给，至嘉靖十一年终住支。

旧选簿查有：嘉靖十四年四月，胡绅，年十六岁，和州人，系镇番卫左所故百户胡琏嫡长男。

充军簿查有：胡绅，系镇番卫左所百户，和州人。犯该监守自盗，嘉靖四十一年二月充朔州卫左所永远军。

田登·实授百户

外黄查有：田瑞，陇西县人。曾祖田安，洪武十七年选充巩昌卫左所总旗，故。祖田士荣，户名不动补役并枪，仍充总旗，老疾。父田昱代役并枪，仍充总旗，故。瑞仍顶户名补役并枪，仍充总旗，天顺二年四坝等处杀败达贼，天顺四年钦升镇番卫左所试百户，天顺八年遇例实授，成化四年钦与流官。

一辈田安，已载前黄。

二辈田士荣，已载前黄。 ·118·

三辈田昱，已载前黄。

四辈田瑞，已载前黄。

五辈田刚，旧选簿查有：成化二十一年九月，田刚，陇西县人，系镇番卫左所百户田瑞嫡长男。父原系功升试百户，遇例实授。本人照例革替试百户。

六辈田秀，旧选簿查有：正德八年二月，田秀，陇西县人，系镇番卫左所故署副千户田刚嫡长男。伊父原系革替试百户，弘治五年遇例实授，又获功升前职。本人照例革袭实授百户。

七辈田登，旧选簿查有：嘉靖五年六月，田家儿，年七岁，陇西县人，系镇番卫左所故世袭百户田秀嫡长男。照例与全俸优给，至嘉靖十二年终住支。

旧选簿查有：嘉靖十九年四月，田登，陇西县人，旧名田家儿，系镇番卫左所故实授百户田秀嫡长男。优给出幼袭职，限外有无多支俸粮，查扣支给。

充军簿查有：田登，本所实授百户，陇西县人。犯该监守自盗，嘉靖三十六年十二月，充天城卫中所永远军。

王世臣·实授百户

一辈王珣，旧选簿查有：天顺四年，镇番地方杀贼获功，镇番卫总旗升试百户王珣。

二辈王清，旧选簿查有：成化七年八月，王清，年十五岁，金华县人，系镇番卫右所故百户王珣嫡长男，钦与世袭。

三辈王权，旧选簿查有：弘治十六年十二月，王权，金华县人，系镇番卫左所试百户王清嫡长男。伊祖王珣原系试百户，天顺八年遇例实授，故。父替袭百户，功升副千户，为事降前职，故。本人照例袭祖职试百户。

四辈王世臣，旧选簿查有：嘉靖五年四月，王世臣，金华县人，系镇番卫左所副千户王权嫡长男。伊父原袭试百户，遇例实授，正德十二年黄明沙获功升前职。所据遇例一级例该减革，又黄明沙功革册未到，本舍暂先革替实授本所百〔户〕，候册到再行定夺。·119·

李震亨·试百户

天启四年十月，单本选过镇番卫左所试百户一员李震亨，年三十岁，陇西县人。查伊伯李可久，原补李钊祖役总旗，于嘉靖四十三年在甘肃镇抹山等处地方斩达首一颗，仍以总旗祖名报功升试百户，为事问充甘州右卫终身军。万历二十三年孤山儿斩首一颗，又本年九月部下斩首十二颗，例升二级，准复试百户，上加孤山斩首一颗，功升实授百户，今故。本舍以侄承伯，结保前来。查伊伯李可久升实授百户一级系自获自犯，本舍应减袭试百户。比中三等。〔对讫。〕

徐江·世袭百户

一辈徐得胜，缺。

二辈徐和，缺。

三辈徐敏，旧选簿查有：永乐元年四月，徐敏，系巩昌卫左所阵亡世袭百户徐和亲侄。

四辈徐霖，旧选簿查有：宣德十年七月，徐霖，系镇番卫左所世袭百户徐敏嫡长男。

五辈徐宾，旧选簿查有：天顺元年七月，徐宾，年三十六岁，定远县人，系镇番卫左所世袭百户徐霖嫡长男。

六辈徐琮，旧选簿查有：成化七年七月，徐琮，定远县人，系镇番卫左所世袭百户徐宾嫡长男。

七辈徐瘾，旧选簿查有：弘治十八年二月，徐瘾，定［远］县人，系镇番卫左所世袭百户徐琮嫡长男。伊父原系巩昌卫左所，调今卫所。

八辈徐江，旧选簿查有：正德十四年八月，徐江，年十六岁，定远县人，系镇番卫左所故世袭百户徐瘾嫡长男，患右眼瞎疾。·120·

何希闵·实授百户

一辈何海潮。

二辈何楫。

三辈何呆。

四辈何福。

五辈何柱。

六辈何相。

七辈何希闵，万历八年十二月，何希闵，年三十二岁，文县人，系镇番卫左所阵亡试百户何相嫡长男。伊父原袭祖职补役小旗，嘉靖三十八年丘家沙窝斩首一颗升总旗，四十四年抹山尾斩首一颗升试百户，隆庆四年正月何家湾阵亡，袭升一级。本舍合照例于试百户上加伊父阵亡功一级，与袭升实授百户。比中一等第十一名。

孙承宠·实授百户[1]

崇祯六年二月，大选过镇番卫左所实授百户一员孙承宠，年二十岁，系疾实授百户孙光祚嫡长男。比中二等。〔对讫。〕

左所年远事故世袭百户一员·张荣

永乐四年八月，张文震，系镇番卫中所正千户张汉雄庶长男。父原系流官百户，革除年间升正千户，今为老疾，敬准替授本卫所世袭百户。·121·

永乐十三年六月，张荣，年十六岁，系镇番卫左所故世袭百户张文震嫡长男。

又一员·朱旺

永乐四年四月，调镇番卫左所世袭百户朱谅。

永乐十九年七月，朱旺，年十八岁，系镇番卫左所故世袭百户朱谅亲侄。

又一员·徐瑛

洪武三十一年六月，徐礼，系镇番卫左所故世袭百户徐兴嫡长男。

永乐六年五月，徐瑛，年十五岁，系镇番卫左所故世袭百户徐礼嫡长男。先次已与本人优给，今出幼袭职。

又一员·刘玘

正统十年三月，刘玘，系镇番卫左所故世袭百户刘信嫡次男。有父嫡长男刘能，患风瘫病疾。钦准本人袭职，待有男还与职事。

---

[1]"孙光祚"条见《总汇》57册108页。

又一员·韩晖

永乐元年三月，韩晖，系镇番卫左所阵亡世袭百户韩喧（暄）、旧名德亲弟。

又一员·吴迪

永乐五年六月，吴迪，系镇番卫左所世袭百户吴七二嫡长男。

陈朝纪·实授百户

万历四十四年十二月，单本选过镇番卫左所实授百户一员陈朝纪，年二十五岁，定远县人，系故指挥佥事陈禹谟侄。伊伯原补祖役总旗，于万历二十三年五月内甘肃镇孤山等处斩首一颗升试百户。又，二十三年九月，镇番三道长湖斩首一颗升试百户，二十四年十月内甘肃白水泉等处斩首一颗升副千户，二十八年十二月内甘〔肃〕镇大沙沟等处部下斩首十颗升指挥佥事，今故绝，而亲弟皋谟又别承职。本舍合照以侄继伯，例除祖役外新功三级，例降一级，准减袭实授百户。比中一等。

陈朝纪，万历四十四年十二月，单本选过镇番卫左所实授百户一员陈朝纪，年二十五岁，以侄继伯，例除祖役外新功三级，例降一级，准减袭实授百户。比中一等。〔对讫。〕

李皜如·实授百户

崇祯九年九月，单本选过镇番卫左所总旗〔李皜如〕。本役原补祖役总旗，伊亲叔李谦原系本所总旗，伊叔故绝。序应皜如承并，合准照例于总旗上加伊叔李谦总旗功故绝二级，做世袭实授百户。〔对讫。〕

王惠·试百户

外黄查有：王斌，伏羌县人。祖王居本，洪武二十二年选充巩昌卫左所总旗，老。父王克忠，顶名代役并枪，仍充总旗；天顺二年四坝等处杀贼，败达贼；四年钦升镇番卫左所试百户，八年遇例实授，成化四年钦与流官。王铎系王斌亲侄，伯父故，堂兄王铉袭，亦故。铎于成化十五年六月袭，世袭百户。

一辈王居本，已载前黄。

二辈王克忠，已载前黄。

三辈王斌，已载前黄。

四辈王铉，已载前黄。

五辈王铎，旧选簿查有：成化十五年六月，王铎，年十六岁，伏羌县人，系镇番卫左所故世袭百户王铉堂弟。

六辈王恕，零选簿查有：嘉靖八年六月，王恕，伏羌县人，系镇番卫左所革袭试百户，今患疾。王溢，嫡长男，告替。伊父一辈未比，照例住俸三年。

七辈王溢，旧选簿查有：弘治十一年六月，王溢，年十八岁，伏羌县人，系镇番卫左所百户王铎嫡长男。伯祖王斌原系天顺年间功升试百户，堂伯王铉袭前职，亦故。父袭职，又故。本人照例已革与试百户俸优给，今出幼袭职试百户。

八辈王惠，旧选簿查有：嘉靖二十八年，王惠，伏羌县人，系镇番卫左所故实授百户王恕亲弟。伊兄原袭试百户，遇例实授。今本舍仍革袭试百户。

黄彦文·试百户

外黄查有：黄源，溧水县人。高祖黄弟儿，甲午年从军，故。曾祖黄文义补役，永乐元年调补镇番卫小旗，老。祖黄伏代役，天顺四年以四坝杀贼功升总旗，老。父黄杲代役，弘治八年以黄明沙杀贼功升实授百户，老疾。源系嫡长男，九年替实授百户。

一辈黄文义，已载前黄。

二辈黄伏，已载前黄。

三辈黄杲，已载前黄。

四辈黄源，旧选簿查有：弘治九年九月，黄源，溧水县人，系镇番卫左所功升试百户黄杲、户名黄弟儿嫡长男。

五辈黄椿，旧选簿查有：正德十一年六月，黄椿，溧水县人，系镇番卫左所功升副千户黄源嫡长男。伊父原替试百户，遇例实授，又功升前职。本人照例仍革替实授百户。

六辈黄彦文，旧选簿查有：嘉靖二十四年四月，黄彦文，溧水县人，系镇番卫左所故实授百户黄椿嫡长男。伊曾祖杲以总旗黄明沙杀贼升实授百户。祖源，镇番功升副千户。父椿替，已革实授百户，故。今据黄明沙功无擒斩，仍应减革。本人照例革袭试百户。

七辈黄廷弼，天启五年六月，大选过镇番卫左所实授百户一员黄廷弼，年三十岁，系故实授百户黄彦文亲孙。比中一等。〔对讫。〕

李琥·试百户

外黄查有：李旺，陇西县人。曾祖李玉，洪武十七年充总旗，三十一年故。祖李从政补并，永乐三年调镇番卫左所，正统十年老。父李让左腿生疮，叔李敬代并；天顺二年四坝杀贼有功，四年升试百户，七年故，无嗣。旺系亲侄，八年袭，成化三年调黑山驿管事。

一辈李玉，已载前黄。

二辈李从政，已载前黄。

三辈李敬，已载前黄。

四辈李旺，旧选簿查有：天顺八年十月，李旺，陇西县人，系镇番卫左所试百户李敬亲侄。叔原系总旗，于陕西杀贼获功升前职，今病故。本人照例该袭实授百户。

五辈李雄，旧选簿查有：成化二十三年十一月，李雄，陇西县人，系镇番卫左所试百户李旺嫡长男。叔祖李敬原系试百户，遇例实授，铨注本卫黑山驿管事。本人照例革替试百户，仍管黑山驿事。

六辈李琥，旧选簿查有：嘉靖十年八月，李琥，年二十岁，陇西县人，系镇番卫左所铨注黑山驿管事老疾百户李雄嫡长孙。伊高伯祖敬，立功升试百户；曾祖旺，钦准袭实授。祖袭沿。今本人照例革替试百户。

宿元贞·试百户

崇祯二年四月，单本选过镇番卫左所试百户一员宿元贞，年二十岁，系故功升

试百户宿江嫡长男。比中二等。〔对讫。〕

张伟·试百户

一辈张真，缺。

二辈张伏保，缺。

三辈张海，缺。总旗功次候查。

四辈张楫，审稿内查有：嘉靖十二年六月，吊来正德七年札付，查有镇番、凉州地方获功，镇番卫升一级不赏，二人共斩贼级一颗，为首官旗甲共二十五员名，实授总旗升试百户两员内一员张真（楫）。

五辈张序，旧选簿查有：嘉靖十二年六月，张序，年三十五岁，通渭县人，系镇番卫左所年老无嗣试百户张楫亲侄。其凉州升试百户一级系正德年间功次，暂与替职，候革册到日定夺。

六辈张伟，旧选簿查有：嘉靖二十一年二月，张伟，通渭县人，系镇番卫左所故试百户张序嫡长男。

赵宋昌·试百户

一辈赵伦。

二辈赵遥。

三辈赵刚。

四辈赵廉。

五辈赵元。

六辈赵时雍。

七辈赵宋昌，崇祯十二年九月，单本选过镇番卫左所试百户一员赵宋昌，年二十八岁，系故试百户赵时雍嫡长男。比中三等。

孙魁·试百户

一辈孙成，小旗功次候查。总旗功次候查。

二辈孙能，缺。

三辈孙清，缺。

四辈孙贵，试百户功次候查。

充军簿查有：孙贵，左所试百户，陇西县人。犯该监守自盗，嘉靖三十六年十二月充大同前卫中〔所〕永远军。

五辈孙魁，旧选簿查有：嘉靖二十九年十二月，孙魁，陇西县人，系镇番卫左所老疾实授百户孙贵嫡长男。伊父原系功升试百户，遇例实授。今本舍革遇例职级，与替试百户。·127·

叶良栋·试百户

崇祯十一年六月，大选过镇番卫左所试百户一员叶良栋，年三十五岁，系故试百户叶景亲孙。比中三等。〔对讫。〕

崔章·试百户

一辈崔源，小旗功次候查。

二辈崔兴，缺。

三辈崔钊，缺。

四辈崔汉，总旗功次候查。

功次簿查有：嘉靖二十九年七月，一件为达贼出没、官军奋勇斩获首级、夺获达贼马夷器事，开嘉靖二十七年六月镇番中沙、青山儿等处获功，二人共斩首一颗，为首镇番卫左所总旗升试百户一员崔天佑。

五辈崔章，旧选簿查有：隆庆三年二月，崔章，年三十八岁，安定县人，系镇番卫左所年老试百户崔汉嫡长男。

六辈崔永乾，万历十四年十二月，崔永乾，年四十一岁，安定县人，系镇番卫左所年老试百户崔章嫡长男。比中一等。

七辈崔登瀛，万历二十九年十二月，崔登瀛，年二十五岁，系镇番卫左所患疾试百户崔永乾嫡长男。查青山儿等处零斩首一颗，沿袭二辈矣，应减替冠带总旗。比中二等。·128·

马汝岩·试百户

天启二年四月，单本选过镇番卫左所试百户一员马汝岩，年二十岁，西和县人，系故试百户马景嫡长男。伊父系祖役总旗，于万历二十三年五月内在甘肃镇孤山等处地方斩达首一颗，功升试百户，今故。本舍以子承父，合准袭试百户。比中一等。〔对讫。〕

刘恕·试百户

一辈刘敬，缺。

二辈刘智，旧选簿查有：正统九年八月，刘智，系甘州中卫左所试百户刘敬亲侄。叔原系总旗，于兀鲁乃等处杀贼有功升前职，病故。钦准本人袭实授世袭百户。

三辈刘源，旧选簿查有：天顺六年六月，刘源，陇西县人，系镇番卫左所被贼伤故副千户刘智嫡长男，钦与世袭。

四辈刘澄，旧选簿查有：成化二年四月，刘澄，陇西县人，系镇番卫左所故世袭副千户刘源亲弟。

五辈刘桓，旧选簿查有：弘治八年十一月，刘桓，陇西县人，系镇番卫卫镇抚刘澄嫡长男。伊父原系本卫左所副千户，改任前职。

六辈刘恩，旧选簿查有：正德十一年六月，刘恩，陇西县人，系镇番卫卫镇抚纳级指挥佥事刘桓嫡长男。

七辈刘恕，旧选簿查有：嘉靖元年八月，刘恕，陇西县人，系镇番卫左所故绝百户刘恩亲弟。伊五世伯祖敬，以小旗并枪升总旗，功升试百户。高祖智袭实授，功升副千户。祖澄、父桓沿袭。兄革去实授一级，袭百户。所据并枪不由军功，本人照例革袭试百户。

八辈刘大伸，隆庆四年四月，刘大伸，陇西县人，系镇番卫左所故副千户刘恕嫡长男。

张世威·试百户

一辈张海，缺。

二辈张敏，总旗功次候查。

三辈张遇林，试百户功次候查。

四辈张祥，旧选簿查有：成化十六年四月，张祥，安定县人，系镇番卫左所百户张遇林嫡长男。父原系功升试百户，遇例实授。本人照例革替试百户。

五辈张润，旧选簿查有：嘉靖九年六月，张润，年三十六岁，安定县人，系镇番卫左所故百户张祥嫡长男。伊父原替试百户，遇例实授。本人照例革袭试百户。

六辈张世威，旧选簿查有：嘉靖二十五年六月，张世威，安定县人，系镇番卫左所故试百户张润嫡长男。

蔺良佐·试百户

一辈蔺兴，缺。

二辈蔺显，旧选簿查有：成化二年九月，蔺显，通渭县人，系镇番卫左所百户蔺兴、户名蔺友钤亲侄，钦与世袭。

三辈蔺宽，旧选簿查有：成化二十三年十一月，蔺宽，通渭县人，系镇番卫左所试百户蔺显嫡长男。叔祖蔺兴原系试百户，遇例实授。父替职。本人照例革替试百户。·130·

四辈蔺喜哥子（爵），旧选簿查有：嘉靖元年十月，蔺喜哥子，年六岁，通渭县人，系镇番卫左所故百户蔺宽庶长男。伊父原系革替试百户，遇例实授。今照例革与本人试百户俸优给，至嘉靖九年终住支。

五辈蔺良佐，旧选簿查有：嘉靖三十三年八月，蔺良佐，年二十岁，通渭县人，系镇番卫左所故实授百户蔺爵嫡长男。查得伊父原系试百户，遇例实授。今本舍仍革与试百户。

万历十一年八月，一件钦奉敕谕事，准职方司手本内开镇番卫左所试百户宁（蔺）良佐，照例揭黄。

姚士奇·试百户

天启二年四月，单本选过镇番卫左所试百户一员姚士奇，年十八岁，西和县人。查伊祖姚存正，系[补]祖役总旗，于万历二十三年五月内在甘肃镇孤山等处

地方斩达首一颗，功升试百户，今故。本舍以孙承祖，合准袭试百户。比中三等。〔对讫。〕

白鹤·试百户

一辈白士元，缺。

二辈白喜，缺。

三辈白英，缺。

四辈白云，旧选簿查有：天顺四年九月，镇番卫总旗升试百户白喜。·131·

五辈白通，旧选簿查有：天顺七年五月，白通，迁安县人，系镇番卫左所试百户白云、户名白喜嫡长男。父原系总旗，于四坝等处杀贼获功升前职，今老疾。本人照例替实授百户。

六辈白谦，旧选簿查有：弘治十四年九月，白谦，迁安县人，系镇番卫左所百户白通嫡长男。伊祖白云原系功升试百户，天顺八年遇例实授，患疾。父替职，老疾。本人照例革替试百户。

七辈白凤，旧选簿查有：嘉靖二年七月，白凤，迁安县人，系镇番卫左所年老百户白谦嫡长男。伊曾祖云功升试百户，遇例实授。祖、父沿袭。本人照例革与试百户。

八辈白鹤，旧选簿查有：嘉靖十四年十二月，白鹤，年三十岁，迁安县人，系镇番卫左所故试百户白凤亲弟。

刘桂·试百户

一辈刘玥，小旗功次候查。总旗功次候查。试百户功次候查。

二辈刘桂，旧选簿查有：嘉靖三十年四月，刘桂，成县人，系镇番卫左所老疾实授百户刘玥嫡长男。伊父原系试百户，遇例实授。今本舍革遇例，与做试百户。

张国功·试百户

天启二年四月，单本选过镇番卫左所试百户一员张国功，年三十五岁，秦州人。查伊父长男原补祖役总旗，于万历二十三年五月内在甘肃镇孤山等处地方斩达首一颗功升试百户，今故。本舍以子承父，应准袭试百户。比中三等。〔对讫。〕

姚臣·试百户

一辈姚顺，小旗功次候查。

二辈姚安，缺。

三辈姚钺，总旗功次候查。试百户功次候查。

四辈姚激，缺。

五辈姚臣，旧选簿查有：嘉靖三十九年十二月，姚臣，年二十八岁，伏羌县人，系镇番卫左所故实授百户姚激嫡长男，革遇例试百户。

六辈姚宗美，万历十三年十月，姚宗美，年三十五岁，伏羌县人，系镇番卫左所患疾试百户姚臣嫡长男。比中二等。

七辈姚师程，万历四十四年七月，单本选过镇番卫左所实授百户一员姚师程，年三十岁，老实授百户姚宗美嫡长男。伊父原袭试百户，于万历二十七年在篱笆泉等处斩首一颗，升实授百户，今老。本舍以子承父，应准替实授百户。比中一等。〔对讫。〕

景铁住保·试百户

一辈景二，缺。

二辈景长受，缺。

三辈景青，缺。

四辈景俊，总旗功次候查。

五辈景应时，试百户功次候查。

六辈景铁住［保］，旧选簿查有：嘉靖二十九年十二月，景铁住保，年六岁，秦安县人，系镇番卫左所故试百户景［应］时嫡长男。照例与全俸优给，至嘉靖三十七年终住支。

张朝臣·试百户

一辈张荣，缺。

二辈张海，缺。

三辈张春，缺。

四辈张雄，试百户功次候查。

五辈张朝臣，旧选簿查有：嘉靖三十一年六月，张朝臣，湖口县人，系镇番卫左所实授百户张雄嫡长男，革遇例一级，与试百户。·134·

周之宾·试百户

天启四年八月，单本选过镇番卫左所试百户一员周之宾，年二十六岁，定远县人。查伊伯周彦文，原替祖役总旗，于隆庆元年四等月在镇番大碱滩等处地方斩达首一颗，题升试百户，今故，绝嗣。本舍以侄承伯，伦序应及查无违碍，合准袭试百户。比中三等。〔对讫。〕

丁锐·试百户

一辈丁祥，缺。

二辈丁得，缺。

三辈丁俊，缺。

四辈丁云，试百户功次候查。

五辈丁忠，旧选簿查有：成化三年四月，丁忠，和州人。父丁云、户名丁祥，系镇番卫左所总旗，西番杀贼阵亡，该升一级。忠系嫡长男，照例袭升试百户。

六辈丁锐，旧选簿查有：正德二年二月，丁锐，乌江县人，系镇番卫左所总旗丁忠嫡长男。伊父原系袭升试百户，为守备不设降前职，故。本人照例袭祖丁云阵亡功，升试百户。

周之光·试百户

崇祯元年四月，单本选过镇番卫左所试百户一员周之光，年二十岁，系故试百户周武嫡长男。比中二等。〔对讫。〕

赵恩·试百户

一辈赵义，缺。

二辈赵敬，旧选簿查有：成化三年四月，赵敬，陇西县人。叔赵义，户名赵居，系镇番卫左所实授总旗，西番杀贼阵亡，该升一级，无儿男。敬系亲侄，照例袭升试百户。

三辈赵英，旧选簿查有：弘治六年七月，赵英，年十六岁，陇西县人，系镇番卫左所故试百户赵敬嫡长男。

四辈赵恩，旧选簿查有：嘉靖三十三年八月，赵恩，年二十五岁，陇西县人，系镇番卫左所故实授百户赵英嫡长孙。查得伊祖原系试百户，遇例实授。今本舍仍革与试百户。

五辈赵宗胤，万历十四年十二月，赵宗胤，年三十五岁，陇西县人，系镇番卫左所年老试百户赵恩嫡长男。比中三等。

李光忠·试百户

天启二年四月，单本选过镇番卫左所试百户一员李光忠，年三十岁，临淮县人。查伊父李清，原户补祖役总旗，于万历二十三年五月内在甘肃镇孤山等处地方斩达首一颗，功升试百户，今故。本舍以子承父，应准袭试百户。比中一等。〔对讫。〕

王忠·试百户

一辈王顺，缺。小旗功次候查。总旗功次候查。

二辈王贤，缺。

三辈王世禄，试百户功次候查。

四辈王忠，旧选簿查有：嘉靖二十八年十二月，王忠，陇西县人，系镇番卫左所故实授百户王世禄嫡长男。伊父原以总旗，嘉靖十五年凉州、扒沙等处功升试百户，二十四年遇例实授。所据遇例职级不由军功，例应减革。今本舍仍革袭试百户。

五辈王懋德，万历八年四月，王懋德，年三十一岁，陇西县人，系镇番卫左所老试百户王忠嫡长男。比中三等。

六辈王希武，崇祯九年四月，大选过镇番卫左所试百户一员王希武，年二十七岁，系故试百户王懋德亲孙。比中三等。〔对讫。〕

李茂林·试百户

天启四年二月，单本选过镇番卫左所试百户一员李茂林，年三十六岁，系故试百户李士奇嫡长男。查伊父原补李尚贤祖役总旗，于万历二十三年五月内在甘肃镇孤山地方亲斩达首一颗，仍以总旗祖名报验，升试百户，故。今本舍以子承父，准袭试百户。比中三等。〔对讫。〕

祁恩·试百户

一辈祁润，缺。

二辈祁智，缺。

三辈祁刚，堂稿内查有：嘉靖十五年，凉州地名扒沙等处升实授一级，二人共斩贼级一颗，为首官旗军舍镇番卫左所小旗升总旗祁奴二①。

嘉靖十七年，地名沙嘴儿等处，二人共斩贼级一颗，为首镇番卫左所冠带总旗升试百户祁奴二。

四辈祁恩，旧选簿查有：嘉靖二十一年十月，祁恩，会宁县人，系镇番卫左所

---

① 此处"祁奴二"应为"祁刚"旧名或别名。

风疾试百户祁纲（刚）嫡长男。

五辈祁守谦，万历八年十二月，祁守谦，年十六岁，会宁县人，系镇番卫左所阵亡正千户祁恩嫡长孙。伊祖原袭祖职试百户，嘉靖二十四年土〔山〕儿湖斩首一颗升实授百户，四十五年抹山湖斩首一颗升副千户；隆庆元年大碱滩阵亡，升正千户。伊父祁良臣未袭先故。及查伊祖二十四年土山儿湖斩首功，升实授百户一级。复查功次堂稿，并无祁恩获功姓名，例应减革。本舍合照例于祖职试百户上加伊祖抹山儿湖斩首功一级并阵亡一级，与袭升副千户。本舍年幼未比，候年二十岁起送赴比。

试百户·杨继武

（一辈原簿无）

二辈杨柔谦，堂稿查有：正德七年，莱茯山有功，镇番卫左所实授总旗升试百户杨柔谦。

三辈杨栋，旧选簿查有：正德十一年四月，杨栋，年十五岁，秦州人，系镇番卫左所故功升试百户杨贤、户名杨柔谦嫡长男。

四辈杨继武，旧选簿查有：嘉靖二十六年二月，杨继武，秦州人，系镇番卫左所故试百户杨栋嫡长男。 ·138·

王德重·试百户

天启四年二月，单本选过镇番卫左所试百户一员王德重，年二十九岁，章〔漳〕县人。查伊父王应喜，原补祖役总旗，于万历二十三年五月内在甘肃镇孤山地方斩达首一颗升试百户，今老。本舍以子承父，准替试百户。比中一等。〔对讫。〕

彭九叙·试百户

一辈彭汝臣，缺。

二辈彭九叙，隆庆四年四月，彭九叙，年二十四岁，虹县人，系镇番卫经历司阵亡实授总旗彭汝臣嫡长男。伊父原补祖役总旗，隆庆元年镇番大碱滩阵亡。该本部题奉钦依应继儿男袭升一级。本舍照例于祖役总旗上加伊父阵亡功一级，与袭升试百户。

三辈彭鹤龄，万历三十八年二月，大选过镇番卫中所试百户一员彭鹤龄，年二十六岁，系故试百户彭九叙嫡长男。比中三等。〔对讫。〕

赵三近·试百户

万历三十三年十月，大选过镇番卫左所试百户赵三近，年二十岁，当涂县人。伊一世祖赵云，洪武二十七年充镇番卫左所军，故。二世祖赵成补役，故。高祖赵荣补役，故。曾祖赵文通补役，正德五年三月抹山地方斩首一颗升小旗，十六年二月内伯颜忽（白盐湖）地方斩首一颗；本年九月红山寺阵亡。祖赵祥补小旗。嘉靖二年三月奉勘合，阵亡小旗赵文通升总旗，故。父赵怀系嫡男，补总旗，万历二十三年五月内双山儿斩〔首〕一颗，二十四年六月奉勘合升试百户，本年十月柳湖儿地方阵亡。三近系长男，准袭试百户。比中三等。〔对讫。〕

朱清·署试百户事冠带总旗

外黄查有：朱仪，陇西县人。父朱顺，洪武十七年军，永乐三年充小旗，老。仪顶父名代役，仍充小旗，宣德六年并枪充总旗，天顺元年蔡旗堡等处擒杀达贼，天顺二年四坝等处擒杀达贼，四年以四坝等处功钦升镇番卫左所试百户，六年以蔡旗堡等处功重升试百户，七年钦准改正本卫所实授百户冠带总旗，成化四年钦与流官。朱荣，年二十岁，系朱仪嫡长孙，祖故。父朱英袭，疾。荣于成化十六年钦准替授镇番卫左所世袭百户。

一辈朱顺，已载前黄。

二辈朱仪，已载前黄。

三辈朱英，旧选簿查有：成化二年六月，朱英，陇西县人，系镇番卫左所故百户朱仪、户名朱顺嫡长男，钦与世袭。

四辈朱荣，已载前黄。

五辈朱凤，旧选簿查有：正德九年，朱凤，陇西县人，系镇番卫左所世袭百户朱荣嫡长男。

六辈朱鸾，旧选簿查有：嘉靖三年六月，朱鸾，陇西县人，系镇番卫左所故百户朱凤亲弟。伊高祖仪系小旗，宣德六年并枪升总旗，又获功二级升前职。曾祖以下沿袭。今照例革去并枪，与本人试百户。

七辈朱清，旧选簿查有：嘉靖三十七年十月，朱清，年三十岁，陇西县人，系镇番卫左所年老实授百户朱鸾嫡长男。查伊曾祖朱仪，原以小旗于宣德六年并枪充总旗，天顺元年蔡旗堡等处擒贼，二年四坝等处擒贼各升试百户，七年改正重升，与实授百户。曾祖英、祖荣、伯凤、父鸾革袭，试百户，嘉靖二十四年遇例实授。所据并枪充总旗并遇例职级不由军功，例应减革。今本舍照例革替署试百户事冠带总旗。

尹淮·署百户事冠带总旗

一辈尹士付，缺。

二辈尹芳，缺。·140·

三辈尹能，缺。

四辈尹洪，旧选簿查有：弘治十三年十二月，尹洪，年二十五岁，泰州人。曾祖尹士付，洪武十七年充巩昌卫左所小旗，永乐三年调镇番卫左所，年老。祖尹芳并替，天顺四年四坝功升总旗，年老。父尹能并替，弘治八年红山儿功升署百户，今患疾。洪系嫡长男，照例替署百户。

五辈尹淮，旧选簿查有：嘉靖五年四月，尹淮，泰州人，系镇番卫左所故绝署百户事冠带总旗尹洪堂弟①。

左所试百户一员·崔仑

正德十一年八月，崔仑，陇西县人，系镇番卫左所年老百户崔相嫡长男。父并补总旗，遇例冠带，柳条湾功升前职。本人照例替试百户。·141·

充军簿查有：崔仑，左所试百户，巩昌府陇西县人。犯该监守自盗，嘉靖三十六年十二月发天城卫中所永远充军。

---

① 此档后有"叶良栋"条，与《总汇》57册128页"叶良栋"条重复，未录。

左所试百户一员·王国业

万历十二年八月，王国业，年二十五岁，秦州人，系镇番卫左所故重升实授总旗王之业亲弟。伊祖王烟，原补祖役总旗，选充家丁，于嘉靖三十七年正月沙山尾斩首一颗，以家丁造报，重升小旗，故。父王三补役，选充夜不收，于隆庆二年二月抹山地方被贼杀死，以夜不收造报，重升小旗。伊兄王之业，并补祖役总旗，于万历二年告并间故绝。本舍合照例于祖役总旗上加伊父抹山地方被贼杀死重升小旗功一级，与并袭试百户。其伊祖王烟斩首功一级，查系年远，恐有违碍，应候查明至日另议。未比。

左所试百户一员·李舒颜

崇祯十二年四月，大选过镇番卫左所试百户一员李舒颜，年三十一岁，原籍高邮州人，系功升试百户李炽嫡长男。比中三等。〔对讫。〕·142·

王克明·试百户

功次查得堂稿：本舍父王大伦，原补祖役实授总旗，嘉靖四十三年甘肃镇抹山湖等处斩首一颗，为首升试百户。

一辈王大伦，功次载前。

二辈王克明，万历十一年十二月，王克明，年三十二岁，武进县人，系镇番卫左所患疾试百户王大伦嫡长男。比中一等。

三辈王崇化，万历三十八年二月，大选过镇番卫左所试百户一员王崇化，年三十一岁，系老试百户王克明嫡长男。比中二等。〔对讫。〕

李应朝·正千户

外黄查有：李聪，高陵县人。曾祖李四，洪武二年从军，调凉州卫，老。祖李旺代役，永乐元年调镇夷所，老。父李宣代役，正统元年盐池杀贼有功升小旗，五年石泉城杀贼有功升总旗；十年调镇番卫右所，天顺二年四坝杀贼有功，四年升试百户，八年遇例实授，故。聪系亲男，成化元年优给。

一辈李宣，已载前黄。

二辈李聪，旧选簿查有：成化九年五月，李聪，年十五岁，高陵县人，系镇番卫右所故百户李宣嫡长男，钦与世袭。

三辈李源，旧选簿查有：弘治十三年八月，李源，高陵县人，系镇番卫右所副千户李聪嫡长男。伊祖李宣原系功升试百户，天顺八年遇例实授，故。父袭职，功升副千户，今患风瘫疾。本人照例革替实授百户。

四辈李洵，旧选簿查有：吊来右府勘合为优给事，内开本舍李洵高祖李四，洪武二年收集从军，三年调平凉卫，九年调凉州卫，年老。曾祖李旺代役，永乐元年调镇夷所，老。祖李宣代役，正统元年盐池功升小旗，五年石城功升总旗，调镇番卫右所。天顺二年四坝功升试百户，遇例实授，故。父李聪系亲男袭，弘治六年黄明沙、夹山升副千户，疾。兄李源系嫡长男，革去遇例一级，替实授百户，正德七年莱茯山获功升副千户，八年柳条湾获功重升副千户。缘兄二级获功之时俱作百户开报，致蒙重升，未曾改正，故，无儿男。洵系亲弟，保送前来。据供随于正德七年功次稿内查有捷音事，开镇番卫领军把总管队部下斩首五颗，右所实授百户升副千户一员李源。又于正德八年堂稿内查有柳条湾内开功次，镇番卫升一级不赏，二人共斩首长大首级一颗，为首右所实授百户升副千户一员李源。今照二次重升相应改正，李洵照例袭升正千户。

五辈李应朝，旧选簿查有：嘉靖二十八年十月，李应朝，高陵县人，系镇番卫右所故正千户李洵嫡长男。

充军簿查有：李应朝，镇番卫千户，高陵县人。犯该监守自盗，嘉靖三十六年二月问发玉林卫中所永远军。·143·

马经·正千户

内黄查有：马从善，淳化县人，洪武十七年起取旧头目，拨充锦衣卫军；三十三年济南升小旗，三十四年西水寨升总旗；三十五年克金川门，除绥德卫百户；永乐二年钦与世袭。马贤系马从善庶侄孙，叔祖老，无儿。父马麟，永乐十二年替，正统元年调甘[州]右卫中所，本年哱罗口等处杀贼有功升本卫所副千户，三年兀鲁乃与达贼对敌有功，升本卫所正千户；十年调镇番卫右所，老，无儿。贤天顺二年替镇番卫右所世袭正千户。马经，年十五岁，系马贤庶长男，伊父故，经正德二年二月袭镇番卫右所世袭正千户。

一辈马从善，已载前黄。

二辈马麟，已载前黄。

三辈马贤，已载前黄。

四辈马经，已载前黄。

五辈马汝骥，隆庆五年十月，马汝骥，年三十八岁，淳化县人，系镇番卫右所故正千户马经嫡长男。

右所正千户一员·马经①

永乐十二年十二月，马麟，系绥德卫右所世袭百户马从善亲侄。

天顺二年七月，马贤，淳化县人，系镇番卫右所正千户马麟庶长男。

正德二年二月，马经，淳化县人，系镇番卫右所故世袭正千户马贤庶长男。

杨震智·试百户

万历四十七年五月，单本选过镇番卫右所试百户一员杨震智，年二十六岁，扶风县人，系老试百户杨才嫡长男。查伊父原系（袭）祖役总旗，于万历二十三年五月内甘肃孤山地方亲斩达首一颗，钦升试百户，今老。本舍以子承父，合准替试百户。比中二等。〔对讫。〕

罗俊才·试百户

万历四十七年八月，单本选过镇番卫左所试百户一员罗俊才，年三十岁，伏羌县人。查伊一辈罗什狗，洪武十七年军，永乐三年调镇番卫左所，故。二辈罗义，天顺二年由舍人跟武平伯前往四坝地方斩首一颗升小旗，故。三辈罗惠补役，正德

---

① 此条接续《总汇》57册同页"马经"条。

五年跟参将李恺往莱茯山地方斩首一颗升实授总旗，故。四辈罗尚锦补役总旗，故。五辈罗星补并，隆庆三年四月跟参将汪廷佐至大碱滩地方斩首一颗升试百户；万历二十四年三月跟总兵达云往海套、扒沙等处地方征剿达虏，大获全胜，钦准袭升世袭一级，升实授百户，故。今本舍系罗星嫡长男，查得实授百户一级系部功，例不准袭。本舍止准袭试百户。比中三等。〔对讫。〕①

张希龙·实授百户

一辈张兴，缺。·145·

二辈张名，试百户功次候查。

天顺四年九月，镇番卫试百户升实授百户张名。

三辈张浩，旧选簿查有：成化十七年十二月，张浩，临淮县人，系镇番卫右所百户张名嫡长男，钦与世袭。

四辈张玺，旧选簿查有：弘治九年闰三月，张玺，临淮县人，系镇番卫右所功升副千户张浩嫡长男，钦与世袭。

五辈张桧，旧选簿查有：嘉靖八年四月，张桧，年二十九岁，临淮县人，系镇番卫右所患疾副千户张玺庶长男。伊高祖兴以小旗宣德七年并枪充总旗，曾祖名获功历升实授百户，祖浩又获功升前职，父沿袭。所据并枪一级例该减革，本人与替实授百户。比试不中，暂准替职，与支半俸，候及二年起送再比。

六辈张希龙，旧选簿查有：嘉靖三十一年六月，张希龙，临淮县人，系镇番卫右所实授百户张桧堂弟。伊父张玺原袭副千户，患疾，未曾生子。堂兄借职，革替祖职实授百户。本舍系父续生庶长男，照例与替祖职实授百户，伊堂兄桧照例革闲。

七辈张大纶，崇祯五年十月，大选过镇番卫右所实授百户一员张大纶，年二十岁，系故实授百户张希龙亲孙。〔比中〕二等。〔对讫。〕

---

① 此条与《总汇》57册104页"罗玉"条关联。

钱聚·实授百户

外黄查有：钱铭，吴江县人。曾祖钱安儿，洪武二十七年军，三十二年故。祖钱贵补，永乐元年调镇番卫中所，正统二年鞍子山抓探贼情被贼杀死，六月赠所镇抚。父钱广，正统三年袭授镇番卫所镇抚，天顺二年四坝斩首一颗，四年升实授百户，成化四年故。铭系庶长男，照例优给。

一辈钱贵，已载前黄。

二辈钱广，已载前黄。

三辈钱铭，旧选簿查有：成化十四年七月，钱铭，年十五岁，吴江县人，系镇番卫右所故百户钱广庶长男，钦与世袭。

四辈钱恕，旧选簿查有：正德四年二月，钱恕，年十六岁，吴江县人，系镇番卫右所故世袭百户钱铭嫡长男。

五辈钱聚，旧选簿查有：嘉靖三十年四月，钱聚，吴江县人，系镇番卫右所老疾实授百户钱恕嫡长男。

六辈钱世用，万历十一年四月，钱世用，年三十岁，吴江县人，系镇番卫右所故实授百户钱聚嫡长男。比中二等。·146·

陈绪·实授百户

外黄查有：陈璋，当涂县人。高祖陈胜欹，乙未年从军，洪武二十四年老。曾祖陈福代役，永乐二年并充小旗，宣德六年并充总旗，正统二年骷髅山杀贼有功升试百户，景泰六年老。父陈镜（敬）系嫡长男，本年替授百户；天顺二年四坝杀贼有功升副千户，成化十三年疾。璋系庶长男袭，优副千户。

一辈陈福，已载前黄。

二辈陈敬，旧选簿查有：景泰六年六月，陈敬，当涂县人，系镇番卫右所试百户陈贵、户名陈胜奇（欹）嫡长男。父原系总旗，兀鲁乃杀贼有功升前职，今老疾。钦准本人替实授百户。

三辈陈璋，旧选簿查有：成化二十年六月，陈璋，年十六岁，当涂县人，系镇番卫右所老疾副千户陈敬庶长男，钦与世袭。

四辈陈谷，旧选簿查有：正德七年十月，陈谷，当涂县人，系镇番卫右所副千户陈璋嫡长男。伊父阵亡，本人照例袭授本卫所副千户。

五辈陈绪，旧选簿查有：嘉靖二十五年六月，陈绪，当涂县人，系镇番卫右所老疾正千户陈谷嫡长男。伊高祖福以小旗宣德六年并充总旗，功升试百户。曾祖敬，景泰六年钦准替实授百户，又功升副千户。祖璋袭，正德六年镇番阵亡。父谷袭，升正千户。所据并充、钦准二级俱不由军功，例应减革，与本舍实授百户。

六辈陈国计，崇祯四年三月，单本选过镇番卫右所实授百户一员陈国计，年二十五岁，系故实授百户陈绪嫡孙。比中三等。〔对讫。〕

甄汝良·世袭百户

外黄查有：甄福，通渭县人。祖甄得才，洪武二十二年选充小旗，三十二年故。父甄永顶户名补，永乐元年并胜（升）仍充小旗，六年并升总旗，正统二年残疾。福户名不动代役，景泰五年并仍充总旗，天顺二年四坝等处杀败达贼，四年钦升镇番卫右所试百户，八年遇例实授，成化四年钦与流官。甄铠系甄福嫡长男，父遇例实授，故。铠于成化七年钦准袭授镇番卫右所百户，钦与世袭。

一辈甄得才，已载前黄。

二辈甄永，已载前黄。

三辈甄福，已载前黄。 ·147·

四辈甄铠，旧选簿查有：成化七年八月，甄铠，通渭县人，系镇番卫右所故百户甄福、户名甄得才嫡长男，钦与世袭。

五辈甄洪，旧选簿查有：弘治八年八月，甄洪，通渭县人，系镇番卫右所百户甄铠嫡长男。伊祖甄福原系功升试百户，故。父照例袭授前职，本人照例革替试百户。

副千户功次：吊来右所本部原行嘉靖七年连送手本，内查有黑林岔等处功次升实授一级，二人共斩贼级一颗，为首镇番卫右所实授百户升副千户一员甄洪。

六辈甄玉，旧选簿查有：嘉靖十四年四月，甄玉，年三十五岁，通渭县人，系镇番卫右所故副千户甄洪嫡长男。伊曾祖福以试百户遇例实授，祖铠袭。父洪替，功升副千户。本人照例革遇例与百户。

七辈甄汝良，旧选簿查有：嘉靖二十九年六月，甄汝良，通渭县人，系镇番卫右所故世袭百户甄玉嫡长男。

十一（八）辈甄尚贤①，万历十三年十二月，甄尚贤，年二十五岁，通渭县人，系镇番卫右所患疾副千户甄汝良嫡长男。查伊父原袭实授百户，嘉靖三十六年新城堡等处二人共斩首一颗，为首升副千户，今患疾。本舍合照旧与替副千户。比中一等。

十二（九）辈甄陶彦，天启二年四月，单本选过镇番卫右所正千户一员甄陶彦，年二十六岁，系老正千户甄尚贤嫡长男。伊父原袭副千户，于万历二十三年在长湖地方斩达首一颗升正千户，今老。本舍以子承父，合准替正千户。比中一等。〔对讫。〕

孙潮·实授百户

一辈孙真，缺。

二辈孙贵，缺。

三辈孙玘，旧选簿查有：成化元年七月，孙玘，安塞县人，系镇番卫右所副千户孙贵嫡长男，钦与世袭。·148·

四辈孙镒，旧选簿查有：弘治十三年六月，孙镒，安塞县人，系镇番卫右所世袭副千户孙玘庶长男。

五辈孙潮，旧选簿查有：嘉靖六年六月，孙潮，幼名长哥子，年十六岁，安塞县人，系镇番卫右所故正千户孙镒庶长男。伊高祖真原系小旗，宣德六年以年深并充总旗。曾祖贵代役，功升试百户又获功一级，捏报百户升副千户。祖、父沿袭，功升正千户。本人已与全俸优给，今出幼。所据总旗一级并系充百户一级，系捏报，俱该减革。照例革去二级，与袭实授百户，限外多支俸粮，查扣支给。内正德年间功一级，革册到日定夺。

六辈孙光裕，万历九年六月，孙光裕，年三十岁，安塞县人，系镇番卫老疾指挥佥事孙潮嫡次男。伊父原革袭实授百户，嘉靖十六年沙嘴儿斩首一颗升副千户，二十二年双明沙斩首一颗升正千户，二十三年果园堡斩首一颗升指挥佥事，历推固原游击将军，今老疾。所据推升流官例不准替，本舍照例准替指挥佥事。

①《明神宗实录》卷四三七：万历三十五年八月乙酉，"陕西总督徐三畏、甘肃巡抚周盘题参镇番参将王允中丧师失众，守备甄尚贤隐匿败情，宜行提问"。

七辈孙承嗣，万历四十年十二月，大选过镇番卫指挥佥事一员孙承嗣，年二十岁，系老指挥同知孙光裕嫡长男。所有部下挥同一级例当减革，孙承嗣准替指挥佥事。比中二等。〔对讫。〕

杨本厚·实授百户

功次簿查有：万历二年七月二十三日，一件为乞明并功以励人心事，陕西镇番卫右所功升试百户杨钺前件查得，本官原系补役并枪总旗，隆庆三年四月内兴武营敖滆（忽）洞斩首一颗，以总旗准袭升试百户；本年九月内花马池白城子斩首一颗，因前功未曾升到，仍以总旗报验，亦升试百户。俱经题奉钦依备案外。今据本官告并前功，查与本部原题功次堂稿相同相应，议拟合无将本官于功升试百户上加白城子斩首重升试百户一级，改正与做实授百户。

一辈杨斌。

二辈杨能。

三辈杨喜。

四辈杨清。

五辈杨桓。

六辈杨钺。

七辈杨本厚，万历二十四年十二月，杨本厚，年三十岁，通渭县人，系镇番卫右所故实授百户杨钺嫡长男。比中一等。

陈恩·试百户

外黄查有：陈刚，全椒县人。高祖陈小一，丙午年从军，甲辰年选充小旗，洪武十八年选总旗，二十六年年老。曾祖兴并代，宣德五年年老。祖陈贵并代，正统三年兀鲁乃等处杀贼有功升试百户；十年调镇番卫右所，十四年年老。英系父嫡长男，替实授百户，成化三年风疾。刚系长男，优给，十一年替授镇番卫右所百户。陈凤，系镇番卫右所年老百户陈刚嫡长男。伊曾［祖］贵系试百户。祖英袭，钦准实授。父沿袭。本人照例革替试百户，嘉靖九年钦准替职。

一辈陈小一，已载前黄。

二辈陈兴，已载前黄。

三辈陈贵，已载前黄。

四辈陈英，旧选簿查有：景泰二年五月，陈英，系镇番卫右所试百户陈小一（贵）嫡长男。父原系总旗，兀鲁乃等处杀贼有功升前职，老疾。钦准本人实授世袭百户。

五辈陈刚，旧选簿查有：成化十一年四月，陈刚，年十五岁，全椒县人，系镇番卫右所残疾世袭百户陈英嫡长男。

六辈陈凤，旧选簿查有：嘉靖九年二月，陈凤，年二十二岁，全椒县人，系镇番卫右所年老百户陈刚嫡长男。伊曾祖贵系试百户。祖英袭，钦准实授。父相沿袭。本人照例革替试百户。

七辈陈恩，旧选簿查有：嘉靖十七年二月，陈喜哥，年五岁，全椒县人，系镇番卫右所故试百户陈凤嫡长男。照例与全俸优给，至嘉靖二十六年终住支。

旧选簿查有：嘉靖二十九年六月，陈恩，年十七岁，全椒县人，系镇番卫右所故试百户陈凤嫡长男，优给出幼袭职。

八辈陈十思，万历十一年十二月，陈十思，年二十七岁，全椒县人，系镇番卫右所故试百户陈恩嫡长男。比中二等。

刘宝·试百户

内黄查有：刘铠，安福县人，己（乙）未年归附选充小旗，洪武十一年故。祖刘伯荣补役，永乐元年调镇番卫右所小旗，八年阵亡。父刘源补役，以阵亡升总旗，正统二年老。铠系嫡长男，顶名代役，天顺二年四坝擒贼升试百户。

一辈刘铠①，已载前黄。　·150·

二辈刘伯荣，已载前黄。

三辈刘源，已载前黄。

四辈刘铠，已载前黄。

五辈刘刚，旧选簿查有：成化二十年十一月，刘刚，安福县人，系镇番卫右所百户刘铠嫡长男。父原系功升试百户，遇例实授，病故。本人照例革袭试百户。

---

①此条一辈与四辈姓名相同，疑笔误。

六辈刘宝，旧选簿查有：嘉靖二十三年二月，刘宝，安福县人，系镇番卫右所故实授百户刘刚嫡孙。伊祖刚原袭试百户，冒供实授，理应减革。本人照例革袭试百户。

张翀·试百户

一辈张成，缺。
二辈张景，缺。
三辈张祥，试百户功次候查。
四辈张槐，旧选簿查有：弘治十七年六月，张槐，年十六岁，和州人，系镇番卫右所试百户张祥嫡长男，优给出幼袭职。
五辈张翀，旧选簿查有：嘉靖二十八年八月，张翀，和州人，系镇番卫右所故实授百户张槐嫡长男。伊父槐原系试百户，遇例实授。今本舍仍革袭试百户。

何九皋·试百户

一辈何兴，缺。
二辈何政，缺。
三辈何辅，缺。
四辈何荣，堂稿内查有：嘉靖十五年，凉州地名扒沙等处升实授一级，二人共斩贼级一颗，为首官旗军舍镇番卫宁边驿总旗升试百户何兴。
［五辈何纶。］
五（六）辈何九皋，旧选簿查有：嘉靖二十一年十月，何九皋，桐柏县人，系镇番卫宁边驿年老试百户何纶嫡长男。
六（七）辈何崇德[①]，万历四年四月，何崇德，年三十二岁，桐柏县人，系镇番卫宁边驿年老正千户何九皋嫡长男。查得伊父原系试百户，遇例实授，以甘肃等

---

① 《明史·列传》第一一六(魏学曾等)记："切尽台吉从子青把都儿犯甘肃,总兵官杨浚、副总兵何崇德御之,斩首六百余级。"

处历功升正千户。所据遇例一级例应减革，今本舍照例革替副千户。

七（八）辈何善述，万历三十年二月分，大选过镇番卫中所副千户一员何善述，年十九岁，桐柏县人，系何崇德嫡长男。比中三等。

桂林·试百户

一辈桂保子，缺。

二辈李（桂）旺，缺。

三辈桂成，缺。

四辈桂聪，旧选簿查有：正德五年，镇番等处有功，镇番卫右所实授总旗升试百户桂聪，户名桂保子。

五辈桂林，旧选簿查有：嘉靖三年二月，桂林，寿州人，系镇番卫右所已故功升试百户桂聪嫡长男，钦与世袭。 ·152·

吴三知·试百户

天启五年六月，单本选过镇番卫左所试百户一员吴三知，年二十五岁，六安州人。查伊叔原补亲叔吴燦总旗，于万历二十三年五月内在孤山等处地方斩首一颗，题升试百户，今故，绝嗣。本舍伦序应及，结保无碍，准袭试百户。比中三等。〔对讫。〕

朱锦·试百户

一辈朱舍保，缺。

二辈朱辉，缺。

三辈朱勉，缺。

四辈朱敬，试百户功次候查。

五辈朱英，旧选簿查有：成化十一年四月，朱英，合肥县人，系镇番卫右所百户朱敬嫡长男，钦与世袭。

六辈朱锦，旧选簿查有：成化二十三年十一月，朱锦，合肥县人，系镇番卫右所百户朱英嫡长男。伊祖朱敬原系试百户，遇例实授。父替职，病故。本人照例革袭试百户。

何巍·试百户

外黄查有：何巍，年三十三岁，系陕西行都司镇番卫右所功升试百户，原籍顺天府永清县人。高祖何未未，洪武二年充武功卫军，十八年北沟征进有功升实授小旗，故。曾祖何青补役，调今卫所，天顺二年四坝阵亡，例升总旗，故。祖何成补役，弘治十年故。伯何宁系嫡长男，正德三年并充总旗，嘉靖十八年故。巍系亲侄补役，二十九年柿林儿、柴城儿、黑山口、大钵和寺等处为首斩首一颗，升试百户。·153·

一辈何未未，已载前黄。

二辈何青，已载前黄。

三辈何成，已载前黄。

四辈何宁，已载前黄。

五辈何巍，已载前黄。万历十四年十一月，准职方清吏司手本，该都察院咨巡按陕西监察御史杨有仁①奏：问得犯人何巍，招系镇番卫右所试百户，合依监守自盗仓库钱粮，发边卫永远充军。祖、父俱至正统、正德、嘉靖年间获功升职，本犯并次房子孙通行革袭，照例揭黄。

马凤·试户百

一辈马和，缺。

二辈马秀，总旗功次候查。试百户功次候查。

三辈马洵，旧选簿查有：天顺七年闰七月，马洵，泰州人，系镇番卫左所试百户马秀、户名马和嫡长男。父原系总旗，凉州中沙墩杀敌获功，升前职，病故。今照例本人该袭实授百户。

四辈马凤，旧选簿查有：嘉庆十四年十二月，马凤，年二十四岁，泰州人，系镇番卫右所故百户马洵嫡长孙。伊祖袭试百户，遇例实授。本人照例革遇例，与试

---

① 杨有仁，字以义，四川成都府新都县人。万历五年（1577）进士。官侍御史河南佥事，任监察御史。

百户。

右所试百户一员·陈禄

正德七年，大沙河有功，镇番卫右所实授总旗升试百户陈关儿。

正德九年六月，陈禄，合肥县人，系镇番卫右所故功升试百户陈玥、顶祖名陈关儿嫡长男。

充军试百户三员·冯时、黑彦钊、张冲

编军簿查有：陕西镇番卫右所试百户冯时，嘉靖四十年十二月，犯该监守自盗仓粮律斩，系杂犯，照例发边卫永远充军，编宁夏前卫左所。

编军簿查有：陕西镇番卫右所试百户黑彦钊，嘉靖十三年十一月，犯该守备不设，照例发边，编山西威远卫左所充军。

编军簿：陕西镇番卫右所试百户张冲，隆庆四年八月，犯该监守自盗律斩，系杂犯，照例发边卫永远充军，编肃州卫中所。

又一员·柳申春

万历十四年十一月，准职方清吏司手本，该都察院咨巡按陕西监察御史杨有仁奏：问得犯人柳申春，招系镇番卫中所试百户，合依监守自盗仓库钱粮，发边卫永远充军。祖、父俱至正统、正德、嘉靖年间获功升职。本犯并次房子孙通行革袭，照例揭黄。

李承儒·试百户

万历三十八年六月，大选过镇番卫左所试百户一员李成（承）儒，年二十岁，潮阳县人。查伊一世祖李志奴，洪武元年归附从军，永乐三年改拨镇番卫左所军，故。二世祖李荣补役，天顺二年四坝地方斩首一颗升小旗，故。三世祖李敬补役，故。高祖李元补役，嘉靖十八年红山寺地方被贼杀死。曾祖李贵补役，三十四年沙

山湖地方被贼杀死。祖李懋春补役，三十六年二月奉勘合内开李贵阵亡，应升实授总旗，故。父李柏系懋春男，补役；万历二十三年五月内甘肃镇孤山等处斩强壮首级一颗升试百户，故。本舍系柏亲男，应袭功升试百户。比中三等。〔对讫。〕

王致中·正千户

外黄查有：王成，泗州人。有父王玉，辛丑年渡江充小旗；洪武二年充总旗，三年并除平阳卫百户，十一年升遵化卫中所权千（百）户，十二年实授，故。兄王彬，十三年袭洮州卫后所世袭百户，二十三年故，无儿男。成系亲弟，二十四年袭，二十五年查年深副千户，升除庄浪卫中所世袭正千户。王暹系王成嫡长男。父洪武三十三年德州升指挥佥事，永乐二年调镇番卫，老，选退闲住。暹于正统二年替父原职正千户，仍回镇番卫右所管事。

一辈王玉，已载前黄。

二辈王彬，已载前黄。

三辈王成，已载前黄。

四辈王暹，钦升簿查有：天顺四年，镇番地方杀贼获功，例升一级，镇番卫正千户升指挥佥事六员内一员王暹。

五辈王玺，旧选簿查有：成化三年八月，王玺，盱眙县人，系镇番卫指挥佥事王暹嫡长男，钦与世袭。

六辈王桓，旧选簿查有：成化二十一年十一月，王桓，盱眙县人，系镇番卫世袭指挥佥事王玺庶长男。

七辈王勋，旧选簿查有：正德十一年八月，王勋，盱眙县人，系镇番卫故世袭指挥佥事王桓嫡长男。

八辈王致中，旧选簿查有：嘉靖二十五年四月，王致中，盱眙县人，系镇番卫患疾指挥佥事王勋嫡长男。伊高祖暹以正千户天顺四年镇番等处杀贼，升指挥佥事。曾祖玺、祖桓、父勋，俱例前沿袭。所据镇䇺（番）功无擒斩，例应减革，与本舍正千户，注中所。

充军簿查有：王致中，系镇番卫指挥佥事，原籍盱眙县人。犯该监守自盗，照例〔于〕嘉靖三十七年五月十五日发充绥德卫左所永远军。

王国辅[1]·实授百户

万历二十五年五月，王国辅，年三十五岁，系镇番卫中所老故实授百户王元恭嫡长男。伊父原补小旗，嘉靖二十四年土山湖斩首一颗升总旗，四十四年抹山尾斩首一颗升试百户，隆庆三年鹅头山斩首一颗升实授百户，万历四年历推游击，今老。所据流官例不准袭，本舍照例革袭实授百户。比中二等。

裴尚质·正千户

一辈裴荣，缺。

二辈裴澄，缺。

三辈裴兴，缺。

四辈裴俊，旧选簿查有：永乐十六年九月，裴俊，年十七岁，系镇番卫中所阵亡世袭百户裴兴嫡次男。

五辈裴忠，旧选簿查有：景泰六年五月，裴忠，息县人，系镇番卫中所故世袭百户裴俊嫡长男。

天顺四年九月，镇番卫百户升副千户裴忠。

六辈裴通，旧选簿查有：成化六年五月，裴通，年十五岁，息县人，系镇番卫中所故副千户裴忠嫡长男，钦与世袭。

七辈裴谦，旧选簿查有：正德元年九月，裴谦，息县人，系镇番卫中所故世袭副千户裴通嫡长男。

八辈裴刚，旧选簿查有：嘉靖五年四月，裴刚，息县人，系镇番卫中所年老副千户裴谦嫡长男。

九辈裴尚质，旧选簿查有：嘉靖三十三年八月，裴尚质，息县人，系镇番卫中所老疾副千户裴刚嫡长男。

正千户功次候查。

十辈裴唐相，万历十七年二月分，裴唐相，年二十九岁，息县人，系镇番卫中所老疾正千户裴尚质亲侄。伊伯原袭祖职副千户，嘉靖三十七年青山儿斩首一颗升

---

[1]《重刊甘镇志·官师·甘肃巡抚标下游击将军》："王国□，镇番人，万历六年任。"（第62页）

正千户，年老，无嗣。该伊次伯裴尚贤承袭，亦年老，无嗣。本舍合照例借替正千户，待后伊伯裴尚质、裴尚贤生有儿男，退还职事。及查伊伯一辈未比，罚俸三年。比中一等。

十一辈裴居敬，万历四十三年五月，单本选过镇番卫指挥佥事一员裴居敬，年三十岁，系故指挥使裴唐相嫡长男。伊父原袭祖职正千户，于万历二十三年三道长湖斩首一颗升指挥佥事。查孤双山获功升二级系部功，例不准袭。本舍准袭指挥佥事。比中三等。〔对讫。〕

十二辈裴愈盛，崇祯九年二月，大选过镇番卫指挥佥事一员裴愈盛，年三十岁，系疾指挥佥事裴居敬嫡长男。比中三等。〔对讫。〕

吴应銮·试百户

万历三十一年十二月，大选过镇番卫左所试百户一员吴应銮，年二十五岁，陇西县人，系故试百户吴柱亲孙。查伊一世祖吴居正，洪武七年军，永乐三年小旗，故。二世祖吴彦能补役，天顺二年斩首一颗升总旗，故。高祖吴荣补，故。曾祖吴镜补总旗，青松堡被贼杀死，升试百户。祖吴柱系男补总旗，嘉靖二十七年青山儿斩首一颗，以祖名报官，升试百户，万历二十年故。伯吴亨，故绝。父吴通等俱未袭。应銮系吴通亲男，亦系吴柱嫡孙。查吴柱以祖役报名立功，见有题稿可据，本舍准袭试百户。比中三等。〔对讫。〕·158·

吴国显，天启二年四月，大选过镇番卫左所试百户一员吴国显，年二十岁，系故试百户吴应銮长男。比中三等。〔对讫。〕

中所年远事故正千户一员·汤新

宣德元年十二月，汤新，系镇番卫中所世袭正千户汤彝嫡长男。

王养鳞·试户百

万历三十八年二月，大选过镇番卫中所试百户一员王养鳞，年二十五岁，系老试百户王益嫡长男，密云县人。查伊一世祖王咬二，吴元年归附从军，洪武年攻白沟河、济南等处有功除小旗，故。二世祖王臣系男补役，故。三世祖王清系男补役，天顺二年五月四坝地方斩达贼〔首〕一颗升总旗，故。高祖王杰系男补役，被贼杀死，未升。曾祖王淮系男补役，被贼杀死。祖王用贤系生员，未补。叔祖王用宾系次男补役，故绝。父王益，系用宾兄用贤嫡长男，补役，于万历二十三年五月在孤双山等处斩达贼〔首〕一颗升试百户，今老。本舍系嫡长男，准替试百户。比中一等。〔对讫。〕·159·

朱勋·副千户

内黄查有：朱昂，系镇番卫中所副千户，山阳县人。高祖朱子名，洪武四年军，三十三年白沟河升小旗，三十四年西水寨升试百户，失陷。朱贵系嫡长男，永乐二年升副千户，优除副千户。正统二年调镇番卫中所，老。朱能系嫡长男，袭，老。朱祥系嫡长男，袭，故。朱玺系亲男，袭，故。昂系嫡长男，嘉靖七年袭副千户。

一辈朱名子（子名），已载前黄。

二辈朱贵，旧选簿查有：永乐十一年八月，朱贵，系常山中护卫中所试百户朱子名嫡长男，父汴堤河失陷。先次已与本人副千户优给，出幼，钦准袭授本卫所副千户。

三辈朱能，旧选簿查有：景泰四年十月，朱能，山阳县人，系镇番卫中所副千户朱贵嫡长男，钦与世袭。

四辈朱祥，旧选簿查有：成化二年二月，朱祥，年二十二岁，山阳县人，系镇番卫中所世袭副千户朱能嫡长男。

五辈朱玺，旧选簿查有：弘治十四年六月，朱玺，山阳县人，系镇番卫中所世袭副千户，朱祥嫡长男。伊父为失机事降百户，故。本人照例仍袭祖职副千户。

六辈朱昂，旧选簿查有：嘉靖七年四月，朱昂，年二十一岁，山阳县人，系镇番卫中所已故世袭副千户朱玺嫡长男。

七辈朱勋，旧选簿查有：嘉靖四十二年十二月，朱昂，年五十六岁，系镇番卫中所副千户，今患疾在所。有嫡长男朱勋，年三十二岁，告替。

陶福·副千户

一辈陶成，缺。

二辈陶礼，缺。·160·

三辈陶渊，旧选簿查有：永乐二十年十一月，陶渊，系镇番卫中所故世袭百户陶理（礼）、旧名仁嫡长男。

四辈陶鉴，旧选簿查有：景泰二年八月，陶鉴，系镇番卫中所世袭百户陶渊嫡长男。

副千户功次：天顺四年五月，镇番地方杀贼获功，镇番卫百户升副千户陶鉴。

五辈陶溁，旧选簿查有：成化十七年十二月，陶溁，定远县人，系镇番卫中所副千户陶鉴嫡长男，钦与世袭。

六辈陶瑾，旧选簿查有：弘治八年八月，陶瑾，定远县人，系镇番卫中所故世袭副千户陶溁嫡长男。

七辈陶福，旧选簿查有：嘉靖八年二月，陶福，年二十八岁，定远县人，系镇番卫中所老疾世袭副千户陶瑾嫡长男。

充军簿查有：陶福，镇番卫中所副千户。犯该监守自盗，嘉靖三十三年八月定发玉林卫后所永远充军。

充军簿查有：陶福，中所副千户，凤阳府定远县人。犯该监守自盗，嘉靖三十六年十二月发天城卫中所永远军。

卢铲·副千户

外黄查有：卢铲，年三十七岁，系陕西行都司镇番卫中所世袭副千户，原籍巩昌府陇西县人。始祖卢信，洪武七年充巩昌卫左所军，故。高高祖卢宣补役，二十四年以年深充小旗，二十五年追赶铁门逃叛达贼帖木儿升总旗，永乐二年扈从迤北征进，拨镇番卫中所，实授总旗，宣德三年故。高祖卢海系嫡长男，并补，八年黄明沙地方斩首一颗升试百户，正统四年石灰秃等处斩首一颗升实授百户，天顺四年镇番地方杀贼获功升本所副千户，成化六年老。曾祖卢椿系嫡长男，七年八月比替，二十三年老。祖卢炳系嫡长男，本年九月比替，嘉靖七年老。父卢瑾系嫡长男，本年十二月比替镇番卫中所世袭副千户。

一辈卢宣,已载前黄。

二辈卢海,已载前黄。

三辈卢椿,旧选簿查有:成化七年八月,卢椿,陇西县人,系镇番卫中所副千户卢海、户名卢信嫡长男,钦与世袭。

四辈卢炳,旧选簿查有:成化二十三年九月,卢炳,陇西县人,系镇番卫中所革职世袭副千户卢椿嫡长男。

五辈卢瑾,旧选簿查有:嘉靖十年六月,卢瑾,年三十三岁,陇西县人,系镇番卫中所年老副千户卢炳嫡长男。

六辈卢铲,旧选簿查有:嘉靖三十四年十二月,卢铲,陇西县人,系镇番卫中所老疾副千户卢瑾嫡长男。

七辈卢士彦,万历十八年十二月,卢士彦,年二十岁,陇西县人。伊祖原袭副千户,隆庆四等年历升游击,万历十年故。该伊父卢诰承袭,未袭先故。该卫保送本舍前来,所据推升流官例不准袭,合照旧与袭祖职副千户。比中二等。〔对讫。〕

仲宦·副千户

一辈仲成,缺。

二辈仲礼,缺。

三辈仲浩,缺。

四辈仲达,缺。

五辈仲春,功次簿查有:嘉靖十年斩获犯边达贼首级事,地方阎王沟,获功升实授一级,镇番卫中所实授总旗升试百户四员内一员许(仲)成(春)。

嘉靖十五年,凉州地名扒沙等处获功官旗升实授一级,二人共斩贼级一颗,为首官旗共五十六员名,镇番卫中所试百户升实授百户二员内一员仲春。

嘉靖二十六年,为分布防御斩获首级事,升实授一级,镇番卫中所实授百户升副千户三员内一员仲春。

六辈仲景旸,旧选簿查有:嘉靖二十五年六月,仲景旸,江都县人,系镇番卫中所老疾实授百户仲春嫡长男。

七辈仲宦,旧选簿查有:嘉靖三十四年二月,仲宦,年二十岁,江都县人,系镇番卫中所故副千户仲景旸嫡长男,照旧副千户。

八辈仲文魁，万历二十九年十二月，仲文魁，年二十二岁，系镇番卫中所故副千户仲宦嫡长男。查总旗系洪武年功，其升至总旗俱先后零星报功，承袭已久，应减革一级，与袭实授百户。比中二等。

樊英·副千户

一辈樊信卿，缺。·162·

二辈樊亮，缺。

三辈樊清，试百户功次：弘治七年，黄明沙等处有功，镇番卫已并枪总旗升试百户樊信轻（卿）。

四辈樊俊，旧选簿查有：弘治九年九月，樊俊，望江县人，系镇番卫中所故功升百户樊清、户名樊信轻（卿）嫡长男。

五辈樊英，旧选簿查有：嘉靖二年七月，樊英，望江县人，系镇番卫中所老疾世袭百户樊俊嫡长男。

副千户功次候查。

充军簿查有：樊英，系镇番卫指挥佥事，今降授副千户，望江县人。犯该守备不设，照例于嘉靖四十年十月初四日充阳和卫左所终身军。

六辈樊忠，隆庆六年四月，樊忠，年三十岁，望江县人，系镇番卫故充军指挥佥事樊英庶长男。伊父原替祖职实授百户，嘉靖九等年薲草沟等处节次斩首三颗，历升指挥佥事。四十年犯该守备不设，编发阳和卫左所充军终身，隆庆元年故。所据斩首功升三级，系自己获功自己犯罪，例不准袭。本舍照例准复袭祖职实授百户，注原中所。

刘晋秩·试百户

万历三十七年二月，大选过镇番卫中所试百户一员刘晋秩，年二十一岁，保昌县人。查伊一世祖刘贞贞，洪武年军，故。二世祖刘敏补役，永乐三年白盐池斩首一颗，故。三世祖刘通补役，天顺元年升小旗，故。四世祖刘清补小旗，天顺二年四坝斩首一颗升总旗，故。五世祖刘玄补总旗，故。六世祖刘相补役，故。七世父刘栋并补总旗，于万历二十三年双山儿斩首一颗升试百户，今故。本舍以子承父，

准袭试百户。比中二等。〔对讫。〕·163·

王胤昌·署正千户

天启二年四月，单本选过镇番卫中所署正千户事副千户一员王胤昌，年二十一岁，滁州人，系镇番卫署指挥同知王国均嫡长男。伊父原补祖役总旗，于万历十八年九月内在庄浪镇羌地方以三人共斩达首一颗重升署小旗。又，二十年五月内在宁夏大城地方斩达首一颗升试百户。又，二十六等年，以把总领兵在扒沙等处地方部下获功，历升指挥同知。又，三十五年三月内在讨来川地方仍以把总领兵，部下斩首一十二颗重升总旗，未任，今老。及查照例部功未任，子孙准袭一辈。本舍以子承父，除已任部功革袭外，应于原职试百户上加伊父亲斩重升署小旗功半级及未任，以部功二级并袭署正千户事副千户。一辈以后，子孙革去部功，止准袭署实授百户事试百户，注中所。〔对讫。〕

中所副千户一员·赵能

永乐九年十二月，赵宁，年十七岁，系永昌卫流官指挥佥事赵斌嫡长男。父原系镇番卫中所世袭副千户，革除年间升除前职，病故。敬准袭授伊父原职世袭副千户，仍回镇番卫中所管事。

宣德九年五月，赵能，年十五岁，系镇番卫中所故世袭副千户赵宁庶侄。

又一员·项定

成化四年十二月，项定，仪真县人，系镇番卫中所故世袭副千户项贵嫡长男。

李昌龄[①]·实授百户

万历三十九年十二月，大选过镇番卫中所实授百户一员李昌龄，年二十岁，系

---

① 《明史》卷二六九《列传》第一五七：" (李）昌龄，字玉川，镇番卫人。为延绥总兵官，数有功，以刚直罢，徙居榆林。贼至，或劝之去，昌龄曰：'贼至而遁，非勇也。见难而避，非义也。'起偕世威等同守城，卒同死。"

老实授百户李胤白嫡长男。查伊父于隆庆三年九月征陕西固原、延绥、宁夏三镇花马池、城白子等处，斩获强壮首级一颗，以并枪实授总旗升试百户。万历二十三年五月内甘肃镇孤山等处斩强壮首级一颗升实授百户，今老。本舍应准替父职。比中三等。

彭民式·实授百户

万历四十七年四月，大选过镇番卫中所实授百户一员彭民式，年二十八岁，虹县人，系老功升正千户彭世英嫡长男。查伊父世英原补祖役小旗，于嘉靖三十八等年在甘肃等地方节次斩功三级，屡升实授百户。万历二十三年部下获功，升正千户。所升部功例不世及，本舍应减袭实授百户。比中一等。〔对讫。〕

傅于德·试百户

万历三十八年六月，大选过镇番卫左所试百户一员傅于德，年二十六岁，通渭县人。查伊一世祖傅弘，洪武十七年充巩昌卫军，永乐三年调镇番卫左所军，故。二世祖傅林补役，故。高祖傅宽补役，宣德六年滑石口斩首一颗升小旗，故。曾祖傅见补役，嘉靖十一年天鹅湾斩首一颗升总旗，故。祖傅清补役，故。父傅源系清亲男，补役，万历二十三年九月镇番三道长湖地方斩强壮首级一颗升试百户，故。本舍系源亲男，应袭试百户。比中三等。〔对讫。〕

卢士魁·副千户①

万历四十七年十二月补十月分大选，过镇番卫中所正千户一员卢士魁，年二十九岁，陇西县人。查伊始祖卢信，洪武七年充巩昌卫小旗，故。卢宣系信男，补役，功升总旗；永乐三年调镇番卫中所，故。卢海系宣男，补总旗，宣德七年斩首一颗升试百户，正统三年斩首一颗升实授百户，天顺二年斩首一颗升副千户，老。

---

① 此条与《总汇》57册161页"卢钐"相关联。

卢椿系海男，替副千户，老。卢炳系椿男，替，老。卢瑾系炳男，替，老。卢钌系瑾男，替，故。卢诰系钌男，未袭，故。卢士彦系诰男，袭副千户，万历二十三年三道长湖地方斩首一颗升正千户，今故绝。本舍系堂弟，查三道长湖地方功升一级，系犯堂，准减袭祖职副千户。比中三等。〔对讫。〕

王卿·署副千户事实授百户①

内黄查有：王遥，泗州盱眙县人。祖父王玉，辛丑年充小旗，洪武二年充总旗，三年除平阳卫百户，十二年钦与实授副千户，故。伯父王彬袭，故，无儿男。父王成系亲弟，袭，二十五年钦准庄浪卫中所世袭正千户；三十三年德州选署指挥佥事，永乐二年准令实授指挥佥事，调镇番卫，老。遥系嫡长男，替世袭正千户。

一辈王玉，已载前黄。

二辈王彬，已载前黄。

三辈王成，已载前黄。

四辈王遥，已载前黄。

五辈王聪，堂稿内查有：嘉靖九年，宾（蓣）草沟镇番卫实授总旗升试百户三员内一员王聪。

嘉靖十五年，凉州扒沙等处获功，管队部下官军八十名员斩首六颗，镇番卫左所实授百户升副千户十员内一员王聪。

堂稿内查有：嘉靖十六年，沙嘴儿等处获功，镇番卫实授百户升副千户一员王聪。

六辈王恭，旧选簿查有：嘉靖二十四年十月，王恭，年二十五岁，盱眙县人，系镇番卫中所故副千户王聪嫡长男，准袭副千户。

七辈王卿，旧选簿查有：嘉靖三十三年八月，王卿，盱眙县人，系镇番卫中所故副千户王恭亲弟。查得伊祖桧，原以舍人正德六年柳条湾功升小旗，锁锁（梭梭）林功升总旗。父聪补，嘉靖十年阎王沟斩首功升试百户，十五年凉州功升实授百户，又沙嘴儿功升副千户。今查柳条湾、琐琐（梭梭）林俱无功次，本舍量革与署副千户事实授百户。

---

①此条与《总汇》57册156页"王致中"档相关联。

八辈王鲤臣，万历十三年，王鲤臣，年三十五岁，盱眙县人，系镇番卫中所故署副千户王卿嫡长男。查伊祖王聪，嘉靖十五年以凉州部功升实授百户，又以沙嘴功升副千户。伊父沿袭，署副千户。所据部功升级例不准袭，应照例革袭实授百户。比中二等。

九辈王三凤，天启三年十二月，大选过镇番卫中所实授百户一员王三凤，年三十六岁，系故实授百户王鲤臣嫡长男。比中三等。〔对讫。〕

孙继祖·实授百户

一辈孙成，缺。

二辈孙杰，旧选簿查有：成化十一年四月，孙杰，通渭县人，系镇番卫中所副千户孙成嫡长男，钦与世袭。

三辈孙镗，旧选簿查有：正德七年十月，孙镗，通渭县人，系镇番卫中所年老副千户孙杰嫡长男。内实授百户一级，系天顺元年遇例。本人照例与替副千户。

四辈孙江，旧选簿查有：正德十五年六月，孙江，通渭县人，系镇番卫中所故副千户孙镗嫡长男。曾祖孙成功升试百户，遇例实授，又功升前职。祖、父例前沿袭。本人照例革袭实授百户，注原所。

五辈孙继祖，旧选簿查有：嘉靖四十五年十二月，孙继祖，年二十岁，通渭县人，系镇番卫中所故实授百户孙江嫡长男。伊父原革袭实授百户，嘉靖三十九年故。本舍照例与袭实授百户。

六辈孙重光，万历五年十二月，孙重光，年二十二岁，通渭县人，系镇番卫中所故试百户孙继祖嫡长男。查伊三世祖孙家堂保（镗）原充夜不收，于宣德年间潜入虏营牵回达马，升试百户。功非擒斩，例当减革。本舍应照例于原升试百户上量减一级，复加伊祖四坝斩首功一级，与袭试百户。比中二等。·167·

徐彦美·实授百户

一辈徐兴，缺。

二辈徐鉴，缺。

三辈徐汲，旧选簿查有：嘉靖二十年八月，徐汲，年三十四岁，太湖县人，系镇番卫中所故试百户徐鉴嫡长男。据本舍供结，伊曾祖兴以小旗阵亡，伊祖照补升总旗。伊父鉴补役，正德五年以莱茯山后大沙河地方斩首一颗升试百户。缘系新升官级，既无黄选可查，又无贴黄为据。及吊来勘合，朽烂无名，但本人苦告极边地方守候日久，情有可怜。舍（合）无暂与原职试百户，仍行本处官司查勘。如果与原升功级别无违碍，行令照依所袭之管事。若有别项冒滥情由，申来定夺，俱于缴凭之日一并回报。

四辈徐彦美，旧选簿查有：隆庆三年二月，徐彦美，年三十一岁，太湖县人，系镇番卫中所阵亡试百户徐汲嫡长男。伊父原袭祖职试百户，嘉靖四十五年柳湖儿地方阵亡。该本部题奉钦依应继儿男袭升一级。本舍照例于祖职试百户上加伊父阵亡功一级，与袭升实授百户。

戴应科·实授百户

缺。

一辈戴八七，缺。

二辈戴友谅，缺。

三辈戴连，缺。

四辈戴国，缺。

五辈戴玘，功次簿查有：正德七年九月，镇番卫升一级不赏，二人斩贼级一颗，为首中所实授总旗升试百户六员内一员戴八七。

六辈戴金，旧选簿查有：正德十一年四月，戴金，武进县人，系镇番卫中所年老功升试百户戴玘、户名戴八七嫡长男。

堂稿查有：嘉靖八年，地名阎王沟获功升实授一级不赏，二人共斩首级一颗，为首镇番卫中所试百户升实授百户一员戴金。

七辈戴玉，旧选簿查有：嘉靖二十四年四月，戴玉，武进县人，系镇番卫中所故副千户戴金亲弟。

八辈戴应科，旧选簿查有：嘉靖四十五年六月，戴应科，年二十六岁，武进县人，系镇番卫中所故副千户戴玉嫡次男。查伊高高祖戴八七，以军人洪武年间历功升总旗，大沙河斩首一颗升试百户，蕡草沟斩首一颗升实授百户，嘉靖十六年沙嘴儿斩首七颗升副千户，沿袭至伊父，故。所据沙嘴儿系部下功，例难承袭，今本舍革袭实授百户。

九辈戴鳌，万历二十六年六月，戴鳌，年三十二岁，系故实授百户戴应科长男。比中三等。

十辈戴鼇，天启二年三月补二月大选，过镇番卫中所实授百户一员戴鼇，年三十五岁，系故实授百户戴鳌亲弟。比中三等。〔对讫。〕

张云·实授百户

外黄查有：张洵，临淮县人。高叔祖张友成，乙未年归附从军，洪武二年调莱州卫中所，六年故。曾祖张伴哥补役，十一年并升小旗，二十五年调本卫左所，二十六年并升总旗，永乐元年调镇番卫中所，十三年老疾。祖张斌，顶曾祖名代役，十五年并仍充总旗，宣德十年出城二次擒贼有功升试百户；正统十年更名张鉴，天顺元年遇例实授，三年故。洵系庶长男，优给，成化元年袭本卫所世袭实授百户。

一辈张友成，已载前黄。

二辈张伴奇，已载前黄。

三辈张斌，已载前黄。

四辈张洵，旧选簿查有：成化元年三月，张洵，年十六岁，临淮县人，系镇番卫中所故百户张鉴庶长男，钦与世袭。

五辈张凤，旧选簿查有：弘治四年七月，张凤，临淮县人，系镇番卫世袭百户张洵嫡长男。

六辈张时，旧选簿查有：正德九年八月，张时，年二十九岁，临淮县人，系陕西行都司镇番卫中所副千户张凤嫡长男。伊曾祖张鉴原系试百户，遇例实授。祖张洵袭职，故。父袭职，功升副千户，柳条湾阵亡。本人革替遇例一级加阵亡一级，袭授原卫所副千户。

七辈张云，旧选簿查有：嘉靖十五年八月，张云，年二十六岁，临淮县人，系镇番卫中所年老副千户张时嫡长男。伊太高祖原系总旗，宣德二年擒获达男升试百户，遇例实授。沿至曾（祖）凤〔大〕沙河阵亡，父袭，革遇例升前职。所据擒获达男功例应减革，本人与替百户。

王论·实授百户

内黄查有：王信，桐城县人。曾祖王隆一，戊戌年归附从军，洪武二十六年以年深并枪升小旗，二十九年升总旗，永乐元年调镇番卫中所。祖王敏顶户名代役，十八年并枪仍充总旗，正统十二年残疾。父王琏顶户名代役，景泰五年并枪仍充总旗，天顺二年四坝杀贼有功，伤故；四年升试百户。信系嫡长男，六年袭镇番卫中所试百户，八年遇例实授百户，成化十一年与流官。王凤系镇番卫中所百户王启嫡长男。伊父原袭试百户，遇例实授。本人照例革与试百户。

一辈王隆[一]，已载前黄。

二辈王敏，已载前黄。

三辈王琏，已载前黄。

四辈王信，旧选簿查有：天顺六年三月，王信，伊父王连（琏）、户名王隆一，系镇番卫中所总旗，本处杀贼获功例升一级，未升，伤故。本人系嫡长男。

五辈王启，旧选簿查有：弘治十六年六月，王启，桐城县人，系镇番卫中所百户王信嫡长男。伊父原系试百户，天顺八年遇例实授，故。本人照例革袭试百户。

六辈王凤，旧选簿查有：正德十一年六月，王凤，桐城县人，系镇番卫中所百户王启嫡长男。伊父原袭试百户，遇例实授，本人照例革替试百户。·170·

堂稿簿查有：嘉靖十年七月，计开项下嘉靖九年正月内凉州地名阎王沟获功阵亡镇番卫中所试百户升实授百户、生员王凤。

七辈王论，旧选簿查有：嘉靖十四年十二月，王论，年二十一岁，桐城县人，镇番卫中所试百户王凤嫡长男。伊父原袭前职，嘉靖九年阎家（王）沟阵亡。今本舍照例于试百户上加伊父阵亡一级，与做实授百户。

丘荣·实授百户

外黄查有：丘荣，年四十五岁，系陕西行都司镇番卫中所实授百户，原籍直隶凤阳府泗州盱眙县人。始祖丘祥，甲午年从军，有功升小旗，故。高祖丘能补役，永乐四年调今本卫所，故。曾祖丘鼎补役，天顺二年本处四坝地方获功一级升总旗，故。祖丘清补并，正德五年故。父丘桓补役，奉例住支月粮，免并，嘉靖二年老。荣系嫡长男，补役，二十二年双明沙为首斩首一颗，二十四年土山儿湖获功一级，俱升试百户；二十九年乞恩改正，于双明沙获功升试百户加土山儿湖重升一级，与做镇番卫中所实授百户。

一辈丘祥，已载前黄。

二辈丘能，已载前黄。

三辈丘鼎，已载前黄。

四辈丘清，已载前黄。

五辈丘桓，已载前黄。

六辈丘荣，已载前黄。

王秉乾·实授百户

崇祯二年二月，单本选过镇番卫中所实授百户一员王秉乾，年二十七岁，系故实授百户王国宝嫡长男。比中三等。〔对讫。〕·171·

刘廷佐·实授百户

内黄查有：刘宽，宛平县人，洪武四年取充校尉，三十二年奉天征讨升小旗，三十四年藁城升总旗，三十五年克金川门，钦除锦衣卫右所百户。刘曾系刘宽堂弟。堂兄故，堂侄刘衡祥袭职，亦故。无儿男，曾袭授本卫所百户。

一辈刘宽，已载前黄。

二辈刘衡祥，已载前黄。

三辈刘增（曾），旧选簿查有：宣德三年八月，刘增（曾），系锦衣卫右所故世袭百户刘衡祥堂叔。

四辈刘广，旧选簿查有：成化十一年九月，刘广，宛平县人，系镇番卫中所故世袭百户刘增（曾）嫡长男。

五辈刘宣，旧选簿查有：弘治二年四月，刘宣，宛平县人，系镇番卫中所世袭百户刘广嫡长男。

六辈刘应奎，旧选簿查有：嘉靖四年二月，刘应奎，宛平县人，系镇番卫中所老疾副千户刘宣嫡长男。伊堂曾伯祖宽，立功升百户。堂伯祖衡祥袭，故绝。曾祖增（曾）以堂叔承袭，复立功升副千户。所据犯堂例该减革，本人于总旗上准功一级，与冠带世袭。

七辈刘廷佐，旧选簿查有：嘉靖十五年八月，刘廷佐，年二十三岁，宛平县人，系镇番卫中所年老重升试百户刘应奎嫡长男。伊父原革冠带总旗，嘉靖四年蔡旗堡斩首升试百户，九年红寺堡斩首重升试百户；今年老，本舍告替。奏吊勘合查明，照例于伊父原革总旗上加军功二级，与做实授百户。

八辈刘宗禹，万历五年六月，刘宗禹，年二十二岁，宛平县人，系镇番卫中所故正千户刘廷佐嫡长男。伊父原袭祖职实授百户，嘉靖二十四年十一月土山儿湖斩首一颗升副千户，二十七年六月沙青山斩首一颗升正千户，三十五年推升永昌守备，三十八年被贼杀哨探人役，参降试百户；四十三年甘肃地方以把总领兵，部下斩首二十颗，准复原职正千户；万历元年故。所据伊父推升流官，例不准袭，本舍照例复袭正千户。

九辈刘以宁，万历三十一年二月，大选过镇番卫右所副千户一员刘以宁，年二十二岁，系故正千户刘宗禹亲侄。刘廷佐自己获功自己犯罪，例当裁革，但已经复职，宗禹又袭一辈矣，姑准降袭副千户。比中三等。

薛祥·实授百户

·172·

一辈薛得，缺。

二辈薛弼，缺。

三辈薛恭，旧选簿查有：永乐九年闰十二月，薛恭，系镇番卫中所阵亡世袭百户薛弼嫡长男。

四辈薛旺，旧选簿查有：正统元年十二月，薛旺，年十五岁，系镇番卫中所故世袭百户薛恭庶长男。

五辈薛钊，旧选簿查有：成化十一年五月，薛钊，定远县人，系镇番卫中所世袭百户薛旺嫡长男。

六辈薛清，旧选簿查有：弘治十三年六月，薛清，定远县人，系镇番卫中所世袭百户薛钊嫡长男。

七辈薛槿，旧选簿查有：正德十六年十月，薛槿，定远县人，系镇番卫中所世袭百户薛清嫡长男。

八辈薛祥，旧选簿查有：嘉靖八年十二月，薛长哥子，年五岁，系镇番卫中所故世袭百户薛槿嫡长男。照例与全俸优给，至嘉靖十九年终住支。

旧选簿查有：嘉靖十九年四月，薛祥，定远县人，系镇番卫中所故实授百户薛槿嫡长男。

九辈薛宗鲁，万历十一年十二月，薛宗鲁，年三十一岁，定远县人，系镇番卫中所故世袭百户薛祥嫡长男。比中二等。

十辈薛平，万历四十四年二月，单本选过镇番卫减袭副千户一员薛平，年二十岁，系故署指挥使薛宗鲁亲侄。查薛宗鲁故绝，其弟薛宗化以风疾不堪承袭，而平则宗化之子也。祖职固所应得，其部功二级，堂稿已议减矣。本舍准减袭副千户。比中一等。〔对讫。〕

刘灼·实授百户

外黄查有：刘刚，寿州人。曾祖刘成，甲午年从军，洪武三年阵亡。祖刘官兴补役，拨西安中卫，并枪充小旗，并枪充总旗，调镇番卫中所，故。刚顶祖名补役，并充总旗，四坝等处杀贼，钦升镇番卫中所试百户，遇例实授。成化四年钦与流官。

一辈刘官兴，已载前黄。
二辈刘刚，已载前黄。
三辈刘鋐，旧选簿查有：成化十一年五月，刘鋐，寿州人，系镇番卫中所百户刘刚嫡长男，钦与世袭。
四辈刘济，旧选簿查有：正德元年十二月，刘济，寿州人，系镇番卫中所百户刘鋐嫡长男。
五辈刘朴，旧选簿查有：嘉靖五年四月，刘朴，寿州人，系镇番卫中所老疾百户刘济嫡长男。父系试百户，正德五年遇例实授。本舍照例减革实授，仍与袭试百户。

堂稿查有：嘉靖十七年三月堂稿查有，嘉靖十五年岔路口阵亡升实授一级，镇番卫中所试百户升实授百户刘朴。

六辈刘灼，旧选簿查有：嘉靖二十四年四月，刘灼，寿州人，系镇番卫中所阵亡试百户刘朴嫡长男。伊父原袭试百户，嘉靖十五年岔路口阵亡。本舍照例于试百户上加伊父阵亡一级，与袭实授百户。

仰祥·实授百户

一辈仰贵，缺。

二辈仰镕，旧选簿查有：天顺四年九月，仰镕，镇番卫百户升副千户。

三辈仰济，旧选簿查有：成化三年八月，仰济，建德县人，系镇番卫中所故副千户仰镕嫡长男，钦与世袭。

四辈仰福，旧选簿查有：正德元年七月，仰福，建德县人，系镇番卫中所故世袭副千户仰济亲侄。

五辈仰祥，旧选簿查有：嘉靖八年六月，仰祥，年三十五岁，建德县人，系镇番卫中所遇贼伤故无嗣副千户仰福亲弟。伊祖镕功升试百户，遇例实授，又功升副千户。伯、兄沿袭。所据遇例职级例应减革，本人照例革袭实授百户。

王道成·实授百户

万历三十二年十月，大选过镇番卫中所实授百户一员王道成，年二十五岁，咸阳县人。查伊始祖王成甫，洪武二十二年充小旗，故。王顺补役，调镇番卫中所，故。王忠补并，天顺二年四坝地方斩首一颗升总旗，故。王玘补并，患疾，故……补并，故。祖王世聪补并，故。父王谕系男补役，嘉靖四十四年抹山地方斩首一颗升试百户，万历二十三年孤山地方斩首一颗升实授百户，故。王道成系嫡长男，准袭实授百户。比中乙等。 ·174·

郭麒·实授百户

外黄查有：郭经，系陕西镇番卫中所副千户，原籍江津县人。高祖郭兴，洪武六年军，二十四年老。曾祖郭良代役，二十六年取年深充小旗，永乐十九年老。伯（祖）郭忠代役，三十一年并，仍充小旗；宣德六年并充总旗，正统元年故。祖郭恕并，仍充总旗，三年二月兀鲁乃对敌头功，升试百户；本年调镇番卫中所。天顺元年遇例，二年四坝地方斩首一颗，四年升中所副千户，成化五年故。父郭通系嫡长男，优［给］，成化十年袭，正德五年故。经系嫡长男，六年袭副千户。

一辈郭兴，已载前黄。

二辈郭忠，已载前黄。

三辈郭恕，已载前黄。

四辈郭通，旧选簿查有：成化十年六月，郭通，年十五岁，江津县人，系镇番卫中所故副千户郭恕嫡长男，钦与世袭。

五辈郭经，旧选簿查有：正德六年四月，郭经，江津县人，系镇番卫中所故副千户郭通嫡长男。伊祖原系功升试百户，天顺元年遇例实授，又获升功前职，本人照例与做副千户。

六辈郭麒，旧选簿查有：嘉靖三十年六月，郭麒，江津县人，系镇番卫中所故副千户郭经庶长男。伊曾［祖］恕原系试百户，后遇例，四坝斩首功升副千户。祖、父沿袭。所据遇例不准袭，本舍照例革实授百户。

侯显·实授百户

一辈侯廷玉，堂稿内查有：嘉靖十年七月二十八日，宾（蓣）草沟赶上前贼，二人共斩首级一颗，为首升实授一级不赏，镇番卫实授一名侯伯秀。

嘉靖十六年九月初八日，地方扒沙、散岔等处升实授一级，二人共斩首贼级一颗，镇番卫中所内一员试百户侯廷玉。

二辈侯显，旧选簿查有：嘉靖二十年二月，侯显，年二十六岁，丰化县人，系镇番卫中所实授百户侯廷玉嫡长男。

戴朝举·实授百户

万历二十八年十二月，大选过镇番卫中所实授百户一员戴朝举，年三十六岁，六合县人。查伊始祖戴奉，洪武二年军，调镇番卫；天顺二年四坝地方斩首一颗升小旗，故。戴政补，故。戴顺故（补），正德六年柳条湾斩首一颗升总旗，故。祖戴忠补并，嘉靖三十九年张家堡等处斩首一颗升试百户，四十一年汤淇河等处地方斩首一颗升实授百户，老。父戴天福未袭，故。朝举系亲孙，准袭实授百户。比中二等。·175·

田大友·试百户

一辈田义。

二辈田世宽。

三辈田温。

四辈田只。

五辈田杰。

六辈田大友，万历十三年四月，田大友，年三十一岁，会宁县人，系镇番卫左所年老试百户田杰嫡长男。伊父原系并补祖役总旗，隆庆元年大碱滩斩首一颗升试百户；万历七年委官屯粮完不及数，问拟立功五年；遇蒙十年九月恩诏复职，今年老。本舍合照旧与替祖职试百户。比中二等。

七辈田养民，天启元年二月，大选过镇番卫左所试百户一员田养民，年三十三岁，系老正千户田大友嫡长男。伊父原袭祖职试百［户］，以部功加升正千户。伊父部功三级例不准袭，相应革替祖职试百户。比中三等。〔对讫。〕

姬鸿业·试百户

万历三十八年二月，大选过镇番卫中所试百户一员姬鸿业，年三十三岁，通渭县人，系老试百户姬兴周嫡长男。祖役洪武间小旗，天顺间总旗。伊父姬兴周，万历二十三年在孤山地方斩首一颗，升试百户。本舍以子承父，准袭试百户。比中三等。〔对讫。〕·176·

中所世袭百户一员·谢澄

成化三年二月，刘（谢）英，系镇番卫中所故世袭百户谢节嫡长男。

嘉靖八年二月，谢澄，系镇番卫中所故世袭百户谢英嫡长男。

年远事故一员·杨昂

成化八年十一月，杨政，年十五岁，常熟县人，系镇番卫中所老疾百户杨胜庶长男，钦与世袭。

弘治九年九月，杨昂，年十六岁，常熟县人，系镇番卫中所故世袭百户杨政嫡长男。

又一员·殷浩

永乐四年四月，调镇番卫左所世袭百户殷荣。

宣德三年五月，殷浩，年十六岁，系镇番卫中所故世袭百户殷荣庶长男。

又一员·刘拳

永乐六年九月，刘拳，系镇番卫中所老疾世袭百户刘成嫡长男。

又一员·马木

正统元年十二月，马木，年十六岁，系镇番卫中所世袭百户马麟庶长男。

又一员·葛洪

正统元年七月，葛洪，系镇番卫中所故世袭百户葛成嫡长男。

充军实授百户一（三）员·杨昂、王叙、姚清

编军簿查有：陕西镇番卫中所实授百户杨昂，嘉靖二十二年五月犯该监守自盗仓粮律斩，系杂犯，照例发边卫，编梧州所永远充军。·177·

万历九年八月，一件查盘边储钱粮事，准职方司手本，该巡按陕西监察御史赵楫奏：问得犯人王叙，招系镇番卫中所实授百户，合依监守自盗四十贯律斩，系杂犯，准徒五年，照例定发边卫永远充军。系本身升职本身犯罪，应该揭黄，永不准袭，编发肃州卫中所永远充军。

万历十一年闰二月内，准都察院咨据巡按陕西御史吴定①奏：问得系镇番卫中所试百户姚清，犯该人命，真犯死罪，革袭揭黄。

朱运昌·试百户

万历二十九年十二月，大选过镇番卫中所试百户一员朱运昌，年三十岁，系故试百户朱友梅嫡长男。查伊祖朱山儿，洪武二年军，有功选充小旗，十七年调庄浪守御所小旗，永乐三年调镇番卫中所，故。二祖朱喜补役，天顺二年四坝斩首一颗升总旗，老。高祖朱杰补役，老。曾祖朱广补役，选当夜不收，被贼杀死，重升总旗。祖朱臣补役，故。朱玄补役并，嘉靖三十九年差哨被贼杀死，绝嗣。父朱友梅系亲弟，补役并充实授总旗，万历二十三年孤双山斩首级一颗，奉勘升试百户到任，二十六年故。男朱运昌系嫡长男，准袭试百户。比中一等。·178·

天启二年三月补二月大选，过镇番卫中所试百户一员朱万年，年二十六岁，系故试百户朱运昌嫡长男。比中三等。〔对讫。〕

王旻·试百户

一辈王伯通，缺。

二辈王安，缺。

三辈王林，旧选簿查有：弘治七年，黄明沙有功，镇番卫已并枪总旗升试百户王林，户名王伯通。

四辈王琏，旧选簿查有：弘治十六年十二月，王琏，会宁县人，系镇番卫中所故功升试百户王林嫡长男。

五辈王旻，旧选簿查有：嘉靖四年八月，王旻，会宁县人，系镇番卫中所故百户王琏嫡长男。祖王林功升试百户。父遇例实授。本人照例革遇例一级，与袭试百户世袭，患左眼瞎疾。

---

①吴定,字止庵,河南安阳人,万历二年(1574)进士,历任江西道监察御史、江西巡按、甘肃巡按、山东巡按,云南巡抚等职。

石宗·试百户

外黄查有：石璘，咸宁县人。曾祖石聚，洪武二年归附，选为头目，升总旗，宁西调西宁卫，年老。祖石郁并补，永乐元年调镇番卫中所，年老。父石荣并补，四坝有功升试百户，遇例实授，老疾。璘，嫡长男，替实授本卫所百户。·179·

一辈石聚，已载前黄。

二辈石郁，已载前黄。

三辈石荣，已载前黄。

四辈石璘，旧选簿查有：成化元年八月，石璘，年三十二岁，咸宁县人，系镇番卫中所百户石聚（荣）嫡长男，钦与世袭。

五辈石俊，旧选簿查有：成化廿一年九月，石俊，咸宁县人，系镇番卫中所百户石璘嫡长男。祖石荣原系功升试百户，老疾。父成化元年替实授百户，本人照例革替试百户。

六辈石富，旧选簿查有：嘉靖九年六月，石富，年二十七岁，咸宁县人，系镇番卫中所故百户石俊嫡长男。

七辈石伦，旧选簿查有：嘉靖十一年六月，石伦，年四十五岁，咸宁县人，系镇番卫中所故绝百户石富亲叔。伊祖荣原系试百户，遇例实授。父、兄、侄沿袭。所据遇例该减革，本人革袭试百户。

八辈石宗，旧选簿查有：嘉靖二十六年八月，石宗，咸宁县人，系镇番卫中所试百户石伦嫡长男。

陆斌·试百户

外黄查有：陆斌，年四十岁，系陕西行都司镇番卫中所试百户，原籍直隶扬州府仪真县人。高祖陆阿兴，丙午年从军，白沟河功升试百户，调征西南国打甲死阵总旗；洪武六年调西安中卫，十七年调庄浪所，永乐元年调镇番卫中所，故。曾祖陆六先补役，天顺二年本处四坝地方功升实授总旗，故。祖陆广补役，成化十八年并，故。父通补役，正德二年并，嘉靖十五年凉州扒沙地方为斩首一颗，本年庄浪野松林阵亡。斌系嫡长男补役，十七年三月升镇番卫中所试百户，二十四年二月遇例实授。

一辈陆阿兴，已载前黄。

二辈陆陆（六）先，已载前黄。

三辈陆广，已载前黄。

四辈陆通，已载前黄。

五辈陆斌，已载前黄。 ·180·

张善祥·试百户

天启二年四月，单本选过镇番卫中所试百户一员张善祥，年二十五岁，邵阳县人。查伊父张千顺原替祖役总旗，于万历二十三年五月内在甘肃镇孤山等处地方斩达首一颗，功升试百户，今故。本舍以子承父，应准袭试百户。比中三等。〔对讫。〕

王州·试百户

外黄查有：王州，年五十三岁，系陕西镇番卫中所试百户，原籍直隶凤阳府滁州人。祖王见由舍人报效，天顺二年四坝地方斩首一颗，四年升小旗，弘治八年故。父铠补役，老。叔父王钊补役，正德六年柳条湾地方阵亡，八年升总旗，绝嗣。州系亲侄补役，二十五年十一月陕西地方土山湖，二人共斩首一颗，为首升陕西镇番卫中所试百户。

一辈王见，已载前黄。

二辈王铠，已载前黄。

三辈王钊，已载前黄。

四辈王州，已载前黄。

五辈王国士，万历十二年六月，王国士，年二十五岁，滁州人，系镇番卫中所试百户王洲（州）嫡长孙。比中一等。

六辈王符，万历四十七年八月，单本选过镇番卫中所试百户一员王符，年三十岁，系老实授百户王国士嫡长男。伊父原袭祖职试百户，于万历三十五年在甘镇红崖等处地方以把总领兵，部下获功〔斩首〕七颗升实授百户，今老。本舍以子承父，赴袭前来。查部功一级例不世及，准减替试百户。比中一等。〔对讫。〕

曹金·试百户

·181·

一辈曹□,缺。

二辈曹喻,缺。

三辈曹谅,试百户功次候查。

四辈曹英,旧选簿查有:成化二十一年九月,曹英,滁州人,系镇番卫中所故百户曹谅嫡长男。父原系功升试百户,遇例实授。本人照例革袭试百户。

五辈曹金,旧选簿查有:正德五年六月,曹金,年十六岁,滁州人,系镇番卫中所故百户曹英嫡长男。伊祖原系功升试百户,遇例实授。父革袭试百户,弘治五年又遇例实授。本人照例仍革与试百户。

卢缵宗·试百户

天启二年四月,单本选过镇番卫中所试百户一员卢缵宗,年二十岁,陇西县人。查伊祖卢赞,原补役总旗,以曾祖卢镰于嘉靖三十七年在甘肃永昌瑙合儿地方斩级阵亡,功升试百户,今故。本舍以孙承祖,合准袭试百户。比中三等。〔对讫。〕

王朴·试百户

一辈王敏,缺。·182·

二辈王铎,缺。

三辈王溥。

四辈王朴,旧选簿查有:嘉靖二十六年十二月,王朴,昆山县人,系镇番卫中所故实授百户王溥亲侄。伊伯溥以总旗嘉靖十八年沙嘴儿功升试百户,二十四年遇例实授。所据遇例一级不由军功,例应减革。今本舍仍革与试百户。

汪会极·试百户

天启五年六月,单本选过镇番卫中所试百户一员汪会极,年二十六岁,全

［椒］县人。查伊祖原补祖役总旗，于万历二十三年五月内在甘肃孤山等处斩首一颗升试百户，今故。伊父汪承业未袭先故。本舍以孙承祖，结保无碍，准袭试百户。比中三等。〔对讫。〕

李世英·试百户

堂稿簿查有：嘉靖三十三年十一月，拟升三十一年境外麻山湖等处获功升实授一级，二人共斩首一颗，为首官旗军五员名内一员镇番卫中所试百户［李世英］升实授百户。

隆庆元年十一月，拟升嘉靖四十三年甘肃镇抹山湖等处地方功次，升实授一级，二人共斩首一颗，为首九十七员名内一员镇番卫中所实授试百户李世英升副千户。

一辈李坛。 ·183·

二辈李世英，旧选簿查有：嘉靖二十七年二月，李世英，遵化县人，系镇番卫中所故试百户李坛嫡长男。

实授百户功次候查。

三辈李绳武，万历十一年十二月，李绳武，年三十一岁，遵化县人，系镇番卫中所患疾副千户李世英嫡长男。比中二等。

四辈李向阳，万历四十七年十二月补十月分大选，过镇番镇（卫）左所副千户一员李向阳，年二十八岁，系故副千户李绳武嫡长男。查伊父原袭祖职副千户，于孤山暨三道长湖各地方功级历升指挥使。俱查系部功，本舍应减祖职副千户。比中三等。〔对讫。〕

包谨·试百户

一辈包清。

二辈包忠。

三辈包安。

四辈包谨，旧选簿查有：正德十二年闰十二月，包谨，年十五岁，宁远县人，系镇番卫中所阵亡总旗包安嫡长男，例升一级。本人已袭升试百户俸优给，今出幼

袭职。·184·

王宇·试百户

天启二年十月，单本选过镇番卫中所试百户一员王宇，年三十五岁，咸宁县人。查伊父王道兴原系祖役总旗，于万历二十三年九月内在镇番三道长湖地方斩达首一颗功升试百户，今老。本舍以子承父，合准替试百户。比中三等。〔对讫。〕

蒋斌·试百户

一辈蒋贵。

二辈蒋九。

三辈蒋会。

四辈蒋见。

五辈蒋浩。

六辈蒋斌，旧选簿查有：嘉靖四年十月，蒋斌，蒲城县人，系镇番卫中所故功升试百户蒋旻嫡长男，钦与世袭。

王扶运·试百户

崇祯九年三月，单本选过镇番卫中所试百户一员王扶运，年二十五岁，系滁州人，故试百户王言亲孙。查伊祖原补役总旗，功升试百户，故。伊父王国靖会武，不便承袭。本舍以孙承祖，结保无碍，合准袭试百户。比中二等。〔对讫。〕·185·

亢鸾·试百户

一辈亢定住。

二辈亢景。

三辈亢全。

四辈亢满，功次簿查有：正德五年七月，一件为斩获犯边达贼事，看城、古城儿及红岭儿地方斩获首级升一级不赏,镇番卫射死中所实授百户升副千户一员亢定住。

五辈亢得雨。

六辈亢景瑞,旧选簿查有:嘉靖二十四年二月,亢景瑞,盱眙县人,系镇番卫中所故试百户亢得雨堂弟。

七辈亢鸾,旧选簿查有:嘉靖四十五年十二月,亢鸾,年三十二岁,盱眙县人,系镇番卫中所年老试百户亢景瑞嫡长男,革遇例与替试百户。

包天锡·试百户

崇祯六年二月,单本选过镇番卫中所试百户一员包天锡,年二十岁,系故试百户包锦(谨)亲孙。比中三等。〔对讫①。〕

高世爵·试百户

·186·

缺。

一辈高和,缺。

二辈高云,缺。

三辈高福,缺。

四辈高锦,缺。

五辈高迁,试百户功次候查。

六辈高世爵,旧选簿查有:嘉靖元年八月,高晏公保,年六岁,当涂县人,系镇番卫中所故功升试百户高迁、户名高成嫡长男。钦与全俸优给,至嘉靖九年终住支。

旧选簿查有:嘉靖九年六月,高世爵,年二十岁,当涂县人,系镇番卫中所故功升试百户高迁、户名高成庶长男。父有嫡长男晏公保,优给,故绝,本人告袭。内(因)正德年间功次革册未到,暂准袭职,候册到定夺。

①此条与《总汇》57册184页"包谨"条相关联。

七辈高谋，万历十一年十二月，高谋，年二十三岁，当涂县人，系镇番卫中所年老正千户高世爵嫡长男。伊父原袭祖职试百户，嘉靖二十四年遇例实授，四十四年抹山斩首一颗升副千户，隆庆元年大碱滩斩首一颗重升副千户，四年鹅头山斩首一颗未升，今年老。所据伊父遇例职级例不准替，本舍合照例于祖职试百户上加伊父抹山、大碱滩斩首功二级，与替副千户。其鹅头山斩首功级，候巡按御史覆勘至日另议。比中二等。

八辈高允升，崇祯九年二月，大选过镇番卫中所副千户一员高允升，年二十岁，系老副千户高谋亲孙。比中三等。〔对讫。〕

齐宗道·试百户

一辈齐能，功次查有：嘉靖十七年迤北境外寺儿沟、鹿泉滩等处功次，被贼杀死差遣夜不收军小旗五名，镇番卫不开所分内一名齐能。

二辈齐海，缺。

三辈齐权，缺。

四辈齐普，总旗功次候查。

五辈齐凤，功次查有：嘉靖二十六年凉州果园堡获功，二人共斩首一颗，为首镇番卫中所实授总旗升试百户三员内一员齐颖（凤）。

六辈齐宗道，旧选簿查有：嘉靖四十二年八月，齐宗道，年三十五岁，嵩县人，系镇番卫中所故试百户齐凤嫡长男。

七辈齐学仲，万历十一年十二月，齐学仲，年二十五岁，嵩县人，系镇番卫中所患疾试百户齐宗道嫡长男。比中二等。

八辈齐胤周，天启四年四月，大选过镇番卫中所试百户一员齐胤周，年三十岁，系故试百户齐学仲嫡长男。比中三等。〔对讫。〕

李锦·试百户

外黄查有：李福，德清县人。曾祖李添孙，吴元年充军，洪武二十七年老。祖李成代役，三十三年白沟河升小旗，三十五年平安（定）京师升总旗，永乐九年调镇番卫中右所，正统七年故。伯李刚补，十四年永胜墩遇敌阵亡，例升二级，无嗣。李让系亲弟，景泰三年袭，升本卫所试百户，天顺元年遇例实授，成化元年调本卫中所，六年故。福系庶长男，年幼，本年照例优给。

一辈李成，已载前黄。

二辈李刚，已载前黄。

三辈李让，已载前黄。

四辈李福，旧选簿查有：成化廿二年九月，李福，年十五岁，德清县人，系镇番卫中所故袭升实授百户李让庶长男，钦与世袭。

五辈李源，旧选簿查有：弘治九年九月，李源，年四岁，德清县人，系镇番卫中所故世袭百户李福嫡长男。钦与全俸优给，至弘治十九年终住支。

六辈李锦，旧选簿查有：嘉靖十六年二月，李锦，德清县人，系镇番卫中所故百户李源嫡长男。伊曾祖让以试百户遇例实授相沿，本人照例革遇例一级，与试百户。伊曾祖让、祖福、父源三辈未比，照例住俸四年。·188·

时重文·试百户

缺。

一辈时连，总旗功次候查。试百户功次候查。

二辈时芮，旧选簿查有：成化元年三月，时芮，上元县人，系镇番卫中所试百户时连嫡长男。父原系总旗，四坝等处杀贼获功升前职，病故。本人照例该袭实授百户。

三辈时新，旧选簿查有：弘治十三年八月，时新，上元县人，系镇番卫三岔驿百户时芮嫡长男。伊祖时连原系本卫中所功升试百户，故。父遇例袭实授百户，调今驿，患风瘫疾。本人照例革替试百户。

充军簿查有：时新，系陕西镇番卫中所实授百户。犯该侵欺粮钱，嘉靖十七年三月充茂州卫终身军。

四辈时大仁，旧选簿查有：嘉靖八年四月，时大仁，年二十六岁，上元县人，系镇番卫三岔驿老疾百户时新亲侄。伊曾祖连原系功升试百户。祖芮钦准袭实授。伯已革替试百户，又遇例实授，今患疾，无儿男，本人借职。所据遇例一级应该减革，照例与替试百户，待伯有男还与职事。比试不中，暂准替职，与支半俸，候及二年起送再比。

五辈时重文，旧选簿查有：嘉靖四十二年十二月，时重文，年三十一岁，上元县人，系镇番卫三岔驿年老实授百户时大仁嫡长男。查伊祖时连，四坝杀贼升试百户，遇例实授。所据遇例并四坝功无擒斩，本舍合革署试百户事总旗。又查伊父比试不中，未经再比，本舍照例罚俸三年。

赵应魁·试百户

天启三年十二月，单本选过镇番卫中所试百户一员赵应魁，年二十一岁，丹徒县人。查伊曾祖赵月原补祖役总旗，于嘉靖三十五年四月内在火烧沟等处斩首一颗，故。伊祖赵贵并升试百户，今故。本舍以孙承祖，合准袭试百户。比中三等。〔对讫。〕·189·

孟堂·试百户

缺。
一辈孟大都，缺。
二辈孟源，缺。
三辈孟成，缺。
四辈孟鼎，缺。
五辈孟清，试百户功次候查。
六辈孟堂，旧选簿查有：嘉靖三十一年六月，孟堂，鄞县人，系镇番卫中所老疾百户孟清嫡长男，革遇例一级，与替试百户。

刘用威·试百户

缺。
一辈刘义，功次簿查有：天顺四年，镇番四坝等处获功，二人共斩首一颗，为首升一级，镇番卫中所军人升实授小旗刘一（义），名刘伏伏。
二辈刘纲，功次簿查有：正德六年，陕西柳条湾等处地方获功阵亡，官军升一级不赏，镇番卫中所小旗升总旗一名刘伏伏。

三辈刘纪，功次簿查有：嘉靖二十五年甘肃白盐池被贼杀死，升实授一级，官旗共六十三员名，镇番卫中所阵亡总旗升试百户一员刘伏伏。

四辈刘雄，缺。

五辈刘用威，旧选簿查有：嘉靖二十七年正月，刘官保，年七岁，扶风县人，系镇番卫中所故试百户刘雄亲男。照例与全俸优给，至三十三年终住支。

旧选簿查有：嘉靖三十六年十二月，刘用威，年十六岁，扶风县人，系镇番卫中所故试百户刘雄嫡长男，优给出幼袭职。查得本舍优给违限二年，限外有无多支俸粮，查扣毕日关支。·190·

杨蕴珍·试百户

崇祯十一年六月，大选过镇番卫中所署试百户一员杨蕴珍，年四十岁，宁海县人，系阵亡试百户杨志祥嫡长孙。违限，减袭署试百户。比中三等。〔对讫。〕

魏灼·试百户

一辈魏正九，缺。

二辈魏受，缺。

三辈魏真，总旗功次候查。

四辈魏铭，堂稿查有：弘治九年，抹山儿功次，镇番卫已并枪总旗升试百户魏铭，户名魏正九。

五辈魏濬，旧选簿查有：弘治十三年六月，魏濬，泰州人，系镇番卫中所功升试百户魏铭嫡长男。

六辈魏森，旧选簿查有：嘉靖九年二月，魏森，年三十九岁，泰州人，系镇番卫中所年老百户魏濬嫡长男。

七辈魏灼，旧选簿查有：嘉靖十五年八月，魏灼，年二十四岁，泰州人，系镇番卫中所阵亡百户魏森嫡长男。祖濬原系试百户，遇例实授。父森沿袭。所据遇例职级例应减革，本人照例革与试百户。

八辈魏尚仁，万历十二年六月，魏尚仁，年四十岁，泰州人，系镇番卫中所故遇例实授百户魏灼嫡长男。查伊父魏灼原袭试百户，遇例实授。所据遇例职级不准

承袭，本舍合照例革袭试百户。比中二等。·191·

葛江·试百户

一辈葛林，小旗功次候查。
二辈葛中，总旗功次候查。
三辈葛淮，试百户功次候查。
四辈葛江，旧选簿查有：正德十一年六月，葛江，登封县人，系镇番卫中所实授百户葛淮亲弟。革遇例一级，与袭试百户。

何知来·试百户

万历四十七年六月，大选过镇番卫中所试百户一员何知来，年二十七岁，祥符县人，系老试百户何春德嫡长男。查伊父由总旗获斩功一级升试百户。本舍以子承父，查无违碍，准替试百户。比中二等。〔对讫。〕

陈栋·试百户

·192·
一辈陈谷用。
二辈陈真。
三辈陈实。
四辈陈洪。
五辈陈栋，旧选簿查有：嘉靖三十一年六月，陈栋，定远县人，系镇番卫中所实授百户陈洪嫡长男，革遇例一级，与系试百户。

编军簿查有：陕西镇番卫中所试百户陈栋，隆庆四年八月犯该监守自盗律斩，系杂犯。照例发边卫永远充军，编肃州卫前所。

姜世佑·试百户

万历四十七年十二月,单本选过镇番卫中所试百户一员姜世佑,年三十八岁,金华县人。伊父姜遇周原系总旗,于万历二十三年五月内在甘肃孤山地方亲斩达首一颗升试百户,今老。本舍以子承父,应准替试百户。比中三等。〔对讫。〕

侍存禄·试百户

堂稿簿查有:嘉靖二十九年七月,为达贼出没、官军奋勇斩获首级等事,巡按陕西御史闾东①查勘过:〔嘉靖〕二十七年六月,镇番中沙、青山儿等处获功升实授一级,二人共斩首一颗,为首镇番卫左所总旗升试百户侍官音保。

万历十二年八月,侍存禄,年三十五岁,安东县人,系镇番卫中所患疾试百户侍朝用嫡长男。比中二等。 ·193·

郭炳·试百户

〔一辈郭炳,〕万历十三年十月,单本选过镇番卫中所照旧试百户一员郭炳,年三十二岁,大兴县人。

宝簿查有:嘉靖九年十二月,伊父郭梅系镇番卫中所老疾功升试百户郭滋嫡长男,钦与世袭,今故。炳系嫡长男,照旧袭试百户。比中二等。

二辈郭基盛,万历三十八年十二月,大选过镇番卫中所试百户一员郭基盛,年二十五岁,系故试百户郭炳嫡长男。比中三等。〔对讫。〕

中所试百户一员·曹忠

成化三年九月,曹成,江都县人,系镇番卫中所百户曹兴、户名曹关儿嫡长男,钦与世袭。

弘治六年二月,曹玉,江都县人,系镇番卫中所百户曹成嫡长男。伊祖曹兴系

---

①闾东,字启明,四川成都府内江县人。

功升试百户，天顺八年遇例实授，年老。父替职，老疾。本人照例革替试百户。

正德三年十一月，曹忠，江都县人，系镇番卫中所试百户曹玉嫡长男。

又一员·王凤[①]

天顺六年三月，王信，伊父王连（琏），户名王隆一，系镇番卫中所总旗，本处杀贼获功例升一级，未升，伤故。本人系嫡长男，照例袭升试百户。

弘治十六年六月，王启，桐城县人，系镇番卫中所百户王信嫡长男。伊父原系试百户，天顺八年遇例实授，故。本人照例革袭试百户。·194·

正德十一年六月，王凤，桐城县人，系镇番卫中所百户王启嫡长男。伊父原袭试百户，遇例实授，本人照例革替试百户。

又一员·张礼

正德十六年十二月，张礼，益都县人，系镇番卫中所故绝功升试百户张义亲弟。伊兄以并枪小旗历升前职，钦与世袭。

又一员·刘官保

嘉靖二十六年十二月，刘官保，年七岁，扶风县人，系镇番卫中所故试百户刘雄亲男。照例与全俸优给，至嘉靖三十三年终住支[②]。

年远事故所镇抚一员·王仲保

成化三年六月，王仲保，伊伯王关住原系镇番卫中所军，被贼杀死，赠所镇抚。伊父王兴患脚跛残疾。本人幼小，堂伯王英袭职，故。本人长壮袭职。

弘治三年四月，王焕，年十六岁，咸宁县人，系镇番卫中所故世袭所镇抚王仲

---

① 此条与《总汇》57册170页"王论"档案中"四辈王信"至"六辈王凤"内容重复。
② 此条与《总汇》57册190页"刘用咸"条相关联。

保嫡长男。

袁友仁·试百户

万历十四年十二月，大选过镇番卫中所照旧试百户一员袁友仁，年二十五岁，怀安县人。据供，始祖袁斌，洪武二十三年军，故。袁钦补役，弘治十一年鞍子山杀死。袁宽补役，十五年奉勘合升小旗，故。袁海补役，扣住月粮，免并枪。嘉靖二年伯颜忽（白盐湖）杀死。祖袁胜保补役，十九年奉勘合升总旗，故。父袁栋补役。

功次簿查有：嘉靖三十一年十一月，境外一颗树、麻山湖获功升实授一级，二人共斩首一颗，为首官旗五员名内一名镇番卫中所总旗升试百户袁胜保父袁栋，万历五年故。友仁系嫡长男，照旧袭试百户。比中三等。

吴悦道·试百户

万历十四年十二月，大选过镇番卫中所照旧试百户一员吴悦道，年三十一岁，仪真县人。据供，始祖吴婆孙，洪武十七年从军，永乐元年调镇番卫中所，故。吴谅补，故。吴杰补役，弘治八年甘肃抹山地方斩首一颗，十年奉勘合升小旗，故。吴真补役，正德十四年镇番梭梭林地方斩首一颗，十五年奉勘合升总旗，故。祖吴楠补并充总旗。

功次簿查有：嘉靖三十七年正月，西宁河山尾地方，二人共斩首一颗，为首〔吴楠〕奉勘合升试百户，今故。父宗尧患疾，不堪承袭。悦道系〔吴楠〕嫡长孙，照旧袭试百户。比中一等。

吴胤昌，天启三年十二月，大选过镇番卫中所试百户一员吴胤昌，年二十岁，系故试百户吴悦道嫡长男。比中三等。〔对讫。〕

张四体·试百户

万历三十一年十二月，大选过镇番卫左所试百户一员张四体，年二十八岁，安定县人。查伊祖张士荣，洪武十七年军，充巩昌卫小旗，故。二世祖张全补，故。

高祖张杰补，天顺二年斩首一颗升总旗，老。曾祖张锐补，被贼杀死。祖张见补，老。伯父张友才补，故。父张胜云系亲弟，补，嘉靖四十四年肃镇王子庄等处斩首一颗，隆庆二年升试百户，故。应该长兄张四端承袭，被虏杀死，绝嗣。四体系次男，准袭试百户。比中二等。〔对讫。〕

冠带总旗一员·范世忠

外黄查有：范名，安定县人。有祖父范阿班都，洪武十七年充军，三十三年故。父范永补役，洪熙元年老。名代役，宣德十年选充夜不收；正统二年苦水海地面招抚达贼阿鲁伯喇火者等赴京，钦升实授百户；本年往迤北阿台朵尔只伯等处公干回还，钦升流官副千户；三年授长哨，苇（韦）州铁门关等处擒杀达贼升世袭副千户。范能系范名嫡长男，范源系范能亲侄。伊伯天顺四年征四坝有功升正千户，故绝。源袭正千户。

正统三年五月，范名，系镇番卫左所流官副千户，今升世袭副千户。

天顺元年七月，范能，安定县人，系镇番卫左所世袭副千户范名嫡长男。

弘治七年十月，范源，安定县人，系镇番卫左所故功升正千户范能亲侄，钦与世袭。

嘉靖三十五年六月，范恺，安定县人，系镇番卫左所故正千户范源嫡长男。伊曾祖名，原替军役，选充夜不收；正统二年苦水海招抚达贼，越升实授百户；三年铁门关功升副千户。伯祖能替，天顺元年四坝功升正千户。伊父沿袭。所据越升职级例应减革，本舍照例革袭实授百户。

隆庆元年四月，范世忠，系镇番卫左所年老实授百户范铠（恺）嫡长男。查伊高高祖范名原系军人，招抚达贼升实授百户。正德（统）二年迤西公干升功副千户，又铁门关功升副千户。至曾祖能，以四坝功升正千户。沿至伊父恺，革袭实授百户。所据招抚、公干二级，先年已革与实授百户，系减革未尽，本舍止存铁门关、四坝功二级。本舍革替冠带总旗。

万历二十二年七月 日 委官武选司主事 陆经修

后　记

甘肃教育出版社社长郧军涛先生有一次和我言及明代甘肃卫所军户、移民与屯田问题，嘱咐我整理校注"明代陕西都司武职选簿"。我为他多年来致力于地方古籍出版的热情感动，由此开始了为期三年的"纸上长征"。至今交稿之际，方觉如释重负。

本书的校注，得益于陕西师范大学梁志胜教授的专著《明代卫所武官世袭制度研究》和贵州安顺学院孟凡松教授编著的有关著作。前者详解了明代卫所武官世袭制度的演变全貌，后者则使本书在编校体例上有了参照。梁志胜、孟凡松教授等学者的研究成果，已成为明代卫所研究的坐标或范式，对本书的整理校注有着重要的指导意义。在此向两位学者和其他先行者致敬。

兰州财经大学高启安教授、西北师范大学历史文化学院张连银教授、青海师范大学历史学院张磊副教授审阅了书稿并作序。西北师范大学历史文化学院原院长何玉红教授、南京大学历史学院胡箫白副教授、甘肃省新闻出版广电局科技与数字出版处原处长李连斌先生和敦煌文艺出版社原社长李保军先生多予指教。甘肃教育出版社李浩强编辑为本书的出版付出了辛勤劳动。我曾经的同事何金兰、陶永军和赵艳萍伉俪、好友孙飞虎、李秦仁及我女儿刘恬、侄女王洁琼等参与了书稿的打印、校对。该书的完成，凝聚了诸位师友亲朋的心血，在此一并深表感谢。书中错误在所难免，敬请方家和读者不吝赐教。

2024年12月20日